Nuestra Señora de Guadalupe, fotografía de Rafael Doniz, Basílica de Santa María de Guadalupe, ciudad de México. Cortesía de Jorge Guadarrama.

DAVID A. BRADING

LA VIRGEN DE GUADALUPE

IMAGEN Y TRADICIÓN

DAVID A. BRADING

LA VIRGEN DE GUADALUPE
IMAGEN Y TRADICIÓN

Traducción de Aura Levy y Aurelio Major

TAURUS

PASADO Y PRESENTE

D.R. © Título original en inglés: *Mexican Phoenix. Our Lady of Guadalupe: Image and Tradition Across Five Centuries*
David A. Brading, 2001.

taurus

De esta edición:
D.R. © Aguilar, Altea, Taurus, Alfaguara, S.A. de C.V., 2002
Av. Universidad 767, Col. del Valle,
México, D.F. 03100, Teléfono 5688 8966
www.taurusaguilar.com.mx

Director de la colección: Enrique Florescano

- Distribuidora y Editora Aguilar, Altea, Taurus, Alfaguara, S.A.
  Calle 80 No. 10-23. Santafé de Bogotá-Colombia.
  Tel: 635 12 00
- Santillana S.A.
  Torrelaguna 60-28043. Madrid.
- Santillana S.A., Avda. San Felipe 731, Lima.
- Editorial Santillana S. A.
  Av. Rómulo Gallegos, Edif. Zulia 1er. piso
  Boleita Nte. Caracas 1071. Venezuela.
- Editorial Santillana Inc.
  P.O. Box 5462, Hato Rey, Puerto Rico, 00919.
- Santillana Publishing Company Inc.
  2105 N. W. 86th Avenue, Miami, Fl., 33122, E.U.A.
- Ediciones Santillana S.A. (ROU)
  Javier de Viana 2350, Montevideo 11200. Uruguay.
- Aguilar, Altea, Taurus, Alfaguara, S.A.
  Beazley 3860, 1437. Buenos Aires.
- Aguilar Chilena de Ediciones Ltda.
  Dr. Aníbal Ariztía 1444, Providencia Santiago de Chile.
  Tel: 600 731 10 03.
- Santillana de Costa Rica, S.A.
  La Uruca, 100 m Oeste de Migración y Extranjería,
  San José de Costa Rica.

Primera edición: febrero de 2002

ISBN: 968-19-0659-4

D.R. © Diseño de cubierta: Fernando Ruiz Zaragoza, 2002

Impreso en México

Para Celia Wu

Apareció en el cielo una gran señal: una mujer vestida del sol, con la luna debajo de sus pies, y sobre su cabeza una corona de doce estrellas; y estando encinta, clamaba con dolores de parto, en la angustia del alumbramiento [...] Y se le dieron a la mujer las dos alas de la gran águila, para que volase de delante de la serpiente al desierto [...]

Y yo, Juan, vi la santa ciudad, la nueva Jerusalén, descender del cielo, de Dios, dispuesta como una esposa ataviada para su marido.

APOCALIPSIS 12: 1-2; 14: 21, 2.

El día en que no se adore a la Virgen del Tepeyac en esta tierra, es seguro que habrá desaparecido, no sólo la nacionalidad mexicana, sino hasta el recuerdo de los moradores del México actual.

IGNACIO MANUEL ALTAMIRANO, *La fiesta de Guadalupe*.

Índice

Prólogo

Al volver a México en 1993 me entregué a la lectura, en el idílico entorno del Centro de Estudios de Historia de México de Condumex, de sermones barrocos predicados en honor de Nuestra Señora de Guadalupe. Tanto me entusiasmaron aquellos panegíricos que convencí a algunos colegas del centro de publicar una edición facsimilar de *Siete sermones guadalupanos 1707-1765*. En *The First America (Orbe Indiano)* (1991), ya había incluido un capítulo sobre la Virgen titulado "El fénix mexicano". Influido por la obra clásica de Francisco de la Maza *El guadalupanismo mexicano* (1952), hice hincapié en la motivación patriótica de Miguel Sánchez, primer cronista de las apariciones de la Virgen María a Juan Diego, a pesar de que con toda evidencia también fue un teólogo inspirado. Los sermones revelaban en qué medida los predicadores acudieron a los Padres Griegos de la Iglesia para sustentar una teología neoplatónica de la imagen mexicana. Ése es el punto de partida de mi investigación y ello justifica que este libro comience por el mundo antiguo.

Distraído por el vano intento de definir la relación entre patriotismo y nacionalismo, comencé a escribir esta relación general de la tradición guadalupana hasta 1996. Ya entonces había ahondado en la extensa obra de Clemente de Jesús Munguía, el obispo de Michoacán del siglo XIX, y mucho antes, en *Los orígenes del nacionalismo mexicano* (1988), había descrito la muy peculiar intervención de Servando Teresa de Mier, el ideólogo insurgente. Muy pronto resultó patente que casi en cada generación, a partir de mediados del siglo XVII, se ha escrito algo relevante o de interés acerca de la Virgen del Tepeyac. Los materiales de estudio sobre el culto y la tradición de la guadalupana son abundantes pero heterogéneos, y van desde tratados pesados, disquisiciones polémicas y panfletos críticos hasta sermones panegíricos, álbumes ilustrados y descripciones detalladas de celebraciones públicas, por no mencionar cartas pastorales, pronunciamientos papales y valoraciones iconográficas. Las motivaciones de su publicación fueron diversas, aunque debo señalar que la devoción a la Virgen ha desempeñado una función destacada en la historia de México, en la consecución de la Independencia y como símbolo de la resistencia de la Iglesia frente a la intervención política. Desde otra perspectiva, la credibilidad histórica que narran las apariciones ha sido fuente de disputas desde comienzos del siglo XIX. En este sentido, es una tarea difícil seguir el desarrollo de la tradición de Nuestra Señora de Guadalupe, puesto que es necesario no desviarse hacia la historia general ni involucrarse en polémicas partidistas.

Algunas palabras más acerca del método y la terminología pueden resultar de gran utilidad. La introducción ofrece un sumario de los temas tratados en los capítulos subsecuentes. El orden es cronológico, desde el siglo XVII hasta nuestros días. El último ofrece una breve interpretación teológica de la imagen y su tradición. Por lo general, se debate cuándo fueron publicadas las fuentes y no cuándo fueron escritas; de modo que se repasan las *Informaciones de 1556* en el capítulo XI, pues se publicaron y analizaron hasta la década de 1880. Este método permite a los lectores observar el desarrollo gradual del conocimiento sobre los orígenes del culto y cómo el hallazgo de documentos antiguos influyó en la tradición. En cuanto a la terminología, adopté el uso mexicano y en ocasiones hago referencia a las imagen como "la guadalupana".

Fueron muchas la deudas acumuladas durante la investigación y redacción de este libro. Sin las obras inaugurales e invaluables de Francisco de la Maza y de Edmundo O'Gorman, el tema nunca habría despertado mi interés o se hubiese desvanecido. La comprensión del sentido histórico y teológico de las imágenes sagradas procede de mis lecturas de Peter Brown, Jaroslav Pelikan y Hans Belting. Como todos los estudiosos de la guadalupana, he acudido a los *Testimonios históricos guadalupanos* (1982), un conjunto integral de fuentes editadas por Ernesto de la Torre Villar y Ramiro Navarro de Anda. Agradezco también a dos colegas de Condumex, Julio Gutiérrez Trujillo, presidente del consejo consultivo, y en especial al director Manuel Ramos Medina, quien me acogió como primer investigador visitante y procuró que el Centro de Estudios de Historia de México de Condumex fuera el punto de partida de mis investigaciones en México. Mi gratitud a todo el personal del Centro, y en particular a José Gutiérrez, quien localizó muchos libros que no figuraban en el catálogo. Fausto Zerón Medina llamó por primera vez mi atención sobre la importancia de Clemente de Jesús Munguía y de la Coronación de 1895, y a partir de ese entonces me proporcionó valiosos materiales originales. Guillermo Tovar de Teresa se mostró generoso al ofrecerme tanto libros raros como consejos oportunos. Ramón Mújica Pinilla me descubrió a Amadeo de Portugal. Jaime Cuadriello me ayudó a comprender la iconografía de la Virgen y a reunir las ilustraciones para este libro, en cuya tarea recibió la ayuda de Mons. Antonio Macedo Terillado, rector interino de la Basílica de Guadalupe, de Jorge Guadarrama, director del Museo de la Basílica y de Eumelia Hernández, jefa de la fototeca del Instituto de Investigaciones Estéticas de la UNAM. Eric van Young y Peter Burke me ofrecieron sus valiosos comentarios al manuscrito definitivo. También por sus materiales, comentarios y asistencia, agradezco a Clara García Ayluardo, Susan Deans-Smith, Edmund Hill O.P., Marta Eugenia García Ugarte, Manuel Olimón Nolasco, Enrique Florescano, Aidan Nichols O.P., José Luis Neyra, Julie Coimbra y Alejandro González Acosta. Mi cumplido agradecimiento a todos aquellos que en mayor o menor medida me brindaron su apoyo y asumo la responsabilidad de las opiniones e interpretaciones que se expresan en este libro.

El reconocimiento de la Leverhulme Research Fellowship me permitió realizar la investigación en México en 1993. Una visita posterior en 1996 se efectuó gracias al nombramiento como profesor visitante de la cátedra Julio Cortázar de la Universidad de Guadalajara. La concesión de un año sabático otorgado por la Universidad de Cambridge me posibilitó concluir la obra. Margaret Rankine mecanografió el manuscrito, corrigió mis errores y me prestó su ayuda. En Cambridge University Press, William Davies, como siempre, me ofreció su generoso estímulo. Mi gratitud asimismo a Sealtiel Alatriste de Taurus por la acogida brindada a la edición en castellano y a Aura Levy y Aurelio Major por el esmero que le dedicaron a su traducción. Durante el transcurso de la investigación y la redacción gocé del generoso apoyo de mi esposa, Celia Wu. Por ello y por haber tenido el tino de nacer el día de la fiesta de Nuestra Señora de Guadalupe, a ella dedico esta obra.

Introducción

En 1557 el inglés Robert Tomson fue detenido en México, acusado de herejía. En una conversación durante la cena, manifestó que en Inglaterra los monasterios habían sido disueltos y que "las imágenes en las iglesias y otros sitios fueron retiradas y no volvieron a emplearse", puesto que venerarlas era "contrario al mandamiento expreso de Dios Todopoderoso, 'no te harás imagen ni ninguna semejanza'". Un español presente en el convite replicó que era sabido de todos que tales imágenes no debían ser adoradas; pero justificó su presencia en las iglesias aseverando que "eran libros para las gentes sencillas, para hacerlas entender la gloria de los santos en el cielo". Además, justificó el acto de rogar por la intercesión de los santos con la analogía de una corte real donde siempre era preferible acercarse al rey por la mediación de un favorito. Para refutar sus argumentos, Tomson recurrió a la Biblia, en la que Dios, por boca de los profetas y evangelistas, instaba a los pecadores a arrepentirse y buscar su misericordia. ¿No había dicho Cristo: "Venid a mí todos los que estáis trabajados y cargados, y yo os haré descansar"? Encolerizado por la respuesta, un "ruin Portugal" exclamó: "Basta ser inglés para saber todo eso y más."[1] Para castigar su iconoclasia protestante, Tomson fue arrestado y enviado a España.

Sólo un año antes de que se efectuara aquella peligrosa conversación, en septiembre de 1556, el provincial franciscano en México censuró de manera contundente al arzobispo

Alonso de Montúfar por predicar un sermón en el que elogiaba la devoción a Nuestra Señora de Guadalupe, una pintura
de la Virgen María venerada en una capilla del Tepeyac, en
las afueras de la ciudad. Los franciscanos habían enseñado a
los indios de la Nueva España a adorar a Dios en el cielo y no
a venerar imágenes de madera y piedra. Sin embargo, el arzobispo hizo referencia a ciertos milagros sucedidos en el Tepeyac. Su discurso estimulaba a los indios a imaginar que una
mera pintura encerraba poderes divinos y a que volvieran a la
idolatría. Aunque el registro de esa disputa desapareció hasta
1880, cuando pasó al dominio público, pone de manifiesto
las tensiones en torno al culto de las imágenes sagradas en el
México del siglo XVI. Unos veinte años más tarde, Bernardino
de Sahagún, el más célebre de los franciscanos que estudiara
el idioma y la religión nahuas, denunció que el culto de Guadalupe brindaba a los indios un subterfugio para la idolatría,
ya que antes de la Conquista española acudían en peregrinaje
desde remotos lugares para adorar a Tonantzin, la madre de
los dioses, en su templo del Tepeyac, y continuaban llegando
a la capilla cristiana para rezar a aquella diosa, pues en náhuatl también se dirigían a la Virgen como Tonantzin.[2]

Otro inglés, Miles Philips, escribió una de las primeras
descripciones de la capilla del Tepeyac. Miembro de la expedición que encabezara John Hawkins, en 1568 fue capturado
y llevado a la ciudad de México, donde antes de entrar vio:

> una iglesia muy fina, llamada la iglesia de nuestra Señora, en
> la que hay una imagen de nuestra Señora, en oro y plata, de la
> talla de una mujer alta, y en dicho templo, y ante esta ima-
> gen penden tantas lámparas de plata como días tiene un año,
> que en los días de celebrar están todas encendidas. Cuando
> cualquier español pasa ante esta iglesia, aunque venga a lomo
> de caballo, se apea y entra en ella, y se arrodilla frente a la
> imagen, y le reza a nuestra Señora para que lo proteja de
> todo mal; ya sea jinete u hombre de a pie, no pasará de largo
> sino que entrará primero a la iglesia y rezará como se ha
> dicho, lo cual si no lo hiciere, cree y piensa que nunca medra-
> rá: a la imagen la llaman en lengua española Nuestra sennora

[sic] de Guadalupe. En ese lugar hay ciertos baños fríos, que se levantan y manan como si el agua bullera: el agua de allí tiene un gusto un tanto salobre, pero es muy buena para cualquiera que padezca un dolor o una herida, para lavarse, con lo cual, por lo que dicen, se han curado muchos; y cada año en el día de nuestra Señora la gente acostumbra concurrir allá para ofrecer, y para rezar en aquel templo ante la imagen, y dicen que nuestra Señora de Guadalupe realizó muchos milagros. Cerca de esta iglesia no hay pueblo de españoles habitado, pero algunos indios residen allí en casas levantadas al modo de su país.

La capilla, al pie de una colina, era indicación del comienzo de una calzada que cruzaba el fangoso lago hasta la isla de la ciudad de México, y por ende atraía la devoción de los viajeros. Siendo protestante, a Philips le causó una impresión mayor la estatua de plata donada por un acaudalado minero, Alonso de Villaseca, que la sencilla pintura de la Virgen que albergaba el santuario.[3] Del "salobre" manantial habrían de surgir los posteriores milagros.

Cuando el arzobispo Montúfar animó la devoción de Nuestra Señora de Guadalupe, citó a título comparativo la veneración de las imágenes de la Virgen en la catedral de Sevilla, Zaragoza y Montserrat, y la de Loreto en Italia. Con ello desdeñaba implícitamente el criterio franciscano de su misión como renacimiento de la cristiandad primitiva, de una Iglesia despojada del abuso y las complicaciones medievales. Antes bien, proponía que el clero debía promover devociones que despertasen el fervor popular en Europa. ¿Y qué mejor manera de atraer a los indios que crear santuarios que albergaran imágenes dotadas del poder de realizar milagros? En Europa tales santuarios eran visitados por incontables peregrinos. En 1522, ante Nuestra Señora de Montserrat, San Ignacio de Loyola pasó una noche en vela antes de su renuncia a toda ambición mundana para abrazar así las vestiduras de los peregrinos y convertirse en un ermitaño. Asimismo, en 1581, el humanista francés Michel de Montaigne residió tres días en la Santa Casa de Loreto, donde ofreció una placa votiva de plata y confesó haberse sentido hondamente impresionado por la "muestra de religión" del santuario. En el siglo xviii, Benedict-Joseph Labre (1748-1783), un peregrino pulgoso, visitó todas las imágenes principales de Europa occidental antes de establecerse en Roma.[4] Como se verá, la Iglesia en la Nueva España creó durante la Colonia una red de santuarios que atraían peregrinos en busca de consuelo espiritual y cura para sus padecimientos, lo cual emulaba el modelo de devoción peninsular.

En Europa la mayoría de las imágenes sagradas célebres procedían de finales del medioevo, si bien las leyendas piadosas a menudo sostenían que habían sido esculpidas o pintadas por San Lucas, pero a las más eminentes figuras se les atribuía un origen milagroso. La Santa Casa de Loreto fue transportada por los ángeles desde Nazaret, donde sirvió de morada a la Sagrada Familia. La imagen de madera de Nuestra Señora del Pilar en Zaragoza fue dejada por la propia Virgen María cuando se apareció a Santiago Apóstol durante su misión en España. Es evidente que cuanto más impresionante fuere su reputación espiritual, más elaborado era el culto que se desarrollaba a lo largo de los siglos. Además, en España, casi todas las imágenes sobresalientes se convirtieron en símbolos de identidad cívica o provincial y de ese modo despertaron sentimientos patrióticos. En 1641 la Virgen del Pilar fue aclamada como patrona de la ciudad de Zaragoza, y sólo entonces las cortes de Aragón la nombraron patrona del reino. Tan importante llegó a ser el culto que, en 1681, comenzaron los trabajos de construcción de una nueva catedral para albergar la imagen; una magnífica edificación que tardó un siglo en completarse. Durante este periodo los santuarios rivalizaban por obtener distinciones de Roma. Tanto como ha podido averiguarse, Nuestra Señora de Loreto fue la primera de estas imágenes sagradas en ser "canonizada", es decir, en 1699 se otorgó a esta Virgen un día de fiesta con su propia misa y oficio. Menos de una generación más tarde, en 1723, la Virgen del Pilar recibió honras similares, con una fiesta celebrada el 12 de octubre.[5]

El Nuevo Mundo no tardó en imitar a Europa. Aunque se ha señalado que el Renacimiento despojó al arte sagrado de su cariz misterioso imponiendo valores estéticos, en la América española muchas imágenes sagradas, algunas importadas de España, otras elaboradas allí, despertaron una devoción ferviente.[6] Baste el indicio del poder espiritual de tales figuras en Perú, cuando en 1593 llegó al puerto de Callao un crucifijo de tamaño natural, réplica del Cristo de Burgos. La imagen fue escoltada por frailes agustinos en procesión pública a Lima, acompañada por salvas de cañón y por una emocionada multitud que atestaba las calles. Una vez instalado en la iglesia conventual, los frailes celebraron una misa honrada con la presencia del virrey, los oidores de la audiencia y otros dignatarios, muchos de los cuales pronto se inscribieron en las cofradías que se fundaron para mantener el culto.[7] En 1574 el ayuntamiento de la ciudad de México nombró patrona a la Virgen de los Remedios, una pequeña imagen traída por un conquistador, extraviada durante una batalla, y luego, gracias a la aparición de la Virgen María, descubierta por un indio. Sólo dos años después la figura se llevó en procesión desde su santuario a las afueras de la ciudad y se colocó en la catedral para implorar la ayuda de la Virgen durante la atroz peste que entonces afligía a los indios. En ocasión menos dramática, la imagen se trasladó a la catedral para que intercediera propiciando las lluvias en 1595. Tan efectiva fue su intervención que durante los dos siglos siguientes la Virgen de los Remedios se trasladó regularmente por las calles con el propósito de apresurar la llegada de las lluvias. Durante el siglo xvii casi todas las ciudades de la América española llegaron a contar con su propio santo patrono, y cada provincia, con un santuario e imagen milagrosa.

Uno de los rasgos más distintivos de la teología católica en esa época fue la separación de la devoción y la doctrina. Frente al desafío de la iconoclasia protestante y las acusaciones de idolatría, el Concilio de Trento negó que las imágenes sagradas fueran depositarias de poderes divinos y destacó que la veneración que se les rendía era transferida a sus originales celestes, pero durante el siglo xvii abundaron las ediciones latinas de la obra de los Padres Griegos de la Iglesia, sobre todo los tratados de San Juan Damasceno y de San Teodoro el Estudita que defendieron la veneración de iconos frente a los ataques de los iconoclastas. Como veremos, estos teólogos orientales fueron leídos con avidez en la Nueva España y sus doctrinas neoplatónicas fundamentaron la celebración del culto a las imágenes marianas. En efecto, la ausencia de una teología católica positiva que sustentara semejante devoción orilló a los predicadores y cronistas a recurrir a la tradición de la Iglesia ortodoxa.

No obstante, los cronistas mexicanos señalan que sí existía una doctrina católica sobre las imágenes marianas milagrosas, pero que debía encontrarse en la controvertida y profética obra *Apocalypsis Nova,* escrita en latín por Joannes Menesius da Silva (1531-1582), un visionario y reformista franciscano mejor conocido como el beato Amadeo de Portugal. Ampliamente conocido por su predicción del inminente advenimiento de un papa angélico y por su defensa de la Inmaculada Concepción de María, Amadeo también reveló que, próximo el fin del mundo, la Virgen había manifestado que ella estaría de cuerpo presente en aquellas imágenes por las cuales obrara milagros, del mismo modo que Cristo en la Eucaristía.[8] Si bien Amadeo fue acusado de herejía, en España los franciscanos defendieron su reputación y publicaron comentarios a sus revelaciones. En el México del siglo xvii tanto franciscanos como jesuitas aceptaron la doctrina de la presencia de María en los santuarios donde ocurrían milagros: varios predicadores aplicaron la doctrina de la transustanciación a la imagen de Guadalupe mediante el razonamiento según el cual sus pinturas y colores habían sido milagrosamente transfigurados en la efigie de María, en la que estaba presente a perpetuidad. No sin motivo, los santuarios que albergaban estas imágenes de culto eran considerados fortalezas espirituales donde los fieles estaban a salvo de los ataques demoniacos gracias a la presencia real de la Madre de Dios.[9]

La doctrina fue adoptada en parte por Miguel Sánchez (1594-1674) en *Imagen de la Virgen María, Madre de Dios de Guadalupe* (1648); en ese texto, llama a sus compatriotas a reconocer que la Virgen mexicana era copia fiel y milagrosa de la imagen de María que viera San Juan el Evangelista y descrita en el capítulo doce del Apocalipsis. Ese texto fue el primero de uno más amplio en el que Sánchez desplegó todos los recursos de la tipología bíblica para magnificar a la guadalupana, de modo que motivos como la zarza ardiente y el Arca de la Alianza, que habían sido aplicados a María desde la Iglesia primitiva, se consideraban referencias específicas a la Virgen del Tepeyac. A la par, Sánchez presentaba la primera relación publicada de la aparición de la Virgen a Juan Diego y la milagrosa impresión de su efigie en la tilma del humilde indígena. De igual modo, se invocaba la tipología para elucidar la significación de estos acontecimientos, puesto que el indio figuraba como el Santiago de México, su San Diego, y revestido de mayor trascendencia, como el Moisés que llevó a la guadalupana, el Arca de la Alianza mexicana, al Tepeyac, descrito alternadamente como el Sinaí o el Sión mexicano. Buen discípulo de San Agustín, a Sánchez lo animó un sentimiento tanto patriótico como religioso, y todo su interés consistió en demostrar que la Iglesia mexicana debía su fundación a la intervención directa de la Madre de Dios, con lo cual se declaraba patrona especial y madre de ese pueblo.[10]

Los argumentos de Miguel Sánchez sólo pueden comprenderse en el contexto de una cultura hispánica, en la cual la monarquía católica de los Habsburgo se consideraba elegida por la divina Providencia para defender la fe católica de musulmanes y protestantes. A Carlos V se le aclamó como a otro David y a Felipe II como a un segundo Salomón, pues el palacio conventual de El Escorial era considerado la edificación más parecida al Templo de Jerusalén. Los primeros franciscanos en México asumieron la conversión de los indios como un resurgimiento de la Iglesia primitiva y como compensación divina por la Reforma de la Iglesia, puesto que precisamente cuando las acaudaladas y arrogantes naciones del norte de Europa caían en la herejía, los pueblos pobres y humildes de la Nueva España acogían la fe. Frente a tan irresistible justificación teológica de la potestad de la monarquía católica, el clero criollo adoptó las revelaciones de Sánchez como medio para dar a su patria una fundación espiritual autónoma. Su libro no creó la devoción por la guadalupana, pues ya en 1622 se había construido un hermoso santuario nuevo para reemplazar la capilla erigida por Montúfar. Su importancia radica en haber presentado una justificación teológica para el culto.

De tal magnitud fue la explosión de fervor, que entre 1695 y 1700 se construyó una majestuosa iglesia nueva en el Tepeyac, un edificio que por sus proporciones y esplendor rivalizaba con las mejores catedrales de la Nueva España. En muchas ciudades provinciales se edificaron santuarios menores dedicados a la guadalupana, por lo común situados extramuros a cierta distancia de la ciudad, como réplica de la relación que existía entre el Tepeyac y la capital. El siguiente acontecimiento ocurrió en 1737, cuando la ciudad de México fue asolada por una epidemia que llevó a miles a una muerte prematura. Sin un remedio material que surtiese efecto, el ayuntamiento se unió al cabildo eclesiástico para proclamar a Nuestra Señora de Guadalupe patrona principal de la capital. Otras ciudades siguieron su ejemplo y en 1746 la imagen fue aclamada patrona del reino de la Nueva España. La euforia de la elite criolla alcanzó su apogeo cuando en 1754 Benedicto xiv no sólo confirmó a la Virgen del Tepeyac como patrona sino que la dotó de una fiesta el 12 de diciembre con misa propia y oficio. Puesto que solamente Nuestra Señora del Pilar había sido objeto de honor semejante en el mundo hispano, se podía entonces afirmar que la Virgen mexicana rivalizaba con las imágenes marianas más célebres de Europa. En un sermón predicado en 1748 sobre el fin del mundo, Francisco Javier Carranza sostuvo que, si bien el Anticristo asumiría el poder en Europa durante aquella época, en América Nuestra Señora de Guadalupe guardaría la fe católica, asegurando así que el papa y el rey de España huyeran a

México, donde convertirían la ciudad en capital de una nueva y universal monarquía católica.

En los sermones pronunciados en honor a la guadalupana entre 1661 y 1767, los oradores criollos se sirvieron en especial de los Padres Griegos para exaltar al "Fénix mexicano". ¿Qué era la guadalupana sino "una imagen retrato de la idea de Dios", es decir, una efigie fiel de María que el Altísimo concibió por toda la eternidad? A partir de semejante afirmación inicial, sólo bastaba un paso para aseverar que la guadalupana era un retrato de cuerpo presente de la Virgen, pues, si bien la imagen de María aparecida en Palestina sólo había estado presente algunos años, su imagen en México, por el contrario, estaba destinada a conservarse para siempre. En los sermones pronunciados ante los dignatarios reunidos en el santuario del Tepeyac, los canónigos y jesuitas ascendieron la escala neoplatónica de las imágenes mediante audaces metáforas destinadas a exaltar la singular providencia que distinguía a su país.

Si bien la Iglesia mexicana logró obtener la sanción de Roma para el culto nacional, esto se debió en parte a que, a finales del siglo XVII, un grupo de clérigos cultos se empeñó en demostrar las revelaciones de Sánchez y obtuvo declaraciones jurídicas sobre el origen de Juan Diego y la antigüedad de la tradición. En su búsqueda de pruebas históricas, recibieron la asistencia de una sencilla pero conmovedora relación de las apariciones escrita en náhuatl, la principal lengua indígena del centro de México, y publicada en 1649 por el capellán del Tepeyac. Pronto se aceptó que ese texto provenía de un manuscrito del siglo XVI que escribiera Antonio Valeriano, un discípulo franciscano. Se publicó una traducción al castellano, modificada para ajustarse al gusto contemporáneo, y gozó de amplia circulación. Ya había razones suficientes para que Roma aceptara la tradición. En el siglo XVIII artistas talentosos rivalizaron por copiar a la guadalupana, escrutaron la imagen y concluyeron que su incomparable belleza se derivaba de una combinación de técnicas pictóricas que no podían sino considerarse milagrosas.

En los años en que la devoción a la Virgen mexicana parecía imponer la aquiescencia universal, en Europa el culto de las imágenes sagradas era desdeñado por idólatra o supersticioso. Muchos filósofos de la Ilustración eran deístas que rechazaban y escarnecían la fe cristiana. El pensador escocés David Hume sostuvo la imposibilidad de los milagros como una afrenta a las leyes de la naturaleza, y escribió una historia natural de la religión en la que se refería al culto católico de los santos como un renacimiento popular del politeísmo pagano.[11] Con la misma importancia, los historiadores de la Iglesia ortodoxa desplegaron su erudición para demostrar la falsedad de muchas leyendas piadosas. Asimismo, Benito Jerónimo Feijoo, un respetado abad benedictino, puso en duda el valor del peregrinaje, censuró la esperanza en las curas milagrosas, y condenó lisa y llanamente innumerables "errores vulgares" que afligían al pueblo de la España del siglo XVIII. Se invocó el criticismo histórico y el método científico para minar la cultura religiosa del catolicismo barroco. En 1794, el principal cosmógrafo de las Indias, Juan Bautista Muñoz, puso a consideración de la Real Academia de Historia en Madrid un informe en el que citaba la crítica de Sahagún al culto guadalupano y deducía que la narración aparicionista carecía de un fundamento histórico confiable. Publicado en 1817, este breve informe tendría resonancia entre los eruditos mexicanos a fin de siglo.

El sermón que predicó el dominico criollo Servando Teresa de Mier en el Tepeyac en 1794 aportó otro augurio a la transformación del credo, pues escandalizó a la grey al sostener que santo Tomás Apóstol no sólo había predicado el Evangelio en México, sino que también había dejado la imagen de Guadalupe impresa en su manto, y así había sido venerado siglos antes de la llegada de los españoles al Nuevo Mundo. Mediante esa ingeniosa teoría, Mier buscaba desviar las dudas contemporáneas y dar a la Iglesia mexicana una fundación apostólica equivalente a la de Santiago en España. Ya entonces habían llegado a México noticias de la Revolución Francesa, las cuales inflamaron el intelecto de los hombres en diversos grados. Muchos criollos jóvenes fueron impresionados por el espectáculo de las conquistas de Napoleón y el ejemplo de Estados Unidos, y por ello abrazaron en silencio la causa de la Independencia. Entre los sacerdotes devotos, sin embargo, la profecía de Carranza se recordaba y citaba en los sermones, de modo que mientras la Iglesia en Europa sufría la expropiación y la clausura de sus monasterios, en México creció la esperanza de que la Nueva España se convirtiese en un bastión católico, en el refugio del papa y del rey de España.

En 1810 el párroco de Dolores, Miguel Hidalgo, llamó a las masas rurales a rebelarse contra el dominio español. Ya entonces las tropas francesas habían invadido la península, impuesto a José Bonaparte en el trono, y lanzado un ataque contra la Iglesia. El espíritu secular de la época encontró su cabal expresión cuando la imagen de Nuestra Señora de Loreto fue confiscada y enviada a París para ser depositada en la Biblioteca Nacional como "un célebre monumento a la ignorancia y a la más absurda de las supersticiones".[12] Asimismo, Pío VII fue llevado a Francia y obligado a presenciar la coronación de Napoleón como emperador de los franceses. Sin embargo, en ninguna ciudad de España, la resistencia a la invasión francesa fue más tenaz que en Zaragoza, donde frailes y sacerdotes desempeñaron una función relevante durante el sitio de la ciudad, cuando el pueblo cantaba: "La Virgen del Pilar dice que no quiere ser francesa, que quiere ser Capitana de la gente aragonesa."[13] El mismo espíritu patriótico animó a los insurgentes mexicanos y, como estandarte, Hidalgo les entregó una copia de la Virgen haciendo que marcharan al grito de "Viva Nuestra Señora de Guadalupe". La patrona de la Nueva España se convirtió así en símbolo y bandera de una nación que libraba una guerra civil para alcanzar su Independencia. No todos los criollos favorecían a los rebeldes, y sin duda las clases acaudaladas respaldaron la creación de un ejército realista capaz de contener el pillaje popular. De hecho, México alcanzó la libertad en 1821, cuando el coronel monárquico Agustín de Iturbide

organizó una revuelta militar en contra de las medidas anticlericales de las cortes españolas. Al asumir el poder, los
predicadores aclamaron a Iturbide, agradecieron a Nuestra
Señora de Guadalupe que reuniese a los mexicanos en busca de la Independencia y expresaron su confianza en que
ella protegería a su Iglesia de los excesos revolucionarios de
Europa.

Cuando el efímero imperio de Iturbide se desvaneció y en
su lugar nació la república federal, los clérigos temieron que
los políticos liberales se apoderaran de las riquezas de la
Iglesia. El clero manifestó que el Estado mexicano no había
heredado los derechos de patronazgo de la Corona española, de modo que, mientras no se estableciera un concordato
con Roma, el gobierno no tenía derecho a intervenir en el
nombramiento de obispos y cánones. Para corroborar su
postura, muchos sacerdotes adoptaron una teología ultramontana, en la que el papado se definía como una monarquía
absoluta con poderes de intervención en toda la Iglesia. El
hecho culminó en la proclamación de la infalibilidad papal
en 1870; no obstante, la Iglesia mexicana había sufrido la
embestida de la Reforma liberal de la década de los cincuenta del siglo xix. El gobierno radical, con golpes sucesivos,
expropió a la Iglesia, despojó al clero de sus privilegios legales, disolvió los monasterios, secularizó la educación, y finalmente separó la Iglesia del Estado. Estas medidas fueron
condenadas con vehemencia por los obispos que abiertamente respaldaban a los generales conservadores. El resultado fue una lamentable guerra civil. La ansiedad que vivió el
clero durante el conflicto encontró expresión en dos sermones que predicara en el Tepeyac, en 1859 y 1860, Clemente
de Jesús Munguía, el intransigente obispo de Michoacán.

Cuando los obispos fueron expulsados de México, se refugiaron en Roma, donde los acogió Pío IX. Entonces el arzobispo Pelagio Antonio de Labastida se unió al papa para
proyectar la reanimación de la Iglesia mexicana mediante la
creación de nuevas diócesis. Gracias a su estancia en el Vaticano, los obispos mexicanos cobraron plena conciencia de

pertenecer a una Iglesia universal y en adelante optaron por enviar a los jóvenes sacerdotes más prometedores a completar su educación en Roma. Asimismo, durante el tiempo que pasaron en Europa se enteraron del súbito surgimiento de Lourdes como el principal santuario mariano y pudieron atestiguar de qué manera la jerarquía francesa aprovechó el sistema ferroviario y la prensa para organizar peregrinaciones nacionales y popularizar el culto. Si el papado constituía el principio de autoridad sobre el que descansaba la Iglesia, la Francia católica ofreció a los obispos mexicanos el vivo ejemplo de una renovación que comprendía la teología y la devoción.[14]

Durante los largos años en que México estuvo gobernado por Porfirio Díaz, de 1876 a 1911, la Iglesia gradualmente rehabilitó sus instituciones y buscó restablecer su influencia social. Inspirados por el ejemplo de Lourdes, los obispos obtuvieron autorización del papado para coronar la imagen de Guadalupe. Durante todo el mes de octubre de 1895, se recibió a los peregrinos diocesanos llegados al Tepeyac para participar de la misa y escuchar los sermones de la celebración. El director del proyecto, José Antonio Plancarte, invitó a los obispos de toda Norteamérica y el Caribe, de modo que el 12 de octubre, cuando se escenificó la coronación, veintidós arzobispos y obispos mexicanos estuvieron acompañados por catorce prelados de Estados Unidos y otros tres de Quebec, La Habana y Panamá. El álbum que conmemora las celebraciones ofrece no sólo una descripción de los acontecimientos, sino también incluye el texto de los sermones predicados durante ese mes. Como era de esperarse, la teología neoplatónica y las aspiraciones sacramentales de la época barroca habían sido apartadas tiempo antes, pero las figuras bíblicas que propusiera Miguel Sánchez captaron la atención de muchos oradores. El obispo de Colima sintetizó el espíritu de la ocasión al exclamar que había acudido al Tepeyac, "el Sión mexicano", para escudriñar en las tablas de su ley el destino del país. De igual modo, el santuario fue comparado con el Templo de Jerusalén y la imagen de Guadalupe con el Arca de la Alianza. Pero los predicadores también sostuvieron que la fundación de México databa de la aparición de la Virgen María en el Tepeyac, puesto que en ese entonces ella había liberado a su pueblo de la servidumbre de la idolatría y la tiranía. Reconocieron en la Virgen a la fundadora de una nueva nación mestiza, pues en su santuario se reconciliaron españoles e indios, unidos en una devoción y fe comunes. El énfasis puesto en la función social de la guadalupana por parte de los predicadores coincidía con las afirmaciones de Ignacio Manuel Altamirano, un radical que reconoció que, para los mexicanos, "en último extremo, en los casos desesperados, el culto a la Virgen mexicana es el único vínculo que los une [...]".

El renacimiento de la Iglesia también se vio reflejado en las abundantes publicaciones sobre Nuestra Señora de Guadalupe de la década de los años ochenta del siglo xix. El propósito de algunos tratados era interpretar las crónicas y documentos del siglo xvi que se imprimían por primera vez. Varios eran panegíricos, destinados a mover a la devoción; pero también se generó una gran controversia. Sobre todo el hallazgo y publicación del manuscrito de 1556 que consignaba la querella entre el arzobispo Montúfar y el provincial franciscano causó conmoción, pues en él se atribuía la imagen de Guadalupe a un pintor indio llamado Marcos. La alarma entre los círculos clericales se intensificó cuando se supo que Joaquín García Icazbalceta, el historiador más respetado de México, había llegado a la conclusión de que el relato de las apariciones había sido recogido por Sánchez 116 años después del suceso, y que el silencio universal de los cronistas del siglo xvi en torno al milagro implicaba que la tradición carecía de credibilidad histórica. La ira de los "aparicionistas" no conoció límites y se atacó ferozmente no sólo a García Icazbalceta, católico devoto y conservador, sino a los franciscanos, fundadores de la Iglesia mexicana, por su silencio y hostilidad al culto guadalupano. La polémica resurgió al descubrirse que la corona de oro que engalanaba a la Virgen en su imagen desde tiempo inmemorial había sido borrada sigilosamente.

El estallido de la Revolución Mexicana en 1910 desató una ola de anticlericalismo que en última instancia amenazaba con destruir los logros del siglo xix. Los obispos fueron expulsados del país, los sacerdotes perseguidos y las iglesias confiscadas. La Constitución de 1917 negaba personalidad jurídica a la Iglesia y prohibía a los ministros de la religión intervenir en la educación o la política. Pero cuando el Estado revolucionario intentó reducir el número de sacerdotes y lugares de culto, los obispos iniciaron un interdicto en contra de la república. De 1926 a 1929 sobrevino una penosa guerra civil en la que el campesinado católico, sobre todo en el occidente de México, combatió al ejército federal hasta inmovilizarlo. En los pendones rebeldes aparecía la figura de la guadalupana y bajo ella estaba grabada la inscripción "Viva Cristo Rey". De las filas de sacerdotes cristeros surgió la campaña para beatificar a Juan Diego, lo cual ofrecía a los fieles un héroe indio y leal que compensara el énfasis de los nacionalistas revolucionarios en la civilización prehispánica y el campesinado indígena contemporáneo. Al finalizar la Segunda Guerra Mundial, la Iglesia y el Estado pactaron una sigilosa reconciliación y se establecieron las condiciones para construir una nueva y espaciosa basílica en el Tepeyac sufragada en parte por el propio gobierno y consagrada en 1976. En 1979, con la visita de Juan Pablo II a México, se renovó su importancia en el contexto general de la Iglesia católica; y en 1990 el empeño de la Iglesia se vio recompensado con la beatificación de Juan Diego.

Durante el siglo xx el añejo debate acerca de la "historicidad" de las apariciones no cesó y periódicamente se descubrieron nuevas fuentes que a la postre resultaron insuficientes. Sin embargo, cuando el *Nican mopohua*, el texto náhuatl del relato de las apariciones, fue objeto de nutridas reflexiones el énfasis teológico volvió a cobrar importancia. La Teología de la Liberación, por no citar el Concilio Vaticano Segundo, causó el efecto de concentrar la atención en la índole pastoral de los diálogos entre la Virgen y Juan Diego. Ya para la década de los noventa se habían efectuado varias traducciones a diferentes idiomas y el texto se tenía, en un sentido poco claro, por "inspirado", lo cual lo convertía en un evangelio mexicano. Si la "opción para los pobres" llevó a los comentadores mexicanos a desestimar a Sánchez como exponente de conceptos barrocos, los eruditos norteamericanos no sólo revisaron la argumentación escéptica de Muñoz y García Icazbalceta, sino que demostraron la dependencia textual del *Nican mopohua* del relato español que ofreciera Sánchez. Ninguno de estos doctos hallazgos y controversias, sin embargo, menoscabó la fe del pueblo mexicano, y en 1999 Juan Pablo II honró aún más esa fe al proclamar a la Virgen mexicana patrona de toda América. De este modo, la Santa Sede designó de manera implícita a la guadalupana como la principal imagen mariana dentro de la Iglesia católica, puesto que, ya fuese por su significación teológica, ya por la extensión geográfica, ¿dónde podía hallarse una comparable?

El propósito de este libro es arrojar luz sobre el súbito florecimiento y la tenacidad férrea de la tradición de Nuestra Señora de Guadalupe. Si bien Miguel Sánchez no inaugura la devoción, sin duda define la manera en la cual la imagen es exaltada y vindicada. Para entender la matriz doctrinal de la que parte la tradición, es necesario volver a Bizancio, a San Agustín y a la España de los Habsburgo. No obstante, incluso cuando Sánchez aún vivía, se lanzó una campaña para menoscabar su autoridad al atribuir la tradición a fuentes manuscritas indígenas. Buena parte de la polémica en torno al culto en los últimos dos siglos se ha concentrado en la credibilidad de tal atribución. El triunfo de la devoción a Nuestra Señora de Guadalupe, en todos los ámbitos de la sociedad mexicana, es una prueba de la fuerza espiritual de esta imagen y de su tradición.

Son pertinentes algunas aclaraciones. El culto y la tradición de la guadalupana se desarrollaron en el contexto de una Iglesia católica universal, y aislar su imagen de la historia de la Iglesia es incurrir en una distorsión. Los lectores poco versados en el catolicismo, sobre todo, deben tener presente que, para la Iglesia en su conjunto, Nuestra Señora de

Guadalupe es simplemente una representación mexicana de la Virgen María, Madre de Dios, y que en su santuario los feligreses participan del mismo servicio eucarístico, escuchan las mismas lecturas de la Biblia y reciben la misma comunión que en cualquier otra iglesia católica del mundo. Por otra parte, los cambios en la manera de presentar e interpretar a la Virgen reflejan las transformaciones igualmente profundas que ha sufrido la sociedad mexicana a lo largo de los siglos. No es una mera coincidencia que los clérigos que buscaron fundar la tradición guadalupana a partir de las fuentes indias también procuraran identificar la civilización prehispánica como la antigüedad clásica de su país. De hecho, el modo en el que se ha concebido el pasado indígena guarda una relación íntima, aunque variable, con la manera en que se ha descrito la función de la Virgen en la historia de México.

También es importante advertir que esta obra se centra en las doctrinas, la historia y las ceremonias. No busca trazar el desarrollo del culto de la guadalupana ni en cuanto a su difusión geográfica ni a su penetración social o étnica. Es evidente que las devociones sólo se fortalecen cuando los fieles las reciben con entusiasmo. Los obispos y los sacerdotes podrán predicar, pero a la larga son los legos quienes determinan su esplendor o su desaparición. Se ha dado gran importancia a las raíces prehispánicas de la participación indígena en el culto a Guadalupe, pero son escasos los indicios de la permanencia de una imagen prehispánica cualquiera de Tonantzin en el corazón o la mente indígenas. En todo caso, desde sus inicios la devoción fue tan criolla como india y sin duda el clero criollo fue responsable de su difusión a lo largo y ancho de los extensos territorios de la Nueva España. Desde luego, las mujeres asimismo desempeñaron una función en la recepción y transmisión del fervor, una función que este libro desatiende por entero, pero que resulta determinante para comprender cómo Nuestra Señora de Guadalupe llegó a ser considerada madre del pueblo mexicano.

En un ensayo célebre, el historiador de Nueva Inglaterra Henry Adams señala el contraste elocuente entre la fuerza espiritual que ejerció la Virgen María en la Francia medieval y el dínamo, la fuerza eléctrica que impulsó la civilización industrial de Estados Unidos. Le maravillaba ese contraste por la fuerza de la mujer en la Edad Media, ya en la religión o en la literatura, sólo para lamentar la ausencia de semejante vigor en Estados Unidos a principios del siglo xx.[15] Y añade: "Una Virgen norteamericana nunca se atrevería a regir; una Venus norteamericana nunca se atrevería a existir." En la actualidad, y debido a Hollywood, incontables mujeres de Estados Unidos podrían reclamar para sí el título de Venus. ¿Pero dónde está la Virgen americana? Al igual que muchos compatriotas de la época, Henry Adams sabía poco de México. Sin embargo, en México, los insurgentes de 1810 y los zapatistas de 1910, sin mencionar a los cristeros, marcharon amparados por el estandarte de la guadalupana, y en la actualidad millones de peregrinos visitan su santuario anualmente. ¿Cuál es la fuente y la naturaleza del poder de esa imagen? Por extraño que parezca, en el plano doctrinal la Iglesia católica contemporánea tiene poco que decir al respecto. En el último capítulo se exponen algunas reflexiones elementales acerca de la fuerza espiritual de las imágenes sagradas, las cuales responden tanto al deseo de incitar el debate teológico como de responder a la interrogante.

1. Imagen y tipología

I

Cuando a principios del siglo iv Constantino el Grande adoptó el cristianismo como religión imperial, su hermana le pidió al obispo e historiador de la Iglesia Eusebio de Cesarea que le obsequiara una efigie de Cristo. Eusebio se rehusó argumentado que era imposible representar a Cristo, pues éste era Dios y hombre. El obispo coincidía con San Clemente de Alejandría y con Orígenes en que la palabra de las Escrituras no era sino la manifestación externa de una doctrina profundamente espiritual, la cual los llevó a desdeñar toda pretensión de pintar, tallar o esculpir imágenes de Cristo o de la Santísima Trinidad. Frente al espectáculo idolátrico representado en los templos de su entorno, ¿cómo podían consentir la veneración de las imágenes?[1] Tertuliano, el apologista del norte de África, condenó apasionadamente a los artistas que creaban imágenes, fuere cual fuese el motivo, y llegó a compararlos con actores y prostitutas, pues toda representación era un engaño: su malévolo propósito era despertar las pasiones e incitar a los espectadores a la idolatría o al pecado.[2] Los teólogos cristianos apoyaban sus censuras en el Antiguo Testamento, y en especial en el Éxodo, en el cual los diez mandamientos otorgados a Israel comienzan con esta declaración:

> Yo soy Jehová tu Dios, que te saqué de la tierra de Egipto, de casa de servidumbre. No tendrás dioses ajenos delante de mí. No te harás imagen, ni ninguna semejanza de lo que esté

arriba en el cielo, ni abajo en la tierra, ni en las aguas debajo de la tierra. No te inclinarás a ellas, ni las honrarás [...]

En el Deuteronomio, Moisés le recuerda a Israel que en el monte Horeb o Sinaí, Dios se manifiesta en el fuego, de manera que sólo se escucha su voz, sin vislumbre de forma o efigie.[3] A partir de ese pasaje, y a lo largo del Antiguo Testamento, se rechaza y condena la insensatez de venerar imágenes hechas por el hombre. Asimismo, en su Epístola a los Romanos, San Pablo lleva más lejos la censura de la idolatría al condenar a los griegos, quienes "profesando ser sabios, se hicieron necios, y cambiaron la gloria del Dios incorruptible en semejanza de imagen de hombre corruptible, de aves, de cuadrúpedos y de reptiles".[4] Herederos del designio divino judaico, los primeros cristianos padecían el martirio antes que venerar u honrar a los dioses romanos o griegos. Cuando se proclamó la divinidad de los emperadores, muchos prefirieron la muerte antes que ofrecer incienso y rendirse a las exigencias de ese culto cívico.

No fue sino hasta los siglos VI y VII que la Iglesia cristiana comenzó a animar el culto a las imágenes sagradas, aunque prefería las pinturas a las esculturas o tallas. Esa veneración estaba arraigada en diversas prácticas. Los cristianos de las catacumbas habían conmemorado a sus muertos con tablillas votivas en las que en ocasiones figuraba la plegaria de los difuntos a Cristo y a los santos. Se le rendía especial culto a las tumbas de los mártires, y a la postre estos santos fueron representados. De igual importancia estaba revestida la costumbre romana, que el Imperio de Oriente mantenía, de exhibir en público las estatuas y pinturas de los emperadores, a los cuales por ser cristianos ciertamente ya no se les veneraba, pero a cuya efigie todavía se le rendían todos los honores.[5] Los teólogos justificaban semejante costumbre, pues "los honores rendidos a una imagen se trasladan a su prototipo", según sostenía San Basilio Magno. El razonamiento que sustentaba esta célebre afirmación lo expuso en detalle San Atanasio al señalar que "en la imagen del emperador reside la apariencia y la forma, y en el emperador reside la apariencia que está en la imagen [...] quien venera la imagen venera al emperador en ella, pues la imagen es su forma y apariencia".[6] De esta manera se esgrimieron razones suficientes para justificar el culto a las pinturas de Cristo y sus apóstoles.

En la misma época surgió la leyenda de que Cristo mismo había estampado su efigie en un lienzo enviado a Agbar, rey de Edessa, y que durante la Pasión una imagen se había plasmado en el paño que Santa Verónica le ofreciera. Por otra parte, se creía que ciertos iconos de la Virgen María eran obra contemporánea de San Lucas, si bien idealizados, pues se le representaba siempre como una joven con el niño Jesús en brazos.[7] Aquellos originales de Cristo y María pronto fueron reproducidos y las copias a su vez fueron objeto de veneración. No transcurrió mucho tiempo antes de que a determinados iconos se les atribuyese el poder de obrar milagros, por lo general, debido a la cura de las enfermedades y otras dolencias de los devotos. Una vez difundidas las nuevas acerca del milagro, las imágenes se volvían de culto, es decir, atraían a los peregrinos, se les rendía especial devoción y en ocasiones se constituyeron cofradías en su honor. Faltaba muy poco para que se proclamaran patronos de las ciudades, sobre todo porque ya era costumbre dedicar las iglesias a la Virgen María o a otros santos. En ocasiones, durante las fiestas cristianas, los iconos eran llevados por las calles de las ciudades que amparaban. Un ejemplo de ello lo encontramos en los ejércitos del imperio bizantino que, embarcados para enfrentar a las fuerzas musulmanas, iban acompañados de imágenes sagradas.[8]

Sin embargo, con la ascensión de la dinastía isauria en el siglo VIII, los emperadores encabezaron una vigorosa campaña para erradicar toda suerte de representación sagrada. León III (717-741) no sólo decretó la destrucción total de los iconos, también hizo reemplazar los mosaicos que representaban a Cristo, a María y a los ángeles por cruces sencillas. Su sucesor, Constantino V, justificó la iniciativa al afirmar que "el que fabrica un icono de Cristo ha sido incapaz de penetrar las honduras dogmáticas de la inextricable unión de las naturalezas de Cristo", es decir, si Cristo era en verdad la segunda persona de la Santísima Trinidad, entonces era imposible y ofensivo reducir su divinidad a una mera efigie de madera y pintura.[9] Cuando el cambio de régimen propició el retorno de las costumbres tradicionales, el séptimo Concilio Ecuménico, celebrado en Nicea en 787, autorizó con vehemencia el culto a los iconos:

> A semejanza de la preciosa y vivificante Cruz, las veneradas y santas imágenes, sean pintadas o en mosaico o de cualquiera otro material propicio, deben exponerse en la santa iglesia de Dios, en los sagrados instrumentos y vestiduras, en las paredes y en los retablos, en las casas y en las calles; son ésas las imágenes de Dios Nuestro Señor y del Salvador Jesucristo, o de Nuestra Inmaculada Señora, la santa Madre de Dios, de los venerables ángeles y de todos los santos y hombres píos. En efecto, cuanto más esas imágenes sean expuestas, tanto más quienes las vean recordarán y anhelarán a aquellos que están representados, y les rendirán su respeto y veneración. No se trata, ciertamente, según nuestra fe, de un mero culto de latría, que está reservado sólo a la naturaleza divina, sino de un culto similar al que se rinde a la imagen de la preciosa y vivificante Cruz, al Santo Evangelio y a otros objetos sacros, honrándolos con incienso y luces como era el uso piadoso de la antigüedad. De hecho, los honores rendidos a la imagen pasan al modelo que representan; y quien adora la imagen, adora la sustancia que está representada en ella.[10]

Si bien el frenesí iconoclasta habría de rondar nuevamente el Imperio de Oriente, los decretos de Nicea se adoptaron en todo el orbe cristiano y constituyeron, por así decirlo, la cédula teológica que permitió el culto a las imágenes sagradas en la Iglesia latina y la griega.

La defensa más enérgica de los iconos la llevó a cabo San Juan Damasceno (675-749), un teólogo sirio que terminó sus días en un monasterio situado cerca de Jerusalén, en ese entonces bajo el dominio musulmán. Desde semejante atalaya, se opuso a la intervención de los emperadores èn asuntos doctrinales, los cuales eran competencia de los apóstoles, profetas y obispos. En su tratado sobre imágenes sagradas, cita el mandamiento de Dios contra la idolatría en el Éxodo, y afirma que Dios también dio instrucciones a Moisés para la construcción del Arca o tabernáculo de la Alianza que albergaría las Tablas de la Ley procedentes del monte Sinaí. Pero el Arca, sobre la que debía disponerse un propiciatorio o trono de oro, se encontraba flanqueada y dominada por dos querubines dorados. Cuando Salomón construyó el Templo de Jerusalén, el Arca y el propiciatorio se colocaron en el santuario interior, el sanctasanctórum, bajo el amparo de ambos querubines. Figuras semejantes, junto con las de leones y toros, decoraban las paredes del templo. De ello se sigue, argumenta San Juan, que aunque la Ley condene el culto a los objetos materiales por idolatría, no prohíbe la representación de ángeles de oro y plata, a pesar de su naturaleza espiritual.[11] Además, si bien Moisés describió a Dios en términos de llama y verbo, el profeta Isaías al parecer lo vio sentado en su trono, tras las alas de seis serafines. Era de tal intensidad la veneración judía por los símbolos materiales de su religión que, como recordaba el autor de la Epístola a los hebreos, se conservaban las Tablas de la Ley, la vara milagrosa de Aarón y una urna con maná del desierto en el sanctasanctórum del templo.[12] Y en efecto, los judíos aún veneran en la sinagoga los rollos de la Ley, la Torah, resguardados en un arca o tabernáculo sagrado.[13]

La importancia de los signos materiales también está justificada por la psicología: "ya que estamos constituidos de alma y cuerpo, y nuestra alma no es un espíritu desnudo, sino que está cubierto, por así decirlo, con un velo de carne, es imposible pensar sin hacer uso de imágenes físicas". Según San Juan, de los sentidos la vista es el más noble y el que más ilumina el alma. En una época cuando los libros se leían en voz alta, añadía: "Lo que el libro es al letrado, la imagen es al iletrado. Así como las palabras hablan al oído, así la imagen habla a la vista; nos da entendimiento."[14] Pero repudiar los iconos no sólo impide la devoción y el entendimiento; es aún más grave, impugna la encarnación de Cristo. Con la blasfema destrucción de las imágenes sagradas, los iconoclastas arremetían contra la doctrina del Concilio de Calcedonia (450), según la cual Jesús era "una persona con dos naturalezas", Dios verdadero y hombre verdadero. San Juan lo explica de este modo: "Adoro a Aquel que se cubrió con el púrpura real de mi carne [...] la carne que Él adoptó se vuelve divina y permanece después de su asunción." Si Cristo es humano puede representarse materialmente, y su imagen puede venerarse, puesto que "No adoro la materia; adoro al Creador de la materia encarnado". Pero a la vez San Juan coincide con los iconoclastas en el sentido de que retratar al Todopoderoso, reducir la divinidad no circunscrita al marco de un icono, es idolatría: "El intento de crear una imagen de Dios invisible sería sin duda pecaminoso", opinión que previno a los pintores ortodoxos de representar a la Trinidad salvo bajo el aspecto de los tres ángeles que visitaron a Abraham.[15]

Resuelto a ir más allá de la mera apología, San Juan se valió de la filosofía neoplatónica para formular una teología de las imágenes sagradas. Y así parte del principio de que si "una imagen es una semejanza [...] que muestra lo representado", entonces "revela o vuelve perceptible aquello que permanece oculto". La premisa sostiene que si el artista tiene una idea de la pintura antes de comenzar su labor, entonces la propia pintura conserva algo de aquella idea. Y si una imagen natural se distingue de otra artificial, persiste, no obstante, una relación lógica entre el parecido del hijo con su padre y el de un retrato con el modelo del artista. Si se aceptan tales premisas, entonces es posible construir lo que se ha llamado "La gran cadena de imágenes", que proceden de la Trinidad hasta el icono más sencillo.[16] Al igual que con la Santísima Trinidad, "el Hijo del Padre es la primera imagen natural de Dios invisible", explica San Juan. Si bien ésta, desde la eternidad, alberga "imágenes y figuras de objetos que Él está por crear, y el propósito de cada una fue llamado predeterminación por el bendito Dionisio". La tercera clase de imágenes está constituida por el hombre, pues éste fue hecho a imagen y semejanza de Dios, según las Escrituras. El cuarto tipo está integrado por las descripciones bíblicas de los fenómenos naturales, como el Sol, la luz y las montañas, que pueden ser interpretados como símbolos de Dios y su poder. Sigue entonces la quinta categoría, que consiste en las prefiguraciones de personas y sucesos de la revelación cristiana del Antiguo Testamento. Finalmente, la sexta clase corresponde a las reminiscencias materiales de los sucesos pretéritos, es decir, la palabra de las Escrituras, los iconos u objetos tales como la vara de Aarón o la urna de maná. En cada una de las categorías el poder divino se revela de alguna manera, y si el Espíritu Santo reside en los santos, amigos de Cristo, también está presente en sus imágenes y sepulturas. De tal suerte que no ha de rendirse culto sólo a las imágenes de Cristo sino también a las efigies de su madre, de los santos y de los ángeles. ¿Qué puede resultar más conmovedor que la anécdota de San Juan Crisóstomo leyendo las epístolas de San Pablo ante un icono del apóstol y tomándolo entre sus manos cuando conversa con su venerado maestro?[17]

Las implicaciones de esta teología neoplatónica sobre las imágenes sagradas fueron exploradas por San Teodoro el Estudita (759-826), monje de Constantinopla que se propuso rebatir la acusación iconoclasta de que una imagen verdadera debía encerrar la esencia misma de su prototipo. A saber, si bien Cristo era imagen natural de su madre y compartía la misma esencia o naturaleza humana, por el contrario, un icono de Cristo era artificial, pues la esencia del objeto material era radicalmente distinta. Rendir culto a objeto semejante equivale a incurrir en idolatría. En respuesta a estas objeciones, Teodoro reiteró los argumentos de San Juan Damasceno, aunque los fundamentó con una distinción escolástica entre esencia o naturaleza por una parte y efigie o forma por la otra. Un icono era como la sombra de su prototipo celestial o, para emplear otro símil, semejaba una efigie estampada en cera: de modo que en los dos casos su existencia dependía del prototipo. Sostuvo que "Cristo es el prototipo de su imagen [...] la imagen artificial es igual a su arquetipo por su semejanza, pero distinta por su esencia [...] No veneramos la esencia de la imagen, sino la forma del prototipo que está estampada en ella [...] la imagen comparte una sola forma con su prototipo; por tanto, comparten la misma veneración."[18] De esto se sigue que "si bien su naturaleza es doble, el prototipo y la imagen son uno por su semejanza hipostática", por ende, los iconos debían recibir idéntica veneración que la rendida a Cristo o a María. Sin lugar a dudas, semejantes conclusiones resultaban audaces.

Con una defensa teológica tan vehemente, no resulta insólito que el culto a los iconos se reestableciera en el mundo ortodoxo. Sin embargo, la campaña iconoclasta impuso un severo ordenamiento. A partir de entonces en casi todas las iglesias griegas se representó a Cristo como *pantocrátor*, soberano del universo que domina el santuario desde las altas paredes de la cúpula. Asimismo, a María se le retrataba como *theótokos*, Madre de Dios, con el niño Jesús en brazos, a menudo escoltada por ángeles o santos, y ubicada en el ábside. Posteriormente, se estableció la costumbre de descolgar imágenes del presbiterio que separaba el sagrario de los fieles, y portarlas en procesión durante la liturgia. Volvieron a venerarse imágenes individuales a causa de sus milagros o por la protección que ofrecían y, en consecuencia, atrajeron a nuevos peregrinos y devotos. A pesar de la estricta supervisión que se ejerció sobre los iconos, difería su representación según las escuelas regionales, y durante el siglo XI surgió un nuevo estilo que propiciaba la devoción al crear la ilusión de vida,[19] de suerte que las escenas de la Virgen y de Cristo comenzaron a mostrar amor y sufrimiento. Cuando la célebre imagen de Cristo de Mandilonia se trasladó de Edessa a Constantinopla en 944, fue aclamada como "una segunda Arca de la Alianza".[20]

Si bien San Juan Damasceno fue el último Padre griego al que la Iglesia latina honró con su fiesta propia, su recóndita teología de las imágenes sagradas no fue adoptada en Occidente. Roma prefirió destacar el valor didáctico y devoto de la pintura en las iglesias. El papa Gregorio Magno reafirmó que "la pintura es al hombre llano lo que la escritura es al letrado". En efecto, un icono o mosaico se define en términos de representación que incita la imaginación e induce la devoción de los fieles, y en cuyas mentes debían morar los originales divinos de las pinturas que miraban.[21] En Roma, la efigie de Cristo impresa en el paño de santa Verónica fue un icono muy venerado, y se creía que el antiguo icono de María que se conservaba en la iglesia de Santa María Maggiore era obra de la propia mano de San Lucas. Ambas fueron llevadas en procesión por las calles y se convirtieron en objetos de profunda devoción. Con el trágico saqueo de Constantinopla en 1206, muchos iconos fueron recuperados y llevados de vuelta a Italia donde más tarde también se atribuyeron a San Lucas.[22] Occidente se diferenció de Oriente en la elaboración de retablos, en los cuales los pintores se empeñaban en mostrar su talento para retratar el sufrimiento humano de Cristo y de la Virgen.

En la Iglesia latina, sin embargo, las reliquias de los mártires y penitentes eran las que más atraían la devoción popular. En las últimas páginas de *La ciudad de Dios*, San Agustín (354-430) se maravilla ante las curaciones milagrosas que se habían obrado en las sepulturas de los mártires en África del Norte.[23] Perspicaz para eludir las acusaciones de idolatría, respaldó el nuevo culto aduciendo que, si bien los paganos habían erigido templos para honrar las curaciones que habían realizado sus ídolos, los cristianos habían construido santuarios conmemorativos en donde se practicaba la liturgia regular; de este modo, las oraciones se dirigían a Cristo y a la Trinidad, y los mártires eran nombrados, en lugar de ser invocados directamente. De esta manera, el culto de los santos durante los siglos v y vi se extendió por las provincias occidentales del antiguo Imperio romano. Se concentró en las reliquias que se depositaban en espléndidos santuarios que con frecuencia construían los obispos de la localidad y que a veces se albergaban dentro de las catedrales. Aunque el alma de los mártires y los confesores estaba en el cielo, se creía que los huesos encerraban un poder espiritual y que una presencia celeste residía en ellos, la cual podía exorcizar a los demonios y sanar a los enfermos. Las sepulturas de los mártires atrajeron a innumerables peregrinos; su vida y sufrimientos fueron asunto de biografías piadosas y los milagros realizados en sus templos, registrados fielmente. Las ciudades de la época adoptaron el patronazgo de los santos mártires y la celebración de sus fiestas se transformó en una manifestación anual de solidaridad colectiva. El pueblo veía en ellos a guardianes celestiales cuyo amparo estaba garantizado por la presencia de las reliquias. A semejanza de los iconos, surgió así un anhelo generalizado por consolidar la verdad cristiana en una presencia palpable y material.[24]

Si bien estos primeros cultos estuvieron ligados a una ciudad en particular y a su provincia, en la España del siglo IX el descubrimiento de la sepultura de Santiago en Compostela condujo a que se proclamara al apóstol patrono de toda España. Puesto que en aquel periodo la mayor parte de la península estaba ocupada por soberanos musulmanes, su protección cobró suma importancia, sobre todo cuando se aseguró que el santo había intervenido en la batalla de Clavijo, por lo que muy pronto recibió el sobrenombre de "Matamoros", y a partir de entonces se le representó a caballo y espada en mano. El culto fue tan efusivo que los musulmanes compararon el santuario con la Kaaba en La Meca, pues cuando el califa Almanzor incendió y saqueó la iglesia de Compostela en 997, dejó intacta la sepultura. Por su parte, muchos cristianos confundían a Santiago, hijo de Zebedeo, con Santiago el hermano de Cristo y primer obispo de Jerusalén. En todo caso, se sostenía que el santo había ido a España a predicar el Evangelio poco después de la muerte de Cristo y, aunque regresó a Palestina donde fue martirizado, sus restos fueron devueltos a Compostela.[25] Con un linaje semejante, no es excepcional que las reliquias de Santiago Matamoros atrajeran a peregrinos no sólo de España sino de toda Europa.

Acaso el culto de las imágenes se transformó en el siglo x cuando las reliquias de los mártires y santos comenzaron a ser depositadas en oquedades dentro de estatuas de madera, luego cubiertas con hoja de oro y ornamentadas con joyas. Entre los primeros relicarios en forma de estatua se encuentra la figura enjoyada de santa Fe, venerada en Conques, Francia, la cual atraía a peregrinos de lugares remotos en busca de curas milagrosas.[26] Las reliquias no dejaron de venerarse, y tanto los huesos de Santo Tomás Becket, el arzobispo martirizado de Canterbury, como los de San Francisco sepultados en Asís, atrajeron a miles de peregrinos. Pero en cuanto los relicarios adoptaron la forma de imágenes, las estatuas y crucifijos no tardaron en convertirse en objetos de devoción independiente. A finales de la Edad Media, cada país albergaba santuarios con imágenes, sobre todo estatuas, aunque también algunas pinturas, célebres por sus poderes taumatúrgicos, las cuales inflamaban una devoción que las elevaba muy por encima de la categoría de meras representaciones.[27] En aquel entonces numerosos santuarios ya eran administrados por las órdenes religiosas que obtenían prestigio y generosos donativos gracias a su presencia. A diferencia de la oriental, la Iglesia latina no logró ejercer una vigilancia absoluta sobre la manera en que se creaban las imágenes sagradas, y abundaron las rarezas. En ningún sitio fue más patente que en Compostela, donde la figura de Santiago erigida sobre su tumba ostentaba miembros móviles y una espada que en cierta ocasión se empleó para armar caballero al rey de Castilla.[28]

Durante la Edad Media también la Eucaristía fue objeto de devoción propia. En 1215 el papado expuso formalmente la doctrina de la presencia real, según la cual durante la misa, mediante las palabras pronunciadas en la consagración, el pan y el vino se transustancian en el cuerpo y la sangre de Cristo. A esta definición le siguió la proclamación de la fiesta de Corpus Christi en 1264 y de nuevo en 1317. Ya entonces, los miembros de las órdenes religiosas, sobre todo los dominicos, fomentaron el culto y la fiesta, para la cual Santo Tomás de Aquino había compuesto unas plegarias. En el siglo XIV la Eucaristía se exhibía como hostia circular en una custodia de oro o plata en forma de sol, engastada con piedras preciosas dispuesta para su adoración sobre el altar o llevada durante las procesiones. Más tarde se acostumbró en las iglesias instalar tabernáculos en el centro de los altares, donde podían guardarse las hostias para comulgar. La presencia de la Eucaristía confirmaba así el carácter sagrado de los templos. En un sentido, el tabernáculo era la versión cristiana del Arca de la Alianza; si bien en las sinagogas judías el arca contenía los rollos de la Ley, en las iglesias cristianas se albergaba el símbolo sacramental de la presencia real de Cristo.[29] El culto de la Eucaristía provino del mismo anhelo por una manifestación física de la divinidad que había nutrido la devoción a los iconos, reliquias y estatuas, pero difería en que la devoción se concentraba en un símbolo más que en una imagen y se derivaba directamente de la liturgia más importante de la Iglesia.

II

Los primeros cristianos sostenían que Jesucristo había venido a cumplir la profecía de las Escrituras. Tanto los evangelios como las epístolas interpretaron su misión redentora apoyándose en antecedentes bíblicos: a Jesús se le consideraba un segundo Adán enviado a liberar a la humanidad de los efectos del pecado original del hombre, y un Moisés que conduciría al Israel renovado fuera de Egipto. Era el Doliente Siervo de Isaías y el Mesías de la casa de David. La comparación con Moisés, sin embargo, se transfiguró cuando Cristo fue comparado con el Cordero ofrecido en sacrificio para dar comienzo a un éxodo universal, a partir de lo cual se convirtió en sumo sacerdote y víctima del sacrificio. Lejos de ser simples metáforas, estos títulos se derivaban de un método de razonamiento teológico que más tarde se denominaría tipología. Su premisa consistía en que los sucesos del Antiguo Testamento podían interpretarse como tipos o figuras de acontecimientos del Nuevo Testamento, definida la relación en términos de profecía y cumplimiento. En un plano más profundo, la tipología estaba basada en la historia bíblica que así establecía una relación viva entre los dos testamentos. El que Cristo fuera un segundo Moisés no sólo implicaba un éxodo, sino que cumplía la primera revelación de Dios hecha al patriarca en el monte Sinaí.[30]

Con la inclusión del Apocalipsis, el alcance intelectual del razonamiento tipológico se extrapoló al futuro cristiano. Por supuesto que los Evangelios y el propio apóstol San Pablo predicaban la parusía, el segundo advenimiento de Cristo, tiempo en el que reinaría glorioso acompañado de todos los santos resucitados; pero en ese último libro de la Biblia, la esperanza escatológica cristiana encontraba su razón de ser en las visiones apocalípticas de Daniel, Ezequiel, Isaías y Zacarías. Cristo representaba un mesías davídico y el Cordero que conducía a la nueva Israel a una batalla espiritual contra Satanás. En efecto, la tipología se convirtió en el fundamento de una teología de la historia, en la cual los antiguos enemigos de Israel —Babel, Sodoma, Tiro y Babilonia— eran sustituidos por personajes del Imperio romano que entonces perseguía y martirizaba a los cristianos. Pero a pesar del aterrador poder de Satanás, cuyas manifestaciones iban desde el dragón de siete cabezas hasta la prostituta de Babilonia sentada sobre una bestia, la victoria final de la Israel restituida estaba garantizada. La parusía era una nueva Jerusalén, una ciudad conformada por el ejército de los santos martirizados, una ciudad con doce puertas que representaban a las doce tribus y a los apóstoles, una ciudad que era a la vez templo y consorte del Cordero. Esa renovación de la tradición apocalíptica judía adquirió un sentido cristiano, y aunque su vívida imaginería produjo diversas interpretaciones, el mensaje anunciaba de forma inequívoca que el tiempo comprendido entre la Resurrección y el segundo advenimiento de Cristo se caracterizaba por un conflicto atroz entre Babilonia y Jerusalén.[31]

En la Iglesia oriental el razonamiento tipológico del Apocalipsis no llamó la atención de los teólogos, más preocupados por discernir el sentido espiritual de las Escrituras aplicando criterios de la filosofía platónica. Fue una peculiaridad de tal planteamiento que San Juan Damasceno, por poner un caso, incluyese tipos bíblicos en su Gran Cadena de Imágenes, situándolos entre aquellas que en las Escrituras denotaban el Poder Divino, los iconos y otros objetos sagrados. Los ejemplos mencionados eran objetos materiales, como la serpiente de bronce creada por Moisés y el Arca de la Alianza, la una en alusión a Cristo y la otra a María.[32] En general, los teólogos griegos eran proclives a emplear la alegoría, es decir, la interpretación moral o espiritual antes que la genuina tipología. En su *Historia eclesiástica*, Eusebio de Cesárea (c.260-c.340) sostuvo que los primeros patriarcas habían preservado la religión verdadera, adorado a Dios y se habían adherido a los dictados de la moral natural. Por el contrario, el designio mosaico surgió de la necesidad de impedir mediante severos castigos que los judíos practicaran la idolatría. El valor del Antiguo Testamento radicaba sobre todo en su profecía de Cristo, que, encarnado, cumplía la promesa inherente a la creación divina, lo cual renovó la religión patriarcal. La conversión de Constantino y el establecimiento de un imperio cristiano se interpretó como el cumplimiento de la profecía bíblica de Abraham, según la cual a partir de su simiente todas las naciones de la tierra serían bendecidas; de tal suerte, la historia humana y la encarnación de Cristo alcanzaban su culminación.[33]

Todo aquello era ajeno a San Agustín, quien, en su breve tratado *De la catequización de los no instruidos*, siguió los pasos de los primeros apóstoles, ofreciendo a los neófitos un esbozo de historia bíblica que se detenía en cada etapa entre Adán y Moisés para explicar su significación cristiana.[34] No obstante, en *La ciudad de Dios,* San Agustín se sirvió del Apocalipsis, de San Pablo y de los libros proféticos del Antiguo Testamento para formular una visión dual de la historia. El fundamento tipológico de su teología de la historia se puso de manifiesto cuando escribió: "En el Antiguo Testamento se encuentra oculto el Nuevo; en el Nuevo Testamento el sentido del Antiguo se manifiesta."[35] Así, leía las Escrituras no sólo para señalar acontecimientos históricos, "sino sucesos de sentido profético". Equiparó el arca de Noé con la Iglesia cristiana, refugio cierto en medio del naufragio universal de la humanidad; de igual modo, la disputa entre Esaú y Jacob por el derecho de primogenitura de Isaac representaba la sustitución de los judíos por los cristianos. Sin embargo, tales interpretaciones eran meros accidentes en una transformación que convertía las oscuras y escatológicas profecías del Apocalipsis en una historia providencial del conflicto cósmico entre Jerusalén y Babilonia, la ciudad celestial y la terrena. Identificó osadamente la sucesión de los imperios referidos en la Biblia: Asiria, Babilonia, Persia y Macedonia, con encarnaciones de la ciudad terrena, y por lo mismo veneros del orgullo y la codicia. Tampoco tuvo escrúpulos al afirmar que "la ciudad de Roma fue fundada como una suerte de segunda Babilonia".[36] Por el contrario, los patriarcas y profetas bíblicos, sin omitir al rey David, representaban las virtudes de quienes estaban amparados por el amor de Dios. San Agustín además aplicó esta tipología para describir la errante ciudad de Dios en peregrinación perpetua por el mundo, como Israel en el desierto, al amparo de Dios para sobrevivir. Por tanto, no respaldaba la glorificación del Imperio cristiano que propugnaba Eusebio, pues sostenía que todo ejercicio del poder político estaba corrompido, ya que provenía de la ciudad terrena y en consecuencia implicaba "dolorosas necesidades" apartadas de las inclinaciones del amor cristiano. Al mismo, tiempo intentaba avivar las esperanzas apocalípticas con la insistencia de que todas las profecías relativas al Mesías y al reino de Dios se habían cumplido con la encarnación, pasión y resurrección de Cristo. Al dividir la historia del mundo en siete eras que emulan los siete días de la creación, afirmaba que Cristo había inaugurado la sexta, equivalente a la quinta monarquía de Daniel, la cual se prolongaría hasta su segundo advenimiento.[37]

A finales del siglo XII todas las implicaciones de la interpretación tipológica fueron exploradas de nuevo por Joaquín de Fiore (c.1135-1202), un abad cistercense de Calabria, quien sostenía que la historia de Israel es una prefiguración íntegra de la historia cristiana, con cada periodo dividido en siete eras. Enmendó la cronología de San Agustín y afirmó que la era sexta y penúltima estaba apenas por comenzar, que sería un tiempo de difusión de la fe cristiana y de conflictos sin precedente, señalado por la aparición del Anticristo y por la prédica de dos nuevas órdenes de religiosos. Superpuesta a este esquema tradicional de siete eras se halla una gran sucesión trinitaria cuya primera etapa es el designio mosaico presidido por Dios Padre, seguida por una segunda etapa iniciada por Cristo, la cual debe abrir paso a la tercera, la del Espíritu Santo, que comenzaría pronto, durante la confusión de la sexta era. En la argumentación de Joaquín de Fiore lo central no son los detalles de los complicados esquemas ilustrados con "figuras" diagramadas, sino la premisa intelectual y su método. Sostenía, en suma, que los acontecimientos contemporáneos encerraban un valor espiritual y que era posible discernir su sentido mediante la exégesis tipológica de las figuras y los sucesos del Antiguo Testamento.[38] Era un método derivado de San Agustín, pero apartado del santo africano por su aplicación a los acontecimientos contemporáneos y al futuro inmediato. Como sus teorías tenían potencial político, pronto se emplearon para enaltecer a reyes y papas.

La tendencia a conferir significación teológica a los acontecimientos contemporáneos se fortaleció gracias al carisma de San Francisco de Asís y al repentino surgimiento de las órdenes mendicantes. El ejemplo y los preceptos de San Francisco indujeron a miles de cristianos a abandonar la vida mundana y a abrazar a "Nuestra Señora Pobreza" como ideal social. Al igual que los peregrinos y los mendicantes, los primeros frailes personificaban la imagen agustiniana de la ciudad de Dios como un conjunto de perpetuos viajeros errantes en la ciudad terrena. Cuando además se supo que San

Francisco había padecido la divina imposición de los estigmas en su abatido cuerpo, se le veneró como a un segundo Cristo. Después de su canonización, la iglesia de Asís fue decorada con los célebres frescos de Giotto, que retratan los momentos más importantes de su vida, incluidos los milagros que obrara. Fue San Buenaventura, teólogo principal de la orden de los franciscanos y su superior, quien identificó a San Francisco con el ángel del Apocalipsis que abrió el sello de la sexta era, incorporándolo sin duda al esquema general de la profecía joaquinita.[39] Años más tarde, la rama espiritual de la orden sostendría que San Francisco había inaugurado la tercera etapa, la del Espíritu Santo.

La guerra, la peste y un cisma causado por pretendientes rivales al pontificado desgarraron Europa occidental en el siglo xv. Estos sucesos provocaron que el pueblo percibiera una crisis, a menudo acompañada por un anhelo de renovación radical. La profecía joaquinita con frecuencia adoptaba un cariz político: el advenimiento de un emperador universal o de un papa angélico era la solución celestial para los males de moda. Al mismo tiempo, el creciente poder de los turcos otomanos, que habría de culminar con la caída de Constantinopla en 1454, se entendía como una señal del Anticristo. En un tratado sobre el cisma papal, el dominico valenciano San Vicente Ferrer (1350-1413) interpreta la visión de cuatro bestias que amenazan a Israel en el Libro de Daniel como prefiguración de los cuatro cismas que habían afligido a la Iglesia cristiana, identificándolos sucesivamente con los judíos, los sarracenos de Mahoma, los griegos de Constantinopla que impugnaron la autoridad del papa y, por último, con los rivales pretendientes del pontificado. En 1398 Ferrer tuvo una visión de Cristo custodiado por San Francisco y Santo Domingo, en la que recibió la tarea de predicar el arrepentimiento de los fieles y prepararlos para el fin del mundo. Pasó el resto de su vida en misiones, fundando cofradías y estimulando a sus seguidores a practicar la flagelación como penitencia. En sus últimos días escribió a Benedicto XIII afirmando que, si bien la predicación de San Francisco y de

Santo Domingo habían comenzado una renovación espiritual, las órdenes fundadas por ellos habían caído en la decadencia, dejando en ruinas a la cristiandad, de tal suerte que la aparición del Anticristo y el fin del mundo sobrevendrían muy pronto.[40] Como puede advertirse, la aplicación del método de Joaquín de Fiore, es decir, la interpretación de los acontecimientos contemporáneos por medio de las figuras bíblicas, podía conducir a conclusiones radicalmente distintas.

III

San Juan Damasceno, en su apología de las imágenes sagradas, sostuvo que además de las Escrituras la Iglesia recurría a la tradición no escrita aunque patente en la liturgia. Había indicaciones ajenas a las Escrituras, por ejemplo, sobre cómo administrar el bautismo o cómo celebrar la Eucaristía. Tampoco se encontraban referencias a la Trinidad en el Nuevo Testamento, ni una descripción de Cristo como "persona con dos naturalezas".[41] Si se aducían tales consideraciones para justificar la veneración de los iconos, cuántas más podían citarse para apoyar la veneración a la Virgen María que entonces caracterizaba a la Iglesia cristiana. En este caso existía realmente una justificación bíblica. En la Anunciación, el arcángel Gabriel dice a la Virgen: "El Espíritu Santo vendrá sobre ti y el poder del Altísimo te cubrirá con su sombra; por lo cual también el Santo Ser que nacerá y será llamado Hijo de Dios." Aquí hay una posible referencia al Éxodo, en donde leemos que la nube, símbolo de Dios, cubre el Arca de la Alianza con su sombra y "la gloria de Jehová llenó el tabernáculo". Asimismo, cuando María se dirige a las montañas de Judea a visitar a su prima Isabel, es recibida como otra Ruth que lleva en su seno al hijo de la casa de David. Su respuesta, que más tarde recibiría el nombre de *Magníficat*, es un texto sumamente elaborado, pletórico de referencias al Antiguo Testamento, en parte inspirado en el canto de Ana, la madre estéril que debía procrear al profeta y sumo sacerdote

Samuel, pero también en las reminiscencias de la profetisa Judit y en la tendencia generalizada entre los profetas a referirse a Israel como mujer.[42]

En el primer caso, la devoción de María se derivaba de su papel en el proyecto de salvación. En el siglo II, San Ireneo (c.130-200), obispo de Lyon, desarrolló las inferencias paulinas de la descripción de Cristo como nuevo Adán a fin de incluir a María:

> Pues Adán tenía necesariamente que ser restaurado en Cristo, para integrar aquella muerte en la inmortalidad, y Eva en María, para que una virgen fuera la defensora de una virgen, para deshacer y destruir la desobediencia virginal con la obediencia virginal.[43]

En cuanto María fue así identificada con la nueva Eva, la vía estuvo abierta para el florecimiento de la devoción y para que se escudriñase la Escritura con el afán de honrarla como Virgen y Madre. En general, era tenida por inmaculada y pronto se creyó que después de su muerte Cristo la había llevado al cielo. Pero su tratamiento más glorioso provino de las exigencias de amargas disputas teológicas centradas en los términos precisos con los cuales Cristo podía definirse como Dios y hombre. Para defender la doctrina del Concilio de Éfeso (431), María fue atrevidamente proclamada Madre de Dios, *theótokos* en griego, y *deípara* en latín.[44] En lo sucesivo, no podía dudarse ya de su participación fundamental en la economía de la salvación.

Al igual que otros teólogos, San Agustín consideraba que la participación de María era análoga a la de la Iglesia y, sin duda, la suponía prototipo de ésta. En su respuesta al arcángel Gabriel: "He aquí la sierva del Señor; hágase conmigo conforme a tu palabra", María había respondido, por así decirlo, como la primera cristiana. Es más, San Agustín sostenía que la Iglesia era también la madre de Cristo, que por medio de las obras de sus miembros había dado a luz a Cristo en el mundo, así como María había alumbrado a Cristo en la carne. Tanto

María como la Iglesia eran vírgenes, esencialmente incorruptas por el pecado, y a ambas las animaba el Espíritu Santo.[45] En la época de San Agustín, durante el siglo v, también se identificó a María como la mujer del Apocalipsis, pues dada la oposición de Jerusalén y Babilonia, la tarea de la Iglesia, la nueva Israel, se presentaba en el capítulo doce de forma simbólica como una mujer y un niño, amenazados por Satanás:

> Apareció en el cielo una gran señal: una mujer vestida del sol, con la luna debajo de sus pies, y sobre su cabeza una corona de doce estrellas. Y estando encinta, clamaba con dolores de parto, en la angustia del alumbramiento. También apareció otra señal en el cielo: he aquí un gran dragón escarlata, que tenía siete cabezas y diez cuernos, y en sus cabezas siete diademas [...] Después hubo una gran batalla en el cielo: Miguel y sus ángeles luchaban contra el dragón; y luchaban el dragón y sus ángeles; pero no prevalecieron [...] Y cuando vio el dragón que había sido arrojado a la tierra, persiguió a la mujer que había dado a luz al hijo varón. Y se le dieron a la mujer las dos alas de la gran águila para que volase de delante de la serpiente al desierto [...][46]

Si bien la mujer se identificaba por lo general con el tipo o figura de la Iglesia, con la nueva Israel y la nueva Jerusalén, algunos teólogos dieron en identificar a la mujer como la Virgen María. En un texto atribuido más tarde a San Agustín, un contemporáneo del santo africano escribió:

> En el Apocalipsis de Juan el Apóstol está escrito que el dragón se irguió frente a la Mujer que estaba por alumbrar, que en cuanto diese a luz la devoraría. Ahora bien, ninguno de vosotros ignora que el dragón es el demonio y que la mujer representa a la Virgen María, quien, inmaculada, engendró a nuestro Guía inmaculado, quien en su persona reveló una figura de la santa Iglesia. Pues así como ella al engendrar a su Hijo permaneció virgen, así la Iglesia para siempre engendra a Sus miembros sin perder su virginidad.[47]

Una de las consecuencias de semejante identificación fue que
María comenzó a ser vista como protagonista en la batalla
perpetua entre Jerusalén y Babilonia, y como signo y símbolo de la Iglesia. Todos los tratamientos bíblicos de María pueden entonces aplicarse a la Iglesia, por lo que la devoción a
la una también implicaba la de la otra, es decir, empleando
un término postrero, al cuerpo místico de Cristo.

No era casual que en la Iglesia oriental los principales
defensores del culto a las imágenes fuesen los teólogos que
asimismo exaltaban la devoción a la Madre de Dios. En sus
sermones sobre la Asunción de María, San Juan Damasceno
sostenía que "ella encontró una cima de gracia que mantuvo
intacta su doble virginidad, su alma virginal no menos inmaculada que la de su cuerpo". Él propugnaba la doctrina de la
Iglesia griega según la cual luego de que los apóstoles la colo-
caran en su sepultura, donde yació tres días, Cristo mismo
descendió para llevarla al cielo, en cuerpo y alma. Esta doctrina, la *dormitio*, conmemorada en innumerables iconos, pa-
saría a formar parte esencial de la liturgia eclesiástica. Pero
San Juan Damasceno también asignó a María un sinnúmero
de tipos o figuras bíblicas, objetos sagrados del Antiguo Testamento considerados prefiguraciones de la participación de
María:

> Eres el real trono rodeado por los ángeles, tu propio Rey y
> Señor vigila desde lo alto. Eres un Edén espiritual, más santo
> y divino que el Edén pretérito. Aquel Edén fue morada del
> mortal Adán, mientras que el Señor descendió de los Cielos
> para habitar en ti. El Arca te anunció, tú que guardaste la
> simiente del nuevo mundo. Diste a luz a Cristo, la salvación
> del mundo, que destruyó el pecado y a sus iracundas huestes.
> La zarza ardiente te prefiguró, y las Tablas de la Ley, y el Arca
> del Testamento. La urna dorada y el candelabro, la mesa y la
> vara florida de Aarón fueron tipos significativos de Ti.[48]

Los abundantes símbolos coincidían en señalar la participación maternal de María como portadora de Cristo al mundo.
Algunas figuras ausentes en este pasaje son la escalera que vio

Jacobo en Belén y la puerta cerrada del Templo vista por Ezequiel. Sin embargo, entre las citadas, la que aparece con mayor frecuencia, y la más impactante, es la aclamación de María como nueva Arca de la Alianza con Cristo en su seno como las Tablas de la Ley. Aunque también era común que se le comparara con la zarza ardiente que había presenciado Moisés en el monte Horeb, pues Dios había aparecido y hablado desde el fuego sin consumir el arbusto. Por último, el símbolo de la vocación de Aarón como sumo sacerdote consistía en que sólo la suya, entre todas las varas de las Tribus de Israel, había florecido, figura en la que María era la vara y Cristo la flor.

No es éste el lugar para hacer un recuento de la siempre creciente devoción a la Virgen María que caracterizó la civilización medieval y que halló su expresión en innumerables plegarias, poemas, pinturas y tratados. Sin embargo, es preciso hacer hincapié en que a finales de la Edad Media las imágenes de María, principalmente las estatuas pero también algunas pinturas, se convirtieron en objetos de intensa devoción y fueron veneradas por los milagros que obraron en sus respectivos santuarios. Si bien algunas fueron atribuidas a San Lucas, se creía que otras eran de origen milagroso, incluso celestial. Entre las más notables devociones marianas cabe señalar la de la Santa Casa de Loreto, una pequeña capilla de noventa y tres metros de largo por treinta y nueve de ancho, de piedra basta y ladrillo, que se tenía por la casa misma donde había nacido en Nazaret María y donde tuvo lugar la Anunciación y la Concepción de Jesús. Según informes posteriores, en 1291 una multitud angélica transportó desde Nazaret la casa, primero a Tersato, en Dalmacia, y después a Loreto, junto al Adriático en Ancona. Si bien hay pruebas de la devoción a una imagen ennegrecida por el hollín en esta capilla desde los siglos XII y XIII, no fue sino hasta después de la publicación en 1472 del relato de su origen milagroso que obtuvo el reconocimiento de principal templo mariano de Italia. En 1507 el papa Julio II acogió el santuario bajo la jurisdicción papal y a partir de entonces comisionó a destacados artistas para "vestirla" con una portada de mármol clásico, decorada con relieves que

San Lucas pintando a la Virgen María, grabado de Niklas Manuel.
Colección: Biblioteca Nacional, Madrid. Cortesía del Instituto de
Investigaciones Estéticas (IIE) de la UNAM.

describían la vida de la Virgen acompañada por figuras de sibilas y profetas. El estilo renacentista de la Santa Casa de Loreto habría de atraer incontables peregrinos durante los siglos siguientes, mientras los jesuitas, fundadores de un colegio en el pueblo, fomentaban con empeño la devoción.[49]

El beato Amadeo de Portugal (Joannes Menesius da Silva, 1431-1482), visionario franciscano y fundador de una congregación reformada de su orden en Italia, formuló la justificación teológica del culto a las imágenes marianas. En su *Apocalypsis Nova*, revela que el arcángel Gabriel le ha confirmado la doctrina de la Inmaculada Concepción de María, y de este modo ofrece la aprobación celestial de un dogma ya corroborado por Duns Escoto y otros franciscanos. Pero fue su profecía del advenimiento inminente de un papa angélico lo que despertó un profundo interés, pues previó que este supremo prelado uniría la Iglesia latina y la de Oriente e inauguraría una nueva y transfigurada época en la historia de la cristiandad. En su octavo y último "rapto" Amadeo describe a María señalando a los apóstoles que ella habría de estar "de cuerpo presente" en las imágenes sagradas hasta el fin de los tiempos, manifiesta su presencia por los milagros que obrara a través de ellas. Aunque los teólogos ortodoxos condenaron el extravío o herejía de los escritos de Amadeo, en España varios franciscanos lo respaldaron, y San Pedro de Alcántara patrocinó la publicación de un extenso comentario a su obra, difundiendo de ese modo el conocimiento de unas revelaciones que hasta entonces sólo habían estado en poder de quienes tenían acceso a las copias manuscritas.[50]

IV

Los excesos devocionales de finales de la Edad Media provocaron la crítica severa de parte de humanistas cristianos como Desiderio Erasmo (1466/9-1536), quien condenó la costumbre popular de rezar a los santos en lo individual a fin de obtener sus favores, arguyendo que tales manifestaciones de piedad no eran "del todo distintas a las supersticiones de los antiguos". El objeto de su condena no era tanto la costumbre misma como la actitud que la inspiraba, pues toda devoción debía dirigirse a Cristo, intercesor de todos los hombres ante Dios. Sostenía que "la caridad no consiste en hacer muchas visitas a la iglesia, en postrarse ante las estatuas de los santos, a la luz de las velas [...]"; en lugar de semejantes prácticas, se debían imitar las virtudes de los santos y buscar a Dios en la plegaria. De modo que, "cuando veneras la imagen de Cristo en las pinturas y otras obras de arte que lo representan, piensa cuánto más debes honrar aquel retrato de Su Mente que la inspiración del Espíritu Santo ha puesto en la Sagrada Escritura". Erasmo abogaba por un cristianismo más sencillo y evangélico que reemplazara las complicaciones de la teología escolástica y las devociones populares con una religión fundada en la Biblia y en las enseñanzas de los primeros padres. Aunque más tarde los papas de la Contrarreforma la condenaron, la obra de Erasmo constituía un modelo de humanismo cristiano que habría de reestablecerse en los círculos católicos de finales del siglo XVIII.[51]

Con la Reforma, el culto a las imágenes llegó a su fin en todas las regiones de Europa donde predominaron las nuevas Iglesias. El protestantismo es una religión de la palabra, cuya fuente es la Biblia, los sermones y los himnos; de modo que el oído, que los teólogos griegos habían considerado inferior al ojo y a la imagen, gozó a partir de entonces de renovada consideración. De hecho, la Reforma halló inspiración en una "iconoclasia revolucionaria", por la cual las turbas invadían las iglesias y hacían añicos las imágenes, los altares y las vidrieras. El precepto mosaico que condenaba los ídolos se obedeció al pie de la letra y las paredes de las iglesias, otrora cubiertas de escenas extraídas de la Biblia, se encalaron y decoraron únicamente con la inscripción de textos bíblicos. A partir de entonces, ya no habría peregrinaciones, no se invocó más a los santos ni se veneraron sus imágenes, se eliminaron las oraciones a la Virgen María, y cesó el comercio de milagros y apariciones. De igual importancia fue la condena reformista de todo el sistema de exégesis alegórica de la Biblia, con objeto de introducir una lectura literal de las escrituras. Y si bien en un principio Lutero albergaba dudas sobre la naturaleza canónica del Apocalipsis, las exigencias políticas eclesiásticas pronto lo orillaron a aceptar una variante de la tipología según la cual se auguraba que el papado engendraría a la prostituta de Babilonia y al Anticristo. Se adoptó la antítesis agustiniana de Jerusalén y Babilonia para expresar la diferencia entre el protestantismo y el catolicismo. Lutero y otros reformistas estaban sin duda convencidos del inminente fin del mundo y de que su época se caracterizaría por la batalla definitiva entre una nueva Israel y el Anticristo. Entre los protestantes más radicales, como los anabaptistas, la doctrina joaquinita de una próxima Era del Espíritu Santo gozaba de una amplia difusión.[52] En efecto, cuantos más protestantes tuviesen en la Biblia su principal sostén religioso, más inclinados estarían a aceptar la interpretación tipológica del presente y el futuro.

La reacción de la Iglesia católica a este asalto fue morosa y vacilante. Pero durante la vigésimo quinta sesión del Concilio de Trento (1545-1563) se confirmó la tradicional veneración a las imágenes sagradas, si bien aunada a una amonestación contra la superstición y a la exigencia de una cuidadosa normativa por parte de los obispos para todo culto a las imágenes y reliquias. Los términos precisos del decreto reflejaban la doctrina tradicional:

> Además de esto, declara que se deben tener y conservar, principalmente en los templos, las imágenes de Cristo, de la Virgen madre de Dios, y de otros santos, y que se les debe dar el correspondiente honor y veneración: no porque se crea que hay en ellas divinidad, o virtud alguna por la que merezcan el culto, o que se les deba pedir alguna cosa, o que se haya de poner la confianza en las imágenes, como hacían en otros tiempos los gentiles, que colocaban su esperanza en los ídolos, sino porque el honor que se da a las imágenes, se refiere

a los originales representados en ellas; de suerte que adoremos a Cristo por medio de las imágenes que besamos, y en cuya presencia nos descubrimos y arrodillamos; y veneremos a los santos, cuya semejanza tienen: todo lo cual es lo que se halla establecido en los decretos de los concilios, y en especial en los del segundo Niceno contra los impugnadores de las imágenes.

Como puede advertirse, la consabida apología de San Basilio Magno se incorporaba aquí a los estatutos que normaban la Iglesia de la Contrarreforma.[53] Lo que ha pasado inadvertido es que la obra de San Juan Damasceno y, en menor medida, la de San Teodoro el Estudita, se publicó repetidamente en ediciones latinas durante los siglos XVI y XVII.[54] El efecto de su influencia modificó la sencilla doctrina tridentina de las imágenes sagradas, según la cual eran meras representaciones de los originales celestiales.

El Concilio de Trento también confirmó la doctrina de la Presencia Real de Cristo en la Eucaristía, al sostener que:

> Después de la consagración del pan y del vino, se contiene en el saludable sacramento de la santa Eucaristía verdadera, real y substancialmente nuestro Señor Jesucristo, verdadero Dios y hombre, bajo las especies de aquellas cosas sensibles.

Se desprendía de esta doctrina, denominada transubstanciación, que todos los cristianos deberían "venerar a este santísimo Sacramento y prestarle según la costumbre siempre recibida en la Iglesia católica el culto de latría que se debe al mismo Dios". De este modo, las imágenes iban a ser honradas y veneradas, pero la Eucaristía, adorada. Y el Concilio honró la fiesta de Corpus Christi, en la cual la Eucaristía es llevada por las calles en procesión pública.[55] Estaba así destinada a figurar en el calendario postridentino como fiesta mayor, tras la celebración de la Semana Santa, y anunciada con procesiones en las que todas las instituciones de la Iglesia, las órdenes religiosas, los cabildos de canónigos y las cofradías desfilaban por las calles.

El único tema tipológico que puede hallarse en los ordenamientos tridentinos respondió a la insistencia del Concilio de que, en oposición a lo sostenido por los protestantes, Cristo había instituido la Eucaristía como rito de sacrificio:

> Porque habiendo celebrado la antigua pascua, que la muchedumbre de los hijos de Israel sacrificaba en memoria de su salida de Egipto; se instituyó a sí mismo nueva pascua para ser sacrificado bajo signos visibles a nombre de la Iglesia por el ministerio de los sacerdotes, en memoria de su tránsito de este mundo al Padre, cuando derramando su sangre nos redimió, nos sacó del poder de las tinieblas y nos transfirió a su reino.

Así se anunciaba en la cita de la Epístola a los hebreos en la que Cristo se define como sumo sacerdote de la orden de Melquisedec, cuyo cruento sacrificio en la cruz debía ser representado a la manera de la Última Cena.[56]

Para contrarrestar el reclamo protestante de que su Iglesia era una nueva Israel liberada del cautiverio babilónico, la Iglesia católica defendió con firmeza las instituciones y las prácticas de la religión medieval. Pero también deseaba exhibir las hazañas intelectuales y estéticas del Renacimiento italiano para avalar su prestigio. Incluso antes de la Reforma, Julio II no solamente había cubierto la Santa Casa de Loreto con paredes de mármol, sino que también había comenzado la demolición de San Pedro, basílica fundada por Constantino el Grande, para reemplazarla con la majestuosa edificación diseñada por Bramante. A partir de entonces todos los recursos arquitectónicos, pictóricos y escultóricos renacentistas, transmutados más tarde en el manierismo y el barroco, se emplearon para construir y renovar iglesias de toda la Europa católica. Si el protestantismo es una religión de la palabra, el catolicismo se mantuvo, o se convirtió, en una religión de la imagen. Pero hubo costos por la adopción de semejante cultura clásica. Se ha sostenido que el arte del Renacimiento despojó a las imágenes sagradas de su poder religioso, pues se volvieron meros objetos estéticos. Las vírgenes que

Rafael o Murillo pintaron fueron admiradas por su belleza, pero en pocas ocasiones inducían a la plegaria.[57] De igual modo, frente al énfasis protestante puesto en las escrituras, los teólogos presentaron la religión católica como cumplimiento de la búsqueda de toda la humanidad por alcanzar el conocimiento de Dios. Se abandonó la tipología en favor de la alegoría, y las religiones antiguas, fuesen griegas o egipcias, se exploraron en busca del presagio simbólico de una revelación cristiana.

En ningún ámbito fueron más patentes las tendencias culturales que establecieron el destino religioso de la Iglesia católica en esta época que en la Compañía de Jesús. Su fundador, San Ignacio de Loyola (1491-1556), empleó la espiritualidad medieval tardía para redactar sus *Ejercicios espirituales*, en los que, a la usanza española, conminaba al iniciado a alistarse al servicio de Cristo, el Señor del universo, con el mismo ánimo que un súbdito leal podría seguir a su rey en la batalla contra los infieles. Sin embargo, fue convocado a ver con la imaginación "un gran campo de toda aquella región de Jerusalén, adonde el sumo capitán general de los buenos es Christo nuestro Señor; otro campo en región de Babilonia, donde el caudillo de los enemigos es Lucifer". Continuando con el símil agustiniano de las dos ciudades, la batalla se verificaba entre "los dos estandartes" representantes de los valores opuestos de la opulencia, el honor y la vanidad frente a la pobreza, el pudor y la humildad. En sus "Reglas para pensar con la Iglesia", San Ignacio también exhorta a sus hermanos jesuitas a preservar las prácticas devocionales del catolicismo medieval, alentándolos a venerar las reliquias, cirios e imágenes sagradas de los santos, a participar de la misa, a comulgar con frecuencia y a participar en la peregrinaciones.[58]

En el siglo XVII, sin embargo, algunos jesuitas, como Atanasius Kircher (1601-1680), pretendieron conciliar la especulación neoplatónica y hermética con la investigación científica para formular una síntesis cosmológica que definiera la religión católica como cumplimiento de todas las aspiraciones filosóficas y teológicas de la humanidad. El espíritu de aquella empresa se expresaba en la afirmación de que "no hay duda de que no sólo los profetas, los apóstoles y otros santos varones de Dios, sino también los poetas gentiles, los sacerdotes y profetas fueron inspirados por el divino *numen* [el Espíritu Santo] e hicieron profetas del nacimiento del Verbo Eterno en la carne".[59] Una compleja alegoría alejandrina reemplazó los sencillos fundamentos de la tipología bíblica. Además, cuando los jesuitas se vieron obligados a defender el culto a las imágenes frente al embate protestante, se valieron de la obra de San Juan Damasceno, de Teodoro el Estudita y de San Basilio Magno. Si bien como seguidores de San Ignacio promovieron la devoción a estas imágenes en tanto legado medieval, también acrecentaron e interpretaron el culto recurriendo a la teología neoplatónica de los Padres de la Iglesia de Oriente. Este tema merece ser explorado en México.

I

El abad benedictino Juan de Salazar destaca en *Política Española* (1619) "la similitud casi total" de los pueblos hebreo y español, y concluye que "el pueblo español es el regalado de Dios en la ley de gracia y quien en especial sucedió en el lugar que tenía el electo en tiempo de la ley escrita". ¿Los musulmanes no sometieron a los españoles a un cautiverio semejante al que sufrieron los israelitas en Egipto? ¿No era el rey Pelayo otro Moisés y el Cid un verdadero Sansón? Esta semejanza tipológica alcanzó la cúspide cuando Salazar consideró a Carlos V un segundo David y a Felipe II otro Salomón que siguiera su política ejemplar "imitándole aún hasta el insigne y portentoso edificio de San Lorenzo el Real, que hizo fabricar en El Escorial a imitación del famoso templo que en Jerusalén edificó Salomón".[1] Con todo, a diferencia de los judíos que tan a menudo habían caído en la idolatría, los españoles nunca traicionaron su fe católica. Defensor de la autenticidad de la misión de Santiago en España, Salazar mantuvo que, con la Virgen María y la imagen de la cruz, Santiago había aparecido en el cielo para prestar auxilio a los españoles que combatían a los moros en la gran batalla en Las Navas de Tolosa.

Éste no es el sitio para extenderse en la constante apología de Salazar de la monarquía católica que, en la época en la que escribió sus textos, reunía las tres coronas: de Aragón, Castilla y Portugal, sin mencionar sus vastos dominios al otro lado del océano y en otros estados como Milán y los Países

Bajos. ¿Qué otra monarquía podía ufanarse en tiempos de guerra de contar con capitanes como Hernán Cortés y Gonzalo Fernández de Córdoba, de tales riquezas como las que producían las minas en América, de la enorme erudición de sus universidades, de la sabiduría y justicia de sus cortes, del valor y el poderío de su ejército y su armada, y de la santidad de su clero? ¿Y qué reyes podían compararse con San Fernando que había derrotado a los moros, o con Felipe III que en época reciente había limpiado su reino de moriscos y dedicado España a la Inmaculada Concepción de María? Todo ello no era sino el preludio a la mención que hacía Salazar de las profecías en el Libro de Daniel, que interpretaba como un vaticinio de aquel enfrentamiento entre los turcos otomanos y la Casa de Habsburgo, que a su vez era ejemplo del eterno conflicto entre Babilonia y Jerusalén. Puesto que los otomanos representaban al Anticristo, era indudable que las hostilidades culminarían con la reconquista de Tierra Santa, la capitulación de los turcos y el aniquilamiento del islam, sucesos que los astrólogos predecían para el año 1661. Pero en tanto San Vicente Ferrer había empleado las profecías de Daniel para ilustrar el fin del mundo, Salazar infería que a partir de entonces España "será el asiento y silla de la universal monarquía, a quien (cómo se ha visto de lo que dijo Daniel) han de obedecer todas las naciones".[2]

Esta visión providencial de la monarquía puede detectarse desde mediados del siglo xv, cuando los cronistas patrióticos aclamaron en los reyes de Castilla a los elegidos del Todopoderoso para tomar ventaja en la incesante batalla contra el islam. La caída de Granada en 1492 infundió esperanzas mesiánicas a España, semejantes a las que tuvieron otros países de Europa occidental a finales de la Edad Media. En 1517, con la ascensión de Carlos V a los tronos de Castilla y Aragón, España se convirtió en el centro del extenso patrimonio de los Habsburgo, que abarcaba los Países Bajos, Austria, Bohemia, Milán y Nápoles. No es extraño que al convertirse en Sacro Emperador Romano, se tuviese a Carlos por otro César y segundo Carlomagno, elegido por la Providencia para unir a la cristiandad, derrotar a los turcos otomanos y reconquistar Jerusalén, estableciendo de ese modo la tan esperada monarquía mundial.[3] Hernando de Acuña dio expresión elocuente a todas esas esperanzas, más medievales que modernas, en un poema dirigido al emperador la víspera de su expedición a Túnez:

> Ya se acerca Señor, o ya es llegada
> la edad gloriosa en que proclama el cielo
> un Pastor y una Grey sola en el suelo
> por suerte a vuestros tiempos reservada.
> Ya tan alto principio en tal jornada
> es muestra al fin de vuestro santo celo
> y anuncia al mundo, para más consuelo,
> un Monarca, un Imperio, y una Espada.
> Ya el orbe de la tierra siente en parte
> y espera en todo vuestra Monarquía,
> conquistado por vos en justa guerra.[4]

Carlos V derrotó al rey de Francia en la lucha por la supremacía en Italia en la década de los veinte del siglo xvi, y después encabezó la triunfal defensa de Viena en contra de la violenta embestida turca de Suleimán el Grande. Durante su largo reinado, Hernán Cortés conquistó México y Francisco Pizarro arrasó el reino inca, colocando así los cimientos de un vasto imperio español en el Nuevo Mundo. El cronista de sus hazañas, Francisco López de Gómara (1511-c.1566), un humanista educado en Italia, no duda en afirmar que "la mayor cosa después de la creación del mundo, sacando la encarnación y muerte del que lo creó, es el descubrimiento de Indias y así las llamen Nuevo Mundo". Dios había elegido a los españoles y a su rey para sojuzgar estos amplios territorios de modo que sus habitantes pudiesen ser conducidos al redil de la Iglesia católica. En un panegírico de su nación, Gómara exclama: "nunca jamás rey ni gente anduvo y sujetó tanto en tan breve tiempo como la nuestra [...] así en armas y navegación como en la predicación del Santo Evangelio y conversión de idólatras".[5]

La sucesión de Carlos V (1517-1554) a Felipe II (1554-1598) señaló la transición de un rey guerrero que conducía a sus ejércitos a través de Europa, a un monarca sedentario que finalmente residiría en El Escorial, una majestuosa construcción que hacía las veces de palacio, monasterio, iglesia y sepulcro dinástico. Que la fachada de la iglesia que dominaba El Escorial estuviese adornada con estatuas de David y Salomón y flanqueada en ambos lados por sus reales descendientes Jehosa y Hezekiah, y Josiah y Manasseh, mostraba dónde había obtenido Salazar su inspiración tipológica. Más tarde, el obispo Juan de Caramuel Lobkowitz (1607-1680), afirmaría no solamente que Dios Todopoderoso era el arquitecto del Templo de Salomón sino que, de todos los edificios modernos que se construyeron desde el renacimiento de la arquitectura europea con Bramante en Italia, sólo El Escorial rivalizaba con el Templo en concepción y grandeza.[6] La fascinación que a Felipe II le producía la comparación quedó de manifiesto cuando fundó la publicación *In Ezechielem Explanationes* (1596-1610), un comentario a la visión del profeta Ezequiel del Templo y de la ciudad de Jerusalén en tres volúmenes profusamente ilustrados. Los autores jesuitas Jerónimo de Prado y Juan Bautista Villalpando no sólo consideraban que las medidas que proporcionara el profeta estipulaban las dimensiones correctas del Templo de Salomón; también sostenían que tales dimensiones revelaban "el origen y la fuente de todas las normas arquitectónicas". Aun más, insistían en que el Templo era la encarnación material de la Iglesia y el símbolo y preludio de la nueva Jerusalén anticipada en el Apocalipsis.[7]

Debe señalarse que las habitaciones privadas de Felipe II en El Escorial se abrían directamente al altar mayor de la iglesia y que su capilla estaba ubicada a un costado, de manera que él pasaba sus días dentro del sanctasanctórum, donde se halla la Eucaristía en el tabernáculo. Desde sus aposentos, semejantes a una celda, en comunión diaria con el Altísimo, el rey gobernaba un imperio que abarcaba el mundo.[8] Era un espectáculo que evoca de modo irresistible el panegírico de

Eusebio de Cesárea a Constantino el Grande, donde describe al emperador como un rey filósofo que había dominado sus pasiones, un intermediario entre el cielo y la tierra, que habitaba el palacio en comunión con su original divino.[9] Por ello, Juan de Palafox y Mendoza, obispo de Puebla (1639-1654) y visitador general de la Nueva España, exclama: "son los reales palacios el corazón de este mundo, porque allí obra más la ambición y el poder humano, donde está en lo temporal, lo alto, lo grande y lo soberano". Pero también alababa al rey David por llevar el Arca de la Alianza a su nueva capital en Jerusalén, pues de ese modo procuró atraerse las bendiciones del cielo. De igual modo, Palafox aconsejaba que los varios reinos y estados de la monarquía española se uniesen sobre la base del carácter y la función religiosa del rey.[10]

Juan de la Puente, mitógrafo dominico que publicó un estudio en el que trazaba el plano de los viajes y asentamientos de los hijos de Noé y el itinerario de los apóstoles, proveyó al carácter casi sagrado de la monarquía, evocador del imperio bizantino, de una razón de ser teológica. *Conveniencia de las dos monarquías católicas, la de la Iglesia Romana y la del Imperio Español, y defensa de la precedencia de los Reyes Católicos de España de todos los reyes del mundo* (1612) estaba dedicado a Felipe III, "señor emperador de las Españas, señor de la mayor monarquía que han tenido los hombres desde la creación hasta el siglo presente", y pretendía demostrar el fundamento apostólico de la Iglesia española. La misión de Santiago, sujeta a un excesivo escrutinio, se interpretó a plenitud, sólo para verse superada por la llegada de San Pedro y de San Pablo, y quedó así demostrada la igualdad de la Iglesia española con la romana. Asimismo, Puente suponía que Santo Tomás bien pudo haber visitado América y predicado el Evangelio desde México hasta Brasil, aunque sin dejar huella debido a la naturaleza inconstante de los indios y a la influencia de las constelaciones celestiales que gobernaban el sino del Nuevo Mundo. En una notable digresión, al tratar el destino de los judíos y la diáspora, Puente observa que "el amor natural que un hombre tiene a su patria, nace de las estrellas, que nos engendraron y nos conservaron en los primeros años".[11]

Dentro del majestuoso ámbito de la monarquía católica, el patriotismo urbano y de provincias siguió prosperando y, aunque las autoridades adornaron sus ciudades con edificios cívicos de estilo clásico, el culto medieval a las imágenes milagrosas no disminuyó. Las regiones más importantes y las principales ciudades de España poseían imágenes de María o de Cristo que atraían peregrinos y cuyos santuarios estaban revestidos con los testimonios de las curas milagrosas que habían realizado. Además, aparecieron nuevas imágenes que exhibían todas las posibilidades plásticas del arte renacentista, si bien transformadas por el manierismo y el barroco, para avivar las emociones y capturar el corazón de los fieles. En Sevilla, por caso, durante los siglos xvi y xvii, las cofradías hicieron pintar las imágenes de Cristo en su Pasión y de su doliente Madre que hasta la fecha se llevan por las calles de la ciudad durante la Semana Santa. Estas poderosas imágenes pueden considerarse verdaderas obras de arte, pero su propósito era evocar una intensa devoción. En el mundo hispánico, por consiguiente, la adopción del estilo renacentista no impidió que se crearan nuevas figuras de culto, aunque con predominio de las estatuas sobre las pinturas.[12]

Las imágenes de culto que realizaban milagros eran en su mayoría de origen medieval, no obstante la destreza de los artistas españoles para inspirar devoción. El santuario mariano más importante del reino de Castilla era el de Nuestra Señora de Guadalupe, una imagen que tenía la reputación de haber sido tallada por San Lucas y que más tarde el papa Gregorio Magno entregara a San Leandro, el arzobispo de Sevilla. Cuando los moros tomaron la ciudad, un grupo de clérigos escapó hacia el norte llevando consigo la imagen que después enterraron en las colinas cerca del río Guadalupe en Extremadura. Se dice que a principios del siglo xiv, la Virgen María se apareció a un pobre pastor que había extraviado su vaca, y le ordenó decirle a los sacerdotes que cavasen en el lugar donde había aparecido. Allí encontraron la imagen y construyeron una pequeña capilla para albergarla. En 1326 comenzaron a llegar los peregrinos, y a partir de 1340 el rey Alfonso XI quiso que se ampliara la iglesia. En 1386 se confió el santuario a los jerónimos, una orden de monjes que mantenía una relación muy cercana con la dinastía castellana.[13] Desde entonces, la estatua de madera de la Virgen María, sentada con el niño Jesús en brazos, se convirtió en el objeto de un culto que para el siglo xvi había dado origen a innumerables capillas esparcidas por los dominios de la Corona de Castilla, en las que se veneraban copias de la imagen. Los jerónimos ampliaron su monasterio para dar cabida a más de cien monjes y construyeron espaciosas habitaciones para recibir a las visitas reales, sin mencionar la hostelería para los peregrinos que buscaban el socorro de la Virgen. Puesto que muchos de los primeros conquistadores del Nuevo Mundo habían nacido en Extremadura, era de esperar que al volver a España visitaran el santuario para dar gracias y ofrecer donativos.[14] Guadalupe no era una excepción, ya que las principales regiones de la península poseían imágenes cuyo patronazgo se adoptaba y cuyo culto servía para expresar la identidad urbana y provincial.

La fusión de patriotismo y religión puede observarse mejor en los dos tratados sobre el santuario de Nuestra Señora del Pilar y las excelencias de la ciudad de Zaragoza, publicados en 1616 por el cronista franciscano Diego Murillo. En ellos cita a Hiercoles al decir "es la patria un segundo Dios y el primero y principal de los padres" para sus ciudadanos, y en consecuencia la obligación de servir a la patria "es tan antigua que comienza con la misma naturaleza y es tan estrecha [...] que no lo es tanto que tenemos a los padres que nos engendraron". Con tales sentimientos, no sorprende que elogie "las grandezas de la insigne ciudad de Zaragoza patria mía, a quien debo la vida, la crianza, la buena institución [...] y todo el ser que tengo". Con una fiel tradición humanista, describía el impresionante conjunto de iglesias, palacios, colegios y conventos que dominaban la ciudad. Se afanó en desplegar las categorías de la *Política* de Aristóteles para definir

la constitución de Aragón en términos esencialmente heterogéneos, ya que incluía elementos de la monarquía, la aristocracia y la democracia. Con todo, como patriota franciscano
defendía enérgicamente la tradición española de que Santiago había predicado el Evangelio en la península.[15] Las antiguas crónicas que había descubierto fray Jerónimo Román de
la Higuera y las tablas grabadas de Montesacro, Granada, mi-
tigaron las dudas que abrigaba un personaje tan eminente
como el cardenal Bellarmine.[16] En todo caso, la tradición de
que Santiago, el hijo de Zebedeo, había llegado con sus discípulos y había nombrado obispos en Zaragoza y Compostela
antes de regresar a Palestina donde sufrió el martirio, estaba
muy arraigada. Esta misión había tenido lugar poco después
de la muerte del Salvador; así podía decirse que Cristo "a San
Pedro encomendó su Iglesia; a San Juan, su Madre; y a Santiago, España: las tres cosas más amadas".[17]

Murillo pretendía vindicar el culto a Nuestra Señora del
Pilar. Así como en Bethel, Jacob había visto ángeles ascender
una escalera al cielo, en Zaragoza la Virgen María se apareció a Santiago envuelta en música celestial de pie sobre una
columna de jaspe. Le dijo: "Yo, hijo Diego, soy vuestra protectora [...] me edificaréis una iglesia en mi nombre [...] obraré maravillosas señales especialmente en beneficio de aquellos
que en sus necesidades acudieren a este lugar." Al partir, la
Virgen dejó una pequeña imagen de sí misma en madera,
coronada y con el niño Jesús en brazos, de pie sobre una
columna de jaspe, y prometió a Santiago que "hasta el fin del
mundo preservaré este pilar en el mismo lugar donde está
ahora".[18] Pero si bien la imagen se resguardó en secreto durante la ocupación morisca, Murillo confiesa que nada quedaba
del primer santuario y que después de la reconquista de Zaragoza habían surgido muchas disputas entre la catedral y la
santa capilla, de modo que el suntuoso edificio, con su cabildo de cánones, que albergaba la capilla y su preciosa imagen, databa únicamente de 1515.

Las implicaciones teológicas de este relato eran de gran
relevancia. En una época durante la cual los apóstoles aún

Juan Correa, *Nuestra Señora del Pilar con Santiago en Zaragoza*, grabado.
Fotografía de Pedro Ángeles. Cortesía de la Iglesia de Santiago del Río, San
Luis Potosí, México.

celebraban la Eucaristía en casas particulares, Santiago, a quien Murillo consideraba inferior sólo a San Pedro, erigió una capilla de la cual podía afirmarse que era la primera iglesia jamás construida en el mundo, y fundó un obispado que sólo estaba por debajo de las sedes en Jerusalén y Antioquía. En Zaragoza se presentó por primera vez una imagen sagrada para la veneración de los fieles. Además de ésta, las únicas imágenes que podían igualar su procedencia celestial eran la de santa Verónica, que se conservaba en San Pedro; el Manto Sagrado en Turín; y la de Cristo en Edessa. También había ciertos retratos de María pintados por San Lucas. Sin embargo, Murillo admitía la posibilidad de que la Santa Casa de Loreto fuese el único santuario mariano superior a la capilla de Zaragoza, ya que no sólo contaba con una estatua que podía haber sido tallada por San Lucas sino que, aún más importante, comprendía la casa donde tuvo lugar el misterio de la Encarnación. Por todo lo anterior, en Zaragoza fue donde "comenzó el sacro uso de las imágenes tan agradable a Dios". Si bien tuvo cuidado en señalar que el Concilio de Trento había instituido que el propósito de las imágenes era inducir la devoción a sus originales celestiales por medio de una representación vívida, aceptó que habría sido idólatra conceder más valor a una imagen que a otra. No obstante, en el caso de Zaragoza, fue la Virgen misma quien entregó la imagen y de ese modo inauguró su culto. Murillo citaba a San Juan Damasceno cuando sostenía que las imágenes habían sido veneradas desde los primeros días de la Iglesia e insistía en que "suele Dios obrar por medio de las imágenes, que también son libros, que nos predican callando, y algunas veces con mayor eficacia que los escritos".[19]

La potestad de Nuestra Señora del Pilar era tal que durante los siglos XVII y XVIII el santuario de Zaragoza fue ampliado y embellecido al extremo de rivalizar su majestuosa estructura dominada por una cúpula central y altas torres en cada una de las cuatro esquinas con la mayoría de las catedrales. La devoción a la imagen se confirmó con la aparición de *Mística ciudad de Dios* (1680), la biografía de la Virgen María escrita por sor María de Jesús de Ágreda, la más célebre y visionaria monja franciscana de su época. Reiteraba todos los elementos del relato tradicional y añadía que Santiago era pariente de la Virgen y por tanto más amado todavía. En esta relación, María llegó a Zaragoza asistida por mil ángeles, y al dotar la capilla que erigiera Santiago con su imagen, prometió que "durará con la Santa Fe hasta el fin del mundo". Bendecida con la que fuera la primera imagen de la "ley evangélica", España recibió más distinciones y honores que el resto de las naciones por su devoción a la Madre de Dios y una mayor recompensa gracias a la aparición de imágenes dedicadas a su culto.[20]

El beneplácito de sor María de Ágreda era tanto más valioso por cuanto su relato pretendía haber sido dictado por la misma Virgen María. El Santo Oficio romano rechazó tal afirmación y condenó el libro. Pero sor María contaba con la protección de la orden franciscana y de Felipe IV, con quien mantenía correspondencia y quien en 1643 visitó su convento, donde ella le aconsejó orar en la capilla del Pilar. Su superior, el obispo de Tarazona, defendió el libro arguyendo que su contenido se avenía con la doctrina eclesiástica y con las Escrituras y que fue redactado por una persona de probada virtud. La Iglesia siempre había admitido las revelaciones personales que recibieran santos como Santa Catalina de Siena, Santa Brígida de Suecia y Santa Hildegarda de Bingen. Si bien nadie estaba obligado a aceptarlas, el obispo concluía que "en estos escritos de la madre María de Jesús hallamos el sello Real de la Majestad de Dios".[21] Asimismo, su confesor y biógrafo fray José Jiménez Samaniego esgrimía que la Iglesia se apoyaba en "la perpetua asistencia del Espíritu Santo", las doctrinas de la Biblia y los Padres de la Iglesia, y el discernimiento de los espíritus conducido por hombres ilustrados. En el caso de sor María, el rey reunió una asamblea de teólogos para que examinasen los textos de la monja, y en su obra no encontraron nada que atentara contra las enseñanzas católicas. Si bien algunos negaban la posibilidad de una "revelación divina nueva", otros, San Buenaventura el más notable, argumentaban que Dios tenía el poder de revelar verdades ocultas a la Iglesia. Además, desde el Antiguo Testamento hasta entonces, habían aparecido muchas mujeres inspiradas, y en varias ocasiones sus visiones recibieron la sanción papal. Por todo lo anterior, concluía Samaniego, la *Mística ciudad de Dios* era portadora del sello de la aquiescencia divina.[22] La Virgen María había elegido a España y la monarquía católica como legatarios de su especial protección y por medio de su revelación confirmaba que la Providencia había escogido a los reyes para que fuesen los principales defensores de la Iglesia, y también el valor perenne de sus milagrosas imágenes.

II

Gonzalo Fernández de Oviedo (1478-1557), el primer cronista general de las Indias, relata que, durante el gran sitio de México-Tenochtitlán, algunos españoles afirmaron haber visto a Santiago montado en un caballo blanco, y otros que, en cierto momento de desesperación, la Virgen María había lanzado polvo a los ojos de los indios. Oviedo admite que muchos dirían de semejantes milagros: "pues no lo vi; es superfluo o perder tiempo novelando". Con todo, si los demonios y los falsos dioses habían intervenido en la historia de la humanidad, ¿por qué Dios y sus santos no habrían de ayudar a los fieles en momentos de necesidad?[23] Aunque esta parte de la crónica de Oviedo no se publicó durante el siglo XVI, en *Historia de la Conquista de México* (1552) Francisco López de Gómara hace hincapié en que el apóstol Santiago socorrió a los españoles durante la batalla. Asimismo, narra que Cortés colocó una imagen de la Virgen María en el altar de la gran pirámide de México-Tenochtitlán y que cuando los indios trataron de quitarla no pudieron conseguirlo. Añade que durante la siguiente batalla los indios estaban azorados de ver "que andaban peleando por los españoles Santa María y Santiago en un caballo blanco, y decían los indios que el caballo hería y mataba tantos con la boca y con los pies y manos como el caballero con la espada, y que la mujer del altar les echaba polvo por las caras y los cegaba".[24] Así como Santiago y la Virgen aparecieron en el cielo para ayudar a los españoles a derrotar a los moros durante las grandes batallas de la reconquista, también en México la aparición de los mismos poderes celestiales desalentaron a los indios y aseguraron la victoria de Hernán Cortés y su cuadrilla de conquistadores.

Cuando el cronista franciscano Juan de Torquemada (1562c.-1624) describió la Conquista de México en *Monarquía indiana* (1615), prefirió invocar la tipología bíblica antes que las apariciones milagrosas para interpretar estos sucesos. Si al igual que historiadores anteriores comparaba la caída de Tenochtitlán con el sitio de Jerusalén, eligió definir a Cortés como un verdadero Gideón a quien Dios había destinado para conducir una pequeña cuadrilla de seguidores a la victoria, prevaleciendo sobre las hordas de indígenas. Pero también recurrió a las previsiones milenaristas de fray Toribio de Benavente, conocido como Motolinia, para presentar la Conquista como un gran éxodo, en el cual los indígenas de la Nueva España salían del Egipto idolátrico para entrar en la tierra prometida de la Iglesia cristiana.[25] Torquemada escribió más para celebrar la fundación de una nueva Iglesia que para alabar a los conquistadores. Sin embargo, también era seguidor de fray Jerónimo de Mendieta, de cuya *Historia eclesiástica indiana* (1596) hizo un uso extensivo para considerar a Cortés el Moisés que emancipara a los pueblos de Anáhuac del imperio del Demonio, y oponía su papel al de Martín Lutero quien, en el mismo año de 1519, había conducido a las naciones de Europa del Norte a la herejía. En todo caso, la grandeza de Cortés, afirmaban estos franciscanos, estribaba no en su triunfo militar sino en su humildad, pues en 1524 se arrodilló en el polvo ante la nobleza allí reunida, española e india, para besar la mano de fray Martín de Valencia, superior de los doce frailes que habían caminado descalzos desde Veracruz hasta la ciudad de México.[26]

El propósito de *Monarquía indiana* era defender a los pueblos indígenas de México del menosprecio europeo y celebrar que los franciscanos los hubiesen convertido. Torquemada fue un estudioso del náhuatl y hábil intérprete de los códices pictográficos en los que estaba recogida la historia de los aztecas. Para escribir su obra, hizo pesquisas entre dos generaciones de cronistas mendicantes; y entre la gama de elementos que incorporó a su obra, a menudo sin muchas modificaciones, se percibe la influencia de *La ciudad de Dios.* Al describir el recorrido de los aztecas desde las estepas del Norte hasta el valle de México, Torquemada identifica al dios tribal Huitzilopochtli con el mismo Satanás, quien guió a su nuevo pueblo elegido por medio de los oráculos y los augurios. A lo largo de la narración, compara reiteradamente a los mexicas con los israelitas en el desierto, pero Satanás y no Jehová es su señor. Por tanto, los aztecas y no los toltecas o chichimecas fueron responsables de llevar la práctica del sacrificio humano a Anáhuac. En su descripción de México-Tenochtitlán, Torquemada pondera la magnificencia de la ciudad insular, que contaba con más de sesenta mil viviendas, todas dominadas por el gran templo de Huitzilopochtli que se encumbraba sobre el recinto sagrado central donde se levantaban otros cuarenta templos.[27] Los franciscanos describían el imperio azteca como una rutilante Babilonia; la horripilante dimensión de su idolatría y los sacrificios humanos eran prueba suficiente del dominio del Diablo.

En el tercer volumen de la crónica hace una detallada reseña de la conversión de los indígenas de México y de la fundación de la nueva Iglesia. Ya que Torquemada había incorporado capítulos enteros de Mendieta, quien a su vez había tomado elementos de Motolinia, se percibe el mismo espíritu de regocijo y esperanza que animó esas primeras narraciones. Tras un breve periodo de indiferencia, ocasionado sin duda por la destrucción de sus templos e ídolos, los indios se habían congregado para escuchar a los mendicantes y colaboraron con entusiasmo en la construcción de un extenso conjunto de iglesias y conventos. Asimismo, los frailes reunían a los hijos de los nobles en sus conventos para instruirlos en la doctrina cristiana y el idioma español para que más tarde pudiesen ser intérpretes e intermediarios. Además, para atraer a los nuevos conversos, los franciscanos explotaron todos los recursos de la liturgia católica, tratando de reemplazar el ciclo pagano de festividades con el calendario cristiano. Como señala Torquemada, era necesario gratificar los gustos de los indios "por ser su natural tan ceremoniático", mediante la construcción de grandes iglesias adornadas con ricos altares y pinturas. Esta estrategia de conversión tuvo tanto éxito que, a principios del siglo XVII, las ceremonias de la Semana Santa en la ciudad de México se distinguieron con la presencia de varios miles de indígenas que portaban crucifijos por las calles. Por entonces, estas procesiones comenzaban en la gran iglesia de siete naves de San José, que formaba parte del enorme convento de los franciscanos en la capital; sus altares ofrecían un santuario permanente para las imágenes que los indios veneraban más.[28]

Si bien los mendicantes construían nuevos poblados en los que establecían a los habitantes indígenas, en ciertos lugares reemplazaron templos ya existentes con iglesias cristianas, en especial en los sitios de peregrinación. Como apunta Torquemada:

> En esta Nueva España tenían estos indios gentiles tres lugares, en los cuales honraban a tres dioses diversos, y les celebraban fiestas; el uno de los cuales está situado en las faldas de la sierra grande, que se llama de Tlaxcalla, y los antiguos le llamaron (y los presentes la llaman) Matlacueye. En este lugar hacían fiesta a la diosa llamada Toci, que quiere decir nuestra abuela. Otro lugar está de éste, a la parte del medio día, seis leguas, poco más o menos, que se llama Tianquizmanalco, que quiere decir lugar llano, o hecho a mano, de los mercados y ferias. En este lugar hacían fiesta a un dios que se llamaba Telpuchtli, que quiere decir mancebo. Y en otro, que está a una legua de esta ciudad de México, a la parte del norte, hacían fiesta a otra diosa, llamada Tonan, que quiere decir nuestra madre, cuya devoción de dioses prevalecía cuando

nuestros frailes vinieron a esta tierra y a cuyas festividades concurrían grandísimos gentíos de muchas leguas a la redonda, en especial al de Tianquizmanalco, que venían a él en romería de Guatemala, que son trescientas leguas, y de partes más lejos a ofrecer dones y presentes.

En esos lugares, los mendicantes edificaron iglesias y reemplazaron a Toci con un templo dedicado a Santa Ana, la abuela de Cristo. En Tianquizmanalco construyeron una casa en honor de San Juan Bautista, y también una capilla "en Tonantzin, junto a México, a la virgen sacratísima, que es nuestra señora y madre". En los tres lugares celebraban fiestas a las que acudía mucha gente, sobre todo a San Juan Bautista, si bien no en igual número que antes, ya que la población india había disminuido y los que quedaban estaban agotados o tenían otras devociones. Cuando Torquemada escribió estas líneas, vivía en el convento franciscano de Tlatelolco, no lejos de la capilla del Tepeyac dedicada a Nuestra Señora de Guadalupe y que estaba en pie al menos desde 1556. Pero en su voluminosa obra no hace la menor referencia a la imagen y a su culto.[29]

Desde su llegada, señala Mendieta, los franciscanos reunieron niños en su convento para instruirlos en la doctrina cristiana y el idioma español. A partir de entonces, contaron con su asistencia hasta que "los niños fueron los maestros de los evangelizadores. Los niños fueron también predicadores y los niños ministros de la destrucción de la idolatría". Muchos indígenas aprendieron pintura y escultura bajo la tutela de Pedro de Gante, un hermano lego flamenco, y fueron responsables de adornar las iglesias mendicantes con retablos y pinturas. Los más talentosos de estos jóvenes discípulos se educaban en el colegio de Santa Cruz Tlatelolco, fundado por los franciscanos en 1536, donde aprendían latín y los fundamentos de la teología y la filosofía como preparación para el sacerdocio. Pronto se descubrió que estos estudiantes eran más aptos para el matrimonio que para el celibato, y muchos regresaron a su casa donde en breve se destacaron como líderes de la comunidad. Un reducido número daba clases en el colegio y ayudaba a los mendicantes a traducir sermones, teatro sacro y textos espirituales al náhuatl. Bernardino de Sahagún impartía clases en Santa Cruz y allí encontró a los discípulos que le permitirían escribir *Historia de las cosas de Nueva España*, un estudio enciclopédico y bilingüe de la religión, la cultura y el lenguaje prehispánicos. La prosa rítmica con la cual describió el sentir indígena después de la ocupación española y el sitio de México-Tenochtitlán es tan dramática que existen dudas de si Sahagún fue el único autor o sus colaboradores indígenas participaron en la composición. Por otra parte, los franciscanos reconocían la deuda que tenían con estos intelectuales nahuas y en *Sermones en lengua mexicana* (1606), fray Juan Bautista no solamente agradeció la ayuda de Antonio Valeriano, el gobernador indio de San Juan Tenochtitlán su antiguo profesor en Tlatelolco, sino que hizo imprimir una carta escrita en latín por éste, en la que decía que Valeriano había sido su maestro de náhuatl y que había traducido a Catón a ese idioma. La constante colaboración entre los mendicantes y la elite indígena condujo a la creación de un considerable cuerpo de textos en náhuatl literario, en los que las canciones prehispánicas se conservaron a la par de los sermones y los relatos históricos.[30]

Monarquía indiana fue escrita por un español que confesaba que México no era su patria, si bien afirmaba: "aunque no es mía, al menos la tengo como mía, habiendo sido criado en ella". En este texto transmitía la visión de las primeras dos generaciones de mendicantes que se esforzaron por comprender la cultura indígena y por crear una nueva iglesia en México; era retrospectiva, por no decir arcaica, y como tal no consignaba las tensiones que inquietaban a la Iglesia mexicana durante la época en que fue publicada. Estaba animada por el dualismo agustiniano según el cual, si México-Tenochtitlán figuraba como otra Babilonia donde los altares de Huitzilopochtli estaban tintos por el holocausto de sacrificios humanos, la ciudad hispánica era a la sazón una nueva Jerusalén en la que en cuarenta iglesias y capillas el Cordero de

Dios, Jesucristo, se ofrecía cotidianamente en el sacrificio de más de seiscientas misas. Para la mentalidad piadosa era un contraste fascinante. Pero la comparación de Moisés con Cortés no siempre atraía a los españoles nacidos en México, quienes se habían hecho conscientes de la pérdida de vidas y de la destrucción que había causado la Conquista. Además, el triunfalismo de la "Conquista espiritual" preocupaba a los sacerdotes que buscaban un fundamento autónomo y espiritual para la Iglesia mexicana. Tampoco todos los españoles americanos estaban convencidos del carácter diabólico de la sociedad azteca. En consecuencia, la gran crónica de Torquemada despertó sospechas, aunque no fue sino hasta el siglo XVIII cuando se escribió de nuevo su descripción del México antiguo, y Satanás al fin fue expulsado de la relación histórica.[31]

Un claro testimonio de las rivalidades y conflictos que dividían a la Iglesia mexicana durante las primeras décadas del siglo XVII se halla en *Crónica de la orden de N.P.S. Agustín en las provincias de la Nueva España* (1624), escrita por Juan de Grijalva (1580-1638), nacido en Colima, quien exageró la contribución de los frailes agustinos en la conversión de los indios con el propósito de defender la conservación de la gran cantidad de parroquias o *doctrinas* que aún administraban. Por esa época, los obispos habían iniciado una campaña para transferir todas las parroquias al cuidado del clero secular o, al menos, someter a los mendicantes a visitaciones regulares. Para exaltar los logros de su orden, Grijalva relataba la vida de fray Alonso de la Veracruz, cuatro veces provincial y teólogo erudito responsable de asegurar que, a diferencia de Perú, los indígenas de la Nueva España fuesen admitidos en la Eucaristía. Pero lamentaba que la heroica labor de los primeros misioneros hubiese quedado en el olvido: ningún fraile había sido canonizado, ninguna sepultura que albergara sus reliquias atraía la devoción popular, y la mayor parte de sus escritos se enmohecían. Torquemada había abordado el mismo tema al deplorar que los restos terrenales de Martín de Valencia se hubiesen extraviado y que a su nombre no se asociara ningún milagro, realizado en vida o desde la tumba. Pero si Torquemada atribuía la ausencia de milagros a la intervención directa del Espíritu Santo, e instó a los indígenas a aceptar el Evangelio sin prodigios externos, Grijalva por el contrario argumentaba que en tanto la Iglesia primitiva necesitó de los milagros porque los apóstoles eran hombres pobres e ignorantes que tenían que habérselas con el orgullo y el conocimiento de romanos y judíos, en América "el predicador en todo era superior a los indios", de ahí que no requiriese portentos espirituales.[32]

Grijalva difería de Torquemada en cuanto a la rivalidad entre los españoles europeos y americanos. En este contexto, debe señalarse que ya en 1574 Jerónimo de Mendieta había advertido que pocos de los españoles nacidos en las Indias, eran aptos para convertirse en sacerdote ya que "la mayor parte toman del natural y costumbres de los indios, como nacidos en los mismos climas y criados entre ellos". El célebre cronista franciscano Bernardino de Sahagún hizo el mismo señalamiento y coincidía en culpar al clima y a las constelaciones celestes; escribió que "los que en ella nacen, muy al propio de los indios, en el aspecto parecen españoles y en las condiciones no lo son [...] gente así española como india, que es intolerable de regir y pesadísima de salvar".[33] A pesar de estas opiniones, los criollos colmaban las órdenes religiosas, lo que dio por resultado que, en las primeras décadas del siglo XVII, casi todas las provincias mendicantes de la Nueva España se encontraran inmersas en penosos conflictos centrados en la elección de los altos oficios de prior y provincial. Grijalva censuró a los españoles que llegaron a México a buscar fortuna y disfrutar de sus honores, para después calumniar el carácter y el buen nombre de sus habitantes antes de regresar a la península. Acerca de su propia "nación", es decir, de los españoles nacidos en México, escribe: "Generalmente hablando son los ingenios tan vivos que a los once o doce años leen los muchachos, escriben, cuentan, saben latín y hacen versos, como los hombres de Italia;

de catorce o quince años se gradúan en artes [...]" La Universidad de México, donde la mayor parte del cuerpo docente y del estudiantado eran criollos, podía contarse entre las más ilustres de Europa. Con todo, exclama:

> Al cabo de tantas experiencias preguntan si hablamos en castellano o en indio, los nacidos en esta tierra. Las iglesias están llenas de obispos y prebendas criollos; las religiones, de prelados; las audiencias, de oidores; las provincias, de gobernadores, que con gran juicio y cabeza las gobiernan y con todo se duda si somos capaces.[34]

En estas indignadas afirmaciones, escritas por un cronista que había luchado dentro de su propia orden para obtener la elección de criollos a los altos oficios, se puede observar el amargo resentimiento de los españoles americanos que buscaban el acceso al gobierno de su propio país, ya fuese dentro de la Iglesia o en el Estado.

Grijalva también fue testigo de que a principios del siglo XVII la Iglesia mexicana se caracterizaba por un ferviente culto a las imágenes, que unía a los indios y a los españoles, al clero y al pueblo, a la elite y a las masas. Justificaba las espléndidas iglesias que habían construido los agustinos para inculcar a los indios la autoridad de su nueva religión. En torno a los imponentes edificios habían concentrado a la población indígena, asignando a cada familia una casa y agua abundante que provenía de las fuentes públicas. Del mismo modo, habían organizado a los indios en cofradías consagradas a la Virgen María y a las Almas Benditas del Purgatorio, y fomentaban una profunda reverencia a la cruz y la Eucaristía. Las iglesias estaban llenas de imágenes y altares ricamente decorados, y cada una contaba con un órgano, un coro y expertos instrumentistas. Cada pueblo y cada distrito poseía santos patronos cuyas imágenes desfilaban por las calles en los días de fiesta, durante la Semana Santa y en Corpus Christi. En realidad, Grijalva comenta que los indios "en el culto y la reverencia de las imágenes son extremados", ya que las

familias habían erigido un altar en su casa en el que coloca-
ban un crucifijo y varias figuras de la Virgen María y de los
santos.[35]

En el culto de las imágenes sagradas se satisfizo al fin el
anhelo criollo por los milagros. A la sazón todos los grandes
conventos mendicantes de la ciudad de México poseían imágenes, por lo general de la Virgen María o de Cristo, que
habían despertado una intensa devoción y a cuya intercesión
se atribuían milagros. Donde Grijalva cambiaba de tono respecto de Torquemada era en su informe del extraordinario
caso de la imagen de Nuestra Señora de los Remedios, que
en el momento de escribir su relato ocupaba un opulento
santuario cercano a la capital. Era la que Cortés había coloca-
do en el altar del templo mayor de México-Tenochtitlán, pero
que más tarde un fiel conquistador retiró y enterró durante la
noche triste. Algunos años después de la Conquista, la Virgen María se apareció a un noble indio, que se llamaba don
Juan, para informarle la ubicación de la imagen y pedir que
se construyera una capilla en su honor. Una vez erigido el
santuario, la imagen atrajo peregrinos de inmediato y se le
atribuyó la realización de milagros. Al final, el ayuntamiento
declaró a Nuestra Señora de los Remedios patrona de la capital, y en tres ocasiones la imagen se llevó en gran procesión de Tlacopan a la catedral para obtener su asistencia,
primero contra la peste y luego contra las sequías que amenazaban la agricultura. Si bien Grijalva incluía este relato principalmente para sugerir que la Virgen realizaba sus milagros
haciendo uso de un cordón agustino, no obstante, su pronta
aceptación de las apariciones, durante la Conquista y más
tarde a don Juan, daba fe de un cambio decisivo en la actitud
de la elite eclesiástica respecto de éstas y los milagros e imágenes sagradas.[36] En parte, ese cambio derivaba de la búsqueda de los españoles americanos de los medios para dotar
a su Iglesia de una fundación espiritual al margen de la Conquista y la misión mendicante.

III

El fraile mercedario y profesor de teología en la Universidad de México Luis de Cisneros declara, en *Historia del principio y origen, progresos, venidas a México y milagros de la santa imagen de Nuestra Señora de los Remedios, extramuros de México* (1621), que esta pequeña estatua había sido llevada a México por el conquistador Juan Rodríguez de Villasuerte, y que Hernán Cortés la colocó en el altar del templo mayor de la pirámide dedicada a Huitzilopochtli. Tal era el poder inherente a la imagen que, cuando los indios quisieron sacarla del templo, resistió todos sus intentos. Pero al huir los españoles de Tenochtitlán durante la *noche triste*, tomaron la talla y la depositaron en el altar de un templo en Otoncalpulco, una colina no lejos de la ciudad de México. Durante la retirada, un noble indio, que más adelante sería conocido como don Juan, vio al apóstol Santiago y a la Virgen María aparecer en el cielo para asistir a los españoles, y fue testigo de cómo la Virgen arrojaba polvo a los ojos de los indios. Quince o veinte años después de estos dramáticos acontecimientos, don Juan la vio "en figura resplandeciente y hermosa", ataviada como Nuestra Señora de los Remedios, y reconoció a la mujer celestial que había socorrido a los españoles. Ella le informó dónde hallar su imagen, que estaba oculta en un espeso bosque debajo de un enorme maguey que había crecido en la escalinata del templo de Otoncalpulco. Custodió la imagen en su cabaña otros doce años hasta que, cuando se hizo pública la noticia de su existencia, el maestre de escuela del cabildo eclesiástico, Álvaro Tremiño (quien salió de México en 1553), le ordenó primero levantar un altar en su casa y después llevar la imagen a la ermita de San Juan.[37]

Entonces, cuando un pilar le cayó encima y lo hirió, Juan se dirigió a la capilla del Tepeyac para rezarle a Nuestra Señora de Guadalupe. Pero en su santuario la Virgen le reprochó así:

¿Parécete bien lo que hiciste conmigo que me echaste de tu casa? ¿Tan malos tratos te di? ¿Tanto te enfadaba mi compañía? Y ya que me echaste de ella, ¿por qué no me pusiste en el lugar donde me hallaste?

Curado por la Virgen, Juan regresó a su pueblo en Totoltepec y levantó una capilla para Nuestra Señora de los Remedios al pie del antiguo templo. A partir de entonces, la devoción a la imagen no dejó de aumentar, y el 30 de abril de 1574 el ayuntamiento de México, percatándose de que los franciscanos del convento de Tlacopan se interesaban poco en el culto, designó al regidor García de Albornoz para que se hiciese cargo de la capilla. En el lapso de un año construyó un nuevo santuario, creó una cofradía presidida por tres nobles y tres mercaderes, y obtuvo licencia del virrey y del arzobispo para que el ayuntamiento nombrara patrona de la ciudad de México a la imagen, estableciendo su fiesta el domingo dentro de la octava de la Asunción de María.[38]

Al escribir este relato, Cisneros confiesa que tuvo muchas dificultades para hallar información sobre la imagen, y agrega:

> No puedo dejar de culpar mucho a mi patria [...] se haya descuidado tanto, de dar a los distantes, así en tiempo como en lugar, relación y noticia del principio y origen de esta Santa Imagen, de sus progresos y de sus colmadísimas mercedes, que tanto género de gente, y en todos tiempos han recibido, de sus liberales manos, que apenas he hallado rastro de verdad averiguada y asentada [...][39]

Sus principales fuentes escritas eran las crónicas canónicas de la Conquista española, el material acerca del culto en el archivo de la ciudad, y algunos indios ancianos, en especial doña Ana, la hija de don Juan, una mujer de setenta años. También consultó "los más antiguos y fidedignos testigos" en la comunidad hispánica, pero concluyó que "todos los que viven en esta ciudad saben que no hay más probanza del origen de esta imagen santa, que unos comunes dichos". Originario de la ciudad de México, él mismo había visitado el santuario durante los cuarenta años anteriores.[40] Por extraño que parezca, no incluía como fuente las pruebas pictóricas que había en el santuario. Con todo, en 1595 el capellán doctor José López había encomendado a unos pintores que cubrieran las paredes con escenas de los milagros realizados por la Virgen, cada una acompañada de versos explicativos. En un ala del santuario había escenas de su aparición durante la Conquista, de don Juan en el momento de hallar la imagen, de su curación milagrosa luego de que el pilar le cayera encima, del galeón de Manila rescatado en alta mar, y el niño de cuatro años salvado de una mula desbocada. En la otra ala estaba representado Cortés reemplazando a los ídolos con la imagen sagrada en el templo mayor, de la imagen mientras resistía los intentos de los indios por moverla, de la talla al ser colocada en el templo que en ese momento ocupaba el emplazamiento del santuario, de la imagen al ser transportada a la ciudad en 1577, y de la curación de un hombre que había caído de una mula.[41] Como habrá de observarse, estas pinturas ofrecieron a Cisneros un invaluable testimonio y demostraron cómo los registros pictóricos a menudo precedían a la publicación del relato de los orígenes de una imagen.

Para proporcionarle un contexto a su relato, Cisneros cita los primeros Concilios de la Iglesia en los que se alababa a María por ser la defensora "de todas las cosas más arduas y dificultosas" y hace notar que el papa Inocencio III había declarado: "María salvó lo que Eva perdió". Describe de manera sucinta el origen milagroso de las principales imágenes marianas en España, es decir, Pilar, Montserrat, Guadalupe, Peña de Francia, Atocha y otras, para llegar a la conclusión de que no existían pruebas documentadas de ninguna, y agrega: "todas ellas han sido halladas con estos milagros no teniendo más conocidos principios que nuestra imagen de los Remedios". Luego, Cisneros elabora una lista de las imágenes más importantes que se veneraban en la Nueva España, y señala que casi todos los conventos mendicantes en la ciudad de México poseían alguna advocación de la Virgen que

Portada del libro de fray Luis de Cisneros sobre la Virgen de los Remedios
(México, 1621). Cortesía del IIE, UNAM.

inspiraba devoción. Distingue a Nuestra Señora de las Mercedes que albergaba su propia orden en la iglesia de la ciudad de México, que era célebre por los milagros que había realizado y que "milagrosamente" producía unos diecisiete mil pesos al año para los ochenta frailes de la Merced. Sin embargo, la más antigua de estas imágenes era Nuestra Señora de Guadalupe cuyos milagros en el Tepeyac habían movido al arzobispo a reconstruir su santuario.[42]

Citando el tratado sobre imágenes sagradas de San Juan Damasceno, Cisneros argumenta que, si bien Dios había prohibido las imágenes en el Antiguo Testamento por temor a la idolatría, en la época de la gracia cristiana, las imágenes hacían las veces de libros para los iletrados y como tales inspiraban una profunda devoción, de modo que desde los primeros días de la Iglesia "quiso Dios que siempre en ella se pinten imágenes". Asimismo, todos los escolásticos y los Padres de la Iglesia coincidían en que debían dirigirse a la Virgen María con *hiperdulía*, una mayor veneración que la otorgada a los santos y a los ángeles. En el caso de Nuestra Señora de los Remedios, Cisneros se inclina por la tipología bíblica para exaltar la imagen. Recurriendo a la gran crónica de Torquemada, publicada apenas un año antes, hace hincapié en los horrores de la idolatría azteca que había ofrecido 62 000 víctimas durante la consagración del gran templo de Huitzilopochtli, de manera que "estaba todo este mundo nuevo hecho un reino de tinieblas, donde tanto era servido el Demonio". No obstante, Cortés abatió los ídolos y colocó en su lugar a la Virgen de los Remedios, "la santa conquistadora".[43] Al igual que Nuestra Señora del Pilar en las batallas contra los moros, la Virgen de los Remedios había intervenido contra los indios, apareciendo como "la gran señal" en el cielo descrita en el capítulo doce del Apocalipsis. En efecto, "la deuda de toda la Conquista y toda la partida de ella se debe a la Virgen Santísima". ¿Acaso el fuego del Espíritu Santo no había iluminado "aquel acueducto de María", de modo que ella se convirtiese en la fuente de la luz, "el arcaluz"?[44] Al describir la historia posterior de la imagen, Cisneros no vacila en compararla con el Arca de la Alianza y con la vara de Moisés. Al narrar el regreso de don Juan a su pueblo después del visionario diálogo con Nuestra Señora de Guadalupe en el Tepeyac, lo compara con Moisés descendiendo del monte Sinaí.[45] Más adelante, afirma que sólo mediante la intervención de la Virgen había sido posible que los mendicantes convirtiesen a tantos millones de indios. El virrey y el arzobispo acudieron a la Virgen de los Remedios en busca de auxilio cuando, en 1576, más de dos millones de indios murieron a consecuencia de la peste, y llevaron la imagen en procesión pública de su capilla a la catedral para celebrar allí nueve días de plegarias y ruegos. Se necesitó su asistencia de nuevo en 1595, cuando la Nueva España sufrió una prolongada sequía. Cisneros concluye: "ha hecho milagros heroicos la Virgen mediante su santa imagen de los Remedios".[46]

En la época cuando Cisneros escribía su obra, la imagen y el santuario de los Remedios se habían convertido en el objeto de un culto tan ferviente que contaba con 23 pequeñas casas o habitaciones donde podían quedarse los peregrinos, y una residencia para el capellán con habitaciones públicas donde recibía al virrey y al arzobispo. En 1589 los franciscanos de Tlacopan habían intentado reclamar la posesión de la capilla pero, a pesar del respaldo del virrey, la imagen se trasladó en secreto a la catedral. Citando a Torquemada, Cisneros se explaya en la belleza y fertilidad del circundante valle de México, que con dos mil manantiales había proveído a más de un millón de habitantes durante la época del emperador Xolotl. Afirma: "si el Paraíso lo plantó Dios en este nuevo mundo [...] el sitio fue en este Valle de México [...]" Todo esto no era sino el preludio a su extática descripción del santuario, alumbrado con 41 lámparas y un tabernáculo de plata con valor superior a los diez mil pesos. Por entonces, la imagen no tenía menos de dieciséis coronas, a la par de dieciséis cambios en la vestimenta ricamente decorada que la adornaba. Vale la pena señalar que encima del altar lateral dedicado a Nuestra Señora de las Lágrimas, había cuadros de Moisés y la zarza ardiente, y de

Gideón y el vellocino, ambas figuras bíblicas de la Virgen.[47] Pero la descripción de Cisneros del sagrario de la Virgen da cuenta de las emociones que despertaba la opulencia de su decorado:

> Parece que es un cielo porque las piedras preciosas, que toda la capillita donde está la Virgen adornan, parecen astros celestiales que están brillando, y dando a entender que la que tiene allí es la Reina del Cielo, que tiene por vestidura el Sol, por chapines la Luna, y por diadema un par de doce estrellas. Cosa es devotísima ver aquel santuario, cuando se descubre, no sé yo que haya pecho tan helado que al fuego que sale de aquellas piedras y luces no se caliente y ilustre porque fuera de las luces de cera hay siempre encendidas cinco lámparas y muchos días cuarenta y una [...] piénsese que tal estaba aquel santuario, cuando está de esta manera la Virgen Santísima, que lo adorna todo con el corderico de su hijo en los brazos, vestidos de tela, bordado el tabernáculo de plata dorada y grabada, lleno el Sagrario de mil piezas de oro y piedras preciosas, en quien están reverberando cuarenta y una lámparas, cuatro sirios, seis velas, todo el retablo grabado de oro, todo el santuario donde está la Virgen rodeado de pomas de ámbar gastadas en oro, todo el retablo colgado de pies, manos, cabezas, pechos, ojos de plata, que siendo todo el metal terso, que vuelve la luz, que recibe, y muchas veces la duplica, ¿qué tal armonía hará aquello? ¿Qué tales pondrá los ojos, de los que los mirasen? ¿Qué tales corazones de los que contemplan? Sin falta todas las veces que le veo se me representan un vivo retrato de la gloria, un firmamento, esa octava esfera tachonada de astros, en una noche serena, tal está aquel santuario.[48]

En estas líneas se encuentra la fiel expresión de los sentimientos que afloraban en los peregrinos y en los fieles que acudían a estos santuarios; hombres y mujeres que iban en busca de consuelo y socorro, y que se sentían transportados a lo que esperaban fuese el Cielo. A la vez, la presencia de miembros y cabezas de plata confirmaba la eficacia de la Virgen, ya que eran donaciones de aquellos que habían sido curados de sus dolencias.

La relación de Cisneros concluye con una descripción de
la tercera entrada de la Virgen de los Remedios a la ciudad
de México. A comienzos de junio de 1616, cuando aún no
llegaba la estación de las lluvias y el maíz había alcanzado
un precio exorbitante de cinco pesos por quintal, el arzobispo Juan Pérez de la Serna, en compañía del cabildo eclesiástico y el ayuntamiento, hizo una caminata hasta la "ermita",
para celebrar misa y después escoltar la imagen al convento
de los franciscanos en Tlacopan. Al día siguiente, el 11 de
junio, la imagen se llevó en procesión pública por las calles
de la capital y se colocó en el altar mayor de la catedral.
Nunca antes la ciudad fue testigo de una ocasión tan festiva,
afirma Cisneros se tocaron las campanas de todas las iglesias,
acompañadas con trompetas y flautas; las calles por donde
pasaba la Virgen estaban alfombradas, de los balcones colgaban ricas tapicerías, y constantemente se encendían fuegos de
artificio. La procesión que acompañaba a la Virgen estaba presidida por la asamblea de las órdenes religiosas, seguidas por
no menos de cuarenta hermandades indias y más de cien
confradías de españoles y mulatos. Luego venían cuatrocientos sacerdotes seglares, el arzobispo y los canónigos de la
catedral desfilando frente a la imagen, que portaban indios
nobles de Tlacopan debajo de un palio. El virrey y los oidores de la audiencia cerraban la procesión. La imagen permaneció en la catedral durante nueve días, durante los cuales se
celebraron misas y se predicaron sermones; las ceremonias
estuvieron iluminadas por más de 450 kilogramos de velas
de cera. Era tal la devoción que producía la presencia de la
imagen que varios miembros de la nobleza donaron sus joyas a la Virgen.[49] Al visitar la catedral, Cisneros escuchó a
una india de Tlacopan dirigirse a Ella:

> Señora, ¿qué haces aquí? ¿Por qué no te vas a tu casa, ya que
> no basta la estada? Mira que tus hijos están muy solos sin ti,
> y no tenemos que comer, cómo no nos veniste, y nuestros
> sembrados van malos sin tu presencia, vuélvete ya Señora y
> no permitas que carezcamos de tan sumo bien.

¿No era esta una plegaria, agrega Cisneros, que repetía las palabras del rey David en el Salmo 27, verso 8: "Tu rostro buscaré, oh Jehová"?[50]

El poder de la Virgen quedó de manifiesto en la casi inmediata caída de la lluvia, de modo que desde que fue llevada a la catedral hasta "hoy que es mediante septiembre" no dejó de llover, ofreciendo así la promesa de una cosecha abundante. Agradecidas, las autoridades en compañía de unas cuarenta mil personas, todas portando velas en la noche, escoltaron a la imagen de vuelta a su santuario. Cuando ya se encontraba cerca, los indios la recibieron con copal y "rociando de flores sueltas, que llevaban las tilmas llenas [...]". Al ver esto le pareció a Cisneros que cambiaba el aspecto de la Virgen y que parecía sonreír ante tal homenaje. Pero al reseñar este acontecimiento, Cisneros lamentaba que la imagen hubiese sido tan manoseada y tocada durante su visita a la ciudad. Recordaba que Nuestra Señora de Montserrat, la patrona de Cataluña, nunca había abandonado su santuario en seiscientos años, salvo para tomar posesión de una nueva capilla. Sería mucho mejor si del mismo modo se evitase que Remedios se alejara del suyo: después de todo, el Arca de la Alianza no salió del Templo una vez que entró en el recinto sagrado. "Querría yo que la ciudad, que tanto cuida de su aumento y veneración, hiciese particular auto que para ninguna cosa ni en ninguna ocasión la Virgen saliese de su sagrario ni aun para sobre el altar[51]". Pero esta piadosa esperanza no se cumplió, ya que el afamado poder de la Virgen sobre la lluvia motivó a las autoridades en muchas ocasiones durante los siguientes dos siglos a llevar la imagen a la catedral.

3. La mujer del Apocalipsis

I

Al describir las imágenes milagrosas de la Virgen María en la ciudad de México, Luis Cisneros escribe:

> La más antigua es la de Guadalupe, que está a una legua de esta Ciudad a la parte de el Norte, que es una imagen de gran devoción y concurso casi desde que se ganó la tierra, que ha hecho y hace muchos milagros, a quien van haciendo una insigne iglesia que por orden y cuidado del Arzobispo está en muy buen punto.[1]

El arzobispo Juan Pérez de la Serna consagró en 1622 el nuevo santuario que los fieles habían financiado en parte; a cambio de sus donativos, recibían una indulgencia de la absolución de sus pecados durante cuarenta días, el certificado impreso en una lámina de cobre diseñada por Samuel Stradanus, en la cual estaba representada la Virgen sobre su altar, rodeada de ocho escenas de los milagros que había realizado.[2] La *Historia verdadera de la Conquista de la Nueva España* (1632) que escribió Bernal Díaz del Castillo, un compañero de Cortés, en los años sesenta del siglo XVI, da fe de la antigüedad del culto en el Tepeyac; menciona "un pueblo que se dice Tepeaquilla, adonde ahora llaman Nuestra Señora de Guadalupe, donde hace y ha hecho muchos y santos milagros".[3] He aquí un testimonio público del origen antiguo de la devoción.

Fue tal el auge del culto a esta imagen que, en 1629, el arzobispo Francisco Manso y Zúñiga trasladó a Guadalupe a la catedral en canoa desde el santuario, para implorar que la Virgen contuviese las aguas desbordadas que entonces rodeaban la ciudad. Evidentemente, la devoción se acrecentó durante su estancia en la catedral y, cuando en 1634, una vez que hubo disminuido la inundación, Nuestra Señora de Guadalupe regresó a su santuario, la acompañaron el virrey y el arzobispo y la llevaron en andas por calles alfombradas; su partida fue saludada con fuegos de artificio y música. En algunos versos que ese año publicó un autor anónimo, se comparaba a la Virgen con una reina y con Esther, y, sobre todo, con el Arca que había salvado a la ciudad de la destrucción.[4] El poeta no sólo lamenta la partida de la Virgen sino que, en unos versos ambiguos, alude a que el origen de la imagen es celestial:

De nuestra sagrada imagen
hay vocaciones diversas
que consolar aseguran
tan amarga y triste ausencia.

Confiese que toda es una,
y una toda se encierra,
y que se derivan todas
de la Original primera.

Pero son acá pintadas
de humanas manos diversas
con matizados colores
que humanos hombres inventan.

Ves Virgen sois dibujada,
del que hizo cielo y tierra
cuyo portento no es mucho
de indicio, que sois la misma.

Si venisteis de tales manos
que mucho llore la tierra,
una ausencia que es forzosa
de un milagro que se ausenta.

Si venisteis por el agua,
ya Virgen vais por la tierra,
que a pesar de mi pecado
Dios, por vos, enjuga y seca.

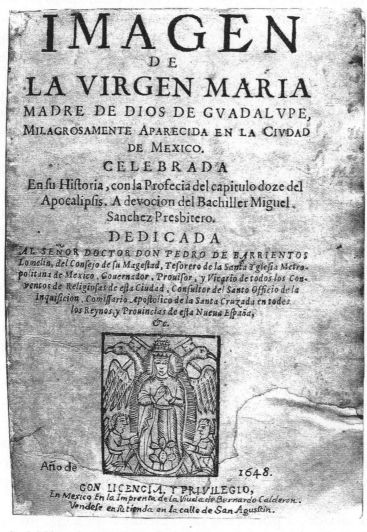

Portada del libro de Miguel Sánchez, *Imagen de la Virgen María, Madre de Dios de Guadalupe* (México, Imprenta de la vda. de Calderón, 1648). Centro de Estudios de Historia de México, Condumex, ciudad de México. Cortesía del IIE, UNAM.

Los versos concluyen celebrando el nacimiento de la Virgen María, en cuya fiesta litúrgica se conmemoraba a Nuestra Señora de Guadalupe, y también la Asunción de la Virgen, a cuya advocación estaba dedicada la catedral de México.

En 1640, en el prólogo a la versión impresa de un sermón sobre Felipe de Jesús, un franciscano mexicano que había sido martirizado en Nagasaki en 1597 y beatificado en Roma en 1627, el célebre predicador Miguel Sánchez (c.1596-1674) informa a su benefactor, el doctor Lope Altamirano y Castillo, arcediano de la catedral de la ciudad de México, que "quedo con esperanzas de otro mayor escrito: la segunda Eva en nuestro santuario de Guadalupe, si con el favor de Dios y el de V.S. puedo recogerme a disponerlo [...]". Aprovechando la oportunidad para predicar sobre "el santo de nuestra patria", Sánchez considera al franciscano "mi Jesús indiano, mi valeroso Felipe [...] el venturoso de México, el más logrado de todos sus criollos, el más dichoso de toda nuestra patria". Para justificar estos sentimientos, cita a San Jerónimo quien escribiera que "el amor de patria es carácter de la naturaleza", y a Hiércoles que había declarado que la patria es "un segundo Dios, sustituto de Dios".[5] Esta mezcla de religión y patriotismo impulsó a Sánchez a escribir *Imagen de la Virgen María. Madre de Dios de Guadalupe. Milagrosamente aparecida en la ciudad de México. Celebrada en su historia, con la profecía del capítulo doce del Apocalipsis* (1648), en donde presenta la primera narración publicada de las apariciones de la Virgen y del origen milagroso de su imagen. Bellamente impreso e ilustrado con grabados, el pequeño volumen de 192 páginas estaba dedicado al doctor Pedro de Barrientos Lomelín, tesorero criollo del cabildo eclesiástico y vicario general de la arquidiócesis mexicana. La historia que narraba cautivó a la elite criolla de la capital y estaba pensada para fortalecer la ya ferviente devoción a la Virgen mexicana.[6]

Un sábado, a principios de diciembre de 1531, un indio pobre de nombre Juan Diego pasaba por el cerro de Guadalupe, a una legua más o menos de la ciudad de México, cuando escuchó una música suave y vio a una mujer, la cual le hizo saber que era la Virgen María, Madre del Dios verdadero; le ordenó que fuera a ver al obispo de México para expresarle su deseo de que se construyese una capilla en su honor en el Tepeyac. Pero, cuando el indio acudió con Juan de Zumárraga, el obispo le dijo que volviese otro día. A instancias de la Virgen, Juan Diego fue a verlo de nuevo el domingo siguiente, cuando se le informó que debía llevar una señal que pusiera de manifiesto la veracidad de las apariciones. Una vez que la Virgen lo hubo tranquilizado, el indio pasó el lunes en casa cuidando de su tío, Juan Bernardino, que agonizaba a causa de la peste. El martes, cuando se dirigía a Santiago Tlatelolco para buscarle un sacerdote, la Virgen volvió a dirigirse a Juan Diego para ordenarle que subiese el cerro del Tepeyac y recogiese "rosas y flores". Tras reunirla, en su tilma, las llevó a Zumárraga, quien se percató de que la sublime efigie de la Virgen estaba impresa en el tosco tejido. Admirado ante el milagro, el obispo hizo colocar la imagen en la catedral para la veneración pública. En tanto, la Virgen también se apareció a Juan Bernardino, lo curó de la peste y le anunció que su imagen debía ser nombrada "Virgen María de Guadalupe". Quince días después, la imagen se llevó en procesión pública al Tepeyac, donde Zumárraga instaló la pintura en una capilla recién edificada.[7]

Fue tal la conmoción que provocó *Imagen de la Virgen María* que su primer censor, el maestre de escuela criollo del cabildo eclesiástico, lamentaba que México hubiese esperado 116 años por "el superior ingenio, agudo pensar, elocuente decir y delicada pluma" de Miguel Sánchez para leer "una historia tan prodigiosa" de la obra de Dios en la Conquista del Nuevo Mundo. De igual modo, el segundo censor y fraile agustino Pedro de Rozas elogió al autor quien después de las apariciones "tomó la pluma para que lo que solamente sabíamos por tradición, sin distinción, lo entendemos circunstanciado y definido con autoridad y fundamento".[8] Casi veinte años más tarde, en 1665, el doctor Antonio de Lara Mogrovejo, oidor de la audiencia en México, expresó más o menos la misma opinión cuando escribió sobre Sánchez: "mucho afán le costó la historia de la Aparición de Guadalupe", ya que se había visto obligado a atenerse a "tradiciones y fragmentos débiles al olvido de los tiempos y a la poca curiosidad de los antiguos".[9]

Por su parte, Sánchez confiesa: "busqué papeles y escritos tocantes a la santa imagen y su milagro, no los hallé, aunque recorrí los archivos donde los podían guardar, supe que por los accidentes del tiempo y ocasiones se había perdido lo que hubo". Algunos antiguos documentos habían sido de utilidad, pero como último recurso confiaba en el testimonio de "las más antiguas personas y fidedignas de la ciudad", y "tenía de mi parte el derecho común, grave y venerado de la tradición, en aqueste milagro, antiguo, uniforme y general". Para mayor énfasis recurre a la historia de los Remedios de Cisneros, consolándose en la observación de aquel cronista de que las mayores imágenes milagrosas de España, "Pilar de Zaragoza, Montserrat, Guadalupe, Peña de Francia y Atocha", dependían todas de la tradición más que de documentos contemporáneos que justificasen el relato de su aparición. Pruebas internas sugieren que también pudo haber consultado la relación de Murillo sobre Nuestra Señora del Pilar. Pero Sánchez escribió para persuadir a "los doctos" y redactó un texto en el que proliferaban los argumentos y abundaban las citas bíblicas, en especial del Libro del Apocalipsis, "a que está inclinado mi ingenio". También hizo referencia a varios teólogos y Padres de la Iglesia, y a San Agustín lo llamó "mi santo maestro".[10] En su labor de escritor, invocó la asistencia de su homónimo el arcángel Miguel, convocado a defender con "su tosca pluma, esta mujer prodigio y sagrada criolla", a Nuestra Señora de Guadalupe. Con la honda convicción de haber sido elegido para esa empresa, Sánchez urdió una compleja cadena de argumentos.

II

Sánchez dijo que al leer "A los catecúmenos" de San Agustín, descubrió que la mujer descrita en el capítulo 12 del Apocalipsis representaba a la Iglesia y a María. Al recordar la emoción que le produjo esta interpretación de la figura exclama: "Qué alegre se halla mi corazón con semejantes nuevas: sin detenerme salí buscando al evangelista San Juan, y le hallé en la isla de Patmos". Lo que allí encontró por supuesto fue la famosa visión de "una mujer vestida de sol, con la luna bajo sus pies, y en su cabeza una corona de doce estrellas", a quien rescataron San Miguel y sus ángeles de "la serpiente antigua, el llamado Diablo", y que recibió el auxilio de "las dos alas del águila grande". De rodillas, Sánchez imploró a San Agustín que le diese "plumas a mis palabras, palabras a mis conceptos", pues cuanto más reflexionaba sobre el asunto más lo poseía "la revelación" de que la imagen que había visto San Juan en Patmos era la misma que Zumárraga recibió en la ciudad de México. Así, instaba a sus lectores a contemplar "en la imagen del cielo el original por profecía, y en la imagen de la tierra el trasunto por milagro".[11] Esto implicaba que la efigie de la Virgen María impresa en la tilma de Juan Diego era la misma imagen que San Juan había visto antes de escribir el capítulo 12 del Apocalipsis. Además, la imagen de María era también la de la Iglesia, por lo que "por mano de María Virgen se había ganado y conquistado aqueste Nuevo Mundo, y en su cabeza México fundada la Iglesia". Como sostuviera San Juan Damasceno, si el hombre fue creado a imagen y semejanza de Dios, era evidente que de todas las imágenes meramente humanas María era la más perfecta. La Virgen María fue quien "previno, dispuso y obró su dibujo primoroso en esta su tierra México, conquistada a tan gloriosos fines, ganada para que apareciese imagen tan de México".[12] En poco tiempo México había sido conquistado por España para que María pudiese fundar la Iglesia gracias a la revelación de su imagen, una efigie que era a la vez intensamente mexicana y, no obstante, una copia fiel de la visión profética de San Juan.

Como él mismo confesara, Sánchez aprendió de San Agustín no solamente a comparar la imagen de Guadalupe con la mujer del Apocalipsis sino, aún más importante, su método de interpretación teológica. En la controversia con Julián de Erculano, el santo africano había rechazado los argumentos sustraídos de la filosofía o la literatura en favor de los ejemplos que se encontraban en la Biblia. Sánchez adoptó la tipología, pero como demostraron la serie de meditaciones o *novenas* que publicó posteriormente, también recibió la influencia de Vicente Ferrer, que en los círculos mexicanos llamaban "el ángel del Apocalipsis", partidario de Joaquín de Fiore en la interpretación de acontecimientos contemporáneos por medio de las profecías bíblicas. Al aplicar este método, Sánchez sobrecargó sus páginas con una plétora de citas tomadas principalmente de la Biblia, pero en las que también estaban representados los Padres de la Iglesia y los teólogos postreros. El resultado fue un texto extraordinariamente intrincado y a menudo confuso que futuros historiadores habrían de desechar por fatigoso, pero en el que se inspirarían incontables predicadores. Por medio de citas y alusiones bíblicas, Sánchez compuso un contrapunto tipológico de la narrativa de los sucesos en México, dotándolos de una significación teológica sin paralelo.[13] ¿En qué otro lugar del fervoroso mundo de los cultos marianos una imagen de la Virgen gozaba de semejante riqueza tipológica? A pesar de lo denso de su exégesis discursiva, en ocasiones Sánchez escribe en un estilo sumamente apasionado y personal. El resultado fue un libro pleno de devoción en el que la religión y el patriotismo se encontraban entrelazados de modo inextricable, y en el que sus audaces declaraciones estaban fundamentadas en la erudición.

A manera de preludio, Sánchez interpreta la Conquista de México como una nueva representación de la batalla apocalíptica entre Satanás y San Miguel. Así, el imperio de Moctezuma está representado por la "imperial monarquía de las siete coronas", un estado diabólico cuyo fundamento eran antiguos reinos indios. Por el contrario, Hernán Cortés y el grupo de conquistadores, un tanto estrambóticamente, "gocen el título de ángeles en ejército, para la conversión de aqueste Nuevo Mundo y fundación de la Iglesia, que como ángeles destrozaron al dragón y a los suyos". Si la Conquista, que también fue un nacimiento, causó dolor y pesar, de igual modo la fundación de la Iglesia apostólica había estado acompañada por el martirio y el sufrimiento. Igual que Israel cuando abandonó la idolatría de Egipto, los mexicanos habían sufrido los ataques del Diablo en su éxodo por el desierto.[14] En verdad, a partir de entonces habían llegado "extraños peregrinos y advenedizos", herejes "sin raíces originarias de esta tierra", cuyos crímenes contra la fe descubrió el Santo Oficio. Pero estos sufrimientos y amenazas tenían fácil compensación, pues "la dicha de conquistarse esta tierra, era porque en ella se había de aparecer María Virgen en su santa imagen de Guadalupe". Además, el rey de España gobernaba México y Dios lo había elegido "sol planeta universal"; Sánchez lo saludaba, pues "como el sol corre, vuela y rodea todo el orbe del mundo, todos los mares te conocen, veneran y hacen salva [...]" ¿El séptimo ángel del Apocalipsis no había anunciado que todos los reinos del mundo serían convertidos? Y qué mejor profecía para la universal monarquía de España que la del Salmo 89 (88), donde Dios anunciaba una alianza perpetua con la Casa de David, y establecía su reinado eterno.[15] Como una isla a la que rodea un mar continental, era evidente que la luna regía a México y, de este modo, ofrecía inevitable homenaje al sol imperial de "la monarquía católica". Pero en este contexto, México también representó una ciudad que recordaba la triunfante visión de la nueva Jerusalén que se describe en el capítulo 21 del Apocalipsis, ya que dentro de sus límites había aparecido "la semejanza de Dios, la imagen de Dios, que es María en su santa imagen de nuestra mexicana guadalupana". De acuerdo con las enseñanzas de San Juan Damasceno, todo cristiano es "una imagen de Dios" que libra una batalla con el Diablo, pero en México la

Virgen María, "la más perfecta, viva y escogida imagen de Dios", intervino en el combate.[16] Igual que San Agustín y los Padres Griegos, Sánchez veía en la Iglesia contemporánea el cumplimiento de la profecía bíblica y así mitigaba el mensaje potencialmente subversivo del Apocalipsis.

No obstante, en su relación de las apariciones Sánchez mostró una enorme originalidad, ya que desplegaba la tipología bíblica no solamente como metáfora y personificación, sino como representación. El alcance de su perspectiva se hizo evidente al recordar que San Juan Damasceno sostuvo que María fue concebida cuando su madre era una anciana, un verdadero esqueleto, de manera que su nacimiento había sido un milagro. De esto podía desprenderse que María volvería a nacer en sus imágenes milagrosas; entre todas ellas, la pintura de Guadalupe sería la más poderosa. Esto fue el preludio a una interpretación de la primera aparición de la Virgen en México a principios de diciembre de 1531, más de doce años después de que Cortés y los conquistadores establecieran la villa de Veracruz el Viernes Santo, y cien años antes de que, gracias a la presencia de la imagen en la catedral, el caudal de la inundación comenzara a disminuir. Un sábado, un pobre indio de nombre Juan, con el sobrenombre o epíteto de Diego, que sin duda habría de ser el Santiago de México, pasaba por la colina del Tepeyac cuando escuchó una delicada melodía que emitían no los pájaros sino los ángeles, y vio a una joven radiante de luz. Ella le preguntó: "Hijo Juan, ¿adónde vas?" Cuando respondió que iba camino del priorato franciscano en Santiago Tlatelolco, dijo:

> Sabe hijo, que soy María Virgen Madre de Dios verdadero. Quiero que se me funde aquí una casa y ermita, templo en que mostrarme piadosa Madre contigo, con los tuyos, con mis devotos, con los que me buscaren, para el remedio de sus necesidades.

Entonces ordenó al indio que informara de su aparición al obispo de México y que deseaba la construcción de una capilla en el sitio en el que había aparecido. Así, Juan Diego se dirigió a la ciudad donde buscó el palacio del obispo para hablar con el virtuoso Juan de Zumárraga, "religioso de nuestro padre San Francisco, seráfica familia es madre primitiva de aquesta conversión [...]" En este punto, Sánchez hace otra pausa en la narración para comparar la ciudad de México con la visión de la nueva Jerusalén del Apocalipsis.[17] Si hubiese advertido los matices históricos, también habría recordado la descripción que hacía Murillo de la aparición de la Virgen a Santiago en Zaragoza, cuando le dijo: "Yo, hijo Diego, soy vuestra protectora [...] me edificaréis una iglesia en mi nombre [...] obraré maravillosas señales, especialmente en beneficio de aquellos que en sus necesidades acudieren a este lugar." Como prueba eterna de su aparición en aquella ciudad, la Virgen dejó al apóstol una estatuilla de madera de ella misma, coronada y con el niño Jesús en brazos, de pie sobre un pilar de jaspe.[18]

Ese mismo día, cuando volvía a casa, Juan Diego informó a la Virgen en el Tepeyac que Zumárraga evidentemente no le había creído, ya que se contentó con decirle que volviese otro día. Sugirió que la Virgen debía enviar a alguien "de más crédito", cuyo mensaje fuese atendido. Al reflexionar sobre esta escena, Sánchez cita a San Lucas cuando menciona el regocijo de Cristo en el Espíritu Santo al regreso de los setenta discípulos que habían predicado el Evangelio y exclamó: "Yo te alabo, oh Padre, Señor del cielo y de la tierra, porque escondiste estas cosas de los sabios y entendidos, y las has revelado a los niños." Del mismo modo, ¿no había la Virgen en México elegido que su mensajero fuese un indio "humilde, pobre e ignorante"?[19] El domingo, por mandato de María, Juan Diego acudió a oír misa en Tlatelolco, y luego visitó al obispo en su palacio; a Zumárraga lo irritó su regreso y exigió que ofreciese una prueba que certificara la veracidad de la aparición de la Virgen. Para Sánchez, la desconfianza del prelado era por demás loable. Después de todo, los apóstoles no creyeron a María Magdalena cuando sostuvo que Cristo se había levantado de entre los muertos: ¿por qué el obispo había de creer a un indio recién convertido que había tenido el privilegio de ver "el primer favor, la primera aparición, la primera imagen originaria en esta tierra"? Acerca de esta escena del domingo, cuando la Virgen se apareció por tercera vez a Juan Diego en el Tepeyac, Sánchez afirma que el cerro parecía otro Tabor, en el que los apóstoles habían visto a Cristo transfigurado en la Gloria. Agrega: "no hay circunstancia en aqueste milagro e imagen santísima de María, que no tenga vislumbres de profetizada[...] Tres veces llamó Dios al santo patriarca Moisés a la cumbre del monte Sinaí". Y si invitó a Moisés a subir solo la tercera ocasión, fue porque debía construir el tabernáculo, el templo portátil del Arca de la Alianza. También Juan Diego había sido elegido "para mensajero y diligenciero del templo y casa de Guadalupe, donde se había de guardar el arca verdadera, que es María[...]"[20]

Al día siguiente, Juan Diego permaneció en casa, cuidando a su tío Juan Bernardino, que estaba enfermo de peste. El martes, el indio se dirigió a Tlatelolco para buscar a un sacerdote que lo atendiera y encontró a la Virgen en el Tepeyac, quien aseguró que podía curar a Juan Bernardino y consolar a los enfermos y a los infortunados. Entonces le ordenó subir a la cima de la colina para recoger "rosas y flores", la señal que Zumárraga solicitaba. Al ascender la colina, que en diciembre debía haber estado cubierta de cactos, Juan Diego encontró "convidándose las rosas con su hermosura, tributando las azucenas leche, los claveles sangre, las violetas celo, los jazmines ámbar, el romero esperanzas, el lirio amor y la retama cautiverio". Reunió todas las flores en su tilma, un manto sencillo de fibra de maguey, un *ayatl*. Cuando el indio le presentó estas flores a la Virgen, las tomó entre sus manos, las devolvió a la tilma y le dijo a Juan Diego que las ofreciese al obispo de México como una prueba de sus apariciones y de su mensaje. Ante el espectáculo de "aquel vergel del paraíso", Sánchez recuerda que los espías que Moisés envió a la Tierra Prometida llevaron a su regreso uvas e higos que varios comentadores consideraron señales de Cristo

La aparición de la imagen de Guadalupe ante Juan de Zumárraga, grabado, en Miguel Sánchez, *Imagen de la Virgen María*... Cortesía del IIE, UNAM.

y de María. Asimismo, en el capítulo 2 del Cantar de los Cantares, de acuerdo con San Bernardo, se decía que Cristo era "la flor del campo". En el mismo capítulo, por supuesto, la propia Virgen estaba prefigurada en "la rosa de Jericó y el lirio de los valles".[21]

A instancias de la Virgen, Juan Diego llevó las flores en su tilma a Zumárraga y dejó caer "una primavera milagrosa, un vergel abreviado de rosas, azucenas, claveles, lirios, retamas, jazmines y violetas". Pero, cuando las flores hubieron caído, el obispo vio pintada en el tosco manto del indio a "María Virgen Madre de Dios, en su santa imagen que hoy se conserva, guarda y venera en su santuario de Guadalupe de México". Todos los presentes se pusieron de rodillas para venerar la imagen, transportados por la revelación. Como San Pablo escribiera a los corintios: "Todos nosotros, a cara descubierta, contemplamos la gloria del Señor como en un espejo y nos transformamos en la misma imagen de gloria en gloria, a medida que obra en nosotros el Espíritu del Señor". Con anterioridad, en la misma epístola, San Pablo había empleado una comparación tipológica entre Moisés, quien había cubierto su rostro con un velo delante de Dios, y la gloriosa revelación de Cristo.[22] En este punto, Sánchez reparó en que, confrontado con la "revelación de María" en México, San Juan Evangelista pudo haber exclamado, como Simeón en el templo cuando presentaron al niño Jesús, que también él estaba preparado para morir, ya que su visión en Patmos de la mujer del Apocalipsis se había concretado en la imagen del Nuevo Mundo. En cuanto a Juan Diego, quien fue transfigurado por la luz y la gloria como Moisés cuando descendió del Sinaí, bien hubiese podido invocar el célebre capítulo 61 de Isaías, que citó San Lucas cuando Cristo comenzó a predicar su evangelio: "El Espíritu de Jehová el Señor está sobre mí, porque ungió Jehová; me ha enviado predicar buenas nuevas a los abatidos [...] a proclamar el año de la buena voluntad de Jehová."[23] El poder del milagro y la devoción que evocaba hacía recordar las palabras de San Pablo en su epístola a los romanos: "ya es hora de levantarnos del sueño; porque ahora está más cerca de nosotros nuestra salvación que cuando creímos". Hasta qué punto el relato de la aparición se inspiró en el libro del Éxodo se hizo patente cuando Juan Diego y Zumárraga regresaron al Tepeyac para arrodillarse en el sitio de las apariciones, como si hubiesen escuchado las palabras que Dios le dirigió a Moisés en la zarza ardiente, la que también es una imagen de María. Sánchez combinó el diálogo en Horeb con los sucesos posteriores en Sinaí, las flores y la imagen reemplazaron el báculo milagroso de Moisés como señal del mensaje divino.[24]

Sin embargo, el escenario tipológico se había transformado y Sánchez comparaba a Juan Diego y a Zumárraga con Jonathan y David, el príncipe y el humilde pastor. En esta figura, Juan Diego representaba el papel de Jonathan, ya que le confió la tilma a Zumárraga, quien, como pastor de su rebaño, era otro David. Los dos amigos fueron a visitar a Juan Bernardino a quien la Virgen había curado; apareció ante él el martes por la mañana para hacerle saber que su imagen debía llamarse "Virgen María de Guadalupe". El obispo invitó a los dos indios a quedarse con él en el palacio, donde había instalado la pintura por corto tiempo, a semejanza de David cuando depositó el Arca de la Alianza en la casa de Obededón. Pero confrontado con "la verdadera arca de Dios", que era María, Zumárraga recitó el Salmo 132 (131), en el que David hace voto de encontrar "lugar para Jehová, Morada para el Fuerte de Jacob", texto que por lo general se considera un preludio a la construcción del primer templo en el monte Sión. Antes de erigir la capilla en el Tepeyac, la imagen se colocó en el altar mayor de la catedral de México, donde toda la población acudió a venerarla; su alegría evocaba la de los pastores que fueron a honrar al niño Jesús en Belén.[25]

En tanto las multitudes abandonaban la catedral, Sánchez permaneció de rodillas, por así decirlo, orando y deteniéndose antes de ocuparse en la descripción de la imagen que tenía ante sí. Confiesa: "Yo me constituí pintor devoto de aquesta santa imagen escribiéndola; he puesto el desvelo posible copiándola; amor de la patria dibujándola; admiración cristiana pintándola; pondré también diligencia retocándola." Cita el Eclesiastés al decir que sin carpinteros, alfareros y otros artesanos, la ciudad no era habitable, pero señala que tales hombres no podían prestar su servicio en el consejo popular o como jueces, pues "ellos la creación sostienen".[26] Sánchez admite abiertamente que ningún ejercicio literario podía compararse con la viva voz de la pintura, en especial porque es "otra naturaleza, un sustituto de Dios". En este punto cita el Salmo 27 (26): "Mi corazón ha dicho de ti: Buscad mi rostro. Tu rostro buscaré, oh Jehová; no escondas tu rostro de mí." Al abordar la labor descriptiva, invoca una vez más a San Agustín, "mi sagrado maestro [...] archivo de divinidades [...] atribuyo el ánimo, determinación y camino para celebrar la milagrosa aparición [...]" Trae a la memoria el comentario del santo sobre el milagro de Cristo del pan y los peces en el desierto, donde afirmaba que los milagros tienen "sus lenguas, sus razones y palabras". Era necesario no solamente deleitarse en el milagro sino también tratar de comprender "su soberana altura y excelente profundidad".[27]

Antes de continuar el relato, Sánchez hace la descripción de la pintura misma, haciendo notar en primera instancia que el tejido del lienzo era de fibras de maguey que formaban un *ayatl*, una tosca túnica que usaban los indios pobres. Estaba formada por dos piezas cosidas con hilo de algodón y medía aproximadamente 91 centímetros de ancho por 1.8 metros de largo. La imagen de la Virgen era una mujer joven de pie sobre una luna creciente, sostenida por un ángel de rasgos infantiles con las alas extendidas, su figura envuelta en un tabernáculo o nicho auroleado con cien rayos dorados, su rostro coronado del color "de la plata morena". Su manto, azul cielo, estaba decorado con cuarenta y seis estrellas y la túnica rosada se plegaba a sus pies. El espacio que la rodeaba en el lienzo carecía de color o decoración. Lo que producía asombro era que "el género y la calidad de esta pintura es tan solamente al temple", lo que indicaba que era la misma que se empleaba en los frescos. A pesar de su reverencia, Sánchez concluye con una serie de exclamaciones acerca de la "belleza, gracia y hermosura" de la imagen y compara su labor de descripción de la imagen con la del pintor griego Apelles, quien recibe el encargo de retratar a Elena de Troya, y en su intento de transmitir toda su belleza fracasó del modo más miserable.[28]

Así como el Hijo encarnó y se hizo hombre, María, a semejanza de Cristo, eligió para su encarnación material "una manta que toda es criolla de esta tierra, en la planta de su maguey, en sus hilos sencillos y en su tejido humilde [...]". Por otra parte, como Sánchez pudo comprobar al tocar e inspeccionar de cerca la pintura, no se había deteriorado a pesar del transcurso de 116 años y de estar hecha al temple. Además de repetir la mayor parte de lo que había escrito con anterioridad, observa que los cien rayos en torno a la Virgen bendecían la tierra que gobernaba "la monarquía católica de España, de los Felipes de gloriosas memorias que ha tenido, de Felipe el Grande, señor nuestro [...]", reyes que ya había comparado con el sol. La luna a sus pies representaba a México, territorio regido por aquel astro por tanto sometido a las aguas. Por otra parte, las estrellas de su manto hacían referencia a los conquistadores, aquella tropa de ángeles que habían vencido a Lucifer en la forma de Huitzilopochtli. Finalmente, el ángel que sostenía a la Virgen era sin duda San Miguel; sus alas recordaban al águila azteca que todavía hacía las veces de símbolo de México.[29]

Sánchez seguía los pasos de San Juan Damasceno al señalar que las figuras de María en el Antiguo Testamento incluían el Arca de Noé, la zarza ardiente que había visto Moisés, la escalera al cielo que vio Jacob en Bethel, y el vellocino de Gideón. Pero la que atrajo más su atención fue el báculo de Aarón, el cual identificaba con el texto de Jesé: "Saldrá una vara del tronco de Isaí, y un vástago retoñará de sus raíces"; un vínculo que San Jerónimo estableció primero. Se recordará que cuando Moisés convocó a las doce tribus de Israel para presentar sus báculos, solamente el de Aarón floreció, signo de que la tribu de Leví estaba destinada al sacerdocio y de que él mismo sería el primer sacerdote supremo. Este báculo había sido usado por Moisés en Egipto y después Aarón realizó varios milagros con él, de los cuales partir las aguas del Mar Rojo no fue el de menor importancia. Más tarde fue depositado, con las Tablas de la Ley y una urna de maná, en el Arca de la Alianza. El báculo era de nogal, un árbol que conservaba sus hojas durante el invierno y florecía en la misma estación.[30] Esto proporcionaba gran cantidad de material para el molino exegético de Sánchez. La imagen de Guadalupe apareció en diciembre y nació de entre las flores. Era la única imagen conocida de María que había nacido entre las flores y, por ello, debía reconocerse su superioridad sobre las otras imágenes marianas. En un pasaje extraordinario, que en su forma retórica pone de manifiesto la emoción casi palpable de Sánchez, escribe:

> Ahora con el humilde mío, llamo a toda la cristiandad con sus reinos, ciudades, pueblos, valles, montes, selvas, peñas, puertos, mares, árboles y ríos, para que traigan cada uno la imagen milagrosa que tuviere de María, y en nombre de nuestra mexicana Guadalupe, cito, invoco, aviso, insto, convido, ruego, suplico, adoro y espero a todas las apariencias de milagro, para que me oigan, atiendan, arguyan, repliquen, adicionen, contradigan y respondan a un bien hilado silogismo [...]

De este modo, Sánchez convocaba una asamblea imaginaria de todas las imágenes milagrosas de María para que aceptasen la superioridad de la Virgen mexicana. El silogismo en el que se fundamentó esta demanda fue estrictamente tipológico: ya que el báculo de Aarón era superior a los de las otras once tribus porque había florecido, entonces la imagen de Guadalupe era superior a las otras imágenes marianas pues solamente ella había sido pintada con y había nacido entre flores. Por tanto, "ha de gozar entre todas las imágenes milagrosas de María Virgen, la dignidad suprema de milagro y la primacía de milagrosa". Su devoción no podía llegar más lejos.[31]

Casi para finalizar su comentario, Sánchez retoma el relato de los acontecimientos y describe la solemne instalación de la imagen en su nueva "ermita" o capilla del Tepeyac, quince días después de las apariciones, el 26 de diciembre, segundo día de la Natividad. En compañía del cabildo eclesiástico y el ayuntamiento de la ciudad, Zumárraga llevó la imagen en procesión pública, con el cortejo de una multitud que venía de la ciudad, indios bailando, tambores y trompetas resonando, y cantos corales; la celebración culminó con una misa mayor en el santuario. Tepeyac, que hasta el momento había sido una figura de Horeb o el monte Sinaí, se convirtió entonces en el Sión mexicano, y el arzobispo interpretó el papel de David. Pero Sánchez también recurre al libro del Eclesiastés para considerar a Zumárraga sumo sacerdote, igual que Aarón, y agrega: "A la dignidad de obispo acreciente Dios en aqueste prelado, la herencia y patronazgo de aquella ermita de Guadalupe, que hasta hoy poseen sus ilustrísimos sucesores."[32] Del mismo modo que la vara en flor era el símbolo de la vocación sacerdotal de Aarón, la imagen de Guadalupe era el palio y el báculo de los arzobispos de México, el símbolo de su primacía. Aunque el abad Guarico, por no mencionar a Murillo, había argumentado que Cristo confió la Iglesia a San Pedro y María a San Juan, en el caso mexicano Juan Diego, una figura de San Juan, hizo entrega de la imagen a Zumárraga, heredero de San Pedro en la dignidad episcopal, para expresar que no podía haber separación entre María y la Iglesia. Una vez más, Sánchez afirma que la fundación y el crecimiento de la Iglesia mexicana tenía sus cimientos en la revelación de María en su imagen de Guadalupe.[33]

A manera de conclusión, Sánchez observa que, para Juan Diego, el Tepeyac se había transformado en Bethel, donde Jacob vio la escalera de ángeles elevándose hasta el cielo, y por tanto eligió asistir al santuario hasta el día de su muerte, dieciséis años más tarde; para entonces, su vida ejemplar ya era célebre. Su pobre manto se había vuelto mucho más valioso que las espléndidas ropas de los papas y cardenales o

Nuestra Señora de Guadalupe en su santuario, grabado, en Miguel Sánchez, *Imagen de la Virgen María...* Cortesía del IIE, UNAM.

las túnicas de los oidores y monjes. Hasta cierto punto, declara Sánchez, su tilma podía compararse con la piel de cabra que Rebeca había entregado a Jacob para que recibiera la bendición de Isaac y de ese modo obtener el derecho de progenitura de Esaú.[34] En efecto, por su tilma, Juan Diego obtuvo para sí y para "los hijos de esta tierra [...] un vinculado mayorazgo", que era "María en su imagen milagrosa". Sánchez señala lo emotivo que resultaba observar con qué devoción y veneración se acercaban los indios a la imagen de Guadalupe en su santuario. Durante aquella época, la primera capilla fue reemplazada por la impresionante iglesia que construyó el arzobispo Juan Pérez de la Serna; estaba iluminada con más de sesenta lámparas de plata que colgaban de un techo de madera primorosamente tallado. Adornaba el altar mayor un retablo rebosante de pinturas y esculturas, con la sagrada imagen dentro del tabernáculo de plata con valor de 350 marcos, obsequio reciente del virrey conde de Salvatierra, cuya esposa había sido devota de la Virgen mexicana. Encima del tabernáculo, que tenía vitrinas de cristal, había una imagen en plata de Dios Padre, inclinado con los brazos abiertos, como si estuviese preparado para recibir a la Virgen en su asunción al Cielo.[35]

Solamente restaba que Sánchez describiera los principales milagros que ocurrieron en el santuario; una lista de siete, sin duda tomados en parte de los exvotos que colgaban de las paredes de la capilla. El primero era la casi instantánea curación de un indio que había sido traspasado accidentalmente por una flecha durante la procesión tras la cual la imagen fue instalada en el Tepeyac. El segundo tuvo lugar en 1544 cuando una procesión de niños de Tlatelolco le imploró a la Virgen que sanara a sus padres enfermos de peste, por entonces una epidemia incontenible en México. Después venía la curación de don Juan, el noble indio que había descubierto la imagen de los Remedios. Otras curaciones incluían a un jinete salvado de una mala caída, a un devoto que resultó ileso al caer sobre él una lámpara en el santuario, y el milagroso encendido de las velas de la capilla luego de que un fuerte viento había apagado su luz. Por último, la decisiva intervención de la Virgen cuando, durante cuatro años, en 1629-1634, fue venerada en la catedral y su presencia hizo que las aguas de una inundación finalmente descendieran.[36]

Sin embargo, fue la curación de don Juan la que permitió a Sánchez definir las distinciones entre las dos imágenes de María a las que era tan devoto. Las semejanzas eran evidentes: las dos habían sido reveladas a indios que se llamaban Juan; una se encontró debajo de un maguey, la otra pintada en una tela de la misma planta. Ambos santuarios fueron erigidos en lugares donde se habían adorado alguna vez ídolos aztecas, y el templo del Tepeyac fue dedicado a "la madre de los dioses y en su lengua Theotlenantzi". Pero las dos imágenes diferían considerablemente en su origen y función social. Remedios había sido traída de España en tanto que Guadalupe había nacido en medio de las flores en México. Remedios se llevaba con regularidad a la ciudad para prevenir las sequías mediante oraciones durante la estación de lluvias. Por el contrario, Guadalupe solamente había dejado su santuario en una ocasión, y fue para salvar a la ciudad de una inundación. Tan versado como siempre en encontrar figuras bíblicas que expresaran estas distinciones, Sánchez identificó a Ruth la Moabita como una figura de Remedios, ya que había abandonado su país para ayudar a su suegra viuda, Noemí, en Belén. Por el contrario, Noemí la israelita era una figura de Guadalupe. Sánchez declara: "Venero en Ruth y Noemí las dos imágenes milagrosas de María Virgen. En Ruth, a la de los Remedios venida de España, acompañando a los conquistadores con amor a esta tierra para su remedio, favoreciéndolos en su Conquista. En Noemí, a la de Guadalupe, criolla y aparecida en México [...]" Por supuesto, María era una única persona, pero estaba presente en sus imágenes de modo distinto. Como Virgen de Guadalupe, curó a don Juan y le mandó bajo juramento solemne que construyese una capilla para la imagen de los Remedios, para poner de manifiesto la gratitud de su patria mexicana y satisfacer sus obligaciones con ella por el cometido que había cumplido su imagen en la Conquista de México y en el derrocamiento de la idolatría.[37]

Casi al final de su obra, Sánchez cita el Cantar de los Cantares, donde la amada esposa, María, se encontraba entre los lirios. Ya había sostenido que "apareciéndose María en México, entre las flores, es señalarla por su tierra, no sólo como posesión, sino como su patria". Pero esto implicaba que los ciudadanos de México estaban emparentados con María en su imagen, "pues renace milagrosa en la ciudad donde ellos nacen; y la patria aunque es madre común, es amantísima madre". Del mismo modo que María y la Iglesia estaban unidas en la figura de la mujer apocalíptica, María y la patria mexicana se hallaban unidas en el perdurable milagro de la imagen de Guadalupe. Éstas eran razones más que suficientes para persuadir a los habitantes de México a visitar su santuario, a ofrecer sus alegrías y sus penas. Aunque María combatía al Demonio por medio de todas sus imágenes, sus actos eran aún más poderosos en aquellas imágenes milagrosas que poseían su propio santuario, ya que estos templos hacían las veces de fortalezas espirituales donde los fieles podían obtener socorro y protección de los ataques diabólicos. Mayor razón para que los mexicanos acudieran a Guadalupe, donde encontrarían "un nuevo paraíso, un nuevo Adán, Juan Diego; una nueva Eva, María". Y también habrían de encontrar a San Miguel, que al sostener a la Virgen en la pintura intervenía como el ángel guardián de México.[38]

Convencido de que María habría de permanecer en su imagen de Guadalupe "por dilatados años", Sánchez se abocó una vez más a la diferencia entre la pintura y la palabra escrita. "En la pintura obra la admiración y en las letras, en entendimiento; aquella se queda en las alabanzas; aqueste pasa a los misterios." Lo que equivalía a decir que el poder de la imagen era tal que demandaba veneración y admiración y que únicamente por medio de la palabra escrita podía elucidarse el milagro de la aparición. Ésta era la labor que le había sido reservada a él. Pero como Sánchez afirma: "No me movió la honra para acreditarme de entendido, no el interés para solicitar caudales, no la vida para anhelar en ella pretensiones; movióme la patria, los míos, los compañeros, los ciudadanos, los deste Nuevo Mundo." Había preferido exponerse a ser acusado de ignorante a permitir que "tan imagen originaria de esta tierra y su primitiva criolla" se perdiese en el olvido.[39]

En sus últimas frases, Sánchez retoma la "revelación" que había inspirado su travesía espiritual, la semejanza de la Virgen mexicana con la visión de San Juan en Patmos. Lleno de gratitud, buscaba ofrecer la imagen al santo. Pero "como yo ni sé hablar, no obrar en casos de importancia, menos que por lengua y mano de mi Agustino", suplica al santo africano, quien había sido el primero en llevarle la nueva del original profético de la imagen, que le ayude a hacer la ofrenda a San Juan. Y así, en su imaginación, vio al santo dirigirse al evangelista, haciendo eco a las palabras que Cristo había pronunciado en la cruz:

> Ves aquí a tu madre, ves aquí a su imagen de Guadalupe; ves aquí la olorosa de su milagro; ves aquí al consuelo de aquella cristiandad; ves aquí a la protectora de los pobres; ves aquí a la medicina de los enfermos; ves aquí a la intercesora de los atribulados; ves aquí a la honra de la ciudad de México; ves aquí a la gloria de todos los moradores fieles de aquel Nuevo Mundo.

San Juan, quien en el Calvario había aceptado la maternidad de María, rebosante de alegría recibía a su cargo la imagen de Guadalupe a perpetuidad, colocándola junto a "la imagen original del cielo". Y con esa confiada nota, Sánchez pone fin a su comentario.[40]

III

Se puede medir la influencia inmediata de la obra de Sánchez a partir de las tres recomendaciones que se imprimieron al final del libro. El entonces capellán de la "ermita" del

Tepeyac, el licenciado Luis Laso de la Vega, a quien nombrara
el arzobispo Juan de Mañozca, exclamó que al leer a Sánchez
se sintió como Adán en el paraíso, que al despertar encontró a
Eva a su lado: "Yo y todos mis antecesores hemos sido Adanes
dormidos, poseyendo a esta Eva segunda en el paraíso de su
Guadalupe mexicano [...]" Elogiaba en Sánchez al "más venturoso criollo de toda nuestra nación", ya que tras largos años
de abandono había descifrado la historia de las apariciones y
el significado de la pintura. Recibía este relato de sus misterios
en nombre del santuario, sobre todo porque la imagen constituía "un vinculado mayorazgo de piadosas memorias". Terminaba expresando la esperanza de que Sánchez concluyese
pronto sus novenas sobre la Guadalupe, ya que sus meditaciones serían de utilidad para todos aquellos que fuesen a orar
al Tepeyac. Esta confiada y alegre aceptación contrasta con la
breve declaración que escribiera Francisco Bárcenas, un sacerdote seglar y viejo amigo del autor, quien expresaba el
críptico temor de que México fuese otra Nínive que pudiese
recibir la visita de un profeta como Jonás, enviado a denunciar la "historia" de Sánchez.[41]

Pero el doctor Francisco de Siles, en aquella época un
joven racionero del cabildo eclesiástico de México y profesor
de teología en la universidad, certificó la influencia de Sánchez al confesar que desde su más temprana edad había sido
"perpetuo oyente de su predicación". Al saludar en Nuestra
Señora de Guadalupe a "nuestra soberana criolla y Madre
sacratísima", honraba a Sánchez, pues "habla y escribe por
toda la patria, que recibe esta historia, ejecutoria de su grandeza". En tanto otras naciones poseían "cartas y provisiones
selladas" que afirmaban su existencia pública, México podía
fundamentar sus demandas en la "historia sellada". Asimismo, ensalzaba a Sánchez por una obra que sin duda desper-
taría la devoción a la Virgen, pero en la que también "escribe
con estilo de escritura y santos, los misterios del milagro y
pintura, dando motivo esto a los maestros y predicadores, a
que los declaren y expliquen en glorias de tan milagrosa
imagen". Tan contagioso era el estilo argumental bíblico de

Sánchez que el mismo Siles llamó a la Guadalupe "otra Esther, cabeza y reina a quien debemos siempre amparo y patrocinio". [42] Siles siempre fue un fiel discípulo, quien en 1665, por entonces canónigo y maestre de escuela de la universidad, fungió como censor de las *Novenas* de Sánchez, y dio testimonio de su maestría en el púlpito y de su "excepcional erudición". Además, alabó a Sánchez de nueva cuenta por escribir:

> el otro libro, en que dio noticias de la aparición milagrosa de la Virgen en su imagen de Guadalupe, olvidadas en el transcurso de más de un siglo, y recogidas, a su pesar, del descuido en breve tiempo: libro tan provechoso, que no sé si antes que se diese a las prensas se conocía bien aún en nuestra América este milagro; y a beneficio de este estudio los más distantes reinos aclaman y veneran este prodigio. [43]

Una vez más se reconocía sin reservas el importante cometido de Sánchez de definir la tradición de la guadalupana y su significación.

Tras semejantes elogios se leen los posteriores escritos de Manuel Sánchez con cierto desencanto. Este no es el lugar adecuado para abundar en su sermón titulado *El David Seráphico* (1653), en el cual remonta el origen de las universidades cristianas a la época en que "Dios llamó al patriarca Moisés a la encumbrada cima del monte Sinaí, para graduarle doctor, constituirlo catedrático y entregarle los libros de la ley escritos con su propia mano en dos tablas de piedra." El modo en el que relacionaba las cinco piedras que David le había arrojado a Goliat con las cinco heridas de Cristo no era particularmente persuasivo, mucho menos cuando las tomaba por figuras de las cinco facultades de la universidad: Teología, Derecho Canónico, Derecho Civil, Medicina y Filosofía. [44]

En *Novenas de la Virgen María, Madre de Dios, para sus dos devotísimos santuarios, de los Remedios y Guadalupe* (1665), Sánchez crea una serie de meditaciones para pasar nueve días en cada santuario. Mediante la guía de San Agustín y Vicente Ferrer, dedicaba un día en orden descendente a cada uno de los nueve coros angélicos, es decir, a los arcángeles, ángeles, virtudes, potestades, principados, dominaciones, tronos, querubines y serafines, una jerarquía que puede remontarse a Dionisio el Aeropagita.[45] Era una disposición que le permitía extenderse en aquellas escenas bíblicas en las que figuraban los ángeles. Cada día también se hacía una comparación entre las intervenciones de Remedios y Guadalupe. Otra vez considera a la Virgen española "la compañera y capitana de los ejércitos cristianos, conquistadores de este Nuevo Mundo", y constantemente la llama una nómada o peregrina que había abandonado su país. De nuevo se refiere a Guadalupe como "una Eva nacida y formada de un Adán dormido, aparecida la primera vez entre flores". Pero si antes tenía a la luna por el símbolo de México y, por tanto, lo había subordinado al sol de los reyes católicos de España, en este punto Remedios era la columna de fuego que guió a los israelitas durante el día, y así, por extensión, un sol que era "Madre de vivos".[46] En cuanto a los dos indios a los que María se había aparecido, don Juan recibía el sobrenombre del Águila, y así lo comparaba con San Juan Evangelista cuyo símbolo en Ezequiel era el águila. Por el contrario, Juan Diego, a quien nombra simplemente Juan, se describe como un buey y se le compara con San Juan Bautista, cuya madre Isabel había proclamado a la Virgen María en la Visitación. La destreza con la que Sánchez barajaba sus cartas tipológicas se pone de manifiesto como nunca antes cuando, en vez de identificar a Ruth y Noemí en las dos imágenes, dice que la fiel Moabita es una figura común de María, y afirma que en su calidad de extranjera en Belén, Ruth era un tipo de Remedios, pero una vez que contrajo matrimonio con Booz, se convirtió en una figura de Guadalupe.[47]

Tan sólo un año después de la publicación de sus *Novenas*, Sánchez se presentó ante Francisco de Siles para ofrecer una declaración jurada y certificada ante notario de lo que sabía de la tradición guadalupana, un testimonio incluido entre muchos otros, todos remitidos a Roma. El 18 de febrero de 1666, declaró bajo juramento que ese mismo día había dicho misa y había orado a Dios para que le diese una "memoria clara" de todo lo que había escuchado acerca de "la tradición y aparición de la Virgen Santa de Guadalupe en esta su imagen". Por entonces tenía más de sesenta años y supo de las apariciones a Juan Diego en 1531 por "muchas personas de calidad, nobleza y letras en tiempos pasados y desde cincuenta años a esta parte [...]" La única información adicional que podía ofrecer era que Juan Diego provenía del pueblo de Cuautitlán y que en el Tepeyac había cortado "hermosísimas flores de varios y singulares colores entre ellas muchas que llaman comúnmente rosas de Alejandría en los reinos de Castilla y esta Nueva España". Una vez más sostuvo que su relato se había basado en la tradición oral, transmitida por personas de edad y calidad. Pero ahora recordaba que había discutido con el licenciado Bartolomé García, el anterior vicario del Tepeyac, los motivos de la ausencia de documentos oficiales relativos a las apariciones. García sugirió que los expedientes del archivo en el arzobispado habían sido hurtados debido a la escasez de papel en México poco después de la Conquista. Curiosamente, García dijo que el doctor Alonso Muñoz de la Torre, el antiguo deán de la catedral, le había comentado que durante una visita al arzobispo fray García de Mendoza alrededor de 1600, halló al prelado "leyendo los autos y procesos de dicha aparición con singular ternura". Por último, Sánchez hace hincapié en la dificultad de pintar sobre la tela de un *ayatl* y en la declaración de los pintores de que la imagen "de esta divina y milagrosa Señora la hicieron y formaron los ángeles del cielo". ¿Cómo habría podido un pintor humano trazar semejante obra que había sobrevivido tantos años, a pesar de la humedad y el polvo, sin recibir la protección de las vitrinas sino hasta 1647? Concluye que la imagen es "obra sobrenatural y concebida y obrada por la Majestad divina de Dios Nuestro Señor para el consuelo general de este reino".[48] En efecto, Sánchez reiteraba así cuanto había puesto por escrito de modo tan elocuente en su libro.

Cuando Miguel Sánchez murió en 1674, su cuerpo fue enterrado en el santuario del Tepeyac ante la presencia del deán y de la mayor parte del cabildo eclesiástico. El diarista Antonio de Robles, un sacerdote criollo, se refirió a él como "maestro del púlpito; fue el asombro de la predicación en nuestra América: fue común sentir de muchos hombres doctos, que sabía a todo San Agustín de memoria [...]" Sus sermones en diversas celebraciones públicas le habían granjeado la estima general de virreyes y arzobispos, canónigos y oidores. Cuando era joven había concursado sin éxito por una cátedra de teología en la universidad y, más adelante, en varias ocasiones, había sido vicario del santuario de los Remedios, y sucesivamente capellán de las monjas de San Jerónimo y del real hospital de los indios. Pero, a pesar de su manifiesta pobreza, prefería la soledad, y durante algunos años vivió como un verdadero ermitaño en el Tepeyac donde tenía "un pobre cuarto, con un crucifijo, una imagen de Nuestra Señora de Guadalupe, la de San Agustín y todos sus libros". En cuanto a la influencia de Sánchez en la promoción del culto a su amada Virgen, Robles afirma:

> Compuso un docto libro, que al parecer ha sido medio para que en toda la cristiandad se haya extendido la devoción de esta sacratísima imagen, estando olvidada aun de los vecinos de México hasta que este venerable sacerdote la dio a conocer, pues no había en todo México más que una imagen de esta soberana Señora en el convento de Santo Domingo, y hoy no hay convento ni iglesia donde no se venera, rarísima la casa y celda de religioso donde no esté su copia [...][49]

En aquellos años gozaba de tanta reputación que, durante un sermón en 1681, el fraile agustino Nicolás de Fuenlabrada lo saludó como "aquel nuestro Cicerón cristiano, nuestro católico Demóstenes mexicano, honra de nuestra nación", que escribiera "su dulce, docta y deleitable historia".[50] Desde 1662 Sánchez se había unido a una archicofradía de sacerdotes seglares denominada "la venerable unión", que más tarde se transformaría en el primer Oratorio de San Felipe Neri en

México; su prestigio y obra excepcional fueron perpetuados para la posteridad en las *Memorias históricas de la congregación del Oratorio de la ciudad de México* (1736), cuyo autor, Julián Gutiérrez Dávila, se contentó con reproducir, salvo ligeras alteraciones, la anotación en el diario de Robles. Para entonces, sin embargo, sus libros ya no podían encontrarse y habían sido reemplazados en la estimación pública con relatos más sencillos de las apariciones.

IV

Estos panegíricos contemporáneos no deben interpretarse erróneamente. En la época cuando Sánchez escribió su célebre obra, el culto a Nuestra Señora de Guadalupe se había establecido con firmeza y evidentemente ganaba fuerza. A la consagración del nuevo santuario en el Tepeyac en 1622 había seguido la mudanza de la imagen a la catedral en los años 1629-1634. Es más, los versos anónimos que lamentaban la partida de la Virgen de la ciudad sugerían que la imagen tenía un origen divino. Lo que demuestran los panegíricos es que Sánchez tomó por asalto a la elite eclesiástica de México; su influencia se pone de manifiesto en toda su envergadura en el enorme ciclo de sermones panegíricos que se predicaron en honor de la Virgen mexicana en los años 1661 a 1766. Una y otra vez las figuras bíblicas y las doctrinas teológicas que él había interpretado fueron reiteradas y aplicadas de nueva cuenta. En especial, los más eruditos de estos oradores eclesiásticos recurrieron a los Padres Griegos para elaborar una teología neoplatónica de la imagen de Guadalupe. En efecto, doctos canónigos y jesuitas eruditos rivalizaban en la exaltación de la Virgen en sermones que predicaban, por lo general en el santuario del Tepeyac ante la congregación de dignatarios de la Iglesia y del Estado, con textos animados por atrevidas metáforas que escalaban la gran cadena de imágenes con audaz ingenio.

Desde la perspectiva seglar, el culto a la imagen de Guadalupe tiene la apariencia de un mito fundacional. Habrá de recordarse que en *Monarquía indiana*, Juan de Torquemada vio otro Moisés en Hernán Cortés, que había liberado a los pueblos de Anáhuac del dominio del Diablo; de modo que la Conquista constituía un preludio a su éxodo del Egipto de la idolatría hacia la tierra prometida de la Iglesia cristiana. Siguió los pasos de Jerónimo de Mendieta al comparar a Cortés con Martín Lutero, ambos supuestamente nacidos en 1484, pues, en tanto en 1519 el alemán había conducido a las naciones del norte de Europa a la herejía y la condenación, el español había abierto las puertas de la salvación para los pueblos de Anáhuac. Así, la fundación de la Iglesia mexicana poseía una rica significación espiritual dentro de la economía divina de la Iglesia católica: los acaudalados y arrogantes europeos traicionaban la fe; los pobres y humildes indios abrazaban el Evangelio. En el nivel del discurso simbólico, sólo el mito podía contradecir al mito. Si el clero criollo daba la bienvenida a las revelaciones de Sánchez con entusiasmo y propagaba el culto de Guadalupe con tanto celo, se debía en gran medida a que le proporcionaba un fundamento autónomo y sagrado para su Iglesia y su patria. En efecto, la imagen conservada y venerada en el sagrado cerro del Tepeyac era el Arca de la Alianza mexicana, una señal de que en adelante la Virgen María sería la protectora particular del pueblo mexicano. La devoción unió a indios y criollos, a ricos y pobres, en una veneración común, y sirvió para fortalecer la primacía de la ciudad de México y de su arzobispo sobre las remotas diócesis de Nueva España. La fuerza y el desarrollo del culto se derivó de su inextricable entramado de fervor religioso y entusiasmo patriótico. Claramente divididos por la raza, la clase social, las costumbres e incluso el idioma, los habitantes de la Nueva España contaban con muy pocos elementos de unión, excepto su identidad compartida de hijos y súbditos de Nuestra Señora de Guadalupe.

A despecho de su significación primordial para el crecimiento de la Iglesia católica en México, la obra de Sánchez no ha motivado un análisis teológico comparable a la valoración de su importancia en la consolidación del patriotismo criollo. Con todo, Sánchez debe contarse entre los más originales, doctos y audaces teólogos mexicanos. Escribía como poseído por una única y cegadora idea: la "revelación" de que la imagen de Guadalupe había venido del cielo y, por tanto, era divina en origen y en forma. Su libro fue "un hijo del silencio", el fruto de la meditación continua y de la prolongada contemplación de un icono en el que había llegado a percibir la verdadera efigie de la Madre de Dios. Pero en tanto para San Basilio Magno, "los honores rendidos a una imagen se trasladan a su prototipo", para Miguel Sánchez todas las figuras bíblicas que generalmente se aplicaban a la Virgen María se trasladaban a la imagen de Guadalupe. De este modo, se invocaba la tipología apostólica y católica para definir el carácter y el significado de la Virgen mexicana. Si Sánchez se sentía tan atraído por el libro del Apocalipsis era debido a que proyectaba las figuras del Antiguo Testamento en la historia futura de la Iglesia. Pero en tanto San Vicente Ferrer y otros profetas medievales emplearon la profecía bíblica para predecir el inminente advenimiento del milenio o del Juicio Final, para Sánchez la aparición de la imagen de Guadalupe era la encarnación de María, aunque no en carne y hueso, sino en la forma de una efigie material. Su tipología era en el mejor de los casos original cuando describía a Juan Diego como una nueva representación, aunque a la usanza cristiana, de la misión de Moisés en Horeb y Sinaí. Al principio observaba que para San Agustín la mujer del Apocalipsis era una figura tanto de María como de la Iglesia, indicando así que al igual que María había dado a luz a Cristo en carne y hueso, la Iglesia había dado a luz a Cristo en el mundo a lo largo de los siglos. Iglesias más antiguas y con mayor reconocimiento podrían vanagloriarse de su fundación apostólica, como la misión de Santiago en España, pero solamente la Iglesia mexicana debía su existencia a la intervención directa de la Madre de Dios. En efecto, el descubrimiento del Nuevo Mundo señaló el comienzo de una nueva era no sólo en la vida institucional de la Iglesia católica, sino también en su desarrollo espiritual, ya que la aparición de la imagen de Guadalupe implicaba que los pueblos de México, por no decir de América, habían sido elegidos para recibir su protección. En reconocimiento a esa distinción incomparable, más tarde se hizo de uso común grabar en las copias de la imagen un epígrafe tomado del Salmo 147: *non fecit taliter omni natione:* "no ha hecho así con ninguna otra de las naciones".

4. EL VIDENTE INDIO

I

En 1663 el cabildo eclesiástico de México dio inicio a una larga campaña para persuadir a la Santa Sede de reconocer el culto de Nuestra Señora de Guadalupe. Para lograr este cometido, debían presentarse documentos en los que se mencionaran las apariciones y, si no se disponía de tales pruebas, debían reunirse testimonios sobre la añeja tradición de aquellos acontecimientos. A este respecto, el libro de Miguel Sánchez no constituyó una gran ayuda. Con todo, la causa de la Virgen mexicana ya había sido promovida gracias a la *Relación de la milagrosa aparición de la santa imagen de la Virgen de Guadalupe, sacado de la historia que compuso Br. Miguel Sánchez* (1660), un compendio conciso y legible de las apariciones y los milagros que depuraba la narrativa de cualquier alusión bíblica, pero que hábilmente conservaba los coloquios entre Juan Diego y María. Su autor era Mateo de la Cruz, un jesuita de Puebla; se publicó por primera vez en aquella ciudad y se reimprimió en Madrid en 1662 a instancias de Pedro de Gálvez, miembro del Consejo de Indias.[1] A menos de catorce años de la publicación de *Imagen de la Virgen María*, se dio a conocer al otro lado del Atlántico la historia de las apariciones de María en México.

Además de compendiar a Sánchez, Cruz agregó un comentario en el cual situaba el culto de la Virgen mexicana dentro de un amplio contexto mariano. Su mayor virtud, sin embargo, consistió en consultar antiguos calendarios eclesiásticos que le permitieron establecer que la primera aparición de María a Juan Diego tuvo lugar el sábado 9 de diciembre de 1531, de modo que la revelación de su imagen a Zumárraga ocurrió el martes 12 del mismo mes. Ya que debía ser breve, hubo de reducir el exuberante catálogo de Sánchez de las flores recogidas por Juan Diego a un escueto "rosas y flores". De hecho, argumentaba que la imagen de Guadalupe poseía todos los atributos iconográficos de María en su Inmaculada Concepción, una doctrina anticipada por San Juan en forma de profecía en su descripción de la mujer del Apocalipsis. Cruz entonces seguía los pasos de Sánchez al comparar el origen de Nuestra Señora de los Remedios con el de Guadalupe, "llamando a aquella imagen la Conquistadora y la Gachupina, porque vino con los conquistadores de España; y aquesta, la Criolla, porque milagrosamente se apareció en esta tierra, donde tuvo su origen de flores". Ya que *gachupín* era el nombre popular que recibían los inmigrantes de España, el término enfatizaba el carácter extranjero de la patrona de la ciudad de México. Por todo ello, era a Remedios a quien se le rezaba para invocar las lluvias, puesto que el poder de Guadalupe consistía en secar las aguas de las inundaciones, como lo hizo en 1629.[2]

No contento con tales contrastes domésticos, Cruz concluye haciendo una comparación con la célebre imagen de Nuestra Señora de Guadalupe en Extremadura. De acuerdo con los cronistas españoles, aquella imagen había sido tallada por San Lucas y enviada por el papa Gregorio el Grande a San Leandro, el arzobispo de Sevilla; más tarde la llevaría al norte para escapar de los moros, y allí la ocultaría. Así como en México la Virgen había aparecido ante un pobre indio, en España también se había aparecido a un humilde pastor a quien le reveló la ubicación de su imagen y le solicitó la construcción de una capilla en su honor. En ambos casos, las imágenes se albergaron en tabernáculos de plata dentro de santuarios ornamentados que recibían la visita de numerosos peregrinos. Las dos se llamaban Guadalupe, una palabra árabe que significa "río de lobos", un símbolo de la Virgen erradicando a los demonios y la idolatría. Pero, a pesar de estas similitudes, había una diferencia esencial: "aquella imagen fabricó San Lucas; ésta, o la pintó Dios, o se pintó la misma Virgen, o por lo menos la pintaron los ángeles".[3] Pero si Cruz establecía de este modo la milagrosa singularidad de la Virgen mexicana, no pretendía explicar por qué María habría deseado que en México se le conociera como la Virgen de Guadalupe. Tampoco mencionaba que la Virgen española era una estatua de madera, sentada con el niño Jesús en brazos, en tanto su contraparte mexicana era una pintura de María, ya fuese en su Asunción o como la Inmaculada Concepción.

En 1663 el cabildo eclesiástico de México, la Compañía de Jesús en Nueva España y otras órdenes religiosas pidieron al papa Alejandro VII que transfiriese la fiesta de Nuestra Señora de Guadalupe del 8 de septiembre, cuando se conmemoraba el nacimiento de María, al 12 de diciembre.[4] El momento parecía favorable, ya que el papa había sancionado la celebración litúrgica de la Inmaculada Concepción en 1661 y pronto permitiría que la monarquía española observara la fiesta el 8 de diciembre.[5] Puesto que Cruz identificó a Guadalupe con una Inmaculada Concepción, ¿qué podía ser más apropiado a su fiesta que estar dentro de la octava de aquel culto universal? Pero la petición no tuvo éxito, pues la catedral no poseía en su archivo ningún registro contemporáneo de la aparición. Para remediar esta falta de documentación, el cabildo, agrupado ahora por el ayuntamiento de la ciudad de México, comisionó al canónigo Francisco de Siles, con la asistencia del doctor Antonio de Gama, para obtener declaraciones notariadas y juradas de testigos y así establecer la continuidad de la devoción desde la época de las apariciones. Después de todo, si Miguel Sánchez sustentaba su relato en "el derecho común, grave y venerado de la tradición en aqueste milagro, antiguo, uniforme y general", entonces debían ofrecerse pruebas que demostrasen la veracidad de tal afirmación.[6] El proceso conducido por Siles y Gama consistía en convocar testigos que, luego de manifestar su edad y estado civil, eran conminados a responder siete preguntas acerca

de la imagen y su origen. Se les pedía que conviniesen en
que la imagen había aparecido el 12 de diciembre de 1531
ante el arzobispo Zumárraga en su palacio, cuando Juan Diego dejó caer de su tilma "mucha cantidad de hermosísimas
flores de varios y singulares olores y colores, y entre ellas
muchas rosas de Alejandría que comúnmente llaman de Castilla". Luego convinieron en que Zumárraga había erigido
una capilla para la imagen y que desde aquella época la
imagen había sido objeto de plegarias y peregrinaciones; que
la tilma en la que estaba impresa era de un material tan basto
que hubiese sido imposible pintar sobre él; y puesto que los
colores y la forma de la imagen se habían conservado intac-
tos durante tanto tiempo, era "una obra sobrenatural", sobre
todo porque su belleza excedía la pericia de cualquier pintor
humano; y finalmente que la humedad y el aire salado que
subían desde el lago hasta el santuario habrían provocado el
deterioro o la destrucción de la imagen. Además de responder las preguntas, también se le pidió a los testigos que conviniesen en que Juan Diego había sido un hombre de edad
madura y de conducta honrada y cristiana.

En enero de 1666, Siles y Gama fueron a Cuautitlán, el
supuesto lugar de nacimiento de Juan Diego, para indagar lo
que recordaban los habitantes más viejos de lo que sus padres y abuelos les contaron sobre las apariciones y su santo
compatriota. Con la ayuda de intérpretes, descubrieron siete
indios y un mestizo, cuyas edades eran de 80, 110, c.112-115,
85, 78, 80, y 100 años. A pesar de su excesiva longevidad,
estos testigos resultaron ser verbosos y lúcidos, todos due-
ños de una memoria envidiable. Marcos Pacheco, un mestizo
de más de ochenta años y que había sido concejal y magistrado de la localidad, declaró que su tía le había contado que
Juan Diego era pariente de la familia de su suegra y que ella
lo había conocido. Como los demás, él convino en que la
tilma del indio había sido tejida con el tosco hilo del *ayatl*, y
que al estar expuesta al aire salino del lago debió destruirse
al cabo de veinte o treinta años.[7] Otro testigo, Gabriel Juárez,
un indio de 110 años, recordaba haber visto al virrey Luis de

Velasco antes de que se marchara a Perú, es decir en 1595, pero lo confundía con su padre, del mismo nombre, virrey de 1550 a 1564. Habló de Juan Diego como "un santo varón" a quien llamaban el Peregrino, y agregaba que, cuando vivía cerca del santuario en una choza de adobe, los naturales de Cuautitlán lo visitaban para "pedirle intercediese con la Virgen Santísima les diese buenos temporales en sus milpas".[8] La hija de un noble indígena recordaba que su padre había poseído "un mapa" y escritos relativos a las apariciones, pero lamentaba que hubiesen sido hurtados. Asimismo, otros recordaban que en la parroquia solía estar colgada una pintura de Pedro de Gante, uno de los primeros franciscanos, con Juan Diego y Juan Bernardino a su lado, y confesaban que el lienzo había desaparecido.[9] Todos los entrevistados aceptaron las preguntas que se les formulaban. En cuanto a su supuesta edad y a los recuerdos de sus familiares, puede ser de alguna ayuda señalar que el famoso historiador mestizo Fernando de Alva Ixtlilxóchitl (c.1578-1650) era el tataranieto de un contemporáneo de Juan Diego, Fernando Cortés Ixtlilxóchitl, soberano de Texcoco durante la Conquista española, bautizado en 1524. Entre los campesinos indígenas, el ritmo de reproducción era incluso más acelerado, puesto que la mayor parte de las mujeres indias estaban casadas a los dieciséis años.

Ya que en esa época el testimonio de los indios tenía poca importancia jurídica, Siles y Gama buscaron las declaraciones de varios españoles, es decir, de diez sacerdotes y religiosos, y de dos hidalgos. Al contrario de la edad bíblica de los testigos indígenas, la suya se acercaba más a la duración de una vida normal, ya que, si bien los mayores tenían 85 y 81 años, el resto confesó tener 60, 55, 66, 71, 62 y 61 años. El primer informante era nada menos que Miguel Sánchez, quien, el 18 de febrero de 1666, declaró bajo juramento que más temprano aquel mismo día había celebrado la misa y rezado a Dios para que le diese "la memoria clara" de todo lo que había escuchado referente a "la tradición y aparición de la Virgen Santísima de Guadalupe en esta su imagen". Entonces contaba más de sesenta años y había sabido de las apariciones a Juan Diego en 1531 por "muchas personas de calidad, nobleza y letras en tiempos pasados, y desde el de los cuarenta años a esta parte[...]" No obstante, como se ha visto, afirmó entonces que el relato que había publicado se fundamentaba en la tradición oral, transmitida por personas mayores y de calidad.[10] La ausencia de documentos en el archivo del arzobispo tal vez podía explicarse por la carestía de papel en aquella primera época. Por lo demás, concluía que la imagen era "obra sobrenatural". El resto de los testigos, que incluían individuos pertenecientes a las principales órdenes religiosas de la Nueva España, convinieron de modo unánime en que habían aprendido la tradición de Guadalupe durante la infancia y que habían visitado el santuario desde sus primeros años, a menudo en peregrinaciones para ofrecer novenas. Pedro de Oyanguren, un dominico de 85 años, recordaba haber visitado el santuario unos sesenta años atrás, es decir, en 1606, antes de la construcción de la nueva iglesia. Todos declararon haber escuchado de las apariciones por sus padres o por sus abuelos. De 61 años de edad, Diego Cano Moctezuma, caballero de la orden de Santiago, magistrado de la ciudad de México, y "nieto" del emperador Moctezuma, declaró recordar la gran inundación de 1629 cuando la Virgen había sido llevada en canoa desde el cerro del Tepeyac hasta la catedral, con lo cual había salvado a la ciudad del abandono. Como muchos otros testigos, describió las flores como una mezcla de azucenas y rosas de Alejandría.[11] El objetivo de estos testimonios era establecer la existencia de una tradición guadalupana transmitida de generación a generación, que floreció mucho antes de que Sánchez escribiese su libro. Pero ningún testigo mencionó alguna fuente escrita que diese fundamento a estos reclamos; su conocimiento se basaba exclusivamente en la tradición oral.

Los testigos españoles mencionaron que el virrey, el marqués de Mancera, era devoto de Guadalupe y que visitaba el santuario puntualmente todos los sábados para ofrecer una plegaria. Por tanto, no sorprende que el 11 de marzo de

1666, cuando sacaron la imagen de su tabernáculo para examinarla, el virrey estuviera presente. El propósito de la revisión era que un grupo de siete pintores observara la pintura de cerca. Este examen detenido los llevó a declarar que no era humanamente posible pintar una imagen tan delicada en un lienzo tan burdo, y que, por tanto, era sin duda una "obra sobrenatural", misteriosa y milagrosa; sólo Dios sabía cómo se había conservado, puesto que el lienzo no exhibía ninguna señal de haber sido aparejado. Luego vino el reconocimiento de tres versados doctores, quienes, entre muchas citas de Galeno e Hipócrates, manifestaron con la mayor seriedad que, a pesar de que el santuario del Tepeyac era particularmente húmedo y estaba expuesto a los aires salitrosos del lago, la imagen estaba libre de podredumbre y milagrosamente conservada; este hecho incomprensible los dejaba perplejos.[12]

En abril de 1666 las pesquisas de Francisco de Siles se dieron por concluidas y fueron aprobadas por el cabildo eclesiástico, que ordenó expedir una copia a sus agentes en Sevilla, quienes estaban autorizados para presentar el asunto en Roma. De manera simultánea, el ayuntamiento de la ciudad de México escribió al papa Alejandro VII solicitando "que esta aparición se canonice por milagrosa".[13] Sin embargo, Mateo de Bicunia, canónigo de Sevilla residente en Roma, no consiguió asegurar que se trasladase la fiesta de Guadalupe del 8 de septiembre al 12 de diciembre. En *La Estrella del Norte* (1688), Francisco de Florencia, el principal cronista jesuita de su época, que vivió varios años en Europa como agente de la provincia mexicana, informó que durante una visita a Roma en 1670 encontró que la petición no había prosperado por diversos motivos. Por lo visto, el cardenal Julio Rospigliosi, más tarde Clemente II, expresó su pesar al doctor Antonio Peralta y Castañeda, canónigo de Puebla para entonces en Roma, de que ni siquiera la Santa Casa de Loreto tuviera su propio día de fiesta. En todo caso, si la guadalupana era una Inmaculada Concepción, ¿por qué no trasladar su celebración a la fiesta universal del 8 de diciembre? En estas objeciones se manifestaba la ambición mexicana. Pues la petición no pretendía trasladar una fiesta universal de María a otra, sino considerar la institución de una fiesta dedicada exclusivamente a Guadalupe, aunque su celebración fuese exclusiva de la Nueva España.[14] Semejante festividad exigía la sanción papal de la tradición y su culto.

Durante su visita a Roma, Florencia encontró a la Congregación de Ritos reacia a "abrir la puerta a canonizar imágenes milagrosas, de que hay tanta copia en la cristiandad", ya que si una ganaba reconocimiento, pronto serían propuestas otras. Por extraño que parezca, si los mexicanos hubiesen buscado la canonización de un santo obispo, fraile o monja, habrían tenido más éxito. En 1668 santa Rosa de Lima fue beatificada y luego, en 1671, canonizada y reconocida como patrona de América. Florencia dedujo que para triunfar en Roma era necesario "que sea yendo persona de por acá inteligente, que la trate con empeño y viveza. De ese modo consiguió Lima la canonización de Santa Rosa y la beatificación de su arzobispo don Toribio Mogrovejo[...]" En tanto, México sólo recibió un edicto papal otorgando permiso para trasladar la fiesta al 12 de septiembre, es decir, de la celebración del nacimiento de María a la de su Santísimo Nombre. Era evidente que para llevar a buen término la petición, la Congregación de Ritos debía cambiar primero sus directrices respecto de las imágenes sagradas. Hasta donde es posible constatar, la puerta se abrió por primera vez en 1699, cuando a Nuestra Señora de Loreto, la principal imagen mariana de Italia, se le concedió su propia fiesta, con misa y oficio especial, el 10 de diciembre, dentro de la octava de la Inmaculada Concepción.[15]

Incluido sin explicación dentro de las *Informaciones de 1666* se encontraba un documento del licenciado Luis Becerra Tanco, que ofrecía un breve recuento de las apariciones obtenido principalmente del compendio de Cruz y que presentaba información adicional acerca de Juan Diego.[16] No obstante, su autor sostenía que los indios de México no solamente habían conservado fielmente el recuerdo de la aparición de

María a Juan Diego, sino que también habían pintado aquellas escenas y más tarde habían redactado una narración escrita en "mexicano", es decir, en náhuatl. Por otra parte, afirmaba Becerra Tanco, esta relación indígena había sido publicada por el licenciado Luis Laso de la Vega, el vicario del santuario, en 1649. Para entender el carácter asombroso de estos alegatos, es necesario examinar primero aquel texto y comparar su estilo y contenido con el relato encontrado en Sánchez y compendiado por Cruz.

II

Pocos libros en la historia mexicana han tenido un comienzo tan enigmático como *Huei tlamahuiçoltica*[...] (*El gran acontecimiento*[...]). Un opúsculo de treinta y seis páginas mal escrito por el licenciado Luis Laso de la Vega, vicario del santuario de Tepeyac desde 1647, que más tarde Florencia elogiara por ser "un sacerdote de gran celo en su oficio, y de singular entereza de costumbres, que después murió dignísimo prebendado de México". Había reconstruido la primera capilla y cercado el manantial con paredes, ya que los peregrinos llegaban a bañarse en él, esperando curarse de sus males.[17] Si bien sus méritos le ganaron un ascenso al cabildo eclesiástico en 1657, poco se sabe de él, excepto que se matriculó en un curso de derecho canónico en la Universidad de México en 1623. Como se ha visto, en julio de 1648 redactó una entusiasta apología del libro de Sánchez, elogiándolo por revelar la historia de las apariciones y explicar la importancia de la imagen. El reconocimiento de su deuda es tan arrebatado que agrega: "Yo y todos mis antecesores, hemos sido Adanes dormidos, poseyendo a esta Eva segunda en el paraíso de su Guadalupe mexicano". Sin embargo, emprendió con enorme diligencia la redacción de un informe en náhuatl, cuya publicación aprobó el 11 de enero de 1649 el doctor Pedro de Barrientos Lomelín, el tesorero criollo de la catedral y vicario general de la diócesis mexicana. El censor, Baltazar González, un criollo

HVEI
TLAMAHVIÇOLTICA
OMONEXITI IN ILHVICAC TLATÓCA
ÇIHVAPILLI
SANTA MARIA
TOTLAÇÒNANTZIN
GVADALVPE IN NICAN HVEI ALTEPE-
NAHVAC MEXICO ITOCAYÓCAN TEPEYACAC.

Impreſſo con licencia en MEXICO: en la Imprenta de Iuan Ruyz.
Año de 1649.

Portada del libro de Luis Laso de la Vega, *Huei tlamahuiçoltica...*
(México, 1649).

jesuita que daba clases a la nobleza indígena en el colegio de
San Gregorio, célebre por su conocimiento del náhuatl, elogió "el propio y elegante idioma mexicano" del texto que
Laso de la Vega pretendía "dar a la imprenta" y comentaba:
"hallo está ajustada a lo que por tradición y anales se sabe
del hecho". Expresó el deseo de que su publicación pudiese

engendrar devoción por la Virgen entre aquellos que aún ignoraban el misterioso origen de "este celestial retrato de la reina del cielo".[18] Ni González ni Laso de la Vega hicieron mención alguna a la obra de Miguel Sánchez.

En su breve prefacio, Laso de la Vega justifica escribir en "mexicano", pues la Virgen evidentemente se había dirigido a Juan Diego en aquel idioma y puesto que era deseable que los indios aprendiesen qué había hecho la Virgen por ellos, ya que el recuerdo de aquellos sucesos "se había borrado por las circunstancias del tiempo". Después de todo, ¿San Buenaventura no había expresado la esperanza de que la Virgen María fuese alabada en muchas lenguas? ¿No se proclamó en tres idiomas el epígrafe de la crucifixión de Cristo? Dirigiéndose a la Virgen, Laso de la Vega le implora, pues "tú, con tus manos, hayas pintado tu imagen, en que quieras que te invoquemos tus hijos, singularmente estos naturales, a quienes te apareciste". Con la seguridad de que fue gracias a la intercesión de María que el Espíritu Santo descendió sobre los apóstoles durante el Pentecostés, inspirándolos a predicar en distintos idiomas, Laso de la Vega suplica a la Virgen que descienda sobre él una lengua de fuego que le permita "escribir en idioma náhuatl el excelso milagro de tu aparición a estos pobres naturales".[19]

Sigue a continuación un texto conocido actualmente como *Nican mopohua*, por sus primeras palabras, "aquí se narra", en el que la historia de las apariciones y coloquios entre Juan Diego y María se cuentan con una aparente sencillez que omite las alusiones bíblicas que tanto privilegiaba Sánchez. En esencia, es decir, en cuanto a los hechos pormenorizados, era mínima la diferencia entre los relatos de Laso de la Vega y Sánchez; pero en el estilo y la estructura dramática, había una profunda diferencia. Pocos campesinos, mucho menos los indios, habían hablado nunca en el idioma que Miguel Sánchez ponía en boca de Juan Diego. Por el contrario, en Laso de la Vega, el indio habla con una sencilla y natural elocuencia. Los dos textos son retóricos; pero mientras que uno se apoya en metáforas bíblicas, el otro recurre a

la oratoria indígena. El contraste, sin embargo, no se reduce
meramente al idioma y al estilo, también dimana cambios en
la estructura dramática. Mientras que en Sánchez los primeros dos encuentros de Juan Diego con Zumárraga se descri-
ben en retrospectiva, cuando el indio le narra a la Virgen lo
que ha ocurrido, en ambos episodios Laso de la Vega presenta a Juan Diego hablando cara a cara con el obispo. Asimismo, en la escena de la aparición de la Virgen a Juan Diego
el martes por la mañana, en el texto de Sánchez el indio se
limita a mencionar su preocupación por la salud de su tío,
mientras que en el de Laso de la Vega el discurso del indio es
directo y conmovedor. La versión náhuatl recurre mucho más
que su contraparte española al diálogo; y los coloquios a
menudo están hábilmente creados para provocar un efecto
dramático. Además, el uso de diminutivos en el náhuatl como
formas del discurso y la caracterización poética de personas
y lugares, representativos de la literatura indígena, sin duda
colman el texto de rasgos no europeos.[20]

Para observar cómo difieren las dos narraciones, sólo hay
que leer la primera escena. En Sánchez, cuando Juan Diego
escucha la suave melodía de los coros angélicos, pronto se
percata de que no está escuchando el canto de "ruiseñores,
calandrias, o filimenas, ni de sus pájaros conocidos, parleros
gorriones, jilgueros apacibles o celebrados zenzontles" y queda
hechizado. En Laso de la Vega, la música que escucha le
recuerda al indio el canto de los pájaros, pero después oye
una melodía que "sobrepuja al del *coyoltótotl* y del *tzinizcan*
y a otros pájaros finos", y lo hace exclamar:

> ¿Por ventura soy digno, soy merecedor de lo que oigo? ¿Dón-
> de estoy? ¿Acaso en el paraíso terrenal, que dejaron dicho los
> viejos, nuestros mayores? ¿Acaso ya en el cielo?

De nuevo, cuando ve a la Virgen, en la versión española la
belleza de la Virgen y el resplandor de la luz que la rodea
sencillamente lo llenan de asombro. Pero en el *Nican mopohua*, Juan Diego la ve transformarse en paisaje:

Y cuando hubo llegado a su presencia se llenó de grandísima admiración de cómo sobrepasaba en exceso su perfecta hermosura. Su ropa como el sol echaba de sí rayos y reverberaba, y con estos rayos, las piedras y los peñascos en que ella estaba erguida, al dar en ellos como flechas los rayos, la claridad, se mostraban como joyeles de esmeraldas preciosas y la tierra parecía estar como bañada por oleadas de arcos iris. Por lo que toca a las acacias y a los cactos y las demás herbezuelas que por allí medran, parecían de esmeralda fina y de turquesa sus tallos, ramos y follaje, y aun sus espinas y leves espinillas como oro lanzaban destellos.

Como puede observarse, esta ampulosa descripción está pensada para que la grandeza de la presencia divina de la Virgen cause impresión en el lector. Pero entonces el lector europeo se sorprende al escuchar a la Virgen dirigirse al indio como "Juanito, Juan Dieguito" y de nuevo como "Juanito, el más pequeño de mis hijos". En respuesta, el indio se dirige así a la Virgen: "Señora mía, Niña mía, Reina mía." Así, tanto en la descripción poética como en el uso de los diminutivos, el texto náhuatl difiere notablemente de la versión española. No obstante, hay pasajes en los que el desarrollo del diálogo es puramente reiterativo, por ejemplo, cuando la Virgen promete convertirse en la madre y protectora de todo aquel que busque su socorro. En el texto de Sánchez dice:

> Sabe hijo, que soy María Virgen Madre de Dios verdadero. Quiero que se me funde aquí una casa y ermita, templo en que mostrarme piadosa Madre contigo, con los tuyos, con mis devotos, con los que me buscaren para el remedio de sus necesidades.

En el de Laso de la Vega se lee:

> Sabe y ten por seguro, mi hijo el más pequeño, que yo soy la perfecta y perpetua Virgen María, Madre del verdadero Dios, de Aquel por quien todo vive, el creador de los hombres, el

dueño de lo que está cerca y junto, el amo de los cielos y de la tierra. Mucho quiero y con intensidad deseo que en este lugar me levanten mi templo. Allí ostentaré, haré exhibición, daré todo mi amor, mi compasión, mi ayuda, mi defensa de los hombres. Yo soy vuestra Madre misericordiosa, de ti y de todos vosotros, los que vivís unidos en esta tierra, y de todos los demás variados géneros de personas que son mis amantes, los que claman a mí, los que me buscan, los que en mí tienen confianza. Allí he de oír su llanto, su tristeza, para remediar, para aliviar todos sus múltiples dolores, necesidades, infortunios.

En esencia, el significado es el mismo, pero la segunda versión quiere provocar emoción.

Después de que Zumárraga desaira a Juan Diego por primera vez, en Sánchez éste sugiere a la Virgen que envíe a otro, a una persona "a quien se dé más crédito". En el *Nican mopohua* esta súplica se dilata en una conmovedora declaración, cuando Juan Diego dice:

Mucho te suplico, Señora mía, Reina, Muchachita mía, que a alguno de los nobles, estimados, que sea conocido, respetado, honrado, le encargues que conduzca, que lleve tu amable aliento, tu amable palabra para que le crean. Porque en verdad yo soy un hombre del campo, soy mecapal, soy parihuela, soy cola, soy ala; yo mismo necesito ser conducido, llevado a cuestas, no es lugar de mi andar ni de mi detenerme allá a donde me envías, Virgencita mía, Hija mía menor, Señora, Niña.

Aquí, los recursos retóricos del náhuatl producen una expresión de auténtica elocuencia. También vuelve aún más notable el valor que demuestra el indio al regresar con Zumárraga. En Sánchez, Juan Diego describe a la Virgen su segunda visita al palacio del obispo como una experiencia aterradora durante la cual derramó lágrimas y fue confrontado por un severo, incluso irritado prelado, quien demandaba una señal que probase la veracidad de su mensaje. Por el contrario, en Laso de la Vega, el segundo encuentro asume la forma de un coloquio entre el indio y el obispo y se hace menos hincapié en el disgusto de Zumárraga. Pero como la ocasión ha sido descrita de este modo, no hay necesidad artística de que Juan Diego relate su experiencia a la Virgen y, por tanto, Laso de la Vega envía al indio de regreso a su casa sin recibir su consuelo. Esta omisión agudiza aún más su sensación de fracaso. El martes por la mañana cuando va en busca de un sacerdote para su tío moribundo, en Sánchez la aparición de la Virgen y su promesa de curar a Juan Bernardino solamente se describe como preludio a su mandato de ascender hasta la cima del Tepeyac y cortar las flores que ahí habrá de encontrar, mientras que en Laso de la Vega, Juan Diego se dirige a la Virgen:

> Mi Jovencita, Hija Mía la más pequeña, Niña mía, ojalá que estés contenta; ¿cómo amaneciste? ¿Acaso sientes bien tu amado cuerpecito, Señora mía, Niña mía? Con pena angustiaré tu rostro, tu corazón: te hago saber, Muchachita mía, que está muy grave un servidor tuyo, tío mío.

Al recibir la noticia de la muerte inminente de su tío, la Virgen lo consuela, le dice que no tema, y le recuerda:

> ¿No estoy aquí yo, que soy tu madre? ¿No estás bajo mi sombra y resguardo? ¿No soy yo la fuente de tu alegría? ¿No estás en el hueco de mi manto, en el cruce de mis brazos?

De nuevo se observa lo pastoralmente efectiva que resulta la lectura de la escena.

Por extraño que parezca, el episodio en el que Laso de la Vega se mostró menos efusivo que Sánchez fue en el que describe a Juan Diego cortando las flores en el Tepeyac. Ambas versiones comparan los cactos y los matorrales que crecían allí normalmente con la espléndida colección de flores que brotaban fuera de temporada aquel día de diciembre. Sin embargo, de acuerdo con Sánchez, el indio encontró rosas, azucenas, violetas, claveles, jazmines, lirios, romero y retama; en cambio, en Laso de la Vega todo lo que reunió en su tilma fueron variadas "flores de Castilla". Empero, la Virgen le dijo a Juan Diego que la variedad de las flores sería una señal para Zumárraga de su origen celestial. Cuando Juan Diego le explica a Zumárraga cuál es el mandato de la Virgen y lo que ha traído como señal, en Sánchez dice que ha llevado rosas, un término que en Laso de la Vega se transforma una vez más en "flores de Castilla". No obstante, cuando se extiende la tilma para revelar la imagen de la Virgen ante Zumárraga, en Sánchez las distintas flores vuelven a enumerarse por su nombre. Es evidente que si Laso de la Vega no dio los nombres de estas flores se debió a que al menos algunas de ellas eran de origen europeo; con todo, al describirlas como "de Castilla", hacía hincapié en que, aunque impresa en la tilma de *ayatl* de Juan Diego, la imagen provenía, como la misma Virgen, de España.

En la segunda parte de su obra, el *Nican motecpana*, Laso de la Vega detalla catorce milagros realizados por la Virgen del Tepeyac; la lista incluye los siete comprendidos en Sánchez. Pero le dedica espacio a don Juan, el cacique de Totoltepec, a quien la Virgen se había aparecido para revelarle la ubicación de la imagen de Los Remedios, para enfatizar que fue a ver a Guadalupe para curarse de la peste. Por lo demás, menciona los poderes curativos de las aguas del manantial que fluía desde el lugar donde la Virgen había aparecido por última vez a Juan Diego, y describe el caso de dos mujeres hidrópicas que fueron sanadas. Pero también Pedro de Valderrama, un franciscano, se curó un dedo putrefacto del pie luego de visitar el santuario; y Luis de Castilla, un acaudalado hidalgo español, donó una pierna de plata de tamaño natural al sanar su hinchado miembro. Además de los primeros casos que Sánchez mencionaba, casi todos estos milagros adicionales atañían a más españoles que indios. La principal excepción tuvo lugar en 1558 cuando don Francisco Quetzalmalitzin, el gobernador de Teotihuacán, suplicó a la Virgen que evitase que su pueblo, franciscano, fuese transferido a los frailes agustinos. Si bien el virrey Luis de Velasco era partidario del cambio, la Virgen intercedió en favor de los indios y regresaron los franciscanos. El estilo de la prosa del *Nican motecpa-na* difiere notablemente del relato de las apariciones y es posible que reúna las traducciones de las inscripciones escritas en pinturas y placas que colgaban de las paredes del santuario.[21]

Laso de la Vega enriqueció la descripción de Juan Diego. Fue él y no Sánchez quien explicó que el indio era de Cuautitlán y que su esposa, María Lucía, había muerto dos años antes de las apariciones. Pero su matrimonio nunca se consumó, ya que habían escuchado un sermón de Toribio de Motolinía, un célebre franciscano de la misión de 1524, en el que enaltecía la castidad tan agradable a los ojos de Dios. Además, mientras que Sánchez había comentado la "mucha virtud" y las "ejemplares costumbres" de Juan Diego, quien pasó los años posteriores a las apariciones cuidando el santuario, Laso de la Vega lo describe como un modelo de santidad cristiana, aunque modelado en el estilo del fraile ideal de aquella época:

> A diario se ocupaba en cosas espirituales y barría el templo. Se postraba delante de la Señora del cielo y la invocaba con fervor; frecuentemente se confesaba, comulgaba, ayunaba, hacía penitencia, se disciplinaba, se ceñía cilicio de malla y escondía en la sombra para poder entregarse a solas a la oración y estar invocando a la Señora del cielo.

Juan Diego fue casto toda su vida y, antes de morir en 1548 a la edad de 74 años, María se le apareció, como a Juan Bernardino que murió de peste en 1544 a los 86 años. Los dos indios fueron sepultados en la capilla del Tepeyac.[22]

En una breve conclusión, Laso de la Vega lamenta una vez más que muchos asuntos permanecieran en silencio "que borró el tiempo y de que ya nadie se acuerda, porque no cuidaron los viejos de que se escribiera cuando acaeció". Declara que aunque la Madre del Hijo de Dios era una persona, había elegido ayudar a los necesitados por medio de sus sagradas imágenes. No sólo en Guadalupe sino también en Los Remedios, en Cosamaloapan y Temazcaltzinco, reconfortaba a los fieles, aunque sólo en el Tepeyac "de modo milagroso entregó su preciosa imagen, que no pintó ningún pintor de este mundo, porque ella misma se retrató, queriendo amorosamente estar allí asentada". Gracias a su aparición y a su imagen la idolatría se extinguió en México, puesto que, si bien los franciscanos habían comenzado la labor de derrocar el reino del Diablo, gracias a María los ojos de los indígenas se abrieron y fueron convertidos. De este modo, "nuestra preciosa Madre de Guadalupe" no sólo vino a revelarse a sí misma sino a dar su luz, a ayudar a los indígenas a conocer "al verdadero y único Dios" y a ser salvados.[23]

Mal impreso, escrito en un lenguaje que admite varias traducciones al español, el *Huei tlamahuiçoltica* es un texto compuesto de varias secciones escritas en diferentes estilos. Como se verá, a los pocos años de su publicación, se puso en duda la autoría de Laso de la Vega. ¿Cómo había aprendido a escribir el elegante "mexicano" del *Nican mopohua*? ¿Tuvo un colaborador indígena que pulió su prosa y corrigió su gramática? Semejantes colaboraciones eran frecuentes en el siglo XVI cuando los franciscanos empleaban a sus instruidos discípulos indígenas para que los ayudasen a redactar sus sermones y a escribir sus *autos*, los dramas sagrados que se representaban en náhuatl en todo el centro de México. Ciertamente, el más erudito de estos franciscanos, Bernardino de Sahagún, contaba con un equipo de discípulos a los que agradeció su ayuda al recabar para él la información de la *Historia de las cosas de Nueva España*. El libro doce de esta obra, que aborda la Conquista española de México, posee una fuerza literaria que ninguna traducción ha podido ensombrecer. Puesto que el náhuatl literario era la creación conjunta de los frailes mendicantes y la elite indígena, la autoría de un texto no era obvia. Además, a partir de 1560 algunos criollos y mestizos aprendieron náhuatl y más tarde dominaron los elementos de su estilo literario. En el siglo XVII surgieron los autores indios, entre ellos Francisco de San Antón Muñón Chimalpahin, el más notable historiador de Chalco. Durante la década de los cuarenta, en este mismo siglo, fue ordenado sacerdote el primer indio, un noble otomí educado por los jesuitas. Pero ninguna de estas consideraciones nos ayuda a determinar la autoría del *Huei tlamahuiçoltica*, el cual estaba escrito en el estilo del náhuatl eclesiástico que floreció entre 1550 y 1650.[24] Hasta ahora no sabemos casi nada acerca de Laso de la Vega, excepto que fue un celoso pastor y que debió conocer el náhuatl. Por el contrario, su censor, Baltasar González, era célebre en la Compañía de Jesús como "un Cicerón de la lengua mexicana" y como un sacerdote que dedicó su vida al colegio de San Gregorio. Puesto que había señalado que Laso de la Vega habría de entregar su obra a la imprenta y refirió la existencia de algunos anales, más tarde se consideró la posibilidad de que él mismo hubiese escrito una historia de las apariciones.[25]

¿Qué puede inferirse de la relación entre los textos de Sánchez y de Laso de la Vega? El contenido de los dos relatos de las apariciones y de los coloquios es casi idéntico, mientras que el estilo y la estructura son evidentemente disímiles. Existen sólo dos relaciones posibles: que uno debe basarse en el otro, o que ambos se apoyaron en una narración escrita con anterioridad. En ambos textos son tan afines las semejanzas que resulta poco probable que estén basadas en una tradición oral común. Además, tanto en 1648 como en 1666 Sánchez negó haber visto algún testimonio escrito. Aun cuando se afirmase que este venerado sacerdote era un mentiroso que cometió perjurio, quedaría por explicar cómo encontró una versión en español del *Nican mopohua*, puesto que no hay pruebas de que supiera "mexicano". En cuanto a Laso de la Vega, no pudo haber recurrido a la tradición oral, ya que su narración se parece demasiado a la publicada por Sánchez. Al mismo tiempo, el *Nican mopohua* no es un mero extracto de Sánchez, el equivalente náhuatl del compendio de Cruz. Más bien, llena el relato con emoción retórica y poética; está creado para ser leído en voz alta; deliberadamente despierta la devoción y, sobre todo, cautiva el corazón y la mente de los lectores y escuchas indígenas. Es posible que las distintas secciones del *Huei tlamahuiçoltica* fuesen redactadas por diferentes autores y que el autor del *Nican mopohua* fuese indígena. Pero lo que aún no tiene explicación es la semejanza entre ese texto y la narración de Sánchez.

III

Si bien el testimonio de 1666 que preparara el licenciado Luis Becerra Tanco (1603-1672) fue publicado por Francisco de Siles como *Origen milagroso del santuario de Nuestra Señora de Guadalupe, extramuros de la ciudad de México* (1666), su título original era "Fundamentos ciertos, con que se prueba ser infalible la tradición, que hay en esta ciudad de México, acerca de la aparición de la Virgen María Señora nuestra y de su imagen milagrosa, que se llama de Guadalupe".[26] Un sacerdote seglar, capacitado en derecho canónico, que fue párroco antes de terminar su carrera como profesor de astrología y matemáticas en la Universidad de México, Becerra Tanco, hacía hincapié en que había aprendido "mexicano" siendo niño y que además leía latín, francés, italiano y portugués y sabía algo de hebreo y griego, por no mencionar su dominio del otomí, afirmaciones que los diaristas de la época sencillamente repetían sin hacer comentarios. Poco más se sabe de su carrera excepto que nació en el campamento minero de Taxco. Lo que sí queda claro es que pronto se sintió insatisfecho con su primer intento de justificar la tradición guadalupana, y antes de morir dio por terminada una segunda versión que Antonio de Gama publicó póstumamente en 1675 con el atractivo título de *Felicidad de México en el principio y milagroso origen que tuvo el santuario de la Virgen María Nuestra Señora de Guadalupe, extramuros: en la aparición admirable de esta soberana Señora y de su prodigiosa imagen.* Aunque conservó la mayor parte del argumento original, la segunda edición difiere sustancialmente de su antecesora, y esto es aún más patente en la traducción del *Nican mopohua*.[27] En efecto, Becerra Tanco redactó un nuevo comentario crítico a la tradición guadalupana.

Para empezar, él explica la ausencia de registros en la Iglesia acerca de las apariciones por la situación irregular de Zumárraga quien, aunque en calidad de obispo de México desde 1528, no gobernaba una diócesis con fronteras y jurisdicción. A más de esto, regresó a España poco tiempo después de las apariciones y no volvió a México sino hasta 1533; su diócesis tampoco se estableció de modo oficial hasta el 9 de septiembre de 1534. Entonces, no era de extrañar que el archivo de la catedral no poseyera ningún documento de 1531. Además, en aquellos años era "tan recién nacida en el orbe la nación criolla" y en todo caso los españoles de la época tenían a los indios "por bestias, incapaces de razón".[28] Por tanto, no había esperanza de hallar nada en la comunidad hispánica que no fuesen testimonios de una tradición oral y de una duradera devoción a la Virgen mexicana.

La enorme innovación de Becerra Tanco fue asegurar que la tradición de las apariciones se había conservado gracias a los indios de México. Después de todo, María se había aparecido a un indio y eran principalmente los indios quienes recordaban su mediación. Pero Becerra Tanco no hace referencia a una tradición oral, y sostiene que los indios contemporáneos, incluso los más ancianos, no comprendían los "mapas y pinturas" de sus antepasados y contaban con muy poca información confiable respecto de su propia historia. Antes bien, recuerda que antes de la Conquista española, los mexicas, que eran "los más refinados y racionales" de los pueblos del Nuevo Mundo, habían conservado "pinturas" en las que registraban acontecimientos del pasado, sus reyes y guerras, y habían medido el paso del tiempo con un calendario sumamente preciso, en el que los años de 365 días se dividían en dieciocho meses de veinte días. Además, los "caracteres" o glifos inscritos en estos "mapas y pinturas" servían de artificios nemotécnicos que evocaban la interpretación de los sacerdotes y sus ayudantes, quienes memorizaban la historia de los sucesos a los que hacían referencia mediante canciones y cantos. De no haber sido por la pervivencia de estos códices y de las canciones de sus intérpretes, Juan de Torquemada no hubiese podido escribir el primer volumen de su *Monarquía indiana* (1615). ¿De qué otro modo pudo abarcar quinientos años de historia previa a la llegada de los españoles? Si Torquemada tuvo tanto éxito al ahondar en el pasado indígena, fue debido a que los primeros franciscanos habían fundado el colegio de Santa Cruz Tlatelolco para educar a los hijos de la nobleza india. Sus más talentosos alumnos se convirtieron en colaboradores de los frailes y les enseñaron a interpretar los códices. El mismo círculo de discípulos, argumentaba Becerra Tanco, registró por vez primera la historia de las apariciones de Nuestra Señora de Guadalupe. Si al principio idearon "pinturas", pronto escribieron el relato en náhuatl, puesto que a los pocos años de abierto el colegio habían aprendido a leer y escribir, no sólo en español o incluso latín, sino también en náhuatl, ayudando a los primeros frailes a crear una nueva literatura en ese idioma.[29]

Luego de postular la existencia de un relato náhuatl de las apariciones escrito en el siglo XVI, Becerra Tanco asegura que había conversado con Fernando de Alva Ixtlixóchitl, un hombre al que describe así:

> Intérprete que fue del juzgado de Indias de los señores virreyes en este gobierno, hombre muy capaz y anciano, y que entendía y hablaba con eminencia la lengua mexicana, y tenía entera noticia de los caracteres y pinturas antiguas de los naturales y por ser de prosapia ilustre y descendiente por la parte materna de los reyes de Texcoco, hubo y heredó de sus progenitores muchos mapas y papeles historiales.

Entre los documentos de de Alva, afirma Becerra Tanco, se encontraba un "mapa" que abarcaba más de trescientos años de historia y terminaba con una figura de la aparición de la Virgen en el Tepeyac. También vio "un cuaderno escrito con las letras de nuestro alfabeto, en la lengua mexicana, de mano de un indio [...] en que se referían las cuatro apariciones de la Virgen Santísima al indio Juan Diego, y la quinta a su tío Juan Bernardino [...]"[30]

Es fascinante advertir que Becerra Tanco no informó a sus lectores, o quizá él mismo lo ignoraba, que Fernando de Alva Ixtlilxóchitl (c.1578-1650) había estudiado en el colegio de Santa Cruz Tlatelolco y era el autor de varias crónicas sin publicar en las que hacía referencia a sus antepasados, los reyes de Texcoco, y al imperio chichimeca. Ixtlilxóchitl conoció a Torquemada, a quien consideraba "el primer descubridor de la declaración de las pinturas y cantos", y es posible que haya colaborado con él, puesto que su descripción de Nezahualcóyotl, el rey filósofo de Texcoco, era muy parecida al retrato que hacía Torquemada. Si Becerra Tanco hubiese leído la descripción que hacía De Alva de los olmecas, un pueblo asentado en Anáhuac mucho antes que los toltecas y los mexicas, le habría encantado descubrir la mención de un sabio blanco y barbado, Quetzalcóatl-Huemac, quien llegó durante la época de la encarnación de Cristo para enseñar a los indígenas las normas de la moralidad y las artes de la civilización.[31] Durante su reunión, ¿De Alva y Becerra Tanco llegaron a discutir la posibilidad de que santo Tomás el apóstol hubiese podido predicar el Evangelio en México? Como se verá, él mismo favorecía esa tesis.

¿Pero qué relación había entre el manuscrito en náhuatl que Becerra Tanco vio en los documentos de de Alva y las narraciones que publicaron Sánchez y Laso de la Vega? En su testimonio de 1666, Becerra Tanco sostiene: "de cuyos escritos y pinturas se trasumptó y copió la tradición, que escribió el licenciado Miguel Sánchez", haciendo referencia a los indios. En especial, el manuscrito de de Alva "fue el que se dio a las prensas en la lengua mexicana por orden del licenciado Luis Laso de la Vega". Por extraño que parezca, en su testimonio Becerra Tanco se sirvió poco de esta tradición india, puesto que su relato de las apariciones sencillamente repetía la versión que Cruz compendió de Sánchez. Casi su única innovación fue describir a Juan Diego cortando "rosas de

Castilla" y no una variedad de flores y rosas. Pero también alega que antes de la gran inundación de 1629 había escuchado canciones indias que trataban de las apariciones y en las cuales la Virgen se dirigía a Juan Diego llamándolo "hijo mío, pequeñito muy amado, regalo mío", términos que también había leído en la narración "mexicana".[32] En *Felicidad de México* Becerra Tanco tradujo el *Nican mopohua*, aunque modificó las formas del discurso que pudiesen parecer irreverentes. Éste no es el lugar para analizar las diferencias textuales entre la traducción de Becerra Tanco y la versión que publicó Laso de la Vega, pero se aproximaban lo suficiente para introducir el relato náhuatl con su colorido poético y sus coloquios dramáticos en la tradición guadalupana oficial. Como era de esperar, Becerra Tanco hace hincapié una vez más en su propio conocimiento del "mexicano" desde la niñez y su estudio de "los antiguos caracteres y pinturas con que historiaron los indios hábiles los progresos de sus ancestros y sus travesías". Se apega tanto a la versión náhuatl que afirma: "este coloquio [...] no tiene otra cosa mía sino es la translación del idioma mexicano en nuestra lengua castellana, frase por frase". A pesar de eso, conserva su deliberado error de traducción de "rosas de Castilla" e intercala unas cuantas líneas en las que relata la tercera aparición de la Virgen tras el segundo desaire del obispo a Juan Diego, la cual omitió Laso de la Vega. Pero en *Felicidad de México*, Becerra Tanco (o su editor Gama) extirpó cualquier referencia a Miguel Sánchez y a Laso de la Vega, creando así la impresión de que había realizado su traducción a partir del manuscrito que viera en posesión de de Alva y no de la versión publicada por Laso de la Vega. Además, refería que ese manuscrito provenía "de mano de un indio de los más provectos del colegio de Santa Cruz".[33] En este punto, Becerra Tanco modifica radicalmente el estilo en el que "la tradición del milagro" se había transcrito y justificado.

Al mencionar a Juan Diego, Becerra Tanco también incorpora la información adicional que Laso de la Vega había presentado por primera vez, añadiendo solamente que, si bien el

indio era originario de Cuautitlán, en realidad vivía en Tolpe-
tlac, cerca del Tepeyac. Por extraño que parezca, gracias a
un probable error de traducción, sostiene que María Lucía, la
esposa de su héroe, había muerto dos años después y no
antes de las apariciones. En cuanto a Juan Diego, en los años
posteriores a las apariciones, no solamente vivió "largos ra-
tos de oración y contemplación todos los días", sino que
también se dedicaba a "obras de mortificación, ayunos y disciplinas". A Toribio Motolinia, un célebre franciscano, se debe la
conversión de Juan Diego, quien conservó la castidad desde
aquel día. Antes de su muerte en 1548 a la edad de 72 años, la
Virgen se apareció, como se había aparecido a Juan Bernardino en 1544 durante la epidemia de peste. Estas visitas fueron
certificadas, afirma Becerra Tanco, por "la segunda tradición,
escrita por los naturales en su idioma, con letras de nuestro
alfabeto", es decir, él había tomado esta información de las
últimas secciones de la obra de Laso de la Vega, que llevan el
nombre de *Nican motecpana*.[34]

No contento con el énfasis en las fuentes indígenas de la
tradición guadalupana, Becerra Tanco también asegura haber discutido personalmente el tema con el licenciado Pedro
Ruiz de Alarcón, un sacerdote erudito en "mexicano", quien
fue rector del colegio de San Juan de Letrán y que murió en
1656 a la edad de 86 años. Asimismo, el licenciado Ponce de
León, un venerable sacerdote y "Demóstenes de la lengua
mexicana", muerto a los ochenta años en 1626, también le
había hablado de la imagen de Guadalupe. Pero su tío, el
licenciado Gaspar de Praves, párroco y "Cicerón en la lengua
mexicana", le informó antes de morir a los ochenta años en
1628, que había adquirido conocimientos de la tradición gracias a "Juan Valeriano", un notable discípulo de los franciscanos, educado en el colegio de Santa Cruz y a quien
Torquemada elogió por haberle enseñado náhuatl.[35]

Puesto que Becerra Tanco proporciona a sus lectores
una cita fiel del volumen y de la página de *Monarquía
indiana* en la que se puede encontrar la descripción de
Valeriano, es provechoso examinar este pasaje en especial,

puesto que Valeriano también fue maestro de Fernando de
Alva Ixtlilxóchitl.[36]

> Y deste buen ejemplo tenemos en don Antonio Valeriano, in-
> dio, natural del pueblo de Azcaputzalco, una legua desta ciu-
> dad, gobernador de la parte de San Juan, que llaman Tenuchtitlan,
> que habiendo salido buen latino, lógico y filósofo, sucedió a
> sus maestros, arriba nombrados, en leer la gramática en el
> colegio algunos años; y después desto fue elegido por gober-
> nador de México, y gobernó más de treinta y cinco años a los
> indios desta ciudad, con grande aceptación de los virreyes y
> edificación de los españoles; y por ser hombre de muy buen
> talento tuvo noticia el rey dél y le escribió una carta muy favo-
> rable, haciéndole en ella mucha merced; el cual murió el año
> de mil seiscientos y cinco, y a su entierro, que fue en el con-
> vento de San Francisco, en la capilla de San Joseph, se halla-
> ron muchos gentíos, así de indios como de españoles, y fueron
> los colegiales deste colegio a asistir en él, porque había sido
> lector dél (como queda dicho), y su cuerpo llevaron en hom-
> bros los religiosos desde la entrada del patio hasta la sepultu-
> ra, saliendo a recibir su cuerpo toda la comunidad, como quien
> tanto lo merecía, y de su talento sé yo muchas particularidades
> por haber sido algunos años mi maestro en la enseñanza de la
> lengua mexicana. Y cuando murió estuve presente, y entre
> otras cosas que me dio de sus trabajos, dignos de su saber, así
> de lengua latina como de traducción de mexicana, fue una, a
> Catón traducido, cosa cierto muy para estimar, el cual (si a
> Dios place) se imprimirá en su nombre.

Puesto que esta descripción aparecía inmediatamente después de una breve reseña del florecimiento y decadencia del
colegio de Santa Cruz Tlatelolco, tuvo el efecto de fortalecer
los lazos que unían a la tradición guadalupana con el círculo
de indios nobles educados en aquel colegio. Como se verá,
más tarde Valeriano sería considerado el autor del *Nican
mopohua*.

A pesar de su constante referencia a la "tradición" de Nuestra Señora de Guadalupe, Becerra pretendió modificarla en
varios e importantes aspectos. Si bien Sánchez había afirma-

do que la tilma de Juan Diego era de *ayatl* y estaba tejida con las toscas fibras del maguey, Becerra Tanco argumenta que había al menos tres clases de plantas de maguey y que la más común, de la que se obtenía el pulque, la bebida alcohólica de los indios, producía una fibra demasiado áspera para ser empleada en otra cosa que no fuesen bolsas y cuerdas. De hecho, la tilma en la cual estaba impresa la imagen había sido tejida con "la palma que llaman los naturales *iczotl*", una fibra más suave, parecida al algodón, que los indios de todas las clases usaban para hacer sus mantos. En la conclusión de *Felicidad de México*, Becerra Tanco incluye una breve declaración del examen de la imagen que habían llevado a cabo doctores y otras personas calificadas en 1666, tras el cual determinaron que el lienzo había sido tejido con las fibras de la palma *iccoyilmatli*. Si bien Becerra Tanco se maravilló como sus compatriotas de que la imagen hubiera conservado su esplendor a pesar del paso del tiempo, observa que si el pan de la Eucaristía se corrompía algunos días después de su consagración, de igual modo la imagen de Guadalupe podía muy bien desintegrarse. No obstante, lo que los fieles veneraban no era la tela, sino la imagen y la efigie de la Virgen impresa en ella, y así, ya fuese destruida por el tiempo u otra circunstancia, seguirían venerando una copia con igual fervor.[37]

Pero, ¿por qué la imagen milagrosa de México debía recibir el nombre español de Guadalupe? Si la Virgen había hablado con Juan Bernardino en náhuatl, ¿era factible que hubiese escuchado o pronunciado el nombre Guadalupe? Era más probable, sugiere Becerra Tanco, que haya escuchado "*Tequatlauopeuh*", que significa "lo que tiene su origen en la cumbre de la roca", o tal vez "*Tequantlaxopeuh*", es decir "el que huye de las fieras salvajes". Después de todo, los españoles convirtieron en Cuernavaca el lugar que los indios llamaban "*Quauhnohuac*" y en aquella época los indios pronunciaban Guadalupe como *Tequatalope*. De esta inquietud se desprende el argumento de Becerra Tanco de que la imagen había sido impresa en la tilma de Juan Diego

Aparición de Nuestra Señora de Guadalupe en el Tepeyac a Juan Diego,
grabado en Luis Becerra Tanco, *Felicidad de México*, 2ª. edición (México,
1675), Biblioteca Nacional, ciudad de México.

no ante Zumárraga en el palacio del obispo sino en el Tepeyac, cuando la Virgen recibió las rosas que había recolecta-
do. Por supuesto, se encontraba cerca del sitio donde una
vez se había adorado a la diosa azteca *Teotenantzin*, la madre de los dioses. Era, por tanto, una imagen reflejada de la
Virgen que miraba al indio, su figura iluminada por el sol a
sus espaldas, y los pliegues de su manto y de su túnica el
resultado del modo en el que él sostenía la tilma. Para fundamentar este argumento Becerra Tanco elabora una compleja
tesis acerca de las leyes de la perspectiva, en la cual cita
Perspective communis, del arzobispo de Canterbury, John de
Pecham (c.1225-1292) en el siglo XIII. A pesar de que la imagen había sido pintada con colores naturales y oro hallados
en México, insistía en que el pintor era un ángel y no otro
que el ángel guardián del reino, cuya firma era su misma
efigie retratada en la imagen sosteniendo a la Virgen con los
alados brazos extendidos.[38]

No contento con estas revisiones, Becerra Tanco también argumenta que el día de fiesta de Guadalupe debía trasladarse no al 12 de diciembre, como proponía la petición de 1666, sino al 22 de diciembre. Debido a la rectificación del calendario en 1582, cuando España aceptó que el papa Gregorio XIII abandonara el sistema juliano, en realidad la Virgen había aparecido en su imagen el día 22. Al determinar el 12, Cruz simplemente había consultado los calendarios que existían en aquella época sin tomar en consideración el cambio. Con todo, el día festivo de santa Teresa de Ávila se había movido del 5 al 15 de octubre a causa de aquella revisión. En todo caso, ¿qué podía ser más conveniente que celebrar la aparición de la imagen justo antes de la conmemoración del nacimiento de Cristo? Además, la fiesta sería inmediatamente después de la de Santo Tomás, el 21 de diciembre, y serviría para recordar que el apóstol había predicado el Evangelio a los pueblos de México, visitando Tula o *Tollan*, "de que vi pintura y tradición, que no puede aplicarse a otros del apostolado, por haberse conservado su apellido: *Didimus*, esto es mellizo". Para fundamentar esta tesis, Becerra Tanco cita *Política indiana* (1648) de Juan de Solórzano, en la que menciona que Gregorio García apoyaba la teoría de una misión apostólica en el Nuevo Mundo. Asimismo, hace referencia a Alonso Ramos Gavilán, quien, en su historia de la imagen de Nuestra Señora de Copacabana en Perú, publicada en 1621, describía los viajes de santo Tomás por Sudamérica.[39] Para coronar su argumento, Becerra Tanco se limita a cuestionar: sin la presencia de un apóstol, ¿cómo pudieron los indígenas concebir el calendario de un año con 365 días?

Nada más extraordinario que la confianza con la que Becerra Tanco pretendió dar una nueva modalidad a la tradición guadalupana. Si todos los testimonios de 1666 mencionaban que Zumárraga era el arzobispo, él hace notar que en 1531 la diócesis de México no se había creado y que el prelado había sido nombrado arzobispo hasta 1547. Asimismo, si los indios de Cuautitlán se afanaban por certificar que la tilma de Juan Diego fue tejida con *ixtle*, con toda calma él había obtenido el acuerdo de los doctores que examinaron la imagen: estaba hecha de la palma *iczotl*. La sugerencia de que el verdadero nombre de la Virgen no era Guadalupe no prosperó; tampoco los intentos que se hicieron más tarde por ajustar los calendarios y trasladar la fiesta al 22 de diciembre. En cambio, su tesis de una misión apostólica en México dirigida por santo Tomás despertó un enorme interés y la reiteraron autores posteriores. Pero la mayor contribución de Becerra Tanco a la tradición fue su traducción, al margen de todas sus modificaciones, del *Nican mopohua*. Desde que *Felicidad de México* se reimprimió en Sevilla en 1685, en México en 1780, y se incluyó en la colección de dos volúmenes sobre la guadalupana que apareció en 1785 en Madrid, su obra alcanzó una jerarquía canónica. Su afirmación de la existencia de una tradición escrita en náhuatl, primero en códice, luego como narrativa, claramente ponía en tela de juicio el prestigio de autor de Laso de la Vega y ensombrecía la declaración de Sánchez en el sentido de que solamente había recurrido al testimonio oral. En efecto, la obra de Becerra Tanco dio lugar a tantas interrogantes como las que había respondido; muchas de sus propuestas fueron rechazadas o ignoradas; pero, cuando la marea de juicio crítico histórico invadió México, los defensores de la tradición guadalupana buscaron apoyo en la tesis de Becerra Tanco.

I

Si Becerra Tanco buscó subvertir la autoridad de Miguel Sánchez, los predicadores eclesiásticos a finales del siglo XVII utilizaron la tipología bíblica y los conceptos neoplatónicos en la representación de Nuestra Señora de Guadalupe. El 12 de diciembre el doctor José Vidal de Figueroa, párroco de Tejupilco, predicó en su santuario el primer sermón en ser publicado sobre la Virgen del Tepeyac, *Teórica de la prodigiosa imagen de la Virgen Santa María de Guadalupe de México* (1661). En el prólogo, señala que había sido enviada una copia de la imagen al papa Inocencio X (1644-1655) y que la fiesta de la Inmaculada Concepción se había instituido recientemente en los dominios españoles; por ello, el aniversario de la aparición de la Virgen en México estaba dentro de la octava de aquella fiesta que tenía lugar el 8 de diciembre. Luego de una breve comparación entre Juan Diego y San Juan Bautista, uno víctima de la idolatría, el otro preso de la tiranía, esboza la tesis de su sermón: Dios "pintó a María en su entendimiento primero", y sólo entonces aplica esta sentencia a la guadalupana, afirmando que: "aquella imagen aparecida es copia de la que pensó Dios cuando la eligió para su Madre". Si Sánchez identificó a la guadalupana con la mujer del Apocalipsis, Vidal de Figueroa recurre a la doctrina neoplatónica de que Dios concibió ideas y predeterminaciones del universo antes de crearlo; además, sostiene que la Virgen mexicana era una copia directa de la idea divina de María. Las citas de San Basilio Magno, San Gregorio Nazianzo y San Teodoro el Estudita, así como de Miguel Sánchez, muestran cómo se leía a los teólogos griegos en la Nueva España. Francisco de Siles, hechizado por un sermón que le recordaba a "mi querido maestro San Agustín", recuerda que él y Vidal habían estudiado en el colegio de Todos los Santos "antiquísimo archivo de ingenios soberanos".[1] De Siles no fue el único en dar la bienvenida al audaz concepto de Vidal, puesto que el orador más tarde fue canónigo y maestre de escuela de la catedral en la ciudad de México.

Para justificar su argumento, Vidal comienza su discurso citando el primer capítulo de la Epístola de San Pablo a los efesios, y declarando que Cristo vino a revelar misterios ocultos a lo largo de las eras y a iniciar una nueva sucesión, que no se heredaba por la sangre sino por Espíritu. Asimismo, cuando María se apareció a "un indio bárbaro", reveló "una imagen retrato de la idea de Dios", es decir, la idea eterna de María como la madre del Creador. La imagen impresa en la tilma de Juan Diego era "un milagro [...] un sacramento oculto", puesto que "ni se sabe quién la pintó, ni se ve la mano que la retrata". El efecto de su aparición fue tan grande que los ídolos y demonios que adoraban los indios desaparecieron de la noche a la mañana. Del mismo modo que María usó al emperador Teodosio para destruir la idolatría en Egipto, también inspiró a Carlos V para extinguir el paganismo en México. Aparecer entre rosas en la humilde tilma de Juan Diego significaba que la Virgen pretendía apresurar la conversión de los indios empleando un objeto conocido y modesto. En una época en la que se consideraba a los indígenas de Nueva España bárbaros y poco aptos para recibir los sacramentos, el modo en el que apareció María fue una "divina fineza", un sublime acto de cortesía a un pueblo despreciado.[2]

En este punto, Vidal formula una pregunta que nunca más volvería a plantearse en México: si la Virgen María apareció en el Tepeyac para fortalecer la fe en su Hijo divino, ¿por qué no apareció con el niño Jesús en brazos? Después de todo, en el caso de Nuestra Señora de los Remedios, ella llevaba a su Hijo. La respuesta a esta interrogante atrevida y recóndita era:

> Esta imagen es un retrato del ejemplar de María, como se le representó a Dios en la eternidad para madre de su hijo: entonces, traía en los brazos no al Verbo hecho hombre, sino al Hijo de Dios transformado en luz, que es la que le ilumina las manos [...] Aparécese María en México sin el Niño Dios en los brazos, sino rodeada de luz; porque lo estupendo del milagro es lo antiguo del misterio, pues trae desde la eternidad el origen, cuando el Hijo de Dios era luz, *erat lux vera*, y no era hombre que esto mucho después [...]

El Divino Verbo estaba presente en los rayos del sol que rodeaban a la imagen de la Virgen, un estilo de representación que demostraba la concepción divina de la imagen.[3]

Luego de esta elevada afirmación, a Vidal le fue fácil responder la segunda interrogante, a saber: ¿por qué apareció María en México y no Cristo? Citando a San Teodoro el Estudita, argumenta que si Cristo fue hecho hombre a imagen de María, entonces la mejor efigie de la humanidad de Cristo era María. Además, sostiene que la imagen era doblemente bendita, puesto que, si la Virgen representaba a Cristo como hombre, la luz que la rodeaba representaba su divinidad. Como puede observarse, en esta línea de razonamiento, Vidal alude a Miguel Sánchez, cuya obra cita, al asumir los conceptos teológicos neoplatónicos de los Padres Griegos de la Iglesia y aplicarlos al caso particular de la Virgen mexicana. Sin embargo, en ambos casos subyace la premisa de que la aparición de María en su imagen de Guadalupe constituyó una nueva revelación del designio eterno de Dios para la redención de la humanidad.

Pocos de los sermones que se publicaron a finales del siglo XVII rivalizaron con el de Vidal en originalidad teológica y por lo general hacían eco de su doctrina o retomaban las figuras tipológicas predilectas de Sánchez. No obstante, durante esos años, creció la devoción a la Virgen María en el mundo hispano e importunó al papado con peticiones de reconocimiento a la doctrina de la Inmaculada Concepción de la Virgen. En 1661, Alejandro VII se pronunció a favor de la doctrina y de su celebración litúrgica y en 1664 otorgó a España el derecho a instituir la fiesta el 8 de diciembre con su oficio y misa propios. Para entonces, artistas como Esteban Murillo, Francisco de Zurbarán y Diego de Velásquez, por mencionar sólo los más destacados, pintaban una gran cantidad de imágenes en las que María como la Inmaculada Concepción aparece personificando a la mujer del Apocalipsis, de pie sobre la luna, envuelta en nubes o en luz, con un círculo de doce estrellas sobre la cabeza, asistida por los ángeles.[4] Debido a la similitud de las imágenes, la consecuencia lógica fue la identificación de Guadalupe con la efigie de María en su Inmaculada Concepción. Ésta tuvo el efecto de proporcionar a los predicadores nuevos conceptos para adornar sus discursos.

El 12 de diciembre de 1684 el fraile franciscano Lorenzo Benítez comenzó su sermón en un tono tipológico al comparar a Moisés en el monte Orbe frente a una zarza ardiente con la visión de Juan Diego con la Virgen en el monte Tepeyac. Cautelosamente, hizo una analogía entre la Inmaculada Concepción y la guadalupana como efectos gemelos de una misma idea: "porque están tan iguales, que esta imagen de Guadalupe parece que sirvió de Idea para hacer la Concepción de esta reina en el vientre de santa Ana; y la Concepción de este vientre sirvió de ejemplar para hacer esta imagen en el manto de Juan Diego". Esto claramente implicaba que la Virgen mexicana ofrecía un retrato fiel de la apariencia física de María en Palestina.[5] Otros oradores siguieron esa interpretación, pero muchos se afanaron en descubrir cómo había sido pintada la imagen. Así, el 12 de diciembre de 1672, otro franciscano, Francisco de Mendoza, luego de recordar a su grey que en el Tepeyac acudían a un lugar en el que una vez se había adorado a la diosa azteca Theothenantzin, describe una escena en el cielo, en la que los ángeles empleaban pinceles y colores para pintar el retrato de María, convirtiendo de ese modo la divina "idea" en una efigie de Guadalupe.[6] Luis de Santa Teresa, un carmelita que predicaba en Querétaro, acarició una afición similar, pues, luego de definir a Guadalupe como una Inmaculada Concepción, sugiere que si el Espíritu Santo había manejado los pinceles, el lienzo actual fue tejido por las cuarenta y dos generaciones de antepasados de Cristo asentadas en el Evangelio según San Mateo.[7] No todos los sermones seguían la misma línea. En una intervención poética, Juan Antonio Lobato, un mercedario que predicaba en 1700, proclamó a Guadalupe "fénix de las Indias", y saludó así a la Virgen: "esta es la ave singularmente famosa por exempta del general resbalón: ésta el pájaro nacional de nuestras Indias [...] al fénix emperatriz siempre augusto".[8]

El 12 de diciembre de 1681 el jesuita Juan de Robles predicó durante la consagración de la iglesia en Querétaro que se erigió en honor a Nuestra Señora de Guadalupe. Luego de elogiar a Juan Caballero, el acaudalado terrateniente que donó los fondos para la construcción, observa con atrevimiento que, aunque en el mundo católico abundaban las imágenes milagrosas de María, ninguna podía compararse con la de Guadalupe. Las figuras de Nuestra Señora del Pilar en Zaragoza o la de Nuestra Señora de Loreto, ¿no habían sido esculpidas o pintadas por San Lucas, en tanto la Virgen mexicana había sido pintada por Dios o por la misma María? Eludiendo a las especulaciones de Vidal, opta por citar el capítulo doce del Apocalipsis como una profecía de Guadalupe y definir la imagen como el Arca de la Alianza y las tablas de la Ley mexicanas. Robles también informa a su grey que en 1678 "el insigne artífice Cornelio Galle" había grabado "el epígrafe o por mejor decir el cartel de desafío [...] en que puso por orla de una bellísima estampa de Nuestra Señora de Guadalupe las palabras del Salmo 147, *Non fecit taliter omni natione*". Esta frase había sido aplicada a Israel, "no ha hecho así con ninguna otra de las naciones", y en ese momento se enalteció la efigie de la Virgen mexicana para que el mundo la observarse y ponderara. El epígrafe sería del agrado de los habitantes de la Nueva España y rápidamente se grabó en las copias de la imagen.[9]

Una nueva interpretación teológica de la imagen fue introducida por Juan de San Miguel, un jesuita que en 1671 predicó durante la consagración de una capilla lateral en la catedral de México, dedicada a Nuestra Señora de Guadalupe. San Miguel percibió un "raro misterio" en el carácter sacramental de la imagen, una cualidad que lo llevó a compararla con la Eucaristía:

> La imagen de Cristo en accidentes de pan; y la imagen de María en accidentes de flores. Pero con esta amorosa diferencia, que sacramentado Cristo parece los accidentes del pan y no parece la imagen, y sacramentada María aparece la imagen y desaparecen los accidentes de las flores.[10]

He aquí una metáfora audaz que más tarde sería repetida por varios predicadores jesuitas.

No obstante, en el plano de la devoción litúrgica, las prefiguraciones bíblicas predilectas de Sánchez se granjearon la buena voluntad antes que las especulaciones teológicas de Vidal de Figueroa. En los encantadores versos que compuso el español residente en México Felipe de Santoyo García, que se cantaron en la catedral de México durante los maitines del 12 de diciembre de 1690, se hacía la comparación entre Juan Diego y Moisés y entre la guadalupana y la mujer del Apocalipsis.[11]

> El mundo se admire;
> el cielo, las aves, los ángeles y hombres
> suspendan los ecos,
> repriman las voces:
> que en la Nueva España
> de otro Juan se oye
> nuevo Apocalipsis,
> aunque son distintas las revelaciones [...]
>
> De América en el desierto
> y en lo escabroso de un monte,
> Patmos en la Nueva España,
> otro nuevo Juan se esconde.

Visión de San Juan Evangelista en Patmos-Tenochtitlán, fotografía de Manuel Zavala, detalle de *Imagen de la Virgen de Guadalupe con San Miguel y San Gabriel*. Cortesía de Jorge Guadarrama.

Recién plantada la Iglesia,
a sus primeros albores,
vio una visión toda luces
contra gentílicas noches.

Grande señal en el cielo
de Guadalupe, descoge
una Concepción en rosas
que al pie los Idolos pone.

¿Qué es aquello, cielos, donde
más en un cerro descubre,
para ser luz, muchas rosas;
para vergel, muchas luces?

Allí el Horeb mexicano
de resplandores difunde
sin consumirse una Zarza
aunque hay llama que la inculque.

Allí, al mirar el prodigio
de la Flor de Guadalupe,
no hay diciembre que no acabe
ni abril que flor no tribute.

Aquel que a Moisés imita,
cándidamente descubre
no sólo en la Zarza el ángel,
mas la que en flores se esculpe.

....
....
....
....

Tierra Santa es donde estás,
Juan Diego. A ese cerro sube,
que no sólo te habla un ángel;
la Reina es de las virtudes.

Lo que sugieren estos versos es que si los oradores podían elaborar rimbombantes interpretaciones de la imagen, era probable que la celebración litúrgica se concentrase en los antecedentes bíblicos del relato de la aparición.

II

En las primeras páginas de *La Estrella del Norte* (1688), el cronista jesuita Francisco de Florencia hace escarnio de un ingenioso sermón en el que se sostenía que Guadalupe se apreciaba más en Madrid que en México y declara que no citará "lo panegírico en los conceptos" de sermones que "apenas tocan la letra de la historia", ya que su propósito es demostrar que "la constante tradición" de las apariciones de Nuestra Señora de Guadalupe se había preservado en la ciudad de México desde 1531.[12] Florencia era originario de San Agustín en Florida, fue educado por los jesuitas en la ciudad de México e ingresó a la Compañía de Jesús en 1643 para luego convertirse en rector de los colegios del Espíritu Santo en Puebla y el de San Pedro y San Pablo en la ciudad de México. Como representante de su provincia, vivió de 1669 a 1675 en España e Italia, donde visitó la Santa Casa de Loreto, "el más grande santuario de la cristiandad", y convenció a Juan Bautista Zappa y a Juan María Salvatierra de participar como misioneros en el norte de México, prestándoles su ayuda a estos jesuitas italianos para promover la devoción a Nuestra Señora de Loreto, redactando un breve libro sobre su santuario y su culto.[13] La decisión de escribir acerca de Nuestra Señora de Guadalupe despertó grandes expectativas y es verdad que su censor, el canónigo Antonio de Gama, elogió que hubiese recogido todas las pruebas disponibles, ya que de este modo arrojaba nueva luz sobre el tema, para después lamentar que la tradición fuese "recibida de los mayores no por escrito, sino de palabra". Asimismo, Carlos de Sigüenza y Góngora, el gran erudito mexicano de la época, que hacía las veces del otro censor, se quejaba de que "siendo efecto del innato descuido nuestro, no saberse jurídicamente el cómo poseemos tan soberano portento". Su confianza en Florencia se hizo patente cuando declaró que "después de tantos años se manifestó al mundo con claridad suficiente lo que por defecto de individuales noticias puede ser que sólo a pusilánimes se reputase dudoso".[14] El propósito de *La Estrella del Norte* era establecer la tradición guadalupana sobre un sólido fundamento histórico. Sin embargo, Sigüenza y Góngora más tarde expresó su descontento con la versión definitiva.

Como era de esperar, Florencia elogiaba en Sánchez al talentoso predicador cuyos sermones le granjearon "gran aplauso y copioso fruto espiritual" y cuyo libro se distinguía "por sus conceptos y la calidad de su erudición sagrada y política[...] vivifica grandemente la devoción de los mexicanos por la Sagrada Imagen". Pero sus "ingeniosos conceptos" interrumpían el hilo del relato de las apariciones, de modo que era preferible leer el compendio de Cruz, que era "la más bien escrita relación que ha salido". Aunque Florencia alaba a Becerra Tanco por haber empleado "las historias de los indios", comenta que el trato "mexicano" ofendía el sentido del decoro y la decencia españoles, ya que "salen las palabras tan nimiamente afectuosas que parecen irreverentes y no dignas de la Majestad de la Señora que las habló y del respeto de Juan Diego, cuando las dijo". Tan evidente era la aversión que el *Nican mopohua* producía en Florencia, incluso editado, que cuando hubo de describir las apariciones, sencillamente copió la versión de Cruz con muy pocos cambios. Tampoco lo impresionó la sugerencia de Becerra Tanco en el sentido de que el nombre de la Virgen era una transliteración errónea del náhuatl de Juan Bernardino. Florencia insistía en que efectivamente María había elegido que se le llamara Guadalupe, título que significa "río de lobos", y es símbolo de la victoria del cristianismo sobre los lobos de la idolatría. En todo caso, la Virgen deseaba "fundar una España nueva en su Nueva España" y recompensar a Hernán Cortés, que era de Medellín, cerca del santuario de Guadalupe en Extremadura.[15] Así Florencia, con mucha habilidad, descartó tanto la interpretación tipológica de Sánchez como el drama en náhuatl de Laso de la Vega.

Ansioso por justificar la "constante tradición" de Guadalupe, Florencia fue el primer historiador del culto en confrontar el penoso silencio de los principales cronistas de México respecto de las apariciones. Para estar seguro, citaba la observación de Becerra Tanco de que la diócesis se había construido hasta 1534, de modo que no podía haber registros episcopales sino hasta después de esa fecha. Pero seguía existiendo el enigma del silencio. ¿Por qué Bernal Díaz del Castillo no menciona las apariciones, en especial puesto que en *Historia verdadera de la Conquista de la Nueva España*, escrito en 1560, el anciano conquistador se refiere a "la santa casa de Nuestra Señora de Guadalupe que está en lo de Tepeaquilla donde hace y ha hecho muchos y santos milagros"? Sin embargo, el silencio de los franciscanos resulta más inquietante aún. Lamentando la pérdida de los doce libros escritos por Bernardino de Sahagún, que el virrey Martín Enríquez había enviado a España, Florencia pregunta: "¿Sería posible que hubiera escrito de esta aparición milagrosa, como testigo ocular de ella?"[16] El silencio de Torquemada era incluso más hiriente, puesto que había escrito *Monarquía indiana* mientras vivía en el convento franciscano de Tlatelolco y en varias ocasiones en su crónica llama al Tepeyac por su nombre español de Guadalupe sin mencionar el santuario o su imagen. Peor aún, Torquemada explicó que en la época prehispánica el Tepeyac había sido uno de los tres templos que habían atraído peregrinos de muy lejos, en su caso devotos que iban a celebrar la fiesta de "la diosa llamada Tonan, que es decir, nuestra Madre". Luego señalaba que los frailes habían reemplazado estos ídolos con patronos e iglesias cristianos, dedicando la capilla "en Tonantzin, junto a México, a la Virgen sacratísima, que es nuestra señora y madre". Puesto que Torquemada escribió a principios del siglo XVII, cuando el culto a Guadalupe estaba bien establecido, deliberadamente omitió mencionar la imagen y guardó silencio respecto de las apariciones de María.[17]

Luego de citar este pasaje, Florencia concluye que el relato de la aparición no necesitaba fuentes escritas, sino "la tradición constante de padres a hijos", y agrega:

> Sientan los poco crédulos y menos confiados, que quisieran no tradición constante sino certidumbre evidente, lo que quisieren; callen los Castillos y Torquemadas lo que dejaron de decir, o por cautos o por omisos, que para mí pesan más el testimonio de tantos milagros como ha hecho y cada día hace Dios por la Santa Imagen de Guadalupe [...]

¿La enseñanza de los Padres de la Iglesia y los teólogos no fue que los milagros eran la voz de Dios y que no podían realizarse para enmascarar un error? ¿Qué valor podía darse al silencio de los historiadores, aunque fuesen canónicos, cuando los argumentos negativos acerca del testimonio humano eran sobrepasados por la prueba positiva de los "apoyos divinos" expresados en los milagros? En todo caso, ¿no argumentó Cisneros mucho tiempo antes que todas las grandes imágenes de España, por no hablar de Loreto, dependían de la tradición antes que de las pruebas documentales? Además, había que recordar que la sublime doctrina de la Asunción de María no se menciona en las sagradas Escrituras. Por tanto, el relato de Guadalupe dependía en esencia de "la tradición inmemorial, constante y nunca interrumpida, comunicada de padres a hijos desde sus principios de esta admirable aparición".[18]

Aquí, Florencia hace una presentación fiel pero resumida de los testimonios reunidos por Francisco de Siles en 1666, cumpliendo la valiosa labor de llevar el original de estas declaraciones al dominio público, de modo que futuras generaciones pudieran consultarlas y analizarlas para emprender nuevas iniciativas en Roma. Luego insertó un breve recuento del fracaso en obtener la aprobación del papa para trasladar el día de la fiesta de Guadalupe al 12 de diciembre.[19]

Si Florencia hubiera hecho una pausa en su obra se habría ahorrado a sí mismo y a sus lectores una gran confusión. Pero, aunque no le interesaba la traducción del *Nican mopohua* de Becerra Tanco, era evidente que le fascinó la posibilidad de hallar fuentes indias escritas de la tradición guadalupana. Así que cita el panfleto y la declaración de 1666 de Becerra Tanco en el sentido de que Fernando de De Alva poseía:

> un cuaderno escrito con letras de nuestro alfabeto en muy elegante estilo mexicano, de la mano y del ingenio de un indio, de aquellos que se dijo se habían criado y aprendido en el colegio de Santa Cruz [...] Este papel fue el que en México sacó a la luz en la estampa del Lic. Luis Laso de la Vega en el año de 1649.

Señala que Becerra Tanco también había visto un "mapa" o códice entre los documentos de De Alva, para admitir entonces que Sigüenza y Góngora no había dado con él después de la muerte del historiador. Pero Florencia enturbia las aguas al declarar que tuvo noticias "de otro escrito en forma de anales", escrito por la mano de un indio, que se encontraba en poder de Baltazar González, el censor jesuita de Laso de la Vega. Este manuscrito abarcaba la historia de los toltecas y de los mexicas hasta 1641 e incluía una referencia a la aparición de Guadalupe. Florencia escribe entonces:

> Y por ventura de esta historia se trasladó aquel cuaderno que alega el licenciado Luis Becerra Tanco, y del cual él tradujo como fiel intérprete los coloquios que Juan Diego tuvo con la Virgen y la Santísima Virgen con Juan Diego.

Florencia recorre la senda abierta por Becerra Tanco y declara que los indios conservaron el recuerdo de las apariciones primero en un códice o "mapa", después en la forma de anales, y finalmente en una extensa relación escrita en náhuatl. Parece extraño pero no hace alusión a la afirmación que se le atribuiría en una publicación póstuma, de que el mismo González "con elegantísimo estilo escribió la historia de Nuestra Señora de Guadalupe", aseveración que, dada la insistencia en la excelencia de González como "un Cicerón de la lengua mexicana", bien podía señalar la autoría del jesuita del *Nican mopohua*.[20]

Por si fuera poco, Florencia exhibió lo que él consideraba su carta del triunfo, es decir, la canción de Francisco Plácido, el señor de Azcapotzalco, dirigida a Zumárraga cuando la imagen se instaló en su "primer santuario" y, más importante, "una relación antiquísima, escrita de su mano", ambas en posesión de Fernando de Alva y que le había dado en préstamo su actual dueño, Carlos de Sigüenza y Góngora. Este cuaderno estaba tan desteñido que juzgó tendría entre setenta y cien años de antigüedad, es decir, se había escrito mucho antes de la publicación de los libros de Sánchez y Laso de la Vega. Era la traducción al español de los documentos de un indio, según le había informado Sigüenza y Góngora, escrito "de la propia letra" de De Alva. Aunque en el transcurso de su discusión Florencia prometió publicar esta relación, en la

Baltazar de Echave Orio, *Imagen de la Virgen de Guadalupe*, 1606, fotografía de Pedro Cuevas. Colección particular, ciudad de México. Cortesía del IIE, UNAM.

conclusión alegó falta de espacio y se abstuvo de sobrecargar su ya extenso texto. Pero a juzgar por sus comentarios, no habría valido la pena publicarlo, ya que sólo difería de los relatos existentes en detalles menores. Las diferencias eran éstas: la primera aparición se fechaba el sábado 8 de diciembre, no el 9; Juan Diego se había flagelado después de su primera visita a Zumárraga; la última aparición de la Virgen tuvo lugar cerca de la fuente del manantial en el Tepeyac; cuando se instaló la imagen en la capilla, la llevaban a cuestas los franciscanos conducidos por un Zumárraga descalzo; el indio herido durante aquella procesión, una vez curado milagrosamente, se quedó a prestar su servicio en el santuario; Juan de Tovar, el aristócrata indio que fundó Los Remedios, sufría de ceguera y fue curado por la guadalupana; y, finalmente, cuando una mujer hidrópica fue sanada, apareció una serpiente. Como se habrá de observar, estos detalles no se incluyen en las relaciones existentes y demuestran que Florencia sí estaba en posesión de otro manuscrito. Pero es imposible saber si los coloquios entre Juan Diego y la Virgen estaban basados en la versión de Sánchez-Cruz, que el mismo Florencia prefería, o en la versión inspirada en el náhuatl de Laso de la Vega y Becerra Tanco.[21]

Hay otro aspecto que resulta significativo. Se recordará que Laso de la Vega redujo el catálogo de Sánchez "convidándose las rosas con su hermosura, tributando las azucenas leche, los claveles sangre, las violetas celo, los jazmines ámbar, el romero esperanzas, el lirio amor y la retama cautiverio" en un simple "flores de Castilla" que Cruz cambió por "varias flores y rosas" y Becerra Tanco por "rosas de Castilla". En los testimonios de 1666 la mayor parte de los testigos españoles hacían referencia a "rosas de Alejandría, que comúnmente llaman de Castilla, y azucenas". Sin embargo, la "relación antigua" de Florencia menciona "cándidas azucenas, hermosos lirios, rosas alejandrinas, purpúreos claveles, retamas y jazmines". A este respecto, el misterioso manuscrito se parecía más a Sánchez que al *Nican mopohua*. A la vez, la introducción de "rosas alejandrinas" recordaba los testimonios de

666.[22] Si este documento era en verdad la traducción de un original indio, ¿por qué las diferencias entre la versión publicada por Laso de la Vega y mal traducida por Becerra Tanco eran tan evidentes?

Una peculiaridad del manuscrito que atrajo la atención de Florencia era que se refería a "nuestro glorioso seráfico Francisco" y a "Nuestra Orden de San Francisco", por no mencionar la intervención de Toribio de Benavente (Motolinía) en la conversión de Juan Diego. Luego de discutir el asunto con Agustín de Betancurt, el anciano cronista franciscano, concluye: "El autor de esta relación (que es la misma de quien sacaron el licenciado Miguel Sánchez y el licenciado Luis de Becerra las suyas, según parece) fue religioso de San Francisco." ¿Y qué mejor candidato que Jerónimo de Mendieta, un reconocido fraile a quien Betancurt identificó más tarde como el autor de una historia de la Iglesia en México, misma que plagió Torquemada en *Monarquía indiana*? Al ofrecer esta opinión, Florencia no tomaba en consideración que las expresiones acerca de "nuestro Francisco" y "nuestra Orden de San Francisco" se encontraban en Sánchez. Al postular que su manuscrito era la fuente compartida de Sánchez y Becerra Tanco, ignoraba las diferencias de estilo y construcción que distinguían a los dos autores, contradecía su anterior afirmación en el sentido de que Sánchez había tomado su relato de la tradición oral y de este modo acusaba implícitamente a aquel venerable sacerdote de perjurio, y no se daba cuenta de que Becerra Tanco sencillamente tradujo el *Nican mopohua* de Laso de la Vega. Florencia se confundió y desorientó a generaciones de estudiosos y lectores.[23]

Florencia recogió poca cosa de los coloquios entre la Virgen y Juan Diego de Becerra Tanco, pero en cambio incorporó casi toda la información acerca de la vida del indio luego de las apariciones que pudo encontrar en *Felicidad de México*. Juan Diego se transformó tanto que fue a vivir en un pequeño cuarto cerca del santuario, "haciendo los humildes oficios de barrer, de cargar y traer las cosas necesarias para la iglesia y oficinas de la casa del vicario de ella". Se dedicó a "obras de mortificación, ayunos y disciplinas, comulgando con licencia del arzobispo tres veces en la semana, que es irrefragable argumento de su mucha pureza [...]". Pero Florencia corrigió los errores de traducción de Becerra Tanco e hizo hincapié en que la esposa del indio, María Lucía, había muerto en 1529, dándole así la libertad de dedicarse por entero a la Virgen. Como en el caso de su tío, la Virgen se apareció en su lecho de muerte. Florencia concluye: "su memoria vive impresa con caracteres indelebles en los corazones de todos los mexicanos". Resulta interesante que también hubiese incluido una "tradición" divergente: que Juan Diego había dejado a un hijo llamado Juan, quien se encontraba en posesión de la pequeña imagen portátil de Guadalupe que había pertenecido al indio visionario, una imagen que su nieto le entregó al jesuita Juan de Monroy, quien a su vez la dio a Juan Caballero y Ocio, el acaudalado benefactor de Querétaro. Florencia sospecha que pudo haber tenido este hijo con una esposa anterior a María Lucía, o que quizás era adoptivo, de modo que no se contrapone con la castidad de Juan Diego después de escuchar el sermón de Motolinia en 1524.[24]

En lo que se refiere a los milagros que la Virgen realizó en el santuario, Florencia retoma a Laso de la Vega quien, como se recordará, aumentó la lista de Sánchez de los originales siete a catorce. Para justificar la inclusión de la cura de Pedro de Valderrama, Florencia cita el relato de Baltazar de Medina en su crónica de la provincia franciscana de San Diego, pero también menciona que "lo testifica una antigua pintura del santuario, donde está el caso pintado y explicado con un letrero al pie de él". Pero además sostiene que la "antigua relación" que poseía incluía este milagro, que no aparece en Sánchez, como el número seis, en tanto que en Laso de la Vega es el número once, ulterior prueba de sus discrepancias menores con los relatos conocidos. Acerca de los constantes poderes taumatúrgicos de la imagen, Florencia cita otros catorce casos, principalmente de curaciones menores, "que están en su iglesia en otras tantas tablas pintadas". Con tales testimonios el santuario también estaba adornado con innumerables "presentallas o votos de plata, cabezas, ojos, corazones, brazos, piernas y manos de plata", donados por devotos que habían experimentado algún alivio a sus aflicciones luego de rezarle a la Virgen, en señal de gratitud. Pero aunque Guadalupe había liberado a México de la embestida de los demonios, su poder no se extendía al otro lado del Atlántico. Así, cuando los demonios acosaban tanto a un andaluz que debía huir de España, se curaba de inmediato al acudir al santuario del Tepeyac, pero cuando "el amor de su patria, que en todos es un imán poderoso", lo movía a regresar a la península, caía de nuevo víctima de los demonios, de manera que se veía obligado una vez más a buscar alivio en la Virgen mexicana.[25]

Pero para Florencia, "el mayor, el más antiguo y más autorizado milagro de Nuestra Señora de Guadalupe es su imagen bendita", la cual, como el maná en el Antiguo Testamento, alimentaba a los fieles pero que, a diferencia de su antecedente bíblico, se había conservado incorrupta durante 157 años. Florencia prefirió no pronunciarse respecto de si la tilma de Juan Diego había sido tejida con *ixtle* de fibra de maguey como Sánchez había afirmado, o de hilo de la palma *iccotilzalti* como sostenía Becerra Tanco. Aunque señala que fue testigo del examen que se le hizo a la imagen en 1666 y escribe: "yo tuve la dicha de verla fuera de su tabernáculo, de tocar la manta y considerarla por la faz y por su respaldo". El lienzo no se había aparejado; todo lo que podía distinguirse en el reverso eran manchas de color sin un contorno visible de la pintura. La impresión de Florencia fue que "la imagen se había copiado no con pincel, sino al modo con que se estampan las de los sellos [...]". En cuanto al color del rostro de la Virgen, le pareció *trigueño*, es decir, un marrón claro, dorado, semejante a la piel de muchos indios o a la de los palestinos. Un dato sorprendente detallado por Florencia era que Francisco de Siles le había informado que en los primeros años del culto la imagen estuvo rodeada por querubines; pero, puesto que estas figuras eran adiciones y no formaban

Imagen de la Virgen de Guadalupe con San Miguel y San Gabriel, fotografía de Manuel Zavala. Anónimo del siglo VXII. Museo de la Basílica de Guadalupe, ciudad de México. Cortesía del IIE, UNAM.

parte de la imagen original, se habían desteñido y más tarde habían sido borradas. Este testimonio fue corroborado por Juan de Casaus Cervantes, el contador mayor del tribunal de cuentas, que lo había escuchado de su padre. Esta información sugiere que en alguna época se consideró que la imagen representaba la Asunción de la Virgen al cielo, la defensa de la patrona titular de la catedral mexicana.[26]

La identidad del ángel que sostiene a la Virgen provocó serias controversias en la época, sobre todo porque su retrato se consideraba la rúbrica del pintor de la imagen. Pero, mientras que Miguel Sánchez lo identificaba como San Miguel Arcángel, para Becerra Tanco era sencillamente el guardián del reino. Por su parte, Florencia al igual que Cruz consideraba la imagen como una Inmaculada Concepción y luego argumentaba que, puesto que había sido el arcángel Gabriel quien había visitado a María en Nazaret para anunciar la concepción de Jesús, era correcto considerarlo el pintor de María, "cuando renace en su imagen y por su imagen en esta florida cristiandad del imperio de México, entre las flores de Guadalupe, su nueva Nazaret y patria indiana [...]". Además, San Gabriel se había incluido en la imagen no como una mera rúbrica sino para dejar en claro que era el "ángel custodio de la imperial México [...] diligenciero de la Corredentora del Nuevo Mundo".[27]

Florencia concluía su relación señalando recientes tendencias en el santuario y en la difusión del culto de Guadalupe. Durante la década de 1670 Francisco de Siles (sic) e Isidro de Sariñana, un canónigo que más tarde sería obispo de Oaxaca, comenzaron la construcción de estaciones u oratorios de piedra a lo largo de la calzada que unía al Tepeyac con la ciudad de México, para conmemorar los quince misterios del rosario y ayudar así a los peregrinos en sus plegarias mientras caminaban hacia el santuario.[28] En la catedral se dedicó una capilla lateral a Guadalupe y se consagraron altares parecidos en las catedrales de Puebla y Oaxaca. En el mismo Tepeyac se erigió una pequeña capilla en la cima del cerro. En la época en la que escribía, el santuario contaba con 28 lámparas de plata, incluyendo el enorme candil central que pesaba 217 marcos de plata. Puesto que el tabernáculo y la portada del altar eran de plata, el santuario contenía metales preciosos con un valor de 4 325 marcos, es decir, unos 36 000 pesos. Entre las posesiones había una estatua de plata de tamaño natural de la Virgen, obsequio de Alonso de Villaseca, un acaudalado minero del siglo XVI. El culto se hizo tan popular que hubo un pintor que dedicó su vida a crear copias de la imagen; el propio Florencia llevó tres copias de tamaño natural en su viaje a Europa. La imagen atraía peregrinos de los lugares más distantes, indios en especial, que durante el día de su fiesta se apiñaban dentro del santuario, venidos de las regiones montañosas tan lejanas como la Huasteca o Meztitlán. Pero Florencia se quejaba de que a menudo los indios aprovechaban el espíritu festivo de la peregrinación para consumir enormes cantidades de pulque, y aunque muchos mostraban una gran devoción, otros se embriagaban, un vicio que necesitaban eliminar "los dos brazos de la justicia real y eclesiástica".[29]

Salvo en las grandes celebraciones, la imagen era raras veces visible, puesto que las ventanas de vidrio del tabernáculo se encontraban cubiertas por dos "velos o cortinas" que solamente descorrían "personas de respeto". En 1688 el santuario mantenía a un vicario y seis capellanes, y Florencia comentaba que si su número aumentase a doce gracias a generosos donativos, "pudiera instituirse una colegiata con su abad y canónigos, que rezaran en el coro las horas e hicieran los demás oficios que en las catedrales [...]". Como colofón, Florencia recordaba haber visitado la Santa Casa de Loreto, pero a pesar de su origen en Nazaret, confesaba que lo conmovía más el santuario del Tepeyac, que parecía rezumar el indescriptible "olor de la santidad que le comunicó la corporal presencia de la Reina de los ángeles", de manera que como Jacob en Bethel, sólo podía exclamar: "¡Bendito es este lugar!" No obstante, aceptó que sin duda lo entusiasmaba "aquella natural afición que tan poderosamente nos inclina más, sin sentirlo, y nos mueve con más vehemencia, en todas las cosas que son de la patria". Ése fue el motivo de que, cuando encargó la fabricación de medallas de Nuestra Señora de Guadalupe en Amberes en 1678, hiciera grabar la frase del Salmo 147 que había visto en Loreto, *non fecit taliter omni natione*.[30]

Aunque Florencia consideraba a Guadalupe La Estrella del Norte, título que dedicó por primera vez a la imagen Pedro Rodríguez Velarde, el censor de Becerra Tanco, adaptándolo de las *Lusiadas* de Camoens, también escribió sobre otros cultos marianos.[31] En 1685 había publicado *La milagrosa invención de un tesoro escondido*, una historia de la imagen y del santuario de Nuestra Señora de los Remedios, en la que a pesar de recurrir constantemente a la obra de Luis Cisneros, criticaba al profesor mercedario por llenar su libro con "ingeniosas digresiones y eruditos discursos". En cambio, agradecía a Carlos de Sigüenza y Góngora por informar que Juan de Tovar, el noble indio a quien se había aparecido la Virgen, era un otomí cuya familia aún vivía en la casa de sus antepasados. Asimismo, citaba a Baltazar de Medina, que enumeró las diez ocasiones entre los años 1639 y 1682 en que se llevó la imagen a la ciudad para instalarla en la catedral. Cierto es que tras dos años de sequía, en 1685 Nuestra Señora de los Remedios permaneció más de un mes en la ciudad, una clara señal de que la devoción por la imagen *gachupina* todavía crecía con entusiasmo. Florencia señala que el santuario poseía una *peregrina* que se llevó por toda Nueva España para pedir limosna y cuya llegada se saludaba con enorme regocijo en todas las ciudades principales.[32] Tampoco limitó su atención a la capital, puesto que en 1694 publicó *Origen de los dos célebres santuarios de la Nueva Galicia obispado de Guadalajara en la América septentrional*, en el que investiga el origen de la devoción a las imágenes de Nuestra Señora de Zapopan, a las afueras de Guadalajara, y de Nuestra Señora de San Juan de los Lagos, en Jalostitlán. Ambos cultos se desarrollaron rápidamente durante el siglo XVII atrayendo peregrinos y volviéndose célebres por las curas milagrosas que ocurrían en sus santuarios, que fueron ampliados gradualmente. Asimismo, había copias peregrinas de las dos imágenes que se distribuyeron en busca de caridad. Florencia declaró que Nuestra Señora de San Juan de los Lagos se había vuelto tan popular que la *peregrina* obtenía piadosas contribuciones con mayor éxito que sus rivales procedentes de los santuarios de Los Remedios y Guadalupe. Como se ve, desde entonces se manifiesta el apego regional.[33]

A pesar de que Florencia suprime los "panegíricos conceptuales" de los sermones, sin mencionar su obsesión por encontrar fuentes indígenas de la tradición guadalupana, creó una teología de las imágenes marianas tan audaz como las que proponían los predicadores contemporáneos. En primer término, *La Estrella del Norte* incluía una prolija aprobación escrita por Jerónimo de Valladolid, entonces vicario del Tepeyac, quien coincidía con Sánchez en que la imagen de Guadalupe era una copia de la que apareció en la visión de San Juan en Patmos; y añadía que así como la visión original marcó a la iglesia primitiva en Asia, la copia selló la fundación de la iglesia primitiva de "nuestra América". Sin embargo, Valladolid admitía que si el texto apocalíptico gozaba de la autorización de su "secretario evangélico", por el contrario, "de esta santa imagen no se halla escritura auténtica en los protocolos de la Santa Iglesia de México". Pero, ¿qué necesidad había de la mera escritura cuando la imagen "está hablando por sí, y testificando su milagroso origen"? Valladolid, con un dejo de desdén, rechazó la búsqueda de Florencia de manuscritos indígenas e insistió en que "esta Soberana Señora en su imagen y por su imagen está hablando el milagro [...] Ella es la escritura, escrita de la mano y forma del mismo Dios en las membranas de nuestros corazones [...]". En todo caso, ya que los pueblos de México siempre emplearon figuras e imágenes para registrar sucesos sagrados, "esta escritura jeroglífica fue carta de recomendación a sus devotos, así indios como españoles". Citando a Sánchez, a quien considera "el más devoto y erudito panegirista de esta milagrosa efigie", Valladolid identificó a la imagen con la vara en flor de Aarón, para luego compararla con Nuestra Señora de los Remedios, cuya figura bíblica era el cayado de Moisés. Al recordar que la imagen nació milagrosamente en el palacio de Zumárraga, la nombra "palio de los cielos" de todos los arzobispos de México, y resalta que el actual residente, Francisco de Aguiar Seijas y Ulloa, adoptó la efigie como escudo de armas personal. Por el contrario, Remedios era la patrona de la ciudad de México y de ahí el emblema del ayuntamiento y de su primer magistrado.[34] Por antítesis, las varas de Moisés y de Aarón servían como símbolos de la ciudad y de la catedral, de los poderes civil y eclesiástico.

Sin embargo, Florencia mismo tuvo a la imagen de Guadalupe por sacramento mariano. En *La Estrella del Norte*, citaba *Apocalysis Nova*, la obra visionaria del beato franciscano del siglo xv Amadeo de Portugal a quien la Virgen María confirmó la veracidad de su Inmaculada Concepción. En particular, se concentraba en el "octavo rapto" en el que Amadeo refiere la promesa de la Virgen a los apóstoles:

> Pero me quedo y estaré con vosotros hasta el fin del mundo en mis imágenes, así de pincel como de talla; y conoceréis que estoy en ellas cuando viereis que obro por medio de ellas milagros y prodigios.[35]

Aunque Florencia no hace referencia a la fuente de su cita, en *Origen de los dos célebres santuarios* refiere la crónica franciscana que publicara Baltazar de Medina en 1682, en la que el autor señala que San Pedro de Alcántara, el santo español del siglo xvi, había defendido la ortodoxia de *Apocalypsis Nova*. En su relación de las imágenes de la Nueva Galicia, Florencia proporcionó la versión completa de la promesa de la Virgen interpolando ejemplos mexicanos:

> Sabed hijos míos, dijo la Señora, que por gracia de mi Señor Jesucristo estaré Yo también corporalmente presente con vosotros hasta el fin del mundo; no en el Sacramento del altar,

como está mi Hijo, porque eso no conviene ni es decente, sino en mis imágenes de pincel (como es la de la Guadalupe en México) o de escultura (como son estas de San Juan y Zapopan, y como es la de Los Remedios de México, y otras), y entonces conoceréis que estoy en ellas, cuando viereis que se hacen por ellas algunos milagros.[36]

La Virgen anuncia que estará presente corporalmente en ciertas imágenes, así como lo está Cristo en la Eucaristía. Pero como su presencia se revela por medio de la realización de milagros, entonces se infiere que no está presente en todas sus representaciones sino únicamente en las que generan devoción y atraen peregrinos. Esas milagrosas imágenes "de culto" eran las que estaban destinadas a perdurar hasta el fin del mundo.

En este contexto, Florencia también cita a San Pedro Crisólogo (c.400-500), obispo de Rávena, quien en 1729 fue proclamado doctor de la Iglesia:

La imagen y el original son una misma cosa en cuanto al poder, aunque distantes en cuanto al ser. Es la misma, porque la religión católica nos enseña que para no errar, la imagen ha de tener el mismo culto y veneración que su original.

Al aplicar esta máxima a la estatua de la Virgen que atraía peregrinos al santuario de San Juan de los Lagos, Florencia observa que "esta imagen [...] no se ha de considerar solamente como imagen, sino como María y no solamente como imagen de María, sino como la misma María Virgen y Madre de Dios".[37] Con ello da a entender que en su estatua milagrosa María estaba sacramentalmente presente, como Cristo en la Eucaristía. No obstante, en un pasaje posterior, Florencia califica esa afirmación al añadir:

No tanto se ha de atender a las imágenes que ven los ojos, cuanto al original que en ellas conoce la fe y venera la voluntad. Quien va al santuario de San Juan, quien ve la imagen milagrosa de María que en él se adora, según la adoración con que la mira, más parece que mira al original que no ve, que a la imagen que los ojos ven; tanta es la reverencia que aquel santo bulto infunde.[38]

Coincide con San Basilio Magno en que toda devoción rendida a una imagen se traslada al original. A pesar de ello, da por sentado que las imágenes de culto se distinguen de las representaciones por su poder para inspirar devoción y realizar milagros. Pero en este punto se limita a imitar a Sánchez, quien ya había declarado que los santuarios de las imágenes milagrosas formaban un sistema espiritual de fortalezas cristianas dentro de los cuales los fieles se encuentran a salvo de la intromisión diabólica y donde la gracia divina es más eficaz. Puesto que estas figuras sagradas servían como conductos visibles del poder divino, era por demás apropiado acercarse a ellas con el mismo respeto y veneración que a sus prototipos celestiales.

En *El guadalupanismo mexicano* (1953), Francisco de la Maza llama a Sánchez, Laso de la Vega, Becerra Tanco y Florencia los cuatro evangelistas de la Virgen del Tepeyac.[39] Si Laso de la Vega era el San Marcos y Sánchez el San Juan de esta revelación mexicana, Becerra Tanco era un San Mateo crítico y Florencia un desorientado San Lucas. Pero debido a la copiosa información y a los resúmenes de los testimonios de 1666 que contenía, *La Estrella del Norte* se reimprimió en Barcelona en 1741 y en Madrid en 1785. Sin embargo, es sorprendente que mientras Sánchez y Laso de la Vega se contentaron con describir las apariciones e interpretar su significado teológico, Becerra Tanco y Florencia buscaron confirmar la tradición postulando la existencia de manuscritos indígenas. ¿El afán de Florencia por encontrar autenticidad histórica fue resultado de su visita a Roma, en donde se requerían hechos antes que teorías, documentos originales antes que exégesis teológicas, para poder obtener el reconocimiento papal? ¿O eran los críticos en México, probablemente inmigrantes españoles, quienes cuestionaban la veracidad del relato de las apariciones? Si tales dudas existían, no ha perdurado registro alguno de ellas: todo lo que resta es el patente afán de Becerra Tanco y de Florencia por descubrir antiguos informes indígenas de estos milagros. A pesar de ello, es evidente que la mayor parte de los criollos de la época, entre ellos sacerdotes y predicadores, sancionaron la tradición porque los conmovía el poder espiritual de la imagen. Como observa Valladolid, ¿qué necesidad había de registros históricos cuando la imagen misma era una forma de escritura que "está hablando por sí, y testificando su milagroso origen"? Justamente era el sentimiento sincero de estar en presencia de un poder celestial el que hacía tan plausible la revelación del beato Amadeo.

III

A pesar de que el papel de Carlos de Sigüenza y Góngora (1645-1700) en la creación de la tradición guadalupana sigue siendo un enigma, no hay duda de su profunda devoción. En 1662 publicó un largo poema parnasiano, *Primavera indiana. Poema sacrohistórico. Idea de María Santísima de Guadalupe de México copiada de flores*, en el que compara las oscuras herejías que ensombrecían el norte de Europa en el siglo XVI con la dichosa aparición de María en México, nacida entre candorosas azucenas, claveles púrpura, jazmines y lirios azules, en una tierra bendita con una "eterna primavera". ¿La presencia de la Virgen en el Tepeyac no era el símbolo del constante movimiento hacia el oeste de la fe católica? En *Glorias de Querétaro* (1680), Sigüenza y Góngora conmemora una nueva Iglesia dedicada a Nuestra Señora de Guadalupe, morada espiritual de una congregación de sacerdotes seglares fundada en 1669. Con amoroso detalle describe la mascarada que pusiera en escena el gobernador de la comunidad india local, en la que figuraban el fundador otomí de la ciudad, los emperadores de México-Tenochtitlán y Carlos V. En cuanto a la devoción a la Virgen mexicana, Sigüenza y Góngora comenta que no fue sino hasta 1659 cuando se llevó a la ciudad una copia de la imagen, y añade: "caso extraño ser María Santísima de Guadalupe de México el único imán suave de americanos afectos, y carecer hasta entonces Querétaro de imagen suya".[40]

Como Sigüenza y Góngora fue un ferviente patriota e historiador teórico, en 1680 el ayuntamiento de la ciudad de México lo comisionó para diseñar un arco triunfal que diera la bienvenida al nuevo virrey, el marqués de La Laguna. Recargó la estructura clásica con inscripciones y estatuas de los doce monarcas mexicanos con la esperanza de que "las heroicas virtudes imperiales" de estos reyes ofrecieran un ejemplo del arte de gobernar tan inspirador como el de los antiguos griegos y romanos. En el opúsculo que escribió en el arco, este "sacerdote mexicano", como se llamaba a sí mismo, cita a Enrico Farnesio, un humanista italiano, al decir "es ciudadano el que no vive para sí sino para la patria". Como una expresión de su propio compromiso, Sigüenza y Góngora eligió que Pegaso fuese su emblema personal, símbolo del "hombre el cual manifiesta tener casi siempre su alma vuelta a lo sublime, en beneficio de la patria". Era un patriotismo sincero el que impulsó a Sigüenza y Góngora a recurrir al *Oedipus Aegyptiacus* de Athanasius Kircher (1652-1654) y a concluir que los antiguos olmecas, los antepasados de los mexicas y de los toltecas, emigraron de Egipto por la Atlántida; las pirámides, los calendarios y el uso de jeroglíficos lo demostraban.[41]

No contento con dotar a su país de un linaje atlántico, Sigüenza y Góngora anunció en *Paraíso occidental* (1684) que iba publicar una obra sobre "la predicación de santo Tomás Apóstol en esta tierra, y de su Cristiandad primitiva". Aunque nunca fue hallado, el editor de su último y póstumo libro aseguró que Sigüenza había escrito *El fénix de Occidente, Santo Tomás descubierto con el nombre de Quetzalcóatl*. El amplio conocimiento de las antigüedades prehispánicas y de la devoción a Nuestra Señora de Guadalupe unía a Sigüenza y Góngora con Luis Becerra Tanco, "a quien comuniqué con estrecha amistad por algunos años".[42] ¿Fue a partir de los documentos de Fernando de Alva Ixtlilxóchitl que estos dos eruditos adoptaron la tesis de la misión apostólica de santo Tomás en México? Pero ambos no eran los únicos en sostener esa creencia, puesto que en *Crónica de la santa provincia de San Diego de México de religiosos descalzos de N.S.P. Francisco de la Nueva España* (1682), Baltazar de Medina (1630?-1697) también suscribe la teoría, pero cita como autoridad al cronista peruano Antonio de la Calancha. Este cronista franciscano proponía asimismo la teoría, tomada de Martín del Castillo, de que el nombre de México tenía un origen hebreo o siríaco y significaba "de mi Mesías". Pero en vez de aceptar la visión de Sigüenza y Góngora de una civilización egipcia en el antiguo Anáhuac, Medina opinaba que los indígenas de México descendían de las diez tribus perdidas de Israel. No obstante, compartía el patriotismo del sabio, puesto que luego de exclamar "gozando al parecer esta corte algunas propiedades de paraíso en temple, frescura y belleza de rosas, flores y frutos", declaraba que la ciudad de México era "como una Emperatriz deste reino y Señora de toda la monarquía indiana de ambas Américas", cuyo destino era ser "monarca del cetro y corona del verdadero Mesías".[43]

Torquemada movía a la impaciencia a casi todos los cronistas criollos de la época, ya fuese a causa de su visión de un México antiguo acosado por los demonios o por su silencio respecto de las apariciones de Nuestra Señora de Guadalupe. En *Teatro mexicano* (1697-1698), Agustín de Betancurt (1620-1700) acusa a Torquemada de haber plagiado *Monarquía indiana* a partir del extenso manuscrito que dejó Jerónimo de Mendieta. En el prólogo, Betancurt agradece a "mi compatriota y amigo" Sigüenza y Góngora, por haberle proporcionado un gran número de códices indígenas y manuscritos del siglo XVI. En ningún aspecto difería más el cronista franciscano de Torquemada que en las páginas que dedicaba a las imágenes sagradas de la Virgen. Citaba con Baltazar de Medina, por no mencionar a Florencia, el octavo "rapto" del beato Amadeo de Portugal, en el que la Virgen prometió estar corporalmente presente en aquellas imágenes a través de las cuales realizara milagros. En su relación de la Virgen de los Remedios enumera las quince ocasiones en las que la imagen fue llevada del santuario a la catedral, la más notable cuando permaneció dos años en la ciudad después de los disturbios de 1692. Una peculiaridad de su narración es que se refiere a don Juan, el noble indio al que se apareció la Virgen, como "Juan Diego, llamado Cequauhtzin". Pero Betancurt no tenía nada nuevo que añadir a la tradición guadalupana excepto admitir el señalamiento de Florencia de que "la relación antiquísima" en la que Sánchez y Becerra Tanco basaban sus relatos, había salido de la pluma de Jerónimo de Mendieta o de Fernando de Alva Ixtlilxóchitl. De los milagros que realizó la Virgen, el que más atrajo su atención fue el que relataba Florencia de un español quien, al visitar el santuario, había sido liberado de la posesión diabólica sólo para caer de nuevo bajo el dominio de Satanás cuando regresó a España, aunque al final sanó al recibir una copia de la imagen de la Virgen. Al igual que otros criollos de la época, Betancurt se entregaba a la retórica visionaria, ya que después de observar que México contaba con doce "familias" de religiosos, elogiaba a la ciudad que era una "nueva Jerusalén con doce puertas para entrar por ellas a la Jerusalén triunfante, doce piedras [...] doce tribus de Israel las que brillaron como estrellas en la corona de la mujer del Apocalipsis".[44]

En *Paraíso occidental*, Sigüenza y Góngora reprodujo canciones sagradas compuestas por Nezahualcóyotl en las que, de acuerdo con su traducción al castellano, aquel monarca tenía "al Señor y gran Señor Dios invisible", por una deidad cuya omnipotencia debía propiciarse mediante la plegaria y la penitencia. Los "himnos" con resonancias cristianas provenían de los documentos de De Alva Ixtlilxóchitl, "el Cicerón de la lengua mexicana". La posesión de estos papeles llevó a Sigüenza y Góngora a censurar a Florencia, a quien en otra ocasión llamó "la gloria de nuestra criolla nación y singularísimo amigo mío". En un panfleto, escrito y posiblemente publicado en 1689 con el título *Piedad heroica de don Fernando Cortés*, manifiesta que es inadmisible la afirmación del jesuita de que el palacio de Zumárraga, donde apareció la imagen de Guadalupe, estaba ocupado por casas que eran propiedad del marqués de Santiago, y podía presentar documentos que demostraban claramente que los edificios originales habían sido reemplazados por el actual palacio del arzobispado y por el hospital del Amor de Dios, donde él mismo servía como capellán.[45]

Pero fue la especulación de Florencia de que la "relación antiquísima" que Sigüenza y Góngora le prestó era la obra de Jerónimo de Mendieta, lo que finalmente despertó su ira. ¿Cómo podía el franciscano ser el autor si murió en 1605 y los milagros enumerados en el manuscrito eran posteriores a esa fecha? Antes bien, aclamó el relato de las apariciones que se encontraba en *Felicidad de México* de Becerra Tanco y añadió que el nombre de Juan Diego antes de recibir el bautismo era Quauhtatoatzin. Y lo más importante, explicó el origen del manuscrito que le había prestado a Florencia.

> Digo y juro que esta relación hallé entre los papeles de D. Fernando de Alva, que tengo todos, y que en la misma que afirma el Lic. Luis de Becerra [Tanco] en su libro [pág. 30, de la impresión de Sevilla] haber visto en su poder. El original en mexicano está de letra de D. Antonio Valeriano, indio, que es su verdadero autor, y al fin añadidos algunos milagros de letra de D. Fernando, también en mexicano. Lo que presté al R.P. Francisco de Florencia, fué una traducción parafrástica de que uno y otro hizo D. Fernando, y también está de su letra.[46]

En esa dilucidación de las fuentes indígenas de la tradición guadalupana, Sigüenza y Góngora declara la existencia de un manuscrito en náhuatl que trataba de las apariciones y los coloquios, una obra que, en su testimonio y panfleto de 1666, Becerra Tanco ya había identificado como el original de la versión que publicara Laso de la Vega y que él mismo se disponía a traducir e incorporar en *Felicidad de México*. La contribución de Sigüenza y Góngora fue confirmar la existencia de este manuscrito y nombrar a Antonio Valeriano autor del *Nican mopohua*, el relato de la aparición. Explicó las discrepancias de estilo entre las diferentes secciones del *Huei tlamahuiçoltica*, asegurando que de Alva Ixtlilxóchitl escribió el *Nican motecpana*, los apógrafos de los milagros. Sin embargo, como se ha visto, la "traducción parafrástica" que le facilitó a Florencia difiere en muchos detalles de la versión que se encontraba en Laso de la Vega y en Becerra Tanco, aunque es casi idéntica en su descripción de las virtudes de Juan Diego. La lista de las flores que cortó el indio se derivaba de Sánchez, con variantes como "cándidas azucenas, purpúreos claveles" tomadas del poema de Sigüenza y Góngora *Primavera indiana*. Además, si esta versión hubiese incluido los coloquios de la Virgen y Juan Diego inspirados en el náhuatl, Florencia seguramente habría abandonado sus objeciones al idioma "infantil" y los habría adoptado antes que el compendio de Cruz.

En efecto, lo que Sigüenza y Góngora sostenía era que de Alva Ixtlilxóchitl, quien murió en 1650 a la edad aproximada de 72 años, estuvo en posesión de un manuscrito en náhuatl de Valeriano algunos años antes de su muerte en 1605; que de Alva escribió una relación de los milagros en náhuatl después de 1629; y que él había traducido ambas relaciones al castellano, aunque de modo "parafrástico" y con variantes menores, entre las que se incluye un catálogo de flores semejante al que mencionaba Sánchez en 1648. Gracias a estas afirmaciones, Sigüenza y Góngora justifica la tesis de Becerra Tanco, es decir, demuestra que la tradición guadalupana descansaba en una narración en náhuatl que escribió Valeriano en el siglo XVI, una relación que a su vez se basó en antiguas "pinturas y mapas" indígenas. Después de todo, si la clave de la historia del México antiguo estaba oculta en los jeroglíficos de los códices, también el recuerdo de las apariciones de la Virgen en el Tepeyac había sido resguardado en forma similar. El editor de Becerra Tanco, Antonio de Gama, tenía a Sigüenza y Góngora por "la mejor flor del paraíso de las letras de nuestra América". El erudito criollo era la figura central del reducido círculo de sacerdotes que ahondaron en el pasado mexicano y lo encontraron poblado de apóstoles, israelitas y egipcios; asimismo, tener los documentos de de Alva Ixtlilxóchitl le permitió identificar en Valeriano al fundamento principal de la tradición guadalupana. Su tesis tuvo el efecto de expulsar a Sánchez del lugar que ocupaba como primer evangelista de Nuestra Señora de Guadalupe y de relegar a Laso de la Vega al papel de editor de manuscritos antiguos. Pero aunque la autoridad y el prestigio de Sigüenza y Góngora como erudito merecía la aprobación casi universal de las futuras generaciones, nunca ninguna de sus pruebas documentales salió a la luz. Su enorme colección de manuscritos y códices fue legada al colegio jesuita de San Pedro y San Pablo, y a partir de entonces los documentos fueron dispersándose o perdiéndose lentamente.[47] Ni la relación original en náhuatl de Valeriano ni las varias traducciones al castellano de de Alva Ixtlilxóchitl se han encontrado o visto nunca. Todo lo que sobrevivió fueron los argumentos de Becerra Tanco, las confusas reflexiones de Florencia y las severas afirmaciones de Sigüenza y Góngora.

I

El crecimiento de la devoción a Nuestra Señora de Guadalupe fue tal que en 1695 el arzobispo Francisco de Aguiar y Seijas accedió a demoler el santuario erigido en el Tepeyac, concluido en 1622, para construir una iglesia más imponente. El capitán Pedro Ruiz de Castañeda y el licenciado Ventura de Medina Picazo ya habían donado cincuenta mil y ochenta mil pesos respectivamente para ese propósito. De hecho, el edificio costó 475 000 pesos, que recaudara en gran medida el arzobispo Juan de Ortega y Montañés (1699-1710) pidiendo limosna en las calles de la capital, y se terminó de construir en 1709. La nueva iglesia era un edificio majestuoso de tres naves, coronado con una cúpula y torres en cada esquina, decorado al estilo dórico y dominado por tres enormes retablos que alcanzaban las bóvedas. Sobre el altar mayor se encontraba un trono de plata y un tabernáculo para la imagen que pesaba 3 257 marcos de plata. Si se recuerda que en 1647 el virrey había donado antes de marcharse un tabernáculo con valor de 350 marcos, es posible deducir el esplendor del nuevo santuario. Su consagración en mayo de 1709 se celebró con una novena a la que asistieron dignatarios de la Iglesia y el Estado y una multitud de fieles.[1]

Posteriormente, se hizo saber que el prelado que había llevado la imagen de Guadalupe a la catedral en 1629, el arzobispo Francisco Manso y Zúñiga, declaró que en Nueva España las tres reliquias más preciadas eran "la milagrosa imagen de Nuestra Señora de Guadalupe, la de Nuestra Señora de los Remedios, y la sagrada efigie de Nuestro Señor Jesucristo que se llama de Ixmiquilpan". Durante los años en los que se diseñó y construyó la nueva iglesia del Tepeyac, se trasladó la imagen de Nuestra Señora de los Remedios desde su santuario hasta la catedral en tres distintas ocasiones con la acostumbrada pompa y devoción, y, debido a los disturbios que ocasionó la falta de cosechas, permaneció en la ciudad del 24 de mayo de 1692 al 7 de marzo de 1695; en ocasiones se le llevaba en procesión por las calles cuando se consideraba que la ocasión requería de su presencia. Pero al margen de la fuerza que conservaba la devoción a Nuestra Señora de los Remedios, la elite criolla se inclinaba con fervor creciente hacia la Virgen mexicana. En 1731 se celebró el bicentenario aniversario de las apariciones de la Virgen a Juan Diego con una impresionante ronda de festividades que culminaron en una gran procesión del centro de la ciudad al santuario, encabezada por el virrey, la audiencia y el ayuntamiento.[2]

En estas celebraciones se encontraba Juan Antonio de Vizarrón y Eguiarreta, arzobispo de México de 1730 a 1747 y virrey de Nueva España de 1734 a 1740, originario del puerto de Santa María en Andalucía, que pronto adquirió fama por su devoción a la Virgen del Tepeyac. Gracias a su entusiasmo, en 1737 las autoridades de la ciudad de México proclamaron a Nuestra Señora de Guadalupe patrona principal de la capital, una iniciativa que rápidamente se extendió a los ayuntamientos del vasto territorio del virreinato. La intensidad del *matlazáhuatl*, una epidemia de fiebre tifoidea que atacó a la población durante aquel año, estimuló su aceptación entre la elite. Una relación contemporánea de los efectos de esa peste proporciona un inigualable retrato del modo en que el clero y la nobleza respondían a las aflicciones del pueblo y cómo Nuestra Señora de Guadalupe se convirtió en el único remedio.

II

En agosto de 1736 se detectaron los primeros casos de contagio de la epidemia a las afueras de la ciudad de México; las víctimas eran principalmente los indios y los pobres. Sin embargo, en los primeros meses de 1737, el *matlazáhuatl* se encarnizó con toda la población y llevó a miles de infortunados a la tumba. En esta época todavía era costumbre enterrar a los fieles en las iglesias. Pero ya a principios de enero las sepulturas de la catedral y de las principales iglesias se habían colmado de cadáveres, ocasionando que dentro de los edificios y a su alrededor se respirara un "intolerable hedor". Se abrieron nuevos cementerios y San Lázaro, un camposanto donde se internaban los enfermos de lepra, se utilizó para quemar los cadáveres de los pobres; la pira funeraria cotidiana contaminó el cielo durante más de siete meses. No fue sino hasta septiembre, después de cerca de tres meses de intensas lluvias, que la peste al fin desapareció. Al contar a los muertos se descubrió que 40 157 personas fallecieron en los meses que la epidemia asoló la ciudad, de los cuales 9 787 fueron sepultados en la catedral y en las cuatro parroquias principales, y no menos de 9 076 se consignaron a San Lázaro y otros cementerios para indigentes. Aunque estas cifras no se pormenorizan por categorías étnicas, los informes oficiales de las parroquias y del Hospital de Indios indican que al menos 13 721 indígenas murieron dentro de los límites de la ciudad. La fiebre produjo una enorme devastación en la capital y en ciudades como Puebla, y afectó sobre todo el centro de México. En un primer sumario, al parecer incompleto, se calculó que más de 192 000 personas murieron de la enfermedad. Entonces, no era de extrañar que el gobierno de la capital buscara en la Virgen mexicana el alivio de tanto sufrimiento.[3]

¿Qué era una plaga sino un castigo del Todopoderoso a la humanidad por todos sus pecados? Ésa era la opinión de Agustín Dávila Padilla y Juan de Grijalva, cronistas de los frailes dominicos y agustinos de la Nueva España, sobre las grandes epidemias de 1543-1546 y 1576. La muerte de millones de indios se interpretó como un castigo de Dios por el grave pecado de idolatría y por la reticencia a aceptar el Evangelio cristiano. Al detallar estas opiniones, Cayetano de Cabrera y Quintero (c.1700-c.1778), poeta y dramaturgo a quien el arzobispo Vizarrón y Eguiarreta encargó la redacción de una "relación histórico-panegírica" de lo acaecido en 1737, puso de manifiesto el alcance de su ambición literaria. En *Escudo de armas de México* (1746), Cabrera no se limita a narrar las ceremonias con las que se celebró la elección de la patrona de la capital; también hace la crónica de los ataques de la peste y, sobre todo, de los abnegados esfuerzos del clero por ayudar a los afligidos. Pero se afana en señalar que en 1737 tuvo lugar la decimoséptima en la serie de epidemias que asolaron a la población de Nueva España desde la Conquista española, y fue una de las peores. También se pregunta si los indios eran siempre los más afectados por la peste, ¿por qué Dios seguía castigándolos? La respuesta de Cabrera es contundente. Se debía a que los indígenas estaban hundidos en la embriaguez y la idolatría. Mientras que antes de la Conquista habían sido gobernados por un régimen moralmente riguroso, ahora eran libres de consumir tanto pulque y alcohol destilado como quisiesen, ofreciendo así un lamentable contraste entre "su antigua sobriedad y templanza con su presente destemplanza y embriaguez". Para tratar este asunto, Cabrera recurre a los cronistas de finales del siglo XVII Betancurt, Medina, Florencia y Sigüenza y Góngora, quienes enfatizaron que la adicción de los indígenas al pulque era la principal causa de la promiscuidad, las riñas y la idolatría. A este respecto, Cabrera cita la carta pastoral del arzobispo José Lanciego y Eguilez, quien en 1726 condenó la difundida adoración del "dios de las cosechas [...] aquel abominable antipapa, cuya tiránica potestad propagada en enormes delitos tenía minado todo el reino". Lo cierto es que muchos párrocos informaron del hallazgo de ídolos en cuevas distantes y denunciaron que los juegos del Volador, el equivalente mexicano de la danza de las cintas, era inspirado por el Diablo, a quien se veía con frecuencia disfrazado de serpiente, león o etíope. Éstos eran suficientes motivos para provocar la ira de Dios.[4]

Pero si el Todopoderoso era la causa última de la plaga de 1737, los fenómenos naturales también habían desempeñado un papel. Como observara el médico del siglo XVII Juan de Barrios, la ciudad de México estaba construida sobre una isla baja, apenas más alta que las tierras que cubren las mareas altas, rodeada de aguas estancadas que a menudo inundaban los cimientos de sus edificios. Era el lugar idóneo para toda suerte de fiebres y disentería. Pero también eran decisivas las causas sociales. Cabrera citaba a José de Escobar y Morales, el doctor más importante de la época, quien atribuía la mortandad indígena a la frecuencia de la ebriedad, a la falta de comida suficiente, a la diferencia entre la temperatura diurna y nocturna, y al hecho de que bebieran agua fría. Escobar formuló esta opinión cuando prestó sus servicios en el Hospital de Indios, donde murió de peste en 1737. También durante la epidemia se descubrió que muchos decesos fueron resultado de la negligencia, ya que el indio una vez enfermo era abandonado y se le dejaba morir a puerta cerrada. Asimismo, muchos hijos fallecieron cuando sus padres se infectaron. Incluso, en los hospitales se reveló que "de innumerables que se arrebataba la fiebre, los más eran sitiados de el hambre y desamparo". Efectivamente, para muchos una alimentación adecuada y cuidados oportunos pudieron haber sido de gran ayuda para sanar de la enfermedad.[5]

Cabrera, como hombre de letras versado en medicina, comenta que la mayoría de los doctores aún confiaban en Hipócrates para hacer su diagnóstico y observa que sus medicamentos habían probado ser poco eficaces. Si Dávila Padilla lamentó la incapacidad de los médicos para curar la plaga de 1576, lo mismo se aplicaba a sus remedios para la peste de 1737. Para demostrar el conocimiento que tenía de la materia, Cabrera incluye una dramática explicación de la circulación de la sangre por el cuerpo, aunque sin especificar su origen. Pero también proporciona una valiosa descripción de los nueve hospitales de la ciudad de México en la que sigue la pista de su fundación y describe las tres órdenes religiosas que los atendían. Cuando las camas y los pabellones se abarrotaban de pacientes, también los hermanos de estas órdenes enfermaban y morían. A cualquier hora, el Hospital de Indios tenía más de quinientos internos, de los cuales muchos morían pronto. Cabrera cuestiona la idea de concentrar a todos los enfermos de peste en estos hospitales, ya que, más que aislar el contagio, se propagaba. En efecto, el traslado de los trabajadores infectados de un taller textil, un *obraje*, fue la causa de que la epidemia se extendiese con tanta rapidez. El arzobispo Vizarrón instaló seis estaciones desde donde pudiesen distribuirse los alimentos y medicinas, con un costo de 35 372 pesos, pero tuvo que suspenderse el abasto en abril por no haber dado buenos resultados.[6]

Cabrera resalta el celo con el que tantos sacerdotes asistieron a los pobres y a los afligidos. Él mismo, sacerdote seglar y capellán de los pajes del arzobispo, sostenía que, si bien las órdenes religiosas gozaron del crédito por la conversión de los indios, muchos sacerdotes seglares también habían participado en aquella enorme empresa, y ninguno como Bartolomé de las Casas, quien fue "enviado del cielo al mundo antiguo y nuevo, para padre y protector de las Indias y de los indios". Durante la crisis, los párrocos dejaron de cobrar la tarifa habitual por los funerales y derrocharon su ingreso y su vida socorriendo a los enfermos. En efecto, el doctor Isidro de Sariñana, miembro de una familia aristocrática que contaba con un obispo de Oaxaca entre sus filas, murió víctima de la peste cuando prestaba servicio en su parroquia de Veracruz. Un sacerdote y aristócrata indio, Pascual de los Reyes Cortés y Moctezuma, llevó la Eucaristía a los trabajadores en los obrajes, lugares de mala reputación por sus condiciones insalubres. En especial, el Oratorio de reciente instauración, una congregación de sacerdotes seglares, visitaba con frecuencia las prisiones, hospitales y hogares, llevando auxilio a los enfermos y a los moribundos. Su prepósito,

José Hurtado de Mendoza, hizo que las limosnas se distribuyesen en los hospitales para alimentar a los pacientes, y también mantuvo a más de mil indios jóvenes en el distrito de Atilzapán durante cinco meses con un costo de 2 694 pesos.[7]

Entre las órdenes religiosas, los jesuitas asumieron el liderazgo inspirados en el ejemplo de Juan Martínez, quien recaudó cuantiosas sumas en limosnas hasta que él mismo sucumbió a la infección a la que su labor lo expuso. En igual medida, los franciscanos de San Fernando, el nuevo colegio de *propaganda fide*, se distinguieron por sus visitas a las chozas más pobres; su celo ascético constituyó una impugnación a la antigua creencia de que los criollos eran incapaces de resistir privaciones, puesto que esa comunidad estaba conformada por frailes americanos y europeos. Todas las órdenes religiosas buscaron socorrer a las víctimas de la plaga y en los grandes conventos de clausura las monjas ayunaron y suplicaron al cielo que se compadeciese de la ciudad. Tampoco los legos echaron en falta la piedad cristiana. El conde de Santiago ofreció su carro para llevar la Eucaristía a los moribundos y en ocasiones fungía como cochero para el viático, dando un ejemplo que en lo sucesivo habrían de seguir otros hidalgos. Otro acaudalado lego, José Vásquez, observó que los enfermos en el hospital a menudo sólo recibían atole, una bebida ligera hecha de maíz y, para evitar que muriesen de hambre así como de peste, distribuyó raciones diarias de carne, pan y sopa, con un costo de unos dos mil quinientos pesos de enero a junio. Al multiplicar estos ejemplos, Cabrera evoca una poderosa imagen de asociación cristiana, de una ciudad católica, en la cual los sacerdotes y los legos se expusieron al peligro del contagio para atender las necesidades, físicas y espirituales, de los enfermos y de los pobres.[8]

No obstante la efectividad que pudiesen tener estas medidas de socorro, todos estaban convencidos de que, si "la pestilencia no se rinde a auxilios naturales", era necesario buscar la asistencia divina. A lo largo de estos meses las iglesias se llenaron de fieles a quienes el clero había convocado a orar y hacer penitencia. Sin embargo, la ciudad buscó sobre todo el socorro y la intercesión de sus imágenes milagrosas pues, ¿de qué mejor manera podían acercarse al Cielo? En las páginas de Cabrera hay material suficiente para un tratado completo sobre las imágenes sagradas de la capital. Por extraño que parezca, fue una copia de Nuestra Señora de Loreto, traída de Italia por los misioneros jesuitas Juan Bautista Zappa y Juan María Salvatierra, la que primero se llevó en procesión por las calles en diciembre de 1736 antes de ser confiada a la *casa profesa*, la principal iglesia jesuita. Pero el ayuntamiento se volcó en su amada patrona, Nuestra Señora de los Remedios, aquella "celestial conquistadora", que salvó a Cortés y a los españoles durante su huida de México-Tenochtitlán. Siempre prolífico, Cabrera relata una vez más la historia de esta imagen, recurriendo a Cisneros y a Florencia, para luego citar a un historiador español, en el sentido de que el rey Pelayo, "el Moisés de España", tuvo una pequeña imagen de María, la cual entregó al pueblo de Alcántara donde permaneció durante varios siglos, sin duda abandonada, hasta que un sacerdote deshonesto la vendió a un español de las Indias, que entonces la llevó a México. ¿Podía ser más evidente, declara Cabrera, que esta imagen era la de los Remedios traída desde Cuba a Nueva España por un compañero de Cortés? ¿Y qué mejor prueba de su poder que en los 160 años desde 1597 la imagen había dejado su santuario para ser llevada en procesión pública a la catedral no menos de 26 veces, tanto en el siglo XVIII como en el XVII? De este modo, el 9 de enero de 1737 los Remedios fue instalada en el altar mayor de la catedral, donde el canónigo Bartolomé de Ita y Parra predicó un sermón en el que "como otro Pericles vibró rayos de cristiana elocuencia, contra la Hidra y rebeladas cabezas de los vicios [...]".[9]

Al no disminuir el embate de la plaga, la desesperanza de la ciudad aumentó tanto que las imágenes y reliquias que casi nunca se habían visto en público se desplegaron y condujeron por las calles. La ansiedad popular creció cuando tuvo lugar un eclipse a principios de marzo. En particular, ciertas cofradías exhibieron imágenes de Cristo en su Pasión, sobre todo como *Ecce Homo*, en las que el Salvador se representa con una corona de espinas y el cuerpo despedazado por los azotes. Pero también se imploró a los santos como San José y San Bernardo y a las muy veneradas Vírgenes de La Piedad y Bala. De paso Cabrera señala que los indios de Santiago Tlatelolco en un arranque se flagelaron y portaron una imagen de Santiago en la que el santo sostenía un látigo y no una espada e iba vestido como penitente y no como guerrero; ese espectáculo perturbó a muchos de los testigos. Toda esta actividad alcanzó su clímax el 28 de abril, cuando se exhibió el Cristo crucificado de Ixmiquilpan, que guardaba el convento carmelita de Cardonal. Ésta era una imagen sumamente venerada que fue traída de España en 1545, ya entonces tan deteriorada que el arzobispo Juan Pérez de la Serna ordenó que le diesen ceremonial sepultura. Pero seis años después, en 1621, la imagen emergió de la tumba durante un huracán milagrosamente restaurada y más poderosa. Era tal la veneración que despertaba este crucifijo que los sacerdotes lo llevaron en procesión por las calles rumbo a la catedral, con el propio arzobispo a la cabeza del clero y las cofradías, mientras las campanas tocaban el *miserere*.[10]

Ya el 3 de enero de 1737, el ayuntamiento había pedido permiso al arzobispo para llevar a Nuestra Señora de Guadalupe a la catedral citando como precedente la inundación de 1629. Pero Vizarrón se negó y aconsejó a las autoridades que fuesen al Tepeyac donde debían preparar una novena para suplicarle a la Virgen su auxilio "en su santuario de Guadalupe, refugio preciso, como nacido de Nueva España y de esta Capital, que la venera estrella de su Norte". Al finalizar estas ceremonias, después de que los sacerdotes de las órdenes religiosas predicaran los días anteriores, el 9 de febrero Bartolomé de Ita y Parra dio un sermón titulado *Madre de la Salud* ante los dignatarios reunidos de la Iglesia y el Estado. Debe señalarse que cinco años atrás, el 12 de diciembre de 1731, Parra se dirigió a una congregación parecida que había asistido al Tepeyac para celebrar el bicentenario aniversario de la aparición de la Virgen. En aquella ocasión, Vizarrón acababa de llegar a México, mientras que en 1737 estaba presente como virrey y arzobispo. En ese momento Ita y Parra expuso un sorprendente contraste entre los Remedios y Guadalupe, la una extranjera, un Arca de la Alianza peregrina, y la otra una zarza ardiente sagrada, siempre presente en su santuario. Concluyó su sermón llamando al ayuntamiento y al cabildo eclesiástico a elegir a Nuestra Señora de Guadalupe "patrona universal de todo el reino".[11]

El 28 de marzo de 1737 el ayuntamiento solicitó al arzobispo que "Nuestra Señora la Virgen Santísima en su admirable, milagrosa imagen de Guadalupe" fuese reconocida como la patrona principal de la capital y del reino, y que su fiesta se celebrara el 12 de diciembre acompañada de plegarias especiales. Vizarrón puso el asunto a consideración del cabildo eclesiástico, que también votó por reconocer el patronazgo de la Virgen mexicana. Luego de recibir asesoría legal, el arzobispo afirmó que por ser apropiado que las autoridades de la ciudad tomasen semejante iniciativa a nombre de la capital, era necesario obtener la aprobación de los obispos, capitulares y ayuntamientos de todo el reino antes de que la Virgen fuese declarada patrona de Nueva España. Como indica Cabrera, en Europa casi todos los reinos, provincias y ciudades tenían sus patronos, al igual que las iglesias y los barcos. En todo caso, ¿no había señalado el profeta Daniel que todos los reinos tenían su propio ángel de la guarda? En cuanto a las imágenes marianas, Nuestra Señora de Loreto y Nuestra Señora del Pilar eran las patronas de sus respectivas ciudades y provincias.[12]

Sólo restaba a los miembros del ayuntamiento Felipe Cayetano Medina y Sarabia y José Francisco de Aguirre y Espinosa unirse al arcediano Alonso Moreno y Castro y al canónigo Bartolomé Felipe de Ita y Parra para jurar solemnemente a nombre de sus dos cabildos, el civil y el eclesiástico, la aceptación de Guadalupe como patrona de la ciudad; la ceremonia se llevó a cabo el 27 de abril ante el arzobispo en la capilla del palacio. El 24 de mayo de 1737 la ciudad celebró

Baltazar Troncoso y Sotomayor, *El ayuntamiento de México pide la intercesión de la Virgen de Guadalupe para aplacar la epidemia de Matlazáhuatl de 1737*. Grabado de un dibujo de José Ibarra. Portada del libro de Cayetano de Cabrera y Quintero, *Escudo de armas de México* (México, 1746). Biblioteca Nacional. Cortesía del IIE, UNAM.

públicamente el nombramiento de su nueva patrona organizando una enorme procesión por las calles en la cual las cofradías, tanto españolas como indias, las comunidades religiosas, los miembros de las instituciones civiles, tanto reales como municipales, y el clero seglar, acompañaron una estatua de plata de la Virgen mexicana de tamaño natural. Al describir la escena, Cabrera afirma que le recordaba los tiempos antiguos cuando los padres de una ciudad aclamaban la protección de emperadores, reyes y caudillos militares. Del mismo modo, la ciudad miraba con solemnidad a la "Reina y Emperatriz de la Imperial México, María Santísima en su Imagen de Guadalupe" como su protectora. En la descripción de Cabrera el arzobispo Vizarrón es "otro David ungido", que bailaba delante del Arca de la Alianza al entrar en Jerusalén. Cabrera también comenta que los indios danzaban según su estilo tradicional en tanto el clero entraba a la catedral, y apoda a la capital "este Jericó y ciudad de la luna de México". Todos los edificios a lo largo de la ruta de la procesión se adornaron con tapices, colgaduras y tantas imágenes de Guadalupe como fue posible encontrar; su omnipresencia se multiplicó gracias a incontables espejos, de modo que la ciudad parecía exhibir una única efigie. Al interior de la catedral, se instaló la imagen de plata de la Virgen sobre el altar mayor, custodiada por las figuras del beato Felipe de Jesús y de santa Rosa de Lima. En medio del luminoso ambiente que creaba la luz de las grandes velas y los cirios y ante la imagen de la Virgen, se leyó en voz alta el edicto del arzobispo en el que aceptaba la elección "por patrona principal de esta Ciudad a la soberana Reina de los ángeles en su admirable imagen de la milagrosa advocación de Guadalupe".[13]

Unas semanas después de esta ceremonia, los ayuntamientos y los cabildos eclesiásticos de Puebla, Valladolid, Oaxaca, Guadalajara, Santiago de Guatemala, por no mencionar ciudades menos importantes como Guanajuato, Toluca y Querétaro, votaron a favor de que los delegados responsables de los cabildos mexicanos iniciaran los trámites que resultarían en la designación de Guadalupe como patrona de toda Nueva España. El 8 de junio de 1737 Vizarrón confió a Cabrera la labor de escribir una relación de los acontecimientos de aquel año y convenció al ayuntamiento de adelantar los fondos necesarios para su publicación. Sin embargo, allí quedó el asunto durante varios años. No fue sino hasta 1746 que se reconoció a Guadalupe como patrona universal. El motivo de esta tardanza no es muy claro. ¿El estallido de la guerra con Gran Bretaña volvió más arriesgada la comunicación? ¿O el retraso se debió al proyecto de establecer un colegio de canónigos en el Tepeyac que oficiaran en el santuario?[14] Cualquiera que fuese la razón, el asunto se encontró en un atolladero cerca de ocho años.

Un posible obstáculo salió a la luz en un panfleto que publicó en 1738 Juan Pablo Zetina, maestro de ceremonias en la catedral de Puebla, en el que se preguntaba si las oraciones creadas para la fiesta del 12 de diciembre podían usarse antes de recibir la sanción de Roma. A ese desafío Cabrera respondió con *El patronato disputado*, un opúsculo que publicó en 1741 y que incorporó a *Escudo de armas de México*. Por los términos de su respuesta, resulta evidente que Zetina llevó su crítica más allá del tema de las plegarias para objetar la designación de una patrona cuya milagrosa aparición aún debía ser sancionada por el papado. En breve, si bien el arzobispo siempre insistió en que la Congregación de Ritos debía sancionar la elección del día de fiesta y las oraciones asignadas, supuso que la denominación de una patrona podía emprenderse sin obtener primero la aprobación de Roma de la tradición de la imagen. Para responder al cuestionamiento de Zetina, Cabrera incluyó en su libro una extensa reseña de la literatura sobre Guadalupe. Pero primero cita obras normativas del derecho canónico, argumentando que los patronos de los reinos o las ciudades siempre fueron honrados por medio de sus imágenes, para luego citar el Concilio de Nicea en el sentido de que las imágenes no eran más que representaciones de los originales celestiales. ¿Y qué era Guadalupe sino una efigie de María en su Inmaculada Concepción? Para que una imagen fuese venerada no tenía que ser milagrosa, podía meramente proclamarse sagrada. Además, la inscripción en el Breviario y Martirologio Romano no garantizaba la certeza de la fe, puesto que el conocimiento de muchos santos e imágenes se fundamentaba en la tradición transmitida de padres a hijos. En todo caso, muchas ciudades en América habían adoptado a sus patronos con fines determinados, sin haberlo consultado con Roma, puesto que las distancias y los gastos eran tan grandes.[15]

En este punto, Cabrera destaca la justificación teológica de la iniciativa mexicana al argüir que la elección de la patrona era "deliberada, espontánea promesa del pueblo cristiano de reverenciar especialmente bajo juramento a algún santo canonizado, para lograr ante Dios su intercesión". La función de Roma consistía solamente en confirmar este acto del pueblo cristiano. Emprendida cuando México era una comunidad cristiana, gobernada tanto por el derecho canónico como por las leyes de Castilla y las Indias, la elección de una patrona era por lo tanto más que una ceremonia eclesiástica: la iniciativa correspondía al ayuntamiento, aunque la respaldase el cabildo eclesiástico y la aprobara el virrey arzobispo. Aunque Nueva España estaba regida por la monarquía absoluta de la dinastía borbónica, los representantes de la sociedad civil podían votar y proclamar a la Virgen mexicana patrona universal del reino de Nueva España. Con ello, Cabrera se rebela ante la idea de que el país era una mera colonia, privada de personalidad legal, y la noción que se daba por sentada durante el siglo XIX de que un asunto tan espiritual debía resolverlo exclusivamente el clero.[16]

Como último recurso, sin embargo, México debía obtener la aprobación de Roma en la selección de su patrona, en especial si el día de fiesta había de trasladarse al 12 de diciembre acompañado de sus propias plegarias. Pero para convencer al papa y a la Congregación de Ritos era necesario demostrar que las apariciones de la Virgen habían ocurrido en realidad, que favorecieron a la Iglesia en Nueva España y que desde su aparición la imagen fue objeto de una devoción continua. Cabrera rápidamente hizo énfasis en que la certeza histórica acerca de la guadalupana descansaba en la tradición, puesto que nunca se encontraron documentos concernientes a la aparición. Él mismo había buscado en los archivos del arzobispado pero, aunque se conservaban oficios que databan de la época de Zumárraga, en ninguno se hacía mención de la Virgen. En este contexto, señalaba que el franciscano Pedro de Mexquia sostenía haber visto una carta de Zumárraga donde hablaba de las apariciones y que se encontraba en un convento de Vitoria, pero que no lo había copiado. Sobre todo, Cabrera lamentaba junto con Florencia la pérdida de la gran historia de Sahagún, que tal vez habría facilitado alguna información; y añadía su propia queja por la desaparición de la crónica del dominico del siglo XVI, Diego Durán, un texto que mencionaba Dávila Padilla. En cuanto a las fuentes escritas de la tradición, Cabrera era tan arrogante que podía parecer irrespetuoso:

> Nos alumbran con la imagen de Nuestra Señora de los Remedios, los Cisneros, que imitaron, y de que gastaron, con la Guadalupe, los Sánchez, los Becerras, los Cruzes, y con una, y otra, los Florencias; en cuyas historias está clara la imitación, luce la exornación, y mucho aún de la materia del primero.

La única información que aportó fue que la publicación del libro de Sánchez había sido dispuesta por Marcos de Torres y Rueda, obispo de Campeche y gobernador interino de Nueva España. Por lo demás, preguntaba si el ángel que sostenía a la Virgen era realmente San Miguel como Sánchez afirmó o si era San Gabriel como argumentó Florencia, para optar él mismo por el ángel de la guarda de Nueva España, y añadir:

> El Lic. Miguel Sánchez, primer historiador de esta aparición prodigiosa, y en la que panegirizó a María Santísima sobre el capítulo 12 del Apocalipsis nos dejó en uno dos milagros, el de esta aparición, y el de su ingenio; quiere que este ángel fuese el arcángel San Miguel (como fuese el Miguel Ángel, que en vez de firma se retratase al pie de su pintura).

Pero Cabrera no pretendía decidir entre Sánchez y Becerra
Tanco, a quien tenía por el más confiable de los historiadores de las apariciones y, si bien poseía un ejemplar del
panfleto de Laso de la Vega en "mexicano", no se dio cuenta de que era la principal fuente de este último. Sin duda el
testimonio más persuasivo y confiable eran las declaraciones de 1666 y en especial los testigos que Becerra Tanco
mencionara.[17]

Aunque Cabrera acepta la tesis de que los indios conservaron el recuerdo de las apariciones, primero en sus "mapas
y pinturas" y en sus canciones y después en relatos escritos
en "mexicano", centra su atención en la cita de Florencia de
una "relación antiquísima" que apuntaba la existencia de una
fuente original en castellano. A diferencia de la mayoría de
los autores posteriores, observa la peculiaridad de que este
manuscrito se acercaba más a Sánchez que a Becerra Tanco
en la enumeración de la gran variedad de flores que Juan
Diego recogió. Pero él prefiere las rosas, una flor cuya relación con la Virgen se había confirmado mediante la canonización de santa Rosa de Lima. En efecto, cita al jesuita Cristóbal
de Miralles, quien comparó a Guadalupe con la santa perua-
na, y sostiene que la Virgen "formó de otra Rosa santa y
mística, segundo lienzo y retratose en ella. Fueron aquellas
rosas de México misterio de la nuestra que la figuraron".
Pero Cabrera no tarda en argumentar que en tanto la rosa de
Lima había desaparecido muy pronto de la faz de la tierra,
las rosas de Guadalupe seguían encarnadas en la efigie de la
Virgen después de doscientos años.[18]

Pero el acierto de Cabrera fue citar *Piedad heroica* de Sigüenza y Góngora, del que poseía un raro ejemplar, donde el
sabio afirmaba poseer el manuscrito en "mexicano" de Antonio Valeriano y que la "relación antiquísima" en poder de
Florencia era una "traducción parafrástica" de Fernando
de Alva Ixtlilxóchitl. Pero Cabrera no se deja impresionar.
Después de todo, ¿Laso de la Vega no había publicado ya el
manuscrito en náhuatl? En cuanto a la sugerencia de Florencia de que Jerónimo de Mendieta había escrito la "relación

antiquísima", descarta tal posibilidad puesto que el franciscano había llegado a Nueva España en 1554. Antes bien, sugiere que la escribió Francisco Gómez, un franciscano que llegó
a Nueva España con Zumárraga en 1533 para desempeñarse
como secretario del obispo. De este modo invierte la secuen-
cia que favorecía Sigüenza y Góngora y declara que aquello
que había visto Florencia era la historia original de las apariciones escrita en vida de Zumárraga y de Juan Diego. Por lo
tanto, lo que publicó Laso de la Vega era un relato muy
antiguo "en idioma mexicano, en que se imprimió, se cree
haber escrito o traducido de la que escribió en castellano
aquel franciscano que creemos, fray Francisco Gómez". Esta
interpretación no necesariamente excluía a Valeriano, pero sí
lo reducía al papel de mero traductor.[19]

Luego de comparar a los primeros cinco autores que escribieron sobre Guadalupe con una bandada de águilas elevándose hacia el sol, Cabrera se vuelve a Torquemada para
enumerar todas las ocasiones en las que mencionó el "Tepeyac que ahora es Nuestra Señora de Guadalupe". Pero deses-
tima el silencio del franciscano acerca de las apariciones,
puesto que Cisneros, que escribió sobre los Remedios en
1616 a un año escaso de que se publicara la crónica de Torquemada, describió a Guadalupe como una de las imágenes
más antiguas de Nueva España. Pero también rechaza las
afirmaciones de Torquemada y de Grijalva en el sentido de
que la conversión de los indios no estuvo acompañada por
milagros, ya que de hecho fueron las apariciones de la Virgen las responsables de la pronta evangelización. Sin comentarios, cita cumplidamente el informe del beato Amadeo
acerca de la promesa de María de estar presente en sus imágenes milagrosas hasta el fin del mundo, y razona que la
conversión de los indios se logró tanto por las imágenes sagradas como por los sermones. Sin embargo, pone en duda
una afirmación crucial de la tradición al sostener que Zumárraga no instaló la imagen en la capilla del Tepeyac dos semanas después de las apariciones sino que esperó hasta su
regreso de España en 1533. Para fundamentar esta afirma-

ción, observa que había un antiguo lienzo colgado en el santuario que representaba la procesión durante la cual Zumárraga llevó la imagen a la capilla donde el indio herido por accidente con una flecha había sido curado milagrosamente. Pero esta pintura, que tenía una nota al reverso atribuyéndola a 1653, fechaba la procesión en 1533. Además, señala la presencia de otra pintura hecha por la misma mano que mostraba a la Virgen curando indios enfermos de peste, sin incluir niños, por lo que probablemente remitía a 1576 y no al milagro de 1544. Además, Cabrera describe la imagen a la manera de Becerra Tanco: "tejida con palmas", y conviene con el cronista en que el nombre de la Virgen era Tequatlaxopeuh, cuya traducción era "a la que augmentó a los que comían como fieras". Cabrera afirma que era del todo adecuado que Guadalupe fuese venerada donde habían sido adoradas Chalchihuitlycue, Matlatcuaye y Tonantzin, nombres todos de la misma diosa. Finalmente, confirma el relato de Florencia en el sentido de que el nieto de Juan Diego, también llamado Juan, entregó la pequeña copia de Guadalupe que pertenecía al indio al jesuita Juan de Monroy, quien a su vez se la dio a Juan de Caballero y Ocio, quien la donó al doctor José de Torres y Vergara, arcediano de México, quien por último la legó a la catedral. En 1743 esta pequeña placa de bronce se colocó en el nuevo altar mayor de la catedral, donde suscitó mucha devoción, ya que se rumoraba que la propia Virgen podía haberla pintado para su amado discípulo indio.[20]

Escudo de armas concluye con un breve recuento, introducido en 1747 luego de que se había impreso la mayor parte del libro, de los preparativos para la proclamación pública de Guadalupe como patrona de Nueva España, pero por entonces llegó la noticia de la muerte de Felipe V. Además, el arzobispo Vizarrón cayó enfermo, postrado en cama. De hecho, la celebración pública se aplazó un año y en cambio, el 4 de diciembre de 1746, los mismos cuatro delegados que prestaron juramento en 1737, es decir, Medina, Aguirre, Moreno e Ita y Parra, entraron en la recámara del arzobispo y a nombre "de los venerables cabildos eclesiásticos y de todas las nobilísimas ciudades y ayuntamientos de los reinos de esta Nueva España, y de los de Guatemala, Nueva Galicia y Vizcaya", juraron solemnemente tomar a "Nuestra Señora la Virgen María en su prodigiosa advocación de Guadalupe" como "Patrona General y Universal". Como comenta Cayetano de Cabrera, qué lugar podía ser más adecuado para semejante ceremonia que el palacio del arzobispo, puesto que el edificio se construyó donde estuvo la residencia de Zumárraga y donde el obispo vio la imagen por primera vez. No obstante el aplazamiento de la celebración pública, Ita y Parra, entonces tesorero de la catedral, predicó un sermón titulado *El círculo de amor* en el santuario del Tepeyac el 12 de diciembre. Un mes después, el 25 de enero de 1747, falleció el arzobispo Vizarrón y Eguiarreta que tanto contribuyó a promover la devoción a la Virgen mexicana.[21]

En su aprobación de *Escudo de armas*, escrito en 1744, José de Mercado cita con indignación las *Cartas latinas* de Manuel Martí, en las que se describe a las Indias como un desierto intelectual y señala que Gregorio Mayans y Siscar había reimpreso los primeros comentarios de Nicolás Antonio, el gran bibliógrafo del siglo XVII, en el sentido de que "en las Indias se comerciaban todas las mercaderías, menos libros". En su propia introducción, Cabrera cita *Teatro crítico universal* (1726-39) de Benito Jerónimo Feijoo y extrañamente ensalza la crónica de Dávila Padilla por su estilo llano. También se queja del alto costo del papel y de las dificultades que encontró para publicar el libro. Sin embargo, *Escudo de armas* era un hermoso infolio de 522 páginas que incluía un atractivo grabado de José de Ibarra.[22] Si alguna vez un mexicano tuvo la oportunidad y recibió los fondos para escribir un libro memorable, ese fue Cayetano Cabrera. Pero aunque trabajó con denuedo para obtener información, a menudo buscando en los archivos, no consiguió ponerse a la altura de las circunstancias. Sin duda, los abundantes datos que proporcionó hacen de su libro una invaluable obra de referencia para cualquier historia de la medicina o de la religión en Nueva España. Pero sus futuros lectores se desanimaron ante su estilo execrable y sus largas digresiones que oscurecían el interés de los acontecimientos que reseñaba. Tenía en sus manos documentos que le pudieron haber facilitado la escritura de una relación a la altura de *A Journal of the Plague Year* (1722) de Daniel Defoe. Después de todo, en la generación anterior, Sigüenza y Góngora había escrito una narración concisa y sencilla de la gran revuelta de 1692 en la ciudad de México, cuando la chusma invadió el palacio virreinal. Tampoco era una mera cuestión de cultura barroca, puesto que es posible desplegar caprichos literarios y aun así escribir con gracia. Pero Cabrera era verboso y con frecuencia no lograba alcanzar los efectos que buscaba. Algunos años después de su muerte, José Ignacio Bartolache, un científico mexicano, escribió:

> Al autor le conocí muy bien, y lo estimé mucho, por su sagrado carácter y por su varia literatura, que ciertamente le hacían digno de atención; fue lástima que no hubiese sido dotado de un temperamento menos bilioso, acerbo y melancólico. Era vivo en extremo, y se empeñaba demasiado en conceptos y agudezas, no siempre de buen sentido, ni de fácil benigna interpretación.[23]

Éste no era un juicio aislado, puesto que José Francisco Conde y Oquendo, un canónigo de Puebla, también lamentaba las dificultades que causaba "la contestura de la oración, por el método, manera y frase [...] prolijas, con mil alusiones y digresiones importunas [...] de genio duro y su pluma rígida y punzante".[24]

Si estas opiniones negativas condenaron la reputación de Cabrera para la posteridad, poco después de la publicación los doctores que él cuestionó con tanto atrevimiento lo atacaron con toda severidad. Además, la brusquedad con la que repudió a los indios como una raza de borrachines hirió la susceptibilidad oficial. Cualquiera que fuese el motivo, en 1748 las autoridades en Madrid ordenaron al virrey retirar el libro de circulación y confiscar todos los ejemplares que no se habían vendido. Por esa razón, un libro que se produjo con tanto despilfarro, respaldado con fondos del ayuntamiento para hacer las veces de monumento perpetuo a la elección de Nuestra Señora de Guadalupe como patrona de Nueva España, fue expuesto a la censura sumaria y por lo tanto excluido del dominio público.[25] Sin embargo, de existir un editor con el valor y la destreza se habría podido extraer un libro notable de las prolijas páginas de Cabrera. En cuanto al surgimiento de la tradición guadalupana, Cabrera tenía pocas novedades que ofrecer, excepto la ingeniosa teoría de que Valeriano no era más que el traductor de una relación española escrita por el secretario franciscano de Zumárraga. Pero lo que su relato confirmaba con creces era el papel que desempeñó el ayuntamiento de México en la elección de Guadalupe como patrona. En última instancia, su libro puede leerse como una narración sumamente conmovedora de cómo la sociedad cristiana reaccionó ante la furiosa embestida de la plaga y de sus angustiosos esfuerzos por obtener el socorro divino.

III

El 13 de septiembre de 1756, se le informó pública y formalmente a los habitantes de Nueva España que el papa Benedicto XIV en su bula del 25 de mayo de 1754 sancionó la elección de Nuestra Señora de Guadalupe como patrona principal de su reino y trasladó la celebración oficial de su fiesta al 12 de diciembre, concediéndole su propio oficio, "con rito doble de primera clase y octava".[26] La capital conmemoró este dichoso suceso con un triduo de misas y sermones del 9 al 11 de noviembre de aquel año. Entonces el doctor Cayetano de Torres, canónigo de la catedral y profesor de teología en la Universidad de México, rindió tributo a su antiguo mentor, Juan Francisco López, quien condujo las negociaciones en Roma. Recordó que cuando el jesuita le mostró a

Benedicto XIV una copia de la Virgen mexicana pintada por Miguel Cabrera, su belleza había maravillado al papa. Si el pontífice quedó tan impresionado, ciertamente se justificaba el uso por parte de los mexicanos de la frase *Non fecit taliter omni natione*, que se citaba durante la misa y el oficio concedidos por la Santa Sede. En una nota, Torres aludía al hecho de que Florencia aplicó antes que nadie la frase del Salmo 147 a Guadalupe, razón por la cual se grabó en una medalla que había mandado hacer. Pero Torres también hizo hincapié en la buena suerte de México, pues

> Ya hizo la Santa Iglesia con la imagen de Guadalupe lo que no acostumbra hacer con otras innumerables milagrosísimas imágenes de la misma Señora[...] Sin duda el privilegio de una misa particular y un oficio concedidos a nuestra imagen de Guadalupe es un singularísimo favor y difícil de obtener de la Santa Sede[...] Rarísimas son las imágenes que lo han obtenido hasta la presente[...][127]

Lo extraordinario del caso es que los mexicanos carecían de "noticias originales, ni papeles auténticos del milagro y aparición". Con todo, el "oráculo del Vaticano" canonizó la imagen. Mientras que la identidad de Guadalupe como una representación de la mujer del Apocalipsis no había sido más que un concepto para crear los sermones, ahora esa identidad era una "verdad sólida". Sin embargo, Torres dejó que su grey decidiera si San Juan admiró en su visión una "verdadera copia del original de Guadalupe" o si María le regaló a México "una copia, la más viva del original de San Juan".

Narraciones posteriores confirmaron que Juan Francisco López, originario de Caracas pero educado en México, era "un sujeto de altas prendas y de profundos conocimientos en teología, bellas letras y política". Ya en 1751, designado por la provincia mexicana de los jesuitas para desempeñarse como su agente en Madrid y Roma, el arzobispo, el obispo de Michoacán y el ayuntamiento de la ciudad de México le confirieron poderes legales para promover la causa de

José de Rivera y Argomanis, *Benedicto XIV reconoce a Nuestra Señora de Guadalupe como patrona de la Nueva España*, 1788, fotografía de Jesús Sánchez Uribe. Museo de la Basílica de Guadalupe, ciudad de México. Cortesía de Jorge Guadarrama.

Guadalupe en aquellas capitales. Para auxiliarlo en su misión llevó consigo "en dos lienzos, pintadas dos copias de la Santa Imagen, de mano del celebrísimo pintor don Miguel Cabrera", una destinada a Fernando VI y la otra a Benedicto XIV.[28] En Madrid recibió la asistencia de una congregación creada en 1743 que se dedicó a la Virgen mexicana y que nombró *hermano mayor* al rey. Esta congregación ya había dispuesto la reimpresión de *Felicidad de México* de Becerra Tanco, haciendo asequible un libro útil a los círculos de la corte. Además, López sin duda contó con el apoyo de Francisco de Rávago, el padre confesor jesuita del rey, quien ejercía una enorme influencia en todos los asuntos de la Iglesia.[29] En la misma Roma encontró copias de la Virgen mexicana y también un sinnúmero de panfletos de Becerra Tanco. Lo que no logró localizar en el archivo papal fue una referencia a las *Informaciones jurídicas de 1666*. Sin embargo, después se topó con un raro ejemplar de una narración de las apariciones publicada por Atanasio Nicoselli en 1681, donde se hacía referencia tanto a aquellos testimonios como a las pruebas de Becerra Tanco.[30]

Si México alcanzó el éxito donde otras ciudades habían fracasado, se debió a que el momento era propicio y a que su petición fue respaldada por una excelente promoción. En 1699 la Congregación de Ritos abandonó la hostilidad que le producía "canonizar" imágenes sagradas cuando le otorgó a Nuestra Señora de Loreto su propio día de fiesta y su oficio el 8 de diciembre.[31] Asimismo, en 1723, Nuestra Señora del Pilar en Zaragoza recibió su propio día de fiesta y su oficio el 12 de octubre.[32] Durante la época se había mantenido que estas dos imágenes marianas eran las de más alto rango en Italia y España. Por lo tanto no era un logro pequeño que la Virgen mexicana figurase entre ellas, en especial porque en apariencia no se ponía en tela de juicio que se otorgase el mismo privilegio a la Guadalupe española. Pero si la petición tuvo éxito se debió a que el terreno fue preparado con cuidado. A diferencia de 1663 a 1666, cuando se presentaron pocos indicios de la difusión del culto, de 1751 a 1754 López pudo citar la construcción de un nuevo y majestuoso santuario como prueba patente de la devoción de los feligreses. Su caso se fortaleció inmensamente con la elección de Guadalupe como patrona, no sólo de la ciudad de México, sino de todo el reino de Nueva España. Que López pudiese confiar en la influencia de sus compañeros jesuitas, tanto en Madrid como en Roma, obviamente fue importante. Lo que no se menciona en ninguna relación es el origen o la cuantía de los fondos que sin duda alguna empleó para apresurar el tránsito de su caso por las oficinas de la corte papal.

Un factor que contribuyó en esas negociaciones fue la fundación de un colegio de canónigos que oficiaran en el santuario del Tepeyac. En 1709, Andrés de Palencia dejó en su testamento cien mil pesos con este propósito, una suma que con los intereses acumulados se convirtió en 170 mil pesos en 1727. Luego de una complicada batalla legal, su albacea, Pedro Ruiz de Castañeda, hijo del anterior benefactor del santuario, adelantó otros 125 mil pesos. Después de que las autoridades romanas aprobaran el proyecto en 1727, no fue sino hasta el 15 de julio de 1746 cuando la corte papal alcanzó la resolución definitiva. Por entonces, cuando el capital inicial era de 527 mil 832 pesos, se disponía de recursos para un abad, diez canónigos, seis racioneros, seis capellanes y sacristanes y un mayordomo como asistentes. Pero el colegio se fundó formalmente hasta el 25 de octubre de 1751 debido al estallido de una feroz disputa entre el nuevo abad y el arzobispo en torno al patrocinio y la jurisdicción. Si bien el abad buscó obtener una exención, el nuevo prelado, Manuel Rubio y Salinas (1749-1765) argumentaba enérgicamente que la Virgen misma entregó su imagen a Zumárraga y que desde ese momento Juan Pérez de la Serna y Juan Ortega y Montañés fueron responsables de acabar la construcción de las sucesivas iglesias. Era tal la fuerza de sus argumentos, por no mencionar la influencia que poseía, que el colegio permaneció sometido al patronato de los arzobispos de México. Durante la época en que fue erigido, el pueblo de Guadalupe se transformó en villa (22 de julio de 1749) y se construyó un majestuoso acueducto para llevar agua fresca al santuario que corría a lo largo de 19 935 varas de mampostería sostenida por no menos de 12 287 arcos: una estructura que entre 1743 y 1751 había costado 129 350 pesos. Todos estos hechos y números se publicaron orgullosamente como pruebas de la devoción y la generosidad del pueblo. [33]

El conocimiento que tenían los españoles de la Virgen mexicana se benefició con la publicación de *Historia universal de la primitiva y milagrosa imagen de Nuestra Señora de Guadalupe* (1743) de Francisco de San José, el antiguo prior jerónimo de la "santa y real casa" de Guadalupe en Extremadura. Pretendía volver a contar la historia del descubrimiento de la imagen e investigar cuál era la extensión del culto al otro lado del Atlántico. Al lector familiarizado con la retórica mexicana le sorprende el estilo desapasionado con que el autor relata las apariciones de la Virgen en 1322 a un pastor desconocido para revelarle el paradero de una imagen que, de acuerdo con la lámina de plomo que se encontró junto a ella, fue tallada por San Lucas y enviada por Gregorio Magno a San Leandro, arzobispo de Sevilla, antes de ser ocultada por los sacerdotes que huían de los moros. Era una relación que carecía por completo de la conmovedora sencillez del *Nican mopohua* o de la erudición tipológica de Sánchez. Antes bien, Francisco de San José se afanaba en resaltar el patronazgo real que dejó a cargo del santuario a los jerónimos cuyo monasterio pronto contaba con un hospital para peregrinos y un "palacio" para las visitas reales. Señalaba que la reina Isabel la Católica había sido devota de la imagen y que Hernán Cortés había visitado el santuario para dar las gracias por sus victorias en México. Tal era la fuerza del culto que se veneraban copias de la imagen en Extremadura y Andalucía. Asimismo, se habían llevado copias a Sudamérica donde existían importantes cultos en Pacasmayo en el norte de Perú y en el convento franciscano de Potosí. Asimismo, en 1600 la ciudad de La Plata, capital del Alto Perú, adoptó como patrona a una de estas reproducciones. En cuanto a la imagen mexicana, Francisco de San José proporciona una narración fiel de las apariciones de la Virgen a Juan Diego y también hace alguna mención a sus milagros. Pero, aunque tenía que admitir que la pintura que se veneraba en el Tepeyac difería notablemente de la figura en madera de Extremadura, aseguraba que era la copia de una pequeña imagen tallada de la Inmaculada Concepción como la mujer del Apocalipsis, que se había instalado en el coro del santuario español antes de la Conquista.[34]

En su historia Francisco de San José también reseña la vida del beato Amadeo de Portugal, quien pasó sus primeros años con los jerónimos en Guadalupe antes de unirse a los franciscanos en Italia donde, con el apoyo papal, instituyó una congregación reformada de aquella orden fisípara. Como muchos otros autores de la época, cita la promesa de la Virgen al beato Amadeo de permanecer en sus imágenes milagrosas hasta el fin del mundo; luego exclama que el poder espiritual de la Guadalupe española era tal que los peregrinos a menudo se sentían embargados de pesar por sus pecados, de manera que "podríamos llamar a esta santa imagen en algún modo sacramento de dolor". También el fraile jerónimo de Guadalupe, Juan de la Puebla, inició con ímpetu la reforma de los franciscanos castellanos, y creó así la base de lo que al final se convertiría en la provincia de San Gabriel de donde partieron los doce frailes que llegaron a Nueva España en 1524.[35]

Antes de las negociaciones mexicanas en Roma, en 1746 apareció en Madrid *Idea de una nueva historia general de la América Septentrional* de Lorenzo de Boturini Benaduci (1702-1753), un hidalgo milanés de antigua estirpe, que viajó mucho por Nueva España, donde lo consumió un apasionado interés por las antigüedades mexicanas y una honda devoción a Nuestra Señora de Guadalupe. En 1735, Boturini abandonó la corte imperial de Viena, en la que había vivido varios años, y se trasladó a España donde sin tardanza emprendió un peregrinaje a Zaragoza para visitar "el primer templo de la cristiandad, de Nuestra Señora del Pilar". Al llegar a México en 1736 fue testigo de la embestida de la epidemia y pudo presenciar la aclamación pública de Guadalupe como patrona de la capital. En los años siguientes, coleccionó un gran número de manuscritos y códices indígenas que trataban del pasado mexicano, reunidos con el propósito de permitirle reinterpretar la historia mediante la aplicación de las teorías expuestas en *La Scienza Nuova* (1725) de Giambattista Vico. Pero su devoción a Nuestra Señora de Guadalupe era tan grande que sin consultarlo con las autoridades de Nueva España, se comunicó con sus amigos en Roma y, gracias a la intervención de Alejandro Sforza Palavicini, el 11 de julio de 1740 obtuvo un *breve* de la basílica de San Pedro donde se autorizaba la coronación de la Virgen mexicana como "la jurada, postulada principal patrona deste vastísimo imperio". En 1742, solicitó fondos para pagar la corona de la Virgen y el virrey supo de su presencia en Nueva España y de su audaz iniciativa. Los fundamentos para su arresto eran suficientes puesto que no sólo había entrado a México sin obtener la licencia requerida, sino que también había infringido los derechos del patronato real sobre la Iglesia mexicana que establecían que toda comunicación con Roma debía ser aprobada por el Consejo de Indias. De hecho, el juez que investigó el asunto concluyó que Boturini actuó de buena fe y solamente recomendó que se le confiscara su amplia documentación y que fuese deportado. Pero a su regreso a España, el italiano atrajo la atención de Gregorio Mayans y Siscar y gracias a su respaldo no sólo publicó *Idea de una nueva historia general*, sino que más tarde fue nombrado cronista de las Indias.[36]

Como apéndice a ese libro incluye un "Catálogo del Museo Histórico Indiano", en el que Boturini enumera todos los manuscritos que había adquirido durante los años que estuvo en Nueva España. Con mucho, la parte más importante de su colección eran las copias de los manuscritos que Carlos de Sigüenza y Góngora legó al colegio jesuita de San Pedro y San Pablo, muchos de los cuales a su vez provenían de los manuscritos que reunió y escribió Fernando de Alva Ixtlilxóchitl. También localizó algunos "mapas" indígenas, códices del siglo XVI, cuyo origen era la colección de Sigüenza y otras fuentes. Gracias a este material Boturini pudo confirmar el argumento de Becerra Tanco en el sentido de que los indígenas de México habían registrado su historia en "pinturas", para luego escribir relaciones posteriores en náhuatl y en castellano. Además, tal era la simpatía que sentía por la tradición eclesiástica criolla que aceptó la teoría de una misión apostólica en el México antiguo. Si bien lamentaba no haber podido localizar el ensayo de Sigüenza y Góngora sobre santo Tomás en la figura de Quetzalcóatl, afirmó haber encontrado numerosas notas que trataban de aquel asunto y un "mapa" indígena en el cual estaba representado un apóstol cristiano.[37]

En la sección de su catálogo que hacía referencia a la historia de Guadalupe, Boturini intervino decisivamente en el desarrollo de la tradición mexicana, puesto que sostenía haber visto un códice en el que aparecían dibujados la capilla y su imagen poco después de la Conquista y una serie de anales indígenas en los que se describían las apariciones. Asimismo, también encontró varios documentos que hablaban sobre el culto en el siglo XVI, con testimonios de la presencia de la Virgen en la ciudad durante la gran inundación de 1629 a 1634. Había visto una lámina de plomo y un antiguo "mapa" en los que se representaban las apariciones y tenía un ejemplar de la relación que escribiera Fernando de Alva Ixtlilxóchitl. Pero atacó a Laso de la Vega, lo que llamó la atención de los lectores mexicanos. ¿Cómo era posible que el capellán alabase el libro de Sánchez en términos que revelaban su ignorancia acerca de las apariciones y aun así seis meses más tarde escribiera una magistral relación en náhuatl? Del *Huei tlamahuiçoltica* de 1649, del que mandó a hacer una traducción literal, Boturini concluye: "Esta no es, ni puede ser, de dicho autor." A modo de corolario observa que entre los milagros que incluía Laso de la Vega se encontraba el incidente en que la Virgen impidió la transferencia de San Juan Teotihuacán de los franciscanos a los agustinos. Pero con toda evidencia los indígenas registraron este suceso en un "mapa", que Laso de la Vega no pudo haber comprendido. Citando *Piedad heroica* de Sigüenza y Góngora, que había visto en forma manuscrita, llega a un irrebatible colofón: el verdadero autor del texto en náhuatl de 1649 es Antonio Valeriano, el célebre maestro de Torquemada y otros franciscanos. En cuanto a Laso de la Vega dice

> que casualmente halló algún manuscrito antiguo de autor indio, y no hizo más que imprimirlo y ponerle su nombre, quitando con simpleza, no sólo a los naturales la honra de haberla escrito, sino también la antigüedad de la historia.

Esas enérgicas afirmaciones estaban sustentadas en la erudita autoridad de Boturini ya que era el único calificado para juzgar semejante asunto. Sostuvo y amplió la tesis que por primera vez presentó Becerra Tanco y que más tarde confirmó Sigüenza y Góngora de que la tradición guadalupana descansaba en el relato que escribió en náhuatl un discípulo indio de los franciscanos.[38]

La medida en la que México aprovechó la aportación de Boturini puede observarse en *Biblioteca mexicana* (1755), el primer volumen de una ambiciosa biobibliografía escrita en latín, que aspira incluir a todos los autores mexicanos y sus obras, publicadas y en manuscrito. Su autor, Juan José de Eguiara y Eguren (1696-1763), canónigo de la catedral y profesor en la universidad, escribió un polémico prólogo en el que criticaba severamente las *Cartas latinas* de Manuel Martí por desdeñar la sapiencia americana. En una acalorada defensa de sus compatriotas, Eguiara y Eguren alaba los jeroglíficos de los mexicas como una auténtica forma de escritura mediante la cual habían conservado el registro de su historia. Entre las anotaciones más detalladas referentes a los autores españoles, se encuentra la dedicada a Carlos de Sigüenza y Góngora, en la que da testimonio no sólo de su amplio conocimiento del náhuatl sino de su destreza al descifrar el significado de los antiguos códices y jeroglíficos de los que había podido deducir una cronología del pasado indígena.

Lamenta que Sigüenza no hubiese conseguido utilizar la enorme colección de materiales que había reunido para escribir más extensamente sobre la historia india, pero observa que la mayor parte de la información que ofreció Giovanni Francesco Gemelli Careri en *Giro del mondo* provenía del erudito mexicano. Amigo de Cayetano de Cabrera, ensalza su *Escudo de armas* y lo cita como una autoridad respecto de la publicación de la *Piedad heroica* de Sigüenza y Góngora, una obra que al parecer él mismo no poseía.[39]

Eguiara y Eguren predicó un elocuente sermón sobre Nuestra Señora de Guadalupe en 1756 y también contribuyó al fortalecimiento de su tradición cuando en *Biblioteca mexicana* incluyó una anotación sobre Antonio Valeriano. Se refería a aquel discípulo de los franciscanos en el colegio de Santa Cruz como un hidalgo emparentado con los emperadores de México, gobernador de San Juan Tenochtitlán durante más de treinta años. Además, no sólo Torquemada alabó los conocimientos de latín y castellano del indio, ya que otro franciscano, Juan Bautista, le agradeció su ayuda en el prefacio a una colección de sermones en náhuatl y proporcionó el texto de una carta en latín que Valeriano había escrito a instancias suyas. Pero para Eguiara y Eguren, la "corona de oro" de Valeriano era su relato de las apariciones de la Virgen a Juan Diego, de cuya autoría daba fe no sólo Sigüenza y Góngora sino también Boturini. A pesar de que Cabrera sostuvo que un franciscano escribió la narración original en español, quedaba claro que Valeriano era el autor de la versión de 1649 que publicara Laso de la Vega. Poniendo cuidado en citar por página y por volumen todos los libros en los que se mencionaba a Valeriano, Eguiara y Eguren mantuvo que el indio era el origen de todas las relaciones escritas en náhuatl sobre Guadalupe.[40]

IV

El culto a la Virgen de Guadalupe sólo podrá entenderse cabalmente dentro del contexto de un sinfin de imágenes marianas que a menudo albergaban espléndidos santuarios y que frecuentaban numerosos peregrinos en busca del alivio a sus padecimientos. En su aprobación de *Zodiaco mariano* (1755), el predicador jesuita Francisco Javier Lazcano compara a Guadalupe con el sol en torno al cual giran los planetas y con la luna rodeada de estrellas.[41] Por este motivo declara que si América era el Benjamín de los continentes del mundo, también era la primera en gozar de los favores recibidos de la Madre de Dios. Si bien todas las órdenes religiosas fomentaban la devoción a María, durante esta época eran los autores jesuitas, y en particular Francisco de Florencia, quienes se destacaron por investigar la historia de las milagrosas imágenes de la Virgen que se veneraban más en Nueva España. A pesar de que *Zodiaco mariano* nunca se publicó en vida de Florencia, Juan Antonio de Oviedo, un antiguo provincial de los jesuitas mexicanos, revisó y editó el libro. Pero esta descripción general rivaliza con *Origen de los dos célebres santuarios de la Nueva Galicia* (1694) reimpreso en 1757 y de nuevo en 1766. Al autorizar esta última obra, Juan José de Eguiara y Eguren dice del jesuita que es "historiador celeberrísimo de las principales imágenes de Nuestra Señora que se veneran en este reino, cuya fama dura y durará inmortal en cuantos han leído sus escritos". Debe recordarse que en aquel tratado Florencia repitió la cita del *Apocalypsis nova* en la cual la Virgen María aseguraba al visionario franciscano que permanecería de cuerpo presente en sus imágenes milagrosas hasta el fin del mundo. Asimismo, en él citaba a San Pedro Crisólogo cuando aseguraba que "la imagen y el original son una misma cosa en cuanto al poder, aunque distinta en cuanto al ser". Por ende, las imágenes milagrosas de María debían abordarse como si la Virgen estuviese presente en ellas, así como Cristo lo estaba en la Eucaristía. El que esta justificación teológica del culto a las imágenes sagradas se reimprimiese hasta 1766 demuestra el consenso cultural que unió a las generaciones que iban de Miguel Sánchez a Juan José de Eguiara y Eguren.[42]

El *Zodiaco mariano* no pretendía de ninguna manera minimizar la importancia que tenía Nuestra Señora de los Remedios en la ciudad de México y el valle circundante, puesto que la devoción a esta Virgen seguía siendo ferviente y cuando la temporada de lluvias se retrasaba demasiado se llevaba en procesión pública a la catedral. No es éste el lugar para hacer un análisis detallado de su contenido, ya que entre las 106 imágenes que Florencia y Oviedo enumeraban, se incluían muchas figuras veneradas en conventos o colegios jesuitas. En otros casos, la información era superficial. No obstante, nos enseña que Nuestra Señora de Izamal, la principal Virgen de Yucatán, fue tallada en Guatemala y que la instaló Diego de Landa, el obispo del siglo XVI. En 1648 la llevaron a Mérida para aliviar a la ciudad de una epidemia. Se construyó un hermoso santuario para albergar la imagen y acoger a los peregrinos que iban en busca de ayuda. Asimismo, en Oaxaca Nuestra Señora de la Soledad fue bendecida con una iglesia extraordinariamente hermosa que se terminó en 1686 y a la que más tarde se le agregó un convento de monjas. En efecto, en medio de esta efusión de oraciones, puede discernirse una geografía espiritual en la cual cada ciudad, distrito y provincia llegó a poseer una imagen taumatúrgica que inspiraba devoción dentro de un territorio que abarcaba una amplia circunferencia.[43]

A manera de compendio, el *Zodiaco mariano* menciona el origen de Nuestra Señora de Zapopan, venerada en un pueblo indio cerca de Guadalajara, y de Nuestra Señora de San Juan de los Lagos, que albergaba un santuario en Jalostitlán, en las cercanías del camino a Zacatecas, cultos que se describían con mayor detalle en la segunda edición del tratado de 1694 de Florencia. Ambas imágenes tenían un origen identificable, puesto que los franciscanos trajeron a Nuestra Señora de Zapopan desde España y Nuestra Señora de San

Juan de los Lagos había sido hecha de masa de maíz en Michoacán. En el curso del siglo XVII se volvieron famosas por sus curaciones, que en uno de los casos incluía la resurrección de los muertos. Después de 1668, cuando llevaron a la Virgen de Zapopan a la catedral de Guadalajara para detener una epidemia, comenzaron las obras para proporcionarle un santuario adecuado a su imagen. Asimismo, en 1682 la antigua capilla de San Juan de los Lagos fue reemplazada con una iglesia de dos torres, que a su vez cedió su lugar a una impresionante estructura que se construyó durante la década de 1730. En una reflexión acerca de las dos imágenes, Florencia sugería que del mismo modo que algunas personas creían que Guadalupe era para los indios y Remedios para los españoles, de igual manera Zapopan atraía la devoción de los indios en tanto la Virgen de San Juan era venerada en su mayoría por españoles.[44] A juzgar por los milagros que había realizado esta última imagen estaba presente en el mundo fronterizo de los ranchos ganaderos, las minas de plata y los tiros de mulas. En el siglo XVIII, cuando el nuevo santuario fue bendecido con un exquisito *camarín* detrás del altar y un trono de plata cuyo valor era de mil marcos, atrajo peregrinos no solamente de Zacatecas y San Luis Potosí, sino de Querétaro y la ciudad de México. En un comentario revelador, Florencia hacía notar que los dos santuarios tenían *peregrinas* que recorrían un amplio territorio en busca de limosnas. Tan ferviente era la devoción a la Virgen de San Juan de los Lagos que su fiesta anual, celebrada el 12 de diciembre, atraía más de diez mil peregrinos y cuando su *peregrina* hacía una salida, recaudaba más limosnas que las copias de Guadalupe y Remedios, incluso en una ciudad como Puebla, puesto que era una "robacorazones".[45]

Con excepción de Remedios, a ninguna Virgen se le dedicaba tanto espacio en el *Zodiaco mariano* como a Nuestra Señora de Ocotlán, una imagen muy venerada que albergaba un majestuoso santuario a las afueras de Tlaxcala. En este caso, Oviedo recurrió a la historia publicada en 1745 y reimpresa en 1750 que escribió su capellán, Manuel de Loyzaga, y quien había recaudado más de noventa mil pesos para llenar la iglesia de retablos ricamente tallados y para construir un *camarín* octagonal detrás del altar que despertó la admiración de los dignatarios visitantes. Puesto que se nombró al primer capellán del santuario hasta 1670, quizá no era de sorprender que Loyzaga fuese incapaz de localizar algún documento jurídico o antiguas relaciones escritas del origen de la Virgen, y por lo tanto sencillamente confió en la tradición argumentando que las palabras en el papel no eran necesarias cuando "sobran de padres a hijos noticias siempre uniformes, nunca variadas, que en lo humano hacen fe". La tradición afirmaba que poco después de la Conquista un indio llamado Juan Diego iba a buscar agua para ayudar a los enfermos durante una epidemia cuando se apareció la Virgen y al preguntarle a dónde se dirigía, dijo:

> Ven detrás mío: que yo te daré otra agua con que se extinga ese contagio y sanen no sólo tus parientes, sino cuantos bebieren de ella: porque mi corazón siempre inclinado a favorecer a los desvalidos ya no me sufre ver entre ellos tantas desdichas sin remediarlas.

Entonces María condujo al indio a un ocotal donde se abrió el tronco de uno de los árboles, permitiendo que brotara el agua. Luego de llevar el agua para curar a los enfermos, Juan Diego le habló de la aparición a los franciscanos de Tlaxcala, pero cuando se acercaron al ocotal encontraron al árbol envuelto en llamas, como la zarza en Horeb, sin que el fuego lo consumiera. Al día siguiente, cuando regresaron, Juan Diego y los franciscanos hallaron una imagen de la Virgen en el árbol y con gran alegría la llevaron a la capilla cercana de San Lorenzo, construida en una pequeña colina. Pronto la imagen se llamó Nuestra Señora de Ocotlán, una corrupción del náhuatl que significa "la Señora del ocote que estuvo ardiendo".[46]

Si bien había indicios que sugerían que en la década de 1640 el obispo de Puebla, Juan de Palafox y Mendoza, promovió el culto de esta estatua de María, no fue sino hasta el nombramiento del primer capellán en 1670 que se comenzó a construir un auténtico santuario. El segundo capellán, de 1691 a 1716, puso en pie un retablo dedicado a Nuestra Señora de Guadalupe. Pero con el nombramiento de Loyzaga, el artista indio Francisco Miguel terminó el *camarín* y el retablo principal. Por entonces, los peregrinos que buscaban alivio ya visitaban el santuario. En él había una copia *peregrina* que año con año acudía a los distritos vecinos para recabar limosnas; sus acompañantes distribuían "estampas de la Señora, tocadas al original, y panecillos amasados con el agua santa". Durante esa época las imágenes copiadas de Ocotlán eran veneradas en Tepeaca y Córdoba y contaban con el respaldo de las cofradías. Fue tal la devoción que inspiró esta imagen milagrosa que en 1741 el doctor Antonio de Velasco, un acaudalado clérigo, llegó con un ejército de acompañantes a pasar cinco días en el santuario donde, junto con músicos y sacerdotes, celebraron misa y escucharon sermones, cantaron las siete horas canónicas, recitaron el rosario e interpretaron himnos. Luego de este banquete litúrgico, Velasco obsequió joyas a la Virgen y limosnas a los pobres y en 1750 auspició la reimpresión de la historia de Loyzaga. Los fondos no se agotaron, puesto que posteriores capellanes siguieron ampliando y decorando el santuario hasta que llegó a contarse entre los más exquisitos ejemplos de la arquitectura churrigueresca de la Nueva España. Fue la misma oscuridad de los comienzos del culto lo que permitió a Loyzaga encontrar la tradición de su milagroso origen, de acuerdo con la cual "los ángeles que la vinieran a esconder al principio en el felicísimo seno de ocote, ya la traían formada de algún trozo del Árbol de la vida".[47]

Por temor a que la concentración de cultos marianos distorsione nuestra visión del catolicismo mexicano en esta época, debemos hacer énfasis en que cada iglesia poseía un crucifijo, a menudo realista, con figuras de tamaño natural y diseñados para exhibir los sufrimientos de Cristo. Como se ha visto, en la ciudad de México se veneraba el Cristo de

Ixmiquilpan casi tanto como a Guadalupe o Remedios. Asimismo, el Cristo de Chalma se convirtió en una imagen de culto que atraía un gran número de peregrinos y que realizaba curas milagrosas. Sorprende que en las páginas finales de *Americana thebaida* (1729-c.1740), el cronista agustino de Michoacán, Matías de Escobar, relate la misteriosa aparición de no menos de diez crucifijos que se encontraron tallados en ramas flotantes o en las enmarañadas raíces de los árboles, cuyos rasgos a menudo sólo podían distinguirse tras haberlos arrojado al fuego. Tal era el origen del famoso Cristo de la Piedad cuya cabeza "levantaron" en el bosque circundante tres escultores indios en el pasado que las llamas la revelaron. Estas historias parecieran indicar que la naturaleza misma en el Nuevo Mundo, una vez llena de espíritus hostiles, ahora daba a luz innumerables imágenes sagradas, ya sea de Cristo o de María. En la mayoría de los casos, estas figuras eran las patronas espirituales de las comunidades rurales que habían surgido en estas tierras recién pobladas.[48]

Por esa época el paisaje espiritual mexicano también estuvo habitado por una imagen muy distinta de Cristo. En *Crónica apostólica y seráfica de todos los colegios de propaganda fide de la Nueva España de los misioneros franciscanos observantes* (1746), Isidro Félix de Espinosa (1679-1755) escribió que Melchor López de Jesús, uno de los líderes de este renacimiento de la oratoria misionera, parecía

> un vivo retrato de Cristo crucificado [...] Los viernes salía a los campos descalzo, y con una cruz muy pesada al hombro, una soga al cuello y una corona de espinas tan apretada que tal vez dejaban ver en su rostro venerable gotas de sangre que sacaban las espinas.

En efecto, esta generación de frailes que llegaron de la Península predicaban sermones que se concentraban en la Pasión de Cristo y que llamaban a la grey a hacer penitencia por sus pecados. Dondequiera que fuesen, erigían Calvarios y Estaciones de la Cruz, devociones que seguían a Cristo

San Lucas pintando a la Virgen de Guadalupe con San Juan Evangelista,
Duns Escoto y sor María de Ágreda. Relieve de la portada del Colegio
Franciscano de Guadalupe en Zacatecas. Cortesía del IIE, UNAM.

mientras cargaba su cruz al lugar donde sería crucificado. El
más influyente de estos franciscanos, Antonio Margil de Jesús, se flagelaba con regularidad, y durante un sermón se
despojó de su hábito frente al púlpito y laceró sus hombros
con una pesada cadena de hierro, arrancando compasivos
gemidos a la congregación. La imitación de Cristo de estos
frailes inevitablemente estaba vinculada al remedo físico del
sufrimiento del Salvador y tal era la fuerza de su ejemplo que
dejaron una huella indeleble en las formas de devoción en
México.[49]

Tampoco el ascetismo era distintivo de los frailes españoles. Desde la primera fundación del colegio de Santa Cruz en
Querétaro, en 1683, los jóvenes criollos se sintieron atraídos
por la disciplina y el fervor de estos institutos misioneros.
Como se ha visto, Cabrera comenta que durante la epidemia
de 1737 los franciscanos del colegio de San Fernando, fundado en 1731, asistían a los pobres y a los enfermos en sus
chozas, poniendo de manifiesto el celo ejemplar y las virtu-

des ascéticas de los frailes tanto europeos como americanos. Además, una investigación llevada a cabo en 1749 descubrió que el colegio de Nuestra Señora de Guadalupe en Zacatecas, que fundara Margil en 1707, estaba casi enteramente compuesto por criollos reclutados en los territorios al norte de la ciudad de México. Hay que señalar que los tres colegios no sólo mantenían misiones en la frontera norte, en Texas y en California, también predicaban el arrepentimiento en parroquias en todos los asentamientos de la Nueva España.[50] Isidro Félix de Espinosa fue paradigma de la entrega de los frailes criollos, puesto que no solamente acompañó a Margil en la primera expedición a Texas sino que también fungió como primer presidente del colegio de San Fernando y, cuando lo venció la enfermedad, dedicó el resto de su vida a escribir la crónica de los enormes logros de estos "misioneros apostólicos". Evidentemente, todos estos franciscanos predicaban la devoción a María, de hecho, Margil pasaba largas horas leyendo *Mística Ciudad de Dios* de María de Ágreda; y es obvio que los frailes criollos de Zacatecas promovieron la devoción a Guadalupe en los territorios del norte.[51] Pero el centro de su religión era el sufrimiento de Cristo y la enseñanza de que la salvación sólo podía venir del arrepentimiento de los pecados y de la imitación del Salvador. Cualquier historia de la religión mexicana que se concentre en Nuestra Señora de Guadalupe excluyendo a su Hijo distorsiona las realidades sociales y espirituales de la época.

I

Cuando Francisco de Florencia desechó el "panegírico conceptual" de los sermones contemporáneos a favor de "la letra de la historia" que era el fundamento de la tradición, señaló una dicotomía esencial en la literatura sobre Nuestra Señora de Guadalupe. Como demostró la monumental crónica de Cabrera, el intento por descubrir la existencia de testimonios de las apariciones escritos en el siglo XVI era un proyecto arriesgado y expuesto a una considerable controversia. Por el contrario, durante las primeras seis décadas del siglo XVIII los predicadores que oficiaban en los ritos de conmemoración de los estadios, a lo largo de los cuales la Virgen mexicana se había convertido en la patrona de Nueva España, exhibían una alegre confianza en la revelación de su sublime presencia en el Tepeyac. En esencia exploraron, ampliaron y ahondaron las afirmaciones de Miguel Sánchez y José Vidal de Figueroa. Indiferentes a la sencillez narrativa de la traducción de Becerra Tanco del texto en náhuatl de Laso de la Vega, elaboraron una celebración teológica de la Virgen que combinaba la tipología bíblica, la transfiguración sacramental y la teoría neoplatónica de las imágenes. Leer los sermones de esos predicadores es una extraña experiencia, puesto que parecen haberse embarcado en un vertiginoso ascenso, escalando los cielos en una serie de metáforas que desafiaban los límites de la ortodoxia.

De los sermones que celebraban la consagración del nuevo y majestuoso santuario del Tepeyac, terminado en 1709, solamente sobrevive *La maravilla inmarcesible y milagro continuado de Santísima Señora Nuestra en su prodigiosa imagen de Guadalupe de México* (1709). El predicador, Juan de Goicoechea, un jesuita a quienes sus superiores alababan por su "ingenio, juicio y letras", saludó a la Virgen María, puesto que ella deseaba "ser Indiana" y aparecer como "coronada reina" y habitar en esta "Jerusalén nueva y Nueva España". Así como una vez el Arca de la Alianza fue depositada en el templo que construyera Salomón, ahora la imagen de la Virgen mexicana, "mística incorruptible arca", entraba en su nuevo santuario. Si en Jerusalén los judíos construyeron tres templos, cada uno más grandioso que el anterior, asimismo en Nueva España se erigieron tres iglesias en el Tepeyac. La primera capilla, erigida por el arzobispo Zumárraga, duró noventa años antes de que la reemplazara el nuevo santuario que el arzobispo Pérez de la Serna terminó en 1622. La tercera iglesia, cuyo diseño en la década de 1690 se debe al arzobispo Francisco de Aguiar y Seijas, fue terminada por el virrey duque de Albuquerque y el arzobispo Juan de Ortega y Montañés. En esta colaboración se manifestó la unidad de las ramas eclesiásticas y seglares. La Eucaristía, "el sol sacramentado" acompañó a la imagen de la Virgen en su entrada a la iglesia. Pero como el símbolo de Cristo era el sol, a María la representaba mejor la luna, y sobre todo en el Tepeyac puesto, que el significado original de *Meztli*, palabra de la que México tomó su nombre, era luna llena. ¿María en su imagen de Guadalupe no debía recibir el tratamiento de "perla preciosa, imperial águila [...] Rosa de Jericó y luna del mar mexicano"?[1]

Al dirigir su atención al majestuoso santuario, Goicoechea alaba la observancia de los principios arquitectónicos de Vitrubio, ya que sus proporciones eran idénticas a las del cuerpo humano. Con las cuatro torres que coronaban cada esquina y las dos entradas laterales, réplica del diseño de la fachada, el edificio exhibía una simetría exquisita. Al citar a Juan de Pineda, el comentador español de las Escrituras, recuerda que había la creencia de que el templo de Salomón tuvo la forma de un león, en tanto era evidente que el santuario mexicano tenía la forma de un águila con las alas extendidas. Las mismas simetrías podían observarse en la imagen de la Virgen, puesto que el lienzo se encontraba dividido en dos piezas cosidas con hilo de algodón, y la disposición de los rayos del sol, de la corona y el ángel que la sostenía se dividía por igual entre las dos mitades de la pintura. En este punto, Goicoechea no pudo abstenerse de intercalar que el ángel era obviamente San Miguel Arcángel. Al retomar el tema principal, recordaba que los israelitas depositaron una vasija de maná en el Arca de la Alianza y desde ese momento, a pesar de su insustancialidad, la colocaron en los tres sucesivos templos de Jerusalén. Las rosas y flores que Juan Diego recogió, ¿no habían permanecido impresas en la imagen de la tilma, a pesar de su fragilidad? Sin embargo, la humedad y el salitre del aire y la tierra del Tepeyac habían arruinado dos iglesias sucesivas. ¿Cómo podía explicarse la conservación de la imagen salvo porque era "un milagro continuo"? Ya estuviese hecha de la burda fibra del maguey o de la palma *iczotl*, como sostenían algunos, no era sino una tela burda y débil que debió desintegrarse mucho antes de los 180 años que ya había durado. El antiguo altar mayor, hecho de plata refinada, ¿no se veía ahora como una pieza de plomo viejo? A partir de todas estas consideraciones surgía una triunfante conclusión: las iglesias y los templos estaban condenados a desaparecer, incluso el santuario, pero la imagen de Guadalupe, "águila mexicana [...] fénix eterna", perduraría para siempre.[2]

De la comparación con el maná del Antiguo Testamento, que siempre se había interpretado como la prefiguración del pan sacramental, no había más que un paso hacia la comparación de la imagen de Guadalupe con la Eucaristía, y Goicoechea la describió como "imagen del sacramento y sacramento de las imágenes". En una prosa complicada enfatizaba:

> el continuado milagro, con que allí se presencia en su pintura, a los visos, que Cristo en la Eucaristía en que destruida la substancia del pan, ésta los accidentes sin el arrimo de la substancia;

colores de pan y vino en el aire suspensos como los colores de Nuestra Fénix Maravilla, suspensos también, como en el aire.

Aquí Goicoechea citaba a San Basilio el Grande y a San Gregorio Nazianzus acerca de la creación de Dios de la luz que en el principio existía como forma pura sin accidentes o sujeto. Asimismo, tomó de los comentadores jesuitas de las Escrituras Benito Pereyra y Cornelius Lapierre la observación de que la Eucaristía se asemeja a la luz en que conserva los accidentes del pan sin un sujeto, a partir de lo cual concluye que la imagen de Guadalupe en cierto sentido se asemejaba a la luz, puesto que los accidentes de la pintura se sostenían sin sujeto. Este razonamiento se basó en la doctrina católica de la transustanciación, de acuerdo con la cual el pan y el vino sacramentales se transformaban en el cuerpo y la sangre de Cristo sin ningún cambio aparente en el aspecto o en los accidentes del pan y del vino. Evidentemente, lo importante no era la doctrina escolástica sino la posible equivalencia entre la imagen de María en Guadalupe y la Eucaristía de Cristo, sostenida en el "octavo rapto" del beato Amadeo de Portugal.[3]

En conclusión, Goicoechea razona que si bien Cristo prometió permanecer con sus discípulos hasta el fin del mundo, era obvio que la Eucaristía que encarnaba esa promesa, desaparecería con el advenimiento de la Nueva Jerusalén. Pero luego cita la promesa de la Virgen María, tal como aparece en *Apocalypsis Nova*, de que sus imágenes milagrosas perdurarían hasta el fin del mundo. De esta revelación Goicoechea deduce que, si bien el nuevo santuario del Tepeyac pudo convertirse en escombros, la imagen de Guadalupe permanecería para siempre "como sacramentada en una capa". En todo su sermón insiste en la equivalencia de la Eucaristía y la imagen, definiendo a la Virgen mexicana como un sacramento vivo y perpetuo.[4] Aunque comparaba el templo de Jerusalén con el santuario del Tepeyac y ofrecía el maná del Antiguo Testamento como una prefiguración de la imagen, evadía por completo la vía tipológica de Miguel Sánchez y estaba más interesado en la tilma de Juan Diego que en el indio mismo. Tampoco hace referencia alguna a las altas bóvedas de la doctrina neoplatónica de Vidal de Figueroa. En su discurso, el énfasis se centra en establecer el carácter sacramental de la imagen.

No todos los sermones de esta época exhibieron un dominio tan consistente de los temas teológicos. El mensaje principal de *Imagen humana y divina de la Purísima Concepción* (1738), de Miguel Picazo, un mercedario, era que Guadalupe era la mejor representación de la Inmaculada Concepción de María. Al evocar la escena de Moisés y la zarza ardiente, no sólo interpretaba la zarza como una figura de María, también afirmaba que, de hecho, Moisés había visto en el fuego a María como Guadalupe. Siguiendo el hilo argumental de Goicoechea, sostenía que María era tan madre de Cristo en la Eucaristía como lo era en la carne, de modo que "todo el ser de la Señora es el ser del sacramento [...] porque la carne y sangre que en María se concibe limpia, se sacramenta en la hostia [...]" Todo esto lo llevaba a concluir que "el conocimiento del ser de María Inmaculada en esas dos imágenes, que es la hostia y Guadalupe, nos ofreció la Providencia". Al formular este sermón, Picazo cita a San Juan Damasceno y a San Teodoro el Estudita, y su censor el Segundo Concilio General de la Iglesia llevado a cabo en Nicea, en el que se hizo la distinción entre la veneración católica de las imágenes sagradas y la adoración pagana de los ídolos.[5]

También José Arlegui, un cronista franciscano, acarició la idea de que hubiese sido María y no Dios quien se apareció a Moisés en la zarza ardiente, y rápidamente describió a la Virgen como una salamandra espiritual. Al señalar que en el mundo antiguo las ciudades elegían imágenes de deidades paganas como patronos, creyendo que habían descendido del cielo, observaba que México era realmente afortunado, puesto que Guadalupe llegó "de la boca de la altísima sabiduría increada". Pero el propósito de *Sagrado paladión del americano Orbe* (1743), predicado en San Luis Potosí, era agradecer la victoria de los españoles contra la armada inglesa y advertir a la congregación sobre la amenaza que representaba "la potencia y armada de Inglaterra [...] el hereje luterano", de la que sólo Guadalupe podía proteger a México.[6]

El papel de los franciscanos en el estímulo de la devoción a Nuestra Señora de Guadalupe a lo largo de los vastos territorios septentrionales del virreinato de Nueva España se puso de manifiesto en 1707, cuando el nuevo colegio misional de *propaganda fide* que Antonio Margil de Jesús fundara en Zacatecas adoptó como patrona a la Virgen mexicana. Era un instituto de frailes que no se contentaban con establecer estaciones misionales en Texas sino que con regularidad llevaban "misiones" a los fieles, predicando el arrepentimiento y escuchando confesiones. Puesto que el colegio de Zacatecas estaba dominado por criollos, reclutados en el norte principalmente, sus frailes también impulsaron el culto de Guadalupe.[7] En un sermón que celebró la consagración de su iglesia en 1721, Matías Sáenz de San Antonio recordaba la escena de Moisés golpeando la roca para obtener agua para definir la piedra como el colegio franciscano, el bastón como la imagen de María de Guadalupe y las aguas como el Evangelio cristiano. Esta interpretación figurativa lo condujo fácilmente a definir la imagen patrona de la iglesia como un Arca de la Alianza y como la vara en flor de Aarón. En todo caso, ¿no era María la madre exclusiva de los franciscanos, que siempre se distinguieron por su especial devoción hacia la Madre de Dios? Así, "la guadalupana imagen es guarda y defensa de los lobos" de los pobres e indefensos frailes de este colegio misional. Al citar a los comentaristas bíblicos más influyentes de la época, Benito Pereyra y Cornelius Lapierre imaginaba a los franciscanos subiendo al cielo por la escalera de Jacob, gracias a sus arduas labores, con María en el último peldaño rodeada de ángeles ayudando a sus devotos hijos a ascender. Este sermón explica cómo los santuarios subordinados o de segundo orden dedicados a Guadalupe eran un poderoso medio para difundir su veneración a lo largo de extensos territorios.[8]

Con mucho, el sermón más encantador de este periodo fue el que pronunció el dominico José de Villasánchez en el hospital del Amor de Dios en la ciudad de México en 1733. Retomando el Salmo 45 (44), en el que la hija del rey se retrata recibiendo los obsequios de Ofir y Tiro, señala que esto significa que los indígenas de América recibirían a Cristo por medio de María. Esta afirmación se sustentaba en la tesis de que los indios y los españoles descendían de los antiguos tironeses y cartagineses como había demostrado Gregorio García en *Origen de las Indias* (1729). En una comparación consagrada por el tiempo, sostuvo que en tanto las imágenes marianas que se veneraban en Roma, la del Pilar en Zaragoza y la de Guadalupe en Extremadura, fueron pintadas o esculpidas por San Lucas, en cambio Dios mismo envió a la Virgen mexicana a América para convertir a sus pueblos. Haciendo eco sin saberlo de Vidal de Figueroa, Villasánchez aseguraba que Dios tomó su copia "de la misma hermosura, del mismo rostro de la soberana persona de María [...] María Santísima y su Imagen de Guadalupe son dos retratos gemelos, mellizos, sacados por la misma omnipotente mano, trasumptados de aquel original que tiene Dios en sí mismo". Por extraño que parezca, Villasánchez mitigó entonces esta extravagante aseveración al admitir que la imagen de Guadalupe no se asemejaba a María en vida o en el cielo, puesto que en la carne era mortal y en el cielo estaba sentada con los ojos levantados, en tanto que en su imagen estaba coronada y rodeada por el sol y tenía la luna a sus pies.[9] Pero Villasánchez permaneció fiel a sus maestros neoplatónicos al preguntar: "¿Qué otra cosa es aquella sacrosanta persona de la gran madre de Dios, que una imagen de la divina bondad?"

Villasánchez obtuvo una aclamación con su audaz tesis de que si Dios había enviado "esta misionera imagen" de Guadalupe a México, era porque a María le tenía reservada la conversión del Nuevo Mundo. En una temeraria figura, argumenta que la visita de los tres reyes a Belén, guiados por la estrella o el Espíritu Santo, significaba que Cristo, un sol alado, había nacido para iluminar las tres partes del mundo que aquellos reyes representaban. Por el contrario, María en su imagen de Guadalupe era la estrella de América, si bien bañada por el sol, y por lo tanto "para esta sagrada imagen de Guadalupe estaba reservada la misión de este Nuevo Mundo". ¿Y qué parte de América era más adecuada para su aparición que México, puesto que el significado original de *Metzico* era "donde apareció la luna"? Donde una vez los indios adoraron a Teonantzi, ahora veneraban a la verdadera Madre de Dios. En efecto, "las naciones americanas" bebían la leche del Evangelio en los pechos de María. Así, se estableció una clara antítesis entre el Viejo y el Nuevo Mundo, en la que América era el dominio final y privativo de María. En este contraste estaba implícita la idea de que mientras el Viejo Mundo se convirtió por el Verbo, América aceptó el Evangelio por la Imagen, hallándose de esta manera más iluminada por la luna que por el sol.[10]

No todos aceptaron que Villasánchez restaurase la tesis de Vidal de Figueroa de que Dios pintó a Guadalupe, puesto que en un sermón pronunciado en la Real Casa de Moneda el 19 de diciembre de 1747, el jesuita Antonio de Paredes argumenta que si en el monte Sinaí Dios había empleado a un ángel para grabar las Tablas de la Ley, también había usado a un ángel para pintar a Guadalupe. Su censor, el doctor Alonso Francisco Moreno y Castro, estuvo de acuerdo y llamó "el dedo de Dios" al arcángel Miguel, a quien describió como "heroico escribano real, secretario de gobierno de Dios". Por lo tanto fue San Miguel quien pintó a la Virgen mexicana, y su rúbrica consistió en incluirse en la figura del ángel que sostiene a María. Por su parte, Paredes ensalzó a sus anfitriones haciendo uso de una ingeniosa metáfora en la cual aseguraba que "las monedas del rey son oro, las de Dios los hombres. En aquéllas se ve la real imagen, en éstos, la divina". Retomando el tema de su sermón, citó a San Juan Damasceno cuando describe el Arca hebrea como "imagen de lo divino [...] Arca del pacto" que reúne la voluntad de Dios y la de Israel. Dentro de aquella Arca, Moisés colocó las

La Sagrada familia guadalupana (San José y la Guadalupana, los patronos del reino de la Nueva España), 1800, fotografía de Jesús Sánchez Uribe. Anónimo, colección particular, ciudad de México. Cortesía de Jorge Guadarrama.

Tablas de la Ley, la validación de la imagen, en tanto Guadalupe era el Arca y las Tablas, la imagen y su legitimación, la verdadera *scriptura dei*, la escritura de Dios. Si David exaltó el Arca con las palabras del Salmo 147, *non fecit taliter omni natione*, así mismo, como testimonio de "un amor excesivo", María eligió a los mexicanos o *indianos* como sus hijos especiales, regalándoles su imagen como Arca.[11]

II

En 1731 dignatarios de la Iglesia y el Estado se reunieron en el Tepeyac para celebrar el bicentenario de la aparición de Nuestra Señora de Guadalupe. Tan sólo unos años más tarde, en 1737, los mismos hombres regresaron al santuario para suplicar a la Virgen que salvase a la capital de la epidemia que aniquilaba a miles de sus ciudadanos. Cuando el alivio estuvo próximo, proclamaron a Guadalupe patrona de México. Como hemos visto, otras ciudades y diócesis en Nueva España imitaron su ejemplo y, en 1746, delegados de los ayuntamientos y de los cabildos eclesiásticos de todo el virreinato nombraron a la Virgen mexicana su patrona universal. Estas iniciativas que expresan la marea de devoción en constante crecimiento fueron autorizadas y en parte inspiradas por el cabildo eclesiástico de la ciudad de México, un cuerpo de clérigos criollos afamados por su saber y su patriotismo. En todas esas grandes ocasiones, el predicador era el doctor Bartolomé Felipe de Ita y Parra, un poblano educado por los jesuitas quien más tarde sería descrito como "ilustre por sus virtudes y letras, tanto por su sangre". Como sobrino de un canónigo de Puebla y de un reconocido jesuita, Ita y Parra entró al cabildo eclesiástico de México como medio racionero en 1723, se convirtió en canónigo en 1727 y finalmente se le recompensó por su elocuencia nombrándolo tesorero en 1747. Al igual que otros canónigos, enseñaba teología en la Universidad de México.[12] El reconocimiento a sus capacidades como predicador quedó de manifiesto cuando en 1728 fue elegido para pronunciar la apología fúnebre en el entierro del arzobispo José Lanciego y Eguilaz y, más aún, cuando representó al cabildo y al clero secular de la diócesis en 1729 durante las celebraciones que señalaron la canonización de San Juan de la Cruz. En aquel sermón se refirió a San Agustín como "mi amado padre" y alabó a Santa Teresa de Ávila como un Moisés que fundó de nuevo la orden carmelita, "a quien siguió el Josué de nuestro Juan como su hijo, discípulo y fundador". La inclinación del predicador por las metáforas y las figuras tipológicas se revela en los cuatro sermones que dedicó a Nuestra Señora de Guadalupe.

En *La imagen de Guadalupe, Señora de los tiempos*, pronunciado en el Tepeyac el 12 de diciembre de 1731 ante el virrey, el arzobispo y otros dignatarios, Ita y Parra citó a San Juan Damasceno para argumentar que a María se la esperaba desde la creación del mundo, que San Mateo reconstruyó su genealogía a lo largo de las generaciones desde Adán, de manera que con justeza podía ser aclamada "Señora de los tiempos, reina de los siglos". Fijando su atención en las 46 estrellas en el manto de la Virgen, en los cien rayos que la envolvían, y en los doce rayos de su corona, concluía que la imagen "se formó milagrosamente en la oficina de la omnipotencia; fue su pintor el ángel custodio de este vastísimo imperio de las Indias". El que la imagen perdurase doscientos años, a pesar de la fragilidad del lienzo de *ayate*, lo impulsaba a saludarla como el "fénix de lo caduco, émulo de lo eterno". De hecho, la describió como "columna permanente[...] para guiar al cielo al indiano como allá a la tierra de Promisión al israelita". Citaba el sermón de José Vidal de Figueroa, canónigo también "de esta santa Iglesia de México", y declaraba que la imagen era un retrato perfecto de María que provino de la eternidad. Además, estaba en desacuerdo con Goicoechea y aseguraba que la imagen perduraría incluso después del fin del mundo. ¿El jesuita español Juan Eusebio Nieremberg no sostenía que la Eucaristía seguiría presente después del Juicio Final, una opinión fundamentada en los escritos de San Juan Crisóstomo y de San Gregorio Nazianzus? Si tal era el caso, seguramente la imagen de Guadalupe también sobreviviría para la eternidad, colocada en un altar en el cielo junto al sacramento, la cruz y los cuatro Evangelios.[13]

Fue en *La Madre de la salud. La milagrosa imagen de Guadalupe*, pronunciado el 7 de febrero de 1737 en el Tepeyac ante el arzobispo virrey Vizarrón y Eguirreta y la elite de la capital, cuando Ita y Parra imploró a la Virgen que rescatara a los habitantes de la ciudad de los efectos de la epidemia. Recordó a la grey que sólo un poco antes había predicado ante ellos en la catedral, cuando la imagen de Nuestra Señora de los Remedios dejó su santuario para instalarse en el altar mayor en una desesperada petición de socorro. En aquella ocasión fue inflexible y sin duda achacó la epidemia a los pecados de los feligreses. Pero en el Tepeyac buscaba tranquilizar y reconfortar a sus escuchas. ¿Por qué, preguntaba, si Remedios había sido llevada a la ciudad, ahora la ciudad acudía a Guadalupe? El motivo era de suma importancia. ¿No era Remedios una imagen traída por los conquistadores de Europa, para ser "Señora de todos estos dominios"? Pero si América le pertenecía, ella era una peregrina perpetua, "sin lugar propio". Por el contrario, Guadalupe apareció en el Tepeyac y era aquí donde tenía su palacio y su trono. Adaptando las figuras tipológicas que Sánchez prefería, Ita y Parra declaró que "la Arca del Testamento es la imagen de los Remedios", puesto que fue tallada por manos humanas, como el arca original. Además, constantemente era conducida a la ciudad, del mismo modo que el arca israelita había sido llevada de un lugar a otro hasta que finalmente David la colocó en el templo. Por el contrario, "la zarza, en que se le apareció Dios a Moisés, digo que es esta soberana imagen de Guadalupe". Fue el "obispo Teodoro" quien definió la zarza como una figura de María; pero no obstante, "habla de la zarza ardiente de Horeb y pareciera que se refiere al *ayate* de Guadalupe", ya que así como las rugosas ramas de la zarza sobrevivieron al fuego, el frágil *ayate* se preservó de la destrucción que ocasionan los siglos. En una remembranza más evidente de Sánchez, Ita y Parra también mantuvo que Remedios era Ruth y Guadalupe, Noemí; puesto que Ruth era una inmigrante moabita en tanto Noemí era originaria de Belén. La conclusión que extrajo de estas comparaciones era el argumento de que si Remedios no alivió la epidemia, era porque el mismo don Juan, el noble indio que descubrió la imagen, había acudido a Guadalupe a buscar la cura de su enfermedad. Después de todo, ¿la Virgen no le prometió a Juan

Diego que sería una madre misericordiosa y que prestaría socorro a todos aquellos que la buscaran en su necesidad? Por ese motivo la ciudad había acudido a su santuario. El sermón terminaba con la súplica de Ita y Parra al ayuntamiento y al cabildo eclesiástico para que unidos jurasen lealtad a Guadalupe como "patrona universal de todo el reino".[14]

El tercer sermón de Ita y Parra, *La imagen de Guadalupe. Imagen de patrocinio*, pronunciado en el Tepeyac el 12 de diciembre de 1743, estuvo precedido por la larga sanción escrita por José de Elizondo y Valle, el mayordomo del santuario, quien citó a Cristóbal Colón y a Tomás Malvenda para respaldar su opinión de que América era la ubicación original del Paraíso. En verdad, el hemisferio aún conservaba buena parte de sus condiciones primeras, puesto que además de la abundancia y fertilidad naturales, también disfrutaba de una eterna primavera. Dios había separado al Nuevo Mundo del resto de la humanidad y lo había dotado de riquezas insuperables. Además, sus universidades cultivaban las ciencias con enorme eficacia, y personajes como santa Rosa de Lima habían bendecido su Iglesia. De nuevo, "de todas las monarquías que reconoce el orbe, la de España, siendo por antonomasia la católica, es la más pura en la Fe". Por si todo esto no fuese suficiente, ninguna otra nación del mundo poseía una imagen sagrada como la de Guadalupe, que pintó Dios mismo con "el pincel de su omnipotencia", una imagen venerada por Felipe V, quien se había convertido en hermano mayor de la congregación de la Virgen mexicana fundada en Madrid.[15] Los sentimientos patrióticos que penetraron el culto de Guadalupe pueden observarse sin dificultad en la sanción que escribió el franciscano español José Torrubia, al declarar que la reciente publicación de las cartas del docto deán de Alicante, Manuel Martí, era una afrenta para todo México. Este erudito advirtió a un joven discípulo que no fuese a las Indias, puesto que encontraría sólo algunas o ninguna biblioteca y poco cultivo de las letras. Torrubia señalaba que al expresar esta detestable opinión Martí sencillamente hacía eco del célebre sabio español Nicolás Antonio, quien, en

1663, afirmó que las Indias sólo producían oro y plata, de modo que "no son sino para hombres que quieran ir a sepultarse en olvido de todo lo virtuoso y precioso de Europa". Sin embargo, en *Historia de Tobías* (1667), Antonio Peralta Castañeda, un español que fue canónigo de Puebla, declaró haber encontrado tanta sabiduría en América como en España, si bien pobremente recompensada y desdeñada en Europa. Sólo recientemente, en su *Teatro crítico universal* (1730), el benedictino español Jerónimo Feijoo Montenegro defendió los talentos, éxitos y conocimientos de los americanos en contra de los vulgares prejuicios de sus compatriotas.[16]

En su sermón, Ita y Parra recurrió a la teología neoplatónica para exaltar la imagen de Guadalupe antes de comentar acerca del destino de los *indianos*, los originarios de las Indias, ya fuesen españoles o indios. Comenzaba definiendo la relación entre el Divino Verbo hecho carne y María, la Madre de Dios:

> Encarnado el Verbo, la Imagen vino a la tierra y vino a otra Imagen. Esto profundo quiere decir: que como el Verbo era Imagen substancial del Padre y el hombre fue criado a una Imagen de Dios, la Imagen que vino a la tierra encarnando el Verbo, se apareció para original de esta otra Imagen que formó María, dejándose ver en Guadalupe.

Lo que esta complicada prosa parece querer decir es que el Divino Verbo, la imagen del Padre, encarnó como hombre en María, quien, como toda la humanidad, era una imagen de Dios. Al mismo tiempo, María apareció en la tierra hecha carne como el original de su imagen de Guadalupe, que de este modo puede verse como un retrato fiel de cómo apareció la Virgen en la Tierra Santa.[17] Mediante un símil igualmente ingenioso, Ita y Parra cita la Epístola de San Pablo a los hebreos donde se escribe que, a pesar de su divinidad, Cristo adoptó el burdo manto de la naturaleza humana; luego afirma que aunque María no había encarnado, apareció en el manto de Juan Diego para ayudar a la conversión de los indios. Además, del mismo modo que Cristo perpetuaba la encarnación por medio de su presencia real en la Eucaristía, María permanecía inalterada en su imagen de Guadalupe. Gracias a su constante presencia en la imagen, María era en especial madre de los indios. Sólo al final de su sermón Ita y Parra hizo alusión a las polémicas contemporáneas y a Manuel Martí, cuando criticó a José de Acosta, el célebre cronista jesuita del siglo XVI, por negarle a los indios la posibilidad de la salvación antes de la llegada de los españoles. Asimismo, el principal jurista de la Colonia, Juan de Solórzano Pereira, describió a los indígenas del Nuevo Mundo como meros salvajes. ¿Por qué los autores europeos tenían una opinión tan pobre de los indígenas del Nuevo Mundo, exclamaba, sobre todo cuando Gregorio García señaló el descubrimiento de cruces en América como prueba de que los apóstoles pudieron haber predicado el Evangelio a los indios? Como conclusión, Ita y Parra asegura que del mismo modo que los hombres se hicieron superiores a los ángeles por la encarnación de Cristo, la aparición de Guadalupe volvió "a los *indianos* superiores a las demás naciones". Como habrá de observarse, en tanto Goicoechea se había concentrado en la equivalencia de la Eucaristía y la imagen de Guadalupe, Ita y Parra sugería la equivalencia de la encarnación de Cristo y la aparición de María en su imagen mexicana.[18]

Dado el éxito de sus sermones anteriores, era quizás inevitable que se le solicitara a Ita y Parra que pronunciase el sermón del 12 de diciembre de 1746 en el cual "América septentrional" juró aceptar a María en su imagen de Guadalupe como patrona de todo el reino. Ya por entonces Ita y Parra se desempeñaba como tesorero de la catedral, y cargado de labores menores comenzó *El círculo del amor formado por la América Septentrional jurando María Santísima en su imagen de Guadalupe, la imagen del patrocinio de todo su reino* citando la inscripción que ya adornaba muchas copias de la imagen, *non fecit taliter omni natione* e interpretaba esta frase de las Escrituras atribuyéndole el significado de que el *indiano* ahora superaba al antiguo israelita, que "ya es superior a Judea la América". Citando al profeta Jeremías y a su comentador Cornelius Lapierre, afirmó que en sus lapsos idólatras los israelitas ofrecieron sacrificios a la reina del cielo, una diosa de la luna traída de Egipto, a quien él identificaba con Diana, en forma de ofrendas de pan preparado a la manera de las hostias de la comunión. ¿No era todo esto emblemática profecía y figura de cómo los *indianos* deberían honrar a María en su santuario? El sermón fue pronunciado en presencia de la Eucaristía, a la que hizo alusión como "esa soberana hostia, esa sagrada placenta". En lo que a la imagen de Guadalupe respecta, ningún artificio humano le había dado forma; "mano soberana la imprimió. En la oficina de la Omnipotencia se sacó la copia: *opus coeli* [...] esta sagrada copia, imagen de su Concepción Purísima".[19]

Preparándose para abordar su tema, Ita y Parra declaró que cuando Cristo tomó a María por madre y ella por hijo, formaron un sagrado círculo de amor. Pero en la imagen de Guadalupe María se entregó a los *indianos* como su madre y ahora "la nación *Indiana*" iba a proclamarla solemnemente patrona y madre perpetua, completando así el círculo del amor. Ita y Parra se encontraba de tal modo sobrecogido por este espectáculo que afirmó: "que para la Imagen de María en Guadalupe se vino a la tierra la Imagen del Verbo[...] lo que en la Imagen del Verbo no se reconoce, en la Imagen de Guadalupe se admira". Esto implicaba que la encarnación de Cristo tuvo como fin último la aparición de su madre en la imagen de Guadalupe. Después de todo, como San Juan Crisóstomo observó, durante la encarnación, "aquella celestial imagen de lo divino en tiempo se hizo imagen de lo humano", el hijo de David. De nuevo, Ita y Parra comparó a Cristo y a María en México. Si Cristo apareció en forma de fuego, como en la zarza ardiente de Horeb, de igual modo en el Tepeyac "el Moisés de las Indias", Juan Diego, se confrontó con otra zarza ardiente en la cual apareció María en forma de luz, ardiendo con el fuego del sol, la luna y las estrellas. Sin embargo, qué vemos en la imagen sino "una hermosa, humilde indiana. La túnica, el manto, el traje es todo de su

Joaquín Villegas, *El Padre Eterno pintando a la Virgen de Guadalupe*, fotografía de Arturo Piera. Óleo del siglo XVIII, cortesía del Museo Nacional de Arte, ciudad de México.

nación", impreso todo en "un pobre, humilde, grosero *ayate*, que es su tabernáculo". Si Cristo se convirtió en un israelita despreciado, de igual manera la Soberana Emperatriz de los Cielos adoptó la forma de una humilde india menospreciada. No obstante, Cristo no fue recibido o reconocido por su pueblo, mientras en América de inmediato se dio la bienvenida a la imagen de María. Si se recuerda que María era la mejor imagen del Verbo hecho hombre, entonces por medio de ella los *indianos* eran conducidos hasta su hijo. Finalmente, Ita y Parra razona que cuando Cristo en la cruz le pidió a San Juan que tomara a María como su madre, a partir de entonces ella se convirtió en la madre necesaria y natural de todos los fieles. Pero gracias a su imagen de Guadalupe, María también se había transformado en la madre adoptiva de los *indianos*, quienes de este modo eran los hijos naturales y adoptivos de María.[20]

Tan sólo un año después de este exuberante discurso, el 7 de febrero de 1747, Ita y Parra pronunció en la catedral la oración fúnebre *El arrebatado de Dios*, en la que lamentaba la muerte de Felipe V. En su sanción, Juan Antonio de Oviedo, dos veces provincial de los jesuitas en esa época, alabó sus muchos sermones publicados e hizo notar que había estudiado filosofía con él. Citando *Mundus subterraneus* y *Oedipus Aegyptiacus* de Athanasius Kircher, menciona brevemente el arte de las antorchas cuyas flamas eran imperecederas, perpetuas. De hecho, el otro censor, el franciscano español José Torrubia, ensalzó al finado monarca por haber logrado mantener unida la monarquía española cuando sus enemigos ingleses y holandeses amenazaban con dividirla. En cuanto a Ita y Parra, utilizó para su texto el Salmo 135, en el que Israel llora junto a las aguas de Babilonia por la pérdida de su rey, e hizo referencia a la "América desconsolada, ilustre amada Patria mía". Con ingenio, ahondó en el cumplido convencional de saludar a Felipe V como otro David, llamando Saúl a Carlos II, el último de los Habsburgo. Luego mencionó las batallas que salvaron a España de la división. Luego de que la piedad, la castidad y la sabiduría de este monarca indolente y excesivamente amoroso con su esposa fueron debidamente exaltadas, el panegírico concluyó haciendo un llamado a Nuestra Señora de Guadalupe para que ayudase al nuevo rey, Fernando VI. El intenso patriotismo que animaba la devoción por la Virgen mexicana todavía estaba unido a una fuerte lealtad hacia la monarquía católica de España.[21]

III

Cuando en 1754 Benedicto XIV reconoció a Nuestra Señora de Guadalupe como patrona de Nueva España y sancionó la celebración de su día de fiesta el 12 de diciembre, designó la lectura en el Evangelio según San Lucas de la Visitación, es decir, cuando María, ya embarazada de Jesús, salió de Nazaret para dirigirse a la ciudad en las colinas de Judea donde entró en la casa del sacerdote Zacarías, el esposo de su prima Isabel. Una vez recibida en México, se le dio la bienvenida a la bula papal con festividades en las que los predicadores no tardaron en apropiarse el texto de San Lucas con el propósito de interpretar las sublimes analogías entre la Visitación y la aparición de la Virgen en Guadalupe. En un sermón pronunciado en la catedral el 11 de noviembre de 1756, el racionero doctor Cayetano Antonio de Torres subrayó que mientras María sólo se quedó tres meses con Isabel, en México se quedó para siempre, "siendo aun todavía más milagro que la visita del original, la dádiva de la copia".[22] En un tono más extravagante, Pedro Herboso, un dominico que predicó en el Tepeyac el 13 de diciembre de 1756, retrata a María viajando en un carruaje jalado por querubines, para ser recibida por "el niño Juan danzando alegre en el claustro de su madre Isabel", una elegante referencia al hijo del vientre de Isabel, el futuro San Juan Bautista.[23] Asimismo, el carmelita Andrés de la Santísima Trinidad citaba a los habituales comentadores de las Escrituras, incluyendo a Tomás Malvenda, en el sentido de que México había sido fundado por las diez tribus perdidas de Israel. Entonces como en la Visitación, María llegó a México para vivir entre los judíos. El argumento concluía con un rimbombante exordio: "México, aquella ciudad que santificada desde las eternidades estaba escogida para dichosa Sión, ciudad del rey grande".[24]

Uno de los sermones más afortunados fue el que pronunció el 10 de noviembre de 1756 en la catedral el doctor Juan José de Eguiara y Eguren (1696-1763), el célebre autor de *Biblioteca de México* (1756). Basándose en los versos de San Lucas, comenzó haciendo una pregunta:

> ¿Adónde vas Purísima Señora? Madre de Dios Santísima, ¿adónde vas? ¿Saliste de tu santa casa de Nazaret para la montaña de Judá? ¿O del augusto palacio del Empíreo hacia el Tepeyac mexicano? ¿Te encaminas a Hebrón o a México? ¿Buscas la casa de Zacarías profeta y sacerdote o la del venerable pontífice Zumárraga?

Al igual que muchos comentadores, aceptaba que María había ido a Hebrón y entonces comparaba aquella colina con la ciudad de México, la equivalencia de la Visitación y de la Aparición confirmada además por la similitud de funciones que ejercían Zacarías y Zumárraga. Pero mientras María saludó a Isabel con el cántico conocido como el *Magníficat*, dio la bienvenida a América (que debió recibir el nombre de la reina Isabel la Católica) con la imagen de Guadalupe. Al elegir una pintura, la Virgen se adaptó a "el estilo del país y de los mexicanos", puesto que sus libros estaban llenos de figuras, símbolos y jeroglíficos. Después de todo, ¿Gregorio el Grande no declaró que las pinturas eran los libros de los ignorantes? Así como Dios grabó los Diez Mandamientos en las Tablas de la Ley para Moisés en el monte Sinaí, la Virgen pintó y coloreó su imagen para Juan Diego, sin la intervención de los ángeles como artistas. Su aparición acabó con la idolatría, expulsó a los demonios, convirtió a los indios y aseguró la paz durante 225 años. Además, Nueva España siguió el ejemplo de Isabel al dar la bienvenida a la Virgen, llevarla en su corazón, construir iglesias en su honor y ofrecer un sinfin de plegarias, misas y peregrinajes así como "libros impresos, historias, sermones, poemas y otros ingeniosos partes".[25] Al inferir las analogías entre la Visitación y la Aparición, Eguiara y Eguren definió admirablemente el carácter profético de las Escrituras al comentar el texto de San Lucas:

> Veis ahí una historia, como todas las que lo son, de lo pasado, y al mismo tiempo una historia, como muchas sagradas, de lo futuro: porque el futuro suceso de Guadalupe se profetizaba y prevenía en el pasado viaje, visita y salutación pretéritas de la gran reina.[26]

En efecto, la aprobación del papa de una misa especial para el 12 de diciembre fue vista como la aceptación de la interpretación tipológica del texto de San Lucas. De esta manera, el Antiguo Testamento ofrecía figuras de la revelación en México.

Así como el cabildo eclesiástico de la ciudad de México tomó la delantera en asegurar que Roma aprobase el culto de Nuestra Señora de Guadalupe, la Compañía de Jesús desempeñó una función destacada al predicar y escribir tratados dedicados a la Virgen mexicana. En verdad, al aprobar el sermón de Paredes, el doctor José Mariano de Elizalde, Ita y Parra, entonces rector de la Universidad, había ensalzado a los jesuitas por su labor angélica al explorar los misterios del "sagrado jeroglífico" de su país.[27] Por tanto, no sorprende encontrar destacados jesuitas que saludaron el reconocimiento papal de Guadalupe como patrona universal de Nueva España. En *Sermón panegyrico al ínclito patronato de María Señora Nuestra en su milagrosísima imagen de Guadalupe sobre la universal Septentrional América*, pronunciado en el Tepeyac el 12 de diciembre de 1758, el jesuita Francisco Javier Lazcano (1702-1762), quien enseñó la teología de Francisco Suárez durante veintiséis años en la Universidad de México, comenzó alabando la ciudad "nuestra imperial corte, cabeza de la Septentrional América", para luego afirmar que al margen de su riqueza y hermosura, se distinguía mayormente por "la imagen de María pintada por la misma Señora".[28] Al igual que muchos predicadores de la época, Lazcano insistía en que las imágenes más célebres de María en Italia y España fueron pintadas o esculpidas por San Lucas y por ende eran creación humana. Sin duda los ángeles llevaron la imagen de Nuestra Señora del Pilar a Zaragoza, pero "este milagro, fundado en legítima tradición, es lisonja sola del oído, no testimonio irrefragable de los ojos". Por el contrario, en México "nosotros sí que vemos lo que no ha visto nación alguna: *non fecit taliter omni natione*", es decir que "la Nación Hispano Moctezuma" vio una imagen pintada por la misma María.

Como era el caso con muchos sermones en esos años, Lazcano comparaba la Visitación con la Aparición de María en Guadalupe. Si María dio a luz "la imagen del Eterno padre, figura de la substancia de la Divinidad", en México ella "en el luminoso espejo de su bellísimo rostro, retrata al vivo a su encarnado Jesús". En el Viejo Mundo los apóstoles convirtieron a los pueblos predicando el Verbo, mientras en México, María adoctrinó a los indios por medio de su imagen. Si durante Pentecostés los apóstoles hablaron en muchas lenguas, en América Guadalupe fue comprendida de inmediato por todos los pueblos. Cuando San Pedro había visto un enorme mantel en el cielo que lo invitaba a comer todas las cosas, ¿no era posible que hubiese visto por dentro a Guadalupe, puesto que los indios eran como los peces: sordos, mudos y bárbaros? En una serie de complicadas metáforas, Lazcano exaltaba entonces a la Virgen mexicana con audaz seguridad. Si bien María apareció viva en Palestina y en una visión a San Juan en Patmos, su presencia en México era "superior, no en la substancia, sí en el modo". Aunque María pronunció el *Magníficat* durante su Visitación "se portó María de paso, huéspeda y extranjera", mientras que "quiso ser paisana nuestra, ser natural y como nacida en México; ser conquistadora, ser primera pobladora". Después de todo, ¿"aparecer" no era casi lo mismo que "nacer"? Si se aceptaba la equivalencia, entonces "así nació María en Nazaret fruto

Antonio Baratti, *El alma de la Virgen María es Nuestra Señora de Guadalupe.* A un lado de la Virgen se encuentran San Juan Evangelista y San Juan Damasceno; abajo, sus padres, Santa Ana y San Joaquín; y arriba aparece la Santísima Trinidad. Grabado de un dibujo de Cayetano Zampinus. Portada del libro de Francisco Javier Lazcano, SJ, *Opusculum theophilosophicum de principatu [...] de navitate Virginis Mariae* (Venecia, 1755). Colección del autor.

[255]

del vientre de Santa Ana: se apareció en México producción soberana de sus manos. En Nazaret apareció María: en México nació prodigio". Luego de tales afirmaciones era de esperarse que Lazcano declarara que "habiendo sido la pintura del Apocalipsis el dibujo y nuestra Guadalupe el original [...]" Pero superó a otros predicadores cuando invitó a su congregación a admitir que de no ser por las verdades de la fe católica, estarían de rodillas adorando a María en su imagen de Guadalupe como la "Suprema Deidad". Su panegírico alcanzó un final imperial cuando, al comentar las cartas papales de aceptación de Guadalupe como patrona de la Nueva España, Lazcano exclamó: "Recibió México de Roma la Fe de Jesucristo. Ya le pagó México a Roma, con el apostolado de los amores más tiernos de María. Dobló la rodilla la Soberana Tiara a la milagrosa mexicana."[29]

El último de estos panegíricos jesuitas lo pronunció en el Tepeyac el 12 de diciembre de 1765 Juan José Ruiz de Castañeda, descendiente de una noble familia que contribuyó generosamente con los costos del tercer santuario, valorado por sus superiores por su "ingenio, juicio y letras". Siguió los pasos de Lazcano al sostener que en las Escrituras "aparecer" se emplea como sinónimo de "nacer". Así, se describe la encarnación de Cristo como "la imagen del Divino Verbo, como aparecida en el mundo, estampada con el grosero lienzo de nuestra humana naturaleza". Pero entonces María imitaba "aquella aparición del encarnado Verbo" y aparecía como "una doncella mexicana", vestida como los indígenas de este reino de modo que:

> Bajó del cielo como para encarnar en aquel ayate, volviendo como a concebirse y nacer, para imprimir aquel lienzo su segunda concepción y nacimiento en imitación de la concepción y nacimiento de Cristo.

Así como Cristo asumió la naturaleza humana, María adoptó el aspecto de los indios y, si él nació de la carne del hombre, ella lo hizo de las rosas en un segundo Nazaret. No satisfecho con establecer la equivalencia de la encarnación de Cristo y la aparición de María en México, Castañeda afirmó entonces que la aparición "semejó en cierto modo la generación eterna del Verbo". Después de todo, durante más de dos siglos Guadalupe no había cambiado, permanecía perfectamente iluminada por la luz del sol, la luna y las estrellas y presentaba una perpetua aparición, que era "Imagen de la Concepción de María Señora o la misma Concepción repetida en esa imagen".[30] Lo que le restaba a Castañeda era reiterar la habitual comparación jesuita entre Guadalupe y la Eucaristía, afirmando que:

> Si en el sacramento se mantienen sin su propio sujeto los accidentes, así en cuanto cabe la semejanza aquellos colores, que en la pintura son como los accidentes, se imprimieron y estamparon, conservándose allí por especial milagro, sin su previa disposición y aparejo.

Durante la consagración de la Eucaristía, los sacerdotes perpetuaban la encarnación de Cristo; asimismo, en todo momento, María conservó su imagen, que al aparecer de modo constante era una continuación de su Concepción. Así, en los estrechos límites de un sermón impreso, Castañeda demostró que María en Guadalupe imitaba a Cristo como hombre, como Dios y como sacramento. Sólo le quedaba comentar que mientras en el calvario María en silencio aceptó a San Juan como su hijo, en el Tepeyac habló con Juan Diego, una señal inequívoca de su singular amor por México y sus pueblos.[31]

Ningún rasgo de estos sermones era más paradójico que la ausencia de profecías. Aunque con frecuencia los predicadores citaban a comentadores de la Biblia como Benito Pereyra y Cornelius Lapierre, quienes a su vez estuvieron influidos por las ideas de Joaquín de Fiore, todos sus argumentos se centraban en establecer la significación única de la imagen de Guadalupe. Lo que atraía su atención era el momento de la fundación de su Iglesia antes que su destino futuro. No obstante, dentro de la regla general puede encontrarse una sorprendente excepción. En *La transmigración de la Iglesia a Guadalupe* (1749), Francisco Javier Carranza creó una conmoción cuando aseguró que en los últimos días del mundo el papa abandonaría Roma y establecería su residencia en el Tepeyac. Un crítico posterior comentó que en la congregación de Nuestra Señora de Guadalupe en Querétaro, "fué aplaudida por unos la ingeniosidad del predicador, y por otros criticada su exotiquez". A pesar de todo, sus censores jesuitas alabaron al predicador llamándolo profeta, y formularon elaboradas comparaciones entre Roma y México, la metrópolis del Viejo Mundo frente a la metrópolis del Nuevo. Pero no todos sus hermanos estaban tan impresionados, puesto que los superiores jesuitas de Carranza lo consideraban "de ingenio y aprovechamiento, óptimo; de juicio mediocre, y de prudencia apenas mediocre". Y aunque se estimaba que tenía "talento para ministerio y predicación", el rector del colegio del Espíritu Santo en Puebla se negó a recibirlo debido a "su genio sumamente aniñado".[32] A pesar de todo, el sermón que pronunció en la catedral de México para conmemorar la fiesta de la Epifanía en 1743 fue considerado "angélico" por el rector de la Universidad, el doctor Manuel de Eguiara y Eguren. Recurriendo a San Pedro Crisólogo y Cornelius Lapierre, Carranza definió a los tres magos como los reyes de Etiopía, descendientes de Salomón y de la reina de Saba, que fueron a Belén para adorar al "Dios Niño Pontífice", entronizado en el regazo de María. El advenimiento de estos reyes simbolizaba las tres coronas de la tiara papal y el establecimiento del papado, puesto que con sus tesoros de oro, incienso y mirra cada uno llevó un símbolo del oficio de San Pedro.[33]

En Querétaro el 12 de diciembre de 1748, predicando en uno de los primeros santuarios guadalupanos que se construyeron fuera de la ciudad de México, Carranza siguió una línea de conducta tradicional al insistir que en tanto otras imágenes marianas eran de origen angélico o humano, la Virgen mexicana era copia del original hecha por la misma

María. Pero entonces razonaba que en aquel sublime momento ella se convirtió en "la cátedra del Espíritu Santo" y descubrió "la predestinación de este Nuevo Mundo". Además, ¿no había revelado al beato Amadeo que sus imágenes milagrosas perdurarían hasta el fin del mundo? Si ése era el caso, entonces su principal santuario en la tierra, Guadalupe en el Tepeyac, representaría un papel decisivo en el drama de los últimos días. Basándose en Cornelius Lapierre, a quien cita en tres ocasiones, Carranza argumentaba que el Trono de San Pedro no estaba en modo alguno arraigado en Roma, puesto que estuvo más de sesenta años en Avignon. En ese caso, ¿San Malaquías no profetizó que el penúltimo papa sería expulsado de Roma y se convertiría en un peregrino que recorrería el mundo entero? Valiéndose del capítulo 12 del Apocalipsis, Carranza interpreta como una fiel profecía del final la batalla del Anticristo y el arcángel Miguel. Y declaró que el gran dragón lograría destruir la Iglesia en el Viejo Mundo y establecer su dominio. Sin embargo, puesto que la mujer descrita en el Apocalipsis era con toda evidencia María en su imagen de Guadalupe, entonces la Virgen mexicana, con el auxilio de San Miguel, triunfaría en la defensa de "las dos Américas" de la embestida del Anticristo. En ese momento, el sucesor de San Pedro huiría de Roma y establecería su residencia en el Tepeyac, donde sobreviviría la Iglesia hasta el Día del Juicio Final.[34]

Aquí, observaba Carranza, se cumpliría la parábola de Cristo de los trabajadores del viñedo: los primeros en entrar a la Iglesia, los romanos, serían los primeros en salir; y los últimos en entrar, los americanos, serían los que seguirían siendo fieles. En el Viejo Mundo la celebración misma de la Eucaristía cesaría, mientras que en América continuaría de modo que "cuando Roma esté sacrificando a Baco, incensando a Venus, adorando a Cibeles, acá por misericordia de la Reina de Guadalupe, se estará ofreciendo el verdadero sacrificio del Altar". Además, en medio de esta turbulencia, el rey de España también huiría a México, puesto que "aquella monarquía universal de todo el mundo, que anuncian las escrituras y que explican los doctores, no ha de otra que el Católico Rey de las Españas", ya que "la americana Emperatriz de los Ángeles" conquistó México para el rey español y conservaría su monarquía hasta el fin del mundo. Cualquier duda respecto del poder de "nuestra mexicana Reina, Madre y Señora" pronto fue mitigada al considerar tan sólo que en los doscientos años desde su aparición, extrañamente declaraba Carranza, "nuestra Aquilonar América" escapó a las "guerras, hambres, pestes, terremotos, que son señales del juicio, que anunció Cristo en sus evangelios". En efecto, México estaba así destinado a convertirse en el centro y capital de una monarquía católica universal, bendecida con el papa y el rey antes que con el arzobispo y el virrey, a la que Nuestra Señora de Guadalupe protegería de Satanás hasta el segundo advenimiento de Cristo. En esta profecía, el matiz mesiánico de fondo en el culto de la Virgen mexicana al fin se hizo explícito, aunque en el tono habitual de afirmación de la singularidad de México, si bien ahora no debida a su fundación cristiana sino a su destino espiritual y político.[35]

IV

Se ha observado con justeza que Miguel Sánchez inspiró todo un ciclo de sermones panegíricos sobre Nuestra Señora de Guadalupe.[36] Nunca su influencia fue tan evidente como en la aplicación de la tipología agustina a la interpretación de la Virgen mexicana. De los sermones impresos que hemos examinado, los de Robles, Picazo, Sáenz de San Antonio y Paredes conservan fielmente la analogía entre Moisés, el monte Sinaí y el Arca de la Alianza con Juan Diego, el cerro del Tepeyac y la imagen de Guadalupe. En el caso de Goicoechea, establecía la comparación con los templos judíos en Jerusalén y los santuarios del Tepeyac con la vasija de maná que tenía por una figura de Guadalupe. Si bien nunca citó el nombre de su maestro, Ita y Parra era el discípulo más leal de Sánchez, ya que los símiles que estableció entre Remedios y Guadalupe como el Arca de la Alianza, en oposición a la zarza ardiente como Ruth y Noemí, se formularon en el estilo que más favorecía su antecesor. Asimismo, *El círculo del amor* llamaba a Juan Diego "el Moisés de las Indias" y a lo largo de todo el sermón comparaba a los *indianos* con los israelitas. Por otra parte, haber elegido el recuento de San Lucas de la Visitación como el evangelio de la misa que se celebró el 12 de diciembre abrió la puerta a una nueva gama de exégesis tipológica, que Eguiara y Eguren aprovechó intensamente, puesto que el texto le pareció una profecía de la aparición de María en México e interpretó el *Magníficat* con suma habilidad como una figura de Guadalupe. Lazcano y Castañeda siguieron su ejemplo, ya que no tardaron en observar que si María sólo fue huésped de Isabel un breve lapso de tiempo, llegó a Nueva España a establecer su hogar permanente. Esta aplicación del sistema de Sánchez a nuevos acontecimientos bíblicos demostró la fertilidad de su método de exégesis.

Pero fue la identificación de Sánchez de la imagen de Guadalupe como una copia de la visión de San Juan de la mujer del Apocalipsis la que con toda evidencia inspiró a Figueroa a desplegar conceptos teológicos neoplatónicos para definir la imagen como un retrato fiel de la idea divina de María. La otra influencia fue la iconografía del siglo XVII que también era proclive a representar a María, en su advocación de la Inmaculada Concepción, como la mujer del Apocalipsis. Efectivamente, un contemporáneo de Vidal describió a Guadalupe como una Inmaculada Concepción. Pero el efecto de la audaz tesis de Vidal fue dotar a Guadalupe de precedencia sobre cualquier otra imagen de la Concepción de María, puesto que sólo ella era un retrato del prototipo divino. Si bien las implicaciones de este argumento fueron parcialmente discutidas por Benítez, Mendoza y Picazo, correspondió a Villasánchez concluir que la imagen era "un retrato gemelo" de María cuando apareció viva en Palestina. No todos aceptaron la tesis de Vidal, por cuanto Paredes todavía argumentaba que el arcángel Miguel pintó la imagen, y la mayor parte de los jesuitas creían que María era la autora de su propio retrato. Pero Ita y Parra citaba a Vidal previa aprobación y si bien al principio sugería que el ángel guardián de México era el pintor, pronto llegó a la conclusión de que "una mano divina" hizo la copia, aunque sin especificar si era una imagen de la idea divina o un retrato del original. En todo caso, Ita y Parra siguió los pasos de Vidal al emplear la teología neoplatónica de San Juan Damasceno y de San Teodoro el Estudita para describir a María en la carne como una imagen de Cristo y como el original de Guadalupe mediante una compleja gama de metáforas.

Una tercera y distintiva caracterización de Guadalupe, para la que no se encuentran antecedentes en Sánchez, era su identidad como un sacramento perpetuo. Ésta era una interpretación introducida primero por San Miguel, desarrollada con empeño por Goicoechea y fundamentada por Castañeda, con el respaldo de Picazo y un párrafo de Ita y Parra. En esta tesis jesuita se aplicaba la doctrina de la transustanciación a la imagen de Guadalupe, mediante el razonamiento de que del mismo modo que la sustancia del pan y del vino se transforman en el cuerpo y la sangre de Cristo en la Eucaristía, la sustancia de la fibra de agave y de los colores vegetales de las flores se convirtieron en la imagen de María. El posible origen de esta doctrina era la promesa de la Virgen María al beato Amadeo de Portugal de que así como Cristo permanecería en la Eucaristía hasta el Día del Juicio Final, ella estaría "corporalmente" en sus imágenes milagrosas hasta el fin del mundo. Éste era un texto que citaban Florencia, Goicoechea y Carranza, aunque los dos últimos lo empleaban para dar sustento a la persistente duración de la imagen. Sin embargo, si se reviste de toda su importancia a la comparación con la Eucaristía, entonces se considera a María sacramentalmente presente en Guadalupe, y a su constante aparición como un milagro perpetuo. Era esta una teología de la imagen que no derivaba de los Padres griegos pero que recurría a la adoración de la Eucaristía de la Contrarreforma.

Nada es más llamativo en los sermones de Ita y Parra, Lazcano y Castañeda que la constante comparación que hacían entre Cristo y María, entre María en la carne y María en Guadalupe, que conducía directamente a una comparación entre Cristo y Guadalupe. Si el Divino Verbo encarnó en la burda envoltura de la naturaleza humana, de igual modo la Virgen estaba presente en la tosca tilma de Juan Diego, Cristo bajo la apariencia de un israelita desdeñado, ella como una humilde india. A este respecto, Lazcano sostenía que la aparición de María en México era "superior, no en la substancia, sí en el modo", a su aparición en carne y hueso en Palestina o en la visión de San Juan en Patmos. Castañeda postulaba una equivalencia del mismo género. Obviamente, detrás de semejantes metáforas se hallaba la teología neoplatónica de la imagen, según la cual la identidad de la forma o de la efigie se consideraba tan importante como la identidad de la esencia o de la sustancia, de modo que el icono más modesto de Cristo abrigaba en cierta medida la impronta de su divina personalidad. Pero también derivaba en parte de la correspondencia que ya se había establecido entre la Eucaristía y la imagen de Guadalupe.

Si bien estos sermones inspiraban cánticos de alabanza, que se explayaban en las glorias inimitables de la Virgen mexicana, en ocasiones también señalaban los efectos de la aparición. Era un artículo de fe, tomado de Sánchez, que la conversión de los indios se debía sobre todo a la intervención de María. Pero se le dio fuerza teológica y cultural a esta afirmación cuando Villasánchez mantuvo que en tanto la conversión del Viejo Mundo fue emprendida por Cristo a través de sus apóstoles que predicaban el Evangelio, por el contrario el Nuevo Mundo estaba reservado para María, quien convirtió a los indios por medio de su imagen de Guadalupe. Era un argumento constante, de Vidal y Villasánchez a Ita y Parra, Eguiara y Eguren y Lazcano, que había que dirigirse a los indígenas de América por medio de imágenes antes que por las palabras para que entendieran mejor y se lograra la conversión. La tipología reforzaba este argumento cuando las palabras de los Diez Mandamientos grabadas en las Tablas de la Ley o el *Magníficat* de María se comparaban con Guadalupe. Si, en su afán por exaltar a Guadalupe, los predicadores mexicanos sugirieron una posible sustitución de las palabras por la imagen, debe recordarse siempre que sus sermones se pronunciaban durante la celebración del sacrificio de la misa y en presencia de la Eucaristía.

Un rasgo de estos panegíricos debe sorprender a cualquier lector. Aunque desde el principio el énfasis estuvo en la imagen, al crecer poco a poco el ímpetu de la celebración, la nación mexicana se hizo protagonista. Por otra parte, el predicador oficial de las grandes ocasiones cuando Guadalupe fue elegida patrona, Ita y Parra, fue quien invocó abiertamente a la "nación", un término que casi se vio obligado a aceptar luego de su reiterada comparación con los israelitas y de citar el Salmo 147. El uso que le daba al término *indiano*, natural de las Indias, ya fuesen españoles, mestizos o indios, era decididamente ambiguo, pues a pesar de que se dirigía a la congregación de dignatarios como *indianos*, lamentaba el desdén con el que los cronistas españoles rechazaban a los *indianos* por salvajes. Asimismo, describió a la Virgen de Guadalupe como una sencilla *indiana*, vestida con las ropas de su nación, mostrándola así, evidentemente, como una india. La misma ambigüedad está presente en Lazcano cuando hace referencia a "la Nación Hispano Moctezuma". Por el contrario, Carranza adoptó el término "americanos" como el mejor nombre para sus compatriotas. En efecto, aunque los predicadores eran todos españoles americanos o criollos, se esforzaron por hallar términos que incluyesen a todos los habitantes de Nueva España, sin importar su raza o provincia.

El surgimiento final de la "nación" en el discurso de estos sermones, al margen de su alejamiento de la realidad social, fue producto del ferviente patriotismo que inspiró el culto de Guadalupe. A partir de Sánchez, la devoción religiosa se incorporó al sentimiento patriótico hasta que encontró expresión en las profecías de Carranza de que México se convertiría en la capital de una monarquía universal y residencia del papa. Pero desde un principio, el significado intrínseco del relato de la aparición era que la Madre de Dios llegó a México y eligió permanecer ahí para fungir como su patrona. Todas las doctrinas teológicas que exaltaban la significación de Guadalupe hicieron hincapié en la virtud y el poder de ésta, la más mexicana de las imágenes. Pero si el sentimiento patriótico era tan vehemente, se debía a que Nueva España era una colonia, una posesión de España, cuyos habitantes vivían muy apartados de los centros europeos de la cultura y el poder. Un canónigo de Cuzco en Perú, quien intervino en un debate literario español mucho después de la muerte de sus protagonistas, justificaba la intervención tardía observando que "nosotros los criollos vivimos muy alejados".[37] Los criollos mexicanos también vivían en ciudades muy apartadas de Roma y Madrid e ignoraban los descubrimientos científicos y el escepticismo histórico que amenazaba el estilo barroco del catolicismo postridentino. Pero gracias a Nuestra Señora de Guadalupe, vivían cerca de la Virgen, convencidos de que la Madre de Dios eligió su país y su nación para brindarle una especial protección.

I

El 30 de abril de 1751 las vitrinas que protegían la imagen de Nuestra Señora de Guadalupe en el santuario del Tepeyac fueron abiertas para permitir a un grupo de pintores, encabezado por José de Ibarra (1685-1756), examinar y tocar el lienzo. El 15 de abril de 1752 las vitrinas se abrieron de nuevo para que Miguel Cabrera (1695-1768), auxiliado por José de Alcíbar y José Ventura Arnáez, hiciesen copias de la imagen, una para el arzobispo Manuel Rubio y Salinas, otra para que Juan Francisco López la llevara a Roma, y una última para el mismo Cabrera, quien la usaría como modelo para futuras copias.[1] En esa época, Cabrera ya era reconocido como el más grande pintor que produjo Nueva España y más tarde Alcíbar lo llamaría "este héroe de nuestros tiempos".[2] En el siglo XIX José Bernardo Couto lo describió como "la personificación del grande artista, del pintor por excellencia; y un siglo después de muerto se conservó intacta la supremacía que supone merecer [...]"[3] A Cabrera, favorito del arzobispo Rubio y de los jesuitas, le fueron solicitados una gran cantidad de cuadros durante las últimas décadas de su vida y fue alabado por la precisión y la delicadeza de sus copias de Guadalupe. Cabrera había sido discípulo de Murillo; si bien con ciertas influencias francesas, dedicó su carrera casi por completo a las escenas religiosas, salvo unas excepciones para hacer algunos retratos de virreyes y otros dignatarios de la Iglesia y el Estado.[4] Hoy día se le recuerda mejor por los retratos que pintó de tres monjas, y en especial el de la poeta sor Juana Inés de la Cruz.

Por lo tanto, no sorprende que Cabrera escribiese un breve tratado sobre Guadalupe titulado *Maravilla americana y conjunto de varias maravillas observadas con la dirección de las reglas del arte de la pintura en la prodigiosa imagen de Nuestra Señora de Guadalupe de México* (1756). Tampoco asombra que en la introducción agradeciese al arzobispo Rubio su patrocinio, saludando al sucesor de Zumárraga como "soberano, original y único dueño" de la sagrada imagen de México. El hecho de que el jesuita Francisco Javier Lazcano hiciera la labor de censor y utilizase su aprobación para alabar al arzobispo por fundar el colegio de canónigos y obtener la sanción de Benedicto XIV del patrocinio sirvió para confirmar la importancia de Cabrera durante estos eufóricos años. Además, el otro censor, José González del Pinal, canónigo del santuario, citó a Antonio Palomino, el crítico español de arte del siglo XVIII, afirmando que la pintura era un lenguaje universal, por no decir angélico, pues en un lienzo se podía expresar un libro entero. Al comparar a Cabrera con Miguel Ángel y Rafael demuestra más su patriotismo que su buen gusto en arte. Más tradicional en sus referencias era el discípulo de Cabrera, José Ventura Arnáez quien no pudo resistir la tentación de comparar a su maestro con su epónimo arcangélico, afirmando que donde San Miguel derrotó al demonio, el pintor mexicano disipó las nubes de la ignorancia que rodeaban la imagen de Guadalupe.[5]

El propósito de *Maravilla americana* era confirmar y ampliar el veredicto de los pintores que figuraron en los testimonios jurados de 1666. Representaba así la opinión, no sólo de su autor, sino de José de Ibarra (a quien Cabrera reconocía como "mi maestro") y de Juan Patricio Morelete Ruiz, Manuel Osorio y Francisco Antonio Vallejo. Comenzaba señalando que la supervivencia del lienzo en el aire húmedo y salitroso del Tepeyac durante 225 años era un "especial privilegio". En cuanto a la tela, estaba hecha de dos piezas cosidas con un delgado hilo de algodón y por regla general debía poder romperse mediante una ligera presión, sobre todo porque las vidrieras que protegían la imagen se abrían con regularidad. Cabrera declaró que en 1753, "estando yo presente", la imagen se descubrió dos horas durante las cuales se le lanzaron innumerables cuentas de rosario y "a mi ver de quinientas las imágenes, que se tocaron con el lienzo". En el aún controversial tema del origen del lienzo, Cabrera lo definió como hecho de "un tejido grosero de ciertos hilos, que vulgarmente llamamos pita" del que fabrican los indios con palmas para hacer sus tilmas de *ayatl*. Semejaba "al lienzo crudo o bramante de la Europa, que aquí decimos *cotense*", es decir, el lino burdo. Al tacto era suave, casi sedoso, y por lo tanto no pudo ser tejido con la áspera fibra del maguey.[6] Las observaciones de Cabrera fueron acogidas por Mariano Fernández de Echeverría y Veytia, el distinguido historiador y amigo de Boturini quien, en *Baluartes de México. Descripción de las cuatro milagrosas imágenes de Nuestra Señora que se veneran en la muy noble, leal e imperial ciudad de México*, declara haber estado presente tanto en 1751 como en 1752, cuando los pintores examinaron la imagen, señalando que "en ambas ocasiones vi yo mismo, toqué y advertí todas las circunstancias de la santa imagen [...]". También concordaba en que el material fue tejido "de hilo de palma o algodón" y de hecho sostenía que se sentía más como algodón que como palma. Agregaba que por entonces la impresión sobre el lienzo de las barras de madera que habían sostenido la imagen era claramente visible y por tal motivo fueron reemplazadas por láminas de plata.[7] Sin embargo, había un espacio entre dichas láminas que les permitió, a Cabrera y a Veytia, señalar que el lienzo no había sido preparado para pintarse, puesto que los colores se apreciaban en el reverso, como una mancha de tinte amarillento. Así, estos dos distinguidos observadores confirmaron la tesis de Becerra Tanco y refutaron abiertamente los testimonios de 1666 de los indios de Cuautitlán de que la tilma de Juan Diego era de *ixtle* tejido con fibra de maguey.

Sin duda la originalidad de Cabrera radica en afirmar que la imagen fue pintada mediante una inusual combinación de técnicas. De acuerdo con su experta observación, el rostro y las manos de la Virgen estaban pintadas al óleo sin preparación previa de la tela, pero su túnica, el ángel y la mandorla o nicho que rodeaba su figura estaban pintados al temple, que se solía emplear en los frescos de paredes o paneles. Además, su manto estaba pintado al aguazo, como una acuarela; y la parte del lienzo que carecía de color estaba "labrada al temple". El polvo de oro de los rayos del sol era muy fino y parecía haber penetrado la textura misma del lienzo. Cabrera encontraba difícil imaginar cómo fue posible combinar todas esas técnicas. Después de todo, el óleo requería de la preparación para mantenerse firme; el temple empleaba goma en sus colores; y el gouache se aplicaba por lo común sobre un delgado lienzo blanco; en cuanto al "labrado al temple" o empastado, generalmente se aplicaba con espátulas y no con pinceles.[8] Cabrera daba testimonio de que los elementos de la pintura estaban tan sujetos al análisis como la textura de la tela y que parte del milagro radicaba en la combinación única de técnicas y materiales europeos e indios.

Cuanto más de cerca examinaba Cabrera la imagen más hermosa la encontraba, y exclamaba: "No sé yo explicar el pasmo que me causa esta maravilla del arte [...]". Y sin embargo, las voces de la academia se levantaron para sugerir que la figura de la Virgen no era perpendicular, que sus manos eran muy pequeñas, su pie izquierdo demasiado corto y el hombro derecho muy prominente. Pero Cabrera negó todas estas supuestas imperfecciones, sosteniendo que podían explicarse mediante las normas de la perspectiva. Asimismo, la imagen estaba iluminada desde dentro por los rayos del sol, de modo que la fuente de luz no se encontraba en un punto imaginario fuera del lienzo. Por otra parte, aunque la túnica de la Virgen estaba claramente dibujada con "perfiles", los contornos que capturan los pliegues, en contraste con su diseño floral, pintado en oro, se dibujó plano, sin "perfiles". Otro misterio era el color del manto de la Virgen, cuyo pigmento no era azul ni verde sino algo entremedio, aun cuando las alas del ángel incluían un azul nítido. Pero el rostro de la Virgen, pintado de perfil, era el que exhibía efectos inimitables, en especial el labio inferior pintado sobre un nudo del lienzo, haciéndolo resaltar.[9] Por lo demás, Cabrera proporcionaba ciertas medidas y señalaba que el lienzo tenía dos varas castellanas y un doceavo de altura y apenas una y un cuarto de ancho. Había diez rayos en la corona de la Virgen y la rodeaban 129 rayos de sol con 46 estrellas pintadas en su manto. Más importante aún, si se tomaba en cuenta la inclinación de la Virgen, su figura medía ocho "caras" y dos tercios de altura, es decir, algo menos de siete "modulas". De acuerdo con las normas de la pintura de retratos, practicada por Alberto Durero y otros artistas, la Virgen representaba así a una niña de catorce o quince años. Cabrera recordó que Becerra Tanco describió a Juan Diego dirigiéndose a la Virgen como *niña* en tres ocasiones y de ahí concluyó: "y yo discurro, que si la divina Madre se nos representara en su imagen de mayor edad, que la de catorce o quince años, no faltaría de sus bellísimos brazos su santísimo hijo".[10]

En conclusión, Cabrera agradecía a la Virgen María por acomodarse al estilo y usanza de los indios de México, que estaban habituados a "expresiones simbólicas o jeroglíficos del pincel". Asimismo, al donar esta "celestial maravilla" a los fieles, pagó el mayor tributo posible al arte de la pintura, en especial puesto que todos los elementos de su imagen indicaban que era "sobrenatural y milagrosamente pintada".[11] Aquí, por primera vez en más de dos siglos de dominio español, un artista mexicano expresaba su parecer en público, si bien invocando todo su prestigio, ganado a costa de mucho esfuerzo, para respaldar la tradición de Guadalupe. A pesar de ello, su intervención trascendió. Mientras en 1661 José Vidal de Figueroa explicó la ausencia del Niño Jesús al definir la imagen como un retrato de María como fue concebida por el Todopoderoso para toda la eternidad, por el contrario, en 1756 Miguel Cabrera citó normas académicas del arte del retrato para describir a la Virgen como una niña demasiado joven para haber concebido a un hijo. En efecto, el pintor mexicano sometió la imagen a análisis estéticos y "técnicos", reduciendo así el milagro a una inimitable combinación de técnicas y a la incomparable representación del rostro de la Virgen. Lo que prefirió no explicar era por qué la Virgen o el Todopoderoso escogieron esa gama de pinturas y las aplicaron de tal modo.

En su tratado, Cabrera incluyó una breve declaración de su maestro, José de Ibarra, quien dio testimonio de que, si bien Nueva España contó con pintores distinguidos a lo largo de 150 años, ninguno de ellos había logrado crear una reproducción exacta de Guadalupe, hasta que "mi maestro Juan Correa copió un perfil de la imagen misma". No se sabe mucho de Correa (1646-1716) excepto que, igual que su contemporáneo Cristóbal de Villalpando (1650-1714), recibió la influencia de Rubens y del pintor español Juan de Valdés Leal. Lo que resulta ilustrativo es que Correa copió su "perfil", aseguraba Ibarra, empleando "papel azeytado del tamaño de la misma Señora, con el que apunté de todos sus contornos, tramos y número de estrellas y de rayos". Ibarra vio ese papel aceitado, que a su vez se copió, sirviendo así como un modelo invaluable para todos los artistas que recibieron el encargo de pintar copias de Guadalupe. Lo que este testimonio indicaba era que el criterio dominante era la fiel reproducción antes que la diestra interpretación.[12] No obstante, el rostro de la Virgen no era fácil de copiar, ni por su color ni por la delicadeza de su mirada baja. A pesar de ello, durante el siglo XVIII la mayor parte de las copias de Guadalupe exhibían una invariable semejanza icónica, sin importar quien fuese el pintor. En tanto los retratos de María como la Inmaculada Concepción o en la Ascensión, por ejemplo, admitían un considerable margen de interpretación, la Virgen mexicana presentaba al mundo un rostro inmutable pero característico.

Si la Virgen no podía sufrir cambios, el modo de ocupar el resto del lienzo ofrecía un amplio margen a la interpretación individual. En el original, María y el ángel se encontraban circundados por una mandorla o nicho, que se estrechaba hasta alcanzar la parte superior del cuadro, dejando vacíos los otros bordes y las cuatro esquinas. Obviamente, un elaborado marco dorado era la manera de evitar la impresión de que la pintura no estaba terminada. Sin embargo, como testificó Siles, en una época se pintaron unos ángeles en el original que luego se desvanecieron. Pero en cuanto a las copias, pronto se volvió costumbre rodear a la Virgen de flores o ángeles y, de hecho, incluir otras figuras y escenas. Hasta ahora no resulta claro cuál es la cronología de estas tendencias, puesto que muchas de las copias que sobreviven carecen de la rúbrica del pintor y sobre todo de la fecha. No obstante, en algún momento a finales del siglo XVII, se dio por incluir cartelas en cada esquina, es decir, escenas enmarcadas, representando respectivamente las primeras dos apariciones de la Virgen a Juan Diego, su ofrenda de flores y rosas a la Virgen, y la revelación de su imagen a Zumárraga. De acuerdo con algunas relaciones, el primero en introducir estas escenas fue Juan Correa.[13] En cualquier caso, esta fórmula se adoptó durante el siglo XVIII, en especial por Cabrera y sus contemporáneos. Por entonces era común enlazar las escenas ocupando los lados con flores y *putti* querúbicos, y extender sus marcos mediante arabescos rococó. En muchas copias de esta época, el espacio debajo del ángel lo ocupó una escena del Tepeyac y su santuario y, ya fuese sobre o bajo la Virgen, se inscribieron las palabras del Salmo 147, *non fecit taliter omni natione*. Esa forma de presentar a Guadalupe incorporaba la tradición narrativa dentro del marco mismo del icono mexicano, de tal manera que la aparición de la Virgen fuese consustancial a Juan Diego, su fiel discípulo indio. Jerónimo de Valladolid, el capellán del santuario que presentó *La Estrella del Norte de México* de Florencia, sostuvo que la imagen "está hablando por sí, y testificando su milagroso origen [...]", pero en incontables copias la historia de la aparición se inscribía en escenas subordinadas cuyo significado podía ser descifrado por los iletrados.[14]

A pesar de la ausencia de un catálogo universal, es evidente que en el siglo XVII aún existía una considerable flexibilidad en la presentación de Guadalupe. Sobrevive un lienzo encantador en el que la tilma de Juan Diego está sostenida por dos ángeles y plisada a los lados. El ángel es sustituido por San Miguel, de pie y blandiendo la espada. Encima de la Virgen, la mandorla termina con una paloma, las alas extendidas, el símbolo del Espíritu Santo, con Dios Padre y Cristo con su cruz cada lado. En los costados hay siete ángeles que tocan una variedad de instrumentos y entre ellos Juan Diego permanece de pie, ofreciendo sus rosas. Finalmente, debajo de San Miguel están los doce apóstoles, entre los que identificamos a San Pedro por las llaves. En otra pintura de la época, hay cinco cartelas, todas con marcos broquelados, con la escena que representa al Tepeyac debajo de la Virgen. Dentro de la mandorla por encima de la Virgen, se encuentran Dios Padre con los brazos abiertos y el Espíritu Santo en forma de paloma. En torno a las figuras centrales están inscritas las palabras: "María santísima concebida sin mancha de pecado original." Lo que caracteriza a estas pinturas es que el rostro de la Virgen está más individualizado y es profundamente mexicano.[15]

Otras dos pinturas de finales del siglo XVII merecen una descripción. En una, la quinta cartela debajo de la Virgen representa a San Juan el Evangelista sentado con una pluma y un libro en la mano, contemplando a Guadalupe en el cielo y debajo de ella, un águila posada en un nopal, el símbolo de México. Sin embargo, a cada lado el lienzo está ocupado por las figuras de San Miguel con yelmo y estandarte, y de San Gabriel sosteniendo un ramo de azucenas, y arriba de la Virgen, una paloma con las alas extendidas. En otra pintura del mismo periodo, en la quinta cartela se describe a la Virgen curando a Juan Bernardino. De un lado de la Virgen vemos a San Jacob durmiendo y la escalera de ángeles tocando el cielo, y del otro, a San Juan el Evangelista con un libro en la mano y una fuente de gracia ubicada en un lugar extraño. Por encima de la Virgen, la mandorla se trunca para dejar espacio a la Santísima Trinidad representada en la figura de dos hombres con la paloma entre ellos. Las dos obras confirman la importancia de la identificación de Guadalupe como la mujer del Apocalipsis que hizo Miguel Sánchez.[16]

Baltazar Troncoso y Sotomayor, *San Miguel, rodeado de ángeles y apóstoles, sostiene a Nuestra Señora de Guadalupe.* Grabado de un diseño de Miguel Cabrera. Colección particular, ciudad de México.

[275]

Aunque el siglo XVIII fue escenario de un mayor número de copias que respondían a la norma, no obstante, se siguieron haciendo variaciones. Para empezar, se volvió de uso casi común incluir retratos de monjas, prelados o legos, ya fuese rezándole a la Virgen o sencillamente por debajo de ella, y en otros casos, como el del arzobispo Rubio, es el retrato y no la Virgen el que domina el lienzo. Otra variante es el fresco de gran formato que pintó Miguel Cabrera en la iglesia del Colegio de Nuestra Señora de Guadalupe en Zacatecas, en el que la Virgen se representa sostenida en el aire por San Francisco, rodeada de frailes y un lego, que puede ser el autorretrato del pintor.[17] Una interesante variación representa a la Sagrada Familia, con María como Guadalupe, con mandorla, San José y el Niño Jesús dibujados con estilo naturalista. También existe una rara estampa que representa a Guadalupe como el alma de María que asciende al cielo.[18] Pero las más audaces de estas escenas son las que retratan a Dios Padre o a Cristo pintando a la Guadalupe, con pincel y paleta en mano. Éstos son los equivalentes pictóricos de los sermones que pronunciaban Bartolomé de Ita y Parra y otros teólogos durante esos mismos años. Pero, mientras la retórica en raras ocasiones especifica el modo del milagro, estas pinturas representan con todo realismo a los divinos artistas trabajando, acompañados por ángeles. Si en la Iglesia de Oriente no era poco frecuente retratar a San Lucas pintando a la Virgen María, es posible que solamente en Nueva España Dios Padre y su Hijo se representaran de tal guisa.[19]

La elección de Guadalupe como patrona de México también se reflejó en la iconografía de la Virgen. En una magnífica obra, pintada por José de Ribera y Argomanis en 1778, la Virgen ocupa sólo la mitad superior del lienzo y la acompañan dos figuras casi del mismo tamaño, una de Juan Diego ofreciéndole rosas y flores, y otra de un indio emplumado que representa a América. Además, aunque las dos primeras apariciones de la Virgen están registradas en las cartelas de las esquinas superiores, las escenas restantes se agrupan en

Miguel Cabrera, *San Francisco sostiene a Nuestra Señora de Guadalupe*.
Pintura en el antiguo Colegio de Guadalupe en Zacatecas. © Instituto
Nacional de Antropología e Historia.

José de Ribera y Argomanis, *Nuestra Señora de Guadalupe como patrona de la Nueva España*, 1788, fotografía de Gilberto Chen. Cortesía del Museo de la Basílica de Guadalupe, ciudad de México.

un conjunto rococó directamente debajo del ángel de la Virgen, pero por encima de una enorme águila, serpiente en el pico, parada en un nopal que crece en el extenso lago de México. De la boca de América surge una voluta en la que está inscrito *non fecit taliter omni natione* y en la parte inferior se lee que la pintura conmemora el juramento de 1737 cuando la Virgen fue proclamada patrona principal de la ciudad de México. Existe una variante menos atractiva de esta obra en la que las dos figuras que acompañan a la Virgen representan a Europa y América, la primera una reina ofreciendo su corona, la segunda un indio emplumado. El Espíritu Santo y San Juan el Evangelista desaparecieron de la escena y fueron sustituidos por símbolos humanos de la significación pública y hemisférica de la Virgen mexicana.[20]

Por algún motivo, aún inexplicable, el reconocimiento de Benedicto XIV al patrocinio de Guadalupe en Nueva España en 1754 se celebró con un grabado realizado por Joseph Sebastian y Johann Baptist Klauber, cuyos libros sobre diseño inspiraron a toda una generación de arquitectos y escultores mexicanos. La composición del grabado resultó recargada y en ella se ve a la Virgen rodeada de ángeles que sostienen no solamente las cuatro escenas de la aparición sino otras tres donde se representan sus milagros e incluye, en una escena arriba de su cabeza, galeones en el mar acompañados por dos reyes, uno con corona, el otro con turbante, una posible remembranza de Lepanto. Dos figuras ciñen a la Virgen en la parte inferior: Benedicto XIV, sosteniendo una copia de su decreto de 1754, y América, representada por una princesa india que porta un escudo con el águila mexicana y un nopal. Debajo se lee una larga inscripción en español y latín que cuenta la historia de las apariciones. El diseño demostró ser popular en Nueva España y, en 1761, Juan Patricio Morelete Ruiz lo copió al óleo, pero reemplazó la inscripción con una atractiva escena del Tepeyac y del santuario. Hay otra copia más al óleo, anónima, que está incluso mejor terminada.[21] Como en la obra de Ribera y Argomanis, esta composición demostraba el grado en el que por entonces el papado reconocía ya a la Virgen mexicana y desempeñaba así una función relevante dentro de la Iglesia universal.

La destacada presencia de Juan Diego en la pintura de Ribera y Argomanis es un ejemplo de la atención que se le prestaba al indio en el siglo xviii. Por otra parte, Miguel Cabrera representó un papel protagónico en esta tendencia ya que copió, así lo aseguraba, un antiguo retrato de Juan Diego caminando a zancadas delante del Tepeyac, mientras seguramente escuchaba el canto de los pájaros y veía a la Virgen en el cielo. Vestido con una sencilla tela de algodón, el indio estaba retratado como un peregrino barbado, con sombrero y cayado. Más o menos de la misma época es una obra anónima, en la cual Juan Diego, semejante a la copia de Cabrera, se ve rezando de rodillas a la Virgen. Sin embargo, estos retratos sin soporte no parecen haber sido comunes. Pero en ciertas iglesias, como la de Santa Prisca en Taxco, la de La Merced en Tacuba y la de Santa Rosa de Viterbo en Querétaro, los complicados retablos churriguerescos dedicados a Guadalupe contaban con una sencilla pintura de la Virgen al centro, con cuatro grandes medallones a los lados en los que se presentaban las escenas de la aparición. Estas ampliaciones le dieron a Juan Diego el carácter de un héroe digno de veneración.[22]

Además de los retratos que hizo de dignatarios de la Iglesia y el Estado, el único tema secular que pintó Miguel Cabrera fue una serie en la que se representaban las diversas castas que resultaron de la unión de españoles, indios y negros. El propósito de este género de pintura no queda nada claro. Pero le dio la oportunidad a Cabrera de pintar escenas de la vida seglar e incluir detalles de las costumbres, de los textiles e incluso de los alimentos. En esos cuadros se encuentran los rasgos de los distintos estratos sociales que con el tiempo formaron la nación mexicana. Los diversos grupos étnicos a menudo se encontraban claramente divididos unos de otros por el idioma y la cultura, y en ocasiones unidos solamente por su devoción común a Nuestra Señora de Guadalupe. En esta serie, Cabrera dedicó su destreza al retrato de una india cuya presencia engrandece la delicada tracería de su atuendo, bendecida con una hija que mira anhelante a un padre español cuyo rostro, no obstante, la elude a ella y al espectador.[23] Puesto que el mismo Cabrera era un huérfano de padres desconocidos, identificado como indio, a pesar de que legalmente era considerado español, ¿sugería en ese cuadro un rasgo autobiográfico? Al igual que Juan Diego, la india fue pintada con evidente compasión. A pesar de todo, sus contemporáneos lo tenían en alta estima por considerarlo el mejor pintor de Guadalupe.

II

La euforia que inflamó a la elite eclesiástica criolla durante la década de 1750 se desvaneció de pronto cuando en 1767 se expulsó a los jesuitas de los dominios de la monarquía española. De golpe los colegios, las misiones e iglesias de la Compañía de Jesús quedaron desiertos y una generación entera de talentosos mexicanos fueron condenados a un pobrísimo exilio en los Estados papales. El arzobispo de México que respaldó al virrey al tomar esta drástica medida fue Francisco Antonio de Lorenzana y Buitrón (1766-1772), un culto prelado que dispuso de su ingreso episcopal para publicar ediciones de las *Cartas* de Cortés y la misa mozárabe de Toledo. Pertenecía a la clase "ilustrada" de la Iglesia y presidió el Cuarto Concilio Eclesiástico de la Iglesia mexicana en 1771 convocado por la Corona para reformar las órdenes religiosas. Asimismo, Lorenzana publicó cartas pastorales en las que expresaba preocupación ante el exceso de religiosidad popular y prohibía sumariamente, so pena de veinticinco latigazos, "todas las representaciones al vivo de la Pasión de Cristo nuestro Redentor, Palo de Volador, danzas de Santiaguito[...] representaciones de pastores y reyes". El arzobispo era miembro de un "partido" que cuestionaba el valor de las peregrinaciones, desdeñaba la astrología y los oráculos, y alertaba sobre la creencia popular en curas milagrosas. No pasó mucho tiempo antes de que clérigos como Lorenzana criticasen las extravagantes iglesias doradas que se construyeron en estilo barroco y churrigueresco, y alabaran las líneas simples y libres de adornos del neoclásico como una expresión de buen gusto y piedad cristiana.

Por lo tanto, era lógico esperar que cuando Lorenzana predicó sobre la Señora de Guadalupe, evitase cualquier referencia a los Padres griegos y su teología de las imágenes. Antes bien, citaba con todo cuidado los *Testimonios* de 1666 como prueba de las apariciones, y luego se concentraba en el descubrimiento de Miguel Cabrera de que la imagen había sido pintada utilizando cuatro técnicas distintas, demostración empírica de su origen milagroso. Afirmaba que Guadalupe "por ser enviada del cielo y no hecha en tierra como las que pintó San Lucas", era la mejor efigie de la Virgen. Aunque estaba representada en su imagen de la Inmaculada Concepción, no se la mostraba en su victoria sobre el Diablo, ya que en la Nueva España su presencia previno el surgimiento de la herejía. En cuanto al ángel que la sostenía, el arzobispo se rehusó a identificarlo, asegurando que el querubín era una mera representación de todos los coros de ángeles del cielo. Lorenzana señaló que la Virgen tenía "color tostado del sol, que inclina más al moreno" y sugirió que, como muchas imágenes en España, podía describirse como la esposa del Cantar de los Cantares, es decir, "negra, pero hermosa". Por lo demás, recordaba que la Virgen apareció en el Nuevo Mundo para ganar nuevos reinos para la Iglesia católica en una época en la que Lutero y Calvino descaminaron naciones enteras. Si había elegido ser llamada Guadalupe fue, porque ese nombre era muy apreciado por los conquistadores, Cortés en especial, que llegaron de Extremadura. Citando las palabras de Cristo como las registrara San Mateo, exclamaba: "no buscó nuestra Señora a los ricos, sino pobres de San Francisco y pobres indios; no se apareció a los doctos, sino a el sencillo indio; ocultó Dios sus secretos a los sabios y los reveló a los párvulos". Si bien recordó a la congregación que las célebres palabras *Non fecit taliter omni natione* "están grabadas a la entrada de la Santa Casa de Loreto, en que fue el misterio de la encarnación", sin embargo, insistió en que el continuo milagro de su imagen de Guadalupe significaba que para la Virgen "esta América es su Benjamín amado", a quien "cuida y protege como a el más tierno y querido hijo". En efecto, Lorenzana recurría a las Escrituras no para revelar comparaciones tipológicas sino para impartir lecciones de moral.[24]

Como testimonio del profundo cambio en el clima intelectual de Nueva España, durante el gobierno de Carlos III (1759-1788) y sus ministros ilustrados, se halla un sermón que pronunció el 14 de diciembre de 1777 el doctor José Patricio Fernández de Uribe (1742-1796) en el que evadía el panegírico y advertía a la congregación del Tepeyac que vivían en el denominado "siglo de las luces", es decir, "en un siglo de filósofos orgullosos, por no decir impíos, que afectan discurrir sobre todo, para no creer algo". Hacían uso de la razón para atacar la fe y socavar la devoción; desdeñaban los milagros como superstición, y despreciaban la tradición como mera ignorancia. Si bien Uribe no cita sus nombres, más tarde se puso de moda en México acusar a Voltaire y Rousseau de ser los instigadores de este movimiento de escepticismo filosófico. Para responder la crisis de fe, Uribe estudió a fondo la literatura que trataba sobre la "tradición inmemorial" de la Virgen mexicana. Lo que buscaba era ofrecer una demostración de "la verdad de la aparición de Guadalupe sólidamente establecida y confirmada por el culto y la veneración de los fieles" a lo largo de dos siglos y medio. Pero en un sermón sólo podía ofrecer un esbozo de su tesis, de modo que al año siguiente, en 1778, escribió *Disertación histórico-crítica en que el autor sostiene la celestial imagen de Nuestra Señora de Guadalupe de México milagrosamente aparecida al humilde neófito Juan Diego*, en el que detalló sus argumentos. Sin embargo, fue después de su muerte, en 1801, cuando que se publicaron el sermón y la disertación, quizá porque en 1778 incluso aceptar el desafío de la incredulidad se consideraba una creencia dañina. Poco después de pronunciar su sermón, Uribe fue ascendido a canónigo del cabildo eclesiástico de México donde se distinguió por su cultura y por el impulso que dio a la educación.[25]

Uribe comenzó su disertación enumerando brevemente a todos los autores que habían escrito sobre Guadalupe y terminó rindiendo tributo al arzobispo Lorenzana quien, luego de la expulsión de los jesuitas en 1767, había dispuesto que los manuscritos y documentos de Carlos de Sigüenza y Góngora se depositaran en el archivo de la Universidad de México. Entonces Uribe incluyó una breve relación de las apariciones para la cual recurría más a la versión que Cruz extrajo de Sánchez que a la traducción de Becerra Tanco del *Nican mopohua*. Luego hizo hincapié en que un verdadero cristiano no pondría en tela de juicio la historia, puesto que el Evangelio de Cristo y los sermones de los apóstoles se sustentaron con milagros, y agregó:

> No ha habido país o región en que se haya plantado esta celestial semilla sin el riego de los milagros; no ha habido siglo alguno que no se haya admirado estos portentos de que están llenas las historias y monumentos de la Iglesia.

No sorprende que Zumárraga no hubiese escrito acerca de las apariciones de la Virgen, puesto que sus esfuerzos por defender a los indios de la explotación de los conquistadores lo habían convertido en "un prelado perseguido y calumniado". Además, la Virgen apareció "en vísperas de embarcarse para España", en una época en la que aún estaba "sin archivo, sin secretario, casi sin eclesiásticos que le ayudaran[...]". No regresó a México sino hasta 1533 para construir su catedral y dedicar toda su energía a la conversión de los indios. En todo caso, que no se hubiesen encontrado documentos episcopales sobre estos sucesos no excluía la posibilidad de que en algún momento Zumárraga hubiese escrito un informe de las apariciones.[26] ¿El franciscano Pedro Mezquía no había visto en una ocasión una carta del obispo que trataba sobre este asunto en el convento de Vitoria, aun cuando esta misiva después desapareció en un incendio?

¿Pero cómo podía explicarse el silencio de los principales historiadores de la época de la Conquista? Aceptar semejante "argumento negativo" para poner en duda la veracidad de la historia de Guadalupe, advertía Uribe, era caer en los errores de Lutero y Calvino, en contra de quienes los teólogos católicos defendieron "la autoridad de las tradiciones no escritas". Después de todo, si el silencio contemporáneo se invocaba como un criterio absoluto, entonces sería necesario rechazar como fraudes piadosos todas las imágenes pintadas por San Lucas. Antes que nada era necesario seguir el ejemplo de Benedicto XIV, quien ante la cuestión del silencio invocó las tres reglas probatorias que formulara Jean Mabillon (1632-1707), el más erudito de los historiadores benedictinos de la Iglesia. Estas normas establecían que, antes de aceptar los argumentos negativos, los autores que guardaran silencio debían ser contemporáneos y vivir en el mismo país donde había ocurrido el supuesto acontecimiento, que hubiese un silencio universal en cuanto al suceso, y que aquellos que guardaran silencio escribiesen acerca de temas relacionados con el supuesto suceso y por lo tanto se esperara que escribiesen acerca de él. Como Uribe no tardó en señalar, sólo dos de los doce apóstoles escribieron Evangelios. Durante el siglo XVI, en la Nueva España, ninguno de los primeros cronistas franciscanos, es decir, Toribio de Benavente, mejor conocido como Motolinia, Jerónimo de Mendieta y Bernardino de Sahagún, publicaron su obra, y sus manuscritos fueron enviados a España, donde desaparecieron. Era así más que probable que sus crónicas incluyesen referencias a las apariciones del Tepeyac. Pero la mayor dificultad, como Uribe admitió sin demora, era el silencio de Juan de Torquemada. Aunque muchos mexicanos se quejaron de las omisiones de los franciscanos, Uribe eligió exhibir una constante disposición a ensalzar la enorme fatiga que implicaba la escritura de *Monarquía indiana*. A pesar de eso, enumeró todas las ocasiones en las que los franciscanos debieron escribir sobre Guadalupe, citando los debates previos que Florencia y Cayetano de Cabrera sostuvieron en relación con estos textos. ¿Los frailes no pudieron aceptar el testimonio de un indio debido a su ansiedad por destruir la idolatría? Pero entonces Uribe buscó consuelo en la declaración del editor de la segunda edición de la gran obra de Torquemada, impresa en 1723, de que el texto estaba lamentablemente estropeado por sus muchos errores y omisiones.[27]

Cómo último recurso el argumento infalible contra todas las acusaciones de herejía y escepticismo era la tradición. ¿No había afirmado Cisneros que las imágenes más sagradas de España e Italia, es decir, Pilar, Montserrat, Guadalupe y Loreto, "tienen su principal apoyo en la tradición [...] inmemorial; de común y general a toda clase de personas; de constante y no interrumpida; y al fin de invariable"? Rechazando por igual al protestantismo y al escepticismo, Uribe afirmaba:

> Sólo un impío enemigo de la verdadera religión o un escéptico ridículo que degenera en pironiano, pudiera negar la eficacia y la fuerza de las tradiciones divinas y humanas. Es la tradición uno de los principales fundamentos sobre que descansa el hermoso tejido de nuestra católica religión.

Después de todo, ¿de qué dependía la historia bíblica de Moisés si no de la tradición? Y, en realidad, ¿cuáles eran los fundamentos de las doctrinas católicas de la Inmaculada Concepción y la Asunción de la Virgen María si no las tradiciones transmitidas a lo largo de los siglos?[28]

Respecto de Guadalupe abundaban los testimonios que hacían referencia a la continua fuerza de su culto en México. ¿No había declarado Cisneros que la imagen se contaba entre las más antiguas que se veneraban en la capital? ¿Bernal Díaz no testificó los milagros realizados en el Tepeyac? Por otra parte, material de archivo recién descubierto demostraba que los arzobispos que sucedieron a Zumárraga, Alonso de Montúfar y Pedro Moya de Contreras, habían fomentado el culto disponiendo que los dineros recolectados en el santuario sirviesen de dote a las huérfanas. Durante el arzobispado de Montúfar tuvo lugar el Segundo Concilio de la Iglesia de México, en el que se decretó que las imágenes sagradas debían ser aprobadas mediante una licencia episcopal, de modo que si la imagen hubiera sido pintada por los indios, no la hubiese aceptado el arzobispo. Entonces Uribe citaba los testimonios de 1666, tanto indios como españoles, y sostenía que demostraban la duradera devoción por Guadalupe, y agregaba: "es el culto una religiosa testificación en que protesta la voluntad, la gloria y la grandeza, y el entendimiento la verdad del objeto a que se dirige". Efectivamente, existían innumerables testimonios que daban fe de la existencia del culto a lo largo de dos siglos y medio.[29]

Pero Uribe decidió no concluir la presentación de su alegato con argumentos tan generales. Al principio de su disertación saludó a la imagen, "cuya celestial y milagrosa aparición se mantuvo por más de un siglo en la memoria y culto reverente de los americanos por medio de la tradición[...]". Sin embargo, a pesar de sus múltiples virtudes, Sánchez era en esencia el "orador de la aparición", pues aunque había consultado documentos, omitió mencionarlos salvo de la manera más ambigua, llevando a Uribe a comentar que "hubiera este respetable autor hecho un gran servicio a la posteridad, si nos hubiera dejado unas puntuales noticias de aquellos documentos de que se sirvió para su obra". En cuanto a Laso de la Vega, sencillamente publicó una relación antigua escrita en "mexicano". Como indicaban estos comentarios, Uribe favorecía a Becerra Tanco, ya que no sólo había citado el testimonio de venerables sacerdotes que vivieron antes de la gran inundación de 1629, sino que también afirmaba haber visto "una relación antigua" escrita en "mexicano" en posesión de Fernando de Alva Ixtlilxóchitl. Siguiendo los pasos de Cayetano de Cabrera, Uribe citaba la afirmación de Sigüenza y Góngora de que esta relación fue escrita por Antonio Valeriano y sostenía haber visto una declaración redactada por Sigüenza que se conservaba en el archivo del Oratorio, en la que reiteraba haberle prestado a

Florencia una "traducción" escrita en castellano por De Alva Ixtlilxóchitl.[30]

Todo esto condujo a Uribe a la triunfal conclusión de que "es moralmente cierto que se escribió y que existió por algunos años una historia antigua de la aparición guadalupana". Su autor era Antonio Valeriano, un talentoso alumno del colegio de Santa Cruz Tlatelolco quien, por haber sido gobernador de San Juan Tenochtitlán aproximadamente en 1570, era probable que hubiera nacido alrededor de 1530, por lo que Valeriano tuvo muchas oportunidades de conversar con los primeros franciscanos que llegaron a México, con Zumárraga y con Juan Diego. De este modo Valeriano cumplía con todas las condiciones que exigían los historiadores de la Iglesia y el papado en cuanto a los testimonios contemporáneos. En efecto, Uribe combinó con destreza las declaraciones de Becerra Tanco en sus versiones de 1666 y 1675 y las de Sigüenza y Góngora en *Piedad heroica* para trazar la historia de la relación en "mexicano" de Valeriano:

> Vióla el licenciado Luis Laso, que la copió y dio a la prensa como afirma Luis Becerra; vióla el mismo Luis Becerra[...] don Fernando de Alva Ixtlilxóchitl, en cuyo poder paraba esta relación, y de quien la tuvo Becerra para leerla; vióla el eruditísimo don Carlos de Sigüenza y Góngora, no sólo la vió, sino aún fue dueño de ella entre los demás papeles curiosos de don Fernando de Alva; vió el Reverendo Padre de Florencia, si no la historia original mexicana, una traducción parafrástica de ella compuesta por don Fernando de Alva [...][31]

Cayetano de Cabrera, que tuvo acceso al mismo material, especuló que Valeriano hizo una traducción al náhuatl de la relación original escrita en castellano por un franciscano, mientras Uribe enlazaba las afirmaciones dispersas de sus antecesores en un argumento coherente. A la vez citaba el catálogo de Boturini como una demostración de la existencia de nueve "pinturas" y canciones indígenas, notablemente de don Plácido, que habían registrado las apariciones antes que Valeriano.

En cuanto a la imagen misma, Uribe aprovechó *Maravilla americana* de Miguel Cabrera para describir con detalle las cuatro técnicas de la pintura que formaban parte de su composición, para después proclamar su inestimable belleza. ¿Todos los pintores que estudiaron la imagen en 1666 y en 1751 no daban testimonio del arte inimitable que la había creado? Asimismo, todos estos artistas fueron incapaces de explicar cómo semejante lienzo, tejido con hilos de palma, se había conservado tanto tiempo, en particular porque durante el primer siglo estuvo expuesto a los estragos de la humedad y el aire salitroso. Por su parte, Uribe también expresó su admiración, puesto que:

> No hay año ciertamente en que cinco o seis ocasiones no se abra la vidriera para que la veneren de cerca[...] Dos horas cuando menos en cada ocasión en que se abre la vidriera, dura esta piadosa (peligrosa a mi juicio) acción de tocar y besar la santa Imagen. Concurren centenares de personas, ponen innumerables rosarios, medallas, estampas y aún lienzos; y ha sucedido que al llegar o apartarse alguna persona haya rozado la Imagen, y arrancado con la colisión alguna partícula del oro del dorado.[32]

Sería mucho mejor, concluía Uribe, que el tabernáculo que encerraba la imagen se mantuviese permanentemente cerrado. Pero la ardiente devoción de estos devotos daba testimonio del antiguo anhelo, todavía vivo, de los fieles por tocar la encarnación material de la divina patrona de su país.

Volviendo sobre un tema tradicional, Uribe sostenía que, puesto que las labores de los primeros franciscanos en México no estuvieron acompañadas por grandes milagros, la aparición de María en el Tepeyac era la principal responsable de la rapidez con la que los indios aceptaron el Evangelio cristiano. Desdeñando la hipótesis de una misión apostólica conducida por Santo Tomás como un "pensamiento piadoso" sin fundamento histórico, Uribe insistía en que gracias a la continua protección que brindaba la guadalupana, México permaneció libre de herejía y devoto de Cristo. Antonio Margil de Jesús, el gran misionero franciscano de principios del siglo XVIII, ¿no había declarado que la imagen era el regalo de Dios para el Nuevo Mundo, enviada como "sacramento de su Omnipotencia", para proteger a la Iglesia en América?[33]

Luego de semejantes argumentos, a Uribe sólo le restaba volver a su punto de partida y comentar que si se suscitaron dudas respecto del origen milagroso de la guadalupana, se debía a la ola de escepticismo e incredulidad que recorrió el mundo. Pero entonces distinguía tres clases de críticos. Primero estaban los ateos, deístas y protestantes por confesión propia, eruditos como Pierre Bayle (1647-1706) y Jean Le Clerc (1657-1736), quienes rechazaban todos los milagros al tenerlos por supersticiones o fraudes piadosos y quienes incluso se atrevieron a cuestionar la sagrada autoría de las santas Escrituras. Pero había una segunda clase de críticos, los cuales se proclamaban católicos y, sin embargo, adoptaban un "escepticismo crítico" respecto de todas las creencias y los milagros tradicionalmente piadosos que no estaban sustentados por una "infalible autoridad". Si bien Uribe no menciona a ninguno de estos individuos, declara que formaban una influyente "secta" dentro de la Iglesia; esta caracterización sugiere que tenía en mente a los llamados jansenistas. Pero Uribe se dirigía a la tercera clase, de "crítico prudente", hombres que sabían distinguir entre "las vulgares preocupaciones y supersticiosos errores de la multitud ignorante" y "la tradición pura, uniforme, inmemorial, universal de dos siglos y medio" en que se fundamentaba la creencia en la milagrosa aparición de Nuestra Señora de Guadalupe. Si todos los argumentos que presentó no eran suficientes, aún quedaba la canonización de la imagen por Benedicto XIV cuando incluyó en el oficio a realizarse el día de su fiesta el epígrafe *non fecit taliter omni natione*. Y con esta observación Uribe concluía con un fervoroso *envoi*: "Verdaderamente Dios fue el autor y artífice soberano de esta obra, cuyo milagro y portento singular está patente a nuestros ojos."[34]

Uribe contribuyó a consolidar la tradición de la guadalupana. Logró unir afirmaciones previas, fragmentarias, y formular un argumento coherente al postular la existencia de una fuente original que Valeriano escribió en náhuatl, manteniendo que esta fuente era anterior a Sánchez y fue publicada por Laso de la Vega. Pero Uribe fue también la primera voz que se hizo escuchar en público para advertir a los fieles que los críticos ponían en tela de juicio la creencia en la aparición de la guadalupana y que otros en verdad la rechazaban, calificándola de fábula supersticiosa. Si bien ponía todo su empeño en defender la tradición, buscaba justificar su aceptación apelando a fuentes históricas. Al hacerlo, se unió a los eruditos católicos que pugnaban por limpiar la historia de la Iglesia de las fábulas y equivocaciones, individuos como Mabillon y la congregación benedictina de San Maur. En ocasiones, los descubrimientos de estos historiadores provocaron una feroz controversia, como cuando los jesuitas bolandistas se negaron a aceptar que la orden de los carmelitas fue fundada por el profeta Elías. No obstante, la misma comunidad expresó que la tradición de la misión del apóstol Santiago en España era demasiado fuerte para despreciarla, aun cuando cuestionaran la mayor parte de las fuentes que se citaban para respaldar semejante creencia.[35] Pero aunque Uribe distinguía entre "críticos prudentes" y católicos escépticos, la línea que separaba a estos dos grupos no siempre era clara. En todo caso, el culto católico de las imágenes y los milagros era blanco de ataques, no sólo de los protestantes sino de jansenistas dentro de la Iglesia y en general de los filósofos de la Ilustración.

Cuando Uribe hizo la distinción entre los supersticiosos errores de la multitud ignorante y el versado acogimiento de la tradición de los críticos prudentes, atestiguaba la influencia de Benito Jerónimo Feijoo y Montenegro (1674-1764) quien, en *Teatro crítico universal* (1726-1739) y en *Cartas eruditas y curiosas* (1742-1760), condenó categóricamente los "supersticiosos errores" que afligían al pueblo en la España contemporánea. La mayor hazaña de este abad benedictino fue familiarizar a sus compatriotas con los descubrimientos de la revolución científica del siglo xvii. Escudriñar el interior de un microscopio o de un telescopio era penetrar a un mundo desconocido para Aristóteles. Tan cauto como ortodoxo, Feijoo aceptó la ciencia de Copérnico, Descartes y Newton, pero cuestionó las filosofías que estos descubrimientos inspiraron. Debido a la Inquisición, hasta 1751-1753 no pudo expresar al fin que la física matemática de Newton era una descripción cierta y persuasiva de las leyes que gobernaban el universo. Pero Feijoo también dedicó muchos ensayos a la crítica de los errores populares.[36] En una época en que los prejuicios en España dudaban del talento de los españoles americanos, él defendió con intrepidez sus logros, citando la poesía de sor Juana Inés de la Cruz como ejemplo, una defensa que le valió el agradecimiento de José Mariano de Elizalde, Ita y Parra, rector de la Universidad de México.[37] Pero mientras Feijoo aceptaba la veracidad de la misión a España de Santiago y nombraba la imagen de Nuestra Señora del Pilar entre las glorias de España, criticaba la creencia popular en curas milagrosas y cuestionaba el valor de las peregrinaciones.[38] Asimismo, condenaba la práctica de la astrología y el temor a los poderes mágicos.

En un ensayo publicado póstumamente en 1781, Feijoo defiende la devoción católica de las imágenes sagradas como el justo medio entre los vicios opuestos de la herejía y la idolatría. Para empezar, admite que era el culto a las imágenes lo que separaba más a los protestantes de los católicos, puesto que sus diferencias teológicas a menudo eran oscuras. Sin embargo, el mismo Lutero criticó a los iconoclastas protestantes como seguidores de la ley mosaica antes que de la revelación cristiana y defendió la presencia de crucifijos en las iglesias. Haciendo una reflexión sobre el pasado, Feijoo señaló que, si bien los primeros cristianos acusaron a los paganos de adorar ídolos de piedra y madera, de hecho los antiguos hacían una distinción entre las imágenes y la realidad celestial de sus deidades. Los paganos se diferenciaban de los católicos no por rezarle a las imágenes sino por adorar falsos ídolos. A pesar de ello, Feijoo critica los dichos populares españoles como "Válgame la Virgen de Guadalupe" o

"Nuestra Señora del Pilar me ayude", puesto que hacían distinciones entre una imagen de María y otra y parecían dotarlas de poderes especiales. Sin embargo, ¿qué eran estas imágenes sino representaciones de María, la única con el poder de dar respuesta a las plegarias de los fieles? Identificar a una imagen como superior en sus poderes era ciertamente supersticioso y rayaba en la idolatría. Con el fin de respaldar sus críticas, Feijoo cita el Segundo Concilio de Nicea y el Concilio de Trento, que defendían la veneración de imágenes citando la doctrina de San Basilio Magno de que el honor rendido a la efigie se transmite al original. Pero también señala que algunos teólogos afirmaban que a las imágenes y a sus prototipos celestiales debía concedérseles la misma adoración, ya que la efigie participaba de la naturaleza misma del prototipo. Pero Feijoo rechazó este argumento considerando que se basaba en analogías filosóficas que el populacho fácilmente tomaba en sentido erróneo, necesitado como estaba de la cuidadosa educación de los párrocos, por lo que debía evitarse el riesgo de prácticas supersticiosas.[39]

La discrepancia entre la Ilustración hispánica de Feijoo y el escepticismo radical, a menudo evidente en su contraparte francesa y escocesa, encontró su mejor expresión entre los jesuitas mexicanos a quienes envió al exilio italiano el arbitrario decreto de Carlos III. Ejemplo de la mezcla de ortodoxia y renovación intelectual que los caracterizaba fue Francisco Javier Clavijero (1731-1787) quien, en *Historia antigua de México* (1781-1782) condenaba a los historiadores contemporáneos de América Corneille de Pauw, Guillaume Raynal y William Robertson por su actitud característica "de un siglo en que se han publicado más errores que en todos los siglos pasados, en que se escribe con libertad, se miente con desvergüenza, y no es apreciado el que no es filósofo, no se repute tal que no se burla de la religión y toma el lenguaje de la impiedad".[40] Cuando Clavijero escribió su historia, comenzó con una bibliografía anotada en la que llamaba la atención hacia la colección de códices y manuscritos indígenas reunidos por Sigüenza y Góngora y Boturini y que él había consultado en el colegio jesuita de San Pedro y San Pablo y en el archivo virreinal, antes de ser expulsado de México. El propósito de este ejercicio era demostrar que las "pinturas" indias podían ser definidas como una forma de escritura simbólica cuya interpretación estaba subordinada a las "canciones" cuidadosamente transmitidas por los sacerdotes y otros archiveros. No obstante, una vez en Italia, Clavijero se vio obligado a fiarse de una gran fuente, la *Monarquía indiana* de Torquemada, dependencia que provocó más exasperación que gratitud. La ausencia de juicio crítico del franciscano lo condujo a flagrantes inconsistencias, en especial respecto de la cronología; así, Clavijero confesaba que si bien la crónica contaba con "cosas muy apreciables que en vano buscarán en otros autores, me vi precisado a hacer de esta historia lo que Virgilio con la de Enio: buscar las piedras preciosas entre el estiércol". En efecto, Clavijero consiguió reescribir a Torquemada desde una perspectiva neoclásica, erradicando de su narrativa toda mención de Satanás como un personaje histórico a quien el franciscano describió conduciendo a los mexicanos mediante falsos oráculos en su travesía hacia el Anáhuac. Al mismo tiempo, desechaba la posibilidad de que Santo Tomás hubiese predicado el Evangelio en América.[41] Con esto, el jesuita demostró ser un fiel discípulo de Feijoo al combinar el juicio crítico y la ortodoxia católica, tomando como ejemplo de erudición histórica a Mabillon antes que a Bayle.

A pesar de su forzada residencia en Boloña, Clavijero logró publicar *Breve noticia sobre la prodigiosa y renombrada imagen de Nuestra Señora de Guadalupe* (1782) en italiano. No sólo comienza sosteniendo que el recuerdo de las apariciones fue conservado por los indios en sus "pinturas" y canciones y escrito subsecuentemente en "mexicano"; también basaba su relato en la traducción de Becerra Tanco del *Nican mopohua*, posiblemente el primer autor en hacerlo, puesto que Florencia, Cabrera y Uribe habían preferido tomar como modelo la versión de Cruz. Por lo demás, citaba a Miguel Cabrera en lo referente a los intrincados detalles en la composición de la imagen y describía las alegres celebraciones que saludaron la elección de la Virgen como patrona principal de Nueva España. Si bien el mayor milagro de la guadalupana fue la conversión de los indios, con todo, Clavijero también resaltó el caso relatado por Florencia de un andaluz poseído por los demonios que huyó a México donde la Virgen lo liberó. Pero al volver a España de nuevo cayó presa de los diablos y tuvo que cruzar el Atlántico otra vez; al desembarcar en Veracruz, fue inmediatamente liberado de su demoníaca carga.[42] ¿Fue este contraste entre América y Europa, la una protegida por Nuestra Señora de Guadalupe y la otra acosada por demonios, lo que le atrajo a Clavijero de la historia? En todo caso, queda claro que tanto en su *Historia antigua* como en *Breve noticia*, el jesuita exiliado optó por enfatizar los códices, canciones y relatos indios como elementos de la fundación no únicamente del conocimiento del pasado prehispánico, sino también de la tradición guadalupana.

III

Si un mero pintor como Cabrera pudo escribir un tratado sobre Guadalupe, de seguro un científico natural podía asimismo emplear sus conocimientos para profundizar en el entendimiento del milagroso icono de México. Es evidente que tal consideración inspiró a José Ignacio Bartolache (1739-1790), doctor en medicina, profesor de matemáticas en la Universidad de México y autor de varios tratados que iban de las observaciones astronómicas en California a instrucciones sobre cómo curar la viruela. El que su *Manifiesto satisfactorio. Opúsculo guadalupano* (1790) hubiese sido anunciado en la *Gaceta de México*, que 310 suscriptores cuyos nombres se imprimieron al final del libro sufragasen los gastos, y que estuviese dedicado al abad y al cabildo del santuario del Tepeyac, denotaba el prestigio de este sabio criollo, sin mencionar el surgimiento de un "público" mexicano reconocible. Por otra parte, se trataba de lectores entre los que se habían despertado dudas con respecto a la fiabilidad de la tradición guadalupana, ya que en su prólogo Bartolache explica que se dirige a tres clases de personas:

La primera (y de mayor número) de aquellas que conforme a la antigua tradición, creen en el milagroso origen de Nuestra Señora de Guadalupe de México, sin pedir ni desear otra prueba; la segunda, de no pocas, que no quieren ir por ese camino, bien que muy seguro, mostrando su timidez y desconfianza; y la tercera, de aquellas pocas que, no obstante haber caminado hasta ahora por el segurísimo camino de la tradición, no les pesaría tener otras pruebas a mayor abundamiento.

Cuando Bartolache tituló su obra "manifiesto satisfactorio", tuvo la esperanza de que confirmaría las creencias de la primera y más numerosa clase de individuos; que serviría como una respuesta satisfactoria para la segunda; y que sería un consuelo para la tercera. Por primera vez en México, la posibilidad de poner en tela de juicio la tradición guadalupana se discutía en público.[43]

En su organización, *Opúsculo guadalupano* revelaba con toda claridad la vena matemática de su autor, puesto que sus 104 páginas estaban divididas en 121 párrafos numerados y en cinco secciones que consistían en una bibliografía anotada, textos que citaba como prueba, el "cuerpo del texto" o su argumento principal, notas críticas y un apéndice. A estas secciones seguían otras cuatro "piezas" de testimonios notariados. Bartolache llevó a un grupo de pintores al Tepeyac para examinar la imagen y comisionó a dos de ellos para hacer copias con los materiales originales de la imagen, demostrando que pretendía desplegar los métodos de observación y experimentación que tanto favorecía la ciencia contemporánea. Además, por la manera en la que estableció sus conclusiones, daba la impresión de estar resolviendo un problema geométrico.

En la bibliografía, Bartolache enumera a 19 "autores guadalupanos", entre ellos tres poetas latinos, aunque omite hacer mención de los sermones publicados, manteniendo así aquella singular disociación entre la historia y la teología que inició Florencia. Aunque admitía que Miguel Sánchez escribió un admirable panegírico, no podía disculpar sus deficiencias como cronista, exclamando: "ojalá que su piadoso autor, en lugar de los muchos textos que acopia de la Sagrada Escritura y Santos Padres[...] nos hubiera hecho una simple narración histórica del milagro, comprobada con algún buen documento[...]". En cuanto a Laso de la Vega, Bartolache anotó la observación de Boturini en cuanto a que sólo seis meses separaban de la composición de su propia obra el encomio que hizo el capellán de Sánchez; pero entonces se concentraba en un término náhuatl que empleara Laso de la Vega para indicar la estatura de la Virgen, que visiblemente derivaba de principios del siglo xvi, puesto que no se encontraba en diccionarios posteriores de ese idioma. Comentando que el censor, Baltazar González, no identificó a Laso de la Vega como autor y que su nombre no apareció impreso en la página del título, Bartolache concluye que el capellán publicó su relación para informar al mundo que había encontrado los documentos en los que Sánchez basó su versión. Como era de esperarse, colocó a Becerra Tanco "en primer lugar en los de su clase", puesto que demostró "una instrucción perfecta en el idioma, en los mapas y cantares, y en los usos, costumbres y antigüedades de los indios". Pero él no había visto la edición de 1666 del panfleto de Becerra Tanco y expresó su sorpresa al no encontrar mención alguna de Sánchez y Laso de la Vega en la edición de 1675, si bien señalaba la cita de una antigua relación "escrita en puro y elegante mexicano".[44]

Mientras Bartolache celebra "la imparcialidad y buen juicio" de Florencia, duda de que la antigua relación que citaba hubiese sido escrita por un franciscano, y asegura que data del siglo xvi, con Fernando de Alva como un mero copista. Con considerable aplomo citó el manuscrito en náhuatl que él mismo halló en la biblioteca de la Universidad, formado por anales tlaxcaltecas que iban de 1454 a 1737, copiados por Marcelo de Salazar. Sobre Cayetano de Cabrera señala su temperamento bilioso y admite haber leído su libro siendo un estudiante, antes de que fuese retirado de circulación. Puesto que Cabrera no conocía demasiado bien a los indios, no se había percatado de que eran perfectamente capaces de construir una capilla rudimentaria en un día, no se diga en dos semanas. Bartolache concluye alabando a Luis Antonio y a Cayetano Torres Tuñón, dos eruditos hermanos, "colmados de honores y laureles literarios, sacerdotes ejemplares", quienes en 1785 organizaron la publicación en Madrid de dos volúmenes que trataban de Nuestra Señora de Guadalupe. Si el segundo condensaba la tercera edición del tratado de Florencia, el primero reproducía la obra de Cruz, Nicoseli, Becerra Tanco, Miguel Cabrera, las *Novenas* de Sánchez, el *Breve* y el oficio de Benedicto XIV, y una descripción de la Congregación de Guadalupe en Madrid escrita por Teobaldo Antonio de Rivera.[45] El olvido en esta colección de *Imagen de la Virgen María* de Sánchez demostró hasta qué punto la obra se tenía por un barroquismo embarazoso, ajeno al "buen gusto" que imperaba a finales del siglo XVIII.

Aunque Bartolache consiguió con esto sólo organizar su bibliografía sistemáticamente, hizo patente su propia obsesión cuando, al citar la relación de Nicoseli, contradijo la afirmación del italiano de que la tilma de Juan Diego había sido tejida con la burda fibra del maguey, señalando que en el verdadero lienzo de la imagen de Guadalupe "el tejido no es más grueso, más áspero y más ralo que cualesquiera de aquellos con los cuales se hacen velas a las naves". Asimismo, tomó de Florencia la descripción de la imagen que hicieran en 1666 los pintores que acompañaron a Becerra Tanco, quienes afirmaron que era "un lienzo tejido del hilo que hacen de unas palmas silvestres, que llaman iczotl", con el que los indios fabricaban sus tilmas. A partir de su propia observación, Bartolache afirma que el lienzo era muy fino y que no pudo encontrar indios que tejiesen semejante tela con hilos de palma. Tan cautivado estaba Bartolache por su descubrimiento que descartó al poeta latino Francisco de Castro por pertenecer al partido de los *"magueyistas"*. Aunque el tratado de Miguel Cabrera confirma su punto de vista, puesto que el pintor identificó el tejido del lienzo como el de un lino entrefino llamado *cotense*, Bartolache desacreditó su obra con una pálida alabanza cuando, a pesar de recomendar su reimpresión, agregó:

> Demasiado fue que un hombre lego y sin otros estudios que los honrados domésticos del caballete y la paleta, acertase a componer un opúsculo en que unió la precisión con la claridad, instruyendo y deleitando.

Estos comentarios ofendieron hondamente a los muchos admiradores de Cabrera y si la obra de Bartolache era indiscutiblemente lúcida, no logró deleitar al público mexicano.[46]

La otra obsesión de Bartolache ocupa un lugar predominante en la segunda parte de su tratado, donde presenta doce textos, la mayoría de los cuales, al margen de la inevitable mención de Bernal Díaz, extrajo de *Monarquía indiana* de Torquemada. Luego de observar que el franciscano sostenía que nunca salió del territorio de su propia provincia, cita pasajes en los que Torquemada relata su presencia en Michoacán y Guatemala. Alude a un pasaje del predicador franciscano Juan Bautista en el que declaró haber entregado a Torquemada el manuscrito de *Historia eclesiástica indiana* escrito por Jerónimo de Mendieta. Sin embargo, Torquemada negó saber dónde se encontraba este texto, afirmando que había sido enviado a España, a pesar del edicto emitido por el Comisario General de los franciscanos en Madrid por medio del cual se ordenaba que debía entregársele la crónica de Mendieta. Con estas alusiones Bartolache proporcionó la información exacta de los cargos de plagio que Agustín de Betancurt asestó a Torquemada en su *Teatro mexicano*. Bartolache también citó el célebre pasaje en el que el historiador franciscano señalaba que Tepeyac fue uno de los templos que en la época prehispánica atrajo lejanos peregrinos, para luego explicar que los ídolos se reemplazaron con imágenes cristianas, dedicando la nueva capilla "en Tonantzin, junto a México, a la Virgen Sacratísima, que es Nuestra Señora y Madre". No obstante, en este punto Torquemada se abstuvo de hacer mención a la imagen de Guadalupe, con lo cual evadió cualquier discusión sobre las apariciones de la Virgen. Por lo demás, Bartolache observó que los anales en náhuatl que había hallado hacían mención a los sucesos ocurridos en 1531 y a la muerte de Juan Diego en 1548.[47]

Con sus principales fuentes claramente establecidas, Bartolache procedió entonces al "cuerpo del opúsculo", poniendo los contras por delante. Había cinco motivos principales por los que la imagen de Guadalupe no debía ser aceptada como milagrosa en su origen. Para empezar, el milagro carecía de toda certificación legal por parte de las autoridades de la Iglesia: Zumárraga no escribió acerca de las apariciones; luego Torquemada evidentemente sugirió que la imagen era obra de los hombres y no de Dios; la tela o *ayatl* era demasiado larga y estrecha para haber sido empleada como el manto de un indio; y finalmente, de acuerdo con las normas de la pintura la imagen era defectuosa; sin embargo, habría sido perfecta si Dios le hubiese dado forma. Efectivamente, como Uribe sostuvo en un manuscrito sin publicar, la única defensa segura era "la constante, antigua e invariada tradición de padres a hijos". Antes de presentar el aspecto positivo de su argumento, Bartolache afirma que primero era necesario indagar qué clase de milagro estaba involucrado en la aparición de la imagen, ya que santo Tomás de Aquino había clasificado tres tipos de milagros. El primero lo constituían aquellos sucesos que ocurrían sin la intervención de la naturaleza, como la supuesta retracción del sol que menciona la Biblia. El segundo tenía lugar cuando el poder existía en la naturaleza, pero carecía de un sujeto dotado de la capacidad de invocarlo, como en el caso de la resurrección de los muertos. El tercer tipo de milagro ocurría cuando existía el poder en la Naturaleza y sujetos capaces de emplearlo, pero con una deficiencia en el tiempo o en la asistencia común, como en el caso de las rápidas curaciones de enfermedades sin un médico o el tiempo necesario para una recuperación normal. Puesto que en 1666 los pintores declararon que era imposible pintar una imagen como la de Guadalupe sin aparejar el lienzo, su milagro pertenecía al segundo tipo. No obstante, si se demostraba que la imagen fue pintada con paleta, pinceles y aparejo naturales, entonces pertenecía al tercer tipo, ya que derivaba de una rápida aceleración de un proceso natural, semejante a la repentina curación de un padecimiento.[48]

Al dar respuesta a los argumentos negativos, Bartolache aducía que los testimonios de 1666 cubrían la necesidad de una certificación legal del milagro. El que Zumárraga no hubiese condenado la aparición pesaba tanto como su silencio. En cuanto a Torquemada, quien evidentemente había visto la imagen y su santuario, "parece haber tenido algún empeño en callar sobre el asunto de este milagro". Respecto del tamaño del lienzo, observó que los indios a menudo anudaban sus tilmas en un hombro y que Becerra Tanco señaló que faltaba la tercera parte del ancho original. Finalmente, en cuanto a las supuestas deficiencias artísticas, la imagen era perfecta, puesto que cumplía de modo admirable el propósito de Dios de que no pudiese ser juzgada por simples normas humanas.

Al resumir así los motivos para creer o no en el milagro de Guadalupe, Bartolache agrega "notas críticas" en las que pasa revista a estos argumentos. Empezaba por confesar que no comprendía por qué los críticos consideraban que Zumárraga debió certificar legalmente las apariciones, puesto que en la época de la Conquista nadie habría dado crédito al recuento de Juan Diego sobre los coloquios. Antes bien, el obispo pidió una señal y la Virgen envió "como carta credencial, su misma sacrosanta imagen". Si Zumárraga guardó silencio se debió a que no contaba con pruebas confiables de las apariciones de la Virgen y, en cualquier caso, estaba demasiado absorto en predicar y proteger a los indios durante una época durante la cual aún se debatía la capacidad de los indígenas para recibir los sacramentos. De modo que el argumento del silencio debía tratarse con mucho cuidado ya que acontecimientos del dominio público en raras ocasiones se mencionaban por escrito.[49]

Pero a quien Bartolache criticaba más severamente era a Torquemada y citó un párrafo de su crónica en el que el franciscano manifestó una crédula aceptación del poder demoníaco, y agrega:

El R.P. autor de la *Monarquía indiana* incurrió en esta obra célebre en algunos defectos intolerables, como son la falta de verdad, refiriendo hechos propios y de cronología; la mala fe en ocultar escritos ajenos, de que S.P. era responsable, y de la poca o ninguna crítica en calificar sucesos milagrosos: cosas todas que no pueden perdonarse a un historiador que merezca el nombre.[50]

En relación con el famoso texto en el que se señala que los franciscanos reemplazaron el ídolo de Tonantzin con una imagen de María, Bartolache afirma que según la interpretación general, mediante su silencio, Torquemada negó de manera implícita "las milagrosas apariciones y el milagroso origen de esta celestial pintura" de Guadalupe. No obstante, luego sostiene que los franciscanos, quienes llegaron en 1524, evidentemente no esperaron hasta 1531 para instalar la efigie de la Madre de Dios en el Tepeyac, de ahí que Torquemada hiciera referencia a una imagen que precedió a la instalación de la guadalupana. Además, Zumárraga no llegó sino hasta 1527 o 1528 y en 1531 confió la nueva capilla del Tepeyac a sacerdotes seglares supeditados al obispo. Los franciscanos nunca oficiaron en el santuario de Nuestra Señora de Guadalupe. Con esta mordaz premisa, Bartolache se complace en creer que desechó al Aquiles de los considerandos negativos, "no por invencible, sino por fuerte, robusto y colérico, como el héroe de Homero". De esta manera, la omisión de Torquemada respecto a la guadalupana podía descartarse por ser "un silencio afectado y violento".[51]

Concentrando su atención en el lienzo, Bartolache indica que la forma alargada del *ayatl* original se debía a que Juan Diego aflojó el nudo al extender la tilma ante Zumárraga para revelar la imagen impresa entre las flores. En cuanto a los defectos de la pintura, cuando se juzgaba mediante las normas que regían el arte, observa que la invocación de Miguel Cabrera de las leyes de la perspectiva para explicarlos no era del todo convincente. Sin embargo, puesto que él mismo no era pintor, Bartolache deja la solución de estas cuestiones a los expertos y se apresura a señalar que, contrario a lo que Becerra Tanco sugirió, la impresión de la imagen solamente pudo ocurrir en el palacio de Zumárraga, puesto que si el indio hubiese llevado la imagen ya pintada en vez de rosas y flores se le hubiera podido acusar de ser un impostor en busca de consumar un fraude. Pero después de esto aún queda la pregunta: ¿qué clase de milagro se realizó cuando apareció impresa la imagen en la tilma del indio? Es buena teología presumir, argumenta Bartolache, que Dios actúa por causas naturales. Un ejemplo era la multiplicación de cinco hogazas de pan que hizo Cristo, como lo relata el Evangelio según San Juan, en el que ningún comentador sugirió que el mayor número de hogazas fuese de mejor calidad que las cinco originales. El otro milagro era la renovación del Santo Cristo de Ixmiquilpan, donde el milagro consistió sencillamente en hacer rápidamente todo lo que un escultor calificado podría haber hecho. Pero aplicar esta norma y sus ejemplos al caso de la guadalupana, concluía Bartolache, requeriría el juicio combinado de los pintores y de los teólogos.[52]

En los testimonios notariados que forman el apéndice se declara que el 26 de diciembre de 1786, en presencia del abad, Bartolache y un grupo de pintores examinaron la imagen en el Tepeyac con las ventanillas abiertas durante dos horas. Los pintores certificaron que el rostro y las manos de la Virgen, así como el rostro del ángel, parecían poseer cierto lustre o barniz, como si hubiesen sido untados con jabón. Lejos de ser un material burdo, el lienzo aparentaba ser "muy fino, a manera de cotense florete de mediana calidad". Respecto del hilo que unía las dos piezas que solía describirse como un delgado algodón, aseguraron que era del mismo hilo que el lienzo, pero un tanto más grueso. En una segunda oportunidad, el 25 de enero de 1787, los pintores acordaron que las flores que adornaban la túnica de la Virgen no estaban pintadas de acuerdo con los "perfiles" de los pliegues. Asimismo, descubrieron que los colores al óleo que habían preparado para compararlos evidentemente diferían en sustancia de los encontrados en la imagen. A diferencia de anteriores observadores, concluyeron que la imagen había sido pintada sobre la tela aparejada para fijar los colores. Finalmente, aseguraron que de acuerdo con las normas de su arte, consideraban que la imagen había sido pintada mediante un milagro, al menos en cuanto "a lo sustancial y primitivo", pero que "manos atrevidas" habían realizado ciertos trazos y retoques.[53]

Al tiempo que observaban cuidadosamente, también experimentaron. En su apéndice, Bartolache declara que al comenzar su investigación sobre la guadalupana, había hecho llevar las hojas de palma *iczotl* a la capital, a más de cuarenta leguas de distancia. Pero aun cuando había encargado a artesanos indios, mexicas y otomíes, que tejiesen una tela con hilo de maguey y de *iczotl*, el resultado no había sido satisfactorio, lo cual lo llevó a suponer que ya no poseían la destreza de sus antepasados. Además, cuando más tarde se compararon los materiales con el lienzo de la imagen, se descubrió que a pesar de que la tela de palma, al contrario del burdo tejido de maguey, era suave al tacto, el de la imagen era más fino. Sin desanimarse, en 1787 Bartolache le pidió a Andrés López que pintase una copia de la guadalupana en una tela fabricada con *iczotl* sin aparejarla previamente, para obsequiarla al convento de la Enseñanza. Un año más tarde, un devoto europeo de la Virgen mexicana le encargó a Rafael Gutiérrez que también pintase una copia en el mismo tipo de tela y consiguió que la colgaran en la capilla del Pocito en el Tepeyac. Con todo, el 24 de enero de 1788 los pintores reunidos por Bartolache declararon haber examinado estas dos copias, para afirmar entonces que "ninguna de las dos cotejadas era copia idéntica de la original". Y el tema no volvió a tocarse.[54]

Durante su juventud Bartolache fue expulsado del seminario tridentino de México por mofarse de la marchita teología escolástica que aún enseñaba. Un crítico posterior escribió que, si bien era un tanto caprichoso y áspero en sus críticas, "merece llamarse uno de los genios que, como el Ángel de la Piscina, revolvieron en México las aguas de las ciencias".[55] A pesar de que su estudio de la Virgen mexicana provocó la indignación de muchos sectores, puede considerarse un fracaso. Su estudio tenía poco que agregar al análisis de la imagen o a la revisión crítica de la tradición. A pesar de su condescendiente descripción de Cabrera como un "lego", él mismo fue incapaz de ofrecer una nueva explicación de las técnicas artísticas y de las pinturas que incluía la composición de la imagen. Su contribución fue doble. En primer término, demostró que no podía sostenerse la versión original de que la tilma de Juan Diego había sido tejida con fibras de maguey. Bartolache se consagró de tal modo a la tesis del *iczotl* que incluyó un dibujo de esta palma silvestre en su tratado. En segundo lugar, al igual que Clavijero, sometió a Torquemada a una crítica mordaz, reviviendo la antigua acusación de plagio. La importancia de su obra, sin embargo, radica en el abierto reconocimiento de que en México había personas que dudaban de la veracidad de la tradición guadalupana y que juzgaban la imagen como una obra de arte defectuosa. Además, sus experimentos con copias pintadas en tela de palma sugerían que quizás era posible reproducir las cualidades únicas de la imagen de un modo que se les escapó a los pintores que emplearon lienzos y óleos comunes.

El cuidado que puso Bartolache en afirmar su devoción por Nuestra Señora de Guadalupe no logró mitigar la ira que provocaron su tratado y sus experimentos. En una carta escrita en 1792, el fraile franciscano José María Téllez Girón expresó la impresión que le causó hallar en la capilla del Pocito en el Tepeyac la copia de Rafael Gutiérrez, con una inscripción que explicaba que había sido pintada en un lienzo tejido con *iczotl* sin el aparejo bajo la pintura para averiguar cuánto tiempo sobreviviría sin corromperse. Entonces leyó el tratado de Bartolache con creciente desasosiego. No conseguía entender por qué era tan relevante que el lienzo guadalupano estuviese hecho de maguey o de *iczotl* y señalaba que en muchas pinturas antiguas el lienzo de burdo lino a menudo se encontraba bien conservado. El problema aquí era que gracias a Voltaire y Rousseau los milagros eran objeto de menosprecio y era tal la difusión de la impiedad que incluso en México podían hallarse "antiguadalupanos". Sin embargo, el milagro cristiano más grande era la Eucaristía, como sostenía Becerra Tanco, y las hostias se pudrían muy pronto si no se consumían. ¿Qué importaba si el lienzo original de Guadalupe se desintegraba? El verdadero milagro era la aparición ya que la efigie de la Virgen permanecería y seguiría siendo venerada. En cuanto a Bartolache, al no haber examinado el reverso de la imagen, ¿cómo podía saber en realidad con qué hilo había sido tejido el lienzo y qué clase de hilo unía sus dos partes? Hasta esa fecha nadie, ciertamente no los pintores de 1666 y 1751, habían visto ninguna prueba del aparejo de la tela que Bartolache observó. El fraile tampoco aprobaba el ataque del que era objeto Torquemada, cuya "*Monarquía indiana* es un monumento indeleble de las antigüedades de nuestra feliz América". Además, puesto que fueron los franciscanos quienes llevaron a Guadalupe a su santuario en 1531, era evidente que Torquemada hacía referencia a su imagen en ese enigmático texto. En este vigoroso disenso, Téllez Girón expresó el desasosiego que el tratado de Bartolache despertó en México.[56]

IV

En octubre de 1795, Francisco Javier Conde y Oquendo (1733-1799), un erudito cubano, canónigo de Puebla, acompañó al pintor mexicano José de Alcíbar en su visita al santuario del Tepeyac. En el recuento que hizo de la ocasión, Conde informa que Alcíbar había asistido a Miguel Cabrera cuando pintó las copias de la guadalupana que Juan Francisco López llevó a Europa para obsequiarlas a Benedicto XIV y a Fernando VI.

Miembro del grupo de pintores que examinó la imagen en 1751, Alcíbar confirmó que cuando se observaba por detrás no podía apreciarse ninguna señal del aparejo, puesto que los colores se veían a través del lienzo. Además, aunque la tela había sido tejida con hilos de la palma *iczotl*, no era tan fina como Bartolache afirmaba, ya que el tejido estaba relativamente flojo, "ralo, con agujeros". Si ambos criticaron a Bartolache se debe en parte a que durante su visita pudieron verificar que el sabio criollo había envalentado a uno de sus oficiales a atacar la imagen sagrada, al proponer que:

> [...] con la punta de una navaja raspase el extremo de la izquierda del serafín, que sirve de repisa a la Santísima Virgen, por ver si tenia aparejo. Sorprendióle en esta maniobra execrable el padre sacristán mayor del santuario, D. Domingo Garcés, quien vive, y me ha asegurado que el curioso indagador no había sacado más que cierta especie de pelusa del color impreso en el tejido de la manta. Ello es, que hasta el día ha quedado la pintura lastimada e imperfecta, cuya rasura vi y reconocí no sin dolor, el 22 de octubre del año de 1795, que tuve la dicha de venerarla inmediatamente en compañía de D. José de Alcíbar, uno de los más famosos pintores de México, con motivo de haberla bajado del altar al plan del presbítero, a fin de componer su marco y evitar que sobresaliese en términos de causar sombra al bello rostro de la Señora.[57]

No sin razón, más tarde Alcíbar escribió una carta a Conde en la cual alababa a Miguel Cabrera llamándole "este héroe de nuestros tiempos", cuya *Maravilla americana* debía tenerse por confiable respecto de las pinturas y las técnicas empleadas en la composición de la guadalupana, agregando: "siempre he estimado por ridícula, falsa y de ningún valor la injuriosa relación que sacó a la luz el doctor don José Ignacio Bartolache". Además, la copia realizada por Rafael Gutiérrez colgada en la capilla del Pocito ya estaba totalmente "opaca y deslucida". Asimismo, el propio Conde reflexiona que si bien Bartolache había despreciado a Cabrera por ser un mero "lego", en España el célebre pintor Antón Rafael

Mengs había escrito un libro sobre Corregio. ¿Era posible, inquiría Conde, que Bartolache hubiese desdeñado a Cabrera porque el pintor era indio? Y sin embargo, ¿qué podía ser más evidente que "en tratándose de las glorias de María Santísima de Guadalupe, el pincel y la pluma de un indio pinta y escribe como la de un ángel"?[58] Señalar a Cabrera como indio era más significativo, ya que la información obviamente provenía de Alcíbar.

Por su parte, Conde seguía convencido del origen milagroso de la guadalupana, y señalaba que en tanto Sánchez creyó que San Miguel era el pintor, otros habían atribuido la pintura a la propia Virgen o a Dios Padre. Incluso Bartolache había confesado que era inimitable y Alcíbar le había dicho sencillamente: "no se puede explicar". Si bien señalaba el testimonio de Ibarra acerca de que fue Juan Correa quien hizo la primera copia fiel, con todo, afirmaba que la mejor efigie se hallaba en la iglesia de San Francisco; la pintura fue retocada por Baltazar de Echave. Respecto de las leyes del arte, ¿cómo podía juzgarse semejante obra mediante los criterios de la academia? Después de todo, los chinos y los árabes tenían sus propias imágenes, totalmente distintas de su contraparte europea. Y si su arte no podía juzgarse con las normas clásicas, ¿por qué la obra del Altísimo debiera estar sujeta a tales demandas? Todo esto llevó a la conclusión de que la imagen de Guadalupe estaba "pintada sin duda por la mano de Dios; su dedo inmortal ha sido el pincel; sus colores, aunque sean naturales, nadie sabe de dónde han salido".[59]

Aunque probablemente Conde terminó su *Disertación histórica* sobre la aparición de la guadalupana en 1795, su obra no se publicó sino hasta 1852, debido a los disturbios civiles que entonces perturbaban a México pasó casi desapercibida. Conde era un hombre ilustrado, que había vivido algunos años en Europa antes de convertirse en canónigo de Puebla, y poseía lo que él mismo denominaba socarronamente "mi pequeña, pero selecta biblioteca", en la que podían encontrarse muchas crónicas tempranas de América.[60] Así, cuando pasó revista a los antecedentes del siglo XVI de la aparición, aprovechó la oportunidad para referir el famoso debate de Valladolid en 1550-1551 entre Bartolomé de las Casas y Juan Ginés de Sepúlveda, citando el compendio escrito por Domingo de Soto y publicado en los *Tratados* (1552) de de las Casas, que obraba en su poder. Elogiaba a de las Casas por formular las Leyes Nuevas en 1542, que prohibían la esclavitud de los indios y agregaba: "sacó sobre sus hombros a los indios, con el tesoro natural de su libertad en una mano y en la otra el trofeo de un decreto prohibitivo de la impresión de papeles contra ellos[...]". Asimismo, imprimió una copia del *Sublime Deus*, el breve pontificado emitido por Pablo III en 1537 que declaraba a los indios hombres verdaderos, aptos para el bautismo, y dotados del derecho a la libertad y la propiedad. Además, poseía una rara copia de *Retórica cristiana* (1579) de Diego Valadés, en el que se discutía la política franciscana del bautismo y la administración de la Eucaristía a los indios. Sin embargo, a pesar de todas estas pruebas, los historiadores modernos criticaron a los misioneros y rechazaron a los nativos del Nuevo Mundo por ser apenas racionales, escritores a quienes curiosamente identificaba como "Pa, Rainald, Robertson", es decir, Pauw, Raynal y Robertson.[61]

Pero, aunque los frailes defendieron a los indios de los conquistadores, quemaron la mayoría de las "pinturas" de los indígenas. A pesar de ello, como enfatizaba Conde, los indios registraron los grandes acontecimientos de su historia en tela "tejida de hilo de maguey o de la palma *yezotl*" o algodón, y al igual que los antiguos egipcios poseían una enorme gama de archivos. Con su destrucción se perdieron "los monumentos más preciosos de sus antigüedades". No fue sino hasta Sigüenza y Góngora y Boturini cuando se intentó recopilar los restos de estos códices. Aun así, los indios conservaron el recuerdo de los acontecimientos por medio de sus canciones, sobre todo en el caso de las apariciones de Guadalupe, puesto que "la tradición verbal vive perennemente impresa en los corazones de los mortales".[62] Conde repasó la extensa literatura que trataba sobre la Virgen mexicana y, como todos los comentadores de su época, lamentaba los "ingeniosos conceptos predicables" de Miguel Sánchez, los cuales sólo podían condenarse por su mal gusto. Aunque evidentemente no estaba familiarizado con la disertación de Uribe, que aún no había sido publicada, llegaba con mucho a las mismas conclusiones, es decir, aceptaba la tesis de Sigüenza de que Antonio Valeriano era el autor de la versión en náhuatl que Laso de la Vega hizo imprimir y que más tarde utilizaría Becerra Tanco en su segunda edición. Pero si autores anteriores trataron a Florencia con respeto, por el contrario Conde observó que el jesuita "no era hombre ingenioso", agregando que su reputación entre los críticos y hombres de letras habían menguado, ya que "era notado de pobreza y de penuria en la inventiva". El hecho de que Florencia no hubiese publicado la canción que don Plácido le dedicó a la guadalupana, que Sigüenza le había entregado, fue motivo de "lágrimas irremediables". Del mismo modo, que no hiciese imprimir "la relación antiquísima" que citó en repetidas ocasiones fue "una mancha muy negra e indeleble" en su contra. Respecto de Torquemada, por vez primera estaba de acuerdo con Bartolache y a más de esto citaba las menciones de Clavijero sobre el franciscano, acusando al cronista de demasiada prodigalidad en tanto guardaba "absoluto silencio" tratándose de la guadalupana.[63]

Como sus antecesores, Conde brinda una descripción de la multitud de instituciones y edificios que servían a los fieles durante sus visitas al Tepeyac. Mucho de lo que tenía que decir puede encontrarse también en *Pensil americano florido en el origen del invierno, la imagen de María Santísima de Guadalupe* (1797), un libro ameno pero magro sobre la guadalupana escrito por Ignacio Carrillo Pérez, un funcionario de la casa de moneda mexicana. Obviamente, ambos autores refirieron las grandes celebraciones en ocasión del nombramiento de la Virgen como patrona, y en verdad Conde imprimió el texto completo del breve de Benedicto XIV con la misa y el oficio para el 12 de diciembre. En la península, enfatizó, sólo a Nuestra Señora del Pilar, "la de mayor crédito y celebridad dentro de España", se le había otorgado un privilegio semejante, aunque en 1723. Pero respecto de la guadalupana de Extremadura, su tradición se consideraba dudosa y no se había hecho acreedora de su propio día de fiesta. En el Tepeyac, Conde deploró la sumisión de su colegio de cánones a la jurisdicción del arzobispo, como lo hiciera Carrillo, quien señaló que fue el gran jurista criollo Francisco Javier de Gamboa (1718-1794) quien fungió como abogado del colegio en contra del arzobispo Rubio. Ambos autores alabaron a Calixto González Abencerraje, "en España soldado y retirado en Veracruz", quien recaudó más de cuarenta mil pesos de los viajeros para la construcción de la capilla del Pocito diseñada por Francisco Guerrero y Torres y terminada en 1779. Pero solamente Carrillo notó que la construcción del convento para las monjas capuchinas, situado a un lado del santuario, se completó en 1787 con un costo de 212 000 pesos que fueron recolectados por el arzobispo Alonso Núñez de Haro y Peralta. Asimismo, fue Carrillo quien proporcionó una descripción sucinta de los dorados retablos que adornaban el santuario, para luego observar que se había propuesto reemplazar el central de estilo churrigueresco por uno neoclásico de "mármol blanco y jaspe".[64]

En las páginas finales, Conde se desvía del tema para alabar a su compatriota el conde de Revillagigedo, virrey de Nueva España de 1789 a 1794, preguntando "¿a dónde ha habido, desde la Conquista, un virrey que se aventaje al segundo conde de Revillagigedo? Ninguno más sabio a la verdad, en materia de gobierno". El gobernante nacido en América transformó la capital, trabajando día y noche con extraordinaria energía, de modo que Conde sencillamente exclama: "¡qué empedrado, qué limpieza de las acequias e iluminación de las calles!" Si el virrey Bucareli fue tan devoto de la guadalupana que hizo los preparativos para ser sepultado en el santuario, Revillagigedo solicitó al rey que le permitiese recibir su báculo en el Tepeyac. Conde comentaba: "puede ser que fuese con la idea de recibirlo de mano de la Virgen, junto con la luz que necesitaba para el acierto en su gobierno, como sucedió en efecto, pues que todos lo veneran como don del cielo y están llorando su retirada como azote del reino". Estos comentarios dan una idea del efecto en la opinión pública del despotismo ilustrado de este celoso servidor de la dinastía borbónica.[65]

Dentro del vago texto de Conde también se oculta un testimonio más sorprendente referente al efecto de las revoluciones que amenazaban la estabilidad de Europa occidental, puesto que cuando Conde contempló a Nuestra Señora de Guadalupe, aceptó la identificación de Sánchez de la imagen como la mujer del Apocalipsis, para luego aseverar que si la mujer vista por San Juan se tomaba como el símbolo de la Iglesia universal, entonces la guadalupana era claramente el símbolo de la Iglesia mexicana. Luego agregaba:

> Me pongo a considerar a América, mi patria, como un país inmenso, que ha reservado Dios desde su creación, a fin de renovar en este nuevo mundo, al viejo ya frío, estéril y cansado por millares de siglos; y que reflorezcan en él, y se cargue de ricos frutos de bendición, la planta de la fe católica [...]

¿La persecución de los jesuitas no condujo a la Revolución Francesa, la cual provocó una revuelta universal durante la cual incontables iglesias y conventos, e incluso Roma, se vieron amenazados? En medio de tales tribulaciones, Conde recordó la profecía anotada en Isaías 60, en la cual, mientras la oscuridad cubría la tierra, Sión volvía a reconstruirse y una pequeña nación se volvía grande. Agregaba: "Yo he oído a varias personas espirituales y estáticas, explicarse de una manera enfática sobre la nueva Iglesia americana [...]" En efecto, la noticia de la Revolución Francesa en Europa causó en México una ola de especulaciones acerca del futuro.[66]

Conde atestiguó haber escuchado varios sermones en los que los predicadores reiteraban la profecía de Francisco Javier Carranza y citaba la posibilidad de "la trasmigración de la Silla Apostólica y residencia de los Papas en este continente". Asimismo, Carrillo citaba al beato Amadeo en referencia a los milagros, para luego recordar los sermones que Carranza y Juan de Villasánchez predicaron sobre la guadalupana, agregando que "no sólo vino a plantar la Iglesia en ellas (estas Américas), sino a ser acogida su Suprema Cabeza y su santuario ser puerto seguro de la nave de San Pedro en el borrascoso fin de los siglos". En vista de la triste situación por la que atravesaba Europa, afirma Conde, era del todo apropiado evocar estas esperanzas sin peligro del dogma o la disciplina. Además, recoge en Carranza las profecías de San Malaquías, el arzobispo de Armagh, en especial ya que, luego de su viaje a Austria, Pío VI podía describirse como un "peregrino apostólico". Entonces existía la posibilidad de que el papa pudiese establecer su residencia en México.[67]

Como un signo de la amenazadora agitación de aquellos años, Conde concluye su crónica con una vigorosa condena al escandaloso sermón pronunciado en el Tepeyac en 1794, en el que un teólogo dominico, "un fraile, don Fernando Mier, criollo", argumentaba no sólo que Santo Tomás Apóstol predicó el Evangelio en la Nueva España sino que la efigie de la Virgen de Guadalupe fue impresa en su manto y no en el de Juan Diego. Cuando Conde comenzó su libro criticando a Bartolache, para luego terminar la narrativa con un relato de la detención de Mier y su "perpetuo destierro" en España, mostró la transformación del clima cultural de la Nueva España durante las últimas décadas del siglo XVIII.[68] La jubilosa confianza de la década de 1750 fue reemplazada por una audaz censura. Sin embargo, también declara que la agitación provocada por la Revolución Francesa no se limitó a apresurar las incursiones del escepticismo, sino que también impulsó a los individuos a escuchar la profecía de Carranza, llevándolos a anticipar un futuro glorioso para México como el fiel bastión de la Iglesia católica. Cuando en 1810, Miguel Hidalgo ofreció a sus insurgentes seguidores una copia de la guadalupana como estandarte, en parte utilizó con fines políticos las esperanzas concernientes a la Virgen mexicana que cautivaron a tantos fieles durante los últimos años de la *Pax Hispanica*.

I

El 12 de diciembre de 1794 los dignatarios de México, encabezados por el virrey y el arzobispo, se reunieron en el santuario del Tepeyac para celebrar la fiesta de Nuestra Señora de Guadalupe. La ocasión era conmovedora puesto que la iglesia había estado cerrada desde el 10 de junio de 1791 hasta el 11 de diciembre de 1794 para hacer la reparación de las enormes grietas que aparecieron en la bóveda. El predicador, fray Servando Teresa de Mier, era conocido para muchos de los presentes ya que tan sólo un mes antes, el 8 de noviembre, había pronunciado ante casi la misma congregación "una doctísima oración fúnebre en elogio de las virtudes morales y políticas del Exmo. don Fernando Cortés", un sermón que conmemoraba el traslado de los restos del conquistador a una nueva sepultura construida en el Hospital de Jesús.[1] Otros presentes pudieron haber escuchado los dos sermones que predicó a instancias del anterior virrey, el conde de Revillagigedo, en los que criticaba los errores de Jean-Jacques Rousseau y condenaba los crímenes de los regicidas jacobinos en Francia.[2] Pero en estos ejercicios no había nada que los preparase para el escandaloso sermón que les tenía reservado. Mier comenzó con una nota convencional al comparar la consagración del santuario del Tepeyac en 1709 con la dedicación de Salomón del Templo en Jerusalén, exclamando: "allá el Arca de la Alianza del Señor con los de Israel, acá la imagen guadalupana y mejor Arca de la Alianza del Señor y su madre con la generación verdaderamente escogida y predilecta, con su pueblo especial, con los americanos". Asimismo, en sus notas, Mier había pensado invitar a la congregación a considerar que, a pesar de que en el mundo abundaban las efigies de María, sólo en América se encontraba el "original de esas imágenes", "desde la eternidad reservada para México". Pero entonces introdujo un tema secular cuando, luego de observar que el rey llamó a estudiar la historia de la Nueva España, señaló que la historia de México se hallaba oculta "en las tradiciones disfrazadas, en fábulas alegóricas y jeroglíficos nacionales", que ni Torquemada ni Boturini habían logrado descifrar. Y como afirmara Alonso de Molina, "el mexicano" podía expresar verdades y misterios tan sublimes como cualquier escrito en latín o hebreo, si bien "es todo figurado y simbólico".[3] El propósito de estas enigmáticas afirmaciones se hizo patente cuando Mier declaró que la tradición de Nuestra Señora de Guadalupe era tan misteriosa y simbólica como cualquier crónica del México antiguo.

Al atraer la atención de la grey, Mier enunció entonces cuatro audaces proposiciones. La primera y más escandalosa era que la imagen de Guadalupe había sido impresa en la túnica de Santo Tomás y no en el humilde *ayatl* de Juan Diego. En la segunda proposición sostenía que el apóstol depositó la imagen en las colinas de Tenayuca, de modo que fuese venerada por los indios más de 1750 años atrás. Pero una vez que los indígenas cayeron en la apostasía, Santo Tomás la había ocultado. Para infundir confianza, Mier afirmó entonces en su tercera proposición que la Virgen María sí había aparecido ante Juan Diego, pero para revelar la ubicación de su imagen oculta, de manera que pudiese llevársela a Zumárraga. En su última proposición, insistía en que la imagen de Guadalupe era de origen sobrenatural, ya que la Virgen, cuando aún vivía, imprimió su efigie en la túnica del apóstol. Como se observará, el extenso efecto de estas hipótesis consistió en llevar a México al nivel de España, puesto que si la península se vanagloriaba de la misión de Santiago y de la aparición de la Virgen como Nuestra

Señora del Pilar, ahora la Nueva España era dotada de la presencia de Santo Tomás y de una imagen milagrosa que databa de aquella época. Antes que un vástago de España, la Iglesia mexicana ahora podía ufanarse de su propia fundación apostólica.[4]

Pero, ¿en qué pruebas sustentaba Mier sus afirmaciones? Para empezar, hacía referencia a los antiguos monumentos que habían sido excavados en la enorme plaza de la ciudad de México en 1790, nombrándolos reliquias "más preciosas que todas las de Herculano y Pompeya". Incluían la enorme y temible figura de la diosa Coatlicue, un disco circular que más tarde sería reconocido como la piedra de los sacrificios, y la famosa Piedra de Sol. Lo que demostraban las inscripciones en estos monumentos era que Santo Tomás, un hombre blanco y barbado que los indios llamaban Quetzalcóatl, predicó el Evangelio en el Nuevo Mundo. De este modo, los indígenas de México habían sido convertidos al cristianismo poco después de la muerte de su Salvador, y su religión había conservado rasgos cristianos. El mismo nombre de la diosa que se adoraba en el Tepeyac, Teotenantzin, la Madre del Dios Verdadero, indicaba que en distintas formas allí siempre se había venerado a María. Cuando Santo Tomás se vio obligado a huir, dejó muchas imágenes de Cristo o de María que fueron descubiertas más tarde, luego de la Conquista española, y a las que se les restituyeron los honores. Después de todo, respecto de la guadalupana, ¿no había argumentado Becerra Tanco que Juan Diego le había llevado a Zumárraga una túnica sobre la que ya estaba impresa la efigie de la Virgen? Por lo demás, Mier señaló la rara figura de un "8" inscrita en la imagen, que él sostenía era una letra sirio-caldea semejante a la descubierta en la tumba de Santo Tomás en Meliapor, al sur de la India. ¿El manto enrollado a los pies de la Virgen no era un signo apostólico de los rollos de las Sagradas Escrituras y qué era el ángel sino un símbolo de la incorporación de México a la Iglesia cristiana? Para concluir, Mier insistió que no negaba las apariciones de la Virgen a Juan Diego y volvió a confirmar el origen sobre-

Juan Manuel Yllanes del Huerto, *Santo Tomás-Quetzalcóatl predica en Tlaxcala*, 1791, fotografía de Ernesto Peñaloza. Acuarela sobre papel. Cortesía del Museo Nacional de Arte, ciudad de México.

natural de la imagen que representaba a María como una mujer de sólo catorce o quince años, pero ya embarazada del Cristo niño, y por tanto un símbolo de la encarnación. Terminó con una plegaria a la Virgen para proteger a México: "especialmente ahora que los filisteos de Francia insultan y atacan al pueblo de Dios no permitas que triunfen ahora también, Arca verdadera, como allá por los pecados de los hijos de Helí". Entre sus notas se hallaba una extraordinaria invocación, que pudo o no haber pronunciado, en la cual se dirigía a María como "Teotenantzin enteramente virgen; fidedigna Tonacayona [...] florida Coyolxauhqui, verdadera Coatlicue de Minyó."[5]

La reacción del público a este extraordinario sermón puede apreciarse a partir de la indignada descripción de Conde en las páginas finales de *Disertación histórica*:

> Conmovióse el auditorio, en términos de que el señor arzobispo, que celebra la misa de pontifical, se contuvo en no hacer callar al predicador, y mandarle bajar de aquella cátedra, por no exponer al pueblo a que le apedreasen en medio del templo.

Asimismo, el devoto discípulo de Conde, el doctor José Miguel Guridi y Alcocer, comentó que era tal la ira que había concitado contra Mier "aquel exótico y escandaloso sermón" que "labró su ruina, cuando creía erigirse un nombre inmortal". Conde señalaba que Mier había sido sumariamente confinado a su celda después del sermón y publicó el texto completo del edicto del arzobispo del 25 de marzo de 1795 en el cual sentenciaba al predicador al "perpetuo destierro" en España, castigo acorde, agregaba, al audaz e irreverente desafío a la tradición establecida.[6]

En su *Apología*, escrita en un calabozo de la Inquisición de 1817 a 1820, Mier recuerda que se le pidió predicar el sermón tan sólo diecisiete días antes de la celebración. Durante ese intervalo le fue presentado al licenciado José Ignacio Borunda, un anciano abogado, que en tres o cuatro reuniones le aseguró que las recientes excavaciones en el Zócalo demostraban la veracidad de la antigua tradición según la cual Santo Tomás predicó el Evangelio en el Nuevo Mundo. Él mismo escribió un tratado entero sobre el tema, en el que dejaba ver que la imagen de Guadalupe era de procedencia apostólica. Si Mier aceptó sin demora estas afirmaciones concernientes a Santo Tomás se debió a que estaba familiarizado con la obra de Becerra Tanco y Boturini donde la presencia del apóstol en el Nuevo Mundo se aceptaba a pie juntillas. En efecto, si hubiese visitado Tlaxcala, habría hallado una pintura reciente que representaba a Santo Tomás predicando a los indígenas de aquella ciudad. Además, confesaba que su fe en la crónica tradicional de las apariciones de la Virgen a Juan Diego se había cimbrado gracias al *Opúsculo guadalupano* (1790) de Bartolache, ya que si bien los científicos profesaban la creencia en aquella tradición, todos sus descubrimientos y argumentos fueron concebidos para despertar dudas. Como él explicara, en la teoría de Borunda "vi un sistema favorable a la religión, vi que la patria se aseguraba de un apóstol, gloria que todas las naciones apetecen y especialmente España".[7] En todo caso, nunca en su sermón negó las apariciones de la Virgen ni el origen sobrenatural de la imagen de Guadalupe. Pero Mier se halló totalmente confundido cuando, luego de haber padecido el confinamiento en el gran convento dominicano de la ciudad de México, al fin obtuvo el manuscrito del tratado de Borunda, sólo para descubrir que era "una porción de dislates propios de un hombre que no sabía teología, y aun de todo anticuario y etimologista, que comienza por adivinanzas, sigue por visiones y concluye por delirios". Desesperado, ofreció escribir y publicar una retractación de su sermón. Para entonces, sin embargo, el arzobispo había ordenado a los predicadores en toda la capital refutar sus estrafalarias teorías y confiscó todos sus documentos, de modo que pudiesen ser escrutados por teólogos expertos.[8]

Aunque Mier desconoció a Borunda con tal desdén, habría de recurrir a las teorías del abogado el resto de su vida.

Al principio, leer *Clave general de jeroglíficos americanos* resulta incomprensible, pues aunque Borunda afirmaba que "la escritura jeroglífica de la nación mexicana" expresaba conceptos sin recurrir a las palabras y por tanto poseía un significado oculto, alegórico, no fue capaz de establecer ninguna norma de interpretación o de llegar a conclusiones decisivas. Como estudiante de náhuatl citaba a Martín del Castillo, un franciscano de Puebla del siglo xvii, quien comparó el mexicano con el hebreo y el siríaco, y sostuvo que el nombre de México derivaba de aquellos idiomas y que significaba "de mi Mesías", una similitud que resultaba más evidente en la pronunciación indígena de "Mescico".[9] Si bien defendió la grandiosa obra de Torquemada de las críticas de Bartolache, Borunda sostuvo que el franciscano no logró descifrar el significado alegórico de los relatos indios que había recogido. Para ayudar en su interpretación, invocó *Reflexiones sobre las normas y el uso de la crítica* (1792), una traducción al español de una obra escrita en 1713 por Honoré de Sainte-Marie, un carmelita francés que cuestionó con severidad la aproximación crítica de Jean Mabillon, el célebre erudito benedictino, arguyendo que el escepticismo frente a los venerables milagros como el origen de la Santa Casa de Loreto en Nazaret conduciría a la incredulidad respecto de las Sagradas Escrituras.[10] Borunda estudió en el colegio jesuita de San Ildefonso y conoció a Francisco Javier Clavijero, "a quien familiarmente traté en el año 1761"; por ello se encontraba al tanto del debate acerca del método histórico. Por desgracia, cuando se dio a la tarea de interpretar el significado de la estatua de Coatlicue, produjo una gran cantidad de notas absolutamente incomprensibles. Si no trató de examinar la Piedra de Sol, se debió en parte a que en *Descripción histórica y cronológica de las piedras que se hallaron en la plaza principal de México* (1792), Antonio de León y Gama, un sabio muy reconocido, empleó manuscritos en náhuatl del siglo xvi para proporcionar la primera reseña convincente de las complejidades del sistema calendario mexicano.[11] En cambio, la explicación de Borunda del náhuatl lo llevó a falsas etimologías, por ejemplo, cuando asoció a Santo Tomás con Tomatlán, el lugar de los tomates. Especialmente aficionado a aplicar el término "nacional" a los jeroglíficos o a lo que él denominaba fraseología (*frasismos*) indígena, a menudo era notablemente confuso, como cuando describió a la guadalupana como "el distintivo nacional del simbólico almaizal figurado en esta admirable imagen su ocultación en cumbre". No es de sorprender que Mier y otros lectores lo rechazaran con tal facilidad, puesto que en muchos sentidos era un fantasma barroco extraviado en la era de la Ilustración.[12]

La lealtad cultural de Borunda se puso de manifiesto en la confianza que depositó en Gregorio García, en cuyo *Origen de los indios del Nuevo Mundo* (1607) sostuvo que los indígenas de América eran principalmente descendientes de las diez tribus perdidas de Israel y que los monumentos de los incas y de los mayas fueron erigidos por los cartagineses. Pero fue *Predicación del evangelio en el Nuevo Mundo viviendo los apóstoles* (1625) del dominico español, para entonces un raro tratado, al que recurrió más, puesto que en él se describían los viajes de Santo Tomás por la India, China y Japón, y se ubicaba su sepultura en Meliapor, en la costa de Coromandel. Asimismo, García citaba a las Casas en relación con la presencia de cruces en Yucatán y a autores portugueses respecto de la misión de Santo Tomás en Brasil y Perú.[13] En cuanto a México, Borunda citaba a Becerra Tanco y a Torquemada, por no mencionar a Sigüenza y Góngora, e identificaba a Santo Tomás con Quetzalcóatl, el hombre blanco y barbado que se había desempeñado como sumo sacerdote en Tula antes de ser expulsado por el maligno señor Huemac.[14] Luego de la apostasía indígena, Santo Tomás enterró numerosas imágenes que fueron descubiertas después de la Conquista en cuevas y árboles, entre estas figuras, Borunda menciona a Nuestra Señora de los Remedios y al Cristo de Chalma, señalando "la concordancia de los monumentos regionales con las verdades cristianas". Haciendo referencia al célebre párrafo de Torquemada en el cual el franciscano mencionó los templos arbóreos de Matlalcueye, Tianquizmanalco y Tepeyac donde los mendicantes reemplazaron los ídolos con imágenes cristianas, Borunda argumentaba que los franciscanos sencillamente instalaron o transformaron antiguas imágenes. Al observar que Bartolache describió el lienzo de la guadalupana hecho de palma *iczotl* que le daba una apariencia de suave lino, declaró que la imagen pertenecía con toda evidencia al siglo I, que había sido pintada al estilo sirio-caldeo, como lo indicaba la figura "8", pero retocada posteriormente por los españoles, una explicación que respondía por la diversidad de pinturas que Miguel Cabrera señalara. Fue Borunda quien afirmó que el extremo doblado del manto de la Virgen era como "libros o rollos, de la escritura santa"; que el ángel significaba la recepción indígena del Evangelio y que la mandorla que rodeaba a la Virgen era la "penca" del maguey. En términos generales, Borunda argumentaba que los indios conservaron una comprensión alegórica del cristianismo hasta la llegada de los españoles. Cuando los mexicanos hacían una figura de su dios Huitzilopochtli con masa de maíz y luego la consumían, ¿no se entregaban a una ceremonia que recordaba la comunión cristiana? ¿Por qué la diosa que se adoraba en el Tepeyac se llamaba Teotenantzin, "la madre de los dioses"? Implícita en estas aseveraciones estaba una premisa teológica: que Cristo había mandado a sus apóstoles a predicar el Evangelio a todas las naciones. Entonces, ¿por qué América tuvo que esperar hasta la llegada de los españoles?[15]

Por órdenes del arzobispo, el sermón y las notas de Mier, con el tratado de Borunda, fueron entregados a dos canónigos criollos de la catedral, José Patricio Fernández de Uribe, el estudioso guadalupano, y Manuel de Omana y Sotomayor. Su informe fue raudo y despiadado. Se mofaban de las etimologías y alegorías de Borunda por ser capaces de probar casi cualquier cosa, ridiculizaban que asociara Tomatlán con el apóstol, observando: "He aquí convertido a Santo Tomás en tomate o al término tomate en Santo Tomás". Sobre todo, su cronología tristemente erró el camino, puesto que contrariamente a la mayoría de los historiadores, imaginó que el imperio mexicano databa del año 400 d.C. Respecto de la identificación de Santo Tomás con Quetzalcóatl que hiciera Sigüenza, hacían notar que su manuscrito nunca fue encontrado y negaban que la similitud en los ritos y creencias entre la religión india y la fe católica fuesen necesariamente indicio de una misión cristiana. E incluso si hubiese llegado un misionero, ¿por qué tendría que haber sido Santo Tomás? En todo caso, Torquemada había fechado explícitamente al Quetzalcóatl de Tula alrededor del 700 d.C. Señalando que Borunda tenía "un ingenio oscuro, tétrico y recóndito", lo descartaron por ser "un don Quijote histórico mexicano", cuya mente estaba obsesionada con un sinnúmero de míticos molinos de viento. Pero, puesto que nunca buscó publicar sus especulaciones sin obtener una licencia, lo absolvieron de cualquier responsabilidad por el sermón. El único castigo que recomendaron fue que se confiscaran sus manuscritos, ya que eran "capaces de formar mil historiadores caballerescos y novelistas".[16]

En cuanto a Mier, Uribe y Omana fueron implacables: "Él ha engañado al pueblo con falsos documentos y ficciones." El joven dominico había hecho uso del púlpito para poner en tela de juicio "una venerable tradición eclesiástica" y de ese modo había perturbado la piedad de los fieles al provocar un escándalo público. En particular, formuló tres falsas proposiciones: que santo Tomás predicó en América; que la imagen de la guadalupana fue impresa en su túnica por María; y que la Virgen había sido adorada en Tula mucho antes de la llegada de los españoles. No obstante, la tradición de Nuestra Señora de Guadalupe se fundamentaba en un culto público que había perdurado a lo largo de 263 años. Se podía comprobar mediante los testimonios de 1666 y la "relación antiquísima"que Fernando de Alva Ixtlilxóchitl copió de un indio y que sirvió como base de las narraciones escritas por Sánchez, Becerra Tanco y Florencia. Era también una tradición impulsada por sucesivos arzobispos y bendecida por Benedicto XIV. Dirigiendo la mirada a Europa, los canónigos observaron que "la erudición soberbia del espíritu filosófico" había logrado que sus exponentes "califiquen las tradiciones piadosas por errores vulgares y la creencia de casi todos los milagros, de supersticiosa incredulidad". Sin embargo, en 1720 la Inquisición española había condenado el cuestionamiento a la milagrosa aparición de Nuestra Señora del Pilar, tras lo cual los canónigos comentaron acerca de "la semejanza de las dos tradiciones cesaraugustana y guadalupana [...] son casi los mismo los fundamentos en que se apoyan". En conclusión, condenaron con severidad el sermón de Mier como "un tejido de sueños, delirios y absurdos [...]" y exigieron que se le denunciara públicamente en una carta pastoral o por medio de un edicto episcopal. El abogado legal del arzobispo aceptó su veredicto, quien recomendó que Mier fuese despojado de todas sus licencias sacerdotales y sentenciado a diez años de confinamiento en el convento dominico de Caldas en Santander, un castigo diseñado para "contener su espíritu orgulloso y propenso a la inflación y a novedades perniciosas".[17]

Mier fue una víctima fácil de la ira del arzobispo, debido a que el provincial dominico era un español europeo que lo describía como un criollo "que mira con poca pía regularmente las providencias de los europeos". En enero de 1794, Mier se vio envuelto en una protesta pública organizada por trabajadores de la real fábrica de tabaco tras la cual el provincial lo caracterizó como "un mozo de talento, estudioso y expedito", pero también locuaz, presuntuoso y sedicioso, y tenido como una suerte de oráculo entre los jóvenes dominicos criollos.[18] Por su parte, Mier se quejó amargamente de la parcialidad exhibida por el provincial y por el arzobispo Alonso Núñez de Haro, quienes constantemente buscaban ascender a los europeos y relegar a los criollos a puestos inferiores. Puesto que Mier gozaba de excelentes relaciones, con familiares lejanos como miembros de la Inquisición y de la audiencia, fue Haro quien lo condenó por predicar doctrinas falsas y escandalosas mediante un edicto que se publicó posteriormente en la *Gaceta de México* y que se leyó en todas las iglesias de la Nueva España excepto en

Nuevo León, donde el obispo era amigo de la familia.[19] Tan peligroso le parecía Mier a las autoridades coloniales que el virrey, el marqués de Branciforte, advirtió a Madrid que Mier dio la bienvenida a las noticias sobre la Revolución Francesa, por lo que era aconsejable mantenerlo en España. Algunos años después, cuando parecía que Mier podía ser absuelto de su sentencia, el arzobispo Haro escribió a España para señalar que el dominico era "ligero en hablar, y sus dictámenes son opuestos a los derechos del Rey y la dominación española".[20] A la luz de estas cartas, es evidente que el sermón de Mier se interpretó no sólo como una ofensa para la tradición sino también como subversivo para el imperio español en México, ya que su dominio siempre se justificó apelando a la donación papal de 1493 y a su misión cristiana.

En Caldas, Mier descubrió que los dominicos españoles se reclutaban en su mayoría entre los campesinos y que pasaban su tiempo "ergotizando sobre algunos párrafos metafísicos de Aristóteles".[21] Debido en parte a las relaciones de su familia en Asturias, se allegó la protección de Gaspar Melchor de Jovellanos, el distinguido escritor y estadista, quien en 1798, desempeñándose como ministro de justicia, le otorgó un permiso de residencia en Madrid. Allí conoció a Juan Bautista Muñoz, el cronista general de las Indias, y fue favorecido por José de Yeregui, el inquisidor general. Gracias a este patronazgo, en 1799 apeló ante la Real Academia de Historia para que revisase su caso, arguyendo que, puesto que no había negado las apariciones de la Virgen a Juan Diego ni el origen divino de la imagen de Guadalupe, había sido injustamente condenado al confinamiento. Como veremos, para entonces Muñoz había presentado un memorial ante la Academia en el cual desdeñaba la tradición guadalupana por considerarla una fábula. No obstante, a pesar de ese ensayo, de los tres censores que se asignaron a la consideración del caso de Mier, uno aprobó la condena del sermón de Uribe y otro lo describió como "un conjunto de pecados históricos, quiero decir de fábulas, apoyados en símbolos imaginarios",

Ramón Torres, *El arzobispo Alonso Núñez de Haro y Peralta y el abad de Guadalupe José Félix Colorado*, ca. 1785, fotografía de Manuel Zavala. Cortesía del Museo de la Basílica de Guadalupe, ciudad de México.

para agregar que si todos los predicadores de milagros fuesen condenados, los púlpitos quedarían vacíos.[22]

El doctor Joaquín Traggia, un distinguido historiador de la Iglesia aragonesa, fue quien más se inclinó a favor de Mier, y criticó con severidad a Uribe y Omana por estar animados por "fanatismo y malignidad y falta de inteligencia". Si se leía el tratado de Borunda a la luz de las especulaciones de Boturini, su intento por descifrar los jeroglíficos no podía tomarse tan a la ligera. Si bien señalaba que muchos autores acogieron la tesis de que santo Tomás había predicado en América, concluía que la identificación del apóstol con Quetzalcóatl "no pasa de conjeturas". Los argumentos y pruebas proporcionados por Mier y Borunda no eran "suficientes en buena crítica para convencer en Europa lo que intenta probar". Con todo, estas teorías podrían considerarse tolerables en América puesto que fueron concebidas para sustentar una tradición que Bartolache ya había minado. Conociendo como conocía el memorial de Muñoz, el mismo Traggia desconoció la tradición guadalupana, ya que "carece de los apoyos que necesita para poderse admitir en buena crítica". De esto se desprendía que no había nada en el sermón de Mier que certificase "la censura teológica", sobre todo porque trató de rescatar "la tradición vulgar", aunque sin éxito. Aunque Mier fue imprudente al predicar semejantes ideas el día festivo de la imagen, la sentencia del arzobispo fue "una tropelía excitada por el fanatismo y el celo indiscreto".[23]

El 7 de marzo de 1800, la Academia Real pronunció su veredicto. Primero citó el memorial de Muñoz y luego notó que cuando Benedicto XIV otorgó el oficio que se utilizaría el 12 de diciembre, empleó el término *fertur*, "parece", al referirse a las apariciones de la Virgen, indicando así que no existía la obligación de aceptar la tradición guadalupana como parte necesaria de la verdad católica. Los canónigos mexicanos Uribe y Omana confundieron "opiniones de mera piedad y devoción" con "dogmas, costumbres y disciplina universal de la Iglesia". Borunda sencillamente se asemejaba a Athanasius Kircher, el sabio barroco del siglo XVII. En cuanto a Mier, fue imprudente al proponer nuevas hipótesis desde el púlpito, en especial porque no consiguió sustentarlas con pruebas admisibles. Pero no era culpable de ninguna ofensa real, puesto que sencillamente había buscado rescatar una tradición que ya había caído en el descrédito entre "los cultos mexicanos". Se desprendía que su castigo fue excesivo, ya que su única falta consistió en sustituir una antigua fábula con una nueva; no se había hecho justicia ni se habían observado las normas del derecho canónico.[24]

Éste no es el lugar indicado para relatar la carrera picaresca de Mier que narró con tanto gusto en sus memorias. Baste decir que cuando se ignoró el veredicto de la Academia, en 1801, huyó a Francia donde fue recibido por Henri Grégoire, el líder del clero constitucionalista. Sus posteriores viajes lo llevaron a Roma, de regreso a España, y luego a Londres. Su decisión, en 1817, de acompañar la infausta expedición a México que conducía Javier Mina acabó con su confinamiento en las cárceles de la Inquisición en la ciudad de México de 1817 a 1820, donde redactó sus memorias y otros escritos. Deportado a España en 1820, escapó a Estados Unidos en el camino y al fin volvió a México donde fungió como diputado ante el Congreso. Para entonces era ya uno de los principales defensores de la Independencia y era bien conocido por su *Historia de la revolución de Nueva España, antiguamente Anáhuac*, publicada en Londres en 1813. Lo que concierne aquí es que incluyó un extenso apéndice en esta obra dedicado a la misión de santo Tomás. Por entonces, sin embargo, su interés era menos religioso que político, puesto que sostenía que su hipótesis "desmintió la bula de la donación de las Indias y minó, así, por sus cimientos los derechos del rey sobre ellas", sin mencionar que negaba a los españoles la gloria de haber llevado el Evangelio a América.[25]

La decisión de Mier de incluir su disertación sobre santo Tomás en lo que fue la primera relación general de la insurgencia mexicana de 1810 revela el enorme apego que tenía por sus ideas. Entonces, ya había ampliado sus lecturas hasta incluir a un gran número de cronistas mendicantes, además del inca Garcilaso de la Vega, de Gregorio García y de Athanasius Kircher. Pero, ¿cómo contestó las objeciones de Uribe y Omana relativos a la cronología? Para empezar, observó que si bien Torquemada y el historiador jesuita José de Acosta señalaron varias similitudes entre la religión indígena y la fe y la práctica cristianas, las atribuyeron al Diablo. Pero ya que estas similitudes contribuyeron en gran medida a la aceptación del Evangelio cristiano una vez llegados los españoles, ¿quién era el autor más verosímil, el Diablo o el apóstol cristiano? Sin embargo, Mier reconsideró sus ideas al dar por sentado la existencia de al menos dos misiones independientes: la primera de Santo Tomás y la segunda, en el siglo VI, a cargo de un obispo sirio de la India cuyo nombre también era Tomás. Este segundo Tomás figuró como Quetzalcóatl en Tula, llevó cruces e imágenes a México y a él se debe la introducción de las vestiduras y el monaquismo orientales. Una vez superada la objeción cronológica mediante esta ingeniosa invención, Mier pregunta ¿cómo Nezahualcóyotl, el señor de Texcoco, podía ser tenido por idólatra cuando Torquemada manifestó que prohibía los sacrificios humanos y adoraba al único dios verdadero? Y nada era más evidente que el hecho de que la Madre del Dios verdadero, Tzenteotenantzin, había sido venerada en el Tepeyac desde la llegada del primer Santo Tomás.[26]

Durante los años que permaneció en la cárcel de la Inquisición, Mier recurrió a este tema haciendo eco a la tesis de Borunda de que si Jesús envió a sus apóstoles a predicar a todas las naciones, no había motivo para suponer que América hubiese sido condenada a esperar mil seiscientos años para adorar a Cristo y a su Madre. Ahora estaba dispuesto a admitir la posibilidad de una misión de San Brendan e hizo notar que San Bartolomé muy bien pudo visitar Perú. Pero fue en su *Carta de despedida* (1820), escrita en la víspera de su deportación a España, que implora a "mis compatriotas del Anáhuac" que rechacen la decisión ortográfica de la Academia Española de sustituir la "x" por la "j" en todos los nombres mexicanos. Pues, como argumentara Martín del

Castillo, el significado de México se expresaba en su pronunciación india de "Mescico", que claramente derivaba del hebreo y significaba "donde está el Mesías", por lo que "mexicanos es lo mismo que cristianos". Que en esa época Mier pudo predicar sobre semejante tema con tal intensidad revela el apego emocional que tenía por su ideas. En esa carta sostuvo que los antiguos mexicanos tenían conocimiento de la Biblia en su totalidad, si bien preservado en jeroglíficos. Concluía: "¿Qué era la religión de los mexicanos si no un cristianismo trastornado por el tiempo y la naturaleza equívoca de los jeroglifos?" Mier resultó ser más fiel de lo que quiso aceptar a las confusas especulaciones de Borunda.[27]

II

Si Traggia descartó de un modo tan confiado la tradición guadalupana como una fábula piadosa, se debió a que escuchó o leyó *Memoria sobre las apariciones y el culto de Nuestra Señora de Guadalupe de México* que el principal cosmógrafo de las Indias, Juan Bautista Muñoz, presentó a la Real Academia de Historia en abril de 1794. Comisionado por Carlos III en 1779 para escribir una historia general de las Indias, Muñoz recorrió la península en busca de manuscritos y documentos, y sacó a la luz un caudal de material que trataba del siglo XVI. Como parte de sus labores supervisaba la creación del gran Archivo de Indias en Sevilla, dejando en deuda con él a todos los futuros historiadores de la América española. Muñoz era un personaje característico de la Ilustración española que enseñó filosofía ecléctica en la Universidad de Valencia antes de dedicarse a la historia. Cuando analizó la descripción manuscrita del Perú escrita por Cosme Bueno, exigió que fuesen borrados los fragmentos que referían la misión de Santo Tomás en Sudamérica, ya que se trataba de "patrañas" cuyo origen era la "tradición vulgar".[28] En 1793 publicó el primer volumen de *Historia del Nuevo Mundo*, donde orgullosamente declara que los incas y los aztecas nunca alcanzaron el nivel cultural de la "verdadera civilidad". A su juicio, los indígenas de América eran de una barbarie tal que mostraban ser "incapaces de vencer la infinita distancia entre su abatimiento y la elevación de los conquistadores". Su evidente desdén provocó la crítica feroz de Francisco José Iturri, un antiguo jesuita argentino, quien en 1798 lo acusó de plagiar a los historiadores ilustrados de América, William Robertson y Guillaume Raynal.[29]

Aunque ya en 1783 Muñoz había descubierto manuscritos que hacían mención a Nuestra Señora de Guadalupe, fue el posterior examen de los documentos de Lorenzo Boturini lo que en apariencia lo impulsó a escribir su *Memoria* sobre la Virgen mexicana.[30] Comenzó con una breve declaración de principios:

> Con la muerte de los apóstoles y evangelistas se cerró el canon de las Escrituras Sagradas y el depósito de nuestra santa religión. Ningún hecho o ninguna doctrina posterior, como no se contenga o anuncie en los libros divinos o en las tradiciones apostólicas, podrá jamás aumentar el número de los artículos de la fe cristiana.

Sin duda, muchas visiones y "prodigios" ocurrieron en la larga historia de la Iglesia y algunos de estos sucesos probaron ser del mayor servicio para los fieles. Pero, puesto que tales prodigios no pertenecían a "la tradición primitiva universal y constante" y menos aún a los "libros canónicos", siempre estaban expuestos a la duda y el cuestionamiento. Aunque ciertas "maravillas" debían ser respetadas, incluso si no podían imponer una certeza, aquellas que carecían de fundamento histórico debían descartarse. Con esta máxima, los historiadores de la Iglesia se convirtieron en jueces de la autenticidad de las devociones populares.

Luego de un breve esbozo de la tradición guadalupana tomado de Veytia, Muñoz hacía hincapié en el silencio universal en torno a las apariciones antes de la publicación del libro de Miguel Sánchez en 1648. Además, comentó que en el curso de su investigación histórica, leyó muchos documentos escritos por Zumárraga y por los primeros mendicantes de México, pero que nunca encontró la menor referencia a la historia de Juan Diego y la Virgen. En este contexto, el silencio de Torquemada era particularmente ilustrativo. Durante la época en la que el franciscano escribió su notable crónica, el culto del Tepeyac estaba bien establecido, de modo que su silencio implica que no estaba al tanto de las apariciones o que rechazaba la historia como "un rumor popular". Lo mismo puede decirse de Cisneros, quien con toda evidencia respetaba la imagen. Estaba, por supuesto, el asunto de la "antiquísima relación" que Sigüenza atribuyó a Fernando de Alva Ixtlilxóchitl. Pero De Alva murió alrededor de 1650 y no pudo haber escrito la relación mucho antes de 1600. Si bien Sigüenza sostenía haber visto esta relación, nadie buscó publicarla. En cuanto a los testimonios españoles de 1666, estaban basados en pruebas "de oídas" y, en el mejor de los casos, pertenecían a los primeros años del siglo XVII. Las declaraciones de los indios tampoco eran persuasivas desde que Becerra Tanco advirtió que no debía aceptarse el testimonio oral de los indios, señalando que éstos no conservaron un recuerdo fiel de su historia.[31] Por otra parte, dentro de "esta llamada tradición", existían notables discrepancias concernientes a la justa calidad del lienzo de la imagen, a la preparación de la tela, al nombre mismo de Guadalupe, al sitio donde apareció la imagen por vez primera, y a la fecha exacta en que la imagen fue instalada en el santuario. En cuanto a este último punto, Muñoz criticó a Cayetano de Cabrera por citar la pintura en la que se representaba a Zumárraga, instalando la imagen en 1533, ya que el obispo estuvo ausente de la Nueva España desde comienzos de 1532 hasta octubre de 1534. Además, la pintura ostentaba una inscripción que señalaba a Sebastián Ramírez de Fuenleal, presidente de la Audiencia, como arzobispo de Santo Domingo en una época en la que aquella silla seguía siendo un mero obispado. Boturini pasó por alto un anacronismo similar cuando citó un documento que supuestamente databa de 1530 en el que una india hacía una ofrenda al párroco del Tepeyac, aunque la parroquia fue erigida hasta 1706.[32]

En todos sus comentarios Muñoz expone objeciones que pudieron ocurrírsele a cualquier mente crítica en México, sobre todo después de la publicación del escéptico ensayo de Bartolache. Donde innovó decididamente fue en publicar extractos de dos documentos antiguos. El primero era una carta escrita por el virrey Martín Enríquez el 25 de septiembre de 1575, en la que informaba a Felipe II el resultado de sus averiguaciones acerca de la fundación y el financiamiento de la "ermita" de Nuestra Señora de Guadalupe.

> El principio que tuvo la fundación de la iglesia que ahora está hecha, lo que comúnmente se entiende es que el año de 1555 o 1556 estaba allí una ermitilla, en la cual estaba la imagen que ahora está en la iglesia, y que un ganadero que por allí andaba, publicó haber cobrado salud yendo a aquella ermita y empezó a crecer la devoción de la gente, y pusieron nombre a la imagen nuestra Señora de Guadalupe, por decir que se parecía a la de Guadalupe de España; y de allí se fundó una cofradía en la cual dicen habrá cuatrocientos cofrades, y se ha comprado alguna renta, y lo que parece que ahora tienen y se saca de limosnas envió ahí, sacado del libro de los mayordomos

El virrey agregó que el lugar no era conveniente para un monasterio de frailes; y a pesar de los deseos del arzobispo, no recomendó la construcción de una parroquia, ya fuese para españoles o para indios. El sacerdote solamente debía escuchar la confesión de quienes visitaran la iglesia y emplear las limosnas para el Real Hospital de Indios o para los orfanatos. Entonces había allí dos sacerdotes y podía dársele manutención a un tercero. Y así, concluía el virrey, "todo vendrá a reducirse en que coman dos o tres clérigos".[33] Sobre las apariciones de la Virgen y Juan Diego no escribió una sola palabra.

El segundo documento que Muñoz citó era un extenso fragmento de *Historia de las cosas de la Nueva España* de

Bernardino de Sahagún, tomado del manuscrito que descubrió en 1783 en el convento franciscano de Tolosa en Guipuzcoa. Célebre por su dominio del náhuatl, Sahagún llegó a México en 1529; dio clases en el colegio de Santa Cruz Tlatelolco, y con la asistencia de sus discípulos indígenas realizó extensas investigaciones entre la nobleza india acerca de sus creencias y rituales anteriores a la Conquista. Terminada en 1576-1577, su gran obra fue enviada a España y a partir de entonces se le perdió de vista. Cronistas criollos como Florencia expresaron la esperanza de que el manuscrito del franciscano contuviese una descripción temprana de las apariciones de la Virgen. Fue así que con considerable gusto Muñoz imprimió el siguiente pasaje:

> Cerca de los montes hay tres o cuatro lugares donde solían hacer muy solemnes sacrificios, y que venían a ellos de muy lejas tierras. El uno de estos es aquí en México, donde está un montecillo que se llama *Tepeacac*, y los españoles llaman *Tepeaquilla*, y ahora se llama Ntra. Señora de Guadalupe; en este lugar tenían un templo dedicado a la madre de los dioses que llamaban *Tonantzin*, que quiere decir *Nuestra Madre*; allí hacían muchos sacrificios a honra de esta diosa, y venían a ellos de muy lejas tierras, de más de veinte leguas, de todas estas comarcas de México, y traían muchas ofrendas; venían hombres y mujeres, mozos y mozas a estas fiestas; era grande el concurso de gente en estos días, y todos decían vamos a la fiesta de *Tonantzin*; y ahora que está allí edificada la iglesia de Ntra. Señora la Madre de Dios también la llaman *Tonantzin*, tomada ocasión de los Predicadores que a Nuestra Señora la Madre de Dios la llaman *Tonantzin*. De donde haya nacido esta fundación de esta *Tonantzin* no se sabe de cierto, pero esto sabemos de cierto que el vocablo significa de su primera imposición a aquella *Tonantzin* antigua, y es cosa que se debía remediar porque el propio nombre de la Madre de Dios Señora Nuestra no es *Tonantzin* sino *Diosinantzin*; parece esta invención satánica, para paliar la idolatría debajo la equivocación de este nombre *Tonantzin*, y vienen ahora a visitar a esta *Tonantzin* de muy lejos, tan lejos como de antes, la cual devoción también es sospecho-

sa, porque en todas partes hay muchas iglesias de Nuestra Señora, y no van a ellas, y vienen de lejas tierras a esta *Tonantzin*, como antiguamente.[34]

Para Muñoz, la conclusión que debía extraerse de estos documentos acerca de la tradición de Nuestra Señora de Guadalupe era terminante: "Que fue inventada mucho después del hecho, se convence por los irrefutables testimonios del padre Sahagún y del virrey Enríquez." Si aquella tradición debía salvarse, competía a sus defensores "exhibir documentos más antiguos y menos sospechosos que los que hasta aquí han producido". Así, con una frase el Cosmógrafo General de las Indias desconoció la labor intelectual que realizaron los teólogos y cronistas criollos a lo largo de siglo y medio por estar contaminada por la ausencia de pruebas históricas.

A la herida se agregó la ofensa cuando Muñoz procedió a especular que tal vez un artista pintó una escena de un indio rezándole a la Virgen en el Tepeyac y que a partir de aquella pintura se había inventado la narración de las apariciones, puesto que "tales son los modos con que nacen las fábulas". En cuanto al periodo en el cual se originó la historia, Muñoz recordó que Cayetano de Cabrera había descrito a los indios saludando la llegada de la imagen de Guadalupe a la ciudad durante la gran inundación de 1629 con danzas y cantos, agregando: "Yo sospecho que nació en la cabeza de los indios por los años de 1629 a 1634." Después de todo, era bien sabido que los indígenas a menudo tenían visiones y que bebían mucho para provocarlas. Con toda probabilidad, la historia de las apariciones fue inventada durante las visiones producto del alcohol de un indio fanático. Sin embargo, en ningún momento Muñoz proporcionó prueba alguna que justificase estas ofensivas especulaciones y mucho menos explicó cómo el clero criollo pudo tomar en serio tales desvaríos.[35] Por supuesto, era un principio de la Ilustración que la religión popular era de modo inherente politeísta y supersticiosa.

Muñoz repudió la tradición guadalupana por considerarla una fábula, pero tuvo cuidado de no atacar el culto mismo. Encontró documentos que demostraban que la devoción por la imagen había comenzado poco tiempo después de la Conquista y que los arzobispos Alonso de Montúfar y Pedro Moya de Contreras dieron testimonio de que las limosnas recogidas en la capilla bastaban para la dote de al menos seis huérfanas. Asimismo, Bernal Díaz del Castillo comentó las curas milagrosas que tuvieron lugar en la capilla. Luego trazaba las etapas por medio de las cuales se edificaron dos iglesias sucesivas en el Tepeyac, se estableció el colegio de canónigos y se eligió a la Virgen como patrona, confirmada por Benedicto XIV. Pero alabó la circunspección de la Santa Sede, comentando que en el oficio de la fiesta guadalupana, la imagen se comparaba con la mujer del Apocalipsis, para agregar: "en semejante figura *cuentan* haber aparecido en México en el año de 1531 una imagen de la Madre de Dios, maravillosamente pintada". Todo esto lo llevó a concluir con cautela que las pruebas históricas demostraban que:

> el culto que desde los años próximos a la Conquista se ha dado siempre a la Virgen María por medio de aquella santa imagen: culto muy razonable y justo, con el cual nada tiene que ver la opinión que quiera abrazarse acerca de las apariciones.[36]

Aunque radical en su escepticismo histórico, Muñoz no deseaba desafiar la legitimidad de un culto aprobado por el papa y por el rey. Como un católico ilustrado, podía deplorar las fábulas piadosas y las supersticiones populares, pero no tenía motivos para poner en duda la devoción a una efigie de la Virgen María.

Si bien no son claras las razones por las cuales Muñoz escribió *Memoria*, su intervención no fue de ninguna manera fortuita. Durante sus viajes por España, Servando de Mier descubrió que ningún erudito español creía en la prédica de Santiago y comentó que ni Traggia ni Yeregui, el Inquisidor

General, aceptaban las historias de Pilar y de Loreto, puesto que estas tradiciones fueron desacreditadas por los mejores críticos.[37] Además, debido a su educación valenciana, Muñoz estaba influido por el gran crítico Gregorio Mayans y Siscar (1699-1781), quien revivió la tradición de la erudición humanista del Renacimiento en España, si bien suscribiendo los principios históricos de los mauristas y bollandistas. Pero mientras Feijoo escribía ensayos para desvirtuar "errores vulgares" y difundir el conocimiento de los recientes descubrimientos científicos, Mayans dedicó mucha de su energía a destruir las falsas crónicas y las imitaciones que proliferaron en la España del siglo XVII, algunas de las cuales fueron creadas para demostrar la autenticidad de la misión de Santiago y de la aparición de Nuestra Señora del Pilar. Mayans publicó en 1742 la obra póstuma de Nicolás Antonio, *Censura de historias fabulosas*, en la que el erudito del siglo XVII critica severamente a fray Román de la Higuera y a otros falsificadores de crónicas tempranas.[38] En 1734, Mayans escribió a José Patiño, el primer ministro de Felipe V:

> Es cosa muy indigna de la gravedad de nuestra nación que, al paso que en las demás ha llegado la crítica a tal abuso, que ahora más que nunca está el escepticismo, y aun la incredulidad en su mayor vigor, en España se dé por lo común en el extremo opuesto de una facilidad tan crédula, que muchos escritores (siempre hablo en general, sin ánimo de notar algún particular) parecen niños.

Mayans, católico fiel, acudió a Luis de León y a Cervantes en busca de inspiración, condenó la escolástica depravada que aún medraba en España e instó a la Corona a suprimir los excesos de la religión popular.[39]

Un ejemplo de la religiosidad que proponían católicos como Mayans y Feijoo se encuentra en *Della regolata devozione dei cristiani* (1747), obra ampliamente traducida y publicada de Ludovico Antonio Muratori (1672-1750), teólogo e historiador de la Iglesia. Muratori argumenta que la devoción a Cristo debía ser el centro de toda vida cristiana y expresarse en la fiel asistencia a la misa y mediante la veneración de la Eucaristía. Es evidente que recomendaba la devoción a la Virgen María, pero advertía que como solamente Cristo era mediador entre el Todopoderoso y la humanidad, no era correcto orar a Dios y a María con el mismo aliento.[40] Si bien aprobaba el culto a los santos, afirmaba que la devoción por ellos debía conducir a Dios por medio de la imitación de sus virtudes antes que inspirarse en la esperanza de los milagros que podían realizar. Asimismo, debía promoverse la devoción por las imágenes sagradas, ya que, como escribió San Gregorio el Grande, tales pinturas eran los libros de los ignorantes. Pero los fieles debían tener presente que semejantes imágenes carecían de valor en sí mismas, ya que no eran más que materia física, y venerar o adorar la materia implicaba ser culpable de idolatría. Los santos estaban en el cielo, no en sus imágenes. Por otra parte, si bien los crucifijos sólo eran imágenes, Cristo se encontraba en verdad presente en la sagrada Eucaristía, la cual podía de este modo ser adorada con toda justicia. Muratori comentaba que pasados abusos dieron lugar al movimiento iconoclasta y que Inocencio III, el gran papa del siglo XIII, condenó como una superstición la noción griega de que en cierto icono de la Virgen pintado por San Lucas, "habitaba el Espíritu de la Madre de Dios". En efecto, debía enseñarse a los fieles que las distintas advocaciones o imágenes de María no tenían más poder que otras, de modo que si una imagen era objeto de adoración como si fuese divina, debía ser removida a riesgo de que surgiera la idolatría.[41] Aunque Muratori pudo leer a san Juan Damasceno, era evidente que no le agradaba su teología neoplatónica de las imágenes, y mucho menos el argumento de que si las imágenes estaban hechas a semejanza de sus prototipos celestiales tenían derecho a una veneración similar.

Hasta qué punto la devoción popular por las imágenes sagradas se convirtió en una afrenta a los católicos ilustrados puede observarse en los diarios de Melchor Gaspar de Jovellanos. En abril de 1795 visitó la capilla del Santo Cristo de Burgos, un célebre crucifijo milagroso alojado en el convento de los agustinos en aquella ciudad. Habló con desdén de las cincuenta lámparas que adornaban el santuario, diseñadas "para provocar la devoción del vulgo", y luego lamentó el espectáculo de

> una efigie de malísima y hórrida forma [...] dentro y fuera de la capilla y por todo el claustro, carros de muletas, de piernas y brazos, y tetas de cera, y aun de plata, votos, testimonios de estupidísima superstición.

Agregaba que el fraile que atendía la capilla vendía cruces de plata, medallas y estampas, con pingües beneficios. Como puede observarse, Jovellanos exhibe un desprecio neoclásico hacia el estilo demasiado realista de la imagen, objeta la creencia popular en el poder de la imagen para realizar curas milagrosas y condena a los frailes por lucrar a costa del populacho ignorante. En efecto, el estadista español confrontó aquí una figura terrible y conmovedora de Cristo que era venerada desde finales del Medioevo y que había inspirado copias que seguían moviendo a la devoción en toda la América española. Sin embargo, él sólo sentía disgusto. Así, la escena ofrece un notable testimonio de la fisura que entonces separaba las prácticas de la religión popular y los gustos estéticos y espirituales de los católicos educados.[42]

No resulta difícil describir a Jovellanos, Mayans y Muñoz como jansenistas, cautelosos partidarios de un movimiento reformador en el interior de la Iglesia. Pero en la España borbónica el jansenismo era un fenómeno complejo, multifacético, que no admite definiciones fáciles. En el plano más evidente era profundamente galicano, es decir, atacaba la monarquía papal y su ley canónica, definiendo sus aspiraciones absolutistas como un invento medieval que minó la legítima autoridad de los episcopados nacionales y de los concilios eclesiásticos. Sus defensores eran realistas, puesto que solían buscar el apoyo de la Corona en sus intentos por reformar la práctica religiosa. Pero, más allá del gobierno de la Iglesia, los jansenistas adoptaron distintos acentos. Evidentemente,

rechazaron con fuerza la anticuada escolástica que aún ron-
daba las universidades hispánicas y criticaron a las órdenes
religiosas que continuaban abrazando esta teología. También
cuestionaron el valor del ascetismo y de la oración mística,
favoreciendo la sencilla piedad interior y la realización de
buenas obras. Pero cuando deploraron el tráfico de milagros,
las peregrinaciones y la ofrenda de limosnas asociados con el
culto popular de las imágenes sagradas, los jansenistas sencillamente expresaron sentimientos ampliamente difundidos
entre los católicos cultos y los clérigos piadosos. Asimismo,
cuando rehuyeron los extravagantes retablos dorados del barroco, exhibieron un gusto neoclásico destinado a volverse
muy pronto casi universal.[43] En el siglo xix, cuando el clero
ultramontano buscó revitalizar la Iglesia católica, conservó
muchas de las actitudes frente a la religión popular que ya se
habían manifestado entre los llamados jansenistas.

III

No fue sino hasta 1817 cuando la Real Academia de la Historia
publicó la *Memoria* de Muñoz, y al parecer llegó a México
hasta 1819. Aunque el doctor Manuel Gómez Marín, sacerdote
del Oratorio, imprimió una réplica de inmediato, correspondió
al doctor José Miguel Guridi y Alcocer (1763-1828), antiguo
diputado ante las Cortes de Cadiz, hacer una impugnación
en *Apología de la aparición de Nuestra Señora de Guadalupe
de México* (1820). Tal era su confianza que no dudó en prologar su libro con el texto completo de Muñoz, para permitir
a sus lectores que siguieran el debate. Como Gómez Marín,
observó que la reputación de Muñoz como historiador había
sido severamente cuestionada por Francisco José Iturri, quien
lo acusaba de plagio y yerro. Asimismo, comenta que el sermón de Mier horrorizó al público y alarmó "a la jurisdicción
eclesiástica". De hecho, puso en duda la premisa de Muñoz
de que la revelación católica y depositaria de la fe había
concluido con la consumación del Nuevo Testamento, puesto

que "ella parece excluir la autoridad de la Cátedra de San Pedro, de los concilios de la Iglesia católica, para definir nuevos dogmas de fe". Después de todo, las doctrinas de la Trinidad, del purgatorio y de los siete sacramentos, por no mencionar la Inmaculada Concepción de la Virgen María, se definieron después de la era apostólica.[44]

Guridi hizo el mayor énfasis en negar el criterio del silencio como un motivo para rechazar la tradición. Insiste en que si Zumárraga o los primeros mendicantes hubiesen escrito acerca de las apariciones de la Virgen, no les habrían dado crédito en España, tal era el prejuicio que imperaba en contra de los indios. ¿Y qué probaba realmente el silencio de Torquemada? ¿Clavijero no había demostrado sus contradicciones y su falta de seriedad? Sin embargo hizo mención al santuario del Tepeyac en no menos de nueve ocasiones en su gran crónica. En todo caso, aunque Clavijero daba fe de su devoción por la guadalupana, en su historia del México antiguo omitió cualquier referencia a la Virgen. Y si el silencio era tan significativo, ¿qué peso debía dársele a la total ausencia de reclamos en contra de la tradición guadalupana desde 1629 hasta 1817? Valiéndose de estas consideraciones, Guridi señaló que la carta de Martín Enríquez sencillamente era una prueba del origen temprano del culto; su silencio acerca de las apariciones no significaba nada. Era obvio que el virrey recibió informes erróneos sobre el parecido entre la Virgen mexicana y su contraparte española. Respecto del fragmento de Sahagún, Guridi lo rechaza por corrupto o incluso por apócrifo, sobre todo porque el término que Sahagún sugirió para la Virgen, Diosinantzin, era una combinación de español y náhuatl. Pero aun cuando el pasaje fuese auténtico, ¿qué denotaba además de que el franciscano temía la idolatría disimulada? Por lo demás, Guridi nota que Zumárraga fue consagrado obispo en mayo de 1533 y en consecuencia tuvo tiempo suficiente para volver a México en diciembre de aquel año, cuando se instaló la imagen en el santuario.[45]

La creencia en las apariciones de la Virgen en el Tepeyac, como argumentaba Guridi, se creó de la tradición, el culto y los milagros. Respecto del culto, se limitó a seguir los pasos de Muñoz al reconstruir el desarrollo institucional a partir de la primera capilla hasta la fundación de un colegio de canónigos: aquí nada es digno de disputa. Pero lo que el español omitió por completo fueron las características de la imagen, cuya belleza era testimonio de su "origen celestial", y su conservación un milagro perpetuo. ¿Cómo habría permitido Dios que el culto prosperase o que se realizaran curas milagrosas en el santuario si todo tuviese su origen en el artificio? Además, puesto que la conversión de los indígenas de México no fue acompañada de grandes milagros o martirios, ¿de qué otro modo podía explicarse su prontitud y éxito de no ser por la aparición de una imagen enviada del cielo? Como sostuvo fray Antonio Margil de Jesús, fue María por medio de la guadalupana quien convirtió a los indios.[46]

Por todo ello, "el principal apoyo en que estriban las apariciones[...] es la tradición" Guridi afirma que "una tradición no depende de los escritos, y por lo mismo no la debilita la negación de ellos, no los necesita para subsistir". Para los judíos y los primeros cristianos, el testimonio oral y la adoración precedieron a la composición de las Escrituras. Y si la guadalupana carecía de documentación temprana, lo mismo se aplicaba a Pilar, Montserrat, la Guadalupe española y Loreto. En cuanto a la teoría de Muñoz de que las apariciones fueron inventadas por algún indio visionario y ebrio, ¿qué motivos habrían tenido los sacerdotes de la época para aceptar semejante historia? ¿Y quién habría elegido transcribir estos desvaríos en una narración coherente? En todo caso, si bien Muñoz había atribuido la "antiquísima relación" a Fernando de Alva Ixtlilxóchitl, de hecho fue escrita por Antonio Valeriano y publicada a partir de un viejo manuscrito por Laso de la Vega en 1649. Guridi incluía entonces una extensa lista de autores y documentos guadalupanos, dándole un buen uso a la bibliografía de Boturini y Bartolache. En el énfasis que hacía en la tradición se ponía de manifiesto la deuda que tenía con la disertación de Uribe. Concluye señalando que si Benedicto XIV usó los términos *fertur* y *dicitur* en los oficios de la fiesta guadalupana, es decir, "parece" y "se dice", también el oficio de Pilar refiere "una piadosa y antigua tradición" y el oficio de Loreto hace hincapié en la veneración universal y en los "diplomas pontificios".[47] Al provocar dudas acerca de la veracidad de tradiciones bendecidas por las autoridades de la Iglesia, Muñoz amenazaba con minar la fe de los creyentes y allanar el camino a la incredulidad general. El vigor y la seguridad con las que Guridi condujo su defensa de las apariciones constituyó una advertencia para todos los escépticos, católicos o agnósticos, de que el clero mexicano no estaba preparado para abandonar sus apreciadas creencias, al margen de lo intimidante que pudiera parecer la violenta embestida de la crítica.

Durante los años 1817-1820, Servando de Mier intervino una vez más en el debate acerca de la imagen guadalupana y su tradición, y posteriormente sostuvo que en la cárcel de la Inquisición en la ciudad de México "reproduje la correspondencia literaria que había tenido desde Burgos con don Juan Bautista Muñoz". Ya que sólo hacía una referencia de paso a *Memoria* del cronista, que sólo estuvo disponible en México hasta 1819, es evidente que obtuvo sus conclusiones mucho antes de leer el tratado. Sin embargo, el debate acerca de estas seis cartas a Muñoz se complica gracias a la composición paralela de su *Apología*, en la cual relataba los sucesos de 1794-1800, buscando vindicar su sermón. El problema se agrava en ambas piezas por el constante cambio de argumentos, ya que en algunas ocasiones defiende las proposiciones que contenía su sermón de 1794, pero en otras establece en términos irreconciliables sus presentes opiniones. Para explicar la enorme transformación de sus argumentos es necesario recordar que en España fue protegido de Jovellanos, Yeregui y Traggia, todo ellos identificados con el grupo jansenista, y en parte debido a sus recomendaciones fue recibido por Henri Grégoire, quien había aceptado la Constitución de 1791, la cual prescribía la elección de sacerdotes y obispos. Electo obispo de Blois, Grégoire pugnó por mantener "la santa alianza entre la cristiandad y la democracia" y abogó por una doctrina federal, republicana en el gobierno de la Iglesia. En sus *Memorias,* Mier celebra a Grégoire y declara que "los jansenistas, así se llaman en Europa todos los hombres sólidamente instruidos en la religión y amigos de la antigua y legítima disciplina de la Iglesia". En parte, Mier se sentía atraído hacia el "jansenismo" porque le permitía condenar la donación papal de las Indias en 1493 a los reyes de España como un ejercicio ilegítimo de la autoridad eclesiástica, fundamentada en falsificaciones históricas que se emplearon para justificar la monarquía papal y su derecho canónico.[48] Pero como jansenista, Mier estaba expuesto a adoptar una actitud crítica ante cualquier tradición eclesiástica que careciera de la base de la documentación histórica. Así, fueron sus afiliaciones en Europa las que ahondaron el escepticismo sobre la tradición guadalupana despertado por su temprana lectura de Bartolache.

Al igual que Muñoz, Mier tomó el silencio universal acerca de las apariciones en ambas crónicas y otros documentos hasta 1648 como la principal prueba de que la tradición era un artificio emprendido muchos años después de los pretendidos acontecimientos. Este silencio satisfacía todas las condiciones estipuladas por Daniel Papebroch (1628-1714), el célebre erudito bolandista, para cuestionar la autenticidad de las relaciones hagiográficas de las vidas de los santos y otras historias piadosas. En 1536, Las Casas y Julián Garcés, el obispo de Tlaxcala, solicitaron a Paulo III la declaración papal de la humanidad y los derechos de los indios, pero no se les ocurrió citar las recientes apariciones de la Virgen. En cuanto a Zumárraga, en España realizó una cacería de brujas y en México quemó todos los códices indígenas que encontró, incluyendo la gran biblioteca de Texcoco, dañando así enormemente "la república literaria". En cualquier caso, el descubrimiento de Muñoz de la carta de Enríquez y de la crítica de Sahagún sobre Tonantzin demostraban que la tradición era una fábula.[49]

¿Cuál era entonces el origen de la tradición? Al idear una explicación, Mier sencillamente ignoró la sugerencia de Muñoz de que todo comenzó con las visiones de algún indio borracho. Antes bien, aceptó las afirmaciones de Sigüenza y Uribe, pero les dio un tinte polémico al atribuir su origen a "un manuscrito mexicano del indio don Antonio Valeriano[...] escrito unos ochenta años después de la época asignada a la aparición". Un modelo factible de Juan Diego era "el pobre pastor", es decir, el apacentador que Martín Enríquez mencionaba había sido curado alrededor de 1555 en el santuario. Otra fuente probable era que Valeriano escuchó de la aparición de una mujer vestida con un manto azul a un indio en Azcapotzalco en 1576, al que la peste tenía moribundo, una historia que Torquemada volvió a referir.[50] Cualquiera que haya sido la fuente, los varios anacronismos en la relación tradicional demostraban que fue escrita mucho después de la década de 1530. ¿Por qué Juan Diego se dirigía a Tlatelolco cuando el convento había sido fundado en 1534, y, en todo caso, por qué hacía las funciones de parroquia para Cuautitlán? ¿Cómo pudo Juan Diego buscar un sacerdote que administrara los últimos sacramentos a su tío, cuando en la década de 1530 los franciscanos apenas si hablaban náhuatl y comenzaban a bautizar a los indios, no se diga administrarles la Eucaristía o la Extremaunción? ¿Por qué la Virgen pidió que se le llamara Guadalupe, cuando era evidente que los indios no podían pronunciar la "g" y la "d"? ¿Y cómo pudo colocarse la imagen en la catedral antes de su instalación en el santuario, cuando ese edificio aún estaba por erigirse? Respecto a las flores decembrinas como señal de la aparición, la ciudad de México disfrutaba de las flores durante todas las estaciones, de manera que el obispo no se habría asombrado con su presentación.[51]

Al observar el contenido de la narración de las apariciones, Mier primero señaló que los hermanos Torres no habían reimpreso la relación de Miguel Sánchez, puesto que era "un tomo en folio lleno de paja", una descripción que indicaba que nunca había visto el libro.[52] Sin embargo, ahora percibía la influencia de las Escrituras en los coloquios entre la Virgen y Juan Diego y sostenía que estaban basados en los coloquios de Dios con Moisés y Abraham. Cuando María ordenó al indio que recogiese flores como una señal, esto era una transposición directa del uso de la vara de Aarón. Cierto, la inspiración bíblica de los coloquios era tan notoria que "el plagio es evidente y, por consiguiente, la ficción". La conclusión de Mier era inflexible: "la tradición guadalupana es evidentemente una fábula mitológica", similar a aquellas que hablaban de Santiago y los primeros reyes de España inventadas por fray Román de la Higuera.[53] Todo comenzó, conjeturaba Mier, en el colegio indio de Santa Cruz Tlatelolco:

> La historia de Guadalupe es una comedia del indio Valeriano, forjada sobre la mitología azteca tocante a la Tonantzin, para que la representasen en Santiago, donde era catedrático, los inditos colegiales que en su tiempo acostumbraban representar en su lengua las farsas que llamaban autos sacramentales, muy de boga en el siglo XVI.[54]

Esta audaz especulación sin duda era más plausible que la atribución que hiciera Muñoz de la historia a algún indígena visionario. Además, al otorgarle la autoría de la primera relación a Valeriano, Mier hizo una nueva interpretación al consenso mexicano de la época. En cuanto a la historia posterior del manuscrito de Valeriano, conjeturaba que alrededor de 1629 Alva Ixtlilxóchitl lo tradujo parafraseándolo y que su versión fue utilizada por Miguel Sánchez, dejando que Laso de la Vega publicase el original.[55] Es un tributo a la agudeza de Mier el que, sin haber leído a Sánchez, hubiese columbrado la tipología bíblica que había inspirado a aquel autor.

Pero, ¿y la imagen misma? A este respecto es difícil aprehender el equilibrio del pensamiento de Mier. Debe recordarse que lejos de abjurar de su tesis sobre una misión apostólica en México, continuó defendiendo y ampliando esa doctrina. En ambas cartas a Muñoz y en su *Apología*, argumentaba que la Virgen María siguió siendo venerada en el Tepeyac con el nombre de Tzenteotenantzin, "la Madre del Dios verdadero", durante los largos siglos que transcurrieron entre el segundo

Santo Tomás sirio y la Conquista española. Su imagen indígena, sostenía, era la de una joven vestida con un manto azul. Cuando en sus coloquios Valeriano hace que María se describa a sí misma como la Madre del Dios verdadero, ella se identifica de este modo con la antigua diosa. Y, en efecto, cuando Juan Diego se pregunta si acaso se encontraba en el paraíso de sus antepasados, claramente hacía referencia al cielo cristiano.[56] Ya que Mier repetía la afirmación de Borunda en cuanto a que muchas de las imágenes escondidas por Santo Tomás en cuevas y bosques fueron descubiertas después de la Conquista, obviamente aún anhelaba su hipótesis original de que la imagen guadalupana databa de un periodo muy anterior. Pero también hacía uso de la insistencia de Bartolache en que el lienzo de la imagen fue tejido con la palma *iczotl* y por tanto no pudo ser la tilma de un indio pobre. Además, su superficie era "lustrosa", es decir, se había bruñido y preparado el lienzo para la pintura de acuerdo con las técnicas de los indios.[57] Asimismo, adoptó la teoría de Borunda de que la imagen fue pintada "dentro de una hoja que llamamos penca de maguey", una mandorla azteca.[58] ¿Borunda no había considerado la imagen "un jeroglífico mexicano", puesto que la luna negra era el símbolo del duelo indígena por la muerte de Cristo? Por todo ello, luego de señalar la similitud entre las "fábulas" de Remedios y Guadalupe, declaraba sin ambages:

> En orden al origen de ambas imágenes, creo que ambas salieron del taller de pintura que puso para indios a espaldas de San Francisco fray Pedro de Gante, pues allá se hicieron, dice Torquemada, cuantas imágenes había hasta ese tiempo en los retablos de Nueva España.

Pero tan evidentes eran los defectos artísticos en las pinturas que realizaron estos trabajadores indígenas que era inaceptable describir cualquiera de ellas como milagrosa, pues, ¿cómo podía Dios ser el autor de tales imperfecciones?[59] De nueva cuenta se invocaron los criterios neoclásicos de Bartolache para rechazar los derechos divinos de la guadalupana. Pero lo que Mier no esclarecía era la relación entre la imagen pintada por los discípulos de Gante y la de Tzenteotenantzin que había sido adorada en el Tepeyac antes de la Conquista.

Si Mier abandonó la idea de que la imagen guadalupana fue impresa en la túnica de Santo Tomás, se debió en parte a que aprendió de historiadores eclesiásticos que la Iglesia apostólica no autorizaba pinturas de Cristo o de la Virgen hasta el siglo IV o V, y que las estatuas aparecieron hasta el siglo X. Si algunas imágenes cristianas habían sido llevadas a México, fueron introducidas por el obispo sirio de la India, también llamado santo Tomás, en el siglo VI.[60] Por otra parte, ahora Mier critica con severidad a los primeros misioneros españoles en México por haber sustituido imágenes sagradas por ídolos paganos, ya que los indios eran a todas luces incapaces de distinguir la diferencia entre la veneración de una representación y la adoración de un dios, y por tanto cayeron en la idolatría. Era verdad que Muratori defendía la devoción por santos o imágenes particulares argumentando que si ocurrían más milagros en ciertos santuarios, no se debía a la inherente eficacia espiritual de la imagen, sino sencillamente a que los fieles eran más fervorosos y se sumergían en la oración en aquellas iglesias.[61] Pero entonces Mier observa que Florencia había citado "una autoridad seguramente apócrifa de un beato Amadeo", quien sostenía que la Virgen prometió estar presente en sus imágenes para realizar milagros. Mier encontraba tal afirmación difícil de tolerar, puesto que era "enseñar la idolatría y es una blasfemia poner tal doctrina en la boca de la Virgen". Era una doctrina opuesta a los decretos del Concilio de Trento y citarla demostraba que Florencia no era un autor que mereciera respeto.[62] El discernimiento de Mier de las doctrinas hasta la fecha empleado para justificar el culto de las imágenes sagradas en México era notablemente sagaz. Su condena nos da la medida del abismo que separaba la cultura espiritual del barroco de la piedad neoclásica del clero jansenista.

Aunque Mier no recurrió demasiado a las *Memorias* de Muñoz, reveló un acercamiento notablemente similar a la tradición guadalupana. Concluía que la imagen fue pintada por artistas indios a mediados del siglo xvi y que la tradición había sido inventada por Valeriano al menos sesenta años después de los sucesos que describía. Al igual que el español, desconoció los *Testimonios de 1666* como puros "rumores", y observó que los indios eran mentirosos de tal envergadura que sus pruebas nunca fueron aceptadas en los casos judiciales en México.[63] Como principio general observaba que Dios no dotó a la Iglesia de infalibilidad respecto de "historias particulares" y que de hecho en el siglo anterior se corrigieron muchos errores graves en el Santoral Romano. Si aún estaba permitido negar la doctrina de la Inmaculada Concepción de la Virgen, cuanto más negar revelaciones, visiones y apariciones privadas, puesto que no formaban parte de la fe católica. Concluye con una cita del teólogo francés del siglo xii Richard de St.-Victor: "Tan herejía es negar que es de fe lo que es, como afirmar que es de fe lo que no es".[64]

Luego de que México alcanzara su Independencia en 1821, Mier volvió del exilio en Estados Unidos y fungió como diputado ante el Congreso nacional. En julio de 1822, intervino en los debates para declarar que puesto que Jesucristo ordenó a sus apóstoles que predicasen a todas las naciones, al menos uno de sus discípulos había venido a América. Si Santo Tomás debía ser públicamente aclamado apóstol del Nuevo Mundo, se debía a que "la Virgen Santísima no aguardó para ser Nuestra Señora y Madre a que pasaran 1600 años sino que lo fue desde que lo comenzó a ser para todos los cristianos". Encontrándose en una cámara adornada con una copia de Nuestra Señora de Guadalupe, Mier se abstuvo de exponer sus dudas acerca de la imagen y su tradición. Por el contrario, no tuvo escrúpulos al denunciar la exigencia de Roma de designar obispos como una usurpación medieval de poderes inherentes a cada sede metropolitana. Cuando se debatió en el Congreso el tema de establecer relaciones con el papado, confesó: "Mis ideas son muy liberales en la materia, como he sido del clero constitucional de Francia[...] Si la Iglesia es una monarquía como pretenden los ultramontanos, si es una república federada como enseña la Universidad de París y es mi opinión, todo eso se cuestiona en la Iglesia".[65] Admirado como un héroe patriótico, Mier murió en el Palacio Nacional y fue sepultado en las criptas de Santo Domingo. La disertación sobre santo Tomás, que apareció primero como un apéndice a la historia de la revolución, se reimprimió muy pronto, en cambio no fue sino hasta 1875 cuando el manuscrito de su correspondencia con Muñoz se publicó, y a continuación se hizo, en 1876, la primera edición de *Apología* y de *Memorias*. Tan valioso fue su desempeño como patriota insurgente que en la colección en seis volúmenes de documentos sobre la insurgencia, J.E. Hernández y Dávalos publicó el sermón de 1794 de Mier, junto con los procesos judiciales, la *Memoria* de Muñoz y las cartas que Mier le enviara a éste.[66] Como veremos, la publicación de estas obras ocurrió en una época en la que los liberales expulsaron a la Iglesia de la vida pública y promovieron la difusión de obras concebidas para socavar la influencia del clero. Hasta entonces se reveló el alcance del escepticismo de Mier.

IV

Cuando el cabildo eclesiástico de México buscó obtener el reconocimiento papal de Nuestra Señora de Guadalupe por vez primera, se vio forzado a comisionar a Francisco de Siles para tomar las declaraciones legales de 1666, puesto que no pudo encontrar ningún documento acerca de las apariciones en sus archivos. Para llenar este vacío, Luis Becerra Tanco postuló la existencia de un manuscrito temprano escrito en náhuatl por un colegial indio, un individuo a quien Carlos de Sigüenza y Góngora identificó más adelante como Antonio Valeriano. Con todo, Francisco de Florencia lamentó categóricamente el silencio de Torquemada acerca de las apariciones y de la imagen, para expresar entonces la esperanza de que los manuscritos de los primeros cronistas franciscanos pudiesen proporcionar el testimonio histórico necesario para verificar la tradición. No obstante, en las siguientes décadas el panegírico reemplazó a la historia y los teólogos mexicanos celebraban la imagen mediante conceptos tomados de los Padres Griegos de la Iglesia. Además, en los años en los que la elite criolla aclamaba a la guadalupana como su patrona y obtenía el consentimiento papal, Lorenzo Boturini acreditaba la tradición al publicar una bibliografía que incluía los dos documentos y los antiguos relatos manuscritos sobre Valeriano y las apariciones. Este ciclo alcanzó su clímax cuando Miguel Cabrera se maravilló ante la complejidad artística de la imagen.

En 1777, José Patricio Fernández de Uribe advirtió por primera vez al público mexicano que en el "siglo de las luces", filósofos impíos ridiculizaban la religión y desconocían devociones venerables al considerarlas una mera superstición. Formuló una cuidadosa defensa de la tradición guadalupana basado en el manuscrito de Valeriano, y citaba las normas de interpretación de documentos que creara Jean Mabillon, el erudito benedictino. En 1790, José Ignacio Bartolache aspiraba a abrir la puerta a una revisión crítica de la tradición. Pero, como Mier señaló más tarde, si el público esperaba una montaña, en su lugar encontró un ratón, puesto que Bartolache hizo poco más que tronar contra Torquemada y establecer que el lienzo de la imagen se tejió con hilo de palma.[67] Para entonces, el ciclo de panegíricos conceptuales había llegado a su fin.

No puede subestimarse el escándalo que provocó el sermón de Servando Teresa de Mier. Al sugerir que la imagen guadalupana fue impresa en la túnica de santo Tomás, negaba por falsa la característica principal de la narrativa. En su anhelo por dotar a la Nueva España de una fundación apostólica minó la credibilidad de la tradición aceptada. En el mismo año de 1794, Juan Bautista Muñoz presentó su *Memoria*. Al margen de ciertos anacronismos, en esencia confiaba en el criterio del silencio para desconocer la tradición por considerarla una fábula. Ahora no sólo el silencio de Torquemada era decisivo. Era también que en la correspondencia de Zumárraga y otros franciscanos no se hiciera mención alguna a las apariciones. La carta de Martín Enríquez certificaba la existencia del culto en el Tepeyac al menos desde la década de 1550, pero no hacía referencia a las apariciones. Asimismo, si Bernardino de Sahagún denunciaba el culto del Tepeyac como una idolatría, confesaba su ignorancia en cuanto al origen. Pero Muñoz únicamente fue capaz de atribuir el manuscrito de Valeriano a Fernando de Alva Ixtlilxóchitl. Por lo demás, hizo especulaciones descabelladas al sugerir que el relato de las apariciones tenía su origen en las visiones de un indio a principios de siglo XVII, sin proporcionar un solo documento que probase su teoría.

Al refutar a Muñoz, José Miguel Guridi y Alcocer negó la fuerza del criterio del silencio como prueba fehaciente para rechazar la tradición, ya que primero se fundamentaba en el testimonio oral. El que Muñoz no apreciara la importancia de Valeriano dejaba entrever la superficialidad de su crítica. En todo caso, no explicó por qué un sacerdote a principios del siglo XVII hubiese debido aceptar el discurso visionario de un indio sobre una imagen que ya era objeto de veneración al menos desde hacía setenta años. Aunque Servando Teresa de Mier aceptaba que el tratado de Muñoz socavaba la tradición guadalupana, en sus cartas al cronista y en *Apología*, demostró cuán detalladamente estudió a Becerra Tanco, Florencia, Bartolache y Uribe al nombrar a Valeriano como el autor del relato original. Pero entonces calificaba la narración de invención literaria inspirada en los coloquios bíblicos entre Dios y Moisés. Su percepción de la similitud era sin duda precisa, pero no explicaba por qué un indio, por más educado que fuese, se hubiese atrevido a copiar las Escrituras con tanto detalle. En cuanto a la imagen, observaba que el lienzo había sido preparado para recibir la pintura a la manera tradicional de los indios y que tenía su origen en el taller para artistas indígenas que fundara Pedro de Gante. Puesto que escribe estando preso por la Inquisición, Mier no proporciona ningún fundamento histórico para su hipótesis, y cuando fue puesto en libertad, dedicó su atención al destino del país.

La cita de Florencia de la revelación de la Virgen María al beato Amadeo de Portugal escandalizó de tal modo a Mier, lo que indica la dimensión de su percepción y piedad jansenista. Condenó por idolátrica la noción de que una imagen particular pudiese poseer ciertos poderes para realizar curas milagrosas. En efecto, la práctica de venerar algunas imágenes de María más que otras era severamente criticada por muchos sacerdotes de la época, jansenistas o no, en el entendido de que implícitamente conducían a la idolatría. Por este motivo, la tradición de Guadalupe se volvió tan importante, si no más, que la imagen misma. Los predicadores ya no eran prolijos en su descripción de la divina idea de María, concebida por toda la eternidad, sino concentraban su discurso en la aparición de María en México y en las consecuencias históricas de tal aparición, es decir, en la rápida conversión de los pueblos indígenas. Si la tradición hubiese sido ideada para explicar la naturaleza celestial de la imagen, la realidad histórica del relato estaba destinada a convertirse en el aspecto dominante de la devoción en los siglos XIX y XX.

I

El 15 de septiembre de 1810, Miguel Hidalgo y Costilla, el párroco de Dolores, convocó a las masas del centro de México a rebelarse en contra del dominio español. A manera de estandarte, entregó a sus seguidores una imagen de Nuestra Señora de Guadalupe y más tarde inscribió en sus banderas los lemas: "¡Viva la religión! ¡Viva nuestra madre santísima de Guadalupe! ¡Viva Fernando VII! ¡Viva la América y muera el mal gobierno!" Pero los indios y mestizos que se unieron a este movimiento simplificaron esos gritos de guerra: "¡Viva la Virgen de Guadalupe y mueran los gachupines!"; este último término era el mote que recibían los españoles europeos. Cuando Hidalgo se acercaba a Guanajuato, la capital de la provincia, comunicó al intendente que el propósito de la insurrección era recuperar los derechos de "la nación mexicana" y expulsar a los europeos, agregando: "El movimiento actual es grande, y mucho más grande, cuando se trata de recobrar derechos santos, concedidos por Dios a los mexicanos y usurpados por unos conquistadores crueles."[1] Si en 1746 Nuestra Señora de Guadalupe fue aclamada patrona del reino de Nueva España, ahora se la saludaba como madre y símbolo de una nación mexicana insurgente. Si los tiempos eran propicios para semejante transformación, se debió a que en 1810 España fue invadida por el ejército francés que instaló a José Bonaparte en el trono, obligando a Fernando VII, el rey borbón, a abdicar. Solamente en Cádiz, un puerto protegido por la armada inglesa, pudo sobrevivir la debilitada regencia, que todavía reclamaba el gobierno del imperio a ultramar.

El rasgo más llamativo de la insurgencia mexicana es el número de sacerdotes que siguieron a Hidalgo. Pueden consultarse las emociones desatadas entonces en el periódico rebelde *El Despertador Americano* (1810-1811), en el que el doctor Francisco Severo Maldonado previene a los "americanos" en contra del ateísmo que propagaban las tropas revolucionarias francesas y los invita a defender "el derecho sacrosanto del altar y de la patria". Considerando que el rey José había disuelto las órdenes religiosas, los criollos debían procurar mantenerlas. ¿No era Hidalgo un "héroe libertador", un Washington quien luego de trescientos años de tiranía ahora buscaba "la independencia de una nación que sólo ha tomado las armas para recobrar sus derechos naturales y mantener intacta la religión de sus padres", asistido en este noble esfuerzo por "Nuestra Madre Santa de Guadalupe, Numen Tutelar de este imperio, y Capitana Jurada de nuestras legiones"?[2] En una vena aún más exaltada, Carlos María de Bustamante (1774-1848), editor del *Correo Americano del Sur* (1813), afirma que, cuando la Virgen se le apareció a Juan Diego, él escuchó "la escritura auténtica de nuestra libertad". "Me llamaréis Madre y lo seré vuestra; me invocaréis en vuestras tribulaciones y yo os oiré; me pediréis la libertad y yo desataré vuestras cadenas".[3]

En el Congreso de Chilpancingo, convocado en 1813 para formular la Declaración de Independencia, José María Morelos, el cura que acaudilló la segunda etapa de la insurgencia al sur del país, pronunció un discurso inaugural en el que comparaba a los mexicanos con el pueblo de Israel en Egipto sufriendo a manos del faraón. Su texto había sido escrito por Bustamante e invocaba el espíritu de los emperadores aztecas cuando sostenía: "Vamos a restablecer el imperio mexicano, mejorando el gobierno." Con todo, "María Santísima de Guadalupe" fue aclamada por Morelos como "patrona de nuestra libertad", cuyo día habría de celebrarse a partir de entonces como una fiesta nacional. El Acta de Independencia prometía solemnemente conservar la religión católica en toda su pureza y preservar las órdenes religiosas. La misma insistencia en una república confesional puede observarse en el Decreto Constitucional de Apatzingán de 1814, en el que no sólo se establecía que "la religión católica, apostólica y romana es la única que se debe profesar en el Estado", sino que también declaraba que "la calidad de ciudadano se pierde por crimen de herejía, apostasía y lesa-nación".[4]

Pero la masacre de españoles europeos que perpetraron los seguidores de Hidalgo en Guanajuato horrorizó a muchos criollos, y el pillaje indiscriminado de propiedades que acompañó la insurgencia amenazó los intereses de las clases acaudaladas. El obispo electo de Michoacán, Manuel Abad y Queipo, en otro tiempo amigo de Hidalgo, denunció al líder rebelde por considerar que era otro Mahoma que había profanado a la guadalupana al convertir la imagen en el estandarte de una nueva religión que predicaba el asesinato, el odio y el robo. Famoso por sus opiniones liberales, este prelado asturiano excomulgó a Hidalgo y a sus principales aliados debido a que transgredieron la inmunidad eclesiástica al hacer prisioneros a los carmelitas europeos en Celaya. Sin embargo, el mismo Abad y Queipo pronto habría de abogar por la supresión de la inmunidad al descubrir que tantos sacerdotes y religiosos acaudillaban la insurrección, acusándolos como "los principales autores y los que la han promovido y la sostienen".[5] El periodista realista Juan López de Cancelada sostenía satíricamente que José María Morelos se regía por cuatro principios: que todos los europeos debían ser expulsados de América, que toda la propiedad debía pertenecer a los americanos, que Nuestra Señora de Guadalupe debía ser obedecida en todo, y que los sacerdotes debían fungir como lugartenientes de Dios, para gobernar tanto en la esfera temporal como en la espiritual.[6] El aspecto de la insurgencia mexicana que impresionó más a los observadores extranjeros era su énfasis en la religión, Simón Bolívar rindió tributo a su influencia:

Felizmente los directores de la Independencia de México se han aprovechado del fanatismo con el mejor acierto, proclamando a la famosa Virgen de Guadalupe por reina de los patriotas, invocándola en todos los casos arduos y llevándola en sus banderas. Con esto el entusiasmo político ha formado una mezcla con la religión, que ha producido un fervor vehemente por la sagrada causa de la libertad.[7]

Para Bolívar, escéptico en materia de religión, la adopción de un símbolo religioso fue más una cuestión de astucia política que de genuino sentimiento.

Tan grande era la devoción que se ofrecía a las imágenes sagradas en la Nueva España que por un grotesco momento pareció probable que los ejércitos realista y rebelde combatiesen con la protección de los estandartes opuestos de las Vírgenes de los Remedios y de Guadalupe, es decir, de la gachupina y de la criolla. En 1808 y 1809, la imagen de los Remedios había sido llevada en procesión por las calles de la ciudad de México, acompañada por la habitual corte de cofradías y comunidades religiosas, para pedir que llegara la estación de las lluvias y, signo de los tiempos, por la victoria de los ejércitos españoles sobre los invasores franceses. Además, en mayo de 1810, cuando una súbita tormenta dañó su santuario, la Virgen permaneció en la capital durante setenta días, realizando una lenta peregrinación por los conventos e iglesias. En el convento de San Jerónimo las monjas vistieron la imagen con la banda de "Capitana general del ejército" y le colocaron un bastón de mando de oro y una pequeña espada, insignias que se conservarían cuando en agosto fue devuelta a su santuario. Pero cuando Hidalgo se acercó a la ciudad de México a la cabeza de una horda de indisciplinados seguidores, Remedios fue trasladada a toda prisa por temor a que cayese en manos de los rebeldes. El 30 de octubre, el mismo día que la Virgen entró en la catedral, un reducido destacamento de realistas venció al ejército de Hidalgo en Las Cruces, forzándolo a una precipitada retirada. Al día siguiente, el virrey Francisco Javier Venegas dio gracias públicamente a la Virgen y más tarde hizo que se distribuyeran medallas de Remedios entre los regimientos realistas. En febrero de 1811 se celebró en la catedral una novena para dar gracias a la Virgen gachupina por salvar la ciudad de la ruina, ocasión en la cual el sacerdote del Oratorio Juan Bautista Díaz Calvillo, alabó a los ochocientos soldados "leales y valientes hijos de América" por derrotar a los ochenta mil "tigres" seguidores de "este hijo bastardo de los héroes españoles", Miguel Hidalgo.[8] Pero ceremonias similares habrían de escenificarse para implorar a Nuestra Señora de Guadalupe que ayudara a la causa monárquica, de modo que pronto se previno el peligro de una guerra de imágenes.

El espectáculo de sacerdotes católicos empleando símbolos religiosos con fines violentos y políticos no era exclusivo de México. En España, los obispos de Santander y Extremadura predicaban cruzadas en contra de los invasores franceses, y a todo lo largo de la península el clero acaudilló la resistencia frente a Napoleón. El rey José no sólo abolió la Inquisición, dispersó todas las comunidades religiosas masculinas y expropió sus propiedades, impulsando así a muchos monjes y frailes a unirse a las guerrillas que actuaban en toda la península.[9] Cuando Zaragoza sufrió un asedio de varios meses en 1808, sus habitantes se pusieron en pie de guerra con el lema "Religión, rey y patria". Pero los sacerdotes y frailes que tuvieron una función destacada en la defensa de la ciudad obviamente dirigieron una petición a Nuestra Señora del Pilar para que los ayudase, en especial porque su santuario había sido ampliado y embellecido durante el siglo anterior. Un viajero inglés informó posteriormente que durante el asedio los defensores cantaban en versos chabacanos: "La Virgen del Pilar dice que no quiere ser francesa, que quiere ser capitana de la gente aragonesa."[10] En todo el mundo hispánico, el patriotismo provincial aún se expresaba mediante la invocación de símbolos tradicionales, religiosos.

Si bien las guerrillas que ocupaban la península hostigaban valerosamente a los ejércitos franceses, en Cádiz los jóvenes liberales, que mantenían el gobierno de las cortes reunidas por la regencia en 1810, no pudieron resistir la seducción de las ideas francesas. Muchos conocían la obra de Montesquieu y de Rousseau, y casi todos ellos adoptaron el estudio crítico de Feijoo de los errores vulgares y los prejuicios. Pero fue la insistencia de la Revolución Francesa en que todos los hombres nacían iguales y con los mismos derechos, y que "la soberanía reside esencialmente en la nación" la que atrajo la aprobación de los liberales. De golpe, el poder de la monarquía absoluta había sido destruido y los privilegios sociales de la nobleza y del clero, abolidos. En cuanto a la Iglesia, los ministros ilustrados de Carlos III y Carlos IV ya habían propuesto una serie de medidas que acotaban la jurisdicción eclesiástica y expropiaban sus bienes. Pero cuando José Bonaparte ascendió al trono fueron abolidos los títulos feudales y disueltas las órdenes religiosas. No pocos intelectuales estuvieron tentados a aceptar al rey francés, ya que, como recordaría más tarde un clérigo disidente, "no puedo ver perspectivas de libertad tras la nube de sacerdotes que por doquier se ponen al frente de nuestros patriotas".[11]

De hecho, la Constitución de 1812 reemplazó la monarquía absoluta con la sonora declaración de que "la soberanía reside esencialmente en la nación", principio que redujo al rey a la calidad de ejecutivo hereditario, sujeto a las leyes y resoluciones de las cortes. Si el catolicismo se estableció como la religión de la nación española, la Inquisición fue abolida y en medidas posteriores, se prohibió a las comunidades religiosas pedir dineros para reconstruir los edificios confiscados o destruidos por los franceses. Pero el proyecto liberal de introducir mayores reformas se frustró cuando, en 1814, Fernando VII regresó a España y de inmediato suspendió la Constitución. Con todo, su reasunción del poder absoluto no dio origen a un gobierno efectivo y, en 1820, gracias a una revuelta militar, se eligieron nuevas cortes. Entonces dominados por logias masónicas, los diputados liberales expulsaron a los poco antes reinstaurados jesuitas, redujeron a la mitad el diezmo eclesiástico, cerraron monasterios y redujeron el número de clérigos mendicantes. Sorprende en qué medida los intelectuales hispanos exhibieron intensos sentimientos anticlericales.[12] En su informe acerca de la rebelión de 1814 escenificada en Cuzco, el presidente de la audiencia de aquella ciudad, Manuel Pardo, criticó con severidad la participación de los sacerdotes en el ataque a la autoridad constituida, tanto en España como en América, y dedujo que "el objeto era dejar la religión con el ropaje de culto exterior, bastante para que su ministerio sacase de un pueblo ignorante todo el fruto con que se lisonjeaba su avaricia".[13] Mientras que la dinastía de los Habsburgo había consentido al clero por su apoyo a la autoridad real, los ministros y oficiales de la soberana nación española ahora veían a los sacerdotes y religiosos como obstáculos para la renovación de la sociedad, culpables de alentar la superstición popular. Tales actitudes fueron comunes en México en la siguiente generación.

A muchos criollos les sedujo la idea de la independencia, pero otros reafirmaron su identidad española y proclamaron su lealtad al rey borbón. Había patriotas en ambos bandos ideológicos y Nuestra Señora de Guadalupe fue aclamada patrona de los insurgentes y de los realistas por igual. Todavía estaban vivas las esperanzas que despertaron en los círculos devotos los acontecimientos en Francia, la ilusión de que México emergería como un bastión del catolicismo en un mundo sometido por el Anticristo. En 1809, un canónigo criollo de la catedral en la ciudad de México, José Mariano Beristain de Souza (1756-1817), predicó un sermón en el que proclamó la deuda de México con "la generosa, invicta y católica Nación Española". ¿Qué era México antes de la Conquista si no "un pueblo bárbaro y grosero, sujeto a unos déspotas", con escasos conocimientos de la ciencia o las artes, y su forma de gobierno un reflejo de la tiranía del Diablo? Al señalar que la mayor parte de su grey descendía de españoles, sin importar la generación en la que sus antepasados habían emigrado, Beristain afirmaba que formaban parte de una única nación española, dueña y señora de Nueva España. A la vez, dio testimonio de que los americanos eran bienvenidos en la península, como él mismo había corroborado durante sus veintidós años de residencia en España.[14]

Pero la intensa adhesión de Beristain no provenía sólo de su experiencia personal sino que respondía a una ilusión patriótica. Baste recordar que en 1795-1796 Francisco Javier Conde dijo haber escuchado a varios predicadores referirse al sermón profético de Francisco Javier Carranza, en el que el jesuita argumentó que en la última era del mundo Nuestra Señora de Guadalupe resguardaría a México del ataque del Anticristo y convertiría así a Nueva España en el centro de una renovada y universal monarquía católica. Si el recuerdo de este sermón había revivido con el estallido de la Revolución Francesa, se vio fortalecido gracias a la conquista napoleónica de Europa. Sobre el sermón de Carranza, Beristain escribió:

> Mas cuando escribo, a vista de la persecución que hace al Pontífice romano el tirano Napoleón Bonaparte, y a los reyes católicos, protectores de la iglesia de Roma, y contemplo que México puede ser el más seguro asilo al Papa y a los monarcas españoles, contra la voracidad de aquel monstruo, me parece que no está muy lejos de verificarse la profecía del P. Carranza.

Y Beristain agregó: "así pensaba yo el año pasado de 1809", para entonces lamentar que la insurrección que Miguel Hidalgo acaudillara lo hubiese obligado a abandonar tales sueños patrióticos.[15] Esto da testimonio del talante de las ilusiones proféticas que animaban a muchos sacerdotes criollos de la época.

La traición que sufrió Beristain se reflejó en *Diálogos patrióticos* (1810-1811), en el que comienza exclamando: "¡Qué sacrilegio! Invocar el nombre santo de Nuestra Señora de Guadalupe para atropellar la justicia, para quitar los bienes ajenos" Durante trescientos años, la Virgen mexicana llevó paz y luz a la Nueva España, mientras que ahora su imagen se veía profanada por la inscripción en "las banderas de la rebelión". Era inconcebible un escándalo mayor que el espectáculo de un párroco acaudillando una sangrienta insurrección que ya estaba manchada por la masacre de más de doscientos prisioneros españoles en Guanajuato. Pero Beristain reiteraba la unión de los españoles americanos y europeos, y también ratificaba la identidad común de todos los habitantes de la Nueva España y, en especial, deploraba el uso del término "mulato" como creador de disensiones. "Con razón y con justicia y con derecho debemos todos los que nacimos aquí llamarnos Españoles[...] todos somos ya iguales: todos somos hijos y vasallos del Rey de España." En términos tradicionales creó el concepto de "el gran cuerpo de la Nación Española", que comprendía todos los territorios de la monarquía, con España a la cabeza. Apesadumbrado por la desorganización de la economía y los ataques a la propiedad que provocaba la insurgencia, anunció con esplendidez que, con las cortes en sesión en Cádiz, "están ya en junta los arquitectos de nuestra felicidad", enfrascados en la construcción de un nuevo régimen fundado en "la religión, las ciencias, las artes, la verdadera libertad y el paternal y liberal gobierno".[16]

En septiembre de 1811, Beristain predicó en una ceremonia solemne de desagravio ofrecida a Nuestra Señora de Guadalupe por el batallón de infantería "de patriotas distinguidos de Fernando Séptimo"; en su sermón vituperaba nuevamente el sacrilegio y la blasfemia de los rebeldes al emplear el nombre de la Virgen mexicana. Mediante una interpretación singular de la narración tradicional, sostuvo que María "bajó al Tepeyac por autorizar este orden y la subordinación de los indios a la Católica España". Después de todo, su imagen fue revelada en primera instancia a Zumárraga, incluso antes de que Juan Diego la viese. Del mismo modo que María protegió a España de los moros, también defendería "México, mi ciudad santa, donde está el Arca del Testamento, el Arca de mi alianza con los mexicanos, que es María de Guadalupe".[17] Por tanto, los monárquicos no podían permitir que los insurgentes monopolizaran a la patrona de México.

Las esperanzas que Beristain depositó en las cortes y en la Constitución se desvanecieron rápidamente una vez que fueron publicadas sus disposiciones. En noviembre de 1814 predicó el *Discurso eucarístico que en la muy solemne acción de gracias celebrada[...] por la libertad y restitución a su trono a Fernando Séptimo, soberano monarca de España e Indias* durante una espléndida ceremonia organizada por el gremio de comerciantes y su regimiento miliciano en la iglesia conventual de San Francisco. Los presentes dieron gracias por el regreso de Fernando VII a España y celebraron su asunción al poder absoluto. En una vena tradicional, Beristain afirmó que la Virgen María siempre había sido "la patrona y libertadora de España y de sus reyes", puesto que no solamente ayudó a Santiago a fundar la Iglesia española, también defendió a España a lo largo de los siglos, ya fuese durante la invasión de los moros o del súbito ataque de Napoleón, siempre buscando guardar a "este escogido pueblo". Sobre todo María ofrecía su auxilio por medio de imágenes sagradas, ya en la de Pilar, Montserrat y Atocha en España, o en la de los Remedios, Ocotlán, Zapopan e Izamal en México, sin mencionar "ese santuario y cerro de Guadalupe", desde cuya posición ventajosa protegía toda la monarquía española. Pero Beristain participó de la polémica contemporánea al deplorar "la plaga de filósofos impíos, espíritus fuertes, de libertinos materialistas" que desalentaron al pueblo desconociendo a Dios, a Cristo y a la Iglesia. Incluso en España "una indigesta democracia" había invadido las cortes, buscando transformar al heredero de los Reyes Católicos en un mero "estatúder de Holanda". Asimismo, en los últimos cuarenta años "el espíritu novelero de unos pocos infatuados, las ideas filosófico-políticas que bebieron algunos de nuestros paisanos en las doradas copas de mil libros diabólicos" habían causado la ruina de México. De Europa provenían estas diabólicas ideas y proyectos, y unos cuantos americanos los habían aplicado en una necia imitación.[18]

Como recompensa por los servicios prestados a la Iglesia y al Estado, Beristain finalmente se convirtió en deán de la catedral de México, caballero de la Orden de Carlos III y comendador de la Orden de Isabel la Católica. En 1815 se desempeñó como miembro de la junta de prelados y teólogos que condenaron a José María Morelos por herejía y entregaron al líder insurgente a las autoridades seglares para su ejecución. No obstante, sólo un año antes, su propio hermano Vicente, quien se había unido a los insurgentes en 1812, fue muerto a tiros durante una disputa con otro de los cabecillas rebeldes.[19] Todo esto estaba muy lejos de su juventud cuando, luego de estudiar en el seminario de Puebla, en 1773 acompañó al obispo Francisco Fabián y Fuero a Valencia donde ese prelado fue nombrado arzobispo. Después de titularse como doctor en teología, dio clases en la universidad de Valladolid antes de regresar a Nueva España en 1794 como canónigo del cabildo eclesiástico. El padrinazgo de Fuero y su estancia en Valencia demostraron que Beristain pertenecía al círculo de clérigos ilustrados, eruditos, muchos de los cuales fueron acusados más tarde de "jansenismo". Fuero en una afectuosa descripción alaba la piadosa generosidad del obispo en la caridad y su refinamiento:

> Tanto se ocupaba en la lección de la Biblia Santa como en la de Cicerón; tanto se deleitaba con las obras de Crisóstomo, como con las de Lineo [...] Yo vi frecuentemente sobre su mesa aquellos libros, entre ellos la *Ilíada* de Homero, los *Pensamientos* de Pascal, las obras de Luis Vives y las de Van Espen.

Gracias al respaldo de Fuero, Gregorio Mayans pudo publicar la obra completa de Luis Vives, el humanista erasmista del siglo XVI. Cuando Fuero fue expulsado de su sede debido a intrigas políticas y murió en la oscuridad, Beristain se unió con otros miembros de la "familia" del obispo en México para celebrar exequias solemnes en Puebla.[20]

En 1816, un año antes de su muerte, Beristain publicó el primer volumen de *Biblioteca Hispano-Americana Septentrional* (1816-1821), una bibliografía en tres volúmenes en la que incluyó a más de tres mil autores que publicaron o escribieron durante los tres siglos de dominio español. En su Discurso Apologético, rendía tributo a los esfuerzos de Juan José de Eguiara y Eguren, e hizo eco de la indignación de su antecesor ante el desdén con el que Manuel Martí, el deán de Alicante, menospreció América por considerarla un yermo intelectual. Pero su verdadera ira estaba reservada para William Robertson, Guillaume Raynal y Cornelius de Pauw, los historiadores ilustrados del Nuevo Mundo, quienes rechazaron a los indios por bárbaros, a los conquistadores españoles por crueles villanos, y a la sociedad colonial por vegetar en la indolencia y la superstición. De hecho, Beristain argumentó que durante el siglo xvi España ostentaba el liderazgo en las ciencias y las artes en Europa y sus posesiones en ultramar habían participado de su próspera cultura. Al mismo tiempo, admitió que entre los autores mencionados no había Miltons o Newtons ocultos, ya que sus escritos no podían compararse con los de los mejores maestros europeos de los últimos siglos. Los críticos de la obra pudieron lamentar la gran cantidad de sermones, opiniones jurídicas y disputas teológicas que incluyó. Pero su *Biblioteca* "no es selecta, sino histórica y universal", y aspiró a abarcar a todos los autores y todas las obras. Reconocido lo anterior, Beristain afirma que numerosos sermones exhibían admirables ejemplos de elocuencia cristiana y que las opiniones jurídicas a menudo adquirían la forma de tratados legales. Si bien las obras que citaba podrían no justificar que los mexicanos ocupasen un asiento en el más elevado escaño de los sabios europeos, sin embargo, sí podrían calificar para los escaños inferiores, un logro que destruiría la calumnia de que habían vegetado durante siglos, con cadenas en torno al cuello, capaces solamente de alimentarse del campo.[21] Beristain expresó un sincero patriotismo al defender el talento de sus compatriotas.

Si el ferviente monarquismo de Beristain lo llevó a componer extensos panegíricos a Colón y Cortés, también alabó a Clavijero no sólo por su magistral historia del México antiguo, sino por sus tentativas, cuando era profesor en México, de reemplazar la física aristotélica con la ciencia moderna de Newton y Descartes. Respecto de la tradición guadalupana, sugirió que Sánchez pudo consultar documentos tempranos, y acerca de Laso de la Vega escribió: "algunos han creído que ésta es la misma historia o noticia del milagro que escribió el indio D. Antonio Valeriano, pero se engañaron", no sostuvo esta última afirmación con ningún argumento. Como Eguiara y Eguren, dedicó espacio a Valeriano, señalando que fue gobernador de San Juan Tenochtitlán por treinta años antes de morir en 1605. Evidentemente alababa a Sigüenza y Góngora y apuntó que fue él quien identificara a Valeriano como el autor del *Nican mopohua*, aunque también anotó la sugerencia de Cayetano de Cabrera en el sentido de que el indio tradujo esta relación del original en español. Para mayor confusión, tomaba de Florencia la insinuación de que tanto Baltazar González, el censor jesuita de Laso, como Fernando de Alva Ixtlilxóchitl, habían escrito relatos de las apariciones. Por lo demás, defendía a Torquemada del acerbo criticismo de Bartolache, y comentaba que el científico albergaba la extraña opinión de que la tilma de Juan Diego había sido tejida con palma de *iczotl* y no con hilo de maguey. A Borunda lo desdeñaba por ser "muchas veces exótico y caprichoso en sus ideas y arbitrario y ligero en sus interpretaciones".[22] Beristain aventajó a otros bibliógrafos guadalupanos en la enumeración de los sermones que se habían predicado en honor de la Virgen, a pesar de que en ocasiones deformase los títulos. Por lo demás, no agregó nada a la defensa o esclarecimiento de la tradición.

El partidario de siempre, Beristain, atacó a Servando Teresa de Mier con voz estridente no sólo a causa de su sermón de 1795, a quien caracterizó como un intento de trastornar "la antigua y venerable tradición" guadalupana, sino aún más por su ponzoñosa defensa de la independencia. En la introducción ya había criticado a los españoles americanos, sus compatriotas, como iniciadores y líderes de la insurgencia. Beristain sostenía que por trescientos años ocuparon posiciones preeminentes en la Iglesia y la judicatura; no obstante, ahora estos desnaturalizados descendientes de españoles daban la espalda a sus primos europeos, no porque tuviesen un legítimo agravio, sino únicamente en razón de que habían sido seducidos por las impías y libertinas doctrinas de la filosofía moderna. "Desde un rincón de la provincia de Michoacán y del pecho de un mal párroco, discípulo de los Rousseaus y Voltaires" había surgido un movimiento, que como un volcán escupiendo lava, había convertido "paraísos de gloria en teatros de sangre, de horror y de miseria".[23] En esta reprobación de la insurgencia, Beristain destaca la creación de una fisura entre el clero superior y las fuerzas políticas que sostenían aquel movimiento, con patriotas rebeldes que desdeñaba por considerarlos discípulos de la Revolución Francesa. La mera estridencia mediante la cual este sacerdote realista atacaba a sus compatriotas expresaba la ansiedad que sentía ante el daño infligido a la Iglesia en la Nueva España y la traición de sus esperanzas de que México se revelase como el bastión de una nueva y revitalizada monarquía católica. Como denotan los enormes esfuerzos de su *Biblioteca*, Beristain fue un ferviente patriota criollo que buscó defender el honor de México de la difamación europea; la recuperación de los nombres de tres mil autores justo antes de la dispersión y pérdida de tantos de sus manuscritos prestó un servicio inconmensurable a los futuros estudiosos; no obstante, su obra se malogró por la ausencia de la crítica y la inclinación partidista.

II

En febrero de 1821, Agustín de Iturbide, un coronel criollo hasta entonces célebre por la vitalidad de sus campañas en contra de los insurgentes, publicó el Plan de Iguala en el cual, aunque alababa a España como "la nación más católica y piadosa, heroica y magnánima", confiadamente afirmaba que, en razón de su riqueza y de su población, México se encontraba listo para asumir su independencia. Para tranquilizar a sus compañeros realistas y al clero, ofrecía tres garantías: prometió conservar la religión católica, alcanzar la independencia con una monarquía constitucional, y mantener la paz y la unión de españoles americanos y europeos. Cláusulas subordinadas requerían la restitución al clero de privilegios tradicionales y propiedades, y ofrecían a todos los funcionarios el derecho a continuar en sus puestos, previa aceptación del plan. Si la proclamación recibió una calurosa bienvenida se debió a que la opinión conservadora se encontraba alarmada ante las medidas liberales y anticlericales propuestas por las cortes y que habían arrasado con el poder en España unos meses atrás. A un tiempo, insurgentes sobrevivientes como Vicente Guerrero y Nicolás Bravo aceptaron de inmediato el plan. Tras una campaña cuya característica fundamental fue la negociación más que la batalla, en septiembre de 1821, Iturbide entró triunfante a la ciudad de México y los dignatarios que firmaron el Acta de Independencia anunciaron: "La nación mexicana que por trescientos años ni ha tenido voluntad propia, ni libre uso de la voz, sale hoy de la opresión en que ha vivido."[24]

Los sentimientos de júbilo que despertaron estos acontecimientos fueron expresados por el doctor Julio García de Torres en el sermón que predicó en el santuario del Tepeyac en octubre de 1821, cuando dio gracias a la patrona de México por "el venturoso suceso" de la Independencia de América del Norte. Se encontraban presentes los miembros de la regencia en compañía de su presidente Agustín de Iturbide, "Generalísimo de las armas del Imperio, Jefe y Promotor de la libertad americana". El momento de que México se liberase, argumentaba Torres, llegó gracias a que España, una vez famosa por su devoción a la religión católica, ahora se había corrompido debido a "los pestilentes miasmas del contagio francés", es decir, mediante "las execrables máximas" de Voltaire y Rousseau, cuyas obras fueron traducidas al español y eran accesibles al público. ¿Qué eran las cortes en Madrid sino "un conciliábulo para atacar la religión", convocado para desafiar la autoridad de los obispos y el clero? Todos los monasterios habían sido cerrados y los noviciados de otras órdenes religiosas, suspendidos. La mitad del diezmo eclesiástico iba ahora a manos del poder civil. Los jesuitas habían sido expulsados y suprimidas las tres órdenes hospitalarias. Los derechos de la Santa Sede a intervenir en los asuntos de la Iglesia española se limitaron rigurosamente. En pocas palabras, la piedad católica de Carlos V y de Felipe II tocaba a su fin; España se envilecía y los leales americanos estaban escandalizados. En este trance, Dios inspiró a Iturbide a izar la bandera del "águila mexicana" de modo que ahora, liberada de las garras del león español, podía surcar los cielos de América adornada con los emblemas de la religión, la independencia y la unión. En la consecución pacífica de la independencia, Torres columbraba "el dedo providencial del Ser eterno" y la intercesión de "su Madre en esta advocación de Guadalupe". Los intereses colectivos del clero que inspiraban estas efusiones pudieron discernirse cuando, a nombre de la Iglesia mexicana, el predicador solicitó que Iturbide y su regencia no interfiriesen jamás en materia religiosa, demandando "un ciego rendimiento y cautividad de la razón a sus venerables dogmas [...] Os pide sumisión y obediencia al príncipe supremo y padre universal de los creyentes, el Pontífice Romano".[25]

Al igual que muchos sermones del siglo XIX, Torres también incluyó una breve reseña del pasado mexicano. Puesto que el destino de todos los imperios y estados se hallaba en las manos de Dios, quién se atrevería a cuestionar a la divina Providencia la elección de la España de Carlos V para convertir "el imperio más opulento del mundo en una colonia", aun menos a comprender por qué Cortés y Pizarro, "después de que sus espadas se enrojecieron cruelmente[...] con la sangre de los pacíficos americanos", habían sido sus instrumentos. Sin embargo, a pesar de los sermones de los frailes españoles, fueron Dios Todopoderoso y su Hijo, "por la mediación de su augusta Madre, bajo la advocación de Guadalupe", quienes escogieron a los mexicanos entre todas las naciones para que "la América se gloriara siempre de ser la predilecta del Señor". Aunque el uso de la frase *non fecit taliter omni natione* pudiera parecer presuntuosa, "el inerrable juicio del Vaticano" la había certificado como "una verdad canonizada". En tono exultante, García de Torres proclamaba: "el día grande de la América Septentrional, en que la religión amenazada ya en este vasto Imperio, vuelve a recobrar todos sus derechos por medio del fausto y venturoso suceso de nuestra deseada Independencia". Animaba este sermón la evidente convicción del predicador de que la divina Providencia había fundado México como un bastión católico, escogido para defender a la Iglesia de las embestidas del escepticismo y el saqueo. Si bien no se hacía referencia a la profecía de Carranza, la tesis subyacente era con mucho la misma: que México estaba por arrogarse el manto de la monarquía católica que España había desechado.[26]

En 1822, cuando las cortes se negaron a reconocer la independencia de México, y mucho menos a nombrar un príncipe borbón para el trono americano, Iturbide se proclamó emperador constitucional y, para dar legitimidad a su golpe de Estado, creó la Imperial Orden de Guadalupe de la cual era el Gran Maestro.[27] Ya antes de esta decisión, un miembro de la regencia, Manuel de la Bárcena (1769-1830), arcediano de Michoacán, abogó por establecer "una dinastía mexicana" en el trono, puesto que la unión con España era "un monstruo político", en especial luego del ataque de las cortes a la Iglesia, que él describió como "causas impulsivas del actual rompimiento".[28] En reconocimiento a su respaldo se solicitó a este antiguo realista que predicase un sermón el 15 de diciembre de 1822 durante la primera función anual de la Orden de Guadalupe a celebrarse en la iglesia franciscana de San José. Español de origen, Bárcena señaló que tan ilustre asamblea de personas "jamás se ha visto en Anáhuac" y describía a la orden como un símbolo de la "eterna memoria de nuestra alianza con la Madre de Dios", entre cuyos numerosos regalos nombró "las tres garantías del Imperio".[29]

Haciendo una reflexión sobre la fundación de México, Bárcena recordó a la congregación que durante el régimen de Tenochtitlán, los mexicanos "gemían bajo el enorme peso de su paganismo bárbaro, nutrido con errores, ídolos horribles, sacerdotes antropófagos, sacrificios cruentos: ¡Ah, se estremece la naturaleza!". Pero entonces la reina del cielo, la Madre de Dios, apareció en el Tepeyac como la luz del alba, penetrando las sombras de la noche, y "desde entonces empezó a crecer y a florecer prodigiosamente la fe del Crucificado". En los quince siglos de historia cristiana nunca hubo "una época tan gloriosa para nuestra religión" como en la que la Virgen asentó su residencia terrenal en el Tepeyac y fundó una nueva Sión, un bastión contra las herejías de Lutero y Calvino en las que entonces estaba sumida Europa. En los últimos once años México se había consumido en una guerra civil, en la que ambos bandos tomaron a la guadalupana como su pendón, pero "si el país de Anáhuac respira libertad, todo se lo debemos a la Virgen Tepeyacana". Así como en el momento de su fundación como una nación cristiana en el siglo XVI, ahora, cuando "el águila imperial mexicana se apareció de nuevo triunfante en su nopal", México mantenía su oposición a Europa. Si en el Viejo Mundo la religión era hostigada y una inundación de publicaciones escépticas fomentaban la incredulidad, México, por el contrario, nunca sucumbió a la herejía y en verdad ahora era el país más católico del mundo. Bárcena agregaba:

> La santa religión católica [...] ella es el alma de este Imperio: sí, la fe de Jesucristo es inseparable, es identificada con la nación Anahuacana, y el que no sea cristiano apostólico, no es ciudadano, no es mexicano.

Pero el arcediano, en una nota muy contemporánea, advirtió a los feligreses que, si México no cultivaba las artes y las ciencias, repetiría la experiencia del siglo XVI y caería preso de los invasores extranjeros. Sobre todo, era necesario mantener el patriotismo y la unión, puesto que "todos somos mexicanos[...] el origen, el idioma, la sangre y la religión nos unen".[30] Decepcionado de España, Bárcena concebía así a su país adoptivo como un reducto católico en un mundo impelido a la desintegración por el escepticismo y el laicismo.

La euforia clerical que provocó el régimen de Iturbide se disipó rápidamente, cuando el emperador se vio forzado al exilio y se proclamó la república. Pero aun antes de este eclipse, el 11 de marzo de 1822, delegados de todas las diócesis se reunieron en la ciudad de México para colegir que, con la consecución de la Independencia, el patronato otorgado por el papado a la Corona española había prescrito, de modo que el Estado mexicano debía negociar un nuevo convenio con la Santa Sede. Sin un concordato, la república carecía de derecho legal para intervenir en los asuntos internos de la Iglesia.[31] Con todo, la Constitución de 1824 principiaba con la invocación "En el nombre de Dios Todopoderoso, autor y supremo legislador de la sociedad". El artículo 3 declaraba que "la religión de la nación mexicana es y será perpetuamente la católica, apostólica y romana. La nación la protege por leyes sabias y justas y prohíbe el ejercicio de cualesquiera otra". Además, el Artículo 110 confería al presidente, de acuerdo con otras autoridades federales, el poder de "conceder el pase o retener los decretos conciliares, bulas pontificias, breves y rescriptos".[32] No fue sino después de 1831 cuando el papado nombró nuevos obispos.[33] Para entonces, el gobierno liberal, encabezado por Valentín Gómez Farías, amenazó con expropiar las propiedades de la Iglesia y abolir la compulsión legal de pagar el diezmo eclesiástico en los productos agrícolas. Si bien la república no logró negociar un concordato con Roma, queda de manifiesto que aún se daba por sentada la aprobación presidencial de los obispos elegidos por los cabildos eclesiásticos y confirmados por la Santa Sede. En efecto, a pesar de la aparición de un sólido partido político anticlerical, la primera república siguió siendo profundamente católica, y casi todos los acontecimientos públicos se celebraban en catedrales e iglesias, magnificados por medio de la pompa y circunstancia litúrgica. Cuando Vicente Guerrero capturó las banderas del invasor francés en 1828, depositó esos trofeos en el santuario del

Tepeyac. Asimismo, cuando la estación de lluvias tardaba en llegar, aún se llevaba en procesión por las calles de la capital la imagen de Nuestra Señora de los Remedios antes de colocarla en el altar mayor de la catedral.[34]

A pesar de los estallidos de Beristain y de los anteriores predicadores monárquicos, la insurgencia mexicana fue acaudillada por sacerdotes que se mantuvieron leales a su fe y que soñaron una república confesional. Carlos María de Bustamante, autodesignado por sí mismo cronista nacional, fue quien preservó el republicanismo católico de aquel movimiento hasta su muerte en 1848. Bustamante definió la insurgencia como una lucha por recuperar la soberana libertad que la nación mexicana gozó antes de la Conquista española. Si bien Bárcena desdeñaba a Tenochtitlán por haber sido escenario de una bárbara idolatría, por el contrario, cuando Bustamante describió la marcha triunfal de Iturbide por las calles de la capital, evocó en su imaginación, la sombra de los emperadores mexicanos levantándose de su tumba en Chapultepec para encabezar la procesión.[35] A despecho de su devoción por la guadalupana, el cronista insurgente nunca identificó la aparición como el momento fundacional de la nación mexicana, y aún menos condonaba los crímenes de los conquistadores. Con el paso de los años, Bustamante castigó con igual severidad las políticas anticlericales de los radicales, los proyectos monárquicos de los conservadores, y las ambiciones corruptas del general Antonio López de Santa Anna, para concluir con una abatida reseña de la invasión estadounidense de 1847.

En 1831, Bustamante participó en las deliberaciones de la Junta Guadalupana que preparaba las celebraciones del tercer centenario de la aparición de la Virgen a Juan Diego. Respaldó enérgicamente la propuesta de que la imagen debía sacarse del Tepeyac y llevarse en procesión por las calles para luego ser instalada en la catedral por tres días. ¿No había sido Nuestra Señora de Guadalupe la "única esperanza" de los insurgentes durante los oscuros días de su lucha? Llevar a la Virgen a la catedral constituiría un gran acto de agradeci-

El santuario de Nuestra Señora de Guadalupe, grabado en Pedro Gualdi, *Monumentos de Méjico* (México, 1841).

miento por toda su ayuda en la liberación de México de la servidumbre. En todo caso, la imagen era extraordinariamente reacia a ser tocada o a cambios en el aire, en especial puesto que "lo que Dios pinta, señores, la mano del hombre jamás borra". A despecho de sus súplicas, el colegio de cánones del Tepeyac rechazó la propuesta debido a que la imagen nunca salió del santuario desde 1629. Con todo, la junta organizó una impresionante tanda de celebraciones que duraron cuatro días después de la Navidad, comenzando en la catedral para finalizar en el santuario del Tepeyac. El 27 de diciembre, tras el sermón y la misa, la junta y el ayuntamiento encabezaron una procesión por las calles de la capital, siguiendo la ruta que se guardaba en la fiesta de Corpus. Anexa al gran estandarte se encontraba la pequeña pintura de Nuestra Señora de Guadalupe que perteneció a Juan Diego y que más tarde se conservó en la catedral. Al día siguiente, la junta precedió el camino al santuario donde un antiguo sacerdote insurgente predicó el sermón; las celebraciones culminaron con un espectáculo de fuegos artificiales esa noche.[36]

En su reseña de estos actos, Bustamante atribuyó la negativa a permitir que la imagen abandonara el santuario a las dudas acerca de la aparición que despertara Juan Bautista Muñoz. Sin embargo, en 1829 publicó el duodécimo libro de *Historia general de las cosas de la Nueva España* de Bernardino de Sahagún, con base en una copia de la versión que se conservaba en Tolosa que realizara el coronel Diego García Panes. El propósito de imprimir esta relación indígena de la Conquista era "mostrar las crueldades de los españoles". No obstante, plagó el texto de extensos comentarios e intercaló la disertación de Servando de Mier sobre Santo Tomás en México. Haciendo notar que la Virgen había aparecido cuando los campos estaban cubiertos con los cadáveres de los indios muertos por la epidemia, Bustamante argüía que Sahagún había censurado su relación por temor a las represalias de los españoles. Después de todo, puesto que Antonio Valeriano fue "el principal oráculo con que consultó su historia", resultaba evidente que debió tener conocimiento de las apariciones. En cuanto a Zumárraga, el obispo escribió acerca del acontecimiento, pero en aquel entonces el país se hallaba conmocionado y los documentos se extraviaron. Su credo insurgente quedó de manifiesto al afirmar que, desde la aparición de la Virgen, "se fijó en todos los mexicanos la idea de que en Nuestra Señora de Guadalupe tenía el Paladión sagrado de su libertad y suspirada emancipación".[37]

Estos argumentos se expusieron de nuevo en 1840, cuando Bustamante publicó otra versión del duodécimo libro de Sahagún, escrito en 1585 y adquirido en Madrid, explicando que "hoy poseemos un manuscrito original, escrito todo del puño y letra y firmado del padre Sahagún". Se apresuraba a aceptar el reconocimiento del franciscano en cuanto a que en una versión anterior "algunas cosas se pusieron en la narración de esta Conquista que fueron mal puestas, y otras se callaron, que fueron mal calladas". Lo anterior implicaba, infería Bustamante, que si Zumárraga no mencionó las apariciones fue debido a que ya había sido duramente criticado por tratar de defender a los indios de los conquistadores.

Como Sahagún revelase: "por todas partes, y por espacio de no pocos años, se respiró en esta América muerte, odio, devastación y esclavitud". Pero cuando el franciscano definió la victoria de Cortés como un milagro de la Providencia concebido para castigar a los indios por sus pecados, Bustamante comentó que "el cielo jamás castiga en los hombres que cumplen con la primera ley que él mismo les ha impuesto, que es, defender su libertad, su patria y su independencia contra cualesquiera agresores".[38]

En 1843, Bustamante publicó al fin una relación sistemática de la tradición guadalupana, pero solamente consiguió repetir lo que ya había sido expresado de mejor manera en las disertaciones de Uribe y Guridi. La única diferencia consistió en aceptar la sugerencia de Mier en el sentido de que Valeriano había escrito su relación de las apariciones en la forma de un drama sacramental o auto, aunque suprimió la conclusión del dominico de que se trataba de una invención. Por lo demás, describía a la Virgen del Tepeyac como "una indita, morena, llena de dulzura, humilde en su actitud, modestísima y que no puede mirarse sin que el corazón lata y se humedezcan los ojos". Sin embargo, confesaba haber cejado en persuadir a sus compatriotas respecto de la veracidad de la tradición, puesto que "yo tengo la triste certidumbre de que mi voz y mi pluma no será más que un débil dique contra el torrente devastador de sus burlas y sarcasmos" diseminadas en el extranjero gracias a "los filósofos". Por entonces, Bustamante era un sobreviviente de otra era, un católico republicano insurgente, cuya doctrina patriótica escarnecían tanto los liberales anticlericales como los conservadores monárquicos.[39]

El único esfuerzo serio de responder a Muñoz fue *La aparición de Nuestra Señora de Guadalupe de México* (1849) escrito por Julián Tornel y Mendivil (1801-1860), profesor de derecho canónico y civil en Orizaba. Al principio, Tornel explica que no escribe para persuadir a aquellos "espíritus fuertes" que no creían en Dios o en los milagros, ni se dirigía a las mentes superficiales que desdeñaban tales asuntos para dar la apariencia de "ilustradas". Antes bien, escribía para los creyentes y "los que aman las glorias de nuestra patria". Erudito celoso, Tornel había asimilado una vasta cantidad de información, pero tenía pocas novedades que ofrecer, salvo hechos de menor importancia, haciendo notar que Muñoz equivocó las fechas, puesto que Valeriano murió en 1605 y De Alva Ixtlilxóchitl en 1650 a la edad de ochenta años. Tras comentar que Muñoz se había fiado del argumento negativo del silencio universal, citaba a Jean de Launoy, el teólogo e historiador de la Iglesia galo, acerca de las normas que regían el empleo de dicho criterio. De acuerdo con Clavijero, argüía que del mismo modo que la obra de Sahagún y Torquemada estaba basada en fuentes indígenas, el relato de la aparición provenía de la relación escrita por Valeriano, una narración impresa por Laso de la Vega y traducida por Becerra Tanco. Con todo, Muñoz no prestó atención a esta antigua relación, sino que se concentró en Sánchez. En lo que respecta a Sahagún, cuya crítica del culto del Tepeyac Muñoz citó a tal efecto, ¿no había demostrado Bustamante que el franciscano escribió al menos dos versiones de su historia? En todo caso, ¿por qué debía anteponerse su testimonio al de Valeriano? Asimismo, Tornel aceptó la sugerencia de Bustamante de que Zumárraga luchó por defender a los indios de los conquistadores, pero no juzgó conveniente revelar la aparición. En la antigua Iglesia había sobrevivido "la doctrina de los arcanos", la tradición oral, que no fue revelada sin dificultad. Durante los años posteriores a las apariciones, una tradición oral conservó su recuerdo hasta que Valeriano escribió su relación. A pesar de su celosa erudición, Tornel se mostró como un discípulo leal de Uribe y Guridi que tenía poco que agregar salvo los argumentos históricos de Bustamante.[40]

En los años en que Tornel escribió su defensa de la tradición guadalupana, el ejército mexicano fue rotundamente vencido por los cuerpos expedicionarios angloamericanos. La capital fue ocupada y, mediante el tratado de Guadalupe Hidalgo (1848), los vastos territorios al norte del Río Grande fueron cedidos a Estados Unidos. Lejos de unificar al país, la invasión puso de manifiesto las divisiones que afligían a la elite política. Al mismo tiempo, la mayor parte de los observadores confesaba que la población fue un espectador pasivo de la guerra. Durante los meses en que el ejército estadounidense entró en Veracruz, los liberales y los conservadores contendían por el poder en la capital. En un análisis agudo de los males que aquejaban a su país, Mariano Otero, un liberal moderado, deduce que "no hay nación" en México, de modo que el gobierno no pudo confiar en el "espíritu nacional" para allegarse el apoyo necesario para combatir la invasión extranjera.[41] En el último volumen de *Historia de Méjico* (1849-52), el político conservador Lucas Alamán denuncia tanto a los insurgentes como a los políticos demagogos por los desastres que atormentaron a México desde la Independencia y presenta un acerbo contraste entre la prosperidad y el gobierno ilustrado de México con el virrey Revillagigedo y la desesperada penuria y el desorden político de la república mexicana en 1850. Receloso de ulteriores expropiaciones angloamericanas, define a la Iglesia como "el único lazo común que liga a todos los mejicanos cuando todos los demás han sido rotos, y el único capaz de sostener a la raza hispanoamericana y de librarla de todos los grandes peligros a que está expuesta".[42]

Aunque los sermones ofrecidos a Nuestra Señora de Guadalupe pronto expresaron la desesperación que afligiría a la Iglesia así como al pueblo de México, en la secuela de la guerra angloamericana los predicadores buscaron hacer énfasis en el tema de la unidad nacional. En el santuario del Tepeyac, el 12 de diciembre de 1852, Francisco Javier Miranda saludó a la imagen como "el arca del eterno testamento que reconcilia al pueblo mexicano con los cielos". ¿No era el santuario refugio y solaz para todos los fieles? "En este augusto templo está el punto de reunión de todos los mexicanos, el único vínculo que une sus afectos[...] el sólo principio de fuerza y unidad que nos hace aparecer como nación, y por cuya acción aún nos podemos regenerar".[43] Casi de manera simultánea, el doctor Felipe Neri de Barros, un sacerdote del Oratorio, describió la Conquista española como un acto de castigo divino por los pecados de la idolatría, puesto que "esos extranjeros vienen animados de la venganza de Dios y son ministros de su justicia". Pero la destrucción del culto al Diablo dejó una soledad angustiosa y teñida de sangre que más tarde se sació con la tierna voz de los franciscanos que predicaban el Evangelio del Salvador crucificado. La Virgen María pidió por los mexicanos con tal fervor que "el Señor le señala a México por su heredad", y gracias a su aparición su soberana imagen conquistó a Huitzilopochtli. Con su victoria surgió "de la raza vencedora y la vencida un solo pueblo de hermanos", y "esta princesa de la casa de David convertida en una doncella de Anáhuac".[44]

III

Durante 1859, en el momento más álgido de la guerra de los tres años, el gabinete liberal presidido por Benito Juárez promulgó las Leyes de Reforma que separaban a la Iglesia del Estado, suprimían las órdenes religiosas y cofradías, expropiaban los bienes de la Iglesia, y a partir de entonces dejaban al clero a merced de las dádivas voluntarias de los católicos legos. Para justificar estas medidas, los radicales sostuvieron que "el alto clero" y los militares iniciaron una guerra civil únicamente para defender sus privilegios y su riqueza. Había llegado el momento de expulsar de la vida pública de la república a los remanentes del "sistema colonial" que aún pretendían impedir que México se incorporase a la civilización contemporánea. Declararon confiadamente que el partido liberal, que daba cuerpo al gobierno, no era una facción política sino la nación misma, "el símbolo de la razón, del orden, de la justicia y de la civilización". Así como los reyes católicos habían exigido alguna vez que todos sus súbditos suscribieran las enseñanzas de la Iglesia católica y romana, ahora la nación mexicana decretaba que la religión era un asunto relacionado con la conciencia privada, sujeta a la regulación del gobierno en todas sus manifestaciones públicas.[45]

Las leyes de Reforma fueron la culminación de un conjunto de medidas anticlericales introducidas por los radicales tras ascender al poder en 1855. En noviembre de ese año, la Ley Juárez privó al clero de inmunidad; en junio de 1856 la Ley Lerdo prescribió la venta y amortización de todos los bienes de la Iglesia; y en abril de 1857, la Ley Iglesias prohibió al clero cobrar a los pobres una gratificación por los bautizos, matrimonios y entierros. Por si esto fuera poco, la Constitución de 1857 separó a la Iglesia del Estado al omitir el antiguo artículo 3; la educación se declaró libre de coacción; y se otorgó a todos los ciudadanos el derecho a expresar y publicar cualquier opinión o doctrina que adoptasen, a condición de que no socavara la moral o el orden público. No sólo todas las jurisdicciones privadas o corporativas fueron prohibidas, sino que el artículo 27 también estableció que "ninguna corporación civil o eclesiástica, cualquiera que sea su carácter, denominación u objeto, tendrá capacidad legal para adquirir en propiedad o administrar por sí bienes raíces, con la única excepción de los edificios destinados inmediata y directamente al servicio u objeto de la institución". Por último, el artículo 123 estableció: "corresponde exclusivamente a los poderes federales ejercer, en materias de culto religioso y disciplina externa, la intervención que designen las leyes".[46] El propósito de estas medidas fue excluir a la Iglesia de la vida pública, convertirla en una institución privada y despojarla de personalidad legal en cuanto a la propiedad.

El modo autoritario y a menudo brutal con que se aplicaron las reformas provocó la furiosa condena de los obispos y el clero católico. En el sermón que predicó Ismael Jiménez en el Tepeyac en febrero de 1858 durante una función organizada por la diócesis de Puebla, lamentó las feroces y a menudo sangrientas escenas que la congregación presenció durante los dos años anteriores. Muchos sacerdotes fueron expulsados, las iglesias cerradas, el obispo exiliado, y los fondos caritativos destinados a viudas y huérfanos, expropiados. Si María apareció para romper las cadenas del error y la ignorancia que sometían a los mexicanos al "ángel tenebroso del infierno", en la época actual muchos hombres vivían como ateos pragmáticos, mofándose de la religión y desdeñando las prácticas piadosas de la gente como mera superstición. Por medio de una audaz analogía, declaró que Dios rescató a los antiguos mexicanos de la barbarie "por medio de su amorosa Madre, haciendo que la conversión de los indios se asemejase de algún modo a la redención del linaje humano por medio de Jesucristo". La condena de muerte de Cristo 1 900 años atrás significó "el triunfo de la cruz sobre el infierno". La aparición de María 320 años antes y la colocación de su imagen de Guadalupe en una capilla como "Madre y protectora de los mexicanos", significó la derrota de Satanás. Así como Cristo derramó su sangre en el Calvario para librar a todos los hombres del pecado de Adán, en el Tepeyac María liberó a los mexicanos de la idolatría. Y si Cristo legó la Eucaristía a todos los cristianos, María dejó su imagen impresa en la tilma de Juan Diego para los mexicanos. A pesar de ello, al igual que Israel, los mexicanos rechazaron a su Dios y los últimos 37 años, desde la Independencia, libraron una guerra civil, dejándose seducir por falsas doctrinas y una educación corrupta. La devastación resultó tan grande que Jiménez especuló acerca de la posibilidad de que México fuera invadido por bárbaros, el pueblo pasado por la espada y los sobrevivientes expulsados de su tierra, "vagando sin patria ni hogar, sin sacerdotes y sin ley". La gran mayoría aún creía en las apariciones de María y peregrinaba al santuario del Tepeyac, "el monumento imperecedero de la libertad mexicana". Jiménez pidió que, como Esther ante Asuero, María intercediera ante el Todopoderoso por la salvación de los mexicanos.[47]

La disputa entre los liberales y el clero no se reducía a los privilegios y la propiedad, sino que abarcó dos puntos de vista opuestos acerca de los derechos del individuo y la función de la Iglesia en la sociedad. Ya en 1851, cuando Melchor Ocampo, el ex gobernador liberal de Michoacán, declaró que las autoridades estatales tenían derecho a regular los estipendios parroquiales que se cobraban por bautizos, matrimonios y entierros, recibió la condena de un párroco anónimo por intentar "usurpar a la Iglesia su soberanía, secularizar la sociedad religiosa, sobreponer el poder civil a la jurisdicción divina de los obispos". Ocampo no comprendía que la Iglesia era "una sociedad universal, soberana, independiente", cuyos obispos, sus "soberanos", eran los únicos que poseían el derecho de decidir qué remuneración, si la había, debían percibir por su ministerio. Puesto que la Constitución de 1824 reconoció el catolicismo romano como la religión nacional, se desprendía que las autoridades civiles estaban obligadas a aplicar los preceptos del derecho canónico como se establecieron en el Concilio de Trento. Por si esto no fuese suficiente, el clérigo anónimo le respondía a Ocampo que "la Iglesia es una, los Estados son muchos[...] tan independiente es el clero del Estado como lo es México de Inglaterra". Sin desanimarse ante este ataque doctrinal, Ocampo apeló a la autoridad de los filósofos alemanes Kant y Fichte, y aseveró que en cuestiones de fe y moralidad el individuo debía ser gobernado por el juicio privado de su conciencia, una tesis que su contrincante denunció como una "detestable herejía". Pero Ocampo aseguró también que las autoridades civiles no tenían obligación de intervenir en el ámbito religioso y que lo mejor era considerar a la Iglesia como una asociación voluntaria de fieles. En el caso de los estipendios parroquiales, sin embargo, argumentó que la República Mexicana había heredado los derechos de patronazgo de la Corona española sobre la Iglesia, y por tanto podía normar los honorarios que imponía a la ciudadanía.[48] Cuando Ocampo escribió el texto de las leyes de Reforma de 1859, recordó los términos de este debate y dedujo que la separación de la Iglesia y el Estado proporcionaba la mejor solución al problema.

El confiado tesón con el que el párroco criticó al exgobernador de Michoacán provenía de las enseñanzas que embebió en el Seminario de Morelia, donde el rector en la década de 1840, Clemente de Jesús Munguía (1810-1868), profesó las tesis intransigentes y ultramontanas de doctrinarios franceses como Bonald, Maistre, Chateaubriand y Lammenais. De acuerdo con estos pensadores, la Revolución Francesa fue hija de la Ilustración y desató una ola de racionalismo anárquico que amenazaba con socavar no solamente a la Iglesia sino a la sociedad toda.[49] En su tratado *Del derecho natural en sus principios comunes y en sus diversas ramificaciones* (1849), Munguía demuestra, a su entera satisfacción al menos, que la Iglesia constituía una sociedad soberana, dotada de sus propias leyes, juzgados, disciplina y doctrinas, y concluyó que existían "dos poderes y soberanos independientes en toda sociedad, el poder espiritual que preside al orden religioso, y el poder temporal que preside al orden político". De ahí proviene que el derecho de la Iglesia a poseer bienes raíces, a recibir una remuneración por sus operaciones y a ejercer una jurisdicción, manaba tanto de su fundación divina como de su condición de sociedad soberana.[50] Como obispo de Michoacán, Munguía se sirvió de estos principios para publicar una serie de pastorales en las que condenó la legislación establecida por la Reforma liberal. Otros obispos hicieron eco de sus argumentos. Tan vehemente fue su defensa que cualquier católico que comerciase con propiedades de la Iglesia o que jurase lealtad a la Constitución de 1857 era excomulgado *ipso facto*.

Cuando el general Félix Zuloaga se rebeló en contra del gobierno liberal en enero de 1858 e hizo un llamamiento a la abolición de las Leyes de Reforma, Munguía dio una calurosa bienvenida a su iniciativa. En consecuencia, permaneció confinado en la ciudad de México durante la guerra de los tres años de 1858 a 1860, y desde esta posición ventajosa tuvo noticia de la confiscación del oro, la plata y las joyas de la catedral de Morelia, tesoros acumulados a lo largo de tres siglos. En 1859 llegaron noticias de la expropiación de su seminario, un amplio y hermoso edificio frente a la catedral, la institución sede de su crecimiento intelectual y cuya biblioteca cuidó e hizo crecer. Para entonces muchas parroquias de su diócesis carecían de pastor puesto que el clero había sufrido "multas, vejaciones, fiscalizaciones, tropelías y destierros".[51] En los comienzos de su episcopado, Munguía saludó a Pío IX como el "rey pontífice" elegido por la Providencia para revocar la marea de la revolución que amenazaba a la cristiandad. En una pastoral publicada en febrero de 1860, reitera una vez más su defensa del poder temporal del papado, por aquel entonces en tela de juicio, denuncia la doctrina de los Derechos del Hombre por subversiva de los poderes dogmáticos de la Iglesia y advierte sobre la amenaza del socialismo.[52]

Durante estos años de guerra civil, cuando las fuerzas conservadoras defendían la ciudad de México, Munguía predicó dos sermones en el santuario del Tepeyac que expresan la profundidad de su angustia por el estado en el que se hallaba México y de su sólida fe en Dios, la Iglesia y María. El 12 de marzo de 1859, proclamó que toda la historia, carácter y destino de los mexicanos estaban firmemente atados a la Virgen María, ya que eran "los deudores de la predestinación que su amor hizo de nuestra patria para morada suya", aun cuando al presente sus "hijos degenerados" hubiesen abandonado a su patrona y llevado a su nación a la ruina. Desde el origen del mundo, por supuesto, el hombre rompió "el pacto de alianza con el Autor de su ser", cayendo en pecados de los cuales sólo podía ser redimido "con la sangre del Hombre-Dios sacrificado por él". De entre todas las naciones, Dios eligió a los hebreos como el vehículo de su salvación y de entre los cuales vendría María, la nueva Arca de la Alianza, la Madre de Dios. Pero si bien la Iglesia creó una civilización cristiana durante la Edad Media, la filosofía había corrompido el renacimiento de las letras y la reforma, y ambos conspiraron para atacar a la Iglesia. En semejante trance, ¿hacia dónde podía mirar la Iglesia como no fuese al Nuevo Mundo? "Llegó por fin vuestro turno en la vocación de todas las naciones a la fe del Crucificado". Gracias a la divina Providencia, los españoles descubrieron y conquistaron "vuestro ignorado Edén" y de allí en adelante convirtieron "aquel pueblo sangrientamente idólatra e inconcebiblemente bárbaro, que pedía verdad y sentimientos, Evangelio y civilización". A pesar de que los frailes mendicantes mediaron entre los conquistadores y los conquistados, "llamados a un destino común" como hermanos, no fue sino hasta diciembre de 1531, cuando la Virgen María apareció en el Tepeyac, que los indios aceptaron gozosamente el Evangelio cristiano. ¿Qué mejor prueba del poder y el amor de madre de la Virgen que este extraordinario acontecimiento de "una nación idólatra y bárbara rápidamente convertida sin milagros nuevos y aun sin mártires"? Al congregarse los indios para aceptar su nueva fe, Nuestra Señora de Guadalupe se convirtió en "la Reina de la feliz Anáhuac, la madre de todos sus moradores, el Arca de la nueva Alianza". Cuando la Iglesia incorporó la aparición "como una piadosa creencia, en el registro de sus solemnidades", en cierto modo suprimió la distancia que separaba los siglos desde el nacimiento de Cristo y la aparición de María en México, y por analogía unió "las montañas de Judea y Tepeyac, la madre del Bautista y la madre de nuestra patria". Munguía manifestó:

> Sin duda alguna, porque esta es la verdad y esta es la fe, la tierna Virgen dibujada en la tilma de Juan Diego es la misma que, conducida por su amor, fue a derramar la gracia infinita que portaba en su vientre sobre Isabel, con su hijo y su familia; la que posó hace tres siglos en la pequeña montaña de Tepeyac, es la misma que apresuradamente partió en otro tiempo a las montañas de Judea.

Durante el transcurso de trescientos años, María moldeó "esta índole suave y dulce" de los mexicanos, y como "hija predilecta de la ternura de María, nuestra patria figura en la historia de la religión como uno de los pueblos más singularmente favorecidos". Impulsado por su visión guadalupana de México, Munguía exclamó: "O dichosísima nación [...] Tú serás grande, tú darás a la historia las más brillantes y gloriosas páginas; serás la reina del Nuevo Mundo".[53]

Pero si el futuro de México era promisorio, el presente era desolador: "Estamos mal, hermanos míos: el dolor nos tiene postrados en lecho de la muerte". Por supuesto, este deterioro progresivo no era una novedad. Ya Jerusalén había sido destruida por los romanos, Israel esparcido a los cuatro vientos. ¿Dónde estaban ahora las prósperas iglesias de Alejandría, Antioquia y Constantinopla? Y si por un lado, los países de Europa septentrional hacían alarde de su industria, artes y descubrimientos, y su "política del equilibrio de los poderes", por otro, se hallaban escindidos por innumerables sectas, cada una ofreciendo falsas ideas, donde "los intereses son el todo, el espíritu es nada" y donde "el incesante ruido de mil fábricas ahoga los clamores de la miseria, los infelices mueren de hambre". El protestantismo engendró la escéptica filosofía del siglo XVIII que allanó el camino para "la Revolución Francesa, que mató al Estado, sacrificó al sacerdocio, negó a Dios y colocó en su tabernáculo a la estatua de la Razón". También removió los diques de la marea de la revolución que aún amenazaba con sumergir a Europa y desalojar al vicario de Cristo de Roma.[54]

Con todo, mientras Europa se sumía en el torbellino de la revolución, México permaneció "firme en sus creencias, constante en sus hábitos de orden; gozaba de una paz inalterable y con ella todos los beneficios de la sociedad y la civilización". Con una inmensa, casi dolorosa nostalgia por el México colonial que él mismo nunca conoció, Munguía pintó el idílico cuadro de un país en el que los magistrados se comportaban como los padres del pueblo, donde vastos territorios se gobernaban sin la intervención del ejército, y donde la moral doméstica aún estaba animada por los principios católicos. Todo ello ponía de relieve el drástico deterioro en los años recientes, en los que una falsa educación y una moral deplorable perturbaban a la nación mexicana, y "el gobierno es el primero de los mendicantes, el soberano de los hambrientos". Respecto de la religión de la mayoría de los mexicanos, "su fe se halla muy debilitada, su gusto espiritual casi extinguido, su intimidad con Dios apenas se percibe".

No obstante, a pesar de la incredulidad y el sacrilegio, los católicos no debían desesperar sino acudir a María: "Estamos postrados en el lecho de la muerte; pero ella es la Madre de la vida". Munguía concluye con una peroración en la que suplica a la Virgen María: "Torne otra vez esta nación, a quien te complaces en llamar tuya, y que nunca dejará de clamar a ti como a su tierna y querida Madre".[55]

En 29 de agosto de 1860 Munguía volvió al Tepeyac para lamentar la situación de su país y su Iglesia, ambos afligidos por una crisis terrible. En nombre de la Iglesia mexicana, imploró la ayuda de la Madre de Dios, citando "la elección que habéis hecho de este privilegiado suelo para residencia vuestra, Reina poderosa, Madre tierna". Ese discurso hacía eco de la teología mariana tradicional al referirse a "la feliz alianza entre Dios y los hombres; esa Alianza de que sois Arca, pues habéis portado en vuestro vientre al Mediador". Ávido, sin duda, de tranquilizar a la congregación, afirmó que la Iglesia no dependía de la protección de los gobiernos y menos aún del triunfo de las armas; poseía los medios para resguardarse, sólo requería libertad para predicar el Evangelio y para administrar los sacramentos. La Iglesia no estaba al arbitrio del poder humano, de modo que la única herida que los hombres podían infligirle era privarla de su "libertad externa". En varias ocasiones Munguía hizo énfasis en que el "magisterio dogmático" que ejercía la Iglesia en sus enseñanzas poseía dos distintivos: "primero, el de una perfección completa en su formación, constitución, y destino; segundo, el de una constante lucha en su travesía por la tierra". No se extendió en esa pasmosa imagen de una Iglesia peregrina y combativa, tan distinta de su insistencia previa en la jurisdicción jerárquica, sino que buscó fortalecer la fe de su auditorio mediante una fervorosa apología de la Iglesia institucional:

La Iglesia, en fuerza de la perfección divina con que la instituyó Jesucristo, es una, santa, católica, apostólica, es infalible, es indefectible, constante, perpetua, fuerte más que los reales coronados de guerreros, poderosa más que todos los soberanos del mundo, irresistible más que todas las influencias humanas, prudente y entendida más que todos los ingenios y sabios que han producido los siglos, en suma, es divina, está de continuo asistida por el mismo Jesucristo, y piensa, habla y obra constantemente bajo la inspiración excelsa del Espíritu Santo.

A pesar de la evidente influencia de los modelos franceses, el discurso era testimonio, por la mera pujanza de sus afirmaciones, de la desolación interna de Munguía. Aunque su fe le enseñaba que la Iglesia sobreviviría a la persecución dispuesta por "esta bastarda civilización de nuestros tiempos", en tanto los Estados surgían y se derrumbaban y las doctrinas sufrían altibajos, que emergería renovada y con nuevos bríos, sólo podía lamentar la destrucción fraguada en México.[56]

Munguía abordó el tema bajo la condición de su país y de su pueblo y aseveró que el conflicto tenía su origen en el intento de reemplazar el plan divino con proyectos humanos. "Cada uno quiso hacer a México a su gusto, buscando tipos fuera de aquí", ya fuese la monarquía, la república o la dictadura. Habiendo sido una sociedad religiosa, de carácter opulento y tierno, que sólo necesitaba la independencia para alcanzar la cima de la prosperidad y la grandeza, México se había comportado como un hijo pródigo y por medio de la disipación y la violencia había destruido su legado. Igual que en el mundo antiguo, el racionalismo socavó la religión, de manera que la anarquía y la avaricia, la pasión y la tiranía devastaron la sociedad. En consecuencia, la patria se hallaba en condiciones deplorables: "Nace apenas y ya la veis marchitarse como una bella flor; es joven, y sin embargo parece un cadáver; si no está ya en el sepulcro es porque ha sido muy prolongada su agonía". Como Nínive cuando recibió la visita del profeta Jonás, México estaba de luto por la ruina y la destrucción. Sólo si el país regresaba a Dios y formaba una nueva alianza con Cristo, podía reiterarse su salvación. Poco podía hacer Munguía como no fuera lamentarse al igual que

Jeremías: "No veo más que guerra por todas partes, sangre corriendo a torrentes, luto, orfandad, miseria, lágrimas, desesperación, muerte."[57]

IV

Cuando Benito Juárez llegó a la ciudad de México, desterró a los obispos católicos que habían condenado colectivamente las leyes de Reforma por considerarlas "la destrucción completa del catolicismo en México, la rotura de nuestros vínculos sociales, la prescripción de todo principio religioso".[58] Subsecuentemente, los grandes conventos de la capital fueron destruidos, sus riquezas confiscadas, sus pinturas vendidas y sus libros depositados en colecciones nacionales. Uno a uno los obispos se encaminaron a Roma, donde encontraron a Pelagio Antonio de Labastida, el obispo de Puebla, exiliado tiempo antes. Pío IX brindó su apoyo a la jerarquía católica durante su disputa con el gobierno liberal y ahora les daba la bienvenida a Roma. En junio de 1862 los prelados en el exilio participaron en la canonización colectiva de 27 nuevos santos, entre los cuales se encontraba Felipe de Jesús, el franciscano mexicano martirizado en Nagasaki en 1597, ceremonias a las que atendieron 265 obispos y arzobispos de todo el mundo. En 1863 Labastida obtuvo de Pío IX las reformas administrativas diseñadas para dar nuevos bríos a la afligida Iglesia mexicana. De un plumazo las diócesis de Michoacán y Guadalajara se convirtieron en arzobispados y se crearon nuevas diócesis en Zamora, León, Querétaro, Zacatecas, Tulancingo, Chilapa y Veracruz. Munguía fue el primer arzobispo de Morelia, y Labastida fue nombrado arzobispo de México.[59] Sin embargo, en política seglar Labastida demostró ser menos apto, puesto que respaldó la desastrosa imposición de Napoleón III del archiduque Maximiliano de Austria como emperador de México. Durante treinta días se desempeñó como regente hasta que resultó evidente que los generales franceses que entonces gobernaban México no simpatizaban con las aspiraciones católicas. Horrorizados, los obispos católicos descubrieron que Maximiliano favorecía a los liberales moderados antes que al partido conservador y que rehusaba aprobar la devolución de los bienes de la Iglesia. Como resultado de su desatinado apoyo, varios obispos, incluyendo a Labastida y a Munguía, una vez más se refugiaron en Roma tras la caída del efímero imperio. A largo plazo, sin embargo, la separación de la Iglesia y el Estado benefició al clero, puesto que, a condición de abstenerse de realizar ceremonias públicas o hacer declaraciones, se le dejó en libertad para reconstruir sus iglesias y fundar escuelas. Durante la década de 1880 los frutos de esta lenta y devota restauración se manifestaron. En parte, si la renovación ocurrió, fue gracias a que grandes sectores de la población siguieron siendo fieles católicos, en especial las mujeres, "el sexo que con tanto celo ha defendido a la religión y la Iglesia en nuestras discordias domésticas".[60]

La imposición del viaje y la residencia en Roma transformaron la perspectiva de los obispos mexicanos y del clero que les hacía compañía. Por vez primera tomaron plena conciencia de pertenecer a una Iglesia universal y de la necesidad del respaldo papal si deseaban mantener la independencia respecto del Estado mexicano. Irónicamente, también aprendieron las ventajas de la tolerancia, un principio que Munguía desechó en el pasado por ser "necesariamente perniciosa para la sociedad" en un país católico como México.[61] En la pastoral que publicó al regreso del exilio, Pedro Espinosa, el primer arzobispo de Guadalajara, comenta que en sus viajes por Estados Unidos, Inglaterra y Francia, encontró que la Iglesia católica era libre de edificar iglesias, monasterios y colegios. El clero gozaba de libertad en el púlpito y en la prensa; conducían procesiones públicas y se hallaban registrados como propietarios de bienes inmuebles. En ninguno de estos países se consideraba a la Iglesia enemiga del progreso, de la tolerancia y de la libertad. Qué distinto el caso de México, exclama, donde al clero se le niega el derecho de asociación, de poseer propiedades y a la libertad de enseñanza.[62]

En pocas palabras, los liberales mexicanos no comprendían el significado de la tolerancia y aun se encontraban dedicados a la persecución de la Iglesia. Éstos fueron los argumentos que los obispos adoptaron colectivamente en 1875 cuando protestaron en contra de la incorporación de las leyes de Reforma a la Constitución. Pero advirtieron al laicado que se abstuviera de protestar en público contra la medida, y urgieron a todos los católicos a contribuir con limosnas para mantener sus iglesias y para promover la educación religiosa.[63]

Aunque en esa época el clero ultramontano dominaba los altos círculos de la Iglesia mexicana, no todos los sacerdotes evadían el liberalismo. La generación de insurgentes que combinaban el republicanismo con el catolicismo contaba con herederos y discípulos. La unión entre patriotismo, liberalismo y Evangelio cristiano se puso de manifiesto como en ningún otro sitio en el sermón que predicó el doctor Agustín de Rivera y San Román (1824-1916) en Guadalajara el 12 de diciembre de 1858. Aun cuando fue pronunciado durante el primer año de la guerra civil, el sermón fue uno de los más poéticos y gozosos de aquellos que se ofrecieron a la Virgen de Tepeyac. Se tomó como referencia las líneas de San Lucas "y en aquellos días levantándose María con prisa a la montaña", invitaba a la grey a imaginar una escena en el cielo en la que, a instancias de la Santísima Trinidad, la Virgen se disponía a encaminarse al Tepeyac. La imaginaba rodeada de millones de ángeles, su avance acompañado no por los truenos y relámpagos que señalaron la aparición de Dios en el Sinaí, sino por los rayos de la luna, símbolo de paz y unión. Cuando los coros angélicos la miraron, preguntaron: "¿Quién es esa Virgen hermosísima cuya tez es morena y cuyos cabellos son negros como los de las hijas de Cuauhtémoc y Moctezuma?" Sin esperar respuesta, los ángeles imploraron a María les dijese a dónde se dirigía. "¿Adónde vas, Señora? ¿Vas a Roma, la ciudad eterna?" preguntaron, o "¿Vas a Grecia, la antigua patria de las ciencias y de las bellas artes?" O llevaba su misión "a Jerusalén, esa hermosa cautiva, antes cantada por David y por Salomón y ahora con sus cabellos destrenzados y su frente en el polvo?" Pero la Virgen replicó que no se dirigía a ninguna de estas célebres ciudades, antes bien "voy a un rincón desconocido del mundo, que se llama México". Entonces explicaba que tenía intención de hacer una visitación divina a los pueblos indígenas de México, comenzando por "la sencilla nación de los optatas, que habitan Sonora bajo tiendas de pieles de cíbolo", y al final a los quichés "que en Guatemala levantan suntuosísimos templos, palacios, acueductos, cuarteles de armas y colegios de educación", pero sin olvidar a los otomíes, "que no tienen casas y que duermen en hamacas", los tarascos "que ejercen sus artes mecánicas en Michoacán", y los aztecas, que "en el más dulce de los idiomas me cantarán las loores del Testamento Nuevo". La Virgen concluía diciendo:

> De todas éstas y otras muchísimas naciones de diversos idiomas, costumbres, religiones y gobiernos, voy a formar una sola familia: una cosa muy grande, muy santa, muy querida, que se llama la patria, y yo seré la protectora y la Madre de esta pobre patria. Llevo retratados en las niñas de mis ojos a todos los mexicanos, llevo todos sus pesares en mi corazón y sus nombres escritos en mi mano derecha. Voy a redimir sus almas del pecado y sus cuerpos del embrutecimiento.

Y puesto que había venido para conducir a los pueblos mexicanos al cristianismo, eligió aparecer no a Carlos V o a Francisco I sino a un pobre indio e imprimir su imagen en un *ayate*.[64]

Tras este poético y conmovedor exordio, Rivera afirma que "cada criatura, cada nación, tiene un destino y una vocación particulares". Ya que ninguna entidad permanecía aislada en la naturaleza, los seres humanos y la sociedad eran convocados a desempeñar su función en la armonía general del mundo. Una a una, desde que Cristo predicó su Evangelio, las naciones habían entrado al reino de los cielos. El momento de la entrada a menudo estaba señalado por una misión específica, ya fuese la de san Pedro en Roma, la de san Agustín en Inglaterra, la de Santiago y María en Zaragoza, o "el

Ignacio Manuel Altamirano, fotografía de 1889, Archivo Casasús, ciudad de México.

día en que Nuestra Señora de Guadalupe apareció en una montaña", cuando México encontró su vocación. Por qué al país se le había negado el Evangelio y la Eucaristía hasta el siglo xvi era un misterio, "la voluntad inescrutable del Altísimo", pero a partir del 12 de diciembre de 1531 México había sido leal a la fe de Jesucristo.[65]

Desviando su atención hacia el momento de la fundación, Rivera invitaba a su grey a considerar que antes de la Conquista "nuestros padres" danzaban en torno a piras donde se quemaban sus prisioneros; y luego los agasajó con una vívida descripción de los sacrificios humanos y el canibalismo

azteca. Pero Dios se había apiadado de los pueblos indígenas y cuando María apareció cesaron todas aquellas prácticas. "Sobre el pedestal de la cruel Tonantzin se elevó la imagen
de Nuestra Señora de Guadalupe con las manos juntas ante
el pecho, como una enseña de paz y de reconciliación universal." Antes que la carne humana, los indios recibían ahora
la santísima Eucaristía y durante la misa ofrecían el sacrificio
de Cristo, orando junto a los españoles y los pobres negros
africanos. "Ved aquí la proclamación solemne de la fraternidad universal, de que todos los hombres de todas las razas,
de todas las naciones, de todas condiciones, somos hermanos, hijos del Padre que está en los cielos." Gracias a la aparición de la Virgen María, en lugar de indios bárbaros, México
poseía iglesias, conventos, colegios, teatros, hospitales y fábricas: toda esta civilización cristiana provenía de Nuestra
Señora de Guadalupe. A diferencia de otros predicadores de
su época, sin embargo, Rivera rindió tributo a los franciscanos y a otros religiosos que dedicaron su vida a la conversión de los indios. Habían aprendido más de cincuenta
idiomas, escribieron la historia del país, y "nos dejaron gra-
máticas, diccionarios, catecismos, sermones, prácticas de confesionarios y canciones religiosas". Era el amor que revelaron
Bartolomé de las Casas e innumerables obispos y frailes que
conquistaron el corazón de los indios. Los franciscanos co-
lorearon sus hábitos con el azul de los tintes indígenas de
manera que "este hábito azul [...] es un emblema de sacrificio y de civilización". Pues la civilización de México no provenía de Cortés o Alvarado sino del espíritu cristiano del
que María era parte esencial. "Sin Nuestra Señora de Guadalupe, la palabra habría muerto en los labios del predicador,
los misioneros, sacudiendo sus sandalias, se habrían vuelto
desconsolados a su patria, y México habría permanecido idólatra y esclavo por largo tiempo." Así, en la bandera nacional
de México se inscribieron los emblemas de la cristiandad y la
civilización.[66]

El estro imaginativo con el cual Rivera trató la tradición
guadalupana encontraría más tarde un digno rival en la vi-

sión histórica de Ignacio Manuel Altamirano (1834-1893), novelista y periodista liberal que en su juventud radical y al final de la guerra de los tres años lamentó abiertamente que "el gobierno desterró a los obispos en vez de ahorcarlos, como merecían esos apóstoles de la iniquidad".[67] Como diputado en el Congreso y soldado del ejército liberal, combatió a los conservadores y a sus aliados franceses. Pero tras la ejecución de Maximiliano se dedicó a la literatura y a la larga llegaría a retratar la tradición católica mexicana desde un punto de vista más favorable. En un ensayo encantador titulado "Semana Santa en mi pueblo", traía a la mente sus primeros recuerdos de Tixtla, cuando aún hablaba náhuatl. Con evidente nostalgia, describía la excursión de los niños que iban a cortar palmas para la Semana Santa y la procesión del Jueves Santo cuando cada familia salía a las calles llevando su propio crucifijo o la imagen de Cristo, más de mil imágenes iluminadas por la llama vacilante de las antorchas en la noche. Revelaba que "la religión es la hada buena de la infancia".[68] Asimismo, en la década de 1880 aprovechó el recién construido ferrocarril para visitar Texcoco, y confesar su desilusión ante el aspecto desolado del pueblo. Lo sorprendente es que Altamirano estaba claramente más interesado en la Iglesia franciscana y en el abandonado monasterio que en las pasadas glorias de la corte de Nezahualcóyotl, el célebre rey filósofo del siglo xv. Admitía haber leído las crónicas de los frailes publicadas por Joaquín García Icazbalceta, que revelaban la abnegación con la cual los mendicantes habían proveído a los indios. En especial, lo impresionó el ejemplo de Pedro de Gante, quien enseñó a los indígenas las letras y los oficios españoles. De seguro, exclamaba, todos los mexicanos querrían tributar homenaje "a la santa memoria de los primeros franciscanos".[69] En un ensayo sobre el templo de Sacromonte en Amecameca, donde se veneraba una imagen de Cristo en la cueva que alguna vez habitara Martín de Valencia, el líder de la primera misión franciscana, alababa la crónica de Jerónimo de Mendieta por su "gracia infantil e inocente" y saludaba a los mendicantes como "los primeros amigos de los indios, los mensajeros de la ilustración, los héroes verdaderos de la civilización latinoamericana". Por aquella misma época, aprovechó el discurso que pronunciara en una escuela para describir el colegio de Santa Cruz Tlatelolco como "ese primer santuario de civilización" en México.[70]

En *Paisajes y leyendas* (1884), Altamirano incluyó un extenso estudio del culto a la patrona de México, y admitía que "si hay una tradición verdaderamente antigua, nacional y universalmente aceptada en México, es la que se refiere a la aparición de la Virgen de Guadalupe". Como buen periodista, comenzaba con una escena contemporánea, cuando el 12 de diciembre miles de habitantes de la capital se apiñaban dentro del santuario en la Villa de Guadalupe. Cada diez minutos un tranvía de veinte vagones salía del Zócalo, la plaza principal de la ciudad, rumbo al Tepeyac. Tan impresionante le parecía a Altamirano el abigarrado aspecto de los fieles peregrinos que confesaba:

> Allí están todas las razas de la antigua colonia, todas las clases de la nueva República, todas las castas que viven en nuestra democracia, todos los trajes de nuestra civilización, todas las opiniones de nuestra política, todas las variedades del vicio y todas las máscaras de la virtud en México [...] Nadie se exceptúa y nadie se distingue: es la igualdad ante la Virgen; es la idolatría nacional.

En tanto muchos campesinos aún ignoraban el nombre del presidente de la república, casi todos, sin importar lo remoto de su pueblo, conocían el de Nuestra Señora de Guadalupe. En materia política, los mexicanos se encontraban todavía divididos por el rencor y habían ensangrentado la tierra con sus guerras civiles. La sociedad mantenía intacta su profunda estratificación de razas y clases. No obstante, todos los mexicanos, sin importar a qué partido o raza pertenecieran, veneraban a la Virgen del Tepeyac y verdaderamente sólo en su santuario eran iguales y hacían a un lado sus diferencias:

En último extremo, en los casos desesperados, el culto a la Virgen mexicana es el único vínculo que los une [...] Es la idolatría nacional, y en cada mexicano existe siempre una dosis más o menos grande de Juan Diego.

Por este motivo, todos los mexicanos deseaban visitar el santuario, para ver a la Virgen con sus propios ojos.[71]

No satisfecho con estas confesiones, sorprendentes en un liberal que felicitara al gobernador de México por prohibir la procesión de Semana Santa en Tacubaya, puesto que "desdecía de la cultura de nuestro siglo", Altamirano redactó una narración bien informada y sin apasionamientos del crecimiento del culto a lo largo de los siglos. De Becerra Tanco utilizó el relato de las apariciones; no intentó desentrañar las confusiones de Florencia; y admitió la tesis de una relación original escrita en náhuatl, aunque sin hacer énfasis en la autoría de Valeriano. A diferencia de otros autores, proporcionaba material sobre el origen de la guadalupana en Extremadura. Asimismo, echó mano de su destreza literaria para crear una vívida descripción de las aventuras de Boturini y Mier. Pero insistió en que durante el siglo XVIII "el espíritu nacionalista" influyó el culto que por entonces había asumido "un carácter patriótico". Observó que "el culto de una divinidad nacional en un pueblo oprimido siempre ha constituido un peligro para los gobernadores extranjeros". Durante la insurgencia de 1810 la Virgen se convirtió en "símbolo de la nacionalidad" en México. Además, aceptaba que durante la primera república todos los presidentes y generales entraron al santuario del Tepeyac para honrar a la patrona de México. Incluso los liberales de la Reforma, aunque la separación de la Iglesia y el Estado les impedía entrar a una iglesia, habían respetado el templo y su culto.[72]

Al concluir su ensayo, Altamirano sostiene que, al contrario de la insurgencia, la devoción por la guadalupana "es un culto exclusivamente religioso y apacible". Nadie volvió a escribir para atacarlo y los autores más recientes no encontraron nada nuevo que decir. En efecto, los católicos veneraban a la Virgen por su religión, los liberales honraban la imagen como el estandarte de 1810, y los indios la adoraban como "su única diosa". Concluía:

> El día en que no se adore a la Virgen del Tepeyac en esta tierra, es seguro que habrá desaparecido, no sólo la nacionalidad mexicana, sino hasta el recuerdo de los moradores del México actual.[73]

Con esa frase, Altamirano rinde tributo a la religión en la que fue educado desde niño, confiesa el fracaso del liberalismo para despojar al catolicismo de su función en la vida nacional, y da testimonio del extraordinario poder de la guadalupana sobre todas las clases y razas de México.

11. Historia e infalibilidad

I

A pesar de la postura conciliadora de Ignacio Manuel Altamirano respecto del culto a Nuestra Señora de Guadalupe, éste citó la escéptica disertación de Muñoz y advirtió sobre el silencio de los primeros cronistas franciscanos acerca de las apariciones de la Virgen. También señaló que en su biografía sobre el arzobispo Zumárraga, Joaquín García Icazbalceta se abstenía de mencionar toda referencia a la Virgen mexicana:

> No dice en su autorizado libro una sola palabra acerca de la aparición de la Virgen de Guadalupe de México, y aunque tal silencio constituye sólo un argumento negativo, él es digno de la mayor atención tratándose de un escritor tan escrupuloso como el Sr. García Icazbalceta, de un libro tan minucioso y fundado como el suyo.

En la misma página, Altamirano revela la existencia de un documento, hasta entonces desconocido, que habían visto personas que él conocía. Contenía los cargos que se habían presentado en 1556 contra Francisco de Bustamante, un predicador franciscano que descartó las apariciones afirmando que eran un truco que los sacerdotes le habían jugado al infortunado Juan Diego, induciéndolo a creer que la pintura del indio Marcos había aparecido milagrosamente.[1] En esas breves líneas Altamirano llama la atención, si bien de manera tendenciosa, sobre las causas de la furiosa controversia que habría de dividir el pequeño mundo de la erudición histórica católica en México.

Joaquín García Icazbalceta, retrato anónimo del siglo XIX, Museo Nacional de Historia. © Instituto Nacional de Antropología e Historia, ciudad de México.

Cuando Joaquín García Icazbalceta (1824-1894), un acaudalado terrateniente y piadoso católico, publicó la vida de Zumárraga en 1881, su propósito era librar al obispo de los cargos de liberales y protestantes según los cuales era un "fraile ignorante y fanático". En un conjunto de ensayos, que exhibían una agudeza crítica y una erudición sin parangón, demostraba que Zumárraga y sus compañeros franciscanos habían pretendido defender a los indios de la explotación de los conquistadores y los primeros gobernantes de la Nueva

España. Aunque reconocía la violencia y los abusos que acompañaron la Conquista, también sostenía que el conjunto de la población indígena que hasta entonces había vivido "en la pobreza, la abyección y el embrutecimiento", había estado sujeta a un régimen "completamente despótico" y a una religión "horrorosa y repugnante al extremo en sus ritos". Una vez pasada la época posterior a la Conquista, gracias a Bartolomé de las Casas, Carlos V introdujo las Leyes Nuevas de 1542, que regulaban el pago de tributo y los servicios laborales, eliminando así los degradantes abusos contra los indios. ¿Quién podía negar que los frailes mendicantes eran "instrumentos elegidos" de la Providencia, o que para los indígenas "la nueva religión era la libertad y la vida"? García Icazbalceta afirma que, si bien no es indiferente al sufrimiento de los indios, se niega a condenar a "los hombres de mi raza, que ganaron y civilizaron la tierra en que nací".[2]

En una vena más general, declara que "cansados estamos de oír declamaciones vulgares" inspiradas por "el espíritu de raza y de partido", que continuamente ahondaban en la crueldad de los conquistadores. De tales críticos ninguno era más señalado que Carlos María de Bustamante, "el escritor más apasionado y falto de crítica con que nuestra historia ha tenido la desgracia de tropezar", un hombre culpable de "todos los crímenes literarios habidos". Podía discernirse, operando a través de los siglos, "una ley providencial" según la cual la Conquista del débil por el fuerte, a pesar de su crueldad, constituía un derecho político. Pero de las Casas persuadió a los reyes españoles de segregar las comunidades indígenas de los colonizadores españoles con lo que evitó su adaptación mediante "la lucha por la vida". El lamentable resultado fue que México aún albergaba distintas razas y por ende no constituía una nación.[3]

García Icazbalceta, afanoso por restituir la reputación de Zumárraga, señala que el obispo fue el primero en traer la imprenta al Nuevo Mundo. Y luego expone un catálogo autorizado de todos los libros y folletos publicados por el prelado, reiterando la queja de Beristain según la cual Nicolás

Antonio, el gran bibliógrafo español, no había mencionado tales obras. Por otro lado, cita pasajes de esos libros, que poseía prácticamente en su totalidad, en los que Zumárraga tiene a Aristóteles por cepo intelectual para los teólogos y exclamaba que ya le habría gustado ver que todos los cristianos, incluidos los indios, leyeran los evangelios y las epístolas de San Pablo. De la *Regla cristiana breve* (1547) del obispo, cita un pasaje que ejemplariza la prédica de los primeros mendicantes en México:

> No debéis, hermanos, dar lugar a los pensamientos y blasfemias del mundo, el cual tienta a las almas para que deseen ver por maravillas y milagros lo que creen por fe. Estos son semejantes a Herodes, que como burladores de sí mismos quieren vanamente y sin necesidad ver visiones y revelaciones, lo cual es falta de fe y nace de gran soberbia; así se les da su pago, cayendo miserablemente en grandes errores. Ya no quiere el Redentor del mundo que se hagan milagros, porque no son menester, pues está nuestra santa fe tan fundada por tantos millares de milagros como tenemos en el Testamento Viejo y Nuevo. Lo que pide o quiere es vidas milagrosas, cristianos humildes, pacientes, caritativos, porque la vida perfecta de un cristiano, un continuado milagro, es en la tierra.

Esta fe impulsó a Zumárraga a fundar el Hospital del Amor de Dios, donde Sigüenza y Góngora posteriormente se desempeñó como capellán. También tomó la iniciativa de apoyar el colegio de Santa Cruz en Tlatelolco, donde se educaron tantos discípulos indígenas de los franciscanos, como el propio Antonio Valeriano.[4]

Ningún cargo contra su paladín enfurecía tanto a García Icazbalceta como la acusación de William Prescott, el historiador de la Conquista española oriundo de Nueva Inglaterra, de que Zumárraga había sido responsable de la inexcusable destrucción de los códices indígenas y del gran archivo en Texcoco. Sin duda, era el primero en reconocer que cuando los primeros mendicantes se dieron a la tarea de destruir los templos e ídolos indígenas, probablemente también ha-

yan dado al fuego los códices que encontraron, al tenerlos
por expresiones demoníacas de la religión de los indios. Pero
Zumárraga llegó a México en 1528, cuando buena parte de
esa destrucción ya se había consumado. Además, no hay
cronista que mencione búsqueda alguna de códices ni describa ceremonia ninguna de quema de libros. De hecho, el
único testimonio de la existencia de un archivo en Texcóco
es de Fernando de Alva Ixtlilxóchitl, siempre propenso a
exagerar los logros de sus antepasados indígenas, y además
culpaba de aquella destrucción a los tlaxcaltecas, los cuales
habían tomado el palacio en 1520. Los cargos contra Zumárraga se originaron en las declamaciones insurgentes de Mier
y de Bustamante.[5] Si el conocimiento de la historia y la cultura
indígenas había perdurado, ello se debía a los mendicantes,
a hombres como Motolinia y Sahagún.

En su enérgica apología de los frailes que fundaron la
Iglesia católica en México, García Icazbalceta señala la ironía de que los mismos liberales que habían condenado a
los mendicantes por la quema de códices indígenas hubieran votado en el Congreso la aprobación de la libre expor-
tación de esculturas y reliquias prehispánicas. Esos mismos
hombres fueron responsables de la destrucción de los grandes prioratos y conventos de la ciudad de México y del
saqueo de sus cuadros y bibliotecas. Lo único que quedó
del gran claustro de los franciscanos fue su iglesia, y ésta se
confió a clérigos protestantes, que rápidamente despojaron
la magnífica fachada churrigueresca de todas sus estatuas.
Comentando la demolición de los templos de las pirámides,
agrega:

> No de otra suerte, aunque por móviles y con fines muy diver-
> sos pensaron y obraron en nuestros días los hombres de la
> Reforma, que en pleno siglo XIX, cuando más nos escandalizá-
> bamos de la barbarie e ignorancia de los misioneros, echaron
> por tierra, no toscas masas de material, teatro de nefandos
> crímenes, sino nuestras iglesias y conventos y hasta los asilos
> de los pobres, fundados por la caridad cristiana.

Con esa denuncia, García Icazbalceta da fe de la profunda impresión de abandono que afligió a los intelectuales católicos después de la Reforma.[6] A un tiempo, la erudición y el vigor dialéctico de su estudio de Zumárraga logró en gran medida, como lo ilustra el ejemplo de Altamirano, restituir a los mendicantes del siglo XVI como dignos fundadores de la civilización mexicana.

Pero si García Icazbalceta impresionó e incluso convirtió a lectores liberales, enfadó a muchos católicos al omitir las apariciones de Nuestra Señora de Guadalupe y la construcción de la capilla en el Tepeyac que ordenara Zumárraga. De acuerdo con testimonios posteriores, al parecer había escrito un capítulo sobre el asunto, en el que destacaba que no había podido dar con ningún documento contemporáneo que abordara estos acontecimientos, sólo para suprimirlo después a petición del obispo de Puebla, Francisco de Paula Verea. El 30 de septiembre de 1881, el mismo prelado le envió una carta extraordinaria:

> Aprovecho esta ocasión para suplicar a usted encarecidamente y con toda confianza que no escriba ni hable alguna palabra relativa a la Aparición de Nuestra Señora de Guadalupe, con motivo de la publicación de la biografía del señor Zumárraga. El perjuicio que sentirá la piedad en el pueblo, lo que contrista a los prelados como ya me lo han manifestado, lo puede usted considerar mejor que lo que yo puedo encarecerlo [...] Mi deber pastoral, mi amor a la Santísima Virgen y la confianza que tengo en el buen juicio de Usted, me impelen a hacerle esta súplica.

Pero si bien García Icazbalceta cumplió manteniendo un silencio público sobre el tema, se le criticó acremente por su discreción. En 1890, al mencionar su estudio sobre Zumárraga a Nicolás León, colega historiador y bibliógrafo, explica:

> Llamo desgraciado al libro, porque habiéndolo yo hecho en defensa del prelado y en honor de la Iglesia, me lo recibieron mal por haber callado *aquello*, y luego me acusaron de hereje

ante el prelado, de modo que obtuvo el fin contrario al que me proponía.[7]

Apenas dos años después de esta carta, las críticas adoptaron el cariz de la denuncia pública.

En un acto de imprudencia sublime, Pelagio Antonio de Labastida, arzobispo de México (1861-1888), exigió que García Icazbalceta comentara un manuscrito sobre la guadalupana de José Antonio González, un sacerdote de Guadalajara. Cuando el historiador se demoró, Labastida repuso "que se lo rogaba como amigo y se lo mandaba como prelado". En una *Carta* formal al arzobispo, García Icazbalceta confesaba que sólo después de recibir la orden se decidió a romper "mi firme resolución de no escribir jamás una línea tocante a este asunto". Pero más que lidiar con el manuscrito de González, optó por indicarle al obispo "lo que dice la historia acerca de la aparición de Nuestra Señora de Guadalupe a Juan Diego", añadiendo que se suponía libre de escribir lo que su conciencia le dictara, puesto que el relato tradicional no era "un punto de fe". Como se advertirá, al sostener que hablaba en nombre de "la historia", García Icazbalceta claramente adopta la existencia de una disciplina científica autónoma, soberana en la esfera de los hechos históricos y su interpretación.[8] Durante más de treinta años, Icazbalceta empleó sus recursos para adquirir una notable colección de documentos y materiales impresos del siglo XVI; sufragó y supervisó la publicación de tres volúmenes sustanciales de estos materiales en los años 1859-1870, entre los que incluía las crónicas franciscanas de Motolinía y Mendieta; y había adelantado en su proyecto de escribir una bibliografía completa de todas las obras publicadas en México antes de 1600. Estaba consciente de ser el heredero de Gregorio Mayans y Siscar y en esa calidad mantenía el acérrimo rechazo de la Ilustración española por la falsificación histórica y las fantasías míticas del Barroco. Fue entonces previsible que acudiera a los argumentos adelantados por Juan Bautista Muñoz en su escéptico *Memoria* y que recibiera influencias de las *Cartas a Juan*

Bautista Muñoz de Mier —publicadas en 1879 por J.E. Hernández en su enorme compilación de documentos relacionados con la insurgencia de 1810—, y de sus *Memorias*, publicadas en 1877; resultó más sorprendente dado que en su estudio sobre Zumárraga criticó los errores del dominico. Además, obraba en su poder copia de los cargos levantados en 1556 contra Francisco de Bustamante, a los que Altamirano hacía referencia.[9]

En primer lugar, García Icazbalceta afirma que la fuerza del argumento negativo, expuesto ya de manera tan convincente por Muñoz, creció en la medida en que se conocieron más documentos del siglo XVI. Muchos autores de quienes se hubiera esperado un comentario sobre las apariciones permanecieron en silencio. Ni Motolinía, que escribió en 1541, ni Mendieta, después de 1590, mencionaban los acontecimientos del Tepeyac, aun cuando este último hacía referencia al caso de la aparición de la Virgen ante un indio en Xochimilco en 1576. Sahagún citaba el culto, pero sólo para censurarlo como subterfugio de la idolatría; y sus observaciones fueron traducidas al náhuatl por Martín de León y publicadas en 1611 para ilustrar los riesgos de la superstición. Luis Cisneros sólo hacía referencia a la capilla y sus milagros, e incluso había un sermón impreso de 1622, predicado en el Tepeyac por Juan de Cepeda, un fraile agustino, el cual es un panegírico de la Virgen María pero no se refiere a la imagen de Guadalupe. En cuanto a Zumárraga, no había mención alguna de la imagen ni de las apariciones en ninguna de sus cartas ni obras. En todo caso, escribió en su *Regla cristiana breve*: "Ya no quiere el Redentor del mundo que se hagan milagros, porque no son menester, pues está nuestra santa fe tan fundada por tantos millares de milagros como tenemos en el Testamento Viejo y Nuevo." García Icazbalceta afirma que "han aumentado muchos con su silencio el grave peso de la argumentación de Muñoz"; pero la refutación concluyente se encuentra en un texto inédito que contenía los testimonios de 1556 del sermón de Bustamante, ya que "después de leído el documento, a nadie puede quedar duda de que la aparición de la Santísima Virgen en el año de 1531 y su milagrosa pintura en la tilma de Juan Diego es una invención nacida mucho después". Estaba claro que, según informaba el virrey Martín Enríquez a Felipe II, la imagen se había instalado en la capilla en 1555 o 1556. En cuanto a la imagen, Bernal Díaz del Castillo había considerado a Marcos uno de los pintores indígenas cuyo talento podía rivalizar con el de los más señalados artistas europeos.[10]

Si bien el culto a la Virgen mexicana empezó con un fervor explosivo en 1556, éste fue declinando, ya que en 1648 la única copia de la imagen conocida por el diarista Antonio de Robles era la albergada en la iglesia dominica de la capital, dato inequívoco de que "la devoción había acabado por completo". Sánchez no había podido encontrar documentos en los archivos ni relato escrito de las apariciones, de tal modo que un sorprendido Laso de la Vega se había considerado a sí mismo "un Adán dormido", aunque después se apresuró en publicar un resumen de la relación de Sánchez y traducirlo al náhuatl. El invento de la tradición fue tan bien acogido por "la admirable credulidad de la época, junto con una piedad extraviada". En el siglo XVII el mundo anhelaba milagros y la intervención directa de la divinidad en los asuntos humanos, y el medio más común de conseguirlos eran las imágenes sagradas, pues propiamente solían tener un origen milagroso. Tan fértil era la imaginación de la época que Fray Román de la Higuera escribió toda una falsa crónica sobre la historia antigua de España y las apariciones de la Virgen a Santiago en Zaragoza; y "costó mucho tiempo y trabajo limpiar de aquella basura la historia civil y eclesiástica de España".[11]

¿Pero qué fue de los testimonios presentados por los apologistas? ¿Acaso no había una imponente lista de documentos y autores que respaldaban las apariciones? La respuesta de García Icazbalceta fue sencilla y directa. Pese a las afirmaciones de Sigüenza y Góngora y de Becerra Tanco, nadie más vio el manuscrito en náhuatl de Valeriano ni copia alguna de la canción de don Plácido, ni mucho menos el para-

fraseado relato en español preparado por de Alva Ixtlilxóchitl ni las crónicas indígenas mencionadas por González.
No había más que el relato en náhuatl escrito por Laso de la
Vega, extraído y traducido de Sánchez. La calidad literaria
del relato tampoco era razón para dudar de la autoría de
Laso de la Vega, pues "si el lenguaje es bueno, para eso
había entonces grandes maestros de mexicano, y basta recordar el nombre del padre Carochi, que en el año de 1645
imprimió su famosa gramática" náhuatl.[12] En efecto, la única
referencia anterior a 1648 que apenas insinuaba las apariciones se encuentra en un manuscrito de 1589 de Juan Suárez de Peralta, el cual asevera que la Virgen de Guadalupe
apareció "entre unos riscos".[13] Los apologistas continuaban
confundiendo la evidencia del culto con una prueba de la
antigüedad de la tradición. Respecto de los testimonios de
1666, éstos habían sido recogidos 134 años después de los
supuestos acontecimientos y por tanto eran inútiles: los débiles y estereotipados recuerdos de un grupo de octogena-
rios no podían de modo alguno contrarrestar la fuerza
condenatoria de las declaraciones de 1556. En cuanto a la
propia imagen, señaló la diversidad de opiniones acerca de
la calidad del lienzo, puesto que según Bartolache "el tosco
ayate de maguey se convirtió en una fina manta de palma
iczotl". De igual manera, si Miguel Cabrera distinguió varias
técnicas pictóricas en la imagen, era porque ya en el siglo
XVIII todo recuerdo de los colores, pinturas y técnicas prehispánicas había desaparecido. Por último, el "libro detestable"
de Florencia, *El zodiaco mariano,* debía incluirse en el Índice romano de obras prohibidas, pues estaba repleto de falsos milagros.[14]

Por si todo ello no bastara, García Icazbalceta pasa a comentar los anacronismos patentes que desfiguraban el relato
de la aparición. ¿Por qué habría de impresionarse tanto Zumárraga con las flores que le ofreciera Juan Diego, cuando
éstas se vendían en las calles de México todos los meses del
año y podían sembrarse fácilmente en las chinampas del lago?
Al verse frente a la imagen, ¿por qué habría pensado que

estaba en presencia de un objeto celestial? En todo caso, ningún obispo de la época se habría arrodillado sin antes hacer un esfuerzo por determinar la naturaleza de tal milagro. Y además, pese a los esfuerzos de Becerra Tanco de encontrar un equivalente náhuatl, nadie había sido capaz de entender por qué la Virgen había deseado que su imagen se llamara Guadalupe, cuando era patente que los indios no podían pronunciar ni la "g" ni la "d" de su nombre. En este punto García Icazbalceta concluye su crítica y, volviendo a Sánchez, reconoce la posibilidad de "una relación mexicana" que acaso fuese el origen de su "insufrible libro", puesto que, si bien los franciscanos habían erigido una capillita en el Tepeyac dedicada a la "Madre de Dios", en 1555 ó 1556 la devoción brotó repentinamente, quizá como resultado de una cura milagrosa, como aducía Martín Enríquez. Dejándose guiar por Mier, García Icazbalceta plantea entonces la posibilidad de que Valeriano pudiera haber escrito una obra teatral sacra, puesto que el relato tradicional contenía todos los elementos de un diálogo dramático. En cuanto al origen de la historia, ¿acaso no podría hallarse en algún incidente referido por Sahagún, sostiene, cuando en los años de 1528 a 1531 la diosa Cihuacóatl, es decir Tonantzin, apareció ante Martín Ecatl, el segundo gobernador de Tlatelolco?[15]

Para concluir, García Icazbalceta le recuerda a Labastida que ha escrito todo por orden suya; le pide al arzobispo que no le muestre la carta a nadie, y enfatiza que ha escrito como historiador, ya que "en el argumento teológico no me es permitido entrar". Añade:

Católico soy, aunque no bueno, Illmo. Señor, y devoto en cuanto puedo, de la Santísima Virgen; a nadie querría quitar esta devoción; la imagen de Guadalupe será siempre la más antigua, devota y respetada[...] En mi juventud creí, como todos los mexicanos, en la verdad del milagro; no recuerdo de donde me vinieron las dudas, y para quitármelas acudí a las apologías: éstas convirtieron mis dudas en certeza de la falsedad del hecho. Y no he sido el único.

De este modo, y al igual que su predecesor Muñoz, el historiador mexicano no estaba reñido con la veneración a la Virgen del Tepeyac, sino que aceptaba esa imagen en tanto representación de la Madre de Dios, mas no podía aceptar la verdad de las apariciones ni el origen sobrenatural de ese retrato.[16]

Cuando García Icazbalceta declaró no ser el único en dudar de la tradición guadalupana, pudo citar varias opiniones. En sus *Disertaciones* (1843-1849), el conservador Lucas Alamán, su mentor, advertía: "He creído también deber abstenerme de hablar de todas aquellas tradiciones piadosas, que han sido objeto de disputas empeñadas entre los escritores, que deben ser más bien materia de respeto que de discusión."[17] Cuando era un historiador joven, García Icazbalceta también había sido alentado por José Fernando Ramírez (1804-1871), un erudito con amplio conocimiento de las fuentes antiguas de la historia de México. En sus *Añadiduras y correcciones* a la biobibliografía de Beristain, obra que circuló en manuscrito antes de ser publicada en 1898, este liberal moderado incluyó una carta que le había escrito en 1859 al doctor Basilio Arrillaga, un culto jesuita, en la cual descartaba la aparición en el Tepeyac contundentemente: "un acontecimiento que no estriba en ningún fundamento histórico sino oriundo de mediados del siglo XVII". En todos sus estudios jamás había encontrado "vestigio alguno de semejante suceso". Si los franciscanos habían construido una pequeña ermita para reemplazar el templo de Tonantzin, el primero en levantar una iglesia en forma fue Montúfar, y no Zumárraga. Para respaldar esta afirmación, citaba tres fuentes indígenas, escritas en náhuatl, los *Anales de México* que señalaban que "se bajó a la Virgen al Tepeyac" en 1556, precisamente el año de la aparición de la imagen según Chimalpahin, el historiador de Chalco. En los anales de Juan Bautista, el año en que la imagen se manifestó era 1555. Ramírez, sin embargo, se disculpaba por plantear esta cuestión, señalando que él y Bernardo Couto, el docto autor de *Diálogo sobre la pintura en México* (1872), habían acordado "no tratar un punto que

mientras más se profundiza menos se le halla fondo".[18] Fue
José María de Ágreda y Sánchez, un acaudalado bibliófilo y
amigo de García Icazbalceta, dueño de una copia de esas
Correcciones, quien en el catálogo de su extensa colección
afirmó que las Informaciones de 1556 eran "una prueba concluyente contra las supuestas apariciones y contra el origen
sobrenatural que aquellos han pretendido dar a la imagen".[19]
En efecto, en ese reducido círculo de eruditos mexicanos, la
creencia en la veracidad histórica de la tradición guadalupana se había abandonado hacía mucho tiempo.

En 1886 García Icazbalceta publicó su *Bibliografía mexicana del siglo XVI*, una obra lujosa, llena de reproducciones
de las portadas y extensos fragmentos de las obras enumera-
das. El meticuloso y erudito comentario ofrecía un punto de
partida para la historia intelectual de Nueva España en aquella época. Si no la más excelsa obra de historia escrita por un
mexicano, ciertamente sí la más erudita y ensalzada así por
Marcelino Menéndez y Pelayo, el eminente mazo de la hete-
rodoxia en España, en estos términos: "en su línea es obra de
las más perfectas y excelentes que posee nación alguna".
Escrita en una época durante la cual México no contaba siquiera con una universidad, por no hablar de un instituto de
estudios avanzados, la *Bibliografía* era una inmensa inver-
sión de trabajo, inteligencia y recursos materiales.[20] Y García
Icazbalceta no se durmió en sus bien merecidos laureles,
pues en 1886-1892 publicó otros cinco volúmenes de documentos antiguos que incluían narraciones de Texcoco y numerosas cartas de los franciscanos, entre los que figuraba de
modo prominente Mendieta. Tal fue el efecto de su ejemplo
que en 1899 Vicente de Paul Andrade publicó su *Ensayo
bibliográfico mexicano del siglo XVII*, y entre 1902 y 1908 Nicolás León publicó los pesados tomos de su *Bibliografía
mexicana del siglo XVIII*. Los dos hombres estaban en deuda
con García Icazbalceta y reconocían su influencia. La tradición erudita iniciada en el siglo XVIII con Eguiara y Eguren y
que encontró expresión en la *Biblioteca* de Beristain, llegó a
su culminación.[21]

Pero fue el mismo año de 1886 cuando las demandas autoritarias de la política eclesiástica empezaron a entrometerse en las disquisiciones de este círculo de bibliógrafos. Los tres arzobispos, de México, Guadalajara y Morelia emitieron conjuntamente una carta pastoral en la que anunciaban su deseo de solicitar permiso a Roma para coronar la imagen de Guadalupe, reviviendo así el proyecto de Lorenzo Boturini de 1740, quien había obtenido una licencia del capítulo catedralicio de San Pedro. El 8 de febrero de 1887 la Santa Sede otorgó el permiso. Como se verá, la coronación fue postergada, pues el proyecto pronto incluyó una ambiciosa renovación del santuario en el Tepeyac, por no mencionar una reforma al oficio recitado el 12 de diciembre. Pero en esa coyuntura el obispo de Tamaulipas, Eduardo Sánchez Camacho, emitió una carta pastoral en la que amonestaba a los arzobispos por no haber consultado con otros obispos, y manifestaba su inconformidad por la coronación. En respuesta, los arzobispos obtuvieron una resolución del Santo Oficio de la Inquisición romana que condenaba a Sánchez Camacho por su "modo de obrar y hablar contra el milagro o aparición de la Santísima Virgen de Guadalupe", reprimenda que lo obligó a retractarse.[22]

En este punto, en 1888, el obispo de Yucatán, Cresencio Carrillo y Ancona (1837-1897), un reputado historiador de la Iglesia, publicó su *Carta de actualidad* (1888), según la cual la negación de las apariciones sostenida por Sánchez Camacho era "una dichosa culpa", pues había provocado la declaración de los inquisidores romanos. Con osadía comparó la declaración del Santo Oficio con la definición papal del dogma de la Inmaculada Concepción de la Virgen María. Del mismo modo que la Iglesia lanzaba anatemas contra todo aquel contrario a esa doctrina, la Iglesia condenaba a quien pusiese en entredicho las apariciones en el Tepeyac. "*Roma locuta, causa finita*", es decir, "Roma ha hablado, asunto concluido". Carrillo seguía fiel a su formación de historiador y reconocía que aún restaban determinadas lagunas en las pruebas históricas, pero afirmaba que el caso en favor de las apariciones se apoyaba en "las demostraciones filosóficas incontestables de la tradición, la historia y los monumentos". Después se refería a "nuestro incomparable amigo, el noble y sabio Señor don Joaquín García Icazbalceta[...] aquel virtuoso católico de ejemplar modestia y acción, aquel ilustre académico, gloria nacional y coronado de reputación europea", sólo para deplorar luego que no hubiera escrito una sola palabra sobre las apariciones en sus obras sobre Zumárraga y Mendieta. Su silencio había surgido de la imposibilidad para encontrar las cartas de Zumárraga que daban fe de las apariciones; sin embargo, la tradición mostraba que la memoria de la participación del arzobispo se preservó en los códices indígenas. En cuanto a la advertencia del franciscano de no buscar milagros, ésta se publicó como precepto moral práctico en su *Regla cristiana breve* y nada tenía que ver con objeción doctrinal alguna.[23]

Sin deseos de verse envuelto en una polémica pública, García Icazbalceta respondió en privado la *Carta* de Carrillo el 29 de diciembre de 1888, expresando su parecer frente a la interpretación que había dado el obispo de la condena romana a Sánchez Camacho:

> Creía yo que la represión se refería al modo de hablar y obrar y no a la esencia del negocio. Mas V.S.I. afirma, y *esto me basta para creerlo*, que es asunto concluido, porque *Roma locuta, causa finita*; y siendo así, no me sería ya lícito explayarme en consideraciones puramente históricas. En dos terrenos puede considerarse este negocio: en el teológico y en el histórico. El primero está vedado por mi notoria incompetencia; y si está declarado por quien puede que el hecho es cierto, no podemos entrar los simples fieles en el otro.

En su respuesta, García Icazbalceta reitera claramente su lejana decisión de guardar silencio con respecto a acontecimientos para los que no podía encontrar evidencia contemporánea alguna, pero cuya realidad histórica había sido certificada recientemente por un pronunciamiento episcopal. Con todo, sólo seis meses antes de su muerte en 1894, le escribió a Aquiles Gerste, un jesuita belga: "Me conoce usted íntimamente y le consta que por ningún interés del mundo desfiguraría yo la verdad histórica". Con esto dio fe de la autonomía moral de su vocación de historiador.[24]

Sin embargo, antes de que se desatara la tormenta, García Icazbalceta cometió la imprudencia de dar copia de su *Carta* a Labastida, al sacerdote carmelita José María de Ágreda, y al brillante erudito Francisco del Paso y Troncoso (1842-1916). Fue en casa de este último donde Vicente de Paul Andrade (1844-1915), un prebendado del cabildo colegiado del Tepeyac que había pasado sus años juveniles de misionero predicador y párroco en la capital, hizo otra copia para sus fines. Según las declaraciones posteriores, Andrade tenía "un temperamento travieso" y le gustaban las "intrigas y bromas". Además, estaba convencido de que la tradición guadalupana era una invención de Miguel Sánchez y se oponía decididamente al proyecto de coronación, presentando opiniones adversas a Roma. Como parque en la batalla, tradujo la carta de García Icazbalceta al latín, asistido por el padre Icaza. En 1890 la publicó bajo el título *Exquisitio historico*; pero aunque no aparecía el nombre del autor, pronto circularon rumores que la atribuían a García Icazbalceta.[25] Los apologistas de la coronación la denunciaron de inmediato, pero figuró en las indagaciones de Roma sobre la reforma al oficio del 12 de diciembre. Nada de esto fue del agrado de García Icazbalceta, ya que, como apuntaba un amigo: "Don Joaquín teme que le vengan encomia, reprimendas y excomunión." Posteriormente Nicolás León señaló: "Todo este escándalo antiguadalupano lo armó el Canónigo Andrade con la colaboración de Ágreda, Troncoso, el cura Icaza y embarraron en el chisme a cuantos más pudieron, vivos y difuntos."[26]

II

En 1888 el texto completo de las misteriosas *Informaciones de 1556*, al que hicieron referencia tanto Altamirano como García Icazbalceta, se publicó al fin en México, aunque bajo un falso sello editorial de Madrid y por editores anónimos.[27] El documento resultó estar compuesto de unas catorce hojas, escritas con letra diversa el 9 de septiembre de 1556. Estaba integrado por tres denuncias anónimas al arzobispo Alonso de Montúfar sobre un sermón predicado por Francisco de Bustamante el día anterior, seguidas por un "interrogatorio" de trece preguntas referentes al sermón, y los testimonios jurados de nueve testigos ante el notario apostólico del prelado. Era un testimonio jurídico que habría podido citarse si se hubieran levantado cargos contra el predicador. Pero una nota al final advertía: "suspéndase: el parte es muerto". Además, los testimonios estaban dispuestos de tal modo que se insertaba información acerca del sermón predicado por el arzobispo el domingo 6 de septiembre y de su visita al santuario del Tepeyac el día 8. El propósito de estas *Informaciones* no era sólo condenar a Bustamante sino defender al arzobispo.

En la fiesta de la Natividad de la Virgen María, celebrada el 8 de septiembre en la capilla de San José en los claustros franciscanos, Francisco de Bustamante, entonces el provincial de su orden en México, predicó ante el virrey, la audiencia y otros dignatarios. Después de un cálido panegírico de la Virgen, Bustamante aseveró que él jamás buscaría disminuir la devoción de nadie por María; confesó que él mismo no era buen devoto; y luego, con el semblante alterado, criticó con severidad la devoción a la imagen de Nuestra Señora de Guadalupe. Sus motivos eran pastorales: hasta entonces, los franciscanos le habían enseñado a los indios a no adorar imágenes de madera y piedra sino adorar a Dios en el cielo. Y de pronto se rumoró en el público que si se rezaba a la imagen de Guadalupe podían obrarse curas milagrosas. El peligro radicaba en que los indios podían volver a deificar una imagen y así incurrir en la idolatría. Peor aún, si los milagros esperados no ocurrían, su fe se vería socavada. No condenaba toda devoción a la Virgen, puesto que en el caso de Nuestra Señora de Loreto, por caso, el culto estaba bien fundado. Pero en México no se sabía cómo la devoción había llegado a concentrarse en un cuadro pintado por un indio. Puesto que no se había realizado investigación formal alguna de los supuestos milagros, todo el que afirmara que se habían realizado debía recibir cien azotes. Además quedaba el asunto de las limosnas dejadas en la capilla: era mejor dar estas ofrendas al hospital de pobres. Tal fue el escándalo y el daño infligido a la fe indígena que fue precisa la intervención del virrey y la audiencia, a pesar de la opinión del arzobispo, pues "el rey tiene jurisdicción temporal y espiritual" y ellos la ejercían en su nombre.[28]

Las trece preguntas del "Interrogatorio" estaban concebidas para justificar la afirmación de que el provincial había hablado con iracundia y provocado un escándalo público al atacar una devoción que el arzobispo fomentaba. Al mismo tiempo, la quinta pregunta resumía admirablemente el vigor del sermón al requerir que los testigos confirmaran lo que Bustamante había dicho:

> Una de las cosas más perniciosas para la buena cristiandad de los naturales era sustentar la devoción de la dicha ermita de Nuestra Señora de Guadalupe, porque desde su conversión se les había predicado que no creyesen en imágenes, sino solamente en Dios, y que solamente servían las imágenes para provocarlos a devoción. Y ahora decirles que una imagen pintada por un indio hacía milagros, que sería gran confusión y deshacer lo bueno que estaba plantado en ellos.

En respuesta, los tres testigos sacerdotales se limitaron a consentir las preguntas, aunque con reservas; de hecho el bachiller Puebla rogó ser excusado, ya que "esta causa es de materia sutil y de letrados".[29] Fueron los hermanos Juan y Francisco de Salazar, el primero agente de la audiencia y el segundo, abogado, quienes resultaron ser de gran ayuda para el arzobispo. No sólo estuvieron de acuerdo en que Bustamante había parecido iracundo y causado un escándalo, sino que también mencionaron que habían escuchado al arzobispo predicar el domingo 6 de septiembre en la catedral. En aquel sermón, Montúfar había comparado la devoción a la guadalupana con los cultos a las imágenes de la Virgen en la catedral de Sevilla, Peña de Francia en Extremadura, Montserrat en Cataluña, y Loreto. De igual manera, en una "pregunta" adicional cuidadosamente preparada, Juan de Salazar testificó que había escuchado al arzobispo citar el Quinto Concilio de Letrán (1512-1517), que condenaba a todo el que desprestigiara el buen nombre de los prelados y prohibía estrictamente la prédica de falsos milagros. En su sermón, Montúfar sostenía que la creciente devoción a la Virgen de Guadalupe, tanto en las comunidades españolas como indias, era un milagro en sí misma, pero en ningún momento había citado cura milagrosa alguna.[30]

Del escándalo que el sermón de Montúfar ocasionó entre los franciscanos, dio cuenta claramente Gonzalo de Alarcón, quien había venido a México con el arzobispo. Después del sermón se dirigió a los claustros franciscanos donde había oído a fray Alonso de Santiago criticar al prelado por alentar a los indios a adorar la imagen como si fuera divina, reviviendo así la idolatría. Cuando el fraile escuchó que el texto del sermón era *Beati oculi*, las palabras de Cristo tomadas del Evangelio de San Lucas, "Bienaventurados los que han visto lo que vosotros habéis visto", temió que mencionara a la guadalupana. En ese momento, fray Alonso sacó una Biblia y buscó el capítulo 13 del Deuteronomio, donde todo profeta o "soñador de sueños" que citara señales o prodigios era tajantemente condenado, ya que sólo Dios debía ser amado y adorado. El mismo fraile cuestionaba el motivo por el cual la imagen había de llamarse Guadalupe, cuando este nombre se refería a la figura en España, en lugar de Nuestra Señora de Tepeaca o Tepeaquilla. Aquella conversación con fray Alonso había sido escuchada por otro testigo, Alonso Sánchez de Cisneros, quien también dio fe de que el fraile había leído un pasaje de las Sagradas Escrituras.[31]

Un elemento impresionante del testimonio presentado por los hermanos Salazar era que el 8 de septiembre, el día en que Bustamante predicó, el arzobispo apareció en la capilla del Tepeyac. Mediante un intérprete les explicó a los indios presentes que debían venerar a la Madre de Dios que estaba en el cielo y no en el lienzo, pintura o escultura que la representaba. Puesto que Montúfar esa mañana había estado ocupado en la celebración litúrgica de la Natividad de la Virgen en la Catedral, obviamente se dirigió a toda prisa al Tepeyac por la tarde, probablemente en reacción al cargo de Bustamente que lo acusaba de promover la idolatría.[32]

Pero los testigos no limitaron sus señalamientos al pleito entre el arzobispo y el fraile. Prácticamente todos los laicos dieron fe de la gran devoción evocada por la imagen, comentando que muchas "damas de calidad" visitaban el santuario regularmente, unidas a los indios que atestaban el lugar. Las familias españolas que solían pasar los domingos en los jardines y hortalizas que rodeaban la ciudad iban entonces al Tepeyac, de manera muy similar a la gente de Madrid que visitaba a Nuestra Señora de Atocha. De hecho, Juan de Masseguer, un catalán que había visitado el santuario de Nuestra Señora de Montserrat, declaró que aunque fray Luis Cal había intentado disuadirlo de ir a la capilla para no dar un mal ejemplo a los indios, él había llevado a su hija para curarla de la tos. Enfatizó que la devoción era de tal magnitud que "todo género de gente, nobles ciudadanos e indios" iban allí, aunque algunos de estos últimos dejaron de hacerlo tras la advertencia de los frailes. Coincidió en que Bustamante denunció la atribución de milagros a "aquella imagen pintada ayer por un indio". Esto fue corroborado por Sánchez de Cisneros, quien recordó que el predicador había criticado "esta devoción nueva", puesto que tentaba a los indios a adorar "una pintura que había hecho Marcos, indio pintor". Antes de que apareciera, la capilla estaba dedicada a "la Madre de Dios".[33]

Como se advertirá, las *Informaciones* no hacen referencia alguna en absoluto a las apariciones de la Virgen María a Juan Diego ni mucho menos identifican la imagen con algo más que la obra de un pintor indio. La disputa se centraba exclusivamente en los milagros que la imagen al parecer había obrado, en las limosnas que el santuario recogía y, sobre todo, en que el arzobispo fomentaba una devoción que podía inducir a la idolatría. Estos testimonios se adoptaron tanto para defender al arzobispo como para atacar al fraile. Pero lo que testificaban en todo caso era que ya había una devoción ferviente, igual, si no mayor, entre la comunidad española capitalina que entre los indios. Los colonizadores de la Nueva España celebraron el nacimiento de una imagen de la Virgen que podía compararse con las figuras que habían venerado en la península. El arzobispo buscaba fomentar semejantes sentimientos piadosos, sólo para encontrarse con la defensa mendicante de la austera religión que los frailes predicaban a los indios.

Publicado en 1888, un año después de que la Santa Sede autorizara proceder con la coronación de Nuestra Señora de Guadalupe, *Informaciones de 1556* iba precedido de un prefacio y notas que tenían al texto por una refutación convincente de la tradición de la imagen. El libro comienza con una carta de José María de Ágreda y Sánchez, la cual explica que la primera mención del documento ocurrió en 1846 cuando, en una visita al arzobispo Manuel Posada y Garduño, José Fernando Ramírez planteó la cuestión de la guadalupana. En respuesta, el prelado señaló unos papeles en su mesa y dijo: "Lo que hay de cierto acerca de este asunto, se contiene en este pequeño expediente", sólo para añadir entonces que nadie, incluido Ramírez, habría de verlo jamás. Tras la muerte de Posada, el documento fue conservado por los dignatarios de la catedral que le permitieron a Ágreda leerlo y extraer un pasaje. Después fue visto por Andrés Artola, un sacerdote jesuita, que lo consideró "la prueba más terminante contra la llamada historia guadalupana". Después de 1871, el arzobispo Labastida se hizo del documento y permitió que tanto García Icazbalceta como José María Andrade, un acaudalado librero y bibliófilo, lo leyeran y acaso hicieran copias o resúmenes.[34] Lo que Ágreda no menciona es que en 1884 se habían publicado dos libros con títulos similares en Guadalajara que resumían las *Informaciones de 1556*, para luego lanzar un enérgico ataque a Bustamante y otros franciscanos por haber puesto en entredicho la devoción a la imagen del Tepeyac. Ambos autores partían de la verdad histórica de las apariciones como premisa y criticaban a los fundadores de la Iglesia de México por su negativa a reconocer el origen celestial de la guadalupana.[35]

En ese polémico contexto, Vicente de Paul Andrade, ya entonces canónigo del Tepeyac, insertó un prefacio a *Informaciones de 1556*, en el cual señala que, lejos de haber sido condenado por Montúfar, Bustamante fue reelecto provincial y también nombrado comisario general de los franciscanos en la Nueva España. Comparaba las diversas reacciones a su sermón y al de Servando Teresa de Mier, diferencia que sólo podía explicarse por el invento de la tradición propugnada por Miguel Sánchez en 1648. Las dudas que podían haberse presentado sobre el desempeño de Sánchez desaparecían tras la lectura de las recomendaciones de Laso de la Vega y de los censores de las *Novenas* de 1665. Con estilo crudo y desafiante, Andrade se refiere a Juan Diego como "el gigante venturoso", pues el lienzo en el que estaba pintada la imagen medía más de un metro ochenta centímetros y, por tanto, es demasiado alto para un indio de estatura regular. Respecto de Marcos, señala que había sido elogiado por Bernal Díaz del Castillo y que Betancurt, en su *Teatro mexicano,* se percató de que "había pintores que al temple con gomas de los árboles y colores finos al vivo pintaban[...] aunque tenían tantas mantas no usaban aparejarlas".[36]

En las notas, los editores siguieron los pasos de García Icazbalceta al ofrecer una lista de autores de los cuales se habría podido esperar un comentario de las apariciones pero que habían guardado silencio. En particular, Mendieta comenta en varias oportunidades la ausencia de milagros en la conversión de los indios. Señalan un texto nuevo, *Cielo estrellado*, obra de Juan de Alloza y publicado en 1654, "que fue posterior a Miguel Sánchez a quien aventajó en mentiras", pues en ese relato la Virgen corta las flores y las da a Juan Diego, el cual después las deposita en la mesa del obispo. A imitación de Muñoz, reparaban en el silencio como argumento importante contrario a las apariciones, y citaban a Daniel Papebroch, el gran erudito bolandista: "En historia el silencio es una prueba, a veces muestra, como cuando todos los historiadores callan." Sin embargo, Andrade cita posteriormente la descripción que hizo Sahagún de la aparición del Diablo en forma de mujer a Martín Ecatl, gobernador de Tlatelolco, y comenta que "estas apariciones sin duda darían materia al indio d. Antonio Valeriano para componer una comedia con que festejar al Sr. Zumárraga el 12 de diciembre, aniversario de su presentación al episcopado", texto que luego llegó a manos de Miguel Sánchez, que "lo tomó como relación verdadera de un suceso que no hubo". No satisfecho con el peso negativo del silencio universal, Andrade pasa entonces a repetir las especulaciones de García Icazbalceta y Mier.[37]

Como puede suponerse, esta combativa edición molestó profundamente a los obispos y al clero que entonces promovían la coronación de la Virgen del Tepeyac. Ya entonces Andrade esperaba detener todo el proceso y pronto habría de publicar la *Carta* de García Icazbalceta traducida al latín. Y aunque se publicaron respuestas feroces al poco tiempo, siguió adelante con desenfado, y en 1890, empleando el seudónimo Eutimio Pérez, publicó un ataque mal impreso pero mordaz contra los autores que intentaban interpretar las *Informaciones de 1556* a favor de la tradición guadalupana.[38] En 1891 obtuvo el auspicio del ministro de Justicia, Joaquín Baranda, y publicó una segunda edición de las *Informaciones de 1556*, en la que inserta su precedente crítica a los "aparicionistas" e incluye una importante descripción de Marcos, el pintor indio, escrita por Francisco del Paso y Troncoso.[39] Publicada en pleno auge del resurgimiento cultural guadalupano, la segunda edición avivó enormemente las llamas de la controversia centrada en la veracidad histórica del relato de la aparición.

Para comenzar, Andrade asegura que "la creencia aparicionista de un respetabilísimo cura foráneo", Fortino H. Vera, se violentó mediante la falsificación, digna de Román de la

Higuera, de una carta que el provincial dominico al parecer había enviado a Zumárraga para felicitarlo por las apariciones. Pero luego arremete contra *La Virgen del Tepeyac. Patrona principal de la nación mexicana* (1884) obra en la cual Esteban Anticoli, un jesuita italiano residente en México, arguye que las *Informaciones de 1556* eran una denuncia presentada por Montúfar contra Bustamante y por tanto demostraban el inmenso escándalo provocado por el sermón del fraile y, por añadidura, la amplia propagación contemporánea de la creencia en la aparición. Pero Andrade comenta que los testimonios no hacen mención alguna del origen sobrenatural de la imagen y que las declaraciones habían sido ideadas para defender al arzobispo y atacar al predicador, pues el prelado fue culpado de predicar al mismo tiempo la creencia en los milagros y la adoración a una imagen material. Tampoco era cierto que estas declaraciones constituyeran una denuncia legal. Con gran júbilo, Andrade concluye que "siendo falsas las premisas presentadas por el P. Anticoli, tiene que serlo la conclusión y pueriles los términos en que está concebida". En todo caso, el arzobispo no tenía jurisdicción sobre Bustamante, ya que, siendo religioso, sólo podía ser juzgado por su ordinario eclesiástico, el comisario general de los franciscanos en la Nueva España.[40]

En cuanto a *Santa María de Guadalupe. Patrona de los mexicanos* (1884), escrito por un canónigo de Guadalajara llamado José Antonio González, Andrade primero señala su afirmación de la imposibilidad de que un artista hubiera pintado la imagen, pues "qué semidiós sería el indio Marcos". Sin embargo, en los testimonios nadie negó los alegatos de que un indio la había pintado; si Montúfar hubiese sabido de las apariciones de inmediato habría acusado a Bustamante de blasfemia. Luego Andrade cuestiona la aseveración de González según la cual, al atacar el culto de la guadalupana, Bustamante profanó "la cátedra del Santo Espíritu", y que al criticar a Montúfar, se vendió "por los históricos treinta dineros". ¿Por qué buscaban estos aparicionistas manchar la reputación de sacerdotes que trajeron el evangelio cristiano a los indios?

Andrade concluye que los aparicionistas formulaban acusaciones gratuitas y conjeturales, "mancillando reputaciones bien sentadas con la única mira de que triunfen sus teorías".[41]

En una nota posterior, Andrade retoma la afirmación de que Benedicto XIV fue el primero en aplicar el término *Non fecit taliter* a la imagen de Guadalupe, según Anticoli, si bien en realidad el sermón contemporáneo de Cayetano Antonio de Torres atribuía correctamente esa aplicación a Florencia. En todo caso, la frase del Salmo 147 también se había aplicado a otras imágenes, como la del Pilar y la de Loreto. Además, Anticoli de nuevo demostraba "su crasa ignorancia" al criticar con severidad la carta escrita por Martín Enríquez en la que el virrey descartaba el culto del Tepeyac limitando la cuestión a la capilla y a si ésta podía mantener a uno o dos clérigos, agregando que tal lenguaje revelaba "la bajeza de su alma y su modo villano de juzgar a los ministros de Dios y del arzobispo". Para Andrade hay una ironía sublime en este ataque gratuito, pues todos los antiguos cronistas jesuitas al unísono elogiaron a Martín Enríquez por su gobierno prudente y su ayuda al establecimiento de la Compañía de Jesús en la Nueva España. Y en ese sentido agrega: "ese ingrato padre[...] arrastrado por su furor aparicionista, no teme lastimar las reputaciones de los que no piensan como él en esta cuestión".[42]

Si bien Andrade era un francotirador histórico, Francisco del Paso y Troncoso era un erudito conocedor del náhuatl, que iluminó la segunda edición de *Informaciones de 1556* con un ensayo titulado "El indio Marcos y otros pintores del siglo XVI".[43] En esta nota fundamental recurre a los *Anales* indígenas de Juan Bautista, en los que un pintor llamado Marcos Cipac se menciona a menudo. Pedro de Gante, el hermano lego flamenco, fue "el fundador del taller de pintura para los indios mexicanos", una escuela que Juan Bautista denominó "pintores de San Francisco", puesto que todos dependían de la capilla de San José en el gran convento franciscano. Prácticamente todos los cronistas franciscanos, Motolinía, Mendieta y Torquemada, reconocieron la destreza de los pintores indios. Y la eminencia de Marcos era bien conocida, ya que en 1564 se le encomendó pintar las seis tablas del gran retablo dorado de San José, proyecto en el que lo asistieron otros tres pintores indígenas. En esa época fray Miguel Navarro, director de muchas obras similares en los conventos franciscanos, elogió a Marcos en términos efusivos: "¡Maravilloso es lo que hacéis! De verdad, aventajáis en mucho a los españoles." De igual manera, el anciano cronista Bernal Díaz del Castillo, escribió:

> Que tres indios hay ahora en la ciudad de México tan primerísimos en su oficio de entalladores y pintores que se dicen Marcos de Aquino, y Juan de la Cruz y el Crespillo, que si fueran en el tiempo de aquel antiguo o afamado Apeles, o de Miguel Ángel o Berruguete que son de nuestros tiempos, también los pusieran en el número de ellos.[44]

Con esto le quedaba claro a Troncoso que Marcos había sido en efecto el artista que pintara a Nuestra Señora de Guadalupe. Luego escribió:

> A los inteligentes en el arte de pintura toca decir si Marcos fue medianero artista u hombre de genio; si los encomios de Bernal Díaz y del P. Navarro deben verse como reales o como hiperbólicos. Honorífico sería para nuestro país que, declarada maestra la obra, la gloria de haberla formado recayera sobre un indio de condición humilde.[45]

Esto implicaba una provocación: que la imagen de Guadalupe era obra de un artista inspirado más que consecuencia de una intervención celestial, y que Marcos y no Juan Diego era el verdadero instrumento indígena de la Virgen María. Sin embargo, semejante hipótesis no encontró el favor de los aparicionistas. Poco tiempo después de la publicación de su ensayo, Tronçoso partió de México a Europa en busca de fuentes de la historia mexicana en las bibliotecas y archivos europeos y nunca más volvió.

III

El obispo Carrillo y Ancona manifestó la alarma entre la jerarquía católica tras la polémica edición de *Informaciones de 1556* realizada por Andrade al exigir una nueva edición "con prefacios, notas y apéndices críticos, históricos y legales que hagan ver al lector el verdadero sentido que el documento tiene, refutando y condenando la proterva, descabellada intención del autor anónimo de la edición fraudulenta".[46] El agente elegido fue Fortino Hipólito Vera (1834-1898), vicario de Amecameca y prebendero del cabildo colegiado del Tepeyac. Un prominente laico católico lo retrató como "hijo de padres más ricos en virtudes que en fugaces bienes de fortuna", criado en medio de la pobreza rural, aunque mantenido por "los santos ejemplares de una familia humilde y piadosa". Educado en el viejo colegio de San Juan de Letrán y luego en el Seminario Conciliar de México, fue vicario foráneo en Amecameca más de veinte años, donde ocupó los edificios en ruinas del otrora convento dominico. Vera colmó los claustros de "escuelas, colegio, hospederías, observatorio, imprenta y talleres". Si bien Vera habitaba sólo un cuarto y un estudio para su provecho, se comportaba como "un verdadero padre del pueblo", a cuya casa acudía una afluencia constante de indios, de modo que vivía "como un santo y como un sabio". Lo que había de cierto tras este encomio está en parte demostrado en las obras que el sacerdote preparó para su publicación e imprimió en Amecameca. Entre ellas tres volúmenes de documentos sobre la historia de la Iglesia en México, por no mencionar las actas de sesiones de los Concilios Eclesiásticos celebrados en la Nueva España. A pesar de estar mal impresas y a menudo desordenadas en lo que a su presentación respecta, son obras que contienen materiales inestimables y dan fe de los piadosos afanes de Vera. Resulta notable que en 1880 expresara su agradecimiento tanto a José María Ágreda como a Vicente de Paul Andrade por su ayuda.[47]

Con *La milagrosa aparición de Nuestra Señora de Guadalupe* (1890), Vera cumplió con el mandato de Carrillo y presentó el texto de las *Informaciones de 1556*, tomado de "una copia manuscrita" y despojado de las ofensivas notas de Andrade. El año anterior ya había publicado por primera vez las *Informaciones de 1666*, pues Florencia sólo había dado a la luz una versión resumida, y publicado también los dos volúmenes de su *Tesoro guadalupano* (1889) en los que comentaba la creciente bibliografía sobre el tema y confeccionaba una lista de sermones panegíricos impresos.[48] En su comentario a los acontecimientos de 1556, Vera afirma que cuando Montúfar predicó el domingo 6 de septiembre, partiendo del versículo de San Lucas: "Benditos los ojos que ven las cosas que veis", el arzobispo comparaba en público la imagen guadalupana con Jesucristo, puesto que "así como portentosamente apareció en la tierra la Imagen visible de Dios en nuestro Redentor Jesucristo, así también la Imagen de la Madre de Dios se hubiera aparecido milagrosamente pintada en la tilma de un neófito". Es más, si Montúfar comparaba la imagen con sus contrapartes marianas en la catedral de Sevilla, Peña de Francia, Montserrat y Loreto, era porque sabía que, como la guadalupana, todas tenían un origen milagroso. ¿Acaso los ángeles no llevaron la Santa Casa de Nazaret a Loreto en 1294, cuya tradición y culto fue bendecida por los papas a lo largo de los siglos? En cambio, Bustamante provocó un escándalo público al sostener que la veneración a la guadalupana conduciría a la idolatría. Su iconoclasia iba en contra de los decretos del segundo Concilio Eclesiástico de Nicea de 787, que defendía el culto a las imágenes, pues "el honor de la imagen pasa al original; y el que adora a la imagen, adora al sujeto a quien representa". Por tanto, era imposible que la devoción a Nuestra Señora de Guadalupe decayera en idolatría.[49]

El mayor logro de Vera fue asentar los antecedentes históricos de la trifulca entre Montúfar y Bustamante, pues citaba una petición de los mendicantes de 1526 en la que los franciscanos y los dominicos se unían para proponer que todos los obispos de la Nueva España fueran elegidos por los re-

Fortino Hipólito Vera, obispo de Cuernavaca. Fotografía tomada del *Álbum de la coronación de la Santísima Virgen de Guadalupe*, ed. de Victoriano Agüeros (México, 1895). Cortesía del IIE, UNAM.

ligiosos y siguieran estando sujetos a sus reglas de pobreza y obediencia. Pese a su formación dominica, Montúfar afirmó su autoridad episcopal al poco tiempo de su llegada en 1554, y en noviembre de 1555 convocó al primer Concilio Eclesiástico Provincial en México, en el cual se prohibió a los mendicantes construir nuevas iglesias o conventos sin previa autorización del obispo. El Concilio también decretó que "no se pinten imágenes sin que sean primero examinados el pintor y las pinturas que pintasen", para prevenir toda representación heterodoxa. Al volver a la persona de Marcos, Vera no pudo encontrar otra alusión que el encomio de Bernal Díaz y sostuvo que el argumento negativo del silencio convenía mucho más en el caso de Marcos que en el de Valeriano, pues el último era mencionado prácticamente por todos los cronistas de la época. En ese contexto, Vera incluye el texto del *Nican mopohua* en náhuatl, español y latín.[50] Después sigue la vía habitual de las autoridades en la materia desde Becerra Tanco hasta Uribe. Una vez más su conocimiento histórico se destaca al señalar que Juan Suárez de Peralta, quien había dicho de la guadalupana que "aparecióse entre unos riscos", desempeñó una magistratura en Cuautitlán en 1556. De igual manera, en otro pasaje hace hincapié en que si bien el *Cielo estrellado* de Juan de Alloza se publica en 1655, fue escrito en Lima en 1649, y que su versión discrepante del relato de la aparición era evidente testimonio de la dependencia del autor en la tradición oral que con toda claridad precedía la publicación del libro de Sánchez en 1648.[51]

Siguiendo el ejemplo de González y de Anticoli, Vera concluye lanzando un feroz ataque contra Bustamante y sus hermanos franciscanos. ¿Por qué Zumárraga aseveró en su *Regla cristiana breve* que no hacían falta milagros en México? ¿Y por qué Mendieta escribió que: "Nuestro Señor Dios no ha querido hacer por sus siervos en esta tierra y nueva Iglesia los milagros que fue servido de hacer en la Iglesia primitiva"? Pues Motolinia confesó que muchos indios habían sido bendecidos con visiones, al escribir: "muchos de estos convertidos, dice, han visto y cuentan diversas revelaciones y visiones, las cuales, vista la sinceridad y simpleza con que las dicen, parece que es verdad". Si tal era el caso, cómo se atrevía Bustamante a condenar los informes de milagros en el Tepeyac y a poner en duda la devoción. En un pasaje extraordinario, Vera acusa a Bustamante de "profanar la cátedra del Espíritu Santo" en "su rebelión contra la autoridad de la Iglesia en la persona del diocesano, sus errores teológicos, y su saña contra los que hablasen de los milagros de Nuestra Señora". En una palabra, el fraile era un Judas "vendido por los históricos treinta dineros". ¿Acaso no había tratado de convencer al virrey y al tribunal superior de corregir los errores del arzobispo, demostrando con ello ser "más realista que el mismo rey"? Al arremeter contra la jurisdicción del prelado, había expuesto a la Iglesia ante el peligro de un cisma y debió haber sido excomulgado. Vera señala que Mendieta había elogiado las virtudes de Bustamante sin mencionar su sermón y concluye que los cronistas franciscanos de esa época eran culpables de una conspiración silenciosa, destinada a salvaguardar la reputación de Bustamante. Y concluye con la pregunta, dirigida a los franciscanos, si "sufrirá su alta reputación[...] porque uno de sus prominentes hijos levantara la bandera de la rebelión contra el origen divino de la devoción de Nuestra Señora de Guadalupe".[52]

En su *Respuesta crítico-histórica* (1892) a la versión latina de la carta de García Icazbalceta, Vera lanza un ataque aún más decidido contra los franciscanos. Para empezar, la historia de la Iglesia a través de los siglos siempre ha estado acompañada e iluminada por los milagros. ¿Por qué entonces habría de afirmar Zumárraga que Cristo ya no quería que se realizaran milagros en la tierra? Tan grave era su error que quizá fuera mejor poner su *Regla cristiana breve* en el Índice romano de libros prohibidos.[53] En todo caso, Mendieta informaba de abundantes milagros y visiones entre los indios, así que sabía evidentemente de las apariciones en el Tepeyac pero había decidido no mencionar los hechos por miedo de desprestigiar a Bustamante y a sus compañeros franciscanos. Pasando a Sahagún y a su crítica del culto a Guadalupe, Vera señala que el cronista censuró a los primeros doce franciscanos que llegaron a la Nueva España por su falta de "prudencia serpentina", pues no se percataron de que a pesar de su aparente conversión muchos indios seguían siendo idólatras. En esta crítica Sahagún buscaba difamar a aquellos frailes porque obviamente todos creían en las apariciones de la Virgen. Vera cita el edicto real del 22 de abril de 1577 que le ordenaba a Martín Enríquez confiscar la gran crónica de Sahagún, e interpreta el hecho como medida del desprestigio en que incurrió el franciscano, puesto que el suyo era "un libro castigado y bien castigado" por el patrón de la Iglesia en la Nueva España.[54]

Vera buscaba responder puntualmente a los argumentos y ejemplos presentados por García Icazbalceta, aun cuando se negara a creer que el historiador fuera el autor del *Exquisitio historico*. Los opositores a las apariciones siempre distinguieron entre la tradición y el culto. Pero de hecho era la naturaleza extraordinaria del milagro inicial lo que daba cuenta del extraordinario desarrollo de la devoción, ya que "con la antigüedad del culto probamos la antigüedad de la tradición que le ha dado origen". Vera abunda en el sermón que se predicara en el Tepeyac en 1622 en ocasión de la Natividad de la Virgen el 8 de septiembre, en el que Juan de Cepeda había calificado a Dios de "Divino Apeles" que "hizo una criatura tan bella y acabada: perfectísima desde el instante de su Inmaculada Concepción". ¿Qué podía ser esto, argüía, sino una referencia a la pintura celestial ante la que predicaba Cepeda? Al indicar que las Vírgenes del Pilar y la de Loreto celebraban sus fiestas el 8 de septiembre, recordaba el sermón predicado por Agustín de Betancurt, en el cual el franciscano aseguraba que todas las imágenes marianas celebraban su fiesta el día de la Natividad de la Virgen, pues "nacer es aparecer y el aparecer, nacer". Al igual que la guadalupana, Loreto cambió su fiesta al 10 de diciembre y Pilar al 12 de octubre. Siguiendo con las comparaciones, Vera afirma que respecto de la Santa Casa en Italia, "verdaderamente y realmente es la Casa donde el Divino Verbo se hizo carne". Los milagros sustentaban todas estas devociones, pues ¿cómo habría permitido Dios que se aceptara la noticia de tales milagros si sus respectivas tradiciones no eran relatos fieles de sus orígenes sagrados?[55]

Vera arremetía contra Bustamante de nuevo por haber osado oponerse a Montúfar, "el apóstol y rector de la Iglesia mexicana", y ahora lo acusaba no sólo de contradecir los decretos del Segundo Concilio Eclesiástico de Nicea, sino también de adoptar la iconoclasia protestante de Martín Lutero. Encomiaba a Miguel Sánchez y sugería que el *Zodíaco mariano* de Florencia "merece una medalla de distinción". Pero fue la insinuación, extraída de un pasaje de Sahagún, según la cual el relato de la aparición habría podido surgir de la experiencia de Martín Ecatl, gobernador de Tlatelolco de 1528 a 1631, a quien se le había aparecido un demonio bajo el aspecto de Cihuacóatl, es decir Tonantzin, la que concitó la respuesta más indignada de Vera:

> Sólo un espíritu diabólicamente inspirado, o un corazón profundamente corrompido, ha podido concebir esa infame conjetura de que la Aparición portentosa de Santa María de Guadalupe no es más que la transformación de una aparición demoniaca en forma de una mujer.

Esta nefanda conjetura era una afrenta a la Iglesia de México y a todos sus arzobispos, incluido Labastida, por no mencionar a "la Madre Inmaculada de los mexicanos". Por otro lado, si Valeriano hubiera fabricado su "comedia" a partir de tal fuente, ¿qué sacerdote o prelado la habría aceptado nunca?[56]

A manera de conclusión, Vera sostiene que la interpretación de *Informaciones de 1556* depende enteramente de si se opta por aceptar el sermón de Montúfar o el sermón de Bustamante, la autoridad de un arzobispo o la prédica de un fraile. El propósito del *Exquisitio historico* era:

> Extinguir la creencia y la confianza que la generación actual cifra en el bendito Paladión de Tepeyac, único vínculo de

unión; única enseña de combate, única áncora de salvación, para un pueblo trabajado, agotado por tantos infortunios, desilusionado por tantas decepciones, hostilizado constantemente por enemigos hipócritas o manifiestos que lo devoran y consumen como pudiera un buitre a su presa en disolución.

Con esta amarga exclamación, Vera expresa la unión íntima entre religión y patriotismo que siempre ha caracterizado la devoción a la guadalupana, devoción que lo llevó a condenar toda crítica de la tradición en términos de blasfemia contra "el catolicismo y el patriotismo mexicano". Ésta era la razón por la que había escrito para defender "la causa Guadalupana; causa santa, querida y bendecida por la Religión y su Pontífice sumo; causa sagrada, bajo cuyo estandarte se dan cita entusiasta los verdaderos hijos de la Patria Mexicana, para realizar el glorioso programa de Religión, Independencia y Unión". Arrebatado de fervor patriótico, este admirable sacerdote, pronto nombrado primer obispo de Cuernavaca, no se percató de que al demoler la reputación de los primeros franciscanos, entre ellos la de Zumárraga, no sólo infamaba a los fundadores apostólicos de la Iglesia de México, sino que también contradecía los elementos de la tradición guadalupana que reiteraban la amistad de Juan Diego y el arzobispo, y la influencia de Motolinia respecto de la castidad del indio.[57]

Insatisfechos con el recurso a las pruebas históricas por parte de Vera, los apologistas también buscaron invocar la autoridad papal. En *El magisterio de la Iglesia y la Virgen del Tepeyac* (1892), el jesuita italiano Esteban Anticoli cita las encíclicas papales y los decretos del Concilio Vaticano Primero de 1870 para condenar a todos los malos católicos que ponen en entredicho la verdad histórica de las apariciones de la Virgen en México. Sobre todo recurre al Sílabo de Errores, una lista de proposiciones anexadas a la encíclica *Quanta Cura* (1864), en la que Pío IX condena la afirmación de que "el Pontífice Romano puede y debe reconciliarse con el progreso, el liberalismo y la civilización reciente".[58] De igual manera, cita la declaración del Concilio Vaticano para la cual hay "un orden doble de conocimiento", que consiste en la razón natural y la fe divina. Aunque la razón emplea sus propios principios y métodos, jamás podrá imponerse a la esfera de la revelación ni podrá jamás diferir sustancialmente, en sus conclusiones, de las doctrinas enunciadas por revelación.[59] El Concilio también reitera la creencia tradicional de que la Iglesia y el papado son guiados por el Espíritu Santo y luego declara, como dogma de fe, que:

> El Pontífice Romano, cuando se expresa *ex catedra*, es decir, al ejercer el oficio de pastor y maestro de todos los cristianos, en virtud de su suprema autoridad apostólica, define una doctrina que concierne a la fe y la moral que debe observar toda la Iglesia, posee, por la divina asistencia que se le prometió en San Pedro, esa infalibilidad que el divino Redentor deseó que disfrutase su Iglesia al definir la doctrina que concierne a la fe y la moral.

Los límites precisos de la infalibilidad papal eran materia de controversia en Europa y pronto quedó claro, por ejemplo, que el Sílabo de Errores no entraba en la categoría de los pronunciamientos infalibles.[60] Con todo, lo que estas definiciones expresan en parte era la resistencia intransigente propugnada por Pío IX ante la violenta embestida del liberalismo y racionalismo contemporáneos, resistencia que se vio intensificada por la pérdida de la soberanía temporal del papado, primero en Italia central y luego en Roma.

Al comparar los argumentos de Andrade y García Icazbalceta, Anticoli cita el Sílabo de Errores y el Concilio Vaticano para aseverar que "en las ciencias naturales y estudios filosóficos" la Iglesia ejercía una "regla directiva". Posteriormente se atreve a afirmar que cuando la Iglesia enseña la doctrina, aun cuando no se encuentre en la revelación original, es infalible. En los casos específicos de la canonización de un santo o la condena de las propuestas heréticas de un libro, los fieles no estaban en libertad de dudar los hechos del caso. En México, los obispos, que gozaban de "un magisterio auténtico", insistían sin tregua que las apariciones de la Virgen a Juan Diego eran un "hecho histórico", y al verse ante esa enseñanza los fieles no podían más que aceptar su certidumbre como parte de la doctrina católica. Los argumentos basados en el silencio y la falta de documentos "nada prueban contra la Aparición y sólo manifiestan la falsedad histórica y el error teológico" de los críticos. Además, Anticoli afirma que "si el magisterio de la Iglesia nos propone como real y verdadero el hecho de la Aparición, ya es imposible que este hecho sea falso, o que no haya habido tal Aparición".[61] Aunque la aparición no podía figurar como dogma de fe, puesto que no era parte de la revelación, ostentaba una categoría de verdad que era objeto de "fe teológica", una categoría del credo que había sido definida autorizadamente por Francisco Suárez, el célebre teólogo español:

> A la fe teológica pueden pertenecer aquellas célebres revelaciones y apariciones que se leen en la vida de los santos y que son comúnmente recibidas en la Iglesia por haber dado origen a muchas fiestas y devociones, sea en toda la Iglesia universal, sea en unas provincias eclesiásticas o naciones.

De todo esto se concluía que, como el papado había aprobado el nombramiento de la Virgen del Tepeyac como patrona de México y establecido un día de fiesta con su propia misa y oficio, confirmaba la realidad histórica de la aparición. Ya la Congregación de Ritos en Roma había dado fe del milagroso traslado de la Santa Casa de Nazaret a Loreto. Además, según argumentó Carrillo y Ancona, cuando la Suprema Congregación de la Inquisición romana reprendió al obispo de Tamaulipas por oponerse a la coronación de la guadalupana, confirmó "el hecho histórico" de la aparición según se establecía en la tradición. El estado teológico de estas creencias se asemejaba al de la Inmaculada Concepción de la Virgen María antes de su definición papal en 1854.[62]

Pasando al papel de los fieles católicos, Anticoli insiste en que están obligados a ofrecer "la sumisión de entendimiento y de voluntad", y no lo que los jansenistas propusieron como "respetuoso silencio". Pues éstos en el siglo xvii distinguieron entre las cuestiones de principio correcto y las de hecho, de manera muy semejante a los católicos liberales contemporáneos de México que distinguían entre "el aspecto histórico" y el aspecto teológico, en ambos casos defendiendo su derecho a seguir su "juicio privado" o conciencia. Puesto que el autor anónimo del *Exquisitio historico* no partió de la certeza histórica como premisa de la aparición, hizo patente su "liberalismo religioso" y un "orgullo satánico", además de revelar con claridad la influencia de Muñoz, quien "por más señas era de la camada de los jansenistas". Los fieles tenían que someter su juicio a las enseñanzas de la Iglesia a fin de no incurrir en pecado mortal; no hacerlo así era proceder como un "cismático o temerario o católico-liberal". Como recordó Carrillo: *Roma locuta, causa finita.* No en vano Pío IX había calificado el liberalismo religioso de "herejía del siglo".[63]

Como la cita de Suárez demuestra, Anticoli estaba empeñado en probar que la Iglesia siempre había aceptado las revelaciones y visiones privadas, y menciona los casos del papa Eugenio cuando acogió las visiones de santa Hildegarda, Bonifacio IX las de Santa Brígida, y Gregorio XI las de santa Catarina de Siena. En el Tepeyac había acontecido la trilogía de acciones clásica que caracteriza estos acontecimientos, es decir, la aparición de la Virgen María, su revelación o mensaje y la visión de Juan Diego. También se parecía a lo sucedido recientemente en Lourdes. En ambos casos, la Virgen se había aparecido bajo el aspecto de la Inmaculada Concepción a un campesino humilde, Juan Diego en el Tepeyac, Bernardette en Lourdes. La única diferencia es que en Francia el obispo de la localidad había dado en público su aprobación sólo seis años después del acontecimiento, y en México no se había iniciado ningún proceso canónico. Con todo, en 1886 los arzobispos y obispos mexicanos declararon públicamente que las apariciones eran una tradición antigua de su Iglesia, certificando así que se trataba de "una verdad histórico-teológica".[64]

No satisfecho con esta sorprendente referencia a la infalible autoridad de la Iglesia, en 1893 Anticoli publicó su *Defensa de la aparición de la Virgen María*, en la que criticó severamente a los autores de la edición de 1891 de las *Informaciones de 1556* y luego extendió su crítica para lanzar una ofensiva contra la reputación de García Icazbalceta en cuanto a historiador y católico. Puesto que el libro estaba dedicado a Próspero María Alarcón, el nuevo arzobispo de México, "en testimonio de profundo respeto y agradecimiento", cabe suponer que el prelado había decidido soltar a su mastín italiano contra el erudito más brillante de México. Al principio el jesuita tiene cuidado de elogiar la "brillantísima victoria" de Fortino Vera sobre los críticos anónimos y nuevamente afirma el imperio de los principios teologales sobre la mera historia, ya que "si el hecho es sobrenatural de por sí y teológico por consiguiente, no puedes *en concreto* prescindir de los principios teológicos en el examen que haces de este hecho". Observó que a él mismo se le había criticado por aseverar que Benedicto XIV había sido el primero en aplicar la frase *Non fecit taliter* a la imagen de Guadalupe, empleó una sutil artimaña dialéctica para afirmar que el papa "fue el primero, no ya por prioridad de tiempo, sino por prioridad de autoridad".[65]

Pasando a la historia, Anticoli discierne tres grandes objeciones a la tradición guadalupana, la primera planteada por Bustamante en 1556, la segunda en 1794 por "el jansenista Muñoz en Madrid y el estrafalario Padre Mier en México", y ahora la tercera lanzada por "el liberalismo religioso". Al emitir esa declaración, le queda poco por agregar a lo expuesto por Vera de mejor modo. Tras reiterar su crítica a Martín Enríquez por la "bajeza de su alma", insiste en que Valeriano es el autor del relato en náhuatl en el que se basó Sánchez y que Laso de la Vega sólo lo había impreso, puesto que este último, asegura, no habría podido de ninguna manera escribir sus 36 páginas en los seis meses transcurridos entre su entusiasta encomio de Sánchez y el beneplácito causado por su propia obra. Si los anales indígenas situaban la aparición en los años 1555 o 1556, es porque estos indios no habían podido dominar las complejidades de la cronología occidental. En cuanto a la hipótesis de que la imagen había sido pintada por un indio, descarta de un manotazo a Marcos diciendo que "este Cipac o Tic-tac" era evidentemente incapaz de crear una imagen que el papado había calificado de "maravillosamente pintada", en otras palabras, de origen divino. Así pues, en todos los puntos el jesuita juzgaba los hechos y posibilidades históricas apelando a la autoridad de la Iglesia.[66]

En su interpretación de las *Informaciones de 1556* Anticoli se limita a repetir la crítica de Vera, poniendo énfasis en que estos testimonios equivalen a "la averiguación jurídica o proceso canónico". Sostiene que si las apariciones no hubiesen acontecido, la imagen de Guadalupe sería falsa y su culto supersticioso. En cuanto a Bustamante, lo tacha de "cismático predicador" que "soltó la herejía iconoclasta". Al pedir la intervención del virrey en una cuestión puramente espiritual, demostró ser más realista que los exponentes de esta doctrina en el siglo XVIII, y sin duda culpable de los errores jansenistas del Concilio de Pistoia que Pío IX había condenado en su Sílabo de Errores. El hecho de que al dejar su cargo de provincial Bustamante se hubiera retirado a Cuernavaca, supuestamente a perfeccionar su "mexicano", era una prueba inequívoca de que se le había castigado por el sermón. El único punto importante planteado por Anticoli se presenta bajo el aspecto de una interrogante: si la devoción a Nuestra Señora de Guadalupe era tan amplia como afirman los testimonios de 1556, ¿cómo era posible que la imagen hubiera sido pintada por Marcos apenas "ayer"?[67]

Donde Anticoli deja atrás a Vera es en su artero ataque contra García Icazbalceta, concitado, sin duda, en su bien fundada sospecha de que era el autor del original castellano del *Exquisitio historico*. Sin embargo, confina su crítica a la biografía de Zumárraga, señalando que Altamirano ya había comentado la ausencia en esa obra de toda mención a las apariciones, un silencio que llenaba de dolor a los "buenos mexicanos". De hecho, cita una carta del obispo de Puebla, Francisco de Paula Verea, escrita el 6 de febrero de 1880, en la que el prelado exclama: "Escribir la vida del Venerable Zumárraga y omitir uno de los principales y más graves hechos que se le atribuyen, ¿qué supone? ¿Mala fe, ignorancia, miedo a la verdad, interés ruin?" Anticoli coincide con este severo dictamen, atribuyendo la causa del mal a la negativa de García Icazbalceta a someterse al "dictamen de la Iglesia, so pretexto de la falta (supuesta) de datos contemporáneos[...] acaso piensa el autor que pueda ser histórica o filosóficamente falso lo que es teológicamente verdadero". Y si éste era en efecto el caso, entonces estaba condenado por las proposiciones del Sílabo de Errores. El jesuita concluye que García Icazbalceta "no se portó como escritor católico, y con su silencio contristó a los prelados".[68]

Con todo, Anticoli acertó sin duda al criticar al historiador mexicano por haber omitido la campaña de los obispos en defensa de los indios frente a los conquistadores y, en particular, la petición a Roma formulada por Julián Garcés, obispo de Tlaxcala, que resultó en la breve papal de Pablo III que sostenía la racionalidad y libertad de los indios y su derecho a conservar sus propiedades en cuanto aceptaran el cristianismo. García Icazbalceta ni siquiera mencionó esta intervención de la "autoridad apostólica", un silencio "inexplicable". Es más, Anticoli cita un pasaje en el que García Icazbalceta hace referencia al "derecho de Conquista, que antes, entonces y siempre se ha ejercido por el más fuerte[...] una ley providencial, conocida por hechos consumados". Sin embargo, tanto Pablo III como la Junta Eclesiástica reunida en México en 1546, por no mencionar a De las Casas, habían defendido "los eternos principios de justicia". Juan Ginés de Sepúlveda fue quien "se esforzó por probar los mismos errores que el Señor Icazbalceta repite". Recurriendo a su *vademecum* doctrinal, Anticoli vuelve a citar el Sílabo de Errores en el que Pío IX había aseverado que "la afortunada injusticia de un hecho ningún daño hace a la santidad del derecho".[69] La mera fuerza o violencia jamás podrá establecer los derechos. En su crítica, el jesuita demuestra indudablemente que García Icazbalceta sí había sido influido por el positivismo de la época y su énfasis social evolucionista en la lucha por la supervivencia.

En la historia oficial de los jesuitas en el México del siglo xix, se califica a Anticoli de buen teólogo, fiel a sus deberes religiosos, y de temperamento amable y humilde. Pero tenía un espíritu irascible, no toleraba las contradicciones, y a veces acometía a sus adversarios con "palabras injuriosas". En México, sus libros fueron, al parecer, bien recibidos en los círculos católicos y los obispos lo emplearon en sus esfuerzos por cambiar el oficio de la fiesta de la Virgen. Pero su intento de elaborar una justificación teológica de las apariciones no fue bien acogido en Roma, donde en 1893 el asistente del padre general de los jesuitas, al referirse a *El magisterio de la Iglesia y la Virgen del Tepeyac*, escribió: "el libro de buen Padre no me gusta, ni el estilo ni los ataques personales, ni el afán de querer demostrar teológicamente el hecho de la Aparición".[70] El jesuita exageró grotescamente el alcance de la autoridad doctrinal de la Iglesia e ignoró la autonomía moral de la historia como disciplina intelectual. El Sílabo de Errores no formaba parte de la enseñanza infalible de la Iglesia y provocaba una amplia oposición episcopal en Europa. Como apologista, Anticoli fue más notable por el vigor con el que expresó sus argumentos que por la precisión de sus conocimientos. Su ataque contra García Icazbalceta provocó un resentimiento que le valió la aplastante reprobación de un prominente obispo mexicano.

IV

García Icazbalceta, católico devoto y conservador, cayó en un estado de profunda depresión debido a los ataques contra su buen nombre consentidos por personas de la jerarquía. Al leer el libro de Anticoli, escribió: "Empecé a leer el libro, y a poco lo dejé, fastidiado de tanta necedad, suficiencia e insolencia. Con tales defensores, no hay causa buena." Protestó ante los jesuitas a propósito del sacerdote italiano cuya ignorancia igualaba sólo su impertinencia. Según José María Ágreda, "la agresión de este furioso jesuita fue causa de que desanimado este benemérito escritor, no quisiese ya continuar la publicación *Documentos para nuestra Historia*", a pesar de contar con materiales inestimables. En 1893 García Icazbalceta lamentó que el *Códice Mendieta*, que le había costado una gran suma y considerable esfuerzo, no había vendido más de diez ejemplares, y añadió: "¿Para qué gastar el calor natural y los tlacos en libros que nadie lee?" Los aparicionistas, por su parte, se regocijaban ante su decepción, ya que el obispo de Querétaro, Rafael Camacho, le escribió a Vera preguntándole: "¿Ha visto ya el otro opúsculo de R.P. Anticoli impreso en Puebla, en el cual le pone la ceniza en la frente a Icazbalceta"? De modo que, sumido en la depresión al ver semejante resultado de una obra a la que había dedicado la vida, el erudito mexicano murió en su hogar en 1894.[71]

Poco después de su muerte, en la asamblea general de las Conferencias Vicente de Paul llevada a cabo en la ciudad de San Luis Potosí en diciembre de 1894, el doctor Ignacio Montes de Oca y Obregón, el ilustrado obispo de esa diócesis, pronuncia un panegírico de Joaquín García Icazbalceta, calificándolo de "socio ejemplar", pues como presidente de la Conferencia en la ciudad de México había alentado a muchos otros a unírsele en obras de caridad.[72] También confeccionó e imprimió opúsculos sobre la devoción que tuvieron una amplia difusión. Acaudalado terrateniente de Morelos, estado donde, como advirtiera el propio García Icazbalceta, muchos hacendados cuidaban menos a sus peones que a sus animales, "tenía además una caja de ahorros, como él la llamaba, para cada uno de sus empleados", de la cual suministraba "regalos sistemáticos" para sus bodas, hijos y enfermedades, una modalidad patriarcal del seguro social. En el ámbito intelectual, recuperó la reputación de los primeros misioneros en México, en ocasiones trabajando él mismo en la imprenta, y en particular reveló la grandeza de Zumárraga. Pero, según Montes de Oca, sus logros incitaron la envidia del mundo y el diablo, lo que ocasionó que

> Disfrazado el demonio de ángel de luz, se revistió con la túnica religiosa y lo atacó como ataca la envidia, con saña, con acrimonia, con crueldad implacable. Se interpretó mal lo que había publicado y se le echó en cara lo que *no había* escrito; se calumniaron sus intenciones y se le atribuyeron lucubraciones ajenas.

A pesar de estos ataques, García Icazbalceta no replicó y, de hecho, "a la indicación de un prelado, borró un capítulo entero de la más querida de sus obras; un capítulo que le había costado largos años de estudios y desvelos". Al ver que era objeto de la crítica de los ministros eclesiásticos, de los cuales era obediente hijo, "rompió para siempre su doctísima pluma" y dedicó sus últimos años a compilar diccionarios y obras de gramática, dejando sin publicar material inestimable para la historia de la Iglesia. El obispo concluye: "aunque seglar, ejerció en la tierra un apostolado más fecundo que el de muchos llamados por Dios a más altos destinos". En una nota para la versión impresa de este panegírico, Montes de Oca señala que García Icazbalceta escribió su carta por orden expresa del arzobispo; pidió que no se la mostrara a nadie; y confirmó su fe católica sometiéndose a la autoridad del prelado en todas las cuestiones teológicas. Por su parte, el obispo advirtió que, aunque la tradición guadalupana no era un artículo de fe católica, representaba, no obstante, "una tradición antigua, constante y universal en la nación mexicana" y, por tanto, no podía contradecirla católico alguno sin incurrir en el cargo de temeridad.[73]

En su prefacio al *Tesoro guadalupano* de Vera, José de Jesús Cuevas, un distinguido laico católico, lamenta que "es nuestra historia patria un espejo azteca de obsidiana pulida, que tiene la extraña cualidad de convertir los rayos de luz que la hieren en ondas ennegrecidas y confusas, y devolver en sombras las imágenes".[74] Durante las controversias que enfrentaron católicos contra católicos, sacerdotes contra sacerdotes; la cualidad misma parecía haber invadido el culto a Nuestra Señora de Guadalupe. En una época en que la Iglesia había sido expulsada de la vida pública, García Icazbalceta logró resucitar a los misioneros mendicantes en tanto fundadores de la civilización mexicana. Mientras que Mier y Bustamante sustentaban su causa a favor de la independencia en las atrocidades de la Conquista y no tuvieron escrúpulo en culpar a Zumárraga de la destrucción de los códices y archivos indígenas, él demostró con erudición incomparable no sólo la defensa que hiciera el franciscano de los indios sino también el notable alcance de sus logros culturales. Los ensayos de Altamirano dieron fe del inmenso cambio en las actitudes liberales obrado por la publicación de las crónicas, cartas y vidas de los franciscanos. Pero su erudición de poco le valió frente a los obispos católicos empeñados en promover el culto a la Virgen de México para restablecer la influencia de la Iglesia. Para el clero ultramontano, la duda sobre el fundamento histórico de la tradición guadalupana fue una afrenta intolerable a su religión y a su patriotismo. Con la aparición de las *Informaciones de 1556*, los apologistas como González, Anticoli y Vera lanzaron un audaz ataque contra los primeros franciscanos y denunciaron con insolencia a Bustamante, Sahagún y Mendieta de iconoclasia, de regalismo y de virtual cisma. Cuando Vera sugirió que la *Regla cristiana breve* de Zumárraga debía incluirse en el Índice, condenó al primer arzobispo de México por herejía. Todos estos argumentos irreflexivos y mal ponderados derivaron de una voluntad apasionada de salvaguardar la realidad histórica de la tradición. Desde luego que en el siglo xix se tenía a la historia por una disciplina científica destinada a revelar no sólo el origen del progreso cultural sino también a desacreditar los mitos de eras pretéritas. Al participar en la controversia, los apologistas aceptaron implícitamente la primacía del método histórico y sólo cuestionaron sus descubrimientos. Tanto

García Icazbalceta como Vera se concentraron en los orígenes del culto a Guadalupe como demostración de la verdad y tuvieron poco que decir sobre su significación cultural o teológica. En aquella época nadie pensó siquiera en leer a Miguel Sánchez con cuidado o buena voluntad, y por tanto nadie pudo discernir el carácter tipológico, escriturario del relato de la aparición. Y sin embargo, cuando los apologistas lanzaron sus diatribas contra los franciscanos, los inspiraban sentimientos patrióticos similares a los que motivaron a Sánchez. Si la aparición de la Virgen ya había sido ampliamente tenida por el momento fundacional de la Iglesia mexicana, ¿para qué, entonces, honrar la memoria de los frailes españoles que dedicaron su vida a la conversión de los indios y preservaron la cultura e historia indígenas?

12. La coronación

I

El 12 de octubre de 1895, los arzobispos y obispos de México, acompañados por prelados de Canadá, Estados Unidos y el Caribe, entraron al santuario del Tepeyac para coronar a Nuestra Señora de Guadalupe. En el elaborado *Álbum* (1895) que conmemoró la ocasión, Víctor Agüeros, editor del periódico católico *El Tiempo,* señala que la coronación es "el suceso más importante y más trascendental de nuestra historia". Durante el siglo XIX la nación mexicana había sufrido más que otros pueblos, pero ya era el momento de pedirle a la Virgen "perdón por su pasado y paz por su porvenir". Las faltas habían sido muchas, pues "México es muy niño, ni un siglo tiene de vida, y ya ha dado, sin embargo, durante su corta existencia, pasos de gigante por el sendero de la maldad y los ásperos y tortuosos caminos del crimen". Apenas lograda la Independencia, México mató a su libertador, Agustín de Iturbide, expulsó a todos los españoles y permitió que las logias masónicas se apoderaran del gobierno, para enseguida sufrir "todos los horrores de una guerra civil llena de saña e interminable". Un vecino abusivo se apoderó de la mitad de su territorio. Y por si todo esto no bastara, "una apostasía oficial" desató una reforma cuyos efectos eran comparables a los de los movimientos encabezados por Enrique VIII y Martín Lutero, si bien en este caso se trataba de una apostasía del Estado y no del pueblo de México. De tal magnitud era el sufrimiento de aquellos años, que Agüeros aseveró: "no hay oración más intensa ni más ferviente que la que se

levanta desde el profundo y pavoroso abismo de la desolación". Agüeros se maravilló de la resucitada devoción católica
renovada con vigor gracias a las peregrinaciones al Tepeyac
de multitud de fieles que procedían no sólo de la ciudad de
México y sus alrededores, sino de los rincones más remotos
de la república. Cuando en 1887 se anunció la decisión de
coronar la imagen, la reacción del público fue tan entusiasta
que pareció como si una corriente eléctrica infundiera nueva
vida a la Iglesia de México. En un periodo regido por la indiferencia religiosa, "la imagen-milagro" había vuelto a llenar la
imaginación y los corazones del pueblo mexicano.[1]

Para entender los sentimientos mezclados de angustiosos
recuerdos y alegrías presentes, basta volver a 1869, dos años
después del colapso del imperio de Maximiliano, cuando se
informó a la Sociedad Católica de la ciudad de México que el
santuario del Tepeyac ya no contaba con fondos suficientes
para mantener su colegiatura, y que de la liturgia acaso sólo
podrían encargarse uno o dos sacerdotes. La religión se hallaba mermada, y los fieles cesaron de ofrendar la limosna
tradicional, de modo que "poco a poco ha ido cayendo en el
olvido el culto de la Virgen María de Guadalupe". Aunque
Benito Juárez mantuvo la fiesta nacional del 12 de diciembre, permitió que sus partidarios liberales confiscaran el capital del santuario, despojaran a la iglesia de gran parte de su
plata y joyas, y cerraran el convento contiguo de monjas
capuchinas.[2] Durante la presidencia de Sebastián Lerdo de
Tejada (1872-1876), se incorporaron las leyes de Reforma a
la Constitución, las cuales separaban la Iglesia del Estado y
disolvían las órdenes religiosas. Los jesuitas fueron expulsados de nuevo y se desterró a las Hermanas de la Caridad,
una congregación dedicada al cuidado de enfermos y menesterosos, y a la que Juárez había protegido. Incluso en
1880 Tirso Rafael Córdoba predicaba en el Tepeyac lamentando "el cuadro desolador" de la indiferencia religiosa en
México y la falta de contribuciones para la colegiatura. Había
habido una época, exclamaba, en que México seguía las enseñanzas de Cristo, en que las "leyes e instituciones y todo lo

que norma la vida pública llevaba el sello de la religión, inspirábase en su espíritu y se aplicaba a sus máximas". La desastrosa transformación efectuada en México se debía al "filosofismo, eco del grito del primer revolucionario, como llama a Satán un impío de nuestros tiempos". Y sin embargo, en la tierra donde había escrito Proudhon, la Iglesia católica vivía un resurgimiento devocional notable, de modo que Francia "nos abruma de vergüenza con sus ejemplos".[3]

Si ésta era la situación en 1880, cuando se dio el resurgimiento devocional, ¿de dónde procedieron la confiada energía y los recursos materiales que permitieron a la Iglesia de México organizar la coronación de 1895 con semejante esplendor? Parte de la respuesta ha de hallarse en la aún enigmática carrera de Pelagio Antonio de Labastida, obispo de Puebla de 1855 a 1863 y arzobispo de México de 1863 a 1891. Durante sus años de exilio, Labastida ganó la confianza de Pío IX, y en 1863 proyectó con el papa la renovación de la Iglesia de México mediante la creación de siete diócesis nuevas y el ascenso de Morelia y Guadalajara a la categoría de arzobispados. A la introducción de obispos en ciudades como Zamora, León, Zacatecas, Tulancingo, Chilapa y Veracruz pronto siguió la fundación de escuelas y seminarios diocesanos, y la formación de congregaciones de monjas dedicadas a la educación y otras labores piadosas. El éxito de estas medidas fue tanto que en los siguientes decenios se establecieron obispados en Colima, Tamaulipas, Tabasco y Culiacán. Y una mayor reorganización en 1891 determinó que Oaxaca, Durango y Linares (Monterrey) se convirtieran en arzobispados, y se fundaran nuevas diócesis en Chihuahua, Saltillo, Tepic, Tehuantepec y Cuernavaca. Si bien la autoridad que introducía estos cambios era la Santa Sede, es evidente que las iniciativas se derivaron de propuestas de la jerarquía mexicana.[4]

A la muerte de Labastida en 1891, Ignacio Montes de Oca, obispo de San Luis Potosí, pronunció el panegírico en el que describió al arzobispo como "jefe de un partido vencido y actor principal en una empresa desgraciada", es decir, la intervención francesa, señalando que había fungido como regente treinta días. Pero al percatarse de que ni Maximiliano ni los generales franceses apoyaban las exigencias de la Iglesia referentes a la devolución del capital, las tierras, y los edificios confiscados por los liberales, se retiró de la vida pública para entregarse enteramente a su ministerio pastoral. Tras su regreso a México en 1871, Labastida previno a los católicos de no recurrir a la oposición violenta contra las medidas anticlericales de Lerdo de Tejada. Gracias a su prudencia y buen juicio se pudo alcanzar un acuerdo tácito con Porfirio Díaz, que le permitía a la Iglesia renovar sus actividades educativas y construir iglesias sin intervención gubernamental. De hecho, cuando Labastida celebró su quincuagésimo aniversario sacerdotal en 1889, Carmen Romero Rubio, esposa del presidente, asistió a la ceremonia en la catedral.[5]

Pero los obispos y el clero habrían logrado poco de no haber contado con la contribución, tanto financiera como social, del laicado católico. Entre ellos se encuentra la persona ejemplar de José de Jesús Cuevas (1842-1901), un acaudalado abogado y terrateniente, secretario particular de Maximiliano. Tras la victoria liberal fundó Sociedades Católicas en las principales ciudades de la república, fungiendo de presidente a nivel nacional. También fundó tres periódicos católicos y patrocinó otras publicaciones dirigidas a los indígenas y a los niños. En 1873, fue electo diputado al Congreso por Maravatío, pero fue expulsado sumariamente cuando se negó a jurar las leyes de Reforma. Estableció una fábrica de hilados de algodón en Xalapa, escribió un estudio sobre Sor Juana Inés de la Cruz, y también varias obras de teatro. Viajando en ferrocarril y barco de vapor, visitó Estados Unidos y Europa, estuvo en Tierra Santa y fue recibido en audiencia por Pío IX.[6] México contaba con una pequeña pero influyente casta de acaudalados y fervientes católicos que actuaban como fieles coadjutores de los obispos y el clero.

Para dar una idea de los sentimientos que animaban al laicado culto de la época, basta hojear *La Santísima Virgen de Guadalupe* (1887) en cuya dedicatoria al arzobispo Labastida, Cuevas expresa sus prevenciones de que la corona-

ción fuese recibida públicamente con blasfemias y escarnio.
Además, asevera desafiante que los únicos dos periodos acep-
tables en la historia del México independiente habían trans-
currido cuando el país estaba gobernado por emperadores
devotos de Guadalupe, cuando el pueblo celebró "el advenimiento de Maximiliano de Habsburgo al trono de Iturbide y
Moctezuma". De igual manera, subraya que Morelos y otros
líderes insurgentes honraron a la patrona de México, por no
mencionar a los héroes conservadores, Miramón, Osollo y
Mejía, opositores a la Reforma liberal. Tampoco debía olvi-
darse, añade, que en la sala capitular de ese santuario se
había firmado el Tratado de Guadalupe Hidalgo (1848), que
si bien significó una dolorosa pérdida de territorio, salva-
guardó la independencia de México. De hecho, la influencia
de la Virgen había evitado a México un despojo territorial
aún mayor e impedido que el país padeciera "esas demago-
gias monstruosas y despotismos nefandos" que tan a menudo se presentan en Centro y Sudamérica. Pese a sus opiniones
conservadoras, Cuevas tacha a los conquistadores españoles
de "lobos rabiosos" que habían tratado a los indios como
animales antes de que la sublime intervención de la Virgen
garantizara la conversión indígena y la humanización de los
conquistadores. No obstante, hace hincapié en que cuando
la Virgen le ordenó a Juan Diego que llevase las flores y la
imagen a Zumárraga, le había enseñado a los indígenas "el
prodigioso e inmutable orden de la jerarquía cristiana", lo
cual significaba que se le debía más reverencia a un obispo
que a los frailes.[7]

Si bien Cuevas ahonda en la tradición guadalupana, no
añade nada nuevo además de destacar el añejo argumento
olvidado durante las controversias de los años ochenta del
siglo xix, según el cual "la más irrefragable prueba del milagro
es la Imagen misma [...] la fisonomía [...] sin dejar de ser judía,
es al mismo tiempo azteca". Después de repetir las observaciones de Miguel Cabrera sobre la complejidad de las técnicas
artísticas de la imagen, añade:

> Es, por decirlo así, la efigie de la Santísima Virgen transforma-
> da en azteca, sublimada hasta el último grado que puede al-
> canzar la belleza de esa raza [...] tiene algo de las antiguas
> imágenes griegas y orientales, de las primitivas pinturas lati-
> nas, de las imágenes de la Edad Media [...] de las pinturas
> egipcias y las aztecas.

Tan universal es su belleza, sostiene, que obviamente su origen es milagroso, como también lo es la devoción que despierta.[8]

Pese a su alegría ante la anunciada coronación, Cuevas es
presa del desaliento por la condición de su país. El fraudu-
lento ejemplo de "un vecino injusto y malevolente" había
precipitado a México en "una federación imposible y una
democracia irrisoria". En el periodo en el cual escribe esto,
Estados Unidos se había ya convertido en una nación aún
más rica y poderosa, con empresas que llegaban hasta México, de modo que "el mexicano no puede ser en su propia
patria, más que jornalero o funcionario". La república no
gozaba de verdadera libertad religiosa ni de prensa; había
pocos empleos y aún menos justicia. A todo esto se consuela
asegurando que "México es hoy más universal, sincera y firmemente católico que hace treinta o cuarenta años".[9]

Si el resurgimiento de la Iglesia en México podía explicarse en parte por la colaboración entre los obispos y el laicado
conservador, ¿de dónde había surgido la iniciativa de coronar la imagen? En efecto, en 1740, Lorenzo Boturini había
obtenido una licencia del cabildo eclesiástico de San Pedro
para llevar a cabo la ceremonia, pero esto no pasó de ser
una curiosidad histórica. Como casi todo lo ocurrido en México
a finales del XIX, la inspiración provino de Europa. En 1858 la
Virgen María apareció ante Bernardette Soubirous en Lourdes, diciendo: "Soy la Inmaculada Concepción", sólo cuatro
años después de que Pío IX definiera esa doctrina como
dogma de fe católica divinamente revelado. En 1862, tras
escuchar los testimonios y conducir una indagación en for-

ma, el obispo de la localidad reconoció la veracidad de las apariciones y autorizó la construcción de una pequeña capilla. De allí en adelante, la devoción se difundió prontamente y miles de peregrinos llegaron en busca de una cura a sus males. El papa bendijo el culto y fue tal su atractivo popular que al poco tiempo se erigió una enorme iglesia. En 1876, una antigua imagen de la Virgen de Lourdes fue coronada en una impresionante ceremonia a la que asistieron 35 obispos, tres mil sacerdotes y más de cien mil laicos. Ya entonces la Iglesia francesa sufría la embestida de un agresivo republicanismo secularizador, así que empleó todos los medios de comunicación, como los ferrocarriles y la imprenta, para promover el culto.[10] Sin embargo, a diferencia de anteriores devociones, a los peregrinos les atraían más los poderes curativos de las aguas benditas gracias a la presencia espiritual de la Virgen que la expectativa de los milagros obrados por una imagen taumatúrgica. La fama de las curas milagrosas en Lourdes se extendió muy pronto en el orbe católico y se consideraron señal irrefutable del renovado poder espiritual de la Iglesia.

La coronación en México estaba vinculada al ejemplo francés porque José Antonio Plancarte y Labastida (1840-1898), quien dirigió todo el proyecto, había sido educado en Europa, y de hecho había peregrinado a Lourdes en 1877, sólo un año después de la coronación de aquella imagen. Plancarte y Labastida acompañó a su tío el arzobispo a Inglaterra en 1856, donde pasó seis años en el Saint Mary's Oscott, un seminario cercano a Birmingham, al que también asistía el joven Montes de Oca. Después, completó su educación en la Universidad Gregoriana de Roma, y en 1862 asistió a las fastuosas ceremonias en San Pedro que celebraron la canonización de los mártires de Nagasaki, entre los que figuraba Felipe de Jesús, el primer santo mexicano. Tras su ordenación se le concedió una audiencia privada con Pío IX, en la que prometió que de regreso a México enviaría estudiantes talentosos al recién establecido Colegio Pío Latinoamericano, y de igual modo juró "unirme a la Santa Sede en pensamiento, palabra y obra toda mi vida". Plancarte y Labastida fue un papista devoto que dedicó sus esfuerzos a la renovación de la Iglesia mexicana.[11]

A pesar de sus relaciones eminentes, Plancarte fue quince años párroco en Jacona, una aldea cerca de Zamora, tierra natal de su tío y su familia. Allí fundó colegios de niños y niñas, un orfanato, e incluso importó rieles de Inglaterra para unir Jacona y Zamora con un transporte tirado por mulas. Poco después de su regreso fue multado y encarcelado dos meses por atreverse a efectuar una procesión en las calles durante Semana Santa. Su actividad concitó el disgusto del obispo que, en 1876, cerró el colegio de niños en Jacona. A partir de entonces, encabezó una expedición nada menos que de 17 estudiantes a Roma, para unirse allí con otros cinco que ya había enviado al Colegio Latinoamericano. La iniciativa fue exitosa y varios de ellos se convirtieron en prelados, como José María Mora y del Río, arzobispo de México (1909-1928), Francisco Orozco y Jiménez, arzobispo de Guadalajara (1913-1936), Francisco Plancarte y Navarrete, arzobispo de Monterrey (1912-1920), y Juan Herrera y Piña, arzobispo de Monterrey (1921-1927), por no mencionar a dignatarios menores. En 1879, Plancarte obtuvo la bendición papal para fundar una nueva congregación de monjas, denominada Hijas de la Inmaculada Concepción de Guadalupe, para la cual reclutó a las maestras del colegio de niñas en Jacona. Después de un lamentable altercado con José María Cázares, el autoritario obispo de Zamora, fue empleado por su tío como rector del seminario diocesano de México y llegó a ser un predicador popular en la capital, recaudó fondos para erigir una iglesia dedicada a San Felipe de Jesús, en la que el sagrado sacramento estuviese siempre expuesto como plegaria ofrecida para la expiación de los pecados de la humanidad. Plancarte se unió a su tío y al arzobispo de Morelia para coronar la imagen de Nuestra Señora de la Esperanza en Jacona en 1885, y cuyo santuario había renovado.[12]

Cuando Plancarte comenzó a planear la coronación descubrió con el arzobispo que el santuario del Tepeyac necesi-

Silvio Capparoni, *El abad José Antonio Plancarte y Labastida*, óleo sobre tela, fotografía de Jesús Sánchez Uribe. Museo de la Basílica de Guadalupe, ciudad de México. Cortesía de Jorge Guadarrama.

taba de una renovación a conciencia si se pretendía brindar un entorno adecuado a la magna celebración. Cuando empezaron las obras, en abril de 1887, la primera tarea fue remover los sitiales del coro que, siguiendo el estilo español, se encontraban en medio de la nave. Después se demolió el elegante retablo neoclásico de mármol y bronce diseñado por Manuel Tolsá e instalado entre 1826 y 1836. Sin embargo, mientras continuaban las obras, se descubrió que las bóvedas presentaban profundas grietas, por lo cual se hizo necesario hundir pilotes de madera de cedro en el lodo sobre el que reposaba la iglesia a fin de reforzar los cimientos. Para albergar a los canónigos desplazados se construyó un pequeño ábside tras el altar mayor, que no fue de su agrado. Para ampliar la imagen se erigió sobre el altar un dosel de bronce, copia de la obra maestra de Bernini que está en San Pedro. A cada lado del altar de mármol se colocaron figuras de Juan Diego y Zumárraga, talladas con el mejor mármol italiano de Carrara. En la nave principal se insertó una cripta somera, ornada con la figura arrodillada del arzobispo Labastida (ya entonces fallecido), también de mármol italiano. Las paredes del santuario se ornamentaron con cinco grandes pinturas que retrataban, respectivamente, a los franciscanos que convertían a los indios en presencia de la Virgen de Guadalupe, rodeada de ángeles; la procesión encabezada por Zumárraga para instalar la imagen en la primera capilla; la presentación de la copia de Miguel Cabrera ante Benedicto XIV; cuatro comisionados que prestan juramento ante el arzobispo Vizarrón en 1737; y la obtención en 1666 de testimonios indígenas y españoles. El importe total de semejante renovación se desconoce, pues si bien el *Álbum* reproduce una lista de contribuciones desglosadas por la diócesis cuyo total era de 241 800 pesos, no se había incluido el dinero recaudado en la arquidiócesis de México.[13]

También el dinámico Plancarte comisionó el diseño de la corona a Edgar Morgan en París. Para financiar la operación convenció a un selecto grupo de damas de familias acaudaladas de que le confiaran sus joyas favoritas, al parecer con la esperanza de que se emplearían para adornar la corona, según se supo posteriormente. Sin embargo, Plancarte vendió las gemas en París y con las ganancias compró una espléndida corona decorada con los escudos heráldicos de los seis arzobispados de México, bajo los cuales se encontraban los veintidós medallones de las diócesis. Sobre el cuerpo de la corona, "Méjico" destacaba prominentemente en una esfera (orbe), la cual remataba con un águila portadora de la cruz. Puesto que un objeto tan costoso pronto se mancharía en el ambiente húmedo de la ciudad de México, una corona de plata adornada con piedras preciosas del país se fabricó en la capital siguiendo el mismo diseño, con un costo de 2 000 pesos, y se exhibió sobre la imagen todo el año.[14]

La renovación del santuario tardó varios años, pero la coronación se retrasó aún más porque los obispos mexicanos solicitaron a Roma alterar la redacción del oficio litúrgico empleado en la fiesta de la Virgen. El propósito era la eliminación de las objetables y mitigadoras expresiones "dicen" y "parece" en la descripción de la imagen y las apariciones. Pero la aprobación se retrasó porque Vicente de Paul Andrade se oponía al cambio y envió a Roma el *Exquisitio historico*, la versión en latín de la *Carta* de García Icazbalceta. En respuesta, los obispos enviaron una declaración colectiva de cincuenta páginas en la que defendían la tradición guadalupana y la petición.[15] También emplearon una traducción latina del *Nican mopohua* publicada en 1887 por Agustín de la Rosa, acompañada de una apología de la tradición en ese idioma.[16] Esteban Anticoli preparó el texto del nuevo oficio con ayuda de un canónigo de Guadalajara y, como habría de confesar después, la solicitud resultó muy favorecida por parte de tres jesuitas romanos a quienes él mismo había entregado respuestas convincentes a todas las objeciones que había planteado "el abogado del Diablo".[17]

A resultas de las negociaciones, en marzo de 1894 la Congregación de Ritos aprobó un nuevo oficio en el cual se afirmaba que la Virgen María había aparecido ante Juan Diego en 1531, "según tradición antigua y constante", y que "la imagen de Santa María en la misma forma que se había aparecido en el Tepeyac se ve hoy día maravillosamente pintada en la capa del indio Juan Diego". Francisco Plancarte y Navarrete, sobrino de José Antonio Plancarte, doctorado en la Universidad Gregoriana y por tanto familiarizado con el estilo romano de lidiar con tales asuntos, fue pilar fundamental en la obtención del nuevo oficio. Su tío escribió para felicitarlo: "Has merecido bien de la Iglesia, de la patria y la familia. Has grabado más indeleblemente nuestro apellido en los anales de la santísima Virgen de Guadalupe."[18]

Aunque el arzobispo Labastida falleció en 1891, su sucesor, Próspero María Alarcón (1891-1910), continuó apoyando el proyecto de coronación y a su director, aun cuando en abril de 1895 los canónigos del colegio del Tepeyac firmaron una protesta colectiva contra el elaborado plan de ceremonia, argumentando que "no debía ser coronada la imagen porque ya Dios la había coronado".[19] Sin embargo, el 8 de septiembre de 1895, Plancarte fue nombrado abad del colegio y elegido obispo de Constancia *in partibus infidelium*. Las ceremonias que ahora dirigía no pudieron haber sido más espléndidas. Debido a las leyes de Reforma, la Iglesia tenía prohibido organizar procesiones públicas por las calles de la capital. Pero, la falta de espacios públicos se vio más que compensada por el tiempo, todo un mes de octubre, en el cual llegaron peregrinos en tren procedentes de las diócesis de toda la república y, en consecuencia, cada día estuvo marcado por una misa solemne, un sermón y actividades litúrgicas menores. Toda la Iglesia mexicana se movilizó entonces para rendir homenaje a su patrona, aunque *El Reino Guadalupano*, una revistilla, protestó que "la Virgen de Guadalupe, nuestra compatriota, nuestra Madre, nuestro Amparo, no quiere ser americana; es nuestra, sólo nuestra", al saber que Plancarte había invitado a obispos extranjeros a participar en la celebración.[20] A pesar de todo, el veintidós de octubre se reunieron en el santuario los 22 arzobispos y obispos mexicanos, catorce prelados de Estados Unidos, y otros tres de Quebec, La Habana y Panamá. La llegada de extranjeros

Gonzalo Carrasco, SJ, *Vista de la fiesta de la coronación pontificia de la Virgen de Guadalupe el 12 de octubre de 1895*, fotografía de Jesús Sánchez Uribe. Museo de la Basílica de Guadalupe, ciudad de México. Cortesía de Jorge Guadarrama.

creó una conmoción en la ciudad de México, puesto que no fueron albergados en hoteles, sino hospedados en "las casas de todos los católicos acomodados de nuestra culta sociedad". Gracias a la intervención del obispo de Chilapa, Ramón Ibarra y González, también se invitó a participar a un grupo de indígenas con la condición de que vistieran sus atuendos tradicionales, de modo que veintiocho indígenas de Cuautitlán, tierra natal de Juan Diego, presenciaron la coronación vestidos "con su traje propio, con la mayor limpieza".[21]

Concluidas las celebraciones se ofreció un banquete de agradecimiento a Plancarte, el cual aprovechó la ocasión para afirmar que la magnificencia de las ceremonias había demostrado ante todo el mundo que "México es un país eminentemente católico" y que "sus hijos constituyen un pueblo eminentemente guadalupano". ¿Acaso no era este resurgimiento del fervor religioso un augurio de que finalmente México estaba destinado a convertirse en "una nación feliz, poderosa y grande"?[22] La coronación expresó el resurgimiento público de la Iglesia de México tras la prolongada agonía de la Reforma liberal y la Intervención Francesa. Durante la guerra civil de aquellos años se había acusado de traición a los obispos mexicanos: culpables de haberse involucrado con un príncipe extranjero y sus ejércitos europeos. Sin embargo, ya en 1895 los obispos nuevamente sostuvieron que hablaban y se comportaban en nombre del pueblo de México al rendir homenaje a la Virgen del Tepeyac. Con todo, al comparar este acto con la previa aclamación de Guadalupe como patrona, se advierte de inmediato una diferencia relevante. En 1746 los ayuntamientos y los cabildos eclesiásticos habían sido los encargados de comisionar a los cuatro delegados, dos laicos y dos sacerdotes, para prestar el juramento de aceptación de Guadalupe como patrona principal de la Nueva España. En 1895, debido a la separación de Iglesia y Estado, la coronación se celebró con los obispos mexicanos sin consulta formal al laicado ni a la autoridad civil. Además, en 1746 las sociedades constituidas del México católico, tanto civiles como eclesiásticas, habían asumido la autoridad de elegir a su patrona, y sólo después de concluido el asunto buscaron la autorización de Roma. En 1886, en cambio, los arzobispos pidieron permiso a la Santa Sede para seguir adelante con la coronación. Lo que la comparación revela es la diferencia entre una sólida sociedad católica que engendró un culto mariano característico de la Nueva España, y una jerarquía mexicana que ostentaba su dependencia de Roma para evitar toda intromisión política o influencia laica.

II

A lo largo de todo el mes de octubre de 1895 se predicaron sermones en el santuario del Tepeyac en nombre de las diócesis y las órdenes religiosas de la república. Los textos se imprimieron en el *Álbum* preparado por Victoriano Agüeros y en su conjunto presentan un compendio notable de las doctrinas teológicas, la experiencia histórica y los sentimientos patrióticos evocados por la Virgen mexicana. En el sermón inaugural, Fortino Hipólito Vera, en ese entonces primer obispo de Cuernavaca, encomió al arzobispo Labastida por su valor al organizar las ceremonias en las que la imagen de Guadalupe sería coronada reina de una ciudad y de una nación. También elogió a José Antonio Plancarte, "el hombre providencial" que de manera exitosa había concluido la renovación del santuario.[23] Sin embargo, para medir la hondura de sus sentimientos, lo mejor es examinar el sermón que Vera predicara ante la imagen en la capilla capuchina el 12 de diciembre de 1890, pues fue entonces cuando alabó a la Virgen llamándola "Arca del eterno Testamento, reconciliando al cielo con la nación mexicana". ¿Acaso no era ella la mujer del Apocalipsis, trabada en eterna batalla contra Satanás, ya en la forma humana de la idolatría o del ateísmo moderno? En su calidad de historiador y apologista se dedica a demostrar que la aparición de la imagen milagrosa era "una de las tradiciones eclesiásticas mexicanas que descansa en los más sólidos fundamentos". Como ningún católico podía negar las doctrinas de la resurrección de Cristo y de la Asunción de la Virgen, tampoco ningún católico mexicano podía negar "el origen celestial de esta bellísima pintura", que era "la imagen más acabada de la Inmaculada Concepción de María". La primera "ermita" había sido construida por Zumárraga y desde entonces el culto reposaba sobre una "verdadera e incontestable tradición". Aunque misioneros como De las Casas y Zumárraga defendieron a los indígenas de la explotación de los conquistadores, en realidad gracias a la intervención de la Virgen, más que a sus esfuerzos, Pablo III se pronunció en favor de la racionalidad y libertad de los indígenas. A partir de entonces, españoles e indios acudieron al cerro del Tepeyac, de modo que "fue este santuario como el lugar de cita para reconciliarse vencedores y vencidos", proceso del que habría de surgir "la actual nacionalidad mexicana". Y aunque los trastornos del siglo xix y el influjo del ateísmo proveniente del extranjero han llevado a muchos a temer que "México sea borrado del catálogo de las naciones", la devoción a Nuestra Señora de Guadalupe crece, y gracias a su protección la "nacionalidad mexicana" y la "patria mexicana" están a salvo. Como siempre, la unión entre religión y patriotismo fueron una característica constante de tales sermones.[24]

José de Jesús Ortiz, el primer obispo de Chihuahua, exclamó que "venidos de lejanas tierras cuando traspasamos por primera vez los dinteles de este recinto sagrado", hemos gozado la misma experiencia que los peregrinos al entrar en Tierra Santa. Caminar donde caminó Cristo u orar donde se apareció la Virgen constituyen una experiencia inolvidable de los lugares sagrados. Como dijo Jacob al ver la escalera de ángeles en Bethel, "Qué temible es este lugar". Como advierte el obispo, las obras de Dios genuinas pasan por tres etapas: "humildad y a veces desprecio en sus principios; lentitud en su desarrollo; y admirable fecundidad en sus resultados". Dios siembra la semilla, espera pacientemente a que crezca el cultivo, y finalmente cosecha abundantes frutos. Ortiz declara que Dios eligió a España para traer el Evangelio a México y luego permitió la aparición de María para que confirmara "la misión providencial de la nación conquistadora y cubrir así bajo el manto de su patrocinio a la raza conquistada". En el santuario del Tepeyac habrían de hallarse las Tablas de la Ley y el Arca de la Alianza que unían a María con México, de modo que la celebración de su culto era una medida del "verdadero progreso y el sólido engrandecimiento de la patria". Sin embargo, el obispo reconcoce sin reparos que, desde la Independencia, el país se ha visto desgarrado por la guerra civil, la inmoralidad pública y la infidelidad, y que prácticamente no se ha hecho nada por ayudar a los indígenas, la "raza predilecta" de María.[25]

El obispo de Colima, Atenógenes Silva, se expresa en iguales términos al anunciar que ha venido al Sinaí mexicano a contemplar "la zarza que arde sin consumirse" y "a leer las leyes y los destinos de mi patria, no en tablas de piedra, sino en el sublime monumento del sobrenaturalismo guadalupano". Gracias a su aparición, María no sólo convirtió a los indígenas, sino que estableció "la ley fundamental de nuestra historia, punto de partida y base de la civilización mexicana". Nuestra Señora de Guadalupe debe regir la constitución social del país y dar la pauta para las artes y la ciencia. Cuando los mexicanos llegaron al Tepeyac en calidad de peregrinos, estaban unidos en su mente y en su corazón, unidos por un mismo amor, de modo que "la coronación es el plebiscito solemne del reinado religioso social de María Santísima en México". Con esa aseveración Silva parece hacer eco no sólo a las palabras de Miguel Sánchez, sino también a las de Ernest Renan, que definen la nación como un diario plebiscito.[26]

Un dominico español, Rafael Menéndez, recuerda que la conversión de México se consumó por la gloriosa labor de los franciscanos y los dominicos que predicaron el Evangelio a los indígenas. En una época en que Martín Lutero, aquel Dragón del Apocalipsis, había devastado Europa mediante la herejía y la guerra, España, "la nación elegida", defendió la fe católica en Europa y promovió su expansión hacia el Nuevo

Mundo. Como resultado, la imagen de Guadalupe en México puede ya situarse junto a las imágenes marianas de Montserrat, del Pilar, Loreto y Lourdes.[27] El jesuita Manuel Díaz Rayón expresa una idea similar, y recuerda que Benedicto XIV y León XIII aplicaron a esa imagen la frase tomada del Salmo 147, *Non fecit taliter omni natione*. Pero esa alabanza puede aplicarse a otras imágenes, pues "Loreto es el *non fecit taliter* de Italia", y en Francia, donde la doctrina de la Inmaculada Concepción encontró semejante acogida, Lourdes era su *non fecit taliter*. En cuanto a España, ésta cuenta con la célebre imagen de Pilar en Zaragoza, por no mencionar la Guadalupe de Extremadura. Concluye con figuras bíblicas conocidas, comparando el Tepeyac y su imagen con el Templo de Salomón y a los mexicanos con los israelitas, puesto que "¿no tenemos también nosotros, por ventura, nuestro Templo, nuestra Arca de la Alianza, nuestros libros de la Ley?"[28]

Francisco Campos, secretario del obispo de Tulancingo, ilustra la apremiante atracción ejercida por la tipología bíblica al declarar que ha venido al Tepeyac a contemplar una imagen que San Juan había visto en Patmos, albergada en un santuario apenas comparable al Templo de Salomón en el Monte Sión. Pero ha venido con peregrinos a celebrar el sacrificio de la misa, la conmemoración del sacrificio de Cristo en el Calvario en presencia de María. En cuanto a su "celestial pintura", acaso no sea "el Arca de la Alianza", puesto que "es y será siempre para los mexicanos lo que para Moisés la zarza de Horeb, que ardiendo sin consumirse, era el propiciatorio donde Dios comunicaba con su siervo". Así como Moisés sacó a los hijos de Israel de Egipto, María sacó a sus hijos mexicanos de la idolatría en 1531. Si María les ha dado a los mexicanos la "civilización cristiana" y la independencia nacional, su imagen de Guadalupe aún constituye "la señal sensible de la alianza que con el cielo ha celebrado la nación, y la credencial más auténtica de que siempre esta Divina Señora nos mirará como hijos".[29]

El tono no es tan halagüeño en todos los sermones. Antonio J. Paredes, en nombre de los sacerdotes de la ciudad de

México, asevera que la sangre de sus mártires siempre ha sostenido, y la deserción de sus hijos infieles afligido, a la Iglesia a lo largo de su historia. A pesar de los esfuerzos mendicantes no se había logrado progreso alguno en la conversión de los indios hasta la aparición ya que "la misma Virgen María de Dios quiso ser nuestro apóstol". ¿Y qué había sido la Iglesia bajo el yugo español sino un forcejeo continuo entre virreyes y obispos, entre clero secular y regular? Además, desde la expulsión de los jesuitas en 1767 hasta la incautación de los fondos de la Iglesia y el cierre de los conventos de la Reforma liberal, el clero ha sido objeto de persecución, de tal suerte que precisaba del "arpa de Jeremías para pintar los dolores de esta Iglesia mártir". Y sin embargo, a pesar de estas aflicciones, la Iglesia triunfa en su derrota y se glorifica en la humillación y acrecienta otra vez su fuerza con todas las diócesis e iglesias recientes. Si vuelve la persecución la Iglesia perdurará y, por el sufrimiento, renovará su crecimiento.[30]

Otra nota discordante la dio José María Villaseca, quien en nombre de las misiones de los padres josefitas afirma que por toda la república, tanto en el norte como en el sur, todavía hay muchos indios sumidos en la idolatría, viviendo como animales. ¿Acaso el obispo de Puebla no había admitido en días recientes que en las montañas de su diócesis, "hay salvajes, hay indios idólatras"? Lo que falta son plegarias, pero también contribuciones para financiar las misiones de pueblos en la tarahumara.[31] Sin embargo, este enfoque práctico encontró poca resonancia entre los otros predicadores, quienes preferían celebrar "esta Taumaturga Imagen" de Guadalupe como "Emperatriz de la Iglesia mexicana" e incluso citaban el ensayo de Altamirano como prueba de la importancia del culto para "la nacionalidad mexicana".[32]

Luis Silva, un canónigo de Guadalajara, expresó la esperanza de una reconciliación del clero con el gobierno. Comienza con un tema convencional, sin duda, cuando se arriesga a comparar la asamblea de obispos en la coronación con el Concilio Eclesiástico de Éfeso, que había aclamado a

María Madre de Dios. Al igual que en la antigua Jerusalén, "el Arca Santa de las grandezas tradicionales e históricas de la nación mexicana" ha entrado al santuario renovado, al nuevo Sión. En nombre de la diócesis de Chiapas recuerda que sus pueblos fueron antaño inspirados por la presencia de "aquel ángel del cielo en forma de obispo, fray Bartolomé de las Casas". Con todo, aborda un tema contemporáneo al sostener que, gracias a la aparición de la Virgen como una "hermosísima morena", no sólo se había vencido la idolatría, sino que "se asociaron los pueblos y formaron la nación; con el progreso moral y religioso vino el progreso material, posible en aquel entonces". ¿Acaso Miguel Hidalgo, el "gran padre de la patria", no luchó por la independencia bajo "su gloriosa bandera guadalupana", y que sólo pudo alcanzarse mediante la fusión de las razas? Pero a partir de entonces la influencia destructiva de la Revolución Francesa, con su injustificada traición a los principios cristianos de libertad, igualdad y fraternidad, hundió a México en una guerra civil y persecución religiosa. Y sin embargo, el catolicismo creó a la nación mexicana y el país no puede perdurar sin reconocer su influencia. Concluye apelando al progreso que puede venir de

> La ambicionada conciliación de nuestras creencias con nuestras instituciones; fundando así entre nosotros una verdadera república cristiana, en donde de la unión absoluta del pueblo mexicano, vendrá el progreso de la religión, el prestigio de nuestra nación, el respeto y veneración del poder público, el ensanche de nuestra industria, del comercio, de los bienes materiales que forman nuestras legítimas grandezas; y el porvenir en armonía con nuestro glorioso pasado, nos proporcionará una era de bienestar, en donde mañana todos seremos hermanos, todos católicos y todos felices.

En esta impresionante conclusión puede advertirse el anhelo de muchos sacerdotes: una república católica en la que Iglesia y Estado puedan presidir sobre una nación mexicana unida.[33]

La tarea de predicar ante los obispos reunidos el 12 de octubre, cuando se coronó la imagen, correspondió a Cresencio Carrillo y Ancona, obispo de Yucatán e historiador erudito de la Iglesia. Aunque la enfermedad le impidió presentarse, la versión impresa de su sermón reveló la elevada calidad de su retórica mariana. Como texto bíblico empleó el verso del Cantar de los Cantares: "Conmigo del Líbano, oh esposa, conmigo ven del Líbano." Si el pastor de Dios en la Tierra, el papa, ordenó la coronación, entonces el divino consorte de María, el Espíritu Santo, la corona reina. Aunque sólo Dios debe ser adorado, María es la más honrada de toda la creación, la reina de los ángeles y los santos, la corredentora, pues "Dios es Padre, Hijo y Esposo de María". La Virgen inspiró a Colón en su iniciativa de cruzar el Atlántico; ella lo condujo a la reina Isabel; y es la patrona a quien Colón dedicó las tierras descubiertas el 12 de octubre de 1492, día de la fiesta de Nuestra Señora del Pilar, símbolo de la Iglesia de España. En su aparición en México, prosigue Carrillo y Ancona, María se identificó con Coatlallopeuh, que en náhuatl significa "vencedora de la serpiente", título que se había asimilado al español de Guadalupe. Ella se apareció ante Juan Diego al igual que la mujer del Apocalipsis ante San Juan en Patmos, semejanza estampada en la tilma del indio y que preserva a lo largo de los siglos un milagro perpetuo.[34]

Con una hipérbole digna de Carlos María de Bustamante, Carrillo y Ancona imagina que los restos de los treinta y dos obispos anteriores de México saldrán de sus tumbas para presenciar la coronación de "la Reina del pueblo mexicano, Emperatriz Celeste de la América Cristiana… Patrona de nuestra nacionalidad y de nuestra Independencia". María, como una madre, vino al Tepeyac para poner fin a la tiranía e idolatría de los aztecas y detener las crueldades de los conquistadores españoles, buscando así unir ambas razas por medio de la religión, y así "nació la raza verdaderamente americana". Al referirse a la bandera de México, Carrillo y Ancona declara que Nuestra Señora de Guadalupe es "el águila simbólica de nuestra empresa heroica, águila que domeña y destroza con fuerza irresistible la serpiente de la perfidia contra Dios y contra la patria, la serpiente de la apostasía, de la división, de la discordia, de toda ruina y todo mal". Si el Arca de la Alianza convirtió al pueblo de Israel en una "nación libre y grande", al observar la ley de Dios, "así nosotros en esta portentosa Efigie Guadalupana, tenemos nuestro pabellón y llevamos en él nuestra Arca Santa, Arca verdadera de que sólo fue sombra y figura la antigua; Arca que nos garantiza en el seno de la verdadera Iglesia, con la presencia del Señor la posesión de la tierra prometida". Al señalar que la corona de la Virgen está adornada con doce estrellas, símbolo de las doce tribus, após- toles y puertas de la ciudad de Dios, advierte cuán adecuadas resultan para "el Arca de la divina Alianza mexicana". Con todo, el patriotismo del obispo queda sellado en su conclu- sión, cuando elogia a Nuestra Señora de Guadalupe llamán- dola "el cimiento y la placenta, el pedestal y el coronamiento de nuestra historia y nación, de nuestra Iglesia, de nuestra cultura, de nuestra Independencia y de todas nuestras espe- ranzas en el tiempo y la eternidad".[35]

Si bien estos sermones de coronación son comparables a las oraciones panegíricas que celebraron a Guadalupe como patrona de la Nueva España, revelan el rechazo absoluto de la teología neoplatónica de las imágenes sacras que los pre- dicadores del barroco tomaron de los Padres Griegos. Tam- poco se alude ni remotamente que María está presente en su imagen del mismo modo que Cristo lo está en la Eucaristía. En cambio, los predicadores compararon a María una y otra vez con el Arca de la Alianza mexicana, al Tepeyac con un nuevo Sión u otro Sinaí, y al santuario con el equivalente del Templo de Salomón. Las figuras tipológicas que Miguel Sán- chez había aplicado a la guadalupana por primera vez seguían empleándose con entusiasmo. Pero entre los predicadores pocos habían leído a Sánchez y, por ende, no sabían que él se refería a Juan Diego como otro Moisés que había bajado del Tepeyac con las tablas de la Nueva Ley, es decir, la ima- gen de Guadalupe bajo el aspecto de las flores. En estos sermones Juan Diego llama la atención sólo por su ausencia.

Desde luego que estaba presente en el santuario, como estatua de mármol, pero los predicadores no ahondaron en sus cualidades morales ni tampoco lo presentaron, en realidad, como figura de mayor interés o relevancia.

Los sermones hicieron eco de anteriores preocupaciones del mismo siglo xix al hacer hincapié en que las apariciones marcaron una disyunción radical en la historia de México, en la que la Virgen sacó a los pueblos indígenas de la idolatría para llevarlos a la tierra prometida de la Iglesia. También se subrayó el papel de la Virgen reconciliadora entre los conquistadores españoles y los indios, y por tanto promotora del surgimiento de la nación mexicana sustentada en la fusión racial. En esa invocación de la nación como corolario ideal de las apariciones, los obispos y sacerdotes demostraron hasta qué grado compartían las premisas de sus coetáneos liberales, si bien su patriotismo encontró su más requintada expresión en la certeza de que María había elegido a México de entre los pueblos del mundo para protegerlo especialmente. A pesar de que las comparaciones con Lourdes y, en menor medida, con Loreto y Pilar indicaban el empeño de los predicadores por inscribir a la Guadalupe en el florecimiento contemporáneo de la devoción mariana en Europa, todos mantuvieron la convicción de que México era una nación elegida. Muchas fueron las tribulaciones de la Iglesia mexicana; sin embargo, a Nuestra Señora de Guadalupe se debía el haber preservado la independencia de la nación, pero en ningún momento postularon que los mexicanos pudieran desempeñar una función distintiva en el destino católico del mundo. Las profecías de Carranza se habían olvidado mucho tiempo antes.

En el *Álbum* de la coronación se incorporaron efusiones poéticas y citas de la prensa. En un artículo publicado en *El Grano de Arena*, titulado "El gran día de nuestra patria", Santiago Ramírez elaboró una comparación de los acontecimientos en el Calvario y el Tepeyac, la cual, más que el sermón de ningún obispo, demostró con cuanto radicalismo podían interpretarse las apariciones.

El Calvario fue el teatro de la Redención del mundo; el Tepeyac lo fue de la regeneración de México; el Calvario manchó sus rocas con sangre, el Tepeyac purificó las suyas con flores; el Calvario inmortalizó su nombre con la historia de la muerte de un Dios, el Tepeyac tiene la historia inmortal de un pueblo; el Calvario se cubrió con las sombras de una noche anticipada para ocultar un crimen, el Tepeyac se enrojeció con los albores de una anticipada aurora para alumbrar un prodigio; el Calvario prestó su suelo para elevar en él un patíbulo, el Tepeyac regaló el suyo para construir en el un Santuario; en el Calvario las blasfemias se trocaron en alabanzas, en el Tepeyac las plegarias se truecan en consuelo; en el Calvario extasió el infiel: "verdaderamente éste era el Hijo de Dios", en el Tepeyac confiesa el incrédulo que verdaderamente ésta es Madre de los hombres; el Calvario vio perecer a Jesús, el Tepeyac vio aparecer a María; y esta dulce, esta tierna, esta divina María se constituyó en el Calvario Madre de todos los hombres, y en el Tepeyac Madre de los Mexicanos.[36]

Si se lee con atención este testimonio no se encuentra nada que resulte heterodoxo; pero la conjunción de Calvario y Tepeyac es tan atrevida como las especulaciones de los predicadores en el siglo XVIII y, por su misma pretendida equivalencia entre crucifixión y aparición, sin duda denota que el Tepeyac ha sido escenario de una nueva revelación.

III

Del 23 de febrero de 1888 al 30 de septiembre de 1895 la imagen de Guadalupe se encontró en la capilla capuchina.[37] Sólo después de instalada la imagen en el santuario, el público se percató de que la pintura había sufrido una alteración. La corona dorada que había ceñido la frente de la Virgen desde tiempos inmemoriales había desaparecido. Pero ya en 1887 José de Jesús Cuevas había advertido la decoloración; para interpretar un suceso tan extraño e inexplicable, propuso a los lectores la especie de que la Virgen había forjado al paso de los siglos un "público y solemne milagro" que confirmaba la verdad de su aparición. Luego especulaba: "¿Es éste un elocuente prodigio, con que la Virgen Santísima manifiesta que acepta la piedad y amor con que quieran coronarla las razas mexicanas?" En otras palabras, que la Virgen misma se había despojado de la corona para permitir que los mexicanos la volviesen a coronar. Pero Cuevas planteó aún otra posibilidad al preguntar: "¿Este prodigio prepara el otro milagro de que después de ser coronada por sus hijos, reaparezca con nuevo brillo la corona que antes tenía?" Es evidente que estas sublimes meditaciones no satisficieron a la prensa liberal la cual, indignada, despotricaba por el daño infligido a un monumento nacional.[38] Por su parte, los canónigos del cabildo colegiado del Tepeyac, encabezados por Vicente de Paul Andrade, protestaban amargamente y acusaban a José Antonio Plancarte de haber comisionado a Salomé Piña, un reconocido pintor de la época que participó en la renovación del santuario, para que retirara la corona. El 19 de junio de 1887 Plancarte le escribió al obispo Carrillo y Ancona: "El *inimicus homo* [el mote que le pusieron a Andrade] y compañeros, a imitación de los soldados del sepulcro, circularon la especie de que Piña y yo se la hemos borrado." Para contrarrestar los cargos, y antes de que la imagen fuera devuelta al santuario, Plancarte reunió a un grupo de testigos en la capilla capuchina, quienes juraron solemnemente ante un notario público que "ni existía ninguna corona en ella ni había traza ninguna de que la hubiera habido".[39] Ya entonces Plancarte había sido nombrado abad del colegio canónico y no encontró oposición.

Entre los sermones predicados en octubre, Carrillo y Ancona aceptó sin ambages que desde el inicio del proyecto de coronación, es decir desde 1887, la corona de la Virgen ya no se apreciaba. Siguiendo a Cuevas conjeturó que era como si la Virgen hubiese dicho: "sólo quiero vuestra corona". Tal era su poder que "aparecióse por un milagro coronada y por ventura con otro milagro se muestra ya sin corona, para llevar solamente la que ahora ofrecemos sus hijos". Éste es, sin duda, un acontecimiento celestial que sedujo la imaginación de muchos sacerdotes devotos.[40]

En su *Celeste y terrestre o Las dos coronas guadalupanas* (1895), Gabino Chávez reconoce que la corona no podía haber desaparecido por efecto del tiempo, como si el oro se hubiese desprendido, pues ya no quedaba rastro alguno. También sostiene que nadie se habría atrevido a alterar una imagen tan venerada y, en todo caso, ¿quién habría tenido la destreza suficiente para borrar la corona? Su conclusión era terminante: "no ha sido ni la naturaleza ni el arte quien ha borrado la corona; luego ha intervenido en ello la Divinidad[...] la mano de Dios" era responsable de alterar la imagen, puesto que, si Dios seguía obrando milagros en Lourdes, ¿por qué no habría de obrar uno en México? Efectivamente, se había formado una monstruosa alianza de "católicos y protestantes, y masones e incrédulos con cristianos" que negaban la aparición original, aseguraban que la imagen había sido pintada por Marcos, alias Cipac, y ahora aseveraban que la corona había desaparecido por mera intervención humana. Para Chávez, el milagro implicaba que, en un notable acto de amorosa bondad y finura, la Virgen había dejado de lado su corona celestial para permitir que sus hijos le ofrecieran una terrena. Si antes la Virgen había triunfado sobre la idolatría y los demonios gracias a su aparición, ahora confundía a los escépticos y herejes con este milagro. Pero si los escépticos se empecinaban, como cuando Émile Zola visitó Lourdes y se negó a reconocer sus curas milagrosas, ¿cómo era posible que los verdaderos católicos se negaran a aceptar "el prodigio de la desaparición de la corona del lienzo guadalupano como una confirmación de los prodigios anteriores: la pintura en tosco ayate, la viveza de los colores y la conservación de la tela a través de tres y medio siglos"? Chávez concluye expresando su esperanza de que los obispos mexicanos inicien una indagación formal del suceso para después proceder con "la canónica autorización del milagro".[41]

Sin embargo, en los meses posteriores a la coronación otra indagación ocupó la atención del arzobispo y del recién llegado delegado apostólico, Nicolás Averardi. Por un lado, José Antonio Plancarte fue acusado de haber mandado borrar la corona de la Virgen; y por otra, el obispo de Zamora, José María Cázares (1878-1908), lo denunció por conducta impropia. Los detalles del caso se mantuvieron en el mayor de los sigilos, pero sin duda fue cierto que para librar de la autoridad paterna a una candidata a monja en Jacona, Plancarte se casó con ella en una ceremonia civil, apoyado en la conjetura de que tales procedimientos no tenían validez canónica. También se alegó que había estado un breve lapso a solas con la joven. Estos cargos impresionaron al delegado apostólico y, en consecuencia, le pidió a Plancarte que renunciara a su obispado *in partibus infidelium*, nombramiento que había recibido el año anterior. Todo se basó en las acusaciones de Cázares, sin que a Plancarte se le diera oportunidad de defenderse, pues Averardi se negó a iniciar una indagatoria canónica.[42] Tras la muerte del abad en 1898, el obispo Montes de Oca pronunció el panegírico, en el cual recuerda que él y Plancarte habían estudiado juntos en el Saint Mary's College en Oscott. Lo elogia llamándolo "inspirador" de la coronación así como de la renovación del santuario, encomia su elocuencia de predicador y su establecimiento de una congregación de monjas, pero reconoce que los numerosos logros de Plancarte concitaron "las olas de la envidia, de la calumnia, del resentimiento, del rencor". En ese panegírico, sin embargo, Montes de Oca no se refiere a la controversia en torno a la desaparición de la corona de la Virgen.[43]

La labor de evaluar los logros de Plancarte en el Tepeyac quedó entonces en manos de Mariano Cuevas, el historiador jesuita de la Iglesia mexicana. Desde una perspectiva más bien del siglo xx, Cuevas lamentó que Plancarte no hubiera construido un santuario nuevo en lugar de renovar la vieja iglesia, y criticaba con severidad el altar y el dosel, calificando el diseño de "heterogéneo, exótico, lúgubre, y en su conjunto, inferior al antiguo que entonces se inutilizaba".[44] En el

Álbum histórico guadalupano del IV Centenario (1930), Cuevas apunta que Florencia había informado de los querubines añadidos al lienzo y borrados poco después. Concuerda con las observaciones de Bartolache, a la vista de todos, según las cuales los diseños arabescos en la túnica de la Virgen no seguían los pliegues de la tela y por tanto habían sido añadidos posteriormente. De igual manera, existían pruebas de que la media luna a los pies de la Virgen había sido retocada. En una mezcla de especulación y osadía, añade:

> Viéndose el nefasto retocador con su pincel mojado de oro, pensamos que se dio vuelo y se pasó de los rayos del sol a pintar esos arabescos en la túnica de la Virgen. Pintó además una dizque corona muy mal hecha, sin perspectiva y toda en un solo plano. Con el tiempo se fue casi borrando esta corona de que todavía quedaban algunos rastros por el año de 1890. Estos fueron los que algunos dicen que fueron borrados por el pintor Piña. Si tal fue, no debe haber en lo de la llamada corona ningún misterio: la pintó un hombre y la borró, porque debía borrarla por mal hecho, otro hombre. Fue, en tal caso, imprudente el hacerlo a ocultas, teniendo el Cabildo tan buenos motivos para tomar una disposición necesaria y fácilmente comprensible.[45]

A pesar de que antaño se había censurado a Bartolache por señalar las imperfecciones en la técnica artística de la imagen guadalupana, los propios apologistas se valían hogaño de esas imperfecciones para demostrar alteraciones antiguas y emplearlas como justificación para despojar a la Virgen de su corona. Años después, Rafael Aguirre, el discípulo de Salomé Piña, confesó en su lecho de muerte que Plancarte había llevado al pintor a que borrara los últimos rastros de la corona.[46] Lo que casi nunca se menciona es que el marco que guarnecía el lienzo se bajó hasta no dejar espacio sobre la cabeza de la Virgen, para disimular así los efectos de la decoloración. Es evidente que la decisión de eliminar en vez de retocar la corona, de la cual sin duda se desprendía el dorado, fue dictada por el empeño de "modernizar" la imagen y afirmar su parecido con las imágenes decimonónicas de la Inmaculada Concepción que se exhibían en Lourdes y otros lugares.

Aunque la reputación de Plancarte se vio mellada por la ineptitud del delegado apostólico, la manera en que Averardi se condujo en el caso del obispo de Tamaulipas, Eduardo Sánchez Camacho, llevó a la renuncia del prelado y a su separación pública de la Iglesia romana. Se recordará que en 1886 el obispo emitió una carta pastoral en la que anunciaba su disconformidad con la coronación. Pero cuando el Santo Oficio lo reprendió, retiró todas sus objeciones, si bien no asistió después a la ceremonias en el Tepeyac. Por su parte, Averardi recibió varias denuncias confidenciales sobre la conducta personal del obispo y las opiniones que expresaba. Es evidente que Sánchez Camacho no sentía la menor simpatía hacia Roma y sus agentes, y aconsejó a los sacerdotes de su diócesis que respetaran la Constitución de 1857 y el gobierno de Porfirio Díaz.[47] Como resultado, cuando Averardi le pidió su renuncia, escribió una carta pública que pronto apareció en la prensa mexicana en 1896. En ella señalaba que Carrillo y Ancona no reconocía que García Icazbalceta nunca había retirado sus objeciones históricas al relato de la aparición. Además, cuando el obispo de Yucatán invocaba la autoridad de Roma y comparaba la doctrina de la Inmaculada Concepción con la aparición de la Virgen en el Tepeyac, confundía un dogma universal de la fe católica con una creencia particular de México, de modo que "tal comparación me parece blasfema". Antes de poner en entredicho la coronación, la labor sacerdotal y episcopal de Sánchez Camacho era reconocida universalmente, pero desde entonces los aparicionistas lo denunciaron ante "la Inquisición Romana", y se le tachó de apóstata. En cuanto al escándalo causado, este no afectaría a los indios, que "siempre han de buscar a su Tonantzin, madre de Huitzilopochtli, no a la Madre de Jesucristo". Concluye comunicando su renuncia, y añade que se proponía "separarme de Roma y los suyos, vivir solo y olvidado en un rincón o barranco de la sierra para dedicarme a cultivar la tierra, al comercio y a la cría de ganado, a fin de atender a mis necesidades personales".[48] Semejante controversia entre católicos fue utilizada por la prensa liberal.

En agosto de 1896 los obispos se reunieron a deliberar en el Quinto Concilio de la Iglesia de México. Este no es sitio para analizar el resultado, pero sí para señalar que a los párrocos se les exhortó a fomentar la devoción a Nuestra Señora de Guadalupe y se les ordenó cerciorarse de que en cada iglesia de la república hubiera un altar y una imagen de "la Patrona, reina y madre" de México. Después de exponer los argumentos que sustentaban la creencia en las apariciones, los obispos citan tanto la autorización de Benedicto XIV como el juicio del Santo Oficio Romano de 1888, y concluyen:

> La maravillosa Aparición, sin ser dogma de fe, como pudiera interpretarse por la sencilla devoción de algunas almas piadosas, es una tradición antigua, constante y universal en la Nación Mexicana, revestida de tales caracteres y apoyada en tales fundamentos, que no sólo autorizan a cualquier católico para creerla, sino que ni aun le permiten contradecirla sin mayor o menor temeridad.

Cualquier duda posterior acerca de la realidad histórica de la tradición guadalupana se consideró impropia de los católicos comprometidos; cualquier discusión sobre las pruebas debía partir de la premisa de que la aparición sí había acontecido.[49]

El mismo año de 1896 la *Carta* de García Icazbalceta a Labastida se publicó al cabo en su versión original, en castellano, y pronto se reprodujo en la prensa mexicana. Puesto que la traducción al latín ya había sido censurada ferozmente por Vera y Anticoli, no quedaba mucho por decir acerca de sus razonamientos. A pesar de ello, Agustín de la Rosa (1824-1907) publicó una réplica comedida, evitando la acrimonia, en la que asevera que sin la aparición inicial la devoción jamás habría adquirido el extraordinario desarrollo del que después gozó. Como era de esperarse, destaca las debilidades en los argumentos históricos de la *Carta*, sobre todo la afirmación de que, antes del libro de Sánchez, la devoción casi había desaparecido. Pero en general los temas que discute de la Rosa ya habían sido agotados por otros apologistas.[50] Un año después, en 1897, Esteban Anticoli publicó otro libro sobre la Virgen del Tepeyac, en el que presenta alguna información útil sobre el desarrollo del culto a lo largo de tres siglos. En esta ocasión se abstiene de agraviar la memoria de García Icazbalceta, aunque sí reproduce el texto de su carta a Carrillo y Ancona sólo para ratificar entonces que el historiador persistió en su error al distinguir los aspectos teológicos de los históricos en el asunto, pues "la Aparición es un hecho, sobrenatural por su esencia e histórico en su existencia".[51]

Para comprender las emociones del laicado católico de aquellos años, basta hojear *La causa guadalupana. Los últimos veinte años 1875-1895* (1896), obra de Juan Luis Tercero (1837-1905), un desconocido abogado y novelista residente en Tamaulipas y acérrimo crítico del obispo Sánchez Camacho. El tono del libro es patente cuando Tercero se califica a sí mismo de "viejo sargento de la Guardia Guadalupana" y elogia a José de Jesús Cuevas llamándolo "un Bayardo mexicano", un miembro de la "aristocracia blanca" que, como macabeo, defendió "esta Arca de la Alianza mexicana".[52] En efecto, escribe como un apasionado prosélito, aseverando que los veinte años anteriores habían sido "como una resurrección" cuando los cinco grandes apologistas de la Aparición, Anticoli, González, de la Rosa, Cuevas y Vera, establecieron la tradición sobre cimientos inconmovibles. Elogia a Anticoli en especial, llamándolo gran maestro que "ha hecho que los guadalupanos nos sintiésemos invencibles". Éste no es lugar para revisar la recapitulación de las apologías de años anteriores propuesta por Tercero, pero valga señalar la comparación de Valeriano con "el Moisés de este nuevo Pentateuco[...] el Mateo y Lucas de este nuevo Evangelio", cuya breve narración describe como "la gran pirámide del gran gobernador de los indios". También sostiene que si la creencia en la resurrección de Cristo se basa en los testimonios de los apóstoles, en México "el gran argumento de Nuestra Guadalupana es el portento nunca bien ponderado de su pintura; aquí está la abundancia de la probanza de Dios [...] la gran prueba es la misma pintura". Sin embargo, a pesar de su fervor, Tercero elogia el "gran libro" sobre Zumárraga de García Icazbalceta, señalando que él nunca quiso ver publicada su *Carta* y que había retirado sus críticas en cuanto Carrillo y Ancona lo llamó a la sumisión doctrinal. Incluso cita la oración funeraria y el panegírico de Montes de Oca, en el cual el prelado, con elegantes versos, juró proteger su memoria de los insultos necios. Por lo demás, comenta el papel de Pedro Losa, arzobispo de Guadalajara, y de Rafael Camacho, obispo de Querétaro, que suministraron los fondos para la labor apologética.[53]

Tercero fue casi el único escritor de su generación que leyó a Miguel Sánchez y reiteró la comparación de Nuestra Señora de Guadalupe con la mujer del Apocalipsis, arguyendo que "tan grande milagro como el del Tepeyac, digno era de ser uno de los varios intentos proféticos del vidente de Patmos, es decir, del Espíritu Santo, *quia locutus est per prophetas* [que habla a través de los profetas]". Admite la sugerencia de Carrillo y Ancona de que la versión en náhuatl de Guadalupe era Coatlallopeuh, "la vencedora de la serpiente", y sostiene que con su aparición la Virgen había efectuado la conversión indígena como recompensa frente a las pérdidas sufridas por la Iglesia en la Reforma protestante. Puesto que la Virgen se había manisfestado en el Tepeyac como la Inmaculada Concepción, está claro que los acontecimientos en México abonaron el terreno para la promulgación de ese dogma en el siglo XIX y para las apariciones de la Virgen en Lourdes. En una notable comparación histórica, Tercero exclama: "Contra Lutero y Calvino, la Inmaculada del Tepeyac; contra Voltaire y Rousseau y los racionalistas y jacobinos de hoy, la Inmaculada de Lourdes [...]". Con estas interjecciones puede advertirse en qué medida el culto de la Virgen mexicana se vio fortalecido por el renacimiento mariano en Francia.[54]

Si bien los apologistas clericales lanzaban sus más furiosos ataques contra otros sacerdotes y católicos, Tercero reserva los peores epítetos para los "liberales" que seguían gobernando México. Lamenta que en México "el triunfo de la apostasía anticristiana, del infernal ateísmo oficial" haya prevalecido tanto tiempo, y agrega: "todo lo que tiene de odioso el Huitzilopochtli azteca, lo tiene mucho más el Huitzilopochtli jacobino". Profiere con dramatismo: "Vuélvete al infierno, Satanás, llámese Huitzilopochtli o progreso ateo, la Guadalupana, prodigio verdadero y probadísimo, te ha quebrantado con ésta dos veces la cabeza".[55] De este modo retrata la historia de México como la lucha dual entre el Diablo y la Virgen, es Satanás personificado tanto en el régimen azteca como en el Estado liberal. Por eso se celebró la coronación, sobre todo porque se efectuaba en un momento en que "México contempla angustiado la renovación de un dominio" tan opresivo como cualquier otro.

En el frenético descontento de Tercero se puede advertir la profunda herida que infligió la marginación pública de los católicos comprometidos y la orientación casi apocalíptica con la que interpretaron las divisiones políticas de su país. Este amargo sentimiento de desamparo dio cuenta de la repentina euforia causada por la coronación. Si se considera el conjunto de los textos de Tercero y Cuevas se pueden proponer conclusiones más generales. Los obispos se resistieron a la Reforma liberal con semejante intransigencia porque ellos y su grey estaban convencidos de que México era un país esencialmente católico. Pero cuando sus esperanzas se vieron traicionadas y fueron obligados al exilio, los obispos se refugiaron en Roma y desde esa atalaya proyectaron el resurgimiento de la vida religiosa. A partir de entonces, la Iglesia mexicana se distinguió por su lealtad apasionada al Vaticano y, gracias al ejemplo de Antonio Plancarte, por enviar a sus clérigos jóvenes y capaces a estudiar a Roma. Pero si bien el papado constituía el principio de autoridad infalible, la Iglesia de Francia ofrecía un ejemplo vivo de renovación religiosa, y en ningún otro lugar como en Lourdes. Las apariciones de la Virgen ante Bernardette y la profusión de milagros que confirmaban su autenticidad ofrecían una prueba incontestable de que el Espíritu Santo seguía presente y activo en la Iglesia católica. El ejemplo de Lourdes, como se declaró en tantos sermones, impulsó a los obispos mexicanos a celebrar la coronación de Nuestra Señora de Guadalupe con tal esplendor. Todas las dudas y polémicas de años anteriores se hicieron a un lado durante el repentino resurgimiento de la devoción desencadenada por el acontecimiento. Y si los liberales miraron a Francia para mejor aprender la manera de insertar la república en la civilización del siglo XIX, los obispos y otros predicadores citaron las apariciones francesas para confirmar el privilegiado destino de su país y nación, amparado especialmente por la Madre de Dios.

I

El 12 de abril de 1939, José de Jesús Manríquez y Zárate (1884-1951), primer obispo de Huejutla, emitió una carta pastoral en la que exhortaba a los prelados y teólogos de la Iglesia de México a promover la beatificación de Juan Diego. Reconoció que en todos los sermones y celebraciones dedicados a Nuestra Señora de Guadalupe apenas si se había mencionado al "indio venturoso", agregando que "apenas se puede uno explicar el lamentable olvido en que hemos tenido a Juan durante más de cuatro siglos. Como si este hombre, por ser indio de raza pura, no fuese acreedor a nuestra atención". Sin embargo, si se canonizaba a Juan Diego algún día, su elevación a los altares dignificaría "la raza indígena de México", de modo que la Iglesia y "la gran familia mexicana" se fortalecerían inmensamente con "la entrada franca y amistosa de estos nuevos hijos" en la comunidad nacional.[1] Tras renunciar a su obispado, en el otoño de 1939, Manríquez publicó un pequeño libro titulado *¿Quién fue Juan Diego?*, en el que recurría a su formación en la Universidad Gregoriana para argumentar que las *Informaciones de 1666* constituían "la prueba auténtica y jurídica de esa constante tradición" de las apariciones. Al presentar los testimonios junto con el *Nican mopohua*, publicado en 1649 por Laso de la Vega pero escrito por Valeriano en 1544, se suministraban indicios testimoniales más que suficientes para ser causales de beatificación en la Congregación de los Santos en Roma. ¿Acaso no revelaban que Juan Diego era un "hombre predestinado", elegido por María para "su misión providencial" de ser el "intercesor y medianero" entre la Virgen y el pueblo de México? El escrutinio teológico de estos registros demostró que el indígena contaba con todas las virtudes requeridas para su beatificación, puesto que no sólo respondió fielmente a las peticiones de la Virgen, sino que además dedicó sus últimos diecisiete años de vida a la oración y a ayudar a todos los indígenas que venían en busca de consejo. Manríquez sostiene que honrar a Juan Diego fortalecería a la Iglesia con la entrada de tres millones de indígenas, los cuales entonces abandonarían su persistente desconfianza frente al clero, nacida de siglos de explotación. Puesto que "el hecho guadalupano" era la base misma de "nuestra verdadera nacionalidad", la canonización posterior de Juan Diego traería "la elevación y dignificación de toda una raza, el establecimiento de una nueva nacionalidad y la creación de una nueva patria[...]". Tanto en su carta pastoral como en su libro, Manríquez justifica la apertura del proceso en Roma citando el caso de Juana de Arco, que, tras cinco siglos de olvido, fue canonizada en 1920 a resultas de una investigación histórica de su reputación y vida.[2]

La vigorosa intervención de Manríquez estaba destinada a transformar la tradición guadalupana, pues su carta pastoral era una respuesta profundamente meditada al trastorno social y al penoso conflicto entre la Iglesia y el Estado engendrado por la Revolución Mexicana de 1910 a 1929. Escribió su carta pastoral en San Antonio, Texas, donde probó "el amargo pan del exilio" nada menos que 17 años, precio que pagó por su osada resistencia a las políticas anticlericales de Plutarco Elías Calles (1924-1928) y sus sucesores. En el punto culminante del conflicto denunció al presidente públicamente, acusándolo de mentiroso y de ser un jacobino que buscaba destruir la libertad de la Iglesia. En una carta pastoral escrita en 1931, lamenta que la Iglesia se hubiera "afeado, envilecido, subyugado a los hijos de las tinieblas", padeciendo "un pleno cautiverio babilónico", protegida sólo por la Virgen de Guadalupe, "nuestra libertadora y defensora de nuestra fe y de nuestra nacionalidad". Manríquez, obispo devoto, merecedor del afecto de las comunidades indígenas gracias a la formación de catequistas indios y fundador de escuelas en los remotos valles de la Huasteca, logró que su intransigencia fuese respaldada por todos los sacerdotes y laicos que lucharon en la gran rebelión católica de 1926 a 1929, conocida como la Cristiada, la cruzada de Cristo Rey.[3]

Para entender el trasfondo de este conflicto es necesario recordar que la reconciliación entre Iglesia y Estado, proyectada con tanto cuidado por el arzobispo Labastida y por Porfirio Díaz, brindaba a los obispos la oportunidad de renovar las instituciones y las prácticas del catolicismo mexicano. La jerarquía se reunió en conferencias nacionales para pronunciarse respecto a temas sociales, y en las parroquias el clero abrió escuelas y a menudo encabezó la organización de causas caritativas. El 24 de agosto de 1910 la jerarquía obtuvo de Pío X la proclamación de Nuestra Señora de Guadalupe como patrona de toda Latinoamérica.[4] Tan evidente era la buena voluntad de Díaz, que el 17 de septiembre de 1910 un estandarte de Guadalupe, al parecer el mismo que utilizara el ejército de Hidalgo, recorrió las calles de la ciudad de México al frente de un desfile militar, el cual escoltaba un carruaje que transportaba los uniformes de José María Morelos, cuyos restos habían sido devueltos por el gobierno español. Este espectáculo fue parte de las celebraciones del Centenario de la Independencia de 1810. La ocasión también estuvo señalada por la inauguración de la imponente columna de la Independencia y el develamiento de las estatuas de Alexander von Humboldt y Louis Pasteur, presentadas respectivamente por los gobiernos de Alemania y Francia. Pero la devolución de las reliquias de Morelos fue lo que desató el entusiasmo de las multitudes, que al ver el estandarte de Hidalgo empezaron a gritar: "¡Viva la Virgen de Guadalupe!" La *Crónica Oficial* (1911) que preparó Genaro García comenta que

> no hubo quien no inclinara la cabeza ante la imagen sagrada del primer estandarte de la Independencia. La religión de la libertad fusionaba todos los credos y amalgamaba to-

das las conciencias; el amor a la patria se erguía épicamente sobre todos los amores.[5]

¿Acaso no fue la Virgen mexicana quien guió a los insurgentes padres de la patria, y desde luego a Morelos, mestizo y por tanto "representante genuino de la nacionalidad mexicana", socorriéndolos en sus momentos de abatimiento y asegurando su victoria?

Apenas habían terminado las celebraciones de 1910 cuando Francisco I. Madero se rebeló y en unos cuantos meses condenó a Porfirio Díaz al exilio, desencadenando fuerzas sociales que fue incapaz de controlar. Este no es lugar para seguir el ciclo de las guerras civiles y las luchas de poder que constituyeron la Revolución Mexicana. Baste señalar que en las elecciones de 1912 al Congreso surgió un importante partido católico, respaldado en estados como Jalisco y Guanajuato, que se opuso activamente a la presidencia de Madero, pues este se inclinaba más por el consejo de los espíritus que a escuchar el de los obispos.[6] No cabe duda que algunos católicos vieron con buenos ojos el brutal golpe del general Victoriano Huerta. Durante su breve mandato, el 6 de enero de 1914, los obispos se reunieron en la catedral capitalina para dedicar México al Sagrado Corazón de Jesús, si bien coronando la imagen del Salvador con una simbólica corona de espinas. Durante esta ceremonia, a la que asistieron dos generales, en México se escuchó por primera vez el grito "¡Viva Cristo Rey!" En este país aparecía una devoción que había crecido notablemente en la Europa decimonónica, sobre todo en Francia, donde el santuario del Sacré Cœur en Montmartre se erigió para expresar el desafío católico a las políticas secularizadoras de la tercera república.[7]

Tras la derrota de Huerta, en noviembre de 1914, el estandarte de Guadalupe volvió a recorrer las calles de la ciudad de México, aunque en esa ocasión llevado por los campesinos aliados de Emiliano Zapata. Además, muchos indígenas de Morelos fueron después a visitar el Tepeyac donde se arrodillaron en el santuario ante la madre de su país, venerando a la

Virgen como símbolo de su lucha por la justicia y la tierra. Después, cuando los ejércitos constitucionalistas encabezados por Álvaro Obregón y Venustiano Carranza tomaron la capital, el clero fue objeto de un severo hostigamiento; 157 sacerdotes sufrieron arresto, cuarenta clérigos la expulsión, y a los que quedaron se les exigió un préstamo forzoso de medio millón de pesos. Durante los años de guerra civil, muchos obispos dejaron el país o se ocultaron, y los sacerdotes de los distritos rurales se refugiaron en las ciudades.[8] En ocasiones, las iglesias fueron profanadas y otras construcciones confiscadas. El radical anticlericalismo de la victoriosa coalición del norte se vio expresado en la Constitución de 1917 que despojaba a todas las asociaciones religiosas de personalidad jurídica y por tanto negaba su derecho legal a administrar propiedades. Se prohibieron las "órdenes monásticas", al igual que cualquier intervención religiosa en la educación. Ningún clérigo podía votar, y mucho menos expresar su opinión sobre asuntos públicos. No sólo se designó al gobierno federal propietario de las construcciones de todas las iglesias, sino que las autoridades estatales tenían el derecho de regular el número de ministros e iglesias en sus respectivas jurisdicciones.[9] La Constitución sujetaba a la Iglesia católica a la política que quisiera adoptar el régimen revolucionario y despojaba a los obispos, clero e instituciones de cualquier compensación legal. Estas reformas irremediablemente desencadenaron la violencia.

Con el ascenso de Obregón a la presidencia en 1920, se hizo un esfuerzo por restaurar la estabilidad y reconciliar a las facciones beligerantes. Muchos intelectuales, encabezados por José Vasconcelos, entraron al servicio del gobierno revolucionario. Tal fue el grado de participación popular en el conflicto anterior que fue entonces imperativo difundir una ideología nacionalista para justificar tanto las guerras civiles como el carácter autoritario del régimen, mediante el apoyo de políticas como el reparto agrario y la educación pública, destinadas a integrar a las masas en la nación mexicana. Las civilizaciones prehispánicas, definidas como fundamento de la historia nacional, y las comunidades indígenas contemporáneas recibieron apoyo mediante el fomento de sus artesanías y agricultura. Sin embargo, el énfasis en el fundamento indígena de la nacionalidad mexicana iba acompañado al mismo tiempo de un anticlericalismo estridente, de tal modo que los rituales y festividades religiosos de las comunidades rurales eran condenados como obstáculos al progreso social. La Iglesia y el Estado se vieron enfrentados en una lucha a muerte, no sólo por definir la función del clero en la sociedad, sino por la fundación y el carácter mismo de la nación mexicana.[10]

Durante el gobierno de Obregón la opinión católica se vio profundamente conmovida cuando, el 14 de noviembre de 1921, un miembro del secretariado presidencial colocó una bomba frente al altar mayor del santuario del Tepeyac; aunque no llegó a romper el marco de cristal que protegía la imagen de la Virgen. Como respuesta a la afrenta, en enero de 1923 se dispuso la primera piedra de la que después sería una estatua monumental de Cristo Rey en la cima del Cerro del Cubilete, que domina las planicies del Bajío, cerca de la ciudad de León, un bastión católico. El 2 de julio de 1926, el presidente Calles emitió decretos que volvieron a sumergir a México en una guerra civil. Impuso severas multas y sentencias de encarcelamiento a quienes infringieran la prohibición constitucional de la educación religiosa, el mantenimiento de las órdenes y la organización de sindicatos católicos. El 31 de julio de 1926 los obispos respondieron a estas leyes poniendo a la república en interdicto, es decir, que suspendieron toda celebración de misas y demás servicios religiosos y privaron a las iglesias de la Eucaristía, y expresaron la ausencia de Cristo dejando abiertas las puertas del tabernáculo. Molesto ante este desafío a su autoridad, Calles exilió a todos los obispos, y apenas unos cuantos pudieron ocultarse.[11]

En el verano de 1926, partidas de católicos rurales se rebelaron portando estandartes de la Virgen de Guadalupe con la inscripción *Viva Cristo Rey*. Contaban con el respaldo de grupos católicos urbanos y de clase media organizados en la Liga para la Defensa de la Libertad de Culto. La liga insurgen-

Bandera cristera, 1926, grabado. Fotografía del Instituto de Investigaciones Estéticas, colección de Ramón Cuadriello, ciudad de México. Cortesía de Jaime Cuadriello.

te tuvo en el general Enrique Gorostieta a su comandante. Una peculiaridad de esta rebelión fue el apoyo entusiasta que brindaron las mujeres católicas, las cuales, en ocasiones, arriesgaron sus vidas para llevar información y provisiones. Aunque la mayor parte de los sacerdotes huyó a la ciudades,

Misa cristera en Coalcomán, el 12 de diciembre de 1928. Postal
contemporánea. Colección de Ramón Cuadriello, ciudad de México.
Cortesía de Jaime Cuadriello.

algunos se unieron a la rebelión y unos cuantos se convirtieron en cabecillas locales. Por su parte, en noviembre de 1926,
los obispos emitieron una declaración conjunta según la cual
"la defensa armada contra la injusta agresión del poder tirá-
nico, después de agotar inútilmente los medios políticos," se
justificaba y en verdad constituía un inalienable derecho natural. Sin embargo, muchos prelados se oponían a la rebelión, ya que a menudo era indisciplinada y se veía desfigurada
por los actos brutales. El Vaticano mantuvo silencio, pero finalmente apoyó a los obispos que buscaron un acuerdo con
el gobierno. Fue necesaria la intervención del embajador estadounidense, Dwight Morrow, así como el asesinato de
Obregón a manos de un fanático católico, para llegar a un
entendimiento. En junio de 1929 Leopoldo Ruiz y Flores,
arzobispo de Morelia (1912-1941) y nombrado recienteme-
te delegado apostólico, junto con Pascual Díaz y Barreto, el
obispo jesuita de Tabasco, negociaron con Calles y Emilio
Portes Gil, entonces presidente, y acordaron un pacto me-

diante el cual se ofrecía una amnistía a todos los rebeldes que depusieran las armas. La Constitución no se modificó, pero a cambio de la reanudación de los servicios religiosos, el presidente debió comprometerse a no interferir en las actividades estrictamente religiosas de los obispos y el clero.[12]

Ya entonces habían muerto unas ochenta mil personas debido a la Cristiada, más o menos un cristero por cada dos soldados federales. Gorostieta aún dirigía a unos cincuenta mil seguidores en 1929, mal armados y a menudo desprovistos de municiones, los cuales, a pesar de derrotar las expediciones de los federales, no podían tomar una gran ciudad. El pacto informal acordado entre Ruiz y Flores y Calles consternó tanto a la Liga para la Defensa de la Libertad de Culto como a los líderes cristeros que habían encabezado la rebelión, y con justa razón, pues al deponer las armas, muchos líderes fueron asesinados. En consecuencia, el obispo Manríquez se convirtió en ferviente defensor de la Liga y de la Cristiada, y al saber del acuerdo de 1929 confesó sin rodeos su consternación, comentando con amargura que semejante negociación con los enemigos de Cristo mostraba todas las señales de la apostasía. Su negativa a aceptar el *modus vivendi* implicó permanecer en el exilio hasta 1944, y verse obligado a renunciar a su obispado en 1939.[13]

A la larga, la Cristiada logró sus objetivos. La disposición de tantos católicos a perder la vida por defender la libertad de culto fortaleció a la Iglesia y le permitió reconstruir y ampliar sus instituciones. En los años siguientes se crearon nuevas órdenes religiosas, se abrieron escuelas e incluso universidades, las diócesis se dividieron y se establecieron más parroquias. Con todo, buena parte de esta expansión se efectuó después de 1940, cuando el presidente Manuel Ávila Camacho anunció que era "creyente" y optó por no aplicar los artículos anticlericales de la Constitución. Se garantizó la ordenación continua de sacerdotes con el establecimiento del seminario interdiocesano Moctezuma en Nuevo México de 1937 a 1972, financiado principalmente por obispos católicos de Estados Unidos y administrado por jesuitas mexicanos.[14] Pero sin olvidar la experiencia de la coronación de 1895, los obispos mexicanos volvieron a la Virgen de Guadalupe cuando buscaron restablecer la soberanía espiritual de la Iglesia en la nación. Ése fue el contexto en el que Manríquez lanzó su dramático llamado a la beatificación de Juan Diego.

Para enardecer el apoyo popular a la Iglesia, en 1929 el nuevo arzobispo de México, Pascual Díaz y Barreto (1929-1936), encargó a varios arquitectos la renovación del santuario del Tepeyac, que ya entonces gozaba del rango de basílica. A fin de celebrar dignamente el cuarto centenario de las apariciones, se decidió reparar las bóvedas, trasladar el altar mayor de nuevo al ábside, eliminar la cripta abierta y decorar las paredes y las bóvedas con mosaico. Se encomendó una pintura nueva de gran tamaño que representaba al arzobispo Labastida en la entrega de la autorización papal para la coronación a Plancarte, rodeados de obispos y canónigos, con retratos de Boturini, León XIII y Anticoli en las paredes de la cámara donde se había efectuado la ceremonia. La imagen misma, escondida durante la Cristiada y reemplazada con una copia, fue reinstalada. Para hacer énfasis en la importancia del cuarto centenario, se organizaron peregrinajes diocesanos un año antes, que culminaron con la gran ceremonia el 12 de diciembre de 1931, a la que asistieron casi todos los obispos, miembros del cuerpo diplomático y numerosos indígenas vestidos en atuendos tradicionales. Por si esto no bastara, el 12 de diciembre de 1933, Francisco Orozco y Jiménez, arzobispo de Guadalajara (1913-1936), presidió la postergada celebración de la Virgen del Tepeyac como patrona de toda Latinoamérica, con ritos oficiados en San Pedro en Roma y bendecidos con la presencia del papa y muchos prelados de Centro y Sudamérica. Tan cuantiosos eran los recursos disponibles entonces, que las obras en el entorno del santuario prosiguieron hasta 1938 y se calcula que costaron alrededor de 2.3 millones de pesos.[15]

El gusto de los prelados mexicanos por el fasto en los acontecimientos se manifestó nuevamente en octubre de 1945 cuando Luis María Martínez, arzobispo de México (1936-1956) presidió la ceremonia del quincuagésimo aniversario de la coronación de la Virgen. Tal había sido la relativa inmunidad del nuevo mundo frente a los estragos de la Segunda Guerra Mundial que asistieron nada menos que veintiocho arzobispos y obispos de Estados Unidos, acompañados por otros seis de Canadá y once de Latinoamérica. Los actos culminaron con la voz de Pío XII, transmitida en la basílica, recordando que cincuenta años antes "la Noble Indita Madre de Dios" había sido aclamada la "Emperatriz de América y Reina de México", título que repitió al concluir su mensaje. Además, el papa aseveró que "en la tilma de Juan Diego, como refiere la tradición, pinceles que no eran de acá abajo, dejaban pintada una imagen dulcísima que la labor corrosiva de los siglos maravillosamente representarían". A pesar de la reciente persecución en México, la fe católica mantenía su vigor, sin duda inspirada por la valentía con la que tantos hombres habían muerto por defenderla, con gritos de: "¡Viva Cristo Rey! ¡Viva la Virgen de Guadalupe!". Aunque estas palabras satisfacían de sobra las expectativas, fue la presencia del legado apostólico, el cardenal J.M. Rodrigo Villenueve, arzobispo de Quebec, la que despertó el entusiasmo del público. El primer príncipe de la Iglesia en visitar México fue reconocido con una cálida recepción a la que correspondió elogiando a los mexicanos por su heroísmo y su aptitud para las artes y las ciencias; auguró un "brillantísimo destino" para el país y saludó a la ciudad de México como "la Atenas del Nuevo Mundo". En términos generales, la prensa mexicana cubrió el acontecimiento de elogios, pues uno de los principales periódicos calificó los actos de ejemplo de "convivencia civilizada y humana", de tal suerte que en una época en la cual gran parte de Europa estaba gobernada por el oscurantismo sectario, "nuestra patria es una luz, una isla de civilizada tolerancia".[16]

La prontitud con que la Iglesia volvió a aparecer en el escenario público alarmó a la opinión liberal, en especial cuando un desfile de vehículos escoltó a un cardenal extranjero. El 16 de octubre de 1945, Martín Luis Guzmán, autor de dos célebres novelas sobre la Revolución, publicó un artículo titulado "La semana de idolatría", en el que afirma que el catolicismo se opone a "la unidad de la nación mexicana", puesto que mantiene "dogmas absurdos" y hostiliza la libertad de conciencia. Escéptico en cuanto a la veracidad de las apariciones de María, condena la celebración de la imagen de Guadalupe con repugnancia, acusando al clero de fomentar "la idolatría fanática en que se anega el cristianismo mexicano". Cuando los obispos invitaron a los prelados extranjeros y les dieron la bienvenida en una recepción pública, violaron la Constitución de 1917 y las leyes de Reforma. En suma, "el estandarte franquista y la *Marcha Real* se juntaron con la bandera y el himno mexicanos bajo las bóvedas de la basílica". Este mordaz ataque desató una gran controversia; a Guzmán se le criticó severamente en la prensa, aunque fue apoyado por la publicación de su artículo en un panfleto que vendió más de cincuenta mil ejemplares.[17]

Tanto enfurecieron al novelista estos ataques de la prensa que escribió a Ávila Camacho para denunciar esta amenaza a "la nueva mexicanidad nacida de la Revolución". En entrevista, el presidente lo apaciguó, explicándole que si bien él creía en un poder divino, no era católico. Lamentó que los obispos aprovecharan sus anhelos de conciliación acrecentando la influencia de la visita cardenalicia. En consecuencia, se ofreció un banquete en honor de Guzmán al que asistieron cerca de mil personas, incluyendo dos secretarios del gabinete, quienes escucharon pacientemente cuando menos a veinte oradores expresar sus temores frente a la intolerancia católica y el evidente agrado de los obispos por Franco, Perón y Mussolini. Guzmán lamentó que la antigua clase gobernante siguiera azuzando la hostilidad hacia la Revolución, lo que, dada su influencia en la prensa, implicaba un peligro público. Sugirió que el procurador general investigara los principales diarios, ninguno de los cuales había estado dispuesto a publicar su artículo, para determinar si debían clasificarse de "confesionarios" y por tanto de tendencia anticonstitucional.[18]

Durante la siguiente década Guzmán estuvo alerta a la amenaza que representaba la Iglesia católica. Al saber en 1950 que el nuevo embajador estadounidense era católico, le advirtió que la Iglesia era el mayor régimen totalitario conocido en la historia, peor que el fascismo, el nazismo o el comunismo, y afirmó que había provocado virtualmente todas las guerras civiles en México desde la Independencia. Explicó que la mayoría de los católicos "viven hundidos en un paganismo idolátrico y grosero", dominado por un clero ignorante y corrupto. En una conferencia en la Universidad de Chihuahua en 1958, comparó "la religión cívica", basada en la ciencia y la libertad, con el reaccionario oscurantismo de la Iglesia, y citó las encíclicas de Gregorio XVI y el Sílabo de Errores de Pío IX como pruebas de la hostilidad papal contra las libertades fundamentales de conciencia, prensa y educación que la época moderna daba por sentadas. Quizá es hora, sostuvo, de establecer "la Gran Orden de Benito Juárez" para así defender los principios de la Reforma y la Revolución. Los temores que Guzmán manifestaba evidentemente derivaban de la influencia de la Iglesia en las masas y de su conciencia de intelectual. En su carta pública al embajador estadounidense, declara: "hace siglo y medio que la Iglesia católica perdió en México la iniciativa y el espíritu creador, ella y la masa estéril que la ha escuchado en las ingentes encrucijadas históricas nacionales, como lo demuestra el hecho de ser una minoría laica, ilustrada y progresista la que conduce afirmativamente a México desde los días de sus grandes excomulgados, Hidalgo y Morelos". En esta reveladora declaración, Guzmán reconoce que en lo concerniente a la reforma liberal, el régimen revolucionario era obra de una minoría que impuso sus políticas a la recalcitrante masa de la población. Sin duda, esta visión combativa lo llevó a respaldar las acciones del presidente Gustavo Díaz Ordaz en la masacre estudiantil de Tlatelolco en 1968.[19]

A pesar de su desconfianza, Guzmán recibió favorablemente la circular emitida por el arzobispo Miguel Darío Miranda (1956-1977), en la que se notificaba al clero que el 14 de septiembre se debían celebrar misas fúnebres solemnes en memoria de los héroes de la Independencia, y que el 16 de septiembre se debía cantar el *Te Deum*. Emitida en 1956, la circular también ordenaba a los sacerdotes colgar la bandera nacional a un lado del altar mayor y la bandera papal al otro. Por su parte, el nuevo arzobispo ofreció un réquiem en la catedral el 14 de septiembre y, dos días después, predicó un sermón en el que aplaudió a los héroes que lucharon "para forjar nuestra patria"; ensalzó la virtud del "amor patrio" y exhortó a los fieles a respetar a las autoridades públicas. La ceremonia concluyó con el Himno Nacional. Al referir este suceso, Guzmán comenta que finalmente la Iglesia católica se había reconciliado con la patria de Hidalgo y Morelos, y entonces pregunta, ¿cuándo irá a reconciliarse la Iglesia con la patria de Juárez y de la Revolución? A todo esto, la iniciativa de Miranda demostraba el deseo de los obispos de afirmar su identidad mexicana y subsanar la ruptura con el poder civil.[20]

En las impresionantes ceremonias guadalupanas de 1931 y 1945, el predicador Luis María Martínez, un protegido de Leopoldo Ruiz y Flores, recurrió al nacionalismo romántico para explicar la función de la Virgen en México. En el cuarto centenario decidió no ahondar en el martirio impuesto a tantos católicos leales; y en cambio invitó a la congregación a disfrutar "la dicha de ser mexicanos", puesto que esa celebración "nos revela la unidad de nuestra patria y nuestra raza". Volviendo al Jardín del Edén, donde Dios creó al primer hombre soplando sobre la arcilla, afirma que de modo muy similar los pueblos se forman mediante "una fuerza misteriosa" que une a los individuos en la búsqueda del bien común. "A este principio inmaterial y fecundo que da unidad a los pueblos y a las razas lo llamamos, por analogía con nuestro espíritu, *alma nacional* y alma de la raza". Del mismo modo que el Todopoderoso se manifestó en el Sinaí ante Israel, así María lo había hecho en el Tepeyac, "para forjar el alma de nuestra patria y nuestra raza", mezclando "las razas aborígenes con la noble raza hispánica". Con la aparición de su imagen en la tilma de Juan Diego, México dejó de ser "una tribu salvaje y sanguinaria" para convertirse en "el pueblo predilecto de María" y de allí en adelante albergó "un alma nacional y comenzó su historia". Según Martínez, no fueron los esfuerzos de los misioneros españoles, ni siquiera las palabras del Evangelio cristiano, lo que convirtió a los indígenas, sino "esta bendita imagen" que había ganado sus corazones. En una metáfora poética, concluye que "la palabra del cielo cristalizó en una imagen; la de la tierra se expresó en un templo; el templo es la concha que encierra la perla divina que vino del cielo". Jamás la imagen ni su iglesia desaparecerían de la tierra.[21]

El 12 de octubre de 1945, Martínez recibió al cardenal arzobispo de Quebec y a un sinnúmero de prelados de toda América llegados al Tepeyac a celebrar el aniversario de la coronación de la Virgen. Después de elogiar a Antonio Plancarte como el Juan Diego del siglo xix, declaró que la corona ofrecida a la Virgen era en esencia simbólica, ya que su verdadera corona y templo estaban conformados por las almas vivas de los fieles. Pero luego advirtió que Pío X había nombrado a Nuestra Señora de Guadalupe patrona de toda Latinoamérica. Por lo que era evidente que ella no podía limitarse a México, pues "hoy, el templo espiritual de la Virgen[...] llena todo el continente americano" desde Canadá hasta Tierra del Fuego. Entonces recordó a la congregación que "cada nación, como cada individuo, tiene una misión primordial que cumplir; y con más razón un conjunto de naciones, como son las que forman el Nuevo Mundo". Puesto que Europa estaba devastada por una guerra terrible, era la hora americana, la de cumplir su destino. El imperio de Nuestra Señora de Guadalupe abarcaba todo el hemisferio y mediante su protección se hizo evidente que "la unión de América es una necesidad ineludible". Según afirmó Pío XII en su mensaje radial, la Virgen de Guadalupe no era sólo la Madre de México, era también la esperanza de América.[22]

Las reflexiones románticas de Martínez distaban mucho de los modelos seguidos por los predicadores que ofreciera

José Cantú Corro (1884-1951) en sus *Sermones guadalupa-nos* (1940). Publicado en Huajuapan de León, donde el autor era sacerdote, el documento incluye muchos fragmentos de sermones del siglo xix, sobre todo de los predicados en la coronación de 1895. Asimismo, Cantú Corro añade la carta pastoral colectiva emitida por los obispos mexicanos en octubre de 1936 en la que reconstruían la historia del culto guadalupano desde 1737 hasta el cuarto centenario. Del mismo año, también cita un sermón pronunciado por Mariano Navarro, un fraile dominico, el cual sostenía que a pesar de que los católicos veneraban la bandera nacional con sus tres colores, preferirían sustituir el águila y la serpiente en ella plasmadas con la figura de la Virgen morena y Juan Diego. Aseveraba que "los católicos mexicanos vemos siempre al mismo tiempo a nuestras tres gloriosas Madres: la Madre de Guadalupe, la Madre Patria y la Madre Iglesia. Sabemos que son tres personajes realmente distintos; pero tan íntimamente unidos que jamás podemos ver a ninguno de los tres sin ver a los otros dos". Ésta era en verdad una concepción integral de México. Por su parte, Cantú Corro recuerda que cuando cerraron el seminario de Huajuapan de León y desterraron al obispo durante los años 1926 a 1929, cuando los masones, liberales, protestantes y socialistas se unieron para emplear todos los recursos del gobierno en la persecución de la Iglesia, "en esas horas de inmensa tribulación, la Iglesia ha levantado sus ojos al monte sagrado; y del sagrado monte del Tepeyac ha venido el auxilio, la gracia, la santa alegría, eficaz y consoladora".[23]

Corresponde a los predicadores, según aconseja Cantú Corro, instruir a sus feligreses explicando que aunque las apariciones no constituían un artículo de la fe católica, "son verdades religiosas plenísimamente comprobadas, son hechos que sucedieron en realidad. La historia y la crítica se aúnan para testificarlo". Debe recordarse a los fieles que en una época México estuvo gobernado por los depravados y feroces aztecas, un pueblo sumido en la barbarie, el despotismo y el canibalismo. Y sin embargo, aunque "ningún pueblo como México era el más incapaz de recibir este inmenso favor", la Virgen se había manifestado en la tilma de Juan Diego como "India Azteca". Si Cristo es el salvador de este mundo, María es "la Corredentora que vivió en la tierra, que estuvo al pie de la cruz del Divino Mártir; y que se apareció, siglos más después, en la colina del Tepeyac". Si con su encarnación Cristo salvó a toda la humanidad, la Virgen ayudó a salvar a los mexicanos, de tal suerte que "asemejan en sus efectos la encarnación del Verbo y la aparición guadalupana". Estas afirmaciones recuerdan los argumentos de los predicadores jesuitas del siglo XVIII.[24]

Al referirse a la imagen misma, Cantú Corro declara que a pesar de haber visitado galerías e iglesias por toda Europa, en ningún lugar había encontrado una pintura de María que pudiera compararse con la del Tepeyac. La Virgen se apareció en Lourdes en Francia, "cuya historia es un poema de heroísmo"; en Italia, "patria de santos, sabios y artistas"; y en España, "almácigo de héroes cristianos, patria de la nobleza, productora de egregios paladines". En todos aquellos países abundan las esculturas y pinturas de la Virgen, sin embargo no son más que representaciones creadas por manos humanas de las fugaces apariciones. Pero "la pintura del Tepeyac es única[...] acá se perpetuaron, quedaron impresas en la taumaturga imagen que dibujó con incomparable maestría el Artífice del mundo". Aunque Cantú Corro presenta a Juan Diego como un modelo de virtud cristiana y cita el estudio teológico de Manríquez sobre el vidente indígena, sus afirmaciones más enérgicas se concentran en la patrona de México, pues de nuevo insiste en que "el único retrato de procedencia auténticamente divina que posee el mundo de la Santísima Virgen es la Imagen Sacrosanta de Guadalupe[...] es un retrato de la vida glorificada y eterna de la Madre de Dios después de su Asunción". Con semejante presencia celestial en México, ¿quién puede negar que "la patria tiene sus cimientos en esa roca inquebrantable del Tepeyac"? En estas declaraciones, la elevada teología del barroco reaparece casi intacta en el siglo XX, si bien se hace más énfasis en el destino espiritual único de México debido a la persecución padecida por tantos sacerdotes y feligreses.[25]

II

Mientras los obispos predicaban sermones y los cabecillas rurales libraban la guerra, los estudiosos descubrían nuevos documentos y debatían su importancia. Mariano Cuevas (1879-1941), un jesuita que había estudiado en Roma y Lovaina antes de emprender la investigación en archivos españoles, afirma en su *Historia de la Iglesia en México* (1921-1928) que "la aparición de la Madre de Dios en el Tepeyac el año de 1531 es un hecho histórico por documentos fehacientes comprobados", pero después admite que "las razones más poderosas" para aceptar los hechos eran las declaraciones papales acerca de "la constante y antigua tradición" de Guadalupe. ¿Acaso Mariano Rojas no había identificado la canción nahua llamada *Teponaxtli* con la misma que había cantado el noble indígena don Plácido para honrar la imagen cuando se instaló en la capilla por primera vez? También se contaba con el *Nican mopohua* de Valeriano, aunque el general Winfield Scott hubiese llevado el manuscrito original a Washington en 1847.[26] Además, en su *Álbum histórico guadalupano* (1930), preparado para el cuarto centenario, Cuevas reproduce tanto en náhuatl como en español un recuento resumido de las apariciones que descubrió en un manuscrito. Atribuía esta "relación antigua", como se le llegó a conocer, a Juan de Tovar (1540-1623), un jesuita mexicano experto en lengua e historia indígenas. En esta versión no se identifica a Juan Diego de nombre, aunque se le describe como un humilde campesino, y a María sólo se le nombra "Madre de Dios" y "Niña Reina".[27] Resulta evidente que su importancia radicaba en la posibilidad de que este documento constituyera un testimonio del siglo XVI del relato.

Pero Cuevas también reproduce un fragmento de una descripción del arzobispado de México, redactada en 1570, en la que el capellán de "la ermita de Nuestra Señora de Guadalupe Tepeaca", Antonio Freyre, declara que el arzobispo Montúfar había construido la iglesia unos catorce años antes con la limosna donada por los fieles, es decir, en 1556. Era el único sacerdote que oficiaba en esa capilla y entre sus deberes estaban oficiar misa todos los sábados y domingos y atender un pueblito de unos 350 indígenas adultos.[28] Más cautivadoras, sin embargo, resultan las dos cartas escritas por el monje jerónimo Diego de Santa María a Felipe II entre 1574 y 1575, y que Cuevas descubrió en Sevilla. En los años posteriores a la Conquista, asevera el monje, muchas limosnas se legaron a la Santa Casa de Guadalupe en Extremadura, en una época en que la capilla del Tepeyac tenía otro nombre. Pero unos doce o catorce años antes, según sostiene, llegó un hombre de España, con falsas credenciales del monasterio de Guadalupe y logró recolectar muchas limosnas. Al ver el éxito obtenido, los mayordomos de la capilla del Tepeyac, que recaudaban limosnas para este falsario, decidieron cambiar el nombre de su imagen a Guadalupe. A partir de entonces enviaron demandantes, hombres que pedían limosna y por lo general llevaban copia de la imagen para la cual mendigaban. Todo esto recibió la condena de Diego de Santa María, el cual se lamentaba de que la fraternidad del Tepeyac y sus cobradores confundieran intencionalmente su Guadalupe y la de Extremadura para obtener limosnas, que de otro modo quizás habrían sido enviadas a España. Para evitar más fraudes posteriores, el monje exige que a la capilla del Tepeyac se le obligue a eliminar el nombre de Guadalupe, o si no, que los jerónimos administren la ermita. Un remedio más eficaz consiste en autorizarles el establecimiento de un monasterio en México, de preferencia en Chapultepec.[29] Ésta es una explicación entonces de cómo la imagen y el santuario resultaron de Guadalupe, aunque la cita esté fechada entre 1560 y 1562, pues las *Informaciones de 1556* dan fe del uso anterior de ese nombre.

A pesar de que Cuevas era el historiador eclesiástico más connotado de México y su investigación documental había contribuido mucho a acrecentar los conocimientos, sobre todo al publicar el original castellano de la *Historia antigua de México* de Clavijero, concluye su historia de la Iglesia con una apasionada y tendenciosa condena a la Reforma liberal de Benito Juárez.[30] Así, en su *Álbum* desdeña los escasos conocimientos y pocas luces de los antiaparicionistas: una imprudente descripción de García Icazbalceta. En ese volumen reconoce que Plancarte pudo haber instigado a Salomé Piña a borrar la corona de la Virgen, pero defiende el hecho argumentando que la corona no es más que una alteración posterior y desagradable que merece ser eliminada. En cuanto a la raza de la guadalupana, comenta que "se ha dicho siempre que esa Virgen es india; y esa Virgen sencillamente no es india", puesto que ni sus vestidos, ni sus facciones, ni su color lo son. Más bien hay que mirarla como la profética prefiguración de la raza mestiza mexicana. Cuevas insiste en que el catolicismo en México no depende de la guadalupana y, como antes lo hiciera Becerra Tanco, asevera que si la imagen es destruida siempre podrá sustituirse con una copia.[31]

Primo Feliciano Velásquez (1860-1946), un historiador de San Luis Potosí, publicó en 1926 una edición facsimilar del *Huei tlamahuiçoltica*, lo que puso al alcance de los lectores mexicanos la primera versión completa y traducida de la obra de Laso de la Vega en español. Su versión revela de inmediato una gran diferencia entre el estilo poético elaborado del relato de la aparición, el *Nican mopohua*, y la prosa concisa de la introducción, conclusión y descripción de los milagros. Velásquez postula que si Valeriano era el autor de la narración, el resto del texto fue escrito por Fernando de Alva Ixtlilxóchitl, y cita las semejanzas estilísticas de la prosa con la historia de Texcoco del autor. Velásquez sigue, sin apartarse de la ortodoxia, los pasos de Becerra Tanco aun en su deficiente traducción del náhuatl, y emplea "rosas de Castilla" por "flores de Castilla"; inserta además un breve pasaje sobre la tercera aparición de la Virgen omitido en el texto náhuatl.[32] Sin embargo, su traducción brindó a una generación de estudiantes y sacerdotes una versión atractiva y legible, que a partir de entonces se reimprimió constantemente.

En *La aparición de Santa María de Guadalupe* (1931), Velásquez sigue los pasos de Vera y Anticoli, pero evita la mordacidad y ofrece un recuento relativamente equilibrado de las fuentes, tanto indígenas como españolas, de la tradición y de las subsecuentes polémicas que se desarrollaron. No hay mayores novedades en su escrito, salvo una lista de anales indígenas que busca presentar antiguas referencias, bien de las apariciones o bien de Juan Diego. Su mayor aportación es la cita de los anales de Juan Bautista, una narración manuscrita en náhuatl, compuesta en forma de diario, que abarca la década de los sesenta, del siglo XVI. Como ya se ha visto, Francisco del Paso y Troncoso empleó esta fuente en su ensayo sobre los pintores y escultores indígenas, los discípulos de Pedro de Gante, contiguos al priorato franciscano de San José. Al parecer, Velásquez tradujo estos anales pero nunca trató de publicarlos. Lo que demuestran, con todo, es que la mayoría de las grandes pinturas de la época que adornaban los retablos en las iglesias mendicantes habían sido realizadas por artistas indígenas. Pero Velásquez aclara de inmediato que si bien Marcos Cipac, el pintor que un testigo en las *Informaciones de 1556* identifica con el artista que pintó a la guadalupana, es mencionado en varios pasajes, su nombre está incluido en las largas listas de pintores indígenas y no se le distingue con una mención especial. Con todo, los anales pintan un retrato notablemente íntimo y vívido del mundo indígena en 1560, cuando la exigencia del pago de tributos de los visitadores reales amenazó la subsistencia de estos artistas.[33] Conservado en el archivo de la basílica del Tepeyac, aún no se ha publicado ni en náhuatl ni en castellano, y por lo general sólo se le recuerda por esta breve anotación: "en el año 1555: en ese entonces Santa María de Guadalupe se apareció allá en el Tepeyac".

Velásquez llama la atención sobre una referencia desconcertante a la guadalupana publicada por Andrade en 1907, y que consiste en fragmentos de un poema original escrito por el capitán Luis Ángel de Betancourt entre 1616 y 1622 y dedicado a Nuestra Señora de los Remedios. El autor parece confundir al don Juan de Los Remedios con Juan Diego, o bien simplemente ignora la existencia del campesino vidente. Al tiempo afirma que ambas imágenes son de origen divino, que Dios, como un Apeles y Praxíteles celestial, se aplicó a la escultura de Remedios y a "la blanca manta" de Guadalupe. El poema describe al "cacique devoto" don Juan bajando por el valle hasta las aguas junto al Tepeyac, donde encuentra "el precioso lienzo de la rosa" y construye una capilla de pino para la "flor bendita" Guadalupe. Lo que el poema revela es que Betancourt nada sabía del relato de la aparición, y sin embargo estaba convencido del origen divino de la imagen. Salvo esta nueva fuente, Velásquez tiene poco que aportar. Dedica dos páginas a la descripción de la corona que diseñó Edgar Morgan para la celebración, pero no explica la desaparición tan repentina de la corona pintada.[34]

En *Historia de la literatura náhuatl* (1953-1954), Ángel María Garibay Kintana (1892-1967) rechaza altivamente la traducción del texto de Laso de la Vega hecha por Velásquez, por ser "más literaria que literal". Como uno de los mayores eruditos en náhuatl antiguo y canónigo de la basílica, Garibay demuestra de manera admirable la variedad y riqueza poética de los documentos en náhuatl escondidos en manuscritos del siglo XVI. Cuando examinó el *Huei tlamahuiçoltica*, del que se conservaba un raro ejemplar en el archivo de la basílica, estimó que la introducción, la conclusión y la narración de los milagros estaban escritas en buen náhuatl clásico y por tanto no había motivo para no atribuirlas a Laso de la Vega. Pero el relato de la aparición, el *Nican mopohua*, estaba escrito en un estilo diferente y se asemejaba a las antiguas canciones náhuas, a los coloquios morales conocidos como *Huehuetlatolli*, y al decimosegundo libro de Sahagún que trataba sobre la Conquista, obras completadas en 1570. Al citar los diálogos entre la Virgen y Juan Diego, Garibay advierte que "ningún macehual pudo hablar así. Es fragmento más de un poema [...] que de un relato histórico". Por sus ecos, sobre todo de los coloquios morales, concluye que su redacción es del siglo XVI y sostiene que sus autores "recogen elementos antiguos que andaban errantes y los revisten de las formas literarias que son peculiares de su lengua en estilo elevado y elegante, de acuerdo con los criterios idiomáticos. Aquí como allá, sobre un núcleo histórico, reconstruyen una obra literaria, en la que el estilo devora la realidad". En cuanto a la delicada cuestión de si este texto daba testimonio de las apariciones "en riguroso sentido histórico", Garibay no emite juicio alguno, y deja esa decisión a los historiadores profesionales.[35]

Respecto de la autoría del *Nican mopohua*, Garibay señala que su atribución a Valeriano depende del testimonio de Sigüenza y Góngora y, después de mencionar brevemente la confusión generada por Becerra Tanco y Florencia, concluye que Sigüenza no es una autoridad fidedigna. Sin embargo, puesto que el análisis estilístico apunta al siglo XVI, se concentra en los discípulos indígenas de Sahagún, adscritos al colegio de Santa Cruz Tlatelolco, entre los que figuraba Valeriano, y termina asegurando que se trata de una composición conjunta. Garibay, en tono enigmático, asevera que Sahagún supo del trabajo de sus alumnos pero fingió ignorarlo por motivos que conoce pero que no pretende divulgar.[36]

Al referirse a las canciones náhuas, Garibay sostiene que los versos conocidos como *Teonantli*, y que Cuevas atribuyó a don Plácido, son esencialmente prehispánicos en forma y contenido y, pese a ciertas interpolaciones cristianas, no pueden referirse a Guadalupe. Sin embargo, acepta el descubrimiento de Cuevas de la "relación antigua" en náhuatl y aporta que su autor es Juan González, un sacerdote secular español del siglo XVI, célebre por su santidad, quien fue intérprete, al menos eso se afirmaba, de Zumárraga en los diálogos con Juan Diego. Puesto que González había sido canónigo en el cabildo eclesiástico antes de retirarse a la ermita donde se dedicó a la conversión indígena, es muy probable que le hubiera dado copia de su narración a Juan de Tovar, quien también había sido canónigo antes de entrar a la orden jesuita. El que Garibay situara esta narración fragmentaria a principios del XVI fue un hecho tan influyente, que de inmediato se aceptó como esencial testimonio de la realidad histórica del relato de la aparición.[37] En efecto, Garibay aprovechó el peso de su autoridad como erudito náhuatl para poner en duda ciertos aspectos de la ortodoxia, pero sobre todo para apoyar la tradición postulando que tanto el *Nican mopohua* como la "relación antigua" tenían su origen en el siglo XVI.

Aunque Juan González entró así al canon testimonial guadalupano, su papel fue severamente impugnado por Edmundo O'Gorman (1906-1995), quien, en *Destierro de sombras* (1986), lanza un mordaz ataque contra la erudición de Garibay. Para empezar, el único manuscrito de la "relación antigua" es del siglo XVII, y por tanto contemporáneo del texto de Laso de la Vega o dependiente de él. Tras un exhaustivo examen de las inscripciones en los sucesivos retratos de González, O'Gorman concluye que no existe relación alguna entre el venerable personaje y Guadalupe. En el *Álbum* de la coronación de 1895 aparece la primera mención de la existencia de un retrato cuya inscripción señala a González como intérprete de Zumárraga y Juan Diego. Pero en 1896 Agustín Rivera denunció que ese cuadro, conservado en la sala capitular de la basílica, era una falsificación decimonónica, acaso encargada por Plancarte. Tampoco hay nada que relacionara a González con Tovar, puesto que fueron canónigos en épocas muy distintas. Luego de refutar las hipótesis de Garibay, O'Gorman sugiere que el posible autor del relato es Baltazar González, el erudito censor de Laso de la Vega, pero no aporta ninguna prueba que lo respalde.[38]

Cuando O'Gorman escribió *Destierro de sombras,* ya era uno de los mayores historiadores de México, publicó las obras de Alva Ixtlilxóchitl y Motolinía, así como una edición y comentario del sermón de Servando Teresa de Mier y sus cartas a Muñoz. El objetivo principal de su estudio era examinar minuciosamente las *Informaciones de 1556* y la controversia entre el arzobispo Alonso de Montúfar y el provincial franciscano Francisco de Bustamante. Primero plantea dos interrogantes: ¿cómo, cuándo y por qué apareció la imagen de

Guadalupe en la ermita del Tepeyac?; y ¿por qué, cómo y cuándo se consideró que la imagen era de origen sobrenatural? En última instancia resultó más fácil responder a la primera que a la segunda, es decir, que las pruebas ciertamente indican cuál es el origen del culto pero tienen muy poco o nada que aportar en cuanto al origen de la tradición. Los anales de Juan Bautista, los del historiador de Chalco, Chimalpahin, la declaración de Antonio Freyre, el capellán del Tepeyac, y la carta del virrey Enríquez, todos coinciden en señalar los años de 1555 o 1556 como el momento histórico en que la imagen de Guadalupe "apareció" en la capilla. Pero si bien O'Gorman supone que Marcos de Aquino pintó la imagen, decide no seguir a del Paso y Troncoso al examinar el entorno en el cual se había desarrollado el artista indio. Sostiene en cambio que primero la imagen estuvo alojada en una pequeña capilla, la original, pero en cuanto empezaron a atribuirse milagros a su influencia fue trasladada a una segunda iglesia, más grande, construida entonces por Montúfar.[39]

O'Gorman ofrece una meticulosa reconstrucción de los sermones de septiembre de 1556 y ahonda en la importancia de la controversia. Apoyándose en *Erasmo y España* (1937) de Marcel Bataillon, asevera que Zumárraga y muchos de los primeros franciscanos en la Nueva España estaban muy influidos por Erasmo y su crítica de la religión popular, y desde luego por su crítica al comercio de milagros, al peregrinaje y a la veneración de imágenes. A diferencia de ellos, Montúfar pertenecía a la Contrarreforma, un movimiento que renovaba la devoción medieval a las imágenes y sospechaba de la inspiración individual o del anhelo por la simplicidad evangélica de la Iglesia primitiva. De hecho, en 1559 Montúfar sometió la *Doctrina breve* de Zumárraga a la censura teológica e hizo que se retirara de la circulación. Fue precisamente a partir de 1550 cuando en España se prohibieron las obras de Erasmo y varios de sus seguidores fueron encarcelados por el Santo Oficio. Pero O'Gorman hace énfasis en que la querella entre el arzobispo y los frailes también giraba en torno al pago de diezmos de los indios y a la autoridad del prelado sobre las parroquias, denominadas entonces *doctrinas*, y administradas por los mendicantes. La cuestión de fondo era si la Iglesia en la Nueva España iba a seguir siendo una organización misionera dirigida principalmente por frailes, o si iba a guiarse por las leyes y estructuras de la Iglesia universal y por tanto iban a regirla a partir de entonces los obispos y el clero secular. Cuando Montúfar se atrevió a comparar la capilla del Tepeyac y los grandes santuarios de España y reconoció los milagros que en ella ocurrían, quería introducir a México un cristianismo contrarreformista. Puso en entredicho el valor de la religión que los mendicantes enseñaban y consideró que los indios habrían de beneficiarse más con el culto a los santos. Como demuestra O'Gorman, en la controversia de 1556 estaban en juego dos concepciones opuestas del catolicismo y la religiosidad sobre el camino más conveniente para incorporar a los indios al cristianismo.[40]

A manera de conclusión, O'Gorman cita las Ordenanzas emitidas por Montúfar en 1555 para inferir que las *Informaciones de 1556* no constituyeron un proceso jurídico puesto que carecían de todos los requisitos indispensables, además de la intervención de un abogado que formulara los cargos. Contrario a los argumentos de los aparicionistas, se trataba de un documento privado, procurado por Montúfar como una precaución para protegerse contra posibles acusaciones de que había fomentado la idolatría o reconocido milagros sin la debida indagación. Sin embargo, O'Gorman especula al aseverar no sólo que Valeriano era el autor del *Nican mopohua*, sino también que escribió su narración en 1556. Si los españoles impusieron el nombre de Guadalupe a la imagen pintada por Marcos para crear una nueva España en América, argumento tomado de Florencia, Valeriano inventó el relato de la aparición introduciendo la figura de Juan Diego para que los indígenas recuperasen la imagen. En términos de dialéctica cultural, la hipótesis tiene sus atractivos, pero no está fundada en ningún indicio histórico. El único testimonio que presenta O'Gorman es la afirmación del jesuita estadounidense Ernest Burrus, según la cual la biblioteca de la ciudad de Nueva York poseía el manuscrito de una versión del *Nican mopohua* del siglo XVI. Por lo demás, O'Gorman ofrece una descripción útil de cómo las *Informaciones de 1556* se volvieron del conocimiento público en 1880, pero omite que el manuscrito mismo desapareció muchos años hasta que en 1955 fue descubierto en un baúl que contenía los documentos de Antonio Plancarte.[41] Pese a sus pretensiones iconoclastas, O'Gorman no es capaz de responder sus propias preguntas iniciales pues no estudia la función que desempeñara Marcos, el pintor indio, y acepta la autoría de Valeriano, que incluso Garibay había puesto en tela de juicio.

En retrospectiva, es patente que la interpretación moderna de la tradición guadalupana comenzó con *El guadalupanismo mexicano* (1953) de Francisco de la Maza (1913-1972), un eminente historiador del arte, quien sin ambages declaró: "El guadalupanismo y el arte barroco son las únicas creaciones auténticas del pasado mexicano." Empeñado en no mellar las creencias de nadie, afirma que la erudición histórica no puede dañar la fe del pueblo llano que apenas si es capaz de leer una novela, y añade: "Ni ataco ni defiendo, me explico." Con todo, empieza con el célebre pasaje de la *Regla cristiana breve* de Zumárraga que condena la sed de milagros y, tras un breve examen de las fuentes antiguas, concluye que 1555 o 1556 es la única fecha verosímil de la aparición. Si Suárez de Peralta es el único autor del siglo XVI que sugirió siquiera la posibilidad de una aparición, se debió a que era criollo y escribía en parte para defender a los hijos de los conquistadores contra las acusaciones de deslealtad. En cuanto al poema de Betancourt, escrito en 1622, señala que la tradición de Guadalupe era aún incipiente y se la seguía confundiendo con la de los Remedios.[42]

En su capítulo sobre "los cuatro evangelistas" de Nuestra Señora de Guadalupe, es decir, Sánchez, Laso de la Vega, Becerra Tanco y Florencia, de la Maza abre nuevos derroteros al sostener que el sentimiento patriótico y el religioso movieron a esos hombres. Apoyado en su gusto por el barroco, ofrece la primera lectura perspicaz de Miguel Sánchez, después de más de doscientos años de desdén neoclásico y positivista. Ahonda en las implicaciones de comparar a la guadalupana con la mujer del Apocalipsis y la patriótica identificación de México con una nueva Jerusalén propuestas por Sánchez. De la Maza es el único que comprende hasta cierto punto la originalidad teológica del sacerdote mexicano. Por lo demás, no ve razón alguna para negarle a Laso de la Vega sus derechos de autor y señala que los manuscritos de su obra en poder de la biblioteca de la ciudad de Nueva York parecen ser copias del siglo XVII. En cuanto a las *Informaciones de 1666*, ¿quién puede aceptar semejantes pruebas si el propio Becerra Tanco había desestimado los testimonios indígenas de acontecimientos pretéritos porque carecían de valor? Ese mismo sacerdote afirmó que había visto un manuscrito que describía la misión de Santo Tomás en el Nuevo Mundo: si ése era el caso, ¿qué crédito podía merecer la afirmación según la cual había visto un manuscrito semejante que hacía referencia a las apariciones?[43]

La mayor aportación de Francisco de la Maza es su esmerada lectura de los sermones impresos en los años 1661 a 1760, pues por medio de citas cuidadosamente seleccionadas de predicadores como José Vidal de Figueroa y Bartolomé de Ita y Parra, demuestra su audacia doctrinal y patriotismo. Después de leer esos pasajes no hay duda de que la devoción a Nuestra Señora de Guadalupe se ubicaba en el centro mismo de la cultura barroca de la Nueva España. Presenta una revisión iconográfica de la Virgen e ilustra su estudio con reproducciones de obras como la pintura en San Juan Tilapa que representa a Dios Padre y al Hijo sosteniendo el lienzo para que el Espíritu Santo pinte a la Virgen de Guadalupe. Asimismo, señala que en la iglesia franciscana de Zacatecas, se puede mirar una talla esculpida de la figura de san Lucas que pinta a la Virgen. Aunque no ahonda en el ensayo de del Paso y Troncoso sobre los artistas indios, subraya los antecedentes estilísticos flamencos de la imagen guadalupana tanto en la postura de María como en los arabescos de su túnica.[44] A de la Maza se le puede considerar el sucesor estético de Ignacio Manuel Altamirano, pues ambos autores interpretan el culto y la tradición guadalupanos como fenómeno cultural peculiarmente mexicano, en el que la religión y el patriotismo se entrelazan de modo inextricable.

A pesar de su originalidad, de la Maza no tuvo discípulos mexicanos que siguieran su vía de investigación, de modo que Jacques Lafaye, en *Quetzalcoatl y Guadalupe* (1974), fue quien indagó la función de la imagen y del mito en la formación de la conciencia nacional mexicana. En este libro hace énfasis en el culto prehispánico de Tonantzin para explicar el ímpetu de la devoción indígena a la Virgen. Lafaye califica a Miguel Sánchez de patriota criollo y virtual inventor de la tradición guadalupana y afirma que en 1648, y no en 1531, se fundó la historia del culto. Define el patronazgo de la Virgen en 1737 como el equivalente ideológico de la solemne toma de protesta de la federación durante la Revolución Francesa, pues ambos acontecimientos señalaron el nacimiento de una nación, si bien Octavio Paz rechaza en su luminosa introducción la improbable comparación de Lafaye y sostiene que la Nueva España es una creación criolla, una cultura que después sería destruida por liberales mestizos del siglo XIX. Y es que el poeta mexicano interpreta la historia de su país como un desgarramiento causado por acontecimientos catastróficos en los que cada ciclo cultural desecha el anterior.[45] Sin embargo, reconoce que la Virgen de Guadalupe logró hechizar la imaginación y los corazones de todos los mexicanos, de los poetas barrocos a los intelectuales nacionalistas, de los insurgentes que siguieron a Hidalgo a los campesinos que se unieron a Zapata, de modo que "su culto es íntimo y público, regional y nacional. La fiesta de Guadalupe, el 12 de diciembre, es todavía la fiesta por excelencia, la fiesta central en el calendario emocional del pueblo mexicano". De hecho, reconoce que "el pueblo mexicano, después de más de dos siglos de experimentos y fracasos, no cree ya sino en la Virgen de Guadalupe y en la Lotería Nacional". Concluye con un notable exordio:

Madre de dioses y de hombres, de astros y hormigas, del maíz y del maguey, Tonantzin/Guadalupe fue la respuesta de la imaginación a la situación de orfandad en que dejó a los indios la Conquista. Exterminados sus sacerdotes y destruidos sus ídolos, cortados sus lazos con el pasado y con el mundo sobrenatural, los indios se refugiaron en las faldas de Tonantzin/Guadalupe: faldas de madre-montaña, faldas de madre-agua. La situación ambigua de Nueva España produjo una reacción semejante: los criollos buscaron en las entrañas de Tonantzin/Guadalupe a su verdadera madre. Una madre natural y sobrenatural, hecha de tierra americana y teología europea.

En estas reflexiones psicohistóricas, Paz busca retratar las contradicciones culturales del México moderno, reconociendo que ni el México liberal ni el revolucionario pudieron concebir un símbolo tan poderoso como el generado por la mente criolla y la devoción indígena de la Nueva España.[46] Paz justifica plenamente su rechazo a toda teoría lineal de la historia de México, y acierta al señalar la perdurable vitalidad de la tradición y el culto guadalupanos.

III

Mientras los historiadores escudriñaban los orígenes y los intelectuales interpretaban la función de Guadalupe, los devotos sacerdotes transformaban lentamente la tradición. En primer lugar, el *Nican mopohua* comenzó a emplearse como una suerte de evangelio mexicano. Y a diferencia de los clérigos de cultura barroca y neoclásica irritados por su simplicidad y diminutivos, el interés romántico en la cultura popular que caracterizó los años de la revolución acabó siendo adoptado por el clero. Asimismo, el efecto del Segundo Concilio Vaticano (1962-1965) y el surgimiento de la Teología de la Liberación convirtieron el texto en un poderoso instrumento de catequización, pues el énfasis en un campesino pobre y su voluntaria aceptación del mensaje de la Virgen, por no mencionar el desdén inicial de Zumárraga, respondían perfectamente a la recién descubierta "opción por los pobres". Todo ello fue paulatino, pero ya en 1980 había nuevas traducciones y un sinnúmero de artículos y libros que interpretaban su relevancia en la época contemporánea.[47]

El interés en el *Nican mopohua* había estado precedido de una prolongada campaña para beatificar, no se diga canonizar, a Juan Diego. Como se ha visto, José de Jesús Manríquez y Zárate deploró el olvido de Juan Diego en la mayoría de las celebraciones de la Virgen de Guadalupe y pidió su beatificación en 1939. Lauro López Beltrán atestiguó el dramático efecto de ese mensaje, pues más tarde comentó que había leído la carta pastoral del obispo cuando asistía a un congreso parroquial de Cristo Rey en San Martín Chalchicusatla, situado en un rincón remoto y montañoso de la Huasteca, y que su efecto se había acrecentado por la coincidencia de que en algún lugar cercano una banda de músicos indígenas interpretaba una pieza desconocida llamada "Juan Diego". El llamamiento del obispo a emprender la acción entusiasmó tanto a López Beltrán que a su regreso a Cuernavaca fundó una pequeña revista llamada *Juan Diego* que dirigió los 27 años siguientes. Además, cuando Manríquez finalmente volvió del exilio en 1944, lo invitó a presidir un ciclo de "solemnidades guadalupanas" en la catedral de Cuernavaca, donde el otrora obispo predicó un conmovedor sermón sobre "nuestro hermano inmortal, el gran Juan Diego". En años postreros, López Beltrán saludó reiteradamente el papel de Manríquez como iniciador de la campaña para beatificar al "vidente" indio y en 1974 publicó su biografía, en la que incorpora el estudio teológico de Manríquez sobre Juan Diego y lo elogia llamándolo "el gran Atanasio de la Iglesia Mexicana".[48]

En qué medida la campaña de beatificación se gestó en el sentimiento cristero queda de manifiesto en *La persecución religiosa en México* (1987), en el que López Beltrán presenta a los líderes cristeros en calidad de héroes y mártires que dieron su vida para evitar que Calles destruyera la Iglesia y la fe cristiana. También elogia a Manríquez, llamándolo "el cau-

Miguel Cabrera, *Verdadero retrato del venerable Juan Diego*, 1751, óleo sobre tela, fotografía de Jesús Sánchez Uribe. Museo de la Basílica de Guadalupe, ciudad de México. Cortesía de Jorge Guadarrama.

dillo, el mexicano por antonomasia, el de los mensajes apocalípticos, que se enfrentó a Calles con aquellas palabras inmortales: "Miente el Señor Presidente". Tampoco duda en abrir viejas heridas al criticar a los arzobispos Ruiz y Flores y Pascual Díaz por rendirse ante Calles a instancias de Dwight Morrow sin haber obtenido garantías fehacientes de la seguridad de las fuerzas cristeras que, sostiene, estaban a punto de derrotar al ejército federal en 1929. De hecho, recoge una larga carta escrita a Pío XI en 1930 en la que los líderes de la Liga para la Defensa de la Libertad de Culto deploran con amargura el acuerdo alcanzado ese año y que perjudicó más a la fe católica que la suspensión de los servicios religiosos en 1926. López Beltrán concluye con el detallado relato, ilustrado con fotografías, de más de cincuenta sacerdotes martirizados durante la lucha, algunos en circunstancias atroces, corroborando con ello que el recuerdo de la épica lucha de los cristeros seguía atesorándose en muchos círculos de la Iglesia en México.[49]

En diciembre de 1944, López Beltrán pronunció un discurso en la ciudad de León, Nicaragua, durante la inauguración de un monumento de la Virgen de Guadalupe con Juan Diego a la que asistió el presidente Anastasio Somoza. Inspirado en el célebre sermón de Agustín Rivera, subraya que la Madre de Dios decidió no visitar Roma ni Jerusalén, sino que vino a América para conversar con un pobre indio llamado Cuauhtatohuac, "el hombre que habla como águila". Evoca la comparación de la Virgen con la mujer del Apocalipsis que había propuesto Sánchez, y declara que "lo que para San Juan Evangelista fue una visión, para Juan Diego fue una realidad". Cuando María le habló al Águila del Tepeyac, "estampó su taumaturga imagen en su glorioso ayate y es el único retrato que en el mundo se conserva de la Madre de Dios". Empeñado en exaltar la liberación traída por la aparición de la Virgen en México, condena a los aztecas por el holocausto anual de cincuenta mil víctimas y afirma que en un periodo de siete siglos setenta millones de mexicanos fueron sacrificados a Quetzalcóatl, dato bastante improbable. A manera de

conclusión, elogia el monumento, ya que "la Virgen de Guadalupe sin Juan Diego sería una madre sin hijo", y agrega
que el triunfo definitivo de la causa guadalupana lo señalará
la canonización del "vidente, el ignoto Juan Diego" y a partir
de ese momento ya nadie podría poner en duda "el poema
divino del Tepeyac".[50]

Como se suponía que Juan Diego había nacido en 1474,
surgió el riesgo de que hubiera participado en los ritos de
sacrificio aztecas. En un discurso en Guadalajara, en octubre
de 1946, Beltrán elogia la ciudad por ser la primera de México en erigir un monumento al vidente indio, en el atrio de su
santuario de Guadalupe, llamándolo "el medianero, porta-
voz y cooperador" de la Virgen. Tras recordar que los aztecas
sacrificaron a ochenta mil víctimas en la gran pirámide de
Tenochtitlán en 1487, asegura que, a diferencia de ellos, los
habitantes de Cuautitlán observaban una moralidad austera
pues sólo tenían una esposa, adoraban únicamente al sol y la
luna como padres divinos, y sacrificaban sólo animales y
aves. En verdad, "los cuaulitecas, fieles cumplidores de la ley
natural, por desconocer la sublime del Evangelio, se aseme-
jaban, en cierta manera, a los hijos de Israel, que en medio
de los países paganos e idólatras, conservaron la ley de Moisés". Por un designio especial, Dios intervino para salvar a
ese pueblo de la depravación de los aztecas y permitir que
Juan Diego fuera educado de acuerdo con la virtud natural y
por tanto digno de ser el fiel siervo de la Virgen. En qué
documento o de qué fuente celestial López Beltrán obtuvo
tal información es algo que prefirió no revelar.[51]

En otros sermones y discursos López Beltrán demostró un
conocimiento considerable de la literatura guadalupana y,
por ejemplo, recurrió al sermón de Manuel Díaz Rayón predicado en las celebraciones de 1895 para saludar a Guadalupe
llamándola "nuestra Arca de la Alianza y Sacramento Mariano de la Patria", definiendo la imagen como "reliquia venida
del Cielo", testimonio verdadero de "la Alianza que Dios
Nuestro Señor, por medio de Ella, quiso celebrar con el Pueblo Mexicano". Entonces estaba justificada la comparación

del santuario del Tepeyac con el Templo de Salomón. López Beltrán fue el primero en publicar desde 1648 una reimpresión de *Imagen de Dios* de Miguel Sánchez, edición, con todo, estropeada por la omisión de las sanciones de los censores y del breve prólogo en el cual el autor explicaba cómo no había podido encontrar el relato escrito de las apariciones. Semejantes omisiones provocaron que Francisco de la Maza descartara la edición por "pueril". Aunque López Beltrán comentaba que Sánchez calificaba a Juan Diego de "el Moisés Mexicano y el Tepeyac el Sinaí de Anáhuac", no se ocupó en desarrollar esas metáforas bíblicas, ni mucho menos en determinar su relevancia teológica.[52]

En *La protohistoria guadalupana* (1966), López Beltrán presenta sus argumentos en torno al fundamento histórico de la tradición y enfrenta a sus opositores. La traducción completa de la obra de Laso de la Vega que presentara Velásquez en 1925 fue la primera en demostrar la diferencia de estilo entre el *Nican mopohua* y el resto del texto. Sigue a Velásquez en la atribución de estos escritos a Valeriano y de Alva Ixtlilxóchitl, y añade que posiblemente ambos se conocieron en el colegio de Santa Cruz Tlatelolco. De igual manera admite la identificación que hacía Ángel Garibay de Juan González como intérprete de Zumárraga y autor de la "relación antigua". Sin embargo, después critica severamente al erudito canónigo por descartar con tal arrogancia la traducción de Velásquez, y más aún por despojar de toda credibilidad a Sigüenza y Góngora, quien atribuye la autoría del *Nican mopohua* a Valeriano. Además, presenta objeciones graves a la afirmación de Garibay de que los coloquios entre la Virgen y Juan Diego están redactados en un lenguaje tan elevado y poético que "el estilo devora la realidad". Con este comentario Garibay se acerca peligrosamente a los errores de Mier, Muñoz, y García Icazbalceta, sobre todo en vista de que "la Historia sin realidad no es la Historia".[53] La animosidad de López Beltrán contra Garibay se expresa con mayor pujanza en su *Homenaje lírico guadalupano* (1984), publicado tras la muerte del erudito, en el cual deplora que a pesar de que Mariano Cuevas y Jesús García Gutiérrez, un estudioso guadalupano, coincidieron en identificar la canción en náhuatl entonada por don Plácido, Garibay se negó a reconocerlo. Para explicar su porfía, López Beltrán recuerda que antes de convertirse en canónigo del Tepeyac, a Garibay se le había oído negar la validez histórica de las apariciones. Cuando recibió el nombramiento, un amable amigo lo acusó de escéptico ante el abad. Pero el arzobispo Manríquez se negó a tomar medidas señalando que "como el nombramiento ya está hecho, al cabildo le toca convertirlo".[54] Es evidente que había algo en la omnisciencia de Garibay que irritaba profundamente a sus contemporáneos.

López Beltrán, al proponer la beatificación, acepta las *Informaciones de 1666* como fundamento del caso pues, en el debate de 1894 sobre la redacción del nuevo oficio para el día de fiesta de la Virgen, Roma había aceptado aquellos documentos como prueba jurídica de la existencia de una antigua y constante tradición de las apariciones. Por tal motivo, cuando surgió la disputa entre las parroquias de Cuautitlán y Tulpetlac en torno a cuál tendría la honra de haber acogido la morada de Juan Diego, favoreció a Cuautitlán, pese a su distancia de Tlatelolco. Además, citaba las recientes pruebas químicas que probaban que el lienzo de la imagen guadalupana era en efecto de hilo de maguey y no de palma de *iczotl*, y rechaza la versión de Cuevas que descarta los arabescos en la túnica de la Virgen al aducir que eran adiciones posteriores, ya que, en su opinión, esas líneas estan dibujadas tan finamente en un lienzo tan tosco que se habrían desdibujado o borrado de no haber sido "de origen supernatural".[55]

Sin embargo, López Beltrán coincide con Mariano Cuevas cuando cita un sermón predicado en la catedral de Querétaro en 1931 en el cual el historiador jesuita sostiene que la Virgen apareció sin corona y que la corona de oro vista en la imagen fue añadida posteriormente, y de modo tan deficiente que era poco más de diez puntos dorados trazados en un plano carente de perspectiva. ¿Cómo podía atribuirse una labor tan defectuosa al Todopoderoso? López Beltrán añade que todas las fuentes históricas, incluido el oficio de 1754, registraban la presencia de la corona, y que ya en 1895 había desaparecido. Sólo hay tres explicaciones plausibles: que hubiera desaparecido por los efectos del tiempo, por un milagro, como sostuvo Gabino Chávez, o que alguien la hubiera borrado intencionalmente. En efecto, el renombrado historiador Antonio Pompa y Pompa había informado que Rafael Aguirre, el artista que pintara la copia de la Virgen exhibida en la basílica entre los años 1926 y 1929, confesó en su lecho de muerte que había visto a Antonio Plancarte llegar en su carruaje a la Academia de San Carlos para llevar consigo a Salomé Piña al Tepeyac. Al otro día se advirtió que la imagen había perdido su corona. Con todo, López Beltrán señala que Florencia había mencionado la desaparición de los querubines que antaño rodearon a la Virgen y coincide con Cuevas en que la imagen se ve mejor sin la corona. En una declaración sorprendente añade que, si bien en la actualidad el lienzo es evidentemente más corto que antes, probablemente está doblado hacia atrás en la parte superior debido a que el marco se ha reducido.[56]

En la década de los setenta del siglo xx, el contexto social e institucional en que ocurrían estos debates cambió radicalmente. La Iglesia de México no sólo era tolerada, sino incluso cortejada por los políticos. Muchos empresarios estaban dispuestos a ofrecer generosos donativos para la construcción de iglesias, escuelas y universidades. En el trasfondo de esta expansión se encontraba la explosión demográfica que había multiplicado la población de unos veinte millones en 1940 a más de ochenta en 1990. Símbolo de la transformación de México fue la construcción de la nueva basílica del Tepeyac. El antiguo santuario concluido en 1709 se había convertido en un multitudinario caos en 1970 debido a los miles de peregrinos que abarrotaban el edificio a diario. Por otra parte, las bóvedas se agrietaron de nuevo y la seguridad de los visitantes ya no podía garantizarse. Gracias a la visión e iniciativa del abad Guillermo Schulenburg Prado, en 1976

La moderna Basílica de Guadalupe, 1977, arquitecto Pedro
Ramírez Vázquez, fotografía de Marco A. Pacheco, en *Guadalupe.*
Maravilla Americana. Homenaje a Monseñor Guillermo Schulenburg,
ed. de Manuel Olimón Nolasco, Centro de Cultura Casa Lamm
(México, 1998).

se dedicó una basílica moderna con lugar suficiente para
diez mil personas; el costo estimado de trescientos millones
de pesos fue cubierto con la emisión de "bonos guadalupanos" y un cuantioso subsidio del presidente Luis Echeverría.[57] Diseñada por Pedro Ramírez Vázquez, el arquitecto
que había proyectado el Museo Nacional de Antropología en
Chapultepec, la basílica se construyó en forma circular como
una gran tienda de campaña, con un elevado ábside que
ilumina con luz natural el altar mayor y la imagen. Gabriel
Chávez de la Mora, un monje benedictino y arquitecto auxi-
liar en el proyecto, explicó que siempre se había identificado
a María con el Arca de la Alianza del Nuevo Testamento y
símbolo de la Iglesia peregrina. ¿Qué era una iglesia sino "un
lugar de reunión para el pueblo de Dios"? De este modo, la
nueva basílica responde a la renovación litúrgica inspirada
en el Segundo Concilio Vaticano y su diseño está previsto
para acoger a miles de peregrinos.[58]

Como parte de la propagación del culto, López Beltrán fundó el Centro de Estudios Guadalupanos en 1975, y en los años siguientes convocó a una serie de Encuentros Nacionales a fin de reunir a los académicos dedicados a estos asuntos. En la segunda conferencia, llevada a cabo en el Tepeyac en diciembre de 1977, Luis Medina Ascencio, un historiador jesuita, sostuvo que la Iglesia ha aceptado siempre los milagros como prueba de apariciones y profecías. Recuerda que Benedicto XIV aprobó las revelaciones dispensadas a santa Hildegarda, santa Brígida y santa Catarina de Siena, pero declaró que si bien tales mensajes no formaban parte de la fe católica, podían ser aceptados por "un asentimiento de fe humana según las normas de prudencia que hacen de tales revelaciones objeto probable y piadosamente creíble". Es evidente que antes de identificar algo como sobrenatural, primero es necesario establecer su realidad humana. La verdad de estas apariciones, según sostiene Medina, se encuentra primero en la imagen misma, pero su veracidad también la respalda la "relación antigua" de Juan González y el *Nican mopohua* de Valeriano que proviene de la tradición oral.[59]

Los llanos argumentos del prominente historiador Wigberto Jiménez Moreno desconcertaron a los participantes en la conferencia, pues reafirmó su devoción a la Virgen sólo para después aseverar que la imagen es obra de Marcos y que María se le había aparecido a Juan Diego en 1555. De igual manera señala que cuando uno de los testigos indígenas de 1666 recordaba haber visto al virrey Luis de Velasco de camino a Perú, evidentemente se refería a un suceso ocurrido en 1595.[60] Correspondió a Fidel de Jesús Chauvet, un franciscano que escribió extensamente sobre la Virgen, responder a estas observaciones iconoclastas. Sin hostilidad repasa el caso tradicional, y sin dudarlo asegura a los presentes que Zumárraga vio a Juan Diego, pero decidió no iniciar procedimiento canónico alguno, pues ello habría provocado la animadversión de los conquistadores, ya irritados debido a la defensa franciscana de los indios. De igual manera, reconoce que el silencio franciscano en torno a las apariciones se derivó del "prejuicio y pasión". Con un ánimo más conciliador cita la carta de Martín Enríquez en la que se atribuía el resurgimiento de la devoción en el Tepeyac a la cura milagrosa de un ganadero español, e identifica a este hombre como Antonio Carbajal, concejal de la ciudad y acaudalado terrateniente cuyo hijo había sido salvado tras caer de su caballo.[61]

En esa conferencia de 1977, Lauro López Beltrán presentó una ponencia sobre "La historicidad de Juan Diego" en la que repite el argumento del obispo Manríquez según el cual, si las *Informaciones de 1666* ya habían sido aceptadas por Roma en 1894, entonces podían citarse como testimonio jurídico de la antigua tradición en torno a la santidad de Juan Diego. Estos documentos podían corroborarse mediante un sinnúmero de anales indígenas, el *Nican mopohua* y las fuentes españolas. Tan convincentes fueron sus palabras que Ernesto Corripio Ahumada intervino durante la conferencia para asegurar que él haría todo lo que estuviera a su alcance para promover la beatificación del indio. En esa época seguía siendo arzobispo de Puebla, pero pronto sería cardenal y arzobispo de México.[62] Por otro lado, el ascenso de un nuevo papa pronto produjo un cambio radical en las normas que regían la manera en que Roma disponía de las solicitudes de beatificación y canonización.

En 1979 Juan Pablo II visitó México y en la basílica del Tepeyac declaró: "Desde que el indio Juan Diego halló a la dulce Señora del Tepeyac, tú, María de Guadalupe, entras de modo determinante en la vida cristiana del pueblo mexicano." El pontífice, elegido recientemente, fue recibido con las extraordinarias manifestaciones de entusiasmo de millones de mexicanos, y tan vivificante resultó su presencia que colocó de nuevo a la Iglesia en el foro público al reiterar la intensidad y el alcance de su apoyo popular. Durante su visita, el papa comparó repetidas veces a México con su natal Polonia, añadiendo: "de mi patria se suele decir Polonia *semper fidelis*. Yo quiero poder decir también: México *semper fidelis*, México siempre fiel". Aunque hizo hincapié en la necesidad de la plegaria y la fe, también subrayó que la Iglesia está obligada a defender los derechos humanos. En privado alentó a los obispos mexicanos a adoptar un perfil más público y a propugnar la reforma de los artículos anticlericales de la Constitución.[63]

Dos años después, en 1981, el cardenal Corripio Ahumada celebró el 450 aniversario de las apariciones, y presidió un congreso convocado para debatir la tradición guadalupana y la beatificación de Juan Diego. Ya entonces había nombrado a monseñor Enrique Salazar "postulante" de la causa, encargado de reunir los documentos históricos y formular el caso teológico para someterlo a Roma. En *La historicidad de Juan Diego y su posible canonización* (1981), López Beltrán repite muchos materiales publicados en obras anteriores. Pero estaba empeñado en resaltar su contribución al proceso de beatificación. Afirma que la primera persona en proponer la canonización fue Santiago Beguerisse, un químico francés que vivió en Puebla en el siglo xix. Por otro lado, Ángel Vivanco Esteve, propietario de una casa situada junto a la basílica que más tarde se convirtió en el Museo Guadalupano, se negó a asistir a las ceremonias del cuarto centenario puesto que "no encuentro para Juan Diego ni una sola palabra de recuerdo o de simpatía". También estaba el sacerdote de León José María Robles, el cual había escrito al exiliado obispo de Huejutla acerca de la causa. Con todo, López Beltrán señala a Manríquez como un verdadero profeta que había invocado su autoridad de obispo para abogar por la beatificación.[64] Además, empeñado en sostener que Juan Diego nunca había sido olvidado del todo, cita sermones antiguos para mostrar que Ita y Parra lo había nombrado "el Jacobo de nuestras Indias", que Vidal de Figueroa lo había comparado con san Juan Bautista y que Lazcano imitó a Sánchez al equipararlo con otro Moisés ante la zarza ardiente en el monte Horeb. También deplora que las excavaciones en la derruida capilla que construyera Montúfar no hubiesen revelado restos que pudieran atribuirse a Juan Diego. La premisa sobre la cual basaban su caso los expertos teólogos en esta época se ilus-

Ernesto Tamariz, *Juan Pablo II*. Estatua monumental de bronce en el atrio de la basílica de Guadalupe, 1982, fotografía de Ernesto Peñaloza, ciudad de México. Cortesía del IIE, UNAM.

tra con un pronunciamiento de Manuel Rangel Camacho, según el cual Antonio Valeriano "trae en sus manos 'El Evangelio de las Apariciones Guadalupanas', el *Nican mopohua*, escrito por él a mediados del siglo XVI, en donde nos transmite, en elegantísimo lenguaje náhuatl, los pormenores todos del Hecho Guadalupano".[65]

La historia pormenorizada de cómo lograron los mexicanos convencer a la Congregación de los Santos en Roma de que autorizara la beatificación de Juan Diego está aún por contarse, sobre todo porque el abad del cabildo del Tepeyac, Guillermo Schulenburg Prado, se oponía a tal iniciativa arguyendo que no encontraba pruebas históricas de la existencia del vidente indio.[66] Pero las autoridades del arzobispo primado y del episcopado mexicano resultaron superiores, por lo que en su segunda visita al Tepeyac, Juan Pablo II publicó un decreto papal fechado el 6 de mayo de 1990 en el que la Congregación de los Santos reconoce la santidad de la vida de Juan Diego y la devoción que inspira desde tiempos inmemoriales, razones suficientes para justificar su beatificación. El decreto cita el *Nican mopohua* y el *Nican motecpana* como testimonios de la pronta obediencia del indígena al mandato de la Virgen y de sus años de servicio devoto en la primera capilla. Después de su muerte se le consideró un santo; como tal fue plasmado en muchos cuadros; y ha sido venerado por los fieles continuamente desde el momento de su muerte hasta la actualidad. A partir de entonces, en la arquidiócesis de México es obligatorio conmemorarlo el 9 de diciembre, y se otorga licencia a todas las demás diócesis de América Latina para hacer lo propio.[67]

En la homilía pronunciada en la basílica el 6 de mayo, Juan Pablo II saluda a Juan Diego, no como vidente ni medianero, sino como "el confidente de la dulce Señora del Tepeyac", quien ahora podía invocarse como "protector y abogado de los indígenas" de América. Su figura era inseparable del "Hecho Guadalupano" y siempre se le relacionaría con María en México. Añadió:

A semejanza de los antiguos personajes bíblicos, que eran una representación colectiva de todo el pueblo, podríamos decir que Juan Diego representa a todos los indígenas que acogieron el Evangelio de Jesús gracias a la ayuda maternal de María, inseparable siempre de la manifestación de su Hijo y de la implantación de la Iglesia, como fue su presencia entre los apóstoles el día de Pentecostés.[68]

En su carta pastoral, Corripio Ahumada asevera que la beatificación de Juan Diego Cuauhtlatoatzin, es "un acontecimiento sin precedente en la historia de México, porque señala el momento de un país en que sus habitantes incorporan definitivamente en un equilibrio perfecto las verdaderas raíces de su nacionalidad". Además declara que denota "una parte insustituible de nuestra realidad que es la indígena". Al año siguiente se publicó una costosa edición facsimilar de las *Informaciones de 1666*, siguiendo el texto de 1734, acompañadas de un análisis esquemático de las virtudes de Juan Diego. En una carta a manera de prólogo, Corripio Ahumada felicita al editor por su contribución al estudio de "nuestra identidad histórica guadalupana y juandieguina".[69]

En años siguientes, los promotores de la causa de Juan Diego expresaron sus esperanzas de que pronto fuese canonizado, es decir, reconocido como santo para toda la Iglesia católica más que venerado en un país o diócesis específicos. Pero cuando Juan Pablo II volvió al Tepeyac en marzo de 1999, optó por extender el imperio espiritual de la Virgen mexicana con el nombramiento de Nuestra Señora de Guadalupe como patrona de América, boreal y austral, citando una declaración anterior en la que había señalado que "el rostro mestizo de la Virgen del Tepeyac" es ejemplo de "evangelización perfectamente inculturada".[70] Al conferirle a esta imagen una misión hemisférica, el papa lanzó un desafío público contra todas las corrientes de pensamiento, religiosas o seculares, que descartan por supersticiosa o pueril la veneración de tales representaciones. En la larga historia del papado, se unió al selecto grupo de Benedicto XIV, León XIII y Pío X, quienes otorgaron a la Virgen poderes cada vez mayores, por no mencionar a Pío XII que ya la había saludado como "Emperatriz de América, Reina de México". En la Iglesia católica ninguna otra imagen mariana ha recibido honores tan universales.

Cuando Juan Pablo II visitó México por última vez, la situación de la Iglesia había cambiado, pues en 1992 el gobierno mexicano restableció relaciones con el Vaticano y reconoció la personalidad legal de todas las asociaciones religiosas registradas. En efecto, la Iglesia católica resurgió de entre las sombras de la anticonstitucionalidad y fue dotada por el Estado de derecho a poseer propiedades, administrar escuelas y universidades y organizar celebraciones religiosas en público.[71] En términos simbólicos, es tentador interpretar esta transformación de la situación legal de la Iglesia como una ratificación política de la elevación de Juan Diego a los altares. A menos que se considere descabellado, hay que recordar que la causa de Juan Diego se gestó en el ámbito cristero y fue justificada como medio para que el campesinado indígena se incorporara finalmente a la Iglesia. Asimismo, el cardenal Corripio Ahumada acogió la beatificación como el reconocimiento público de las raíces indígenas de la nacionalidad mexicana. Más de un siglo antes, Ignacio Manuel Altamirano había declarado que "en cada mexicano existe siempre una dosis más o menos grande de Juan Diego". Al conseguir la beatificación de este indígena, prototipo del pueblo de México, los obispos y el clero que promovieron su causa deseaban confirmar el carácter esencialmente católico de su país y nación.

I

A pesar de que las esperanzas de México en la canonización de Juan Diego han sido frustradas, la reticencia de Roma puede responder en parte a una ola de controversias y publicaciones que en 1995-1996 desataron dudas sobre la "historicidad" del vidente indígena. Pero la polémica también revela que la Virgen del Tepeyac y su fiel mensajero se convirtieron en símbolos de visiones opuestas en la Iglesia de México. Si bien la campaña para beatificar a Juan Diego provino de las filas de los antiguos cristeros y sus consejeros clericales, en la década de 1980 los teólogos de la Liberación tomaron el *macehual* nahua como símbolo de la "opción por los pobres" de la Virgen. Se hicieron nuevas traducciones del *Nican mopohua* y cuanto más se estudiaba el texto, más comentarios y reflexiones suscitaba su simplicidad bíblica. En todos los bandos de la arena teológica hubo una tendencia a definir el relato de la aparición como un evangelio mexicano, por no decir americano, aunque nadie definió con precisión el carácter ni la fuente de su inspiración. La figura de Juan Diego fue ensombrecida por una hipótesis infundada sobre su parentesco con la familia real de Texcoco. Asimismo, la imagen de Guadalupe fue objeto de especulaciones pseudocientíficas en torno a la configuración de las estrellas de su túnica y los supuestos reflejos en sus ojos. En tanto los teólogos buscaban emplear el *Nican mopohua* con fines catequistas y pastorales, la cuasihistoria y la pseudociencia amenazaban con destruir la tradición. En estas circunstancias el arzobispo de

México intervino para defender tanto la historicidad del relato de la aparición como el origen sobrenatural de la Imagen. Sin embargo, casi de manera simultánea, académicos en Estados Unidos cuestionaban la autoría indígena del *Nican mopohua* y se declaraban incapaces de encontrar ninguna prueba convincente de la tradición escrita anterior a 1648.

Para observar cómo los tradicionalistas buscaron justificar su caso en la pseudociencia, basta hojear *La enciclopedia guadalupana* (1995), editada y escrita en gran parte por Xavier Escalada, un jesuita español radicado en México, cuyos volúmenes fueron profusamente ilustrados con espléndidas reproducciones tomadas del Museo Guadalupano, aunque en parte desfigurados por la inclusión de pinturas contemporáneas de la Virgen y de Juan Diego. El propósito de esta obra era apologético, puesto que iba dirigida a los intelectuales que dudaban del "origen sobrenatural" de la imagen. Escalada proponía razones para demostrar "la historicidad de las Apariciones" y brindar "la seguridad científica" de "la presencia de María en su "casa" del Tepeyac".[1] En aras de este último objetivo, imprimió la atractiva fotografía infrarroja de la imagen tomada en 1946 por Jesús Castaño Wilhelmy y citó la sorpresa del fotógrafo al descubrir que los colores de la imagen variaban según la intensidad de la luz a la que estuviera expuesta. De igual manera, publicó una fotografía similar tomada por Philip S. Callahan en 1979, pero desechó la conclusión del norteamericano en cuanto a que, si bien el rostro, la túnica y el manto de la Virgen eran "humanamente inexplicables", el ángel, la luna, los rayos dorados, las estrellas y los arabescos en su túnica fueron agregados posteriormente. Si el fotógrafo norteamericano quedó tan impresionado con la imagen central, se debió en parte a que observó que los labios de la Virgen estaban pintados sobre una saliente causada por el tosco tejido de la tela, una "coincidencia" que creaba la ilusión de profundidad pictórica. Pero Escalada reimprimió la defensa que hacía López Beltrán del origen sobrenatural de los arabescos.[2] Con mayor osadía se reproducen en la *Enciclopedia* las ampliaciones fotográficas de los ojos de la Virgen que revelaban el reflejo de una figura arrodillada. Esta teoría apareció por primera vez en la década de los veinte, pero fue tema de un popular libro del periodista español Juan Benítez publicado en 1982. El problema fue que en una ampliación mayor se encontraron aún más figuras ocultas en las pupilas de la Virgen. Con todo, Escalada estaba convencido de la posibilidad de que por lo menos Juan Diego pudiera verse reflejado, la imagen misma daría así testimonio de la veracidad del relato de la aparición.[3] Otra "prueba" científica vino de Juan Homero Hernández Illescas, quien aseveró que si las estrellas en el manto de la Virgen se unían con las líneas adecuadas, constituían un diagrama de quince constelaciones visibles en el cielo durante el solsticio de 1531. Escalada también reproduce el diagrama, aunque insertó una breve nota de un ingeniero que advertía que dichas estrellas fueron añadidas posteriormente, puesto que en los lugares donde el oro se había desprendido podía verse el azul del manto. En todo caso, se pintaron en intervalos regulares, a diferencia de la multitud de estrellas en el cielo.[4] Al presentar estas "pruebas" científicas, obviamente Escalada buscó demostrar que la imagen misma revelaba su manufactura divina.

En lo que respecta a indicios históricos, Escalada admitía que "siempre han existido antiguadalupanos", intelectuales que acusan a la Iglesia de engañar a los fieles, de alentarlos a venerar ilusiones. Siguiendo el camino de Anticoli, repasó brevemente los tres grandes momentos de la crítica, es decir, las embestidas de Bustamante, Muñoz y García Icazbalceta, por no mencionar las más recientes aseveraciones de O'Gorman. En cuanto a Miguel Sánchez, comentó que "es el centro del torbellino antiaparicionista, a quien se considera el creador de todas las quimeras y fábulas de las Apariciones". Aunque tuvo el mérito de publicar el primer relato, escribió poco más que un extenso sermón, "lleno de conceptismos y digresiones barrocas en los campos de la Sagrada Escritura". Por el contrario, Escalada elogiaba a Becerra Tanco llamándolo "príncipe de los historiadores guadalupanos", ya que fue el primero en dar fe de la existencia del

manuscrito original que escribiera Valeriano.[5] Para contrarrestar la aseveración de García Icazbalceta en cuanto a que
Sánchez había prácticamente reinventado la devoción a la
Virgen mexicana, reprodujo la estereotipia de cobre diseñada por Samuel Stradanus en 1616-1622, que ilustraba algu-
nos milagros de la Virgen. Se usaba para imprimir las
indulgencias otorgadas por el arzobispo Juan Pérez de la
Serna a cambio de limosnas para la nueva iglesia que cons-
truía en el Tepeyac. Además de estas pruebas históricas, la
Enciclopedia presentaba innumerables fotografías de Juan
Pablo II, en especial de sus visitas al Tepeyac, y reproducía
el texto completo de su discurso cuando beatificó a Juan
Diego. Ansioso por demostrar que la aprobación papal de
Guadalupe no era nada nuevo, relató la antigua historia de
cómo Benedicto XIV quedó tan sorprendido con el retrato
de la Virgen que hiciera Miguel Cabrera, que exclamó: "*Non
fecit taliter omni natione*", mito que Andrade había derruido
hacía más de una generación.[6]

Pero Escalada también dio testimonio del reciente ascenso del *Nican mopohua* al rango de evangelio mexicano y
concluyó sus volúmenes imprimiendo nada menos que seis
traducciones del texto, empezando con Becerra Tanco y la
versión literal comisionada por Boturini, incluyendo también
las de Velásquez y Garibay, por no mencionar los intentos
más recientes de Mario Sánchez Rojas en 1978 y de Guillermo Ortiz de Montellano en 1989. Por su parte, calificó el
relato como "la más bella narración que trazó jamás mano
humana en el Continente de María." Todavía más importante
fue su afirmación de que "creemos que la misteriosa acción
de Dios no sólo estuvo actuante en las apariciones a Juan
Diego y en la impresión de la imagen, sino que también
asistió a Valeriano para que pudiera transmitir por escrito,
con la verdad necesaria, la narración de esta historia de carácter salvífico".[7] Entonces al *Nican mopohua* también se le
adjudicó un origen divino.

No satisfecho con su colección de pruebas históricas y
científicas, en la *Enciclopedia* Escalada revela el descubri-

miento de un antiguo códice, y posteriormente publicó esta nueva fuente como un apéndice. El documento parecía probar el relato de la aparición. En una recia piel de venado podía observarse la borrosa figura de Juan Diego en el cerro, arrodillado ante la Virgen. Las figuras eran iguales a las que aparecían en el grabado de esta escena hecho por Antonio Castro para *Felicidad de México* (1675) de Becerra Tanco. Sin embargo, el códice tenía la fecha "1548", así que quedaba de manifiesto, argumentaba Escalada, que Castro había copiado la escena de la piel de venado. Es más, en el códice había una inscripción en náhuatl que en dos ocasiones identificaba a Juan Diego como "Cuatlactoastzon", declarando que había visto a su "amada madrecita" en 1531 y que murió en 1548. Por si fuera poco, también había un glifo azteca de la época bajo el cual estaba escrito: "juez anton vareliano", una referencia a la función que desempeñara Valeriano en la preparación de este peculiar certificado de defunción. Para cerrar con broche de oro, el códice se jactaba de llevar una firma auténtica de Bernardino de Sahagún. En verdad, este era un gran descubrimiento, una creación excepcional de la ciencia moderna.[8] En el contexto de la tradición cristiana, era casi como encontrar una imagen de la visión de Cristo que san Pablo tuvo en el camino a Damasco, dibujada por san Lucas y firmada por san Pedro.

En tanto los tradicionalistas movilizaban los recursos de la ciencia moderna para demostrar el carácter sobrenatural de la guadalupana, los teólogos se explayaban sobre las implicaciones catequizadoras del *Nican mopohua*. En *Santa María Tonantzin, Virgen de Guadalupe. Continuidad y transformación religiosa en México* (1995), Richard Nebel, historiador y teólogo alemán, mostró poco interés en la imagen o en el desarrollo de la devoción. Confesó que el silencio de los primeros franciscanos le parecía "inexplicable", no le impresionó Sánchez, y no encontró mayor prueba de la autoría de Valeriano de aquel primer relato que la aseveración de Sigüenza y Góngora.[9] Toda su atención se centró en el *Nican mopohua*, que representa la esencia del "kerigma

guadalupano", e incluso tradujo esta proclamación evangélica del náhuatl al alemán para la edición de su tesis en 1992.
Pero recurrió a obras recientes sobre apariciones en la España medieval tardía para demostrar en qué medida el relato
mexicano derivaba de "leyendas" hispanas, en las que la Virgen casi invariablemente se aparece a un pastor pobre para
revelarle la ubicación de su imagen y pedirle que se constru-
ya una capilla para albergarla. Lo que no quedaba claro era
hasta dónde el relato mexicano se limitaba a trasladar estos
elementos al Nuevo Mundo o retomaba distintos incidentes
que se habían preservado en la tradición oral. Los hechos
concretos sobre Juan Diego eran "muy exiguos y frágiles" y,
en realidad, se basaban más en la hagiografía europea que en
fuentes indígenas.[10] Por otra parte, puesto que los coloquios
entre Juan Diego y la Virgen eran dramáticos y conmovedores, por eso afirmaba Nebel, probablemente se habían "representado como obra teatral", teoría que Servando Teresa
de Mier propuso por vez primera. Como tal, había que leer
el texto por su "mensaje teológico" y su "verdad existencial",
antes que por la verdad histórica objetiva que pudiese contener. Imitando el estilo de la prosa que favorecían los teólogos alemanes, Nebel concluía: "la verdad del *Nican mopohua*,
cuyas funciones edificantes, pedagógicas y paramétricas se
echan de ver claramente, no se infiere tanto de un acto de
conocimiento histórico, sino más bien de la experiencia cristiana de la vida". En efecto, la "interpretación de la fe" de
Laso de la Vega medró en la tradición, pero probablemente
creó "nuevos hechos".[11]

De acuerdo con Nebel, las verdades teológicas se remon-
tan muy por encima de cualquier consideración meramente
histórica, y elogia al *Nican mopohua* llamándolo un texto
sublime cuyo mensaje perdura a lo largo de los siglos, pues
"se repite a manera de alegoría o parábola en la historia de la
vida individual de los mexicanos como hijos de Guadalupe".
Esa verdad teológica tenía relevancia pastoral para la Iglesia
contemporánea de toda América Latina. Comentó cómo los
defensores de la Teología de la Liberación citaron el texto

José Luis Neyra, *La mujer maravilla*, fotografía de la colección Neyra, ciudad de México.

como ratificación de sus argumentos, señalando que el Centro Ecuménico de Nicaragua afirmó que "el mensaje de Guadalupe es el del *Magníficat*: los pobres serán elevados y los poderosos destronados". De hecho, un teólogo brasileño argumentaba que el relato de la aparición invertía la manera tradicional de predicar el evangelio, puesto que al enviar a Juan Diego con Zumárraga, María había investido al indígena con la autoridad para enseñarle al obispo, anticipando con ello la "opción para los pobres" de la Iglesia contemporánea.[12] ¿Dónde puede encontrarse un mejor ejemplo de "inculturación" que en el *Nican mopohua*, donde el evangelio cristiano se expresaba en lenguaje y conceptos comprensibles para las masas trabajadoras de América Latina?

Hasta dónde podían rivalizar los radicales con los tradicionalistas en la extravagancia de sus interpretaciones, se vio demostrado en *Guadalupe. Mother of the New Creation* (1997), en el que Virgil Elizondo, un estadounidense de ascendencia mexicana, proclamaba osadamente que ningún acontecimiento desde el Pentecostés ejerció tal influencia sobre el desarrollo del cristianismo como la aparición de María en el Tepeyac, agregando: "litúrgicamente, para nosotros en las Américas, el 12 de diciembre es una fiesta tan importante como lo son para los cristianos del Viejo Mundo el 25 de diciembre y el Domingo de Pascua". De pequeño lo habían llevado de Texas al Tepeyac, y en la magna basílica había sentido que "en ese espacio sagrado, yo era parte de la comunión entre la tierra y el cielo, entre la familia actual, los antepasados y las generaciones por venir".[13] Este no es lugar para ahondar en la filosofía romántica de Elizondo, una mezcla de José Vasconcelos con D.H. Lawrence, en la que contrasta una Europa regida por los principios de la razón y la dominación, con la América prehispánica imbuida de la armonía natural y sustentada por los mitos religiosos. Tradujo el *Nican mopohua* al inglés y comentó que su trascendencia radica en que la Virgen le haya dicho a Juan Diego "que le dijera qué hacer al principal vocero de Dios". La América cristiana, afirmaba, era esencialmente mestiza, y "en Nuestra

Señora de Guadalupe, Cristo se hizo americano". Mientras que Dios Padre, según se le representaba en Europa, era un juez severo que amenazaba con el castigo y el fuego del infierno, María, en cambio, en el Tepeyac, se condujo como una verdadera madre, y ofreció una pequeña anticipación del cielo. Elizondo recurría a una antigua reflexión al aseverar que "Guadalupe es una imagen-palabra que se experimenta mediante la belleza de la flor y el canto", los términos nahuas para definir la comunicación divina. Agregó:

> Lo que la palabra escrita ha sido para generaciones de creyentes bíblicos, la palabra pintada ha sido para generaciones de creyentes en el Nuevo Mundo. En Nuestra Señora de Guadalupe del Tepeyac, Dios armó una tienda de campaña y bajó para tomar residencia entre nosotros. El Verbo se convirtió en la carne de las Américas por medio de Nuestra Señora de Guadalupe y reside entre nosotros como uno de nosotros.

En este extraordinario esquema teológico, la imagen de Guadalupe se convierte así en el equivalente tanto de las Escrituras como de la Eucaristía. Entonces no llama la atención que Elizondo describiera al Tepeyac como "la Montaña de la Transfiguración de las Américas".[14]

II

Una cosa era que un académico alemán desdeñara los aspectos históricos argumentando que eran de poco interés; otra muy distinta que el abad de la basílica del Tepeyac respaldara tal interpretación. En su prólogo al libro de Nebel, Guillermo Schulenburg Prado presenta al alemán como "un teólogo cristiano, completamente ortodoxo en su fe". Volviendo a la tradición, descartó a Miguel Sánchez por sus "muy discutibles interpretaciones escriturísticas saturadas de gongorismos", es decir, de nociones barrocas. Con patente aprobación, observó que Nebel interpretaba los diálogos del *Nican mopohua* "no tanto como fieles transmisores de la verdad histórica de un hecho concreto y real en el sentido de la ciencia moderna y de la historiografía sino como devotos difusores de una hermosa tradición catequista mariana llena de un profundo sentido humano y religioso". De hecho, quedó tan impresionado con este venerable texto que afirmó que "el análisis profundo del guadalupanismo mexicano [de Nebel] me permite pensar en una providencia divina especial" en lo que respecta a la composición del *Nican mopohua*. En esa obra estaba el germen para formar un verdadero Centro de Estudios Guadalupanos, con "gran proyección tanto cultural como religiosa".[15] Pero cualquier ambición práctica que Schulenburg pudiera albergar terminó pronto, cuando, poco tiempo después de concluidas las celebraciones del centenario de la coronación de 1895, dio una entrevista a *Ixtus, espíritu y cultura*, una desconocida revista publicada en Cuernavaca, en la que declaraba rotundamente que, debido a la falta de indicios históricos de su existencia, Juan Diego "es un símbolo, no una realidad". Cuando en mayo de 1996, el diario italiano *30 Giorni* reprodujo el contenido de esta entrevista y acusó al abad de sostener que Juan Diego no era más que un fantasma, la prensa mexicana inició la feroz persecución del imprudente prelado.[16]

En suma, lo que Schulenburg afirmaba era que "el milagro permanente de Guadalupe" era la devoción constante que evocaba entre el pueblo de México. Pero esta devoción se basaba en la fe a la Virgen María, la Madre de Dios, y no había sido inspirada por ninguna consideración sobre la realidad histórica de las apariciones. En todo caso, ¿qué era una aparición sino "un fenómeno interno que por una gracia especial de Dios hace que un hombre vea lo que nadie ve y oiga lo que nadie oye". En Lourdes sólo Bernardette vio y oyó a la Virgen. En cuanto a la beatificación de Juan Diego, la Congregación de los Santos reconoció la existencia del culto, sin pronunciarse respecto de su existencia histórica. Aquí, anota Schulenburg, había un problema, puesto que en México nunca existió el culto a Juan Diego y todo el proceso había sido orquestado por el arzobispo y cuatro o cinco sacerdotes. Si el indígena llegaba a ser canonizado, la cuestión podía volverse más seria, puesto que entonces los teólogos tendrían que debatir las implicaciones de que un papa infalible hubiera canonizado a un hombre de cuya existencia no existía ninguna prueba histórica. En cuanto al *Nican mopohua*, nadie sabía quién había escrito "esta catequesis o representación teatral en cuatro actos" pero, si bien tenía cierto sabor indígena, estaba impregnado del carácter europeo de la catequesis. Pasando a la imagen, el abad confesó que la primera vez que la vio de cerca, "sentí que me encontraba delante de algo pintado por Dios y no por mano humana". Con todo, su opinión cambió, puesto que "si fue obra de una mano indígena, cosa en la que creo (porque pienso que fue una mano indígena) mis respetos para el indígena que la pintó".[17] El efecto de estas declaraciones, al ser repetidas en la prensa nacional, fue suficiente para provocar tal escándalo público que Schulenburg se vio obligado a renunciar. Abad desde 1963, él había supervisado la construcción de la nueva basílica y le dio la bienvenida a Juan Pablo II al Tepeyac en 1979 y en 1990. Brevemente pareció estar a punto de convertirse en obispo de una nueva diócesis con sede en el santuario. En realidad, como para aquel otro gran renovador, Antonio Plancarte, su carrera acabó en lágrimas.

En mayo de 1996 apareció un breve panfleto titulado *¿Existió Juan Diego?*, en el que se reproducía el texto completo de la entrevista de Schulenburg, junto con una introducción de José Luis Guerrero, profesor de la Universidad Pontificia de México. Publicado con el imprimátur del nuevo arzobispo de México, Norberto Rivera Carrera, el folleto revelaba que el abad había negado "la historicidad del Acontecimiento Guadalupano" persistentemente, e incluso había escrito a Roma oponiéndose a la beatificación de Juan Diego. Aunque su conciencia le daba el derecho de conducirse de este modo, puesto que no había duda de su devoción a la Virgen María, tal oposición era una incongruente en un abad de la basílica. Después de todo, la mayoría de los mexicanos creía en "la verdad objetivamente histórica de su intervención en el nacimiento de nuestra patria mestiza, así como también de la existencia real del beato Juan Diego". Guerrero señaló que los trámites de beatificación habían llevado seis años, del 11 de febrero de 1984 al 3 de abril de 1989, y que el caso mexicano se había presentado en un documento de 824 páginas conocido como *Positio*. Este impresionante volumen había inducido a los asesores históricos de Roma a decidir, por voto mayoritario, que los fundamentos históricos para la beatificación eran convincentes. Superado este obstáculo, sólo restaba que el panel de teólogos tomara su decisión. La Congregación de los Santos afirmó que Juan Diego fue "alguien enteramente real, una persona de carne y hueso como nosotros". Guerrero no buscó criticar directamente a Schulenburg en ningún momento y, de hecho, reconoció que el abad había sido un celoso promotor de la devoción a la Virgen mexicana.[18]

El resultado de este infortunado asunto fue que el arzobispo de México emitiera una vehemente carta pastoral, el 2 de julio de 1996, en la que lamentaba que los medios masivos afirmasen que "la Aparición de Nuestra Madre Santísima de Guadalupe no fue real, que no es, por tanto, verdadera su peculiar presencia entre nosotros a través de la milagrosa Imagen que para dicha nuestra conservamos". No era una cuestión de fe católica, puesto que los individuos tenían la libertad de conciencia para dudar de la verdad histórica de las apariciones. No obstante, al igual que millones de mexicanos, aseveraba Rivera Carrera, se sentía lastimado en su sensibilidad "de hijo y de mexicano". Con toda su autoridad como arzobispo primado de México, el trigésimo cuarto sucesor de Zumárraga proclamó que, en lo que respecta a la Virgen de Guadalupe, "creo, amo y profeso con todas las veras de mi alma que Ella es, en un sentido personal y especialísimo, Reina y Madre de nuestra Patria mestiza, que vino en persona a nuestro suelo de México, a pedirnos un templo" donde pudiera manifestarse como una Madre compasiva.[19] Obviamente, María no vino a aligerar ninguna carga, puesto que quienes siguen a su hijo han de cargar su cruz, sino más bien a escuchar sus plegarias y ayudar a aliviar sus penas y sufrimientos. Aunque la dicha y el consuelo que experimentaban millones de peregrinos que acudían al Tepeyac nacían de su amor y su fe, el culto se fundaba en "la tradición, los documentos, los hechos que tachonan y constituyen nuestra historia". ¿Cómo hubieran podido aceptar a Cristo "nuestros ancestros indios" sin su intervención, ya que era ella quien subsanó el antagonismo que había dividido a "nuestros padres españoles e indios"? En todo caso, "muchos de los mejores talentos de la Iglesia, severos profesionales de la historia y de la teología", prepararon los documentos para la beatificación de Juan Diego, y fueron recompensados con la aprobación papal de su causa. Además, en la Universidad Pontificia aún continuaba la investigación del tema y se esperaban nuevos adelantos. A manera de conclusión, el arzobispo citaba el *Nican mopohua* para identificarse a sí mismo como otro Juan Diego, describiéndose como "tu pobre macehual[...] cola y ala, mecapal y parihuela". Dirigiéndose a la Virgen, le informó que su pueblo estaba molesto porque habían surgido dudas acerca de la realidad de las apariciones, afirmando que "quizá no sea verdadera tu presencia milagrosa entre nosotros". Después le suplicó a la Virgen:

> Permite, pues, mi muchachita, mi Virgencita bienamada, que a través de mi boca resuene la voz de todo mi Pueblo, dándote mil gracias por ser todo lo que eres. Permite que me escuchen todos mis hermanos, que resuenen nuestras nieves y montañas, nuestras selvas y bosques, lagos y desiertos con el eco de mi palabra, proclamando que yo, tu pobre macehual pero también custodio de tu Imagen y por ello portavoz de tus hijos todos, creo, he creído desde que tu Amor me dio el ser a través de mis padres, y, con tu misericordia espero defender y creer hasta mi muerte en tus Apariciones en este monte bendito, tu Tepeyac, que ahora has querido poner bajo mi custodia espiritual; que, junto con mis hermanos, las creo, las amo y las proclamo tan reales y presentes como los peñascos de nuestros montes, como la vastedad de nuestros mares,

más aún, mucho más que ellos, pues "ellos pasarán, pero tus palabras de Amor no pasarán jamás".[20]

El retórico fervor de esta carta pastoral obviamente demuestra la sentida fe del arzobispo; sin embargo, la manera en que se apropia la voz de Juan Diego confirmó al *Nican mopohua* como un texto inspirado que podía citarse a la par de las sagradas escrituras. Al mismo tiempo, el sucesor de Zumárraga era un firme defensor del origen sobrenatural de la imagen de Guadalupe y la presencia especial de María en su santuario del Tepeyac. Herido por el desafío de la crítica moderna, volvió a las raíces de la tradición y, en efecto, hizo eco de Miguel Sánchez, e incluso del beato Amadeo de Portugal, al afirmar que la Virgen estaba presente espiritualmente en el santuario al que acudían multitudes de peregrinos para pedir el socorro de su imagen milagrosa. *Non fecit taliter omni natione*. El primado confirmó así que una revelación particular le había sido otorgada a la Iglesia de México: María había aparecido en la Nueva España hacía más de cuatrocientos años y había legado a su pueblo elegido una imagen sobrenatural, una escritura inspirada y la memoria de un indígena santificado. Rivera Carrera tuvo la precaución de prologar su apasionada defensa de la fe mexicana explicando que no había considerado hacer referencia a ningún artículo de la fe católica, y que los católicos no estaban obligados a aceptar las verdades históricas de las apariciones. Pero justamente por esta distinción se hacía tan notable el contenido de su carta pastoral, y mostraba hasta dónde la Iglesia de México valoraba una tradición cristiana distintiva. Por lo demás, hay que señalar que al proclamarse guardián de la imagen, Rivera Carrera implícitamente reafirmaba la tesis de Sánchez en cuanto a que la guadalupana es el palio, la insignia espiritual de los arzobispos de México.[21] Y para demostrarlo, procuró la abolición del cargo de abad y adoptó la basílica del Tepeyac como segunda sede episcopal, en especial porque en esos años la catedral capitalina amenazaba derrumbarse.

III

En tanto los prelados y teólogos explicaban el valor catequizador del *Nican mopohua*, académicos en universidades tanto mexicanas como extranjeras examinaban cuidadosamente los fundamentos históricos de la tradición guadalupana y alcanzaban conclusiones negativas. En *Documentos guadalupanos. Un estudio sobre las fuentes de información en torno a las mariofanías en el Tepeyac* (1993), Xavier Noguez demuestra que toda la colección de códices indígenas, testamentos y anales citados por los hagiógrafos de Juan Diego se reducían a copias de los siglos XVIII y XIX o a documentos extraviados hacía mucho tiempo o desaparecidos en colecciones privadas inaccesibles. No existía ninguna referencia al vidente indígena anterior a 1648. Lo único que las investigaciones del siglo anterior descubrieron fue una gran cantidad de indicios que daban fe de la existencia del santuario y el culto en el Tepeyac, aun cuando no había ninguna referencia inequívoca a Guadalupe anterior a 1555-1556. Con todo, Noguez seguía los pasos de Garibay y O'Gorman al aceptar a Valeriano como el autor del relato náhuatl de la aparición, y postulaba la existencia de tradiciones indígenas, en torno a las apariciones y a los milagros, a las cuales había recurrido ese autor. Pero en última instancia, concluía, la verdadera prueba que sustentaba la tradición era la fe del pueblo de México, ya que "la historicidad, entonces, no deriva de la verosimilitud sino de la aceptabilidad del relato a través de la fe".[22]

Stafford Poole, historiador estadounidense y sacerdote vicentino, presentó los argumentos de la parte acusadora con un rigor que no se veía desde García Icazbalceta, y concluyó austeramente que: "Guadalupe sigue siendo el símbolo religioso y nacional más influyente de México hoy en día. Este simbolismo, sin embargo, carece de fundamento histórico objetivo". Lo que está en juego, aclara en sus notas, es la confiabilidad de las pruebas incluidas en el *Positio*, el expediente que presentara México al solicitar la beatificación de Juan Diego. Poole no tuvo empacho en desafiar la decisión de la Congregación de los Santos, ya que definió la beatificación como "una respuesta benévola a los deseos de la jerarquía mexicana, pero que suscita serias interrogantes en cuanto a los procedimientos y los análisis históricos en que se sustentaron".[23] En *Our Lady of Guadalupe* (1995), Poole, que ya era autor de un estudio sobre el tercer arzobispo de México, revisó pacientemente todas las fuentes posibles del siglo XVI y principios del XVII en las que se hiciera referencia a Nuestra Señora de Guadalupe y en las que pudiera encontrar alguna mención de la Virgen. Después de eliminar cuidadosamente las especulaciones, atribuciones erróneas y copias posteriores en las que abundaban las interpolaciones y traducciones inexactas, concluyó que, si bien una serie de documentos indicaban que la imagen se había instalado en la capilla del Tepeyac en 1555-1556, no se hacía ninguna mención de Juan Diego ni del relato de la aparición hasta la publicación del libro de Miguel Sánchez.

Aunque Poole manifestara que su propósito era historiográfico y no sociológico, recurrió a investigaciones recientes para sugerir que en su primer siglo, e incluso posteriormente, el culto guadalupano había sido más criollo que indio. Después de todo, la placa de cobre grabada por Stradanus en 1616-1621 presentaba sobre todo milagros concedidos a españoles. Sobre el mismo tema, señaló que el primer retrato registrado de la imagen era la pintura de Baltazar de Echave Orio hecha en 1605, donde la Virgen se retrataba con un manto, con pliegues que caían a los costados. Impávido ante el poema de Ángel de Betancurt, lo interpretó como un indicador de que aún faltaba esclarecer el relato de la aparición. En cuanto al poema de 1634, escrito para lamentar que la imagen partiera de la ciudad, daba fe de la creciente creencia en el origen divino de la guadalupana, pero no hacía referencia a ninguna aparición. Finalmente, Poole cuestionaba la utilidad de las *Informaciones de 1666* como prueba, puesto que se habían recabado 135 años después de los sucesos que corroboraban, y su propósito era establecer la existencia de una tradición, no certificar la veracidad histórica de las apariciones.[24]

Volviendo su atención a los "cuatro evangelistas", Poole no se interesó demasiado en Miguel Sánchez, puesto que "su estilo es barroco, laberíntico y sumamente metafórico", pecados capitales para un positivista.[25] Por el contrario, empleó sus conocimientos de náhuatl para declarar que el *Huei tlamahuiçoltica* de Laso de la Vega estaba escrito en el buen náhuatl eclesiástico que floreció entre 1550 y 1650. No existía motivo lingüístico de peso para diferenciar al *Nican mopohua* del resto de la obra y por tanto tampoco había razón para privar a Laso de la Vega de sus derechos como autor, aun cuando hubiese sido asistido por un escribano indígena. Poole examinó los manuscritos que se hallaron en la biblioteca de Nueva York y concluyó que no eran más que copias posteriores de la versión impresa.[26] De igual manera, los manuscritos de la llamada "relación antigua", que Garibay atribuía a Juan González, provenían de fines del siglo XVII y su autoría no resultaba evidente. Pasando a Becerra Tanco y Sigüenza y Góngora, señaló que sus aseveraciones en cuanto a haber visto o poseído el manuscrito de una antigua narración en náhuatl no podían comprobarse, puesto que ningún historiador posterior había visto tal documento. Desechó su atribución de este manuscrito a Valeriano como un intento por conseguir "un imprimátur de la autenticidad de las apariciones", maniobra que Poole condenaba como "uno de los mayores errores en el desarrollo de la tradición guadalupana".[27] Después observaba que Florencia tuvo acceso a una fuente que contenía variaciones menores con respecto a los relatos de Sánchez o Laso de la Vega. Pero al abstenerse de blandir la navaja de Ockham, Poole complicó todo al aseverar que Sigüenza y Góngora se había referido a una fuente indígena manuscrita que podía distinguirse del *Nican mopohua*, una hipótesis que lo llevó a reparar en Uribe como el primer erudito en identificar el manuscrito visto por Becerra Tanco con el texto de Laso de la Vega. En su examen del siglo XVIII, Poole estaba menos seguro de sus pasos y por un motivo inexplicable reparó en Mariano Cuevas, el historiador jesuita, como el responsable de convertir el *Nican mopohua* en el *textus receptus* del relato de la aparición, sin señalar que a lo largo del siglo XIX, la traducción libre que había hecho Becerra Tanco de Laso de la Vega se reimprimió constantemente.[28]

En su función de "detective" histórico, Poole sobrepasó a Muñoz y García Icazbalceta e intentó destruir los argumentos presentados en el *Positio*. Pero al abstenerse de realizar un avalúo teológico de los sermones panegíricos y al descartar la brillante hipótesis de Francisco de la Maza por "poco erudita", mostró los límites de su simpatía histórica. Es más, al argumentar que el culto era más criollo que indio, salía de su parquedad para entrar en el terreno de la especulación. A pesar de que hay poca evidencia que señale una difusión geográfica del culto fuera del valle de México, la impresionante rapidez con que Laso de la Vega publicó su relato en náhuatl indica la existencia de una comunidad indígena que representaba un público ávido de esta obra. En todo caso, el mismo Poole señala la disparidad en Sánchez entre "la interpretación sumamente elaborada y el carácter indígena de la narrativa", y concluye que, por tanto, "es muy verosímil que Sánchez tomase una historia del culto que debió ser exclusivamente indígena y se la apropiara para los criollos". Así, al igual que Muñoz y García Icazbalceta, atribuye el origen del relato de la aparición a la tradición oral indígena, es decir, a "una ambigua leyenda de culto local", a la que Sánchez recurrió para escribir su libro.[29]

El desconcierto de los eruditos guadalupanos en México ante la crítica de Poole, puede apreciarse en el *Nican mopohua* (1996), al que José Luis Guerrero agregó un apéndice para responder al sacerdote estadounidense. De inmediato señalaba que, en suma, Poole seguía exactamente los mismos pasos de García Icazbalceta, es decir, recurría al argumento del silencio universal en torno a las apariciones. Sin embargo, respecto de los primeros franciscanos, observaba

✠ NICAN MOPOHVA,

MOTECPANA INQVENIN

YANCVICA·N HVEITLAMAHVIÇÓLTICA
MONEXITI INÇENQVIZCA ICHPOCHTLI
SANCTA MARIA DIOS YNANTZIN TOÇI-
HVAPILLATOCATZIN, IN ONCAN
TEPEYACAC MOTENEHVA
GVADALVPE.

Acattopa quimottititzino çe
maçehualtzintli itoca Iuan Diego; Auh çatepan ino-
nexiti initlaçò Ixiptlatzin ynixpan yancuican Obispo
D. Fray Iuan de Sumarraga. Ihuan inixquich tlama-
huiçolli ye quimochihuilia.◞

E iuh màtlac xihuitl in opehualoc in
atl in tepetl México, y nyeomoman
in mitl, in chimalli, in ye nohuian
ontlamatcamani in ahuàcan, intepe-
huàcan; in macaçan yeopeuh, yexo-
tla, ye cueponi intlaneltoquiliztli,
inix imachocatzin inipalnemohuani
nelli Teotl DIOS. In huel ìquac inipan Xihuitl mill
y quinientos, y treinta y vno, quiniuh iquezquilhuioc
In metztli Diziembre mochiuh oncatca çe maçehual-
A tzintli,

Nican mopohua, de Luis Laso de la Vega, primera página, *Huei tlamahuiçoltica* (México, 1649).

que su rigurosa teología no les permitía aceptar el maternal optimismo del mensaje de la Virgen. En todo caso, puesto que provenían principalmente de una provincia reformada en Extremadura, ya se oponían a los jerónimos de Guadalupe, por lo que no era de sorprenderse que hubieran optado por guardar silencio. Y sin embargo, sus crónicas daban fe, indirectamente, de las apariciones. ¿Acaso Motolinia no reconoció que sus primeras prédicas habían sido acogidas con poco entusiasmo por los indios, y que no era sino hasta entonces, unos diez años después de la Conquista, que los indígenas venían en masa a aceptar el bautismo y aprender los rasgos de la nueva fe? La aparición de la Virgen en 1531 fue lo que obró ese enorme cambio. Si los frailes apenas si se percataron de su intervención fue porque, según atestiguaron tanto Motolinia como Mendieta, en esa época muchos indígenas afirmaron haber tenido visiones de María.[30] A diferencia de lo que Poole sostenía, en aquellas primeras décadas la devoción a Nuestra Señora de Guadalupe era predominantemente indígena, ya que los criollos sólo adoptaron a la Virgen mexicana con cierto entusiasmo más o menos un siglo después de las apariciones. Por lo demás, Guerrero se quejó de las acusaciones de Poole de que Becerra Tanco y Sigüenza y Góngora eran culpables de falsificación, y señalaba que el sacerdote estadounidense agravó la confusión de Florencia al postular la existencia de una segunda fuente manuscrita en náhuatl. A manera de conclusión, rechazaba enérgicamente el juicio de Poole de que el simbolismo guadalupano no se apoyaba en "un fundamento histórico objetivo". Después de todo, aun si las apariciones jamás hubieran ocurrido, ¿qué podía ser más real y objetivo que la devoción del pueblo de México a la Virgen María, devoción derivada de su fe en Cristo y en su Iglesia, y que perduraba a lo largo de los siglos a pesar de la pobreza, la explotación y la persecución?[31]

El propósito del *Nican mopohua*, sin embargo, era brindar una exégesis de ese texto, y con tal fin Guerrero imprimió nada menos que doce versiones paralelas, incluyendo la versión en náhuatl de Laso de la Vega, en alemán de Nebel, en latín de de la Rosa, en inglés de Janet Barber, y todas las traducciones al español conocidas, desde la de Becerra Tanco hasta la interpretación del propio autor, pero reservando el sitio de honor para Mariano Rojas. En su introducción, Guerrero ofrecía una favorable evaluación de la civilización prehispánica en la que argumentaba que los mesoamericanos eran esencialmente monistas en su filosofía religiosa, es decir, que veían a todos sus dioses como diversas manifestaciones del poder divino único que animaba al universo. A diferencia de Mariano Cuevas e incontables predicadores anteriores que menospreciaron a los aztecas como una tribu bárbara, culpable de crímenes horrendos como los sacrificios humanos y el canibalismo, Guerrero elogiaba su "heroica fidelidad" a los dictados de la ley natural y, de hecho, afirmaba que bien podía considerárseles "un pueblo santo".[32] Implícita en esta afirmación se encontraba una dicotomía entre una Europa inspirada en una civilización racional y dominante, y una América prehispánica en la que la sociedad indígena vivía en armonía con la naturaleza, más atraída por el mito poético que por el razonamiento lógico. En efecto, aquí Guerrero daba fe de un cambio radical en la actitud del clero católico hacia el pasado indígena: ahora los sacerdotes adoptaban el indigenismo de sus antiguos oponentes revolucionarios. Desde esta nueva posición ventajosa, Guerrero criticó con energía no sólo la crueldad de los conquistadores españoles, hombres tan inhumanos que abandonaban a sus concubinas indias y se negaban a reconocer su descendencia mestiza, sino también a los mismos frailes que trabajaron arduamente por la defensa y conversión de los indígenas; pues estos misioneros, por muy devotos que fuesen, desdeñaron la religión india y no hicieron ningún esfuerzo por adaptar el evangelio cristiano a los valores de la cultura indígena. Antes bien, al igual que sus contrapartes seglares, dieron a los indios un tratamiento de niños.[33]

En su exégesis, Guerrero da noticia de nuevos hallazgos acerca de la familia de Juan Diego. Horacio Sentiel Ramírez, cronista de la Villa de Guadalupe, descubrió que dos monjas indígenas del siglo xviii afirmaban ser descendientes del vidente indígena. A partir de allí, había trazado su ascendencia hasta llegar a Cuatliztactzin, "Águila Blanca", un príncipe de familia real de quien hiciera mención de Alva Ixtlilxóchitl en su historia de Texcoco, y a quien identificaba plenamente como Juan Diego.[34] Esta hipótesis ya había sido adoptada por Enrique Salazar, promotor oficial de la causa de canonización del vidente indígena, quien en 1993 sostuvo que el nombre Águila Blanca hacía referencia al color de su piel y que Juan Diego "fue de origen noble, fue hijo natural de Nezahualpili", el último Señor de Texcoco. Asimismo, Salazar hacía eco de las afirmaciones anteriores de López Beltrán de que en Cuautitlán, el clan de Juan Diego abandonó el politeísmo y los sacrificios humanos para volverse monoteísta y adorar al Dios de lo Lejano y lo Cercano.[35] Aplicando hábilmente su hipótesis, Guerrero citó el famoso lamento de Alva Ixtlilxóchitl ante la pobreza en la que la Conquista española había sumido a la familia real de Texcoco, para describir así a Juan Diego como "un príncipe pobre". Su origen noble explicaba por qué el mensajero de la Virgen hablaba un náhuatl tan culto, "la lengua del palacio", y cómo había sido capaz de desempeñar tan bien sus "misiones diplomáticas" ante Zumárraga. En una nota polémica, agregó:

> Que Juan Diego, pues, se nos transforme de un pobre macehual en príncipe pobre, para nada discrepa a la Historia, y sólo tendrán que lamentarlo aquellos a quienes les había dado por quererlo forzar a él y a la Virgen Santísima, dentro de las categorías de la "Teología de la Liberación".

Donde alguna vez Sánchez había invocado la tipología teológica para comparar a Juan Diego con Moisés, ahora los comentaristas modernos le brindaban a su héroe una genealogía real.[36]

Si bien Guerrero ridiculizaba a Sánchez y Mier llamándolos nacionalistas criollos, su cuidadosa lectura del *Nican mopohua* lo llevó a comentar que los coloquios entre Juan

Diego y la Virgen eran tan hermosos y conmovedores como los de las Sagradas Escrituras. Que Juan Diego hubiera podido recordar y registrar las palabras exactas de María sugería que su memoria había recibido auxilio e inspiración de un "Artista maestro". Asimismo, ¿acaso no eran similares la aparición de la Virgen en el Tepeyac y la transfiguración de Cristo en el Tabor? Fiel a su desconfianza de los primeros franciscanos, Guerrero contrastaba la inquisitoria suspicacia que la religión popular despertaba en Zumárraga con la petición que había hecho la Virgen de una capilla, que los mexicanos entendieron de inmediato como la expresión de que ella deseaba fundar una nueva nación bajo una nueva alianza, ya que para ellos el símbolo de una nación era su templo.[37] Cuando María le ordenó a Juan Diego que recogiera flores, arraigó el evangelio cristiano profundamente en la tierra de la cultura azteca, ya que para los indios las flores eran tanto el equivalente de las canciones espirituales como, por añadidura, símbolos de la vida divina. Si Cristo transformó el pan y el vino de la Eucaristía en su sangre y su cuerpo, la Virgen había transformado las flores en su propia imagen, que constituía entonces un sacramento perpetuo de México. ¿Acaso las flores elegidas, exclamaba Guerrero, no "demuestran la infalsificable mano del Libretista divino"? ¿Acaso no era esta transfiguración "quizá la más fulgida joya de "inculturación" que conoce la historia cristiana, lo cual no es de extrañar, siendo su Autor quien es…"?[38] En estos comentarios, Guerrero identificaba con toda claridad el *Nican mopohua* como un texto de inspiración divina, un evangelio mexicano, que señaló la fundación de una nueva nación. Cuando la Virgen envió a Juan Diego con Zumárraga, unió a indios y españoles, creando así "la Iglesia de México y México mismo", en especial puesto que en su imagen ella aparecía con "un rostro inconfundiblemente mestizo". Si el obispo se convirtió en "dueño de su Imagen… Dueño del Códice del pueblo Mexicano", Juan Diego no podía menos que ser venerado como otro Moisés, como "el Padre de la Patria, verdadero fundador de México".[39]

En su anhelo por enfatizar el origen y carácter indígena de la tradición guadalupana, Guerrero vertió su escarnio sobre Miguel Sánchez, manteniendo que si su libro causó sensación en el México del siglo XVII, era porque identificaba a la Virgen como la mujer del Apocalipsis. Desechó este argumento tipológico, señalando que "hoy nos mataría de risa esa ocurrencia".[40] No obstante, él mismo no dudó en comparar el báculo de Moisés con las flores de Juan Diego, ni la aparición de María con la transfiguración de Cristo, tipología que podían encontrarse en Sánchez. Pero, puesto que el propósito de Guerrero era identificar el *Nican mopohua* como el texto principal de la tradición guadalupana, no podía permitirse reconocer la nobleza de la teología del sacerdote criollo. Al mismo tiempo, el aceptar a Juan Diego como un príncipe pobre, tenía la ventaja de responder a la interrogante planteada por Garibay de cómo un campesino podía hablar un lenguaje tan refinado, y el que hubiera crecido en un palacio reforzaba su semejanza con Moisés. En Guerrero encontramos así la culminación de unos sesenta años o más de reflexión en la que México finalmente parecía haber sido bendito no sólo con una imagen de origen sobrenatural en la que María seguía milagrosamente presente, sino también con un Moisés indio, un príncipe pobre que sacó a su pueblo de Egipto para llevarlo a la tierra prometida de la iglesia cristiana junto con el *Nican mopohua*, cuya fuerza y simplicidad bíblicos revelaban claramente la ayuda del "Libretista divino".

IV

En 1998 Lisa Souza, Stafford Poole y James Lockhart publicaron un esbelto volumen titulado *The Story of Guadalupe*, donde imprimían el texto en náhuatl del *Huei tlamahuiçoltica* de Laso de la Vega, acompañado por una traducción al inglés y un comentario. En su estudio de los nahuas después de la Conquista española, obra basada en su profundo conocimiento del desarrollo del náhuatl colonial, Lockhart había comentado la excelencia lingüística de esta obra.[41] Para entender la significación del comentario del equipo, hay que recordar que desde 1926, cuando Velásquez publicó la primera traducción completa del *Huei tlamahuiçoltica*, los eruditos mexicanos hicieron hincapié en las diferencias de estilo que distinguían al *Nican mopohua* de las demás secciones de esta obra. Es más, Garibay apoyó este argumento con todo el peso de su erudición, afirmando que el relato de la aparición fue escrito en la década de 1560 por un grupo de alumnos de Sahagún en Tlatelolco. El efecto combinado de estas observaciones fue reforzar la tradición de que Laso de la Vega había copiado el *Nican mopohua* de un manuscrito indígena.

Pero ahora Souza, Poole y Lockhart concluían que las evidentes diferencias de estilo entre una y otra sección del *Huei tlamahuiçoltica* obedecían a su naturaleza y contenido. Ciertamente, los diálogos entre Juan Diego y la Virgen estaban escritos de distinto modo que la breve descripción de los milagros. Sin embargo, el escrutinio cuidadoso de las palabras elegidas, las construcciones verbales, la incorporación de términos tomados del castellano, y las variaciones ortográficas revelaban patrones idénticos a todo lo largo de la obra. Sin importar cuál fuera su origen, todas las secciones habían sido escritas o reescritas por el mismo autor. En su análisis lingüístico, los eruditos estadounidenses determinaron que el *Huei tlamahuiçoltica* fue escrito en el náhuatl eclesiástico de la Segunda Fase que prosperó entre los años 1550 y 1650, una forma que era más conservadora que su contraparte "mundana", y preservaba así las formas literarias que se encontrarían en Sahagún y otros autores clericales del siglo XVI. Con ciertas modificaciones, la ortografía se asemejaba a la de Horacio Carochi, el jesuita autor de *Arte de la lengua mexicana* (1645). Sin embargo, el texto contenía elementos que indicaban que el autor era español, ya que había ciertos errores en las construcciones verbales, variaciones inexplicables en la ortografía de la misma palabra, y un esfuerzo consciente por evitar las palabras tomadas del español, que para entonces ya se habían incorporado al náhuatl.

Si la conclusión era que Laso de la Vega había sido el autor, también era probable que hubiera recibido la ayuda de uno o más escribanos indígenas, y aún quedaba por resolver el misterio de cómo había llegado a escribir en un náhuatl que, a pesar de lo anterior, era excelente.[42] Con esta conclusión, los académicos concordaban con John Bierhorst, el traductor de los Cantares mexicanos que, después de examinar el *Nican mopohua*, concluyó que "aunque fue redactado en náhuatl, el relato es claramente creación de una mente europea".[43]

¿Pero en qué fuente se inspiró el mismo Laso de la Vega? ¿Partió de una tradición oral o había vestigios de una versión anterior? La respuesta a estas interrogantes, formuladas con frecuencia, fue terminante. En cuanto al relato de la aparición, Laso de la Vega recurrió a Miguel Sánchez. Los eruditos estadounidenses extrajeron de Sánchez la estructura básica del relato de la aparición y mostraron que Laso de la Vega transformó la conversación en diálogos, con ampliaciones retóricas y a menudo poéticas, sin modificar significativamente el contenido de la historia. Existía una identidad sustancial entre ambas versiones, salvo que la de Laso de la Vega omitía la tercera aparición. Si tal era el caso, un autor se inspiró en el otro, o ambos se basaron en una misma fuente. Pero, salvo la elección de un protagonista indio, no había nada en Sánchez que sugiriera ninguna influencia del náhuatl. En la versión de Laso de la Vega, en cambio, sobresalían algunas construcciones confusas, cuyo significado se hizo aparente de inmediato al analizar el pasaje equivalente en la versión de Sánchez. Aquí estaba la prueba lingüística directa de su dependencia de la versión española. Así, por ejemplo, en el *Nican motecpana*, el registro de los milagros, aparece una extraña frase que literalmente significa "aquí dos personas", pero que por contexto debe entenderse como "dos personas de aquí, dos personas indígenas". En su texto, Sánchez simplemente escribe: "dos indios".[44]

En cuanto a la lista de los milagros, catorce en Laso de la Vega contra seis en Sánchez, los estadounidenses sugieren que la principal fuente de los milagros adicionales fue la placa de cobre grabada por Stradanus alrededor de 1615, fuente que Stafford Poole había estudiado antes con gran dedicación. Con todo, hay que señalar que Francisco de Florencia hizo referencia a la cantidad de exvotos y pinturas de milagros que colgaban en el santuario, la mayoría de los cuales estaban adornados con inscripciones que narraban la historia de la escena representada.[45] De hecho, Stradanus copió sus milagros de las paredes del santuario y Laso de la Vega bien pudo haber hecho lo mismo al relatar la lista de maravillas que aparece en el *Nican motecpana*.

En breves y precisas páginas, Souza, Poole y Lockhart lanzaron una crítica devastadora del legado lingüístico y textual que fundamenta la tradición de Nuestra Señora de Guadalupe. A fines del siglo XVII, Luis Becerra Tanco fue el primero en postular la existencia de un manuscrito primitivo en náhuatl que narraba la historia de las apariciones de la Virgen a Juan Diego. En 1666 reconoció que era un texto impreso por Laso de la Vega. Carlos Sigüenza y Góngora identificó al autor del manuscrito como Antonio Valeriano, el más célebre discípulo indígena de los franciscanos. En el siglo XVIII, gracias a Lorenzo Boturini, Juan José de Eguiara y Eguren y Patricio Fernández de Uribe, esta atribución se convirtió en la versión ortodoxa. A pesar de la feroz controversia, los defensores de la tradición guadalupana del siglo XIX hicieron poco más que defender esta hipótesis. Desde la época de Sigüenza y Góngora, sin embargo, se acostumbraba diferenciar la autoría del *Nican mopohua* de la del resto del *Huei tlamahuiçoltica*. En 1926, cuando Primo Feliciano Velásquez imprimió una copia facsimilar del texto completo, acompañado por una traducción al español, el estilo poético del relato de la aparición podía distinguirse claramente de la prosa concisa de los milagros y las demás secciones. Esta distinción fue reforzada por Ángel María Garibay Kintana que, si bien no encontró un buen motivo para negar que Laso de la Vega era el autor de la introducción, la conclusión y la redacción de los milagros, se esmeró por definir el *Nican*

mopohua como la obra de los discípulos indígenas de Sahagún, que entonces fue escrita en el siglo XVI en el colegio de
Santa Cruz Tlatelolco. Ésta es la tradición mexicana, mante-
nida y desarrollada por más de trescientos años, que ahora
critica con severidad un grupo de académicos estadounidenses, todos expertos en náhuatl colonial. Ellos argumentan
que todo el *Huei tlamahuiçoltica* fue escrito por Laso de la
Vega y que tomó el relato de la aparición de Miguel Sánchez,
si bien empleó los diálogos y el embellecimiento poético
para transformarlo. En efecto, ahora parece que el intento de
pasar por alto a Sánchez y basar la tradición guadalupana en
fundamentos indígenas partió de un concepto erróneo.

En todo esto se percibe una mordaz ironía. Precisamente
cuando el *Nican mopohua* se acepta como un texto inspirado, un evangelio mexicano, sus verdaderos autores han sido
identificados como dos sacerdotes criollos. Sin embargo, con
excepción de Francisco de la Maza, casi todos los académicos y teólogos modernos se han unido para descartar *Imagen de la Virgen María, Madre de Guadalupe. Milagrosamente
aparecida en la ciudad de México* (1648) como un ejemplo
insufrible de nociones barrocas y extravagantes aplicaciones
de las Escrituras. Más aún, la búsqueda de las fuentes originales del relato de la aparición ha llevado al total abandono
de Miguel Sánchez y Luis Laso de la Vega, los primeros evangelistas y verdaderos fundadores de la tradición guadalupana. Hasta ahora sabemos poco sobre estos hombres. ¿Quiénes
fueron sus padres y cuál su educación? ¿Cómo llegó Sánchez
a formular una teología tan inteligente de la imagen? ¿Dónde
aprendió Laso de la Vega un náhuatl tan excelente? ¿Cuál fue
la relación entre estos dos sacerdotes? Estas preguntas son
material más que suficiente para otro libro.

Durante los años en los que la devoción a Nuestra Señora de Guadalupe se extendió gracias a la beatificación de Juan Diego y al reconocimiento de la Virgen como patrona de toda América, los cimientos históricos de su tradición parecían inestables. A pesar de las investigaciones y los argumentos eruditos, éstos no hicieron mella en la fe de millones de peregrinos que acuden al santuario del Tepeyac. Tampoco los hallazgos produjeron una revisión pormenorizada del relato de las apariciones, puesto que, de ser necesario, la relación podía fundamentarse en términos de la tradición oral. Asimismo, la devoción podía ser justificable afirmando que la guadalupana es un retrato mexicano de la Virgen María y como tal merece la veneración. En la actualidad, la controversia sobre la imagen se desarrolla en torno al interés decimonónico por la "historicidad", y la anima un positivismo que induce a los aparicionistas a insistir en "el hecho guadalupano" y a sus opositores a insinuar una falsificación y a condenar el error. Hasta ahora no hay una interpretación teológica de la imagen y su tradición que tenga en cuenta las investigaciones recientes. En estas circunstancias, lo único que un historiador puede hacer es consultar las principales declaraciones de la Iglesia católica para averiguar cómo se relacionan, si acaso, con Nuestra Señora de Guadalupe y su primer evangelista, Miguel Sánchez.

Sin embargo, los cánones y decretos del Segundo Concilio Vaticano (1962-1965) tienen poco que decir acerca de las imágenes sagradas como no sea exhortar a los fieles a "que observen religiosamente aquellas cosas que en los tiempos pasados fueron decretadas acerca del culto de las imágenes de Cristo, de la Bienaventurada Virgen y de los Santos". Esta recomendación está respaldada por una referencia al Segundo Concilio de Nicea (787) y al Concilio de Trento (1545-1563).[1] En aquella asamblea del siglo XVI se propugnó la veneración a las pinturas y esculturas sagradas al adoptarse la célebre máxima de San Basilio Magno (330-379) según la cual "se les debe rendir honor y reverencia, no porque se crea que reside en ellos la divinidad y su poder[...] sino porque el honor que se les rinde se refiere al original que representan".[2] Asimismo, el *Catecismo de la Iglesia Católica*, sancionado por Juan Pablo II en 1992, incluye esta devoción en el contexto de la celebración litúrgica y justifica la presencia de las imágenes sagradas en los templos como testigos de la encarnación de Cristo y auxiliares en la oración. En los cuatro artículos respectivos se citan el Segundo Concilio de Nicea y el tratado sobre las imágenes de san Juan Damasceno, sin mención alguna a la veneración que estas pinturas y esculturas pudiesen suscitar.[3] En ese sentido, la Iglesia católica moderna evade todo pronunciamiento teológico sobre el culto a las imágenes, pero adopta de manera implícita la argumentación de los Padres Griegos.

Para comprender la significación de la guadalupana es necesario recurrir a la teología de la Iglesia ortodoxa, sobre todo porque debido a la crisis iconoclasta, la veneración y el estilo de los iconos se hallaban cuidadosamente regidos. Sostienen los teólogos ortodoxos que san Basilio Magno propuso una equivalencia entre las imágenes y los evangelios al escribir que "lo que la palabra transmite a través del ojo, la pintura silenciosamente muestra en la imagen [...] por estos medios que se acompañan mutuamente [...] recibimos el conocimiento de una y la misma cosa". Aquellos teólogos enseñaron que "la imagen sagrada, como las Sagradas Escrituras, transmite no ideas humanas y conceptos de la verdad, sino la verdad misma, la revelación divina". Por medio de la contemplación de los iconos, los fieles fortalecen y ahondan la verdad de los evangelios, y en su veneración participan tanto el docto como el iletrado, porque de ningún modo las pinturas se consideran meramente la Biblia de los iletrados. De esta equivalencia entre imagen y escritura surge la idea de que los grandes creadores de iconos estaban tan inspirados por el Espíritu Santo como los propios evangelistas, por lo cual sus retratos de Cristo y de la Virgen María fueron debidamente imitados por sus discípulos. No había lugar para la originalidad individual en el arte sacro. Por otra parte, sin embargo, siempre existía la posibilidad de una inspiración renovada. En la Rusia del siglo xv, por ejemplo, Andrei Rublev pintó a la Santísima Trinidad como los tres ángeles que visitaron a Abraham. En una reflexión memorable, san Ignacio de Antioquía (c.35-107) escribió a los efesios: "Aquel que ha hecho suya la verdad de la palabra de Jesús puede escuchar incluso su silencio."[4] Casi en los mismos términos Nicéforo (758-828), un patriarca de Constantinopla, defendió la veneración a los iconos apoyado en el hecho de que "expresan el silencio de Dios, exhibiendo en sí mismos la inefabilidad de un misterio que trasciende el ser".[5]

Si se analizan los decretos del Segundo Concilio Vaticano y del moderno *Catecismo* desde la perspectiva de la teología oriental, no hay entre ellos más punto en común que la constante invocación al Espíritu Santo. En *Lumen gentium,* la Iglesia se define a sí misma como un cuerpo místico en el que Cristo es la cabeza, y el Espíritu Santo el alma, pues, como escribiera Tomás de Aquino: "así como un cuerpo está constituido por la unidad del alma, así la Iglesia católica por la unidad del Espíritu".[6] En estos decretos y en el *Catecismo*, la Iglesia católica sostiene que el Espíritu Santo inspiró a los autores de la Biblia, ha guiado a los papas y obispos en la enseñanza del Evangelio, consagra la Eucaristía y los sacramentos y anima la oración individual y la conciencia. En *Lumen gentium* se describe a la Virgen María como "templo del Espíritu Santo", como la primera y supereminente cristiana, y como "tipo de la Iglesia". Así como gracias al Espíritu Santo María concibió y dio a luz a Cristo en el mundo, así también el poder del Santo espíritu inspira el anhelo de la Iglesia por encarnar a Cristo a lo largo de los siglos y en todas las naciones.[7] De estos principios dimana que, como en las Iglesias orientales, las imágenes sagradas en la católica deban tenerse por obra del Espíritu Santo, venerables y dotadas de un carisma sagrado, que ofrecen al peregrino la ocasión de renovar sus plegarias y profundizar en su fe.

La conclusión implícita que se desprende de los pronunciamientos oficiales del Vaticano es que la imagen de Nuestra Señora de Guadalupe resulta una de las expresiones más poderosas del Espíritu Santo en la larga historia de la Iglesia católica. Si no, ¿por qué razón se nombró a la imagen patrona de México y de todo el Nuevo Mundo? Al igual que los grandes y primordiales iconos de la Iglesia ortodoxa, la guadalupana es obra del Espíritu Santo y tan influyente fue su inspiración que durante tres siglos los pintores mexicanos reprodujeron la imagen sin atreverse a modificar el menor detalle de su figura. Desde el día en que la guadalupana fue vista por primera vez hasta la actualidad, la imagen ha cautivado y fortalecido la fe de muchos mexicanos. Invocada como "Nuestra Madre de Guadalupe", e incluso al estilo mexicano como "la madrecita", la Virgen del Tepeyac, señaló Sigüenza y Góngora, es el imán que engendra en el silencio la capacidad de atraer a millones de peregrinos a un santuario en el que diariamente se ofrece la Eucaristía en su beneficio.[8] Asimismo, la Virgen es el símbolo de la Iglesia mexicana y se le invoca en los momentos de tribulación y persecución. Los mexicanos que se establecen en Estados Unidos llevan consigo la devoción y amplían así el ámbito del reino de la Virgen.

Si bien los conceptos barrocos de Miguel Sánchez fueron poco apreciados, en su identificación de la guadalupana con la mujer del Apocalipsis empleó las enseñanzas de San Agustín y anticipó el Segundo Concilio Vaticano. La visión de San Juan siempre se tuvo por un tipo de María y de la Iglesia, de allí que Sánchez dedujera que la guadalupana es el tipo y el símbolo de la Iglesia mexicana. Al representar el drama cósmico del evangelista en la Nueva España, Sánchez presentó la Con-

Nuestra Señora de Guadalupe, fotografía de Julie Coimbra, estatua de alabastro, siglo XVIII. Colección particular.

quista española como una batalla entre los ángeles de la luz conducidos por Cortés y las legiones de Huitzilopochtli. De aquella batalla surgió la nueva Jerusalén y la guadalupana nace entre las flores del paraíso, símbolo de la Iglesia que adora al Cordero. Asimismo, cuando Sánchez tiene a la imagen como equivalente de la vara florida de Aarón, evoca que Moisés empleó la misma vara como un signo para impresionar al faraón y que al final se conservó en el Arca de la Alianza. Puesto que la imagen se ofreció a Zumárraga como un signo de la presencia de la Virgen, podía definirse como el *pallium* del obispo, el emblema de su oficio, y un símbolo patente de la precedencia del arzobispo en la Nueva España. Cuando Sánchez comparó la imagen con el Arca de la Alianza, invocó al Espíritu Santo que "cubría" el original judío, sin mencionar la intervención de su poder en la concepción de Cristo. De esta manera, la aparición de la imagen señaló la fundación de la Iglesia mexicana.[9] Aunque a primera vista la argumentación tipológica de Sánchez parece abstrusa, recurrió a San Agustín para trazar una teología del nacimiento de la Iglesia en México.

En el culto a las imágenes, tal como se desarrolló en la Nueva España, hay, empero, un impedimento que los eruditos en las escrituras denominan *aporia*, una dificultad o duda. Sánchez estableció una distinción patente entre las imágenes milagrosas y las meras representaciones, y sostuvo que los santuarios de las imágenes milagrosas eran fortalezas espirituales donde los fieles se encontraban a salvo de los embates de Satanás. Como se ha visto, el beato Amadeo de Portugal anunció en el *Apocalypsis Nova* que la Virgen María había asegurado: "estaré Yo también corporalmente con vosotros hasta el fin del mundo [...] en mis imágenes de pincel o de escultura, y entonces conoceréis que estoy en ellas, cuando viereis que se hacen por ellas algunos milagros". Ese texto condujo a los predicadores coloniales, sobre todo a los jesuitas, a comparar la imagen de Guadalupe con el sacramento de la Eucaristía, arguyendo que, si el pan y el vino son la transustanciación eucarística del cuerpo y la sangre de Cristo, las flores del Tepeyac fueron transformadas en pintura y color, y luego en efigie celestial, de la Virgen.[10] Sin embargo, semejante interpretación parece contraria a la declaración del Concilio de Trento que rechaza que el poder divino resida en una imagen sagrada. Pero haciendo caso omiso del razonamiento teológico, resulta evidente que las imágenes que atrajeron culto difieren de las meras representaciones. A la fecha, existe un reducido conjunto de imágenes de la Virgen, patronas de ciudades, provincias y países, imanes de los peregrinos e inductoras de una ferviente devoción. Estas imágenes tienen un carisma y una presencia que ejerce una enorme influencia sobre los fieles. ¿Cuál es la explicación teológica de su poder? Una vez más, la única alternativa aceptable a la revelación del beato Amadeo es invocar el poder del Santo Espíritu que impulsa a los fieles a venerar aquellas imágenes que Él inspiró.

La equivalencia entre palabra e imagen que propusieron los teólogos ortodoxos tuvo resonancia en la Nueva España, cuando Jerónimo de Valladolid lamentó la ausencia de documentos que certificasen la aparición de la guadalupana, sólo para declarar entonces que la imagen no precisaba de pruebas escritas, pues "está hablando por sí, y testificando su milagroso origen [...] Esta soberana Señora en su imagen y por su imagen está hablando del milagro [...] Ella es la escritura [...] escrita de la mano y forma del mismo Dios en las membranas de nuestros corazones". Qué podía ser más adecuado que esta "escritura jeroglífica", si los indígenas de México siempre habían empleado figuras e imágenes para registrar los acontecimientos sagrados de su historia y su religión.[11] Como cualquier otro icono, la Virgen del Tepeyac enseñó en silencio la verdad de la revelación con tanta eficacia como las escrituras, pues, como el Evangelio, la imagen fue concebida por la inspiración del Espíritu Santo. Pero esta equivalencia plantea interrogantes. Después de todo, para elaborar los evangelios, Dios se sirvió de autores de carne y hueso, quienes, a pesar de su inspiración, conservaron pleno uso de sus facultades y de ningún modo podían considerarse títeres dirigidos por un ventrílocuo divino. Ésa es la enseñanza del Concilio Vaticano Segundo. Los teólogos ya habían elaborado una crítica a la doctrina de la inspiración verbal directa como una forma de docetismo que negaba la humanidad de profetas y evangelistas.[12] Si era el caso, ¿hay algún motivo real para suponer que cuando el Espíritu Santo concibió la idea de la guadalupana se abstuvo de emplear un agente humano para llevar a cabo la obra? ¿Por qué debe suponerse que esta imagen en particular fue creada con la transfiguración de las flores y sin intervención humana? Sin duda, teológicamente es más apropiado suponer que el Espíritu Santo obró por medio de un agente humano, es decir, un artista indio, acaso el pintor Marcos de Aquino. Tal origen de ningún modo deroga el carácter de la guadalupana como una manifestación preeminente de la inspiración del Espíritu Santo.

Con todo, si un artista indígena fue el arrobado pintor de la imagen de Guadalupe, ¿implica que el relato de las apariciones debe desecharse por ser una invención de la barroca imaginación de Sánchez? Como se ha visto, el *Nican mopohua* no era sino una expansión dramática de la relación encontrada en Sánchez, embellecida con todos los recursos retóricos del náhuatl eclesiástico. Sin embargo, antes de abordar ese tema es necesario ahondar en lo que el *Catecismo de la Iglesia Católica* dice al respecto:

> A lo largo de los siglos ha habido revelaciones llamadas "privadas", algunas de las cuales han sido reconocidas por la autoridad de la Iglesia. Éstas, sin embargo, no pertenecen al depósito de la fe. Su función no es la de "mejorar" o "completar" la Revelación definitiva de Cristo, sino la de ayudar a vivirla más plenamente en una cierta época de la historia. Guiado por el Magisterio de la Iglesia, el sentir de los fieles (*sensus fidelium*) sabe discernir y acoger lo que en estas revelaciones constituye una llamada auténtica de Cristo o de sus santos a la Iglesia.[13]

Puesto que el relato de las apariciones de Nuestra Señora de Guadalupe fue acogido por los fieles y aceptado con tanta autoridad por papas y obispos, no hay posibilidad de que los católicos repudien la verdad de sus enseñanzas. No obstante, ha de indagarse el carácter de estas enseñanzas.

Aun cuando cada vez más sacerdotes concluyen que en un sentido aún no definido con claridad, el *Nican mopohua* es un texto inspirado, es aconsejable recurrir al *Dei verbum*, en el que el Concilio Vaticano Segundo trata el tema de la inspiración bíblica. Se enuncia que: "Dios eligió a hombres, que utilizó usando de sus propias facultades y medios, de forma que obrando Él en ellos y por ellos, escribieron, como verdaderos autores, todo y sólo lo que Él quería." La interpretación de las escrituras debe tener en cuenta el género, "puesto que la verdad se propone y se expresa de maneras diversas en los textos de diverso género: histórico, profético, poético o en otros géneros literarios".[14] La aplicación de estos principios ha permitido a los comentaristas católicos a aceptar que las relaciones de la infancia de San Mateo y San Lucas están más inspiradas por una voluntad teológica que por la preocupación en los pormenores biográficos. La huida de la Sagrada Familia a Egipto fue inspirada en parte por la infancia de Moisés y en parte por la vida de José en el Génesis. Asimismo, la tardía concepción de san Juan Bautista corresponde a la de Isaac. En el *Magníficat,* la Virgen María enuncia las palabras que cantara Ana para agradecer el nacimiento de Samuel. Los evangelistas compusieron su relato con el fin de demostrar que el nacimiento de Cristo, Mesías y Señor, cumplía la profecía bíblica e inauguraba una renovada alianza entre Dios y la humanidad. Como ha señalado un eminente comentarista de las Escrituras: "ahora es evidente para el pensamiento católico romano que la inspiración de las Escrituras no es garantía de historicidad", siempre que se respete la verdad teológica del relato.[15]

Si estos principios interpretativos se aplican a las apariciones que Sánchez describe, es evidente que su intención principal era teológica y que los hechos históricos le interesaban muy poco. El punto de partida, la conclusión y el propósito de su obra se centran en exaltar, definir y explicar la imagen de Guadalupe que el cielo había enviado. Con esta finalidad colmó su texto de citas de la Biblia, de los Padres de la Iglesia y de teólogos de la antigüedad. Siguiendo el ambiente cultural de la Nueva España, escribió utilizando un género narrativo ya establecido sobre las imágenes milagrosas y las apariciones de la Virgen, y, en especial, recurrió a la relación de Cisneros sobre Los Remedios y, sin duda, a la historia de Murillo sobre Nuestra Señora del Pilar. Sin embargo, transformó el tratamiento convencional al construir su historia según el modelo de los relatos bíblicos que refieren los encuentros de Moisés con Dios en Horeb y en el monte Sinaí. Su despliegue tipológico, entonces, no era sólo una cuestión de metáfora, no fue una mera comparación de Juan Diego con el Patriarca, sino que adoptó la forma de una representación en la que Juan Diego asumió el papel de Moisés, y la imagen de Guadalupe no sólo se identifica con la vara que usaran Moisés y Aarón para impresionar al faraón, sino también con el Arca de la Alianza y las Tablas de la Ley. Al concebir este "teologumen", Sánchez buscó dotar a su patria y a la Iglesia de un fundamento teológico basado en la alianza primordial que celebraran la Virgen María en su imagen de Guadalupe y el pueblo de México. Tan profunda fue la revelación profética que la Iglesia mexicana ha dedicado casi cuatro siglos a descubrir sus implicaciones.

Con todo, ¿Juan Diego realmente existió? Parece no haber buenas razones para negar que había un indio así llamado habitando las inmediaciones del Tepeyac durante el siglo xvi y que era célebre por su devoto servicio en el santuario. Tal personaje pudo haber afirmado que había hablado con la Virgen. En este contexto, Florencia refiere que un nieto de Juan Diego había obsequiado a un conocido jesuita una copia pequeña de la guadalupana perteneciente a su abuelo. Es posible que el indio vidente se desempeñara como *demandante*, es decir, que solicitara limosnas para el santuario del Tepeyac, pues era común que llevasen copia de la imagen en cuyo nombre mendigaban.[16] Asimismo, es posible que Sánchez se enterara de referencias y recuerdos de un servidor tan devoto de Nuestra Señora de Guadalupe. Pero éstas son sólo hipótesis, ya que no ha perdurado prueba histórica escrita alguna de la existencia de aquel hombre. Sea cual fuere el caso, Juan Diego, el Santiago de México, es un personaje en nada parecido a un indio del siglo XVI, ya que Sánchez recreó sus diálogos con la Virgen y sus actos posteriores con el fin de ofrecer un retrato equivalente a un simbólico Moisés mexicano.

Cuando Juan Pablo II visitó el Tepeyac en 1990 para beatificar a Juan Diego, declaró: "A semejanza de los antiguos personajes bíblicos, que eran una representación colectiva de todo el pueblo, podríamos decir que Juan Diego representa a todos los indígenas que acogieron el Evangelio de Jesús, gracias a la ayuda maternal de María[...]". Igual que María es el tipo de la Iglesia, Juan Diego es el tipo, la figura simbólica, representativa, de todos los indios cuya devoción por Nuestra Señora de Guadalupe los comprometió con la Iglesia mexicana.[17] La controversia causada por los temerarios cuestionamientos acerca de su historicidad sólo pueden nublar las verdades teológicas impartidas por la imagen de Guadalupe y el *Nican mopohua*. El hecho de que sea patente la intervención humana en la pintura de la imagen y en la concepción del relato de las apariciones no altera la conclusión de que, para la Iglesia católica, la guadalupana es una obra inspirada por el Espíritu Santo y el *Nican mopohua*, una revelación que refiere la fundación espiritual de la Iglesia mexicana.

Abreviaturas

Colección de obras: *Colección de obras y opúsculos pertenecientes a la milagrosa aparición de la bellísima imagen de Nuestra Señora de Guadalupe, que se venera en su santuario extramuros de México,* 2 v. (sin numerar), Madrid, 1785.

Testimonios históricos: *Testimonios históricos guadalupanos,* ed. Ernesto de la Torre Villar y Ramiro Navarro de Anda, México, Fondo de Cultura Económica, 1982.

Sermonario mexicano: *Sermonario mexicano,* ed. Narciso Bassols, 3 v., México, 1889.

Notas

Introducción
[1] Hakluyt 1985: 256-259.
[2] El texto de esta querella se reimprimió en de la Torre Villar y Navarro de Anda 1982: 36-141.
[3] Hakluyt 1985: 314-315.
[4] Para san Ignacio y Labre véase Cross y Livingstone 1997: 818-819, 940. Para Loreto véase Montaigne 1948: 970-974.
[5] Thurston 1907: 454-456; Chiribay Calvo 1995: 195-201. También Anticoli 1897: 89, donde se declara que Loreto recibió su oficio el 16 de septiembre de 1699, Pilar el 7 de agosto de 1723 y Guadalupe de México el 25 de mayo de 1754.
[6] Belting 1994: 458-459, 471-474.
[7] De la Calancha 1974: 623-625, 642-644.
[8] Sobre Amadeo, véase Reeves (ed.) 1992: 129-183.
[9] Aquí comienza un resumen del libro; consúltense los capítulos relevantes para referencias.
[10] La mejor introducción a Sánchez sigue siendo de la Maza 1984: 48-73; véase también Brading 1991: 343-361.
[11] Véase Brown 1981: 13-18; Hume 1963: 31-98.
[12] Chadwick 1981: 456-457.
[13] Ford 1966: 1425.
[14] Harris 1999: *passim*.
[15] Adams 1918: 384-385; véase también Adams 1933: 87-103.

Capítulo 1
Imagen y tipología
[1] Pelikan 1990: 72-73.
[2] Barasch 1992: 111-121; Bevan 1945: 87-93.
[3] Éxodo XX: 4-5; Deuteronomio V: 4-5.

[4] Romanos I: 22-23; Bevan enumera los textos del Antiguo Testamento que denuncian la idolatría (1945: 18-19).

[5] Belting 1994: 80-107.

[6] Pelikan 1990: 65-66; Teodoro el estudita 1981: 53.

[7] Belting 1994: 49-53, 62, 208-223.

[8] Belting 1994: 47-49, 62, 84-95; véase también Pelikan 1971-1989: 91-145.

[9] Pelikan 1990: 74-78; Belting 1994: 144-154.

[10] Tanner 1990: 135-136.

[11] Juan Damasceno 1980: 15, 21-31.

[12] Juan Damasceno 1980: 27, 80; Hebreos IX: 4.

[13] Hebreos IX: 98.

[14] Hebreos IX: 25, 73.

[15] Hebreos IX: 16-17, 52-53.

[16] Hebreos IX: 73-74; sobre el concepto de la gran cadena de imágenes, véase Pelikan 1990: 159-176; y Barasch 1992: 221-230.

[17] Juan Damasceno 1980: 27, 46, 75-80.

[18] Teodoro 1981: 47, 100-103, 110.

[19] Belting 1994: 173-183, 225-255.

[20] Belting 1994: 123.

[21] Barasch 1992: 202.

[22] Belting 1994: 314, 342-353.

[23] Agustín 1972: 1033-1048.

[24] Brown 1981: *passim*.

[25] Castro 1983: 104-135; Kendrick 1961: 13, 38-40, 63.

[26] Ward 1987: 36-42.

[27] Belting 1994: 298-308.

[28] Linehan 1993: 592-599.

[29] Rubin 1991: 176-195.

[30] Sobre tipología véase Lampe y Woollcombe 1957: *passim*; y Gopplet 1982: 108-131.

[31] Para una lúcida interpretación de este difícil texto, véase Bauckham 1993: *passim*.

[32] Juan Damasceno 1980: 78; Lampe y Woollcombe1957: 31-32.

[33] Wallace-Hadrill 1960: 169-178.

[34] Agustín 1831: 312-333.

[35] Agustín 1972: 593-599, 643, 687.

[36] Agustín 1972: 873-878, 860-862; sobre cronología véase 213.

[37] Markus 1970: 20-23, 52-55.

[38] Reeves 1969: *passim*; también West y Zimdars-Swartz 1983: *passim*.

[39] Reeves 1969: 176-228; sobre el uso medieval de la tipología véase Auerbach 1984: 11-76.

[40] Reeves 1969: 171-174, 275-276, 279-280; también Ferrer 1946: 37-49, 460-462.

[41] Juan Damasceno 1980: 31-32, 71-72.
[42] Lucas I: 35, 46-55; Éxodo XL: 34; véase R. Brown 1993: 311-328, 357-365.
[43] Irenaeus 1952: 69-72.
[44] Tanner 1990: 70.
[45] Livius 1893: 273-277.
[46] Apocalipsis XII: 1-3, 7, 13-14.
[47] Livius 1893: 341.
[48] Juan Damasceno 1898: 158-160, 168-173.
[49] Herberman *et al.* (eds.) 1907: 454-456; véase también Weil-Garris 1877: *passim*.
[50] Morisi-Guerra 1992: 27-50; Mújica Pinilla 1996: 55-79.
[51] Erasmus 1964: 61-62, 66-69.
[52] Eire 1986: 16-17, 58-62, 75-75, 151; Bauckham 1978: 41-54, 126-149; Luxon, 1995: 34-75.
[53] Tanner 1990: 774-776.
[54] Revisar los catálogos impresos de la Biblioteca Británica y de la Biblioteca de la Universidad de Cambridge.
[55] Tanner 1990: 732-734.
[56] Tanner 1990: 733.
[57] Belting 1994: 458-472; también Trevor-Roper 1985: 223-238.
[58] Loyola 1919: 100-108, 198-199; también Evenett 1968: 43-66.
[59] Godwin 1979: 18-23, 56; Evans 1979: 433-442.

Capítulo 2
Mito e historia

[1] Salazar 1945: 43, 73-82, 223.
[2] Salazar 1945: 49-51, 64, 151-176, 199-219, 224-231.
[3] Tate 1970: 75-99, 289-294.
[4] Acuña 1954: 342.
[5] Gómara 1979a: 7-8, 118-119, 319.
[6] Caramuel Lobkowitz 1678: 25-26.
[7] Ramírez *et al.* 1996: 32-33, 169-174, 208-209.
[8] Chueca Goitia 1982: 143-156.
[9] Eusebius de Cesárea 1979: 586-587.
[10] Palafox y Mendoza 1762: t. I, 650-655; t. V, 324.
[11] Puente 1612: 9-11, 201-203, 245-248.
[12] González Gómez y Roda Peña 1992: *passim*; Véase Webster 1998: 57-61.
[13] Linehan 1985: 284-304.
[14] Christian 1981: 688-695; Chueca Goitia 1982: 117-119, 127-133.
[15] Murillo 1616: 1-3, 8-15, 32.
[16] Murillo 1616a: 1-13, 23-25, 277.
[17] Murillo 1616a: 61-65.

[18] Murillo 1616a: 67-69, 258, 272-273.
[19] Murillo 1616a: 65, 95-99, 106-111, 127-136, 273; citas en 133, 273.
[20] Ágreda 1694: 122-138.
[21] Ágreda 1694: aprobación sin paginación de Miguel de Escortia, obispo de Tarazona, 6 de mayo de 1667.
[22] Ágreda 1694: t. I, "prólogo galeato", i-xvii, lxv.
[23] Oviedo 1959: t. IV, 228-229.
[24] Gómara 1979: 164-165.
[25] Torquemada 1975-1983: t. II, 9-10, 39, 326-330; Brading 1991: 102-127, 272-292.
[26] Mendieta 1971 (1870): 15-17, 175-176, 210-211; Torquemada 1975-1983: t. II, 9-10.
[27] Torquemada 1975-1983: t. I, 132-135, 283-284, 314-315, 396-397.
[28] Torquemada 1975-1983: t. V, 339-340, 344, 355; García Icazbalceta 1971 (1892): t. II, 172-175.
[29] Torquemada 1975-1983: t. III, 357-358.
[30] Mendieta 1971 (1870): 220-222, 448; sobre Pedro de Gante y los pintores indígenas véase Tovar de Teresa 1992: 43-47; García Icazbalceta 1954: 474-478; Torquemada 1975-1983: t. V, 174-178.
[31] Torquemada 1975-1983: t. I, 408-415, 418-421.
[32] Grijalva 1985 (1624): 42.
[33] M. Cuevas 1975: 299; Sahagún 1956: t. III, 160.
[34] Grijalva 1985 (1624): 21-22.
[35] Grijalva 1985 (1624): 71-75.
[36] Grijalva 1985 (1624): 82-85
[37] Cisneros 1621: 26-37.
[38] Cisneros 1621: 39-44.
[39] Cisneros 1621: introducción sin paginación.
[40] Cisneros 1621: 25.
[41] Cisneros 1621: 49-63.
[42] Cisneros 1621: 2-4, 15-22.
[43] Cisneros 1621: 11-13, 24-29, 45-46, 139.
[44] Cisneros 1621: 7-11.
[45] Cisneros 1621: 39.
[46] Cisneros 1621: 80-98, 137.
[47] Cisneros 1621: 48-79.
[48] Cisneros 1621: 48.
[49] Cisneros 1621: 99-127.
[50] Cisneros 1621: 46-47.
[51] Cisneros 1621: 124-128.

Capítulo 3
La mujer del Apocalipsis

[1] Cisneros 1621: 20.

[2] Poole 1995: 122-124.

[3] Díaz del Castillo 1968: t. II, 17; véase también t. II, 365.

[4] *Coplas a la partida...* c.1683-1694: sin paginación. Hay una copia de este singular panfleto en la John Carter Brown Library, Providence, Rhode Island; se cita por extenso en *Álbum conmemorativo...* 1981: 46-51, 233-235.

[5] Sánchez 1640: 1, 13.

[6] Sánchez (1982 [1648]: 152-276) proporciona la primera reedición completa del texto original. He consultado copias de la edición de 1648 tanto en la Biblioteca Británica y en Condumex.

[7] Sánchez 1982 (1648): 178-197, 236-238.

[8] Sánchez 1982 (1648): 153-155.

[9] Sánchez 1665: 64. Obsérvese que Mogrovejo comparó a Sánchez con "nuestro Flavio Dextro español, olvidado en la antigüedad, pero ahora restituido".

[10] Sánchez 1982 (1648): 158-159.

[11] Sánchez 1982 (1648): 158-162; Sánchez también citaba el sermón *de sanctis*, en aquella época atribuido, si bien erróneamente, a San Agustín.

[12] Sánchez 1982 (1648): 162-164.

[13] Sánchez 1982 (1648): 162-163; sobre san Vicente Ferrer, véase Sánchez 1785, 71.

[14] Sánchez 1982 (1648): 167-174.

[15] Sánchez 1982 (1648): 165-177.

[16] Sánchez 1982 (1648): 177-178.

[17] Sánchez 1982 (1648): 177-181. Obsérvese que Sánchez consideró "Diego" como un *sobrenombre* que podía ser un epíteto, un título o un apellido.

[18] Murillo 1616a: 68-69, 272-273.

[19] Sánchez 1982 (1648): 182.

[20] Sánchez 1982 (1648): 183-186.

[21] Sánchez 1982 (1648): 186-189.

[22] Sánchez 1982 (1648): 190-191; véase 2 Corintios III: 18.

[23] Sánchez 1982 (1648): 192-193; véase Isaías LXI: 1; Lucas IV: 18.

[24] Sánchez 1982 (1648): 194-195; Romanos XIII: 11.

[25] Sánchez 1982 (1648): 193-196; Salmos CXXXII: 5.

[26] Sánchez 1982 (1648): 196-197; Eclesiastés XXXVIII, 28-36.

[27] Sánchez 1982 (1648): 196-198; Salmos XXVII, 8.

[28] Sánchez 1982 (1648): 199-201.

[29] Sánchez 1982 (1648): 201, 211-212, 221, 229, 233.

[30] Sánchez 1982 (1648): 203-209; para la vara de Aarón véase Números XVII: 8; Hebreos IX: 4.

[31] Sánchez 1982 (1648): 205-207.

³² Sánchez 1982 (1648): 236-237; Eclesiastés XLV: 7-31.
³³ Sánchez 1982 (1648): 215-216; véase también Murillo 1616a: 51.
³⁴ Murillo 1616a: 241-243.
³⁵ Murillo 1616a: 238-244.
³⁶ Murillo 1616a: 246-252.
³⁷ Murillo 1616a: 238-240, 247-249.
³⁸ Murillo 1616a: 229-233, 248-256; véase también Gruzinski 1994: 132-133.
³⁹ Sánchez 1982: 255-258.
⁴⁰ Sánchez 1982: 259-260.
⁴¹ Sánchez 1982: 263-236, la opinión de Laso de la Vega data del 2 de julio de 1648; la de Bárcenas, del 16 de julio de 1648.
⁴² Sánchez 1982: 260-263.
⁴³ Sánchez 1665: 69.
⁴⁴ Sánchez 1653: 2-7.
⁴⁵ Sánchez 1655: 81; véase Dioniso el Aeropagita 1949: 32-49.
⁴⁶ Sánchez 1665: 79, 170.
⁴⁷ Sánchez 1982 (1648): 101-103, 225, 259-264, 282-286.
⁴⁸ Vera 1889: 66-72.
⁴⁹ A. Robles 1946: t. I, 144-146.
⁵⁰ Fuenlabrada 1681: 15; Gutiérrez Dávila 1736: 253-255.

Capítulo 4
El vidente indio
¹ De la Cruz 1982: 267-281; Beristain de Souza 1957: t. II, 174-175.
² Beristain de Souza 1957: 279-280.
³ Beristain de Souza 1957: 281. Hay una reproducción facsimilar de los manuscritos de estos testimonios en Sada Lambretón 1991: 110-426.
⁴ Zambrano y Gutiérrez Casillas 1961-1967: t. VII, 310; Sada Lambretón 1991: 130-131, 186-189.
⁵ Stratton 1994: 103-104.
⁶ Sada Lambretón 1991: 1-4; Sánchez 1982 (1648): 158.
⁷ Sada Lambretón 1991: 16-19.
⁸ Sada Lambretón 1991: 24-27.
⁹ Sada Lambretón 1991: 21, 52-59; de Alva Ixtlilxóchitl 1975: 9-36.
¹⁰ Sada Lambretón 1991: 66-73.
¹¹ Sada Lambretón 1991: 73-130.
¹² Sada Lambretón 1991: 133-8, 172-183.
¹³ Sada Lambretón 1991: 187-189.
¹⁴ Florencia 1785: 281-293; Florencia compendió las informaciones de 1666, 216-278.
¹⁵ Florencia 1785: 290-93; sobre Loreto véase Herberman et al. (eds.) 1907: 454-456.

[16] Sada Lambretón 1991: 138-167.
[17] La traducción de Primo Feliciano Velásquez, México, 1826, se encuentra reimpresa en de la Torre Villar y Navarro de Anda 1982: 282-308; véase también Florencia 1785: 91; Cruz también lo ensalza en ese mismo texto, 268-269.
[18] De la Torre Villar y Navarro de Anda 1982: 266; sobre González véase Zambrano y Gutiérrez Casillas 1961-1967: t. VII, 298-313. Hay ahora una traducción al inglés acompañada de la trascripción del original del náhuatl en Sousa, Poole y Lockhart (ed. y trad.) 1998.
[19] De la Torre Villar y Navarro de Anda 1982: 289-290.
[20] Véase Galera Lamadrid 1991, donde, con el original el náhuatl, aparecen en columnas paralelas las traducciones de Luis Becerra Tanco (1675), Primo Feliciano Velásquez (1926), Ángel María Garibay (1978) y Mario Rojas Sánchez (1978). Véanse los comentarios de Poole 1995: 110-126; y Lockhart 1992: 247-250. Si bien este capítulo fue escrito antes de la aparición de *The Story of Guadalupe*, no veo motivo para modificar sus conclusiones; para una discusión en torno a esa obra véase el capítulo XIV.
[21] De la Torre Villar y Navarro de Anda 1982: 179-190; para milagros véase 245-251, 298-304; Galera Lamadrid 1998: 134-137. Citas pp. 135-137, 140-147, 158-159, 186-189.
[22] De la Torre Villar y Navarro de Anda 1982: 275-276, 304-305.
[23] De la Torre Villar y Navarro de Anda 1982: 305-307.
[24] Véase Poole 1995: 112-114; Lockhart 1992: 246-250, 387-390, 402.
[25] Zambrano y Gutiérrez Casillas 1961-1967: 298; Florencia 1747: 115-116, donde González aparece como autor de una historia de Nuestra Señora de Guadalupe.
[26] Becerra Tanco 1666. Para una descripción de esta singular obra véase J. T. Medina 1989 (1912). Obsérvese que este texto se incluyó como "un pliego" en Sada Lambretón 1991: 138-167.
[27] Becerra Tanco 1675; véase Beristain de Souza 1957: t. I, 237-240.
[28] Becerra Tanco 1675: 10-11, 18, 28-30; Sada Lambretón 1991: 139.
[29] Sada Lambretón 1991: 11-13.
[30] Sada Lambretón 1991: 13-14, 149-150.
[31] De Alva Ixtlilxóchitl 1975: t. I: 418-425; t. II: 7-9, 137.
[32] Sada Lambretón 1991: 149-151; Becerra Tanco pasó por alto que Laso de la Vega había omitido la tercera de las cuatro apariciones; sobre la autoría del libro de Laso de la Vega, véase J.T. Medina 1989 (1912): t. II, 269-273; y Sousa, Poole y Lockhart (ed y trad.) 1998: *passim*.
[33] Becerra Tanco 1675: 1, 3, 7, 14.
[34] Becerra Tanco 1675: 15, 18-19.
[35] Becerra Tanco 1675: 16-18.
[36] Torquemada 1975-1983: t. V, 176-177.
[37] Becerra Tanco 1675: 16, 31.

[38] Becerra Tanco 1675: 9-10, 14, 20-24; sobre el ángel de la guarda, p. 25.
[39] Becerra Tanco 1675: 26-28; Ramos Gavilán 1621: 30-53, 164.

Capítulo 5
Presencia y tradición

[1] Vidal de Figueroa 1661: 3: Sobre Vidal véase Beristain de Souza 1957: t. V, 146. Obsérvese que esta edición de Beristain incorpora a José Fernando Ramírez, *Adiciones y correcciones*, véase nota 18, capítulo XI.
[2] Vidal de Figueroa 1661: 5-7.
[3] Vidal de Figueroa 1661: 8-9.
[4] Stratton 1994: 58-65, 98-104.
[5] L. Benítez 1685: 4-10.
[6] Mendoza 1673: 2-9.
[7] Santa Teresa 1683: 8.
[8] Lobato 1700: 5, 14-15.
[9] Robles 1682: 2, 4-8.
[10] Sánchez 1670: 1-15.
[11] Peñalosa (ed.) 1987: 219-224.
[12] Florencia 1785: 59.
[13] Zambrano y Gutiérrez Casillas 1961-1967: t. VI, 703-66; Beristain de Souza 1957: t. II, 273-274; Florencia 1785: 161; Florencia 1766: 49.
[14] Florencia 1785: 44, 51.
[15] Florencia 1785: 356-358, 373, 132-133, 390-405.
[16] Florencia 1785: 192-194, 576-577.
[17] Florencia 1785: 195-204; véase Torquemada 1975-1983: t. III, 357-358.
[18] Torquemada 1975-1983: 187-215.
[19] Torquemada 1975-1983: 216-78; estos testimonios no fueron publicados en su totalidad hasta 1889.
[20] Torquemada 1975-1983: 383-389; Florencia 1747: 115-116.
[21] Florencia 1785: 299-336.
[22] Florencia 1785: 325; de la Torre Villar y Navarro de Anda 1982: 187.
[23] Florencia 1785: 316; Betancurt 1971.
[24] Florencia 1785: 416-433.
[25] Florencia 1785: 439-486, 533-573, 682; para la cura milagrosa de un andaluz, véase 484.
[26] Florencia 1785: 163-169, 503-523.
[27] Florencia 1785: 591-604.
[28] Florencia 1785: 148-53.
[29] Florencia 1785: 619-638, 661-662, 674-682; la estatua de plata de Villaseca, p. 650.
[30] Florencia 1785: 157-61, 497, 666-667.
[31] Para "Estrella del Norte" (Polestar) de Camoen véase la aprobación sin paginación de Rodríguez Velarde de *Felicidad de México* de Becerra Tanco.

32 Florencia 1745: 1-3, 86-91, 123.
33 Florencia 1766 (1694): 130-136, 149.
34 Florencia 1785: 5-12, 17-18, 28.
35 Florencia 1785: 486-489.
36 B. Medina 1682: 123; Florencia 1766: 150.
37 Florencia 1766: 49.
38 Florencia 1766: 49. Véase también Gruzinski 1994: 118-142, 189-190.
39 Maza 1949: 163-188, reimpreso en Maza 1984: 54-97; véase también Andrade 1971: 559-560.
40 Sobre Sigüenza y Góngora véase Andrade 1971: 716-28; Brading 1991: 362-372; Sigüenza y Góngora 1982 (1662): 334-358; también Sigüenza y Góngora 1945: 10, 53-54.
41 Sigüenza y Góngora 1960: 230-238, 240-241, 254-255.
42 Sigüenza y Góngora 1995 (1684): prólogo; Sigüenza y Góngora 1960: 64.
43 B. Medina 1682: 222-223, 226-227, 230-235; para Calancha véase Brading 1991: 322-334.
44 Betancurt 1971: prólogo donde enumera la obra de Sigüenza y Góngora. Véase también Betancurt 1697: 127-132; y su "Menologio franciscano", 45-46. Estos libros han sido reimpresos en edición facsimilar.
45 Sigüenza y Góngora 1995 (1684): 3-5; 1960: 58-61; y 1959: 4.
46 Sigüenza y Góngora 1960: 65.
47 Florencia 1785: aprobación sin paginación; Trabulse 1988: *passim*.

Capítulo 6
Patrona de México
1 Cabrera y Quintero 1981: 35-37, 499-513.
2 Cabrera y Quintero 1981: 51-8, 60-68, 71-79.
3 Cabrera y Quintero 1981: 33-44, 68-71, 221-228.
4 Cabrera y Quintero 1981: 38-42, 79-95, 396-412.
5 Cabrera y Quintero 1981: 214-26, 237-250.
6 Cabrera y Quintero 1981: 206-213, 228-233.
7 Cabrera y Quintero 1981: 96-126.
8 Cabrera y Quintero 1981: 148-171, 450-455; véase también Castorena Ursúa y Goyeneche y Sahagún de Arévalo y Ladrón de Guevara 1986: t. III, 876-877, 884-885, 901-908.
9 Cabrera y Quintero 1981: 132; Ita y Parra 1739: 5-9, 17.
10 Cabrera y Quintero 1981: 268-279.
11 Cabrera y Quintero 1981: 392-394, 465-483; Sahagún de Arévalo Ladrón de Guevara 1986: t. II, 908-910.
12 Cabrera y Quintero 1981: 490-496.
13 Cabrera y Quintero 1981: 285-298.
14 Cabrera y Quintero 1981: 299-306.
15 Cabrera y Quintero 1981: vii, xxxv, 7-8, 319-35, 367; citas en xxvi, 17.

[16] Cabrera y Quintero 1981: 314-316, 331-333.

[17] Cabrera y Quintero 1981: 314-317, 331-335; citas en 337.

[18] Cabrera y Quintero 1981: 341-347; Amadeo citado en 340, 353-357; la imagen de Guadalupe de Juan Diego, 520.

[19] Cabrera y Quintero 1981: 520-521.

[20] Cabrera y Quintero 1981: 366-382.

[21] Cabrera y Quintero 1981: 516-519; véase también Pompa y Pompa 1967: 86-87.

[22] Cabrera y Quintero 1981: xxiv, xxxviii.

[23] Bartolache 1790: 44-47.

[24] Condé y Oquendo 1852: t. I, 102; t. II, 177.

[25] J.T. Medina 1989: 21-22; véase Víctor M. Ruiz Naufal, introducción a la edición facsimilar.(Cabrera y Quintero 1981: xli-clii).

[26] Florencia 1995 (1755): 39.

[27] Torres 1757: 23, 32; sobre la aplicación de Florencia del Salmo 147 a la guadalupana véase 34, nota 34; las citas,están en 15-18, 21.

[28] Conde y Oquendo 1852: t. II, 420-421.

[29] Lynch 1989: 160-163, 187-192. Véase también Ribera t. I, 725-804. Véase Beristain de Souza 1957: t. IV, 222-228 sobre Ribera; V, 41-42, 47-48 para Torres.

[30] Dávila y Arrilaga 1888: t. I, 106-118.

[31] Heberman 1907: t. XIII, 454-456.

[32] Chiribay Calvo 1995: 195-201.

[33] Florencia 1995 (1755): 111-115; Conde y Oquendo 1852: t. II, 399-410; véase también Ignacio Carrillo y Pérez 1797: 53-64.

[34] San José 1671: 9-23, 49, 74-84, 128, 168-185; sobre la imagen mexicana: 140-167.

[35] San José 1671: 88, 239-253.

[36] Boturini Benaduci 1974: xiii; véase también Archivo de Indias, México, 1337, Conde de Fuenclara a Madrid, 28 de febrero de 1743.

[37] Boturini Benaduci 1974: 128, 131; Trabulse 1988: 29-50.

[38] Boturini Benaduci 1974: 143-145.

[39] Eguiara y Eguren 1982: 720-736 sobre Sigüenza y Góngora. Véase también Juan José de Eguiara y Eguren 1944: *passim.*

[40] Eguiara y Eguren 1982: 516-521 sobre Valeriano.

[41] Florencia 1995 (1755): 38-41.

[42] Florencia 1766: aprobación sin paginación, 49, 150.

[43] Florencia 1995 (1755): 53-73, 116-123, 272-274; véase también Calvo 1997: 267-282.

[44] Florencia 1766: 50, 138-140, 200-212.

[45] Florencia 1766: 83-85, 130-136, 149, 199.

[46] Loyzaga 1745: t. 1, 7-31.

[47] Loyzaga 1745: 40-44, 60-78; sobre *demandantes*, 103-107; para la visita de Velasco véase Loyzaga 1750: 80-83.

[48] Escobar 1970: 468-469.
[49] I. F. de Espinosa1964: 533, 570, 608-609, 633.
[50] Cabrera y Quintero 1981: 212-213.
[51] Brading 1994a:. 32-40.

Capítulo 7
La idea divina

[1] Goicoechea 1709: 1-5. Sobre Goicoechea véase Zambrano y Gutiérrez Casillas 1961-1967: t. XV, 682.
[2] Goicoechea 1709: 6-22.
[3] Goicoechea 1709: 23-26.
[4] Goicoechea 1709: 27-28.
[5] Picazo 1738: 13-15.
[6] Arlegui 1743: 13, 15-16.
[7] Brading 1994a: 36-38.
[8] Sáenz de San Antonio 1721: 1-20.
[9] Villasanchez 1734: 4-10; sobre Gregorio García véase Brading 1991: 195-200, 382.
[10] Villasanchez 1734: 17-23.
[11] Paredes 1748: 2-12; sobre Paredes véase Beristain de Souza 1957: t. IV, 102-103.
[12] Véase Beristain de Souza 1957: t. III, 41, bajo "Ita y Parra". Ita y Parra 1729: 286-309.
[13] Ita y Parra 1732: 1-18.
[14] Ita y Parra 1739: 1-16.
[15] Ita y Parra 1744: aprobación sin paginación de José de Elizardo y Valle.
[16] Ita y Parra 1744: aprobación sin paginación de José Torrubia; véase también Feijoo Montenegro 1753-1755: t. III, 110-125.
[17] Ita y Parra 1732: 6-8.
[18] Ita y Parra 1732: 12-26.
[19] Ita y Parra 1747a: 3-7. Obsérvese que los sermones de Ita y Parra sobre la guadalupana se reimprimieron en edición facsimilar en Brading 1994, con los sermones de Goicoechea, Carranza, Ruiz Castañeda y Lazcano.
[20] Ita y Parra 1747a: 11-27.
[21] Ita y Parra 1747: aprobación sin paginación, 1-15.
[22] Torres 1757: 2.
[23] Herboso 1757: 5.
[24] Santísima Trinidad 1759: 22-24.
[25] Eguiara y Eguren 1757: 1-25; este sermón se ha reimpreso en de la Torre Villar y Navarro de Anda 1982: 480-493.
[26] De la Torre Villar y Navarro de Anda 1982: 2.
[27] Paredes 1748: aprobación sin paginación.

[28] Lazcano 1759: 3-6. Sobre Lazcano véase Beristain de Souza 1957: 107-108; y Zambrano y Gutiérrez Casillas 1961-1967: t. XVI, 42-44.

[29] Lazcano 1759: 8-26.

[30] Castañeda 1766: 2-13; véase Zambrano y Gutiérrez Casillas 1961-1967: 458.

[31] Zambrano y Gutiérrez Casillas 1961-1967: 14-7.

[32] Carranza 1749: *passim*. Beristain de Souza 1957: t. II, 52-3; Zambrano y Gutiérrez Casillas 1961-1967: t. XV, 424-425. Se reproduce este sermón en Brading 1994: 198-222.

[33] Carranza 1743: 1-13.

[34] Carranza 1749: 1-18.

[35] Carranza 1749: 20-7.

[36] Maza1984: 131-2.

[37] Espinosa Medrano 1662: prólogo sin paginación.

Capítulo 8
Pintura celestial

[1] Cabrera 1977, aprobación sin paginación de José Ventura Arnaez, 1.

[2] Conde y Oquendo 1852: t. I, 342; de acuerdo con Conde, López llevó a Europa dos copias pintadas por Cabrera, una para Fernando VI y otra para Benedicto XIV.

[3] Couto 1947: 92-108.

[4] Tovar de Teresa 1995: 87-89, 101-110, 187-196.

[5] Cabrera 1977: dedicatoria sin paginación y aprobaciones.

[6] Cabrera 1977: 1-5.

[7] Veytia 1967: 30-37.

[8] Cabrera 1977: 12-17.

[9] Cabrera 1977: 6, 17-24.

[10] Cabrera 1977: 7-9, 25-27.

[11] Cabrera 1977: 28-9.

[12] Cabrera 1977: 9-11.

[13] Conde y Cervantes de Conde 1981: 121-124. Aquí hay una espléndida colección de reproducciones de pinturas de la Virgen del siglo XVIII, muchas de las cuales se encuentran en el Museo de la Basílica del Tepeyac.

[14] Florencia 1785: 7-9.

[15] Reproducido en Rivera Lake 1997: 178-181.

[16] *Álbum conmemorativo...* 1981: 145; Cuadriello 1995: 12-23.

[17] Tovar de Teresa 1995: 195.

[18] Cuadriello 1995: 46; Cuadriello 1989: 66.

[19] *Álbum conmemorativo...* 1981: 174175; Olimón Nolasco (ed.) 1998: 6-7; Cuadriello *et al.* 1994: 83.

[20] *Álbum conmemorativo...* 1981: 159-61; Cuadriello 1995: 20-21, 52.

[21] Cuadriello *et al.* 1994: 109, 387.

22 Tovar de Teresa 1995: 102-104, 42-43, 238-239; *Álbum conmemorativo...* 1981: 19, 152-153, 155.
23 Tovar de Teresa 1995: 240-247.
24 Lorenzana 1770, reimpreso en Bassols (ed.) 1889: t. III, 322-324, 330, 335-337. Sobre Lorenzana en México véase Brading 1991: 495-501.
25 Uribe 1801: 4-5.
26 Uribe 1801: 18-23.
27 Uribe 1801: 25-40; sobre Mabillon véase Knowles 1962: 34-62.
28 Uribe 1801: 42-46.
29 Uribe 1801: 56-65.
30 Uribe 1801: 1, 70-77.
31 Uribe 1801: 78-89.
32 Uribe 1801: 92-111.
33 Uribe 1801: 117-120; sobre Bayle en México véase Trabulse 1974: 37-44.
34 Uribe 1801: 126-129.
35 Knowles 1962: 1-62; Kendrick 1961: 144-147, 150-167.
36 Sobre Feijoo véase Stiffoni 1988: XXIX, ii, pp. 119-49.
37 Feijoo Montenegro 1753-1555: t. IV, 109-124.
38 Feijoo Montenegro 1753-1555: t. V, 348-462.
39 Feijoo 1783: 1-17.
40 Clavijero 1964: xviii, xxi.
41 Clavijero 1964: xvii, xxx; sobre Clavijero véase Brading 1991: 450-462.
42 Clavijero 1982: 578-596.
43 Bartolache 1790: prólogo.
44 Bartolache 1790: 1-12.
45 Bartolache 1790: 19-31, 44-47, 54-56.
46 Bartolache 1790: 15-16, 21-22, 49-52.
47 Bartolache 1790: 59-69.
48 Bartolache 1790: 70-73.
49 Bartolache 1790: 73-79.
50 Bartolache 1790: 82-83.
51 Bartolache 1790: 83-91.
52 Bartolache 1790: 91-99.
53 Bartolache 1790: apéndice, 1-10.
54 Bartolache 1790: 98-105; apéndice, 13-14.
55 Beristain de Souza 1957: t. I, 225-226.
56 Tellez Girón 1982: 651-688.
57 Conde y Oquendo 1852: t. I, 160, 170-175.
58 Conde y Oquendo 1852: t. I, 341-344; t. II, 186-188.
59 Conde y Oquendo 1852: t. I, 257-258, 274-280; t. II, 333-334.
60 Conde y Oquendo 1852: t. II, 34; véase Beristain de Souza 1957: t. II, 136-137, donde se señalan los honores que se brindaron a Conde en Europa.

[61] Beristain de Souza 1957: t. II, 50-69.

[62] Beristain de Souza 1957: t. II, 71-96, 268.

[63] Beristain de Souza 1957: t. II, 89, 158, 115-47, 218-43.

[64] Beristain de Souza 1957: t. II, 279-290, 303-305, 399-414; véase también Carrillo y Pérez 1797: 30-36, 56-64, 75-80.

[65] Conde y Oquendo 1852: t. II, 347-348, 394-395.

[66] Conde y Oquendo 1852: t. I, 358-365.

[67] Conde y Oquendo 1852: t. I, 365-359; Carillo y Pérez 1797: 117-119.

[68] Conde y Oquendo 1852: t. I, 85-88; t. II, 516-519.

Capítulo 9
Mito y escepticismo

[1] Carillo y Pérez 1797: iii, proporciona la fecha de las estancias en la capilla del convento capuchino, situado anejo al santuario. Para el sermón sobre Cortés véase *Gaceta de México,* 1974, t. VI, 647-648.

[2] Servando Teresa de Mier 1946: t. I, 218.

[3] Servando Teresa de Mier 1981: t. I, 233-255. Estos volúmenes comprenden tanto los textos originales como el extenso comentario del editor. Sobre Mier véase también D.A. Brading 1985: 24-65.

[4] Servando Teresa de Mier 1981: t. I, 238-239.

[5] Servando Teresa de Mier 1981: t. I, 241-252; citas en 254.

[6] Conde y Oquendo 1852: t. I, 86-87; t. II, 516-519; véase también Guridi y Alcocer 1884: 78-79.

[7] Servando Teresa de Mier 1981: t. I, 5-10.

[8] Servando Teresa de Mier 1981: t. I, 91; para la pintura de santo Tomás predicando en Tlaxcala, Cuadriello *et al.* 1994: 391.

[9] Borunda 1902-1908: t. III, 222-224, 240. Sobre Borunda véase Servando Teresa de Mier 1981: t. I, 29-30, 206-207; II, 63-107.

[10] León 1902-1908: t. III, 320-323. Sobre Honoré de Sainte-Marie véase Chadwick 1957: 63-65; una traducción de su obra se publicó en México en 1792 por Francisco de San Cirilo, carmelita como él.

[11] León 1902-1908: t. III, 224; véase León y Gama 1792: *passim.*

[12] León 1902-1908: t. III, 242-257.

[13] Gregorio García 1625: 44-48, 169, 178-222. Sobre García véase Brading 1991: 195-200, 382.

[14] Véase Lafaye 1977: 205-294.

[15] León 1902-1908: t. III, 277-296.

[16] Servando Teresa de Mier 1981: t. II, 119-121, 129, 140, 166-167.

[17] Servando Teresa de Mier 1981: t. II, 151-176.

[18] Servando Teresa de Mier 1981: t. I, 197-210.

[19] Servando Teresa de Mier 1981: t. I, 100-114.

[20] Archivo General de Indias, México 1894, Branciforte escribió en 1795 y Haro el 24 de febrero de 1798.

[21] Servando Teresa de Mier 1946: t. I, 233; Servando Teresa de Mier 1981: t. III, 101.

[22] Servando Teresa de Mier 1946: t. I, 235-242; Servando Teresa de Mier 1981: t. II, 212-214, 244-247.

[23] Servando Teresa de Mier 1981: t. II, 224-241; Joaquín Traggia, 2 de noviembre de 1799.

[24] Servando Teresa de Mier 1981: t. II, 249-254.

[25] Servando Teresa de Mier 1981: t. III, 18; véase Brading 1991: 583-602.

[26] Esta disertación se añadió a José Guerra. Véase Servando Teresa de Mier 1986: t. III, 18-56.

[27] Servando Teresa de Mier, "Carta de despedida", 1820, en Servando Teresa de Mier 1945: 33-52.

[28] Véanse los artículos de Ballesteros-Beretta 1941a: 5-38; 1941b: 55-95; 1943: 589-660.

[29] Muñoz 1793: 12, 18: véase también Iturri 1818 (1797): 3, 37, 72.

[30] Muñoz 1982 (1794): 688-691.

[31] Muñoz 1982 (1794): 692-699.

[32] Muñoz 1982 (1794): 692.

[33] Muñoz 1982 (1794): 694-5.

[34] Muñoz 1982 (1794): 694-696; véase también Sahagún 1956: t. III, 352.

[35] Sahagún 1956: 698-689.

[36] Sahagún 1956: 699-701.

[37] Servando Teresa de Mier 1946 t. I, 136-138; Servando Teresa de Mier 1981: t. III, 136.

[38] Mayans y Siscar 1983: t. I, 265-305. Véase también Caro Baroja 1992: *passim*.

[39] Servando Teresa de Mier 1946: t. I, 256.

[40] Muratori 1789: 9-11; véase también Chadwick 1981: 399-402.

[41] Muratori 1789: 177-181, 211-214.

[42] Jovellanos 1956: t. III, 256.

[43] Sobre jansenismo español véase Saugnieux 1976: *passim*.

[44] Gómez Marín 1819: 35; Guridi Alcocer 1820: 28-29, 151, 181-182.

[45] Guridi Alcocer 1820: 34-55, 80-98, 117.

[46] Guridi Alcocer 1820: 152-175, 192.

[47] Guridi Alcocer 1820: 58-74, 160-164, 139, 125-131.

[48] Para la fecha de "Cartas a Juan Bautista Muñoz" de Mier véase la argumentación de O'Gorman en Servando Teresa de Mier 1981: t. III, 59-88, en especial p. 64.

[49] Servando Teresa de Mier 1981: t. III, 105, 125, 164.

[50] Servando Teresa de Mier 1981: t. III, 106, 135, 178-179.

[51] Servando Teresa de Mier 1981: t. III, 155-159, 165-174.

[52] Servando Teresa de Mier 1981: t. III, 141; el libro de Sánchez se publicó en quarto no en folio.
[53] Servando Teresa de Mier 1981: t. III, 179-81; Mier, *Memorias*, I, 81-85.
[54] Servando Teresa de Mier 1981: t. III, 212.
[55] Servando Teresa de Mier 1981: t. III, 122, 137-141.
[56] Servando Teresa de Mier 1981: t. III, 205-209; Servando Teresa de Mier 1946: t. I, 19-42.
[57] Servando Teresa de Mier 1981: t. III, 125, 169-171, 187; Servando Teresa de Mier 1946: t. I, 43-49.
[58] Servando Teresa de Mier 1981: t. III, 126, 187; Servando Teresa de Mier 1946: t. I, 157.
[59] Servando Teresa de Mier 1946: t. I, 164.
[60] Servando Teresa de Mier 1981: t. III, 205-12.
[61] Servando Teresa de Mier 1981: t. I, 136-138, 158.
[62] Sobre Amadeo véase Servando Teresa de Mier 1981: t. III, 147; Servando Teresa de Mier 1946: t. I, 140-141.
[63] Servando Teresa de Mier 1946: t. I, 72.
[64] Servando Teresa de Mier 1981: t. III, 219-221.
[65] Citado Bustamante 1953-1963: t. I, 92-93; Servando Teresa de Mier 1945a: 83.
[66] Hernández y Dávalos 1985: t. III, 5-222.

Capítulo 10
El último recurso
[1] Alamán 1968: 243-245; de la Torre Villar 1964: t. II, 40-49.
[2] Maldonado 1976: t. I, 4-5, 17-28, 40-3.
[3] Bustamante 1976: t. II, 194-195.
[4] Lemoine Villicaña 1965: 365-379; Tena Ramírez 1967: 31-35.
[5] Abad y Queipo 1811-1813, "Edicto instructivo", 30 de septiembre de 1810: 2, 34, 49-52, 73-81.
[6] López de Cancelada 1813: 254.
[7] Bolívar 1964: t. I, 174.
[8] Díaz Calvillo 1811: 8-29, 89-103, 116-122.
[9] Lovett 1965: t. II, 216-221; Holland 1910: 140-141.
[10] Lovett 1965: t. I, 233-284; Ford 1966: 1423-1436.
[11] Leucadio Doblado (Joseph Blanco White) 1822: 40-42.
[12] Guerra 1993: 336-355.
[13] Aparicio Vega (ed.) 1974: 529, 547-554.
[14] Beristain de Souza 1809: 5-8, 15, 21.
[15] Beristain de Souza 1816-1821: t. II, 52-53.
[16] Beristain de Souza 1810-1811: 1, 5-6, 54-55, 98-107, 120-122.
[17] Beristain de Souza 1811: 16, 23.

[18] Beristain de Souza 1814: ii-vi, ix-xii.
[19] Beristain de Souza 1957: I, 251-253; J.T. Medina 1989 (1912): t. VIII, 90-91.
[20] Beristain de Souza 1957: 312-318. En Valencia Beristain conoció a Mayans; véase Millares Carlo 1986: 344.
[21] Millares Carlo 1986: t. I, 15-33.
[22] Millares Carlo 1986: t. I, 126-127, 280; t. II, 8-9, 119-121, 371-372; t. III, 106; t. IV, 343-354; t. V, 37-38, 83-85.
[23] Millares Carlo 1986: t. III, 246-247; t. I, 22.
[24] Tena Ramírez 1967: 113-119, 122-123.
[25] García de Torres 1821: 11-30.
[26] García de Torres 1821: 1-11.
[27] Alamán 1968: 396-398.
[28] De la Bárcena 1821: 4, 14-5.
[29] De la Bárcena 1823: 2-3.
[30] De la Bárcena 1823: 4-15.
[31] Brading 1994a: 250-1.
[32] Tena Ramírez 1967: 167-168, 184.
[33] Gómez Ciriza 1977: *passim*.
[34] Lempériére 1994: 135-78.
[35] Bustamante 1961: t. III, 332; sobre Bustamante véase Brading 1991: 634-46.
[36] Bustamante 1831: 2-28; aneja *Disertación*, paginación separada, 10-15.
[37] Sahagún 1829-1830. La disertación de Mier se imprimió sin paginación entre 277-279, t. I.
[38] Bustamante 1840: vi, 7.
[39] Bustamante 1843: 21, 61.
[40] Tornel y Mendivil 1849: t. I, 4, 42-62; t. II, 8-9, 59, 182-205.
[41] Otero 1967: t. I, 99, 124-127.
[42] Alamán 1968: 568.
[43] Miranda1889: t. III, 244-249.
[44] De Barros 1889: 456-70.
[45] Tena Ramírez 1967: 634-641, cita en 637; véase también O'Gorman 1969: 60-61.
[46] Tena Ramírez 1967: 491-492, 607, 610, 626.
[47] Jiménez 1889: t. III, 187-197.
[48] Ocampo 1978: t. I, 32-36, 90-91, 106, 144, 152.
[49] Bravo Ugarte 1967: *passim*; pero véase también el invaluable aunque incompleto Miguel Martínez 1879, que aborda la formación intelectual del obispo; y Brading 1998: 13-46.
[50] Munguía 1849: t. III, 207, 89.
[51] Munguía 1858: t. I, 534-540; t. II, 165-171, 176-178.
[52] Munguía 1860: 24, 49, 52-53, 71.
[53] Munguía 1860a: 8-13.
[54] Munguía 1860a: 47-61.

[55] Munguía 1860a: 66-69, 72, 80-81.
[56] Munguía 1860b: 7-8, 11, 14-16; la cita extensa es de la p. 16.
[57] Munguía 1860b: 31-40, 61-65.
[58] Alcalá y Olimón 1989: 21-22.
[59] P. Espinosa 1864: 18-22; Montes de Oca y Obregón 1901: 185-203.
[60] Alcalá y Olimón 1989: 128-40, 213-50; Romero 1889: t. III, 135.
[61] Munguía 1849: t. III, 333-337.
[62] P. Espinosa 1864: 4-7, 14.
[63] Alcalá y Olimón 1989: 298-331.
[64] Agustín Rivera y San Román 1889: t. III, 473-480.
[65] Bassols (ed.) 1889: t. III, 477-479.
[66] Bassols (ed.) 1889: t. III, 480-489.
[67] Altamirano 1982: 32.
[68] Altamirano 1974: 9-19.
[69] Altamirano 1949: 172-184, 192, 14, 235.
[70] Altamirano 1974: 4-7; Altamirano 1982: 364; sobre Altamirano véase Brading 1991: 710-728.
[71] Altamirano (1884), reimpreso en de la Torre Villar y Navarro de Anda 1982: 1127-33.
[72] Altamirano 1949: 228; Torre Villar y Navarro de Anda 1982: 1133-1208.
[73] Altamirano 1982 (1884): 1259-1260.

Capítulo 11
Historia e infalibilidad
[1] Altamirano 1982 (1884): 1140-1145, 1156-1157.
[2] García Icazbalceta 1947: t. I, 4-9, 89-156, 221-229.
[3] García Icazbalceta 1947: t. I, 221-32; t. II, 120; véase también Bandelier 1960: 115.
[4] García Icazbalceta 1947: t. II, 1-85.
[5] García Icazbalceta 1947: t. II, 88-162.
[6] García Icazbalceta 1947: t. II, 129, 162.
[7] García Icazbalceta 1937: 202, 251.
[8] Véase García Icazbalceta 1982 (1883), donde se reimprime el texto y la introducción a la primera edición de 1896; en particular 1092-1096.
[9] M. G. Martínez 1950, para lista de publicaciones, 147-153.
[10] García Icazbalceta 1982 (1886): 1096-1108.
[11] García Icazbalceta 1982 (1886): 1109-1110.
[12] García Icazbalceta 1982 (1886): 112-115.
[13] García Icazbalceta 1982 (1886): 1112.
[14] García Icazbalceta 1982 (1886): 1117-1121.
[15] García Icazbalceta 1982 (1886): 1121-1114.
[16] García Icazbalceta 1982 (1886): 1125-1116.

[17] Alamán 1969: 157.

[18] Beristain de Souza 1898 422-434. Obsérvese que esas adiciones se incluyeron en la 3ª ed. de 1957; véase Beristain de Souza 1957: 157-62.

[19] Agreda y Sánchez: 553-554.

[20] García Icazbalceta 1954: 61-62.

[21] Andrade 1971; León 1902-1908, y en nuestros días, Tovar de Teresa 1988.

[22] Alarcón y Sánchez de la Barquera 1895: 21; Anticoli 1897: 310.

[23] Carillo y Ancona 1888: 2-10.

[24] García Icazbalceta 1937: 328; García Icazbalceta 1947: t. I, xiv.

[25] Carreño 1915: 23-27.

[26] García Icazbalceta 1937: 182-184; véase también Amaya 1931: 301-333.

[27] *Información que el arzobispo de México...* 1982 (1891): 36-141.

[28] Torre Villar y Navarro de Anda 1982: 43-44.

[29] Torre Villar y Navarro de Anda 1982: 45, 55.

[30] Torre Villar y Navarro de Anda 1982: 48-53, 57-69.

[31] Torre Villar y Navarro de Anda 1982: 60-5.

[32] Torre Villar y Navarro de Anda 1982: 52-3, 59-60.

[33] Torre Villar y Navarro de Anda 1982: 63, 69-71.

[34] Torre Villar y Navarro de Anda 1982: 38-40.

[35] Estos dos libros a menudo se confunden pues sus títulos son similares y ambos fueron publicados anónimamente. Obsérvese Anticoli 1884; J. A. González 1884; véase Grajales y Burrus 1986: 96.

[36] Torre Villar y Navarro de Anda 1982: 39-42, 73-75, 93.

[37] Torre Villar y Navarro de Anda 1982: 82, 89, 99.

[38] Eutemio Pérez 1890, se incluyó en la edición de 1891; véase de la Torre Villar y Navarro de Anda 1982: 109-120.

[39] Andrade (1971) se refirió a Baranda como su "mecenas" en el prólogo a su *Ensayo Bibliográfico*, vii.

[40] Véase nota 35, en Torre Villar y Navarro de Anda 1982: 109-12; de Alloza 1654.

[41] Torre Villar y Navarro de Anda 1982: 113-120; González (pseudónimo "X") 1884: 324-331.

[42] Torre Villar y Navarro de Anda 1982: 120-129.

[43] Paso y Troncoso 1982: 129-141.

[44] Paso y Troncoso 1982: 130-134; Bernal Díaz 1968: t. I, 275.

[45] Torre Villar y Navarro de Anda 1982: 135; sobre la misión europea de Troncoso véase Silvio Zavala 1938: *passim*.

[46] García Icazbalceta 1937: 184-6.

[47] Vera 1887a, prólogo de José de Jesús Cuevas, I, i-vii; véase también Vera 1887.

[48] Vera 1890. Este autor también publicó el texto completo de las *Las informaciones jurídicas de 1666 y el beato indio Juan Diego* en 1889.

[49] Vera 1890: 67-103; Lucas X, 21-24.

⁵⁰ Vera 1890: 3-12, 106-116; texto del *Nican mopohua*, 155-163, 178-179.
⁵¹ Vera 1890: 171; también Vera 1887a: t. II, 46-49.
⁵² Vera Vera 1890: 81, 141, 189-191, 228-229, 330-341.
⁵³ Vera 1892: 37-39.
⁵⁴ Vera 1892: 117-136.
⁵⁵ Vera 1892: 188-192, 215-220, 663; véase también Cepeda 1622: 6-7.
⁵⁶ Vera 1892: 305-309, 398, 580, 647-648.
⁵⁷ Vera 1892: 648-650, 677.
⁵⁸ Anticoli 1892: 27-30. Para *Quanta Cura* y el Sílabo de Errores véase Chadwick: 1998: 168-180.
⁵⁹ Tanner 1990: 808-809.
⁶⁰ Tanner 1990: t. II, 816; Chadwick 1981: 180-214, 220-224.
⁶¹ Anticoli 1892: 3-4, 24-37.
⁶² Anticoli 1892: 45, 100-118.
⁶³ Anticoli 1892: 4-5, 56-58, 137.
⁶⁴ Anticoli 1892: 100-128.
⁶⁵ Anticoli 1893: 11, 16, 26-27.
⁶⁶ Anticoli 1893: 40-42, 49, 69-74, 89; sobre Marcos, véase 156-157.
⁶⁷ Anticoli 1893: 189, 205-36, 255-60, 297.
⁶⁸ Anticoli 1893: 119-22.
⁶⁹ Anticoli 1893: 126-32; véase García Icazbalceta 1947: t. I, 222.
⁷⁰ Gutiérrez Casillas 1972: 252-258.
⁷¹ García Icazbalceta 1937: 249-255.
⁷² Montes de Oca y Obregón 1901: 349-357.
⁷³ Montes de Oca y Obregón 1901: 352-354.
⁷⁴ Vera 1887a: t. I, i.

Capítulo 12
La coronación
¹ Agüeros 1895: 9-15; segunda parte, p. 2. Véase también Ceballos 1998.
² *Revista Eclesiástica* 1864: 221-222, 323-325.
³ Córdoba 1889: t. III, 265-276; véase también la pastoral colectiva del obispado mexicano, 19 de marzo de 1875, Alcalá y Olimón 1989: 298-331.
⁴ Gutiérrez Casillas 1974: 333-345; una guía invaluable es Bravo Ugarte 1965: *passim.*
⁵ Montes de Oca y Obregón: 157-161, 190-212. El obispo observaba que en 1861 Labastida "se había convertido en líder del partido monárquico, que aquella época se identificaba como el partido católico".
⁶ J.J. Cuevas 1898: t. I, ii-xiii; M. Cuevas 1947: t. V, 417-418, 421-428.
⁷ J.J. Cuevas 1887: 9-11, 93-94, 65-67, 174-177, 60-61.
⁸ J.J. Cuevas 1887: 116-121.
⁹ J.J. Cuevas 1887: 92-93, 178-181.

[10] Deery 1958: 31-42; coronación, p. 96; véase también el excelente estudio reciente, Harris 1999: *passim*.

[11] Tapia Méndez 1987: 65-66, 95, 135-136.

[12] Tapia Méndez 1987: 109-117, 123-132; para su designación véase Bravo Ugarte 1965: 138-139, 181-187, 194-198. Para la actual generación de obispos véase O'Dogherty 1998.

[13] La restauración del santuario se describe por Agüeros 1895: 106-118; también Anticoli 1897: 171-174, 419-430.

[14] Agüeros 1895: 120; Anticoli 1897: 449-452.

[15] Anticoli 1897: 391-397.

[16] Rosa 1887: *passim*.

[17] Anticoli 1897: 399-407.

[18] Tapia Méndez 1987: 208-210.

[19] Tapia Méndez 1987: 212-221.

[20] Valadés 1948: t. II, 208.

[21] Agueros (1895: segunda parte, paginación separada) describe las ceremonias; para la lista de los obispos, 33-34; para los indios, 8, 84; véase también Anticoli 1897: 453-454.

[22] Agüeros 1895 segunda parte: 172-190.

[23] Para estos sermones véase Agüeros 1895: apéndice a la segunda parte, con paginación separada. Los sermones no cuentan con títulos individuales.

[24] Vera 1890a: 4-8, 13.

[25] Agüeros 1895, segunda parte, apéndice, con paginación separada; José de Jesús Ortiz, 11 de octubre de 1895, pp. 18-20.

[26] Agüeros 1895, Atenógenes Silva, 7 de octubre de 1895, 3-4.

[27] Agüeros 1895, Rafael F. Menéndez, 21 de octubre de 1896, 45-46.

[28] Agüeros 1895, Manuel Díaz Rayón, 27 de octubre de 1895, 72-75.

[29] Agüeros 1895, Francisco Campos, 15 de octubre de 1895, 47-51.

[30] Agüeros 1895, Antonio Paredes, 20 de octubre de 1896, 30-31.

[31] Agüeros 1895, José María Vilaseca, 28 de octubre de 1895, 32-34.

[32] Agüeros 1895, Pedro Romero, 10 de octubre de 1895, 39-40, quien citaba a Altamirano como "el autor imparcial".

[33] Agüeros 1895, Luis Silva, 4 de octubre de 1895, 64-66.

[34] Agüeros 1895, Crescencio Carillo y Ancona, 12 de octubre de 1895, 10-14.

[35] En Agüeros (1895: 14-17) por algún motivo el sermón se atribuye al 10 de octubre, pero véase Anticoli 1897: 443-444.

[36] Véase Agüeros 1895 segunda parte, p. 123.

[37] Anticoli 1897: 421.

[38] J.J. Cuevas 1887: 149-152.

[39] Tapia Méndez 1987: 1895: 8-10.

[40] Agüeros 1895: segunda parte, apéndice, 16-17.

[41] Chávez 1895: 7-20, 32-33.

[42] Tapia Méndez 1987: 144-152, 239-261. Sobre Averardi véase Romero de Solís 1994: 41-45.

[43] "Elogio fúnebre del Ilustrísimo Señor don Antonio Plancarte y Labastida, Abad de Guadalupe" en Montes de Oca y Obregón 1901: 227-233, 242-245, 252.

[44] M. Cuevas 1947: 452.

[45] M. Cuevas 1930: 206-207, 262-263.

[46] Tapia Méndez 1987: 224-225.

[47] Romero de Solís 1987: 239-81.

[48] La carta de Sánchez Camacho, 23 de agosto de 1896, apareció primero en *La Voz de México*, y más tarde se reimprimió con García Icazbalceta 1982 (1896): 55-60; también en Torre Villar y Navarro de Anda 1982: 1280-1286.

[49] Anticoli 1902: 85-89.

[50] Agustín de la Rosa, *Defensa de la aparición de Nuestra Señora de Guadalupe*, México, 1896, reimpreso en Torre Villar y Navarro de Anda 1982: 1222-1279.

[51] Anticoli 1897: 2.

[52] Tercero 1896: 15-6, 94-102.

[53] Tercero 1896, sobre Anticoli, 27, 51; sobre Moisés, 42; la pintura, 45; y García Icazbaceta, 24, 126-134.

[54] Tercero 1896: 137-139, 66.

[55] Tercero 1896: 53-54, 89, 118, 124.

Capítulo 13
Juan Diego

[1] Para el texto de esta pastoral véase López Beltrán 1974: 40-47.

[2] Manríquez y Zárate 1974: 24, 77-84, 155-161; sobre Juana de Arco, p. 152.

[3] Manríquez y Zárate 1974: 173-187, 233-237, 258.

[4] López Beltrán 1982: 134-141. En 1910 los obispos de Estados Unidos no quisieron aceptar el patronazgo de la guadalupana.

[5] Genaro García (ed.) 1991 (1911): 70-76.

[6] Krauze 1997: 239-73; sobre el partido católico véase Gutiérrez Casillas 1974: 278-284.

[7] López Beltrán 1991: 51; véase también Meyer 1976: 9-12.

[8] Pompa y Pompa 1967: 120-122; López Beltrán 1991: 37.

[9] Tena Ramírez 1967: 875-877.

[10] Brading 1984: 59-80; y Brading 1988: 75-89.

[11] López Beltrán 1991: 29, 40-41, 47-51; Meyer 1976: 33-44.

[12] Para un esbozo de los acontecimientos véase Meyer 1976: 44-66; para una ardiente crítica al acuerdo de 1929 véase López Beltrán 1991: 23, 137-55.

[13] López Beltrán 1991: 76-87, 142-155, 175-179; Meyer 1976: 178-179.

[14] Gutiérrez Casillas 1974: 431-438.

[15] Sánchez 1935: 17-35, 109-135; Bravo Ugarte 1940: 86-97.

[16] Cantú Corro 1946: 29-35, 72-75, 106-107, 112-124.

[17] Guzmán 1985: t. II, 917-922.

[18] Guzmán 1985: t. II, 924-960.

[19] Guzmán 1985: t. II, 896-917, 999-1000; véase Curiel 1993: 24-40, 180-203.

[20] Guzmán 1985: t. II, 980-994.

[21] El sermón del 12 de diciembre de 1931 se encuentra reimpreso en Pompa y Pompa 1967: 149-156.

[22] El sermón del 12 de octubre de 1945 se encuentra reimpreso en Cantú Corro 1946: 79-88; también se incluye en L. M. Martínez 1991: 121-129.

[23] Cantú Corro 1940: 56, 193-202, 218.

[24] Cantú Corro 1940: 86-91, 135, 174.

[25] Cantú Corro 1940: 134, 153, 175, 232.

[26] M. Cuevas 1947: t. I, 304-315.

[27] La "narración primitiva" atribuida a Tovar, se encuentra reimpresa en de la Torre Villar y Anda 1982: 24-25; véase también M. Cuevas 1930: 275-294.

[28] M. Cuevas 1975: 287-288.

[29] M. Cuevas 1947: t. II, 531-34.

[30] M. Cuevas 1947: t. V, 335-406.

[31] M. Cuevas 1930: 9-10, 211-214.

[32] Velásquez 1981: 115-140; la transcripción está en 142-83.

[33] Velásquez 1981. Sobre Marcos y los anales véase 52-58; y otras fuentes indígenas, 60-92.

[34] Velásquez 1981: 58-59.

[35] Garibay Kintana 1953-1954: t. II, 256-265.

[36] Garibay Kintana 1953-1954: II, 264-265.

[37] Véase el artículo de Garibay Kintanta 1967: 821-822 donde Juan González se identifica como el autor de la "narración primitiva". Para la canción de don Plácido véase Noguez 1993: 33-44.

[38] O'Gorman (ed.) 1986: 161-212; para el ataque a Garibay, 199-206.

[39] O'Gorman (ed.) 1986: 1-40.

[40] O'Gorman (ed.) 1986: 115-41; Bataillon 1950: t. II, 445-454.

[41] O'Gorman (ed.) 1986: 43-61, 232-237, 265-276; García Gutiérrez 1995: 313-330.

[42] Maza 1984: 10-11, 14-17, 26, 41-42.

[43] Maza 1984: 48-106.

[44] Maza 1984: 119-151, 182-186.

[45] Lafaye 1977: 336-348; véase Paz 1979: 38-52.

[46] Paz 1979 13, 21-22.

[47] Véase capítulo XIV.

[48] López Beltrán 1974: 53-60, 258-261.

[49] López Beltrán 1991:. 77, 108-155, 484, 552-557, 591-593.

[50] López Beltrán 1957: 174-183.

[51] López Beltrán 1957: 251-60.

[52] López Beltrán 1957: 143; López Beltrán 1981a: 21, 36. En esta reimpresión de su edición de 1952 de Miguel Sánchez, López Beltrán describía a Maza como "este pequeño Borunda del siglo xx"; véase Maza 1984: 55-56 donde se refiere a aquella edición como "infantil".

[53] López Beltrán 1966: 38, 67, 92-96, 106-116, 124.

[54] López Beltrán 1984: 169-180.

[55] López Beltrán 1966: 203, 224-229, 237.

[56] López Beltrán 1966: 232, 244-52, 264; señalaba que vestigios de la corona estaban reapareciendo.

[57] Blancarte 1992: 302-306.

[58] Chávez de la Mora 1978: 113-139.

[59] Medina Ascencio 1979, pp. 25-30.

[60] Chauvet 1978: 25-48. Obsérvese que Chauvet corrigió su ponencia de 1976 para responder a la de Wigberto Jiménez Moreno de 1977, la cual, no obstante, no apareció en la versión impresa del *Segundo Encuentro*. Ya se había dado noticia de la teoría de Moreno en Usigli 1965: 75-81.

[61] Usigli 1965: 25-48.

[62] López Beltrán 1979: 55-70; véase también López Beltrán 1981: 7-9.

[63] Blancarte 1992: 375-376; Sada Lambretón 1991: 18.

[64] López Beltrán 1981: sobre antecesores y su propia función, véase 7, 12-45; sobre Salazar, 142-147, 185, 97.

[65] López Beltrán 1981: 167, 180-182.

[66] Guerrero 1996a: 5.

[67] Para el texto del decreto en latín y español véase Sada Lambretón 1991: 156-171.

[68] Sada Lambretón 1991: 21.

[69] Sada Lambretón 1991: 13, 22.

[70] Juan Pablo II 1999: 20-22.

[71] García Ugarte 1993: *passim*.

Capítulo 14
Nican mopohua

[1] Escalada 1995: prólogo.

[2] Escalada 1995: 358, 384-386; véase Smith 1994, para los hallazgos de Callahan, 61-70.

[3] Escalada 1995: 643-4; J.J. Benítez 1982: 165-212.

[4] Escalada 1995: 263, 355-356, 520-521, 643-644.

[5] Escalada 1995: 42-50, 632, 670-671.

[6] Escalada 1995: 191-193, 131. Véanse las asombrosas fotografías: 192-193, 483-487.

[7] Escalada 1995: 50, 740-741.

[8] Escalada 1995: 455-457; Escalada 1997: *passim*.

[9] Nebel 1995: 143-153.

[10] Nebel 1995: 169. Nebel tradujo el *Nican mopohua* al alemán; aquí proporciona una versión al español y un facsímil y transcripción del texto en náhuatl de Laso de la Vega, 339-367; véase también 226-227.

[11] Nebel 1995: 235-247.

[12] Nebel 1995: 263, 288-289, 292-294, 302-304.

[13] Elizondo 1997: x, 93.

[14] Elizondo 1997: 47-53, 67-69, 113-118, 129-135.

[15] Guillermo Schulenberg, prólogo, en Nebel 1995: 9-11.

[16] El texto completo de las entrevistas se encuentra reimpreso en Guerrero 1996a: 18.

[17] Guerrero 1996a: 13, 18, 20-24; véase el tributo de Pedro Ramírez Vásquez en Olimón Nolasco (ed.) 1998: 13-14.

[18] Guerrero 1996a: 3-9.

[19] Rivera Carrera 1996: 1-2.

[20] Rivera Carrera 1996: 4-7.

[21] Sánchez 1982 (1648): 237.

[22] Noguez 1993: 189.

[23] Poole 1995: 12, 225.

[24] Poole 1995: 95-99, 122-142.

[25] Poole 1995: 102.

[26] Poole 1995: 42-3, 115-118.

[27] Poole 1995: 147-161, 169.

[28] Poole 1995: 118; véase Grajales y Burrus 1986 donde se enumeran nueve ediciones de la obra de Becerra en el siglo XIX.

[29] Poole 1995: 7, 10-11, 107, 223. Describe su obra como "una suerte de labor detectivesca" en 14; para su desdén por Sánchez véase 107. En cuanto a la extensión limitada del culto entre los indios, Poole es partidario de Taylor 1986: 9-33.

[30] Guerrero 1996: 467-468, 497-512, 525, 614.

[31] Guerrero 1996: 497, 533, 546-565, 624.

[32] Guerrero 1996: 44-49.

[33] Guerrero 1996: 53-61.

[34] Guerrero 1996: 98.

[35] E.R. Salazar 1993: 127-134.

[36] Guerrero 1996: 102-103; obsérvese que Guerrero desdeña el *Códice de 1548* descubierto en fecha reciente por Escalada por ser demasiado bueno para ser cierto, p. 495.

[37] Guerrero 1996: 152-165, 173-177, 188.

[38] Guerrero 1996: 330-333.

[39] Guerrero 1996: 360, 405, 414, 456.

[40] Guerrero 1996: 71, 243, 614.
[41] Sousa, Poole y Lockhart (ed. y trad.) 1998; véase Lockhart 1992: 247-250; y Poole 1995: 113-114.
[42] Sousa, Poole y Lockhart (ed. y trad.) 1998; 19-22, 30-31, 45-47.
[43] Bierhorst 1985: 61.
[44] Sousa, Poole y Lockhart (ed. y trad.) 1998; 8-12, 18; sobre la sucesión de los milagros, véase 12-17.
[45] Florencia 1785: 464, donde se acepta un milagro no consignado por Sánchez pues "una antigua pintura en el santuario da testimonio de él, donde se representa y explica el caso con una inscripción a sus pies".

Capítulo 15
Epifanía y revelación
[1] Tanner 1990: 897.
[2] Tanner 1990: t. II, sesión 25, p. 775.
[3] *Catechism...* 1994, artículos 1159-1162, pp. 265-266.
[4] Citado en Ouspensky y Lossky 1982: 30; véase también 41-48, 15.
[5] Pelikan 1971-1989: 133.
[6] Tanner 1990: t. II, 850-854.
[7] Tanner 1990: 865, 890-898.
[8] Sigüenza y Góngora 1945: 10-11.
[9] Éxodo XL: 35; Números IX: 18, 22; Lucas I: 35.
[10] Florencia 1766: 150-151.
[11] Jerónimo de Valladolid, prólogo a Florencia 1785: 8.
[12] Burtchaell 1969: 232, 261-263.
[13] *Catechism of the Catholic Church* 1994, art. 67, pp. 22-23; véase también Rahner 1963: 55: "La historia de la cristiandad sería inconcebible sin elementos proféticos y visionarios".
[14] Tanner 1990: 976.
[15] R. Brown 1993: 37-38, 113-115; cita en 245 y 269, 258-259.
[16] Florencia 1766: 130, 134; sobre los primeros *demandantes* de Guadalupe véase Noguez 1993: 232.
[17] Sada Lambretón 1991: 21.

BIBLIOGRAFÍA

Esta bibliografía enlista las obras citadas en el texto y en las notas, y generalmente se refiere a las ediciones utilizadas por el autor. En las partes donde se discuten obras aparece la fecha de la primera edición ya sea en el texto o en la nota correspondiente entre paréntesis. Los autores se enlistan aquí bajo el nombre más común por el que se les conoce, por ejemplo Veytia en lugar de Fernández de Echeverría y Veytia. A menos que se diga otra cosa, todas las ediciones facsimilares fueron impresas en México.

Abad y Queipo, Manuel
    1811-1813 *Carta pastoral*, México.
    1811-1813a *Cartas pastorales*, México.
Acuña, Hernando de
    1954 *Varias poesías*, ed. y notas de E. Catena de Vindel, Madrid, Consejo Superior de Investigaciones Científicas, Instituto Miguel de Cervantes Ed. Cátedra (1982), 365 p.
Adams, Henry
    1918 *The Education of Henry Adams: An Autobiography*, Boston y Nueva York.
    1933 *Mont-Saint-Michel and Chartres*, Boston y Nueva York.
Ágreda, sor María de
    1694 *Mística Ciudad de Dios*, 3 vols., Antwerp.
Ágreda y Sánchez, José María
    Catálogo.
Agüeros, Victoriano (ed.)
    1895 *Álbum de la coronación de la Santísima Virgen de Guadalupe*, México, El Tiempo.

Alamán, Lucas
1968 *Historia de Méjico*, 4ª ed., 5 vols., México, JUS.
1969 *Disertaciones*, 3 vols. México.
Alarcón y Sánchez de la Barquera, Próspero María
1895 *Carta pastoral del Illmo. Señor Arzobispo de México*, México.
Álbum conmemorativo del 450 aniversario de las apariciones de Nuestra Señora de Guadalupe.
1981 México.
Alcalá, Alfonso y Manuel Olimón (eds.)
1989 *Episcopado y gobierno en México: cartas pastorales colectivas del episcopado mexicano 1859-1870*, México.
Alloza, Juan de
1654 *Cielo. Estrellado...*, Madrid.
Altamirano, Ignacio Manuel
1949 *Paisajes y leyendas*, Segunda Serie, México, Ed. Nacional.
1974 *Paisajes y leyendas*, Primera Serie, México.
1982 *Discursos*, París.
1982a "La fiesta de Guadalupe", en de la Torre Villar, Ernesto y Ramiro Navarro de Anda (eds.), *Testimonios históricos guadalupanos*, México, FCE, 1468 p.
1986-1992 *Obras completas*, 22 vols., México.
Alva Ixtlilxóchitl, Fernando de
1975 *Obras históricas*, ed. de Edmundo O'Gorman, 2 vols., México, UNAM.
Amaya, Jesús
1931 *Génesis e historia de Nuestra Señora de Guadalupe, Madre de Dios*, México, Lumen, 348 p.
Andrade, Vicente de Paul
1982 *Estudio histórico sobre la leyenda guadalupana*, en de la Torre Villar, Ernesto y Ramiro Navarro de Anda (eds.), *Testimonios históricos guadalupanos*, México (1908), FCE, 1468 p.
1971 *Ensayo bibliográfico mexicano del siglo XVII*, ed. facs. de la de 1899, México. Imp. del Museo Nacional.
Anticoli, Esteban
1884 *La Virgen del Tepeyac patrona principal de la nación mexicana*, Guadalajara, Ed. Nacional, 368 p.
1892 *El magisterio de la Iglesia y la Virgen del Tepeyac*, Querétaro.
1893 *Defensa de la aparición de la Virgen María en el Tepeyac... contra un libro impreso en México el año de 1891*, Puebla, Imp. del Col de Artes y oficios. 7 vols., 338 p.
1897 *Historia de la aparición de la Santísima Virgen María de Guadalupe en México*, 2 vols., México, Ed. Europea.

1902 *Novena triduo y deprecaciones a Nuestra Señora de Guadalupe*, 3a ed., Puebla.

Agustín, San
1831 "On the Catechising of de Uninstructed", *The Works of Aurelius Augustine*, ed. de Marcus Dods, Edinburgo.
1972 *City of God*, ed. de David Knowles, Londres.
1922 *La ciudad de Dios*, trad. de José Cayetano Díaz de Beyral, México, Porrúa.

Aparicio Vega, Manuel Jesús (ed.)
1974 *"La revolución del Cuzco de 1814"*, *Colección documental de la independencia del Perú, III. Conspiraciones y rebeliones en el siglo XIX*, vol. VII, Lima, Comisión Nacional del Sesquicentenario de la Independencia del Perú, 774 p.

Arlegui, José
1743 *Sagrado paladión del americano orbe...*, México.

Auerbach, Erich
1984 *Scenes from the Drama of European Literature*, Manchester.

Ballesteros-Beretta, A.
1941 "Juan Bautista Muñoz: dos facetas científicas", *Revista de Indias*, 2.
1941a "Juan Bautista Muñoz: la creación del archivo de Indias", *Revista de Indias*, 2.
1943 "Juan Bautista Muñoz: la historia del Nuevo Mundo", *Revista de Indias*, 3.

Bandelier, Adolfo F.
1960 *Correspondencia*, ed. de Leslie A. White e Ignacio Bernal, México.

Barasche, Moshe
1992 *Icon: Studies in the History of an Idea*, Nueva York.

Bárcena, Manuel de la
1821 *Manifiesto al mundo: la justicia y la necesidad de la independencia de la Nueva España*, México.
1823 *Sermón exhortatorio que en la solemne función anual que hace de la imperial orden de Guadalupe a su celestial patrona*, México.

Barros, Felipe Neri de
1889 "Sermón predicado... a su patrona, María Santísima de Guadalupe...", en *Sermonario mexicano*, III.

Bartolache, José Ignacio
1790 *Manifiesto satisfactorio: opúsculo guadalupano*, México.

Bassols, Narciso (ed.)

1889 *Sermonario mexicano,* 3 vols., México, Imprenta de Ángel Bassols Hermanos, III vols., 492 p.

Bataillon, Marcel

1950 *Erasmo y España,* trad. de Antonio Alatorre, 2 vols., México.

Bauckham, Richard

1978 *Tudor Apocalypse,* The Sutton Courtenay Press.

1993 *The Theology of the Book of Revelation,* Cambridge.

Becerra Tanco, Luis

1666 *Origen milagroso del santuario de Nuestra Señora de Guadalupe, extramuros de la ciudad de México,* México.

1675 *Felicidad de México en el principio y milagroso origen que tuvo el santuario de la Virgen María Nuestra Señora de Guadalupe, extramuros: en la aparición admirable de esta soberana Señora y de su prodigiosa imagen,* ed. de Antonio de Gama, 2a ed., México.

Belting, Hans

1994 *Likeness and Presence: A History of the Image before the Era of Art,* trad. de Emund Jephcott, Chicago.

Benítez, Juan J.

1982 *El misterio de la Virgen de Guadalupe,* México.

Benítez, Lorenzo

1685 *Sermón panegyrico que en la solemne fiesta con que celebra la aparición de Nuestra Señora de Guadalupe de México, su ilustre archicofradía,* México, por la viuda de Francisco Rodríguez Lupercio, 10ff.

Beristain de Souza, José Mariano

1809 *Discurso político-moral y cristiano...,* México.

1810-1811 *Diálogos patrióticos,* México.

1811 *Declamación cristiana que en la solemne función de desagravios a María Santísima de Guadalupe...,* México.

1814 *Discurso eucarístico que en la muy solemne acción de gracias celebrada... por la libertad y restitución a su trono a Fernando Séptimo, soberano monarca de España e Indias,* México.

1957 *Biblioteca hispano-americana septentrional,* 3a ed., 5 vols., Fuente Cultural. México.

Betancurt, Agustín de

1971 *Teatro mexicano,* México, ed. facs. de 1697-1698.

Bevan, Edwyn

1945 *Holy Images,* Londres.

Bierhorst, John

1985 *Cantares mexicanos: Songs of the Aztecs,* Stanford.

Blancarte, Roberto
1992 *Historia de la Iglesia católica en México*, México.
Blanco White, Joseph (Leucadio Doblado pseud.)
1822 *Letters from Spain*, Londres.
Bolívar, Simón
1964 *Obras completas*, ed. de Vicente Lecuna, 3 vols., Caracas.
Borunda, José Ignacio
1902-1908 "Clave general de jeroglíficos americanos", en Nicolás
León, *Bibliografía mexicana del siglo XVIII*, 5 vols., México, III.
Boturini Benaduci, Lorenzo
1974 *Idea de una nueva historia general de la América Septentrional*, ed. de Miguel León-Portilla, México.
Brading, David A. (ed.)
1984 *Prophecy and Myth in Mexican History*, Cambridge.
1985 *The Origins of Mexican Nationalism*, Cambridge.
1988 *Los orígenes del nacionalismo mexicano*, trad. de Soledad
Loaeza Grave, México, Era.
1988 "Manuel Gamio and Official Indigenismo in Mexico", *Bulletin of Latin American Research*, 7.
1988a *Mito y profecía en la historia de México*, trad. de Tomás
Segovia, México, Vuelta.
1991 *The first America: The Spanish Monarchy, Creole Patriots and
the Liberal State, 1492-1867*, Cambridge.
1994 *Siete sermones guadalupanos 1709-1765*, ed, facs.
1994a *Church and State in Bourbon México: The Diocese of Michoacán 1749-1810*, Cambridge.
1998 "Clemente de Jesús Munguía: intransigencia ultramontana y
la reforma mexicana", en *Historia de la Iglesia en el siglo XIX*, ed.
de Manuel Ramos Medina, México.
Bravo Ugarte, José
1940 *Cuestiones históricas guadalupanas*, México, JUS, 130 p.
1965 *Diócesis y obispos de la Iglesia mexicana 1519-1965*, México.
1967 *Munguía, obispo y arzobispo de Michoacán, (1810-1868):
su vida y su obra*, México.
Brown, Peter
1981 *The Cult of the Saints*, Londres.
1982 *Society and the Holy in Late Antiquity*, Londres.
Brown, Raymond E.
1993 *The Birth of the Messiah: A Commentary on the Infancy Narratives in the Gospels of Matthew and Luke*, 2ª ed., Nueva York.
Burtchaell, James Tunstead
1969 *Catholic Theories of Biblical Inspiration*, Cambridge.

Bustamante, Carlos María

1831 *Manifiesto de la junta guadalupana a los mexicanos y diser-tación histórico-crítica de Nuestra Señora en Tepeyac*, México, Alejandro Valdés, a cargo de J.M.C. 22 p.

1840 *La aparición de Nuestra Señora de Guadalupe*, México, Ignacio Cumplido.

1843 *La aparición guadalupana de México*, México, J.M. Lara, 75 p.

1953-1963 *Continuación del cuadro histórico de la revolución mexicana*, ed. de Jorge Gurría Lacroix, 4 vols., México.

1961 *Cuadro de la revolución mexicana*, ed. Jorge Gurría Lacroix, 3 vols., México.

1976 "Correo Americano del Sur", en *Periodismo insurgente*, ed. facs., 2 vols, México.

Cabrera, Miguel

1977 *Maravilla americana y conjunto de varias maravillas obser-vadas con la dirección de las reglas del arte de la pintura de la prodigiosa imagen de Nuestra Señora de Guadalupe de México*, México, ed. facs. de la de 1756.

Cabrera y Quintero, Cayetano de

1981 *Escudo de armas de México*, México, ed. facs. de la de 1746.

Calancha, Antonio de la

1974 *Crónica moralizada del orden de San Agustín en el Perú*, ed. de Ignacio Prado Pastor, 6 vols., Lima.

Calvo, Thomas

1997 "El zodiaco de la Nueva Eva: el culto mariano en la América septentrional hacia 1700", en *Manifestaciones religiosas en el mundo americano*, ed. de Clara García Ayluardo y Manuel Ramos Medina, 2ª ed., México.

Cantú Corro, José

1940 *Sermones guadalupanos* (esquemas), Huajuapan de León.

1946 *Álbum de las bodas de oro de la coronación guadalupana*, Cuernavaca.

Caramuel Lobkowitz, Juan

1678 *Architectura civil recta y obliqua*, Vergeren.

Caro Baroja, Julio

1992 *Las falsificaciones de Historia en relación con la de España*, Barcelona.

Carranza, Francisco Javier

1743 *Sermón de la adoración de los Reyes...*, México.

1749 *La transmigración de la Iglesia a Guadalupe*, México, impreso con licencia en el Colegio Real y más antiguo de San Ildefonso de México, 28 p.

Carreño, Alberto María
1915 "Noticias biográficas", *Sesión celebrada por la Sociedad Mexicana de Geografía y Estadística en memoria del socio honorario Sr. Lic. Canónigo don Vicente de Paul Andrade*, México.

Carrillo y Ancona, Crescencio
1888 *Carta de actualidad sobre el milagro de la aparición guadalupana en 1531*, México, Mérida, Yucatán, Imp. Mercantil a cargo de José Gamboa Guzmán, 17 p.

Carrillo y Pérez, Ignacio
1797 *Pensil americano florido en el origen del invierno, la imagen de María Santísima de Guadalupe*, México, Ed. D. Mariano Joseph de Zúñiga y Ontiveros, VI vols., 132 p.

Castañeda, Juan José Ruiz de
1766 *Sermón panegyrico en glorias de María Santísima bajo el título de Guadalupe*, México.

Castorena, Ursúa y Goyeneche, Juan Ignacio María de, y Juan Francisco Sahagún de Arévalo y Ladrón de Guevara.
1988 *Gacetas de México*, 3 vols., ed. facs. de la de 1722-1742, México.

Castro, Américo
1983 *España en su historia: cristianos, moros y judíos*, 2ª ed., Madrid.
1994 *Cathecism of the Catholic Church*, Londres.

Ceballos Ramírez, Manuel
1998 "Siglo XIX y guadalupanismo: de la polémica a la coronación y de la devoción a la política", en Manuel Ramos Medina (ed.), *Historia de la Iglesia en el siglo XIX*, México.

Cepeda, Juan de
1622 *Sermón de la Natividad de la Virgen María Señora Nuestra, predicado en la ermita de Guadalupe, extramuros de México en la fiesta de la misma iglesia*, México.

Cesárea, Eusebio de
1950 *Historia eclesiástica*, trad. y notas de Luis M. De Cádiz, Buenos Aires, Nova.

Chadwick, Owen
1957 *From Bossuet to Newman*, Cambridge.
1981 *The Popes and the European Revolution*, Oxford.
1998 *A History of the Popes, 1830-1914*, Oxford.

Chauvet, Fidel de Jesús
1978 "Las apariciones guadalupanas del Tepeyac", en *Primer Encuentro Nacional Guadalupano*, México, Centro de Estudios Guadalupanos, Tradición, 52 p.

Chávez, Gabino
1895 *Celeste y terrestre o de las dos coronas guadalupanas: reflexiones acerca de la desaparición de la corona en la imagen de Nuestra Señora de Guadalupe*, México, Guillermo Herrero y Cía., 34 p.

Chávez de la Mora, Gabriel
1978 "La Nueva Basílica", en *Primer Encuentro Nacional Guadalupano*, México, Centro de Estudios Guadalupanos.

Chiribay Calvo, Rafael
1995 "Apuntes para una cronología sobre el templo de Nuestra Señora del Pilar", en Eduardo Torra de Arana *et al.*, *El Pilar es la Columna: historia de una devoción. Ensayos*, Zaragoza.

Christian, William A., Jr.
1981 *Apparitions in Late Medieval and Renaissance Spain*, Princeton.

Chueca Goitia, Fernando
1982 *Casas reales en monasterios y conventos españoles*, Bilbao.

Cisneros, Luis de
1621 *Historia del principio y origen, progresos venidas a México y milagros de la santa imagen de Nuestra Señora de los Remedios, extramuros de México*, México.

Clavijero, Francisco Javier
1964 *Historia antigua de México*, ed. de Mariano Cuevas, México.
1982 "Breve noticia sobre la prodigiosa imagen de Nuestra Señora de Guadalupe", en de la Torre Villar y Navarro de Anda, *Testimonios históricos...* FCE

Colección de obras y opúsculos pertenecientes a la milagrosa aparición de la bellísima imagen de Nuestra Señora de Guadalupe que se venera en su santuario extramuros de México
1785 Madrid.

Conde, José Ignacio y María Teresa Cervantes de Conde
1981 "Nuestra Señora de Guadalupe en el arte", *Álbum conmemorativo del 450 aniversario de la aparición de Nuestra Señora de Guadalupe*, México.

Conde y Oquendo, Francisco Javier
1852 *Disertación histórica sobre la aparición de la portentosa imagen de María Santísima de Guadalupe de México*, 2 vols., México, Imprenta de la Voz de la Religión, núm. 3.

Coplas a la partida, que la soberana Virgen de Guadalupe hizo de esta ciudad de México, para su hermita, compuesta por un devoto suyo
c. 1683-1694 México, Viuda de Francisco Rodríguez Lupercio.

Córdoba, Tirso Rafael
"Sermón en honor de Nuestra Señora de Guadalupe", *Sermonario mexicano*, III.

Couto, José Bernardo
    1947 *Diálogo sobre la historia de la pintura en México*, ed. de Manuel Toussaint, México.
Cross, F.L. y E.A. Livingstone
    1997 *The Oxford Dictionary of the Christian Church*, 3ª ed., Oxford.
Cuadriello, Jaime Genaro
    1989 "Los pinceles de Dios Padre", *Maravilla americana, variantes de la iconografía guadalupana siglos XVII-XIX*, México.
    1995 "Visiones en Patmos Tenochtitlan: la Mujer águila", *Artes de México*, 29.
Cuadriello, Jaime *et al.*
    1994 *Juegos de ingenio y agudeza: la pintura emblemática de la Nueva España*, México.
Cuevas, José de Jesús
    1887 *La Santísima Virgen de Guadalupe*, México, Imp. del "Círculo Católico", 184 p.
    1898 *Obras*, ed. de Victoriano Agüeros, México.
Cuevas, Mariano
    1930 *Álbum histórico guadalupano del IV Centenario*, México, Escuela Tipográfica Salesiana, 292 p.
    1947 *Historia de la Iglesia en México*, 5ª ed., 5 vols., México.
Cuevas, Mariano (ed.)
    1975 *Documentos inéditos del siglo XVI para la historia de México*, México, ed. facs. de la de 1914.
Curiel, Fernando
    1993 *La querella de Martín Luis Guzmán*, México.

Dávila y Arriliaga, José Mariano
    1888 *Continuación de la historia de la Compañía de Jesús en Nueva España de P. Francisco Javier Alegre*, 2 vols., Puebla.
Deery, Joseph
    1958 *Our Lady of Lourdes*, Dublín.
De la Cruz, Mateo
    1982 "Relación de la milagrosa aparición de la santa imagen de la Virgen de Guadalupe, sacado de la historia que compuso Br. Miguel Sánchez" (México, 1660), en de la Torre Villar y Navarro de Anda, *Testimonios históricos...*, México, FCE, 1468 p.
De la Torre Villar, Ernesto y Ramiro Navarro de Anda (eds.)
    1982 *Testimonios históricos guadalupanos*, México. FCE, 1468 p.

Díaz Calvillo, Juan Bautista
1811 *Sermón que en el aniversario solemne a María Santísima de los Remedios celebrado en esta iglesia catedral el día 30 de Octubre de 1811 por la victoria del Monte de las Cruces*, México.
Díaz del Castillo, Bernal
1968 *Historia verdadera de la conquista de la Nueva España*, ed. de Joaquín Ramírez Cabañas, 2 vols., México.
Dionisio, el Areopagita, San
Obras completas del Pseudo Dionisio, el Areopagita, Madrid, Biblioteca de Autores Cristianos.
1949 *The Celestial Hierarchies*, Fintry, Surrey.

Eguiara y Eguren, Juan José de
1757 *María Santísima pintándose milagrosamente en su bellísima imagen de Guadalupe de México, saluda a la Nueva España y se constituye su patrona. Panegyrico*, México, Imprenta de la Biblioteca Mexicana.
1944 *Prólogos a la Biblioteca mexicana*, ed. de Agustín Millares Carlo, México.
1982 *Biblioteca mexicana*, ed. de Ernesto de la Torre Villar y Ramiro Navarro de Anda, trad. de Benjamín Fernández Valenzuela, México.
Eire, Carlos M. N.
1946 *War against the Idols: The Reformation of Worship from Erasmus to Calvin*, Cambridge.
Elizondo, Virgil
1997 *Guadalupe: Mother of the New Creation*, Nueva York.
Erasmus, Desiderius
1964 "The Handbook of the Militant Christian", en *The Essential Erasmus*, ed. de John P. Dolan, Nueva York.
Escalada, Xavier
1885 *Enciclopedia guadalupana*, 4 vols., México.
1997 *Enciclopedia guadalupana. Apéndice códice 1548. Estudio científico de su autenticidad*, México.
Escobar, Matías de
1970 *Americana thebaida*, ed. de Nicolás P. Navarrete, 2ª ed., Morelia.
Espinosa, Isidro Félix de
1964 *Crónica apostólica y seráphica de todos los colegios de propaganda fide de la Nueva España de los missioneros franciscanos observantes*, ed. de Lino G. Canedo, Washington.

Espinosa, Pedro
    1864 *Pastoral del Illmo: Señor Arzobispo de Guadalajara a la vuelta de su destierro*, Guadalajara.
Espinosa Medrano, Juan de
    1662 *Apologético en favor de D. Luis de Góngora*, Lima.
Eusebius of Caesarea
    1979 *The Church History and Other Writings*, Nueva York, ed. facs. de la de 1890.
Evans, R.J.W.
    1979 *The Making of the Habsburg Monarchy 1500-1700*, Oxford.
Evenett, H. Outram
    1968 *The Spirit of the Counter-Reformation*, posfacio de John Bossy, Cambridge.

Feijoo Montenegro, Benito Jerónimo
    1753-1755 *Teatro crítico universal (1726-39)*, 8ª ed., 8 vols., Madrid.
    1783 *Adiciones a las obras del muy ilustre y reverendísimo padre maestro Benito Jerónimo Feijoo y Montenegro*, Madrid.
Ferrer, San Vicente
    1946 *Biografía y escritos*, ed. de José María de Garganta y Vicente Forcada, Madrid.
Florencia, Francisco de
    1745 *La milagrosa invención de un tesoro escondido...*, 2ª ed., Sevilla.
    1747 *Menologio de los varones más señalados en perfección religiosa de la provincia de Jesús de Nueva España, nuevamente añadido por Juan Antonio de Oviedo*, México.
    1766 *Origen de los dos célebres santuarios de la Nueva Galicia, obispado de Guadalajara en la América Septentrional*, 3ª ed., México.
    1785 *La Estrella del Norte de México* (México, 1688), en *Colección de obras y opúsculos pertenecientes a la milagrosa aparición de la bellísima imagen de Nuestra Señora de Guadalupe que se venera en su santuario extramuros de México*, Madrid, Lorenzo de San Martín.
    1995 *Zodiaco mariano*, ed. aumentada de Juan Antonio de Oviedo e introd. de Antonio Rubial García, México, ed. facs. de la de 1755.
Ford, Richard
    1966 *A Hand-Book for Travellers in Spain an Readers at Home*, ed. de Ian Robertson, 3 vols., Carbondale, Ill.
    1982 *Manual para viajeros por España y lectores en casa*, trad. de Jesús Pardo, Madrid, Turner.

Freedberg, David
1989 *The Power of Images: Studies in the History and Theory of Response,* Chicago.
1992 *El poder de las imágenes: estudios sobre la historia y la teoría de la respuesta,* trad. de Purificación Jiménez y Jerónima García Bonafe, Madrid, Cátedra.
Fuenlabrada, Nicolás de
1681 *Oración evangélica y panegyrica...a María Santísima en su Milagrosísima imagen del español Guadalupe en la Estremadura,* México.

Galera Lamadrid, Jesús
1991 *Nican mopohua: breve análisis literario e histórico,* México.
García, Genaro (ed.)
1991 *Crónica oficial de la fiesta del primer centenario de la independencia de México,* México, ed. facs. de la de 1911.
García, Gregorio
1625 *Predicación del evangelio en el Nuevo Mundo viviendo los apóstoles,* Baeza.
García Gutiérrez, Jesús
1955 "Un documento guadalupano del siglo XVI: la información contra el padre Bustamante", *Memorias de la Academia Mexicana de la Historia,* 14.
García Icazbalceta, Joaquín
1954 *Bibliografía mexicana del siglo XVI,* ed. Agustín Millares Carlo, 2ª ed., México.
1982 "Carta acerca del origen de la imagen de Nuestra Señora de Guadalupe" (México, 1896), en de la Torre Villar y Navarro de Anda, *Testimonios Históricos...,* México, FCE, 1468 p.
García Icazbalceta, Joaquín (ed.)
1971 *Códice Mendieta: documentos franciscanos siglos XVI y XVII,* 2 vols., México, ed. facs. de la de 1892.
1937 *Cartas,* ed. de Felipe Teixidor, México.
1947 *Don Fray Juan de Zumárraga, primer obispo y arzobispo de México,* ed. de Rafael Aguayo Spencer y Antonio Castro Leal, 2ª ed., 4 vols, México.
García de Torres, José Julio
1821 *Sermón de acción de gracias a María Santísima de Guadalupe por el venturoso suceso de la independencia de la América Septentrional,* México, Imprenta Imperial de D, Alejandro Valdés, 31p.

García Ugarte, Marta Eugenia
1993 *La nueva relación Iglesia-Estado en México*, México.

Garibay Kintana, Angel María
1953-1954 *Historia de la literatura náhuatl*, 2 vols., México.
1967 "Our Lady of Guadalupe", en *The New Catholic Encylopedia*, t. VI, Washington.

Godwin, Joscelyn
1979 *Athanasius Kircher: A renaissance Man and the Quest for Lost Knowledge*, Londres.

Goicoechea, Juan de
1709 *La maravilla inmarcesible y milagro continuado de Santísima Señora Nuestra en su prodigiosa imagen de Guadalupe de México*, México, Imprenta de los Herederos de Ivan Joseph Guillena Carrascoso, 29 p.

Gómara, Francisco López de
1979 *Historia de la conquista de México*, ed. Jorge Gurría Lacroix, Caracas.
1979a *Historia general de las Indias*, ed. de Jorge Gurría Lacroix, Caracas.

Gómez Ciriza, Roberto
1977 *México ante la diplomacia vaticana*, México.

Gómez Marín, Manuel
1819 *Defensa guadalupana contra la disertación de don Juan Bautista Muñoz*, México, En la Imprenta de D. Antonio Valdés, 56p.

González, José Antonio (pseud. ´X´)
1884 *Santa María de Guadalupe, patrona de los mexicanos*, Guadalajara.

González Gómez, Juan Miguel y José Roda Peña
1992 *Imaginería procesional de la Semana Santa de Sevilla*, Sevilla.

Gopplet, Leonhard
1982 *Typos: The Typological Interpretation of the Old Testament in the New*, trad. de Donald H. Madorig, Grand Rapids, Mich.

Grajales, Gloria y Ernest J. Burrus
1986 *Bibliografía guadalupana 1531-1984*, Washington.

Grijalva, Juan de
1985 *Crónica de la orden de N.P.S. Agustín en las provincias de la Nueva España*, México, 2ª ed. (1624).

Gruzinski, Serge
1994 *La guerra de las imágenes de Cristóbal Colón a "Blade Runner" (1492-2019)*, México.

Guerra, François Xavier
    1993 *Modernidad e independencias: ensayos sobre las revolucio-nes hispánicas*, México.
Guerrero, José Luis
    1996 *El nican mopohua: un intento de exégesis*, México.
    1996a *¿Existió Juan Diego?*, México.
Guridi y Alcocer, José Miguel
    1820 *Apología del aparición de Nuestra Señora de Guadalupe de México*, México, Oficina de D. Alejandro Valdés, 9p.
    1884 *Apuntes*, México.
Gutiérrez Casillas, José
    1974 *Historia de la Iglesia en México*, México.
    1972 *Jesuitas en México durante el siglo XIX*, México, Porrúa, 542 p.
Gutiérrez Dávila, Julián
    1736 *Memorias históricas de la congregación del Oratorio de la ciudad de México*, México.
Guzmán, Martín Luis
    1985 *Obras completas*, 2 vols., México.

Hakluyt, Richard
    1985 *The Principal Navigations, Voiages and Discoveries of the English Nation*, ed. de Everyman, 8 vols., Londres.
Harris, Ruth
    1999 *Lourdes: Body and Spirit in the Secular Age*, Londres.
Herberman, Charles, *et al.* (eds.)
    1907 *The Catholic Encyclopedia*, t. XIII, Nueva York.
Herboso, Pedro
    1737 *Sermón panegyrico... la milagrosa imagen de Nuestra Seño-ra de Guadalupe de México*, México, Imprenta de los Herederos de Doña María de Rivera, en el Empedradillo, 1757, 18p.
Hernández y Dávalos, Juan E. (ed.)
    1985 *Colección de documentos para la historia de la guerra de independencia de México desde 1808 hasta 1821*, 6 vols., ed. facs. de la de 1877, México.
Holland, Lady Elizabeth
    1910 *The Spanish Journal*, Londres, The Earl of Ilchester.
Hume, David
    1963 "The Natural History of Religion", en *Hume on Religion*, ed. de Richard Wollheim, Londres.
    1963 *Historia natural de la religión*, trad. e introd. de Ángel J. Cappelleti, Puebla, Cajica.

Información que el arzobispo de México don Fray Alonso de Montúfar mandó practicar...
  1982 en *Testimonios Históricos...*. (México, 1891), FCE.
Irineo, Obispo de Lion
  1952 *Proof of the Apostolic Preaching*, trad. de Joseph P. Smith, Londres.
  1992 *Demostración de la predicación apostólica*, introd., trad. y notas (extractadas de la obra de Antonio Orbe) de Eugenio Romero Pose, Madrid, Ciudad Nueva.
Ita y Parra, Bartolomé Felipe de
  1729 "Sermón panegyrico", *Canonización en vida de San Juan de la Cruz*, México.
  1732 *La imagen de Guadalupe, Señora de los tiempos*, México, Imprenta Real del Superior Gobierno de los Herederos de la viuda de Miguel de Rivera, en el Empedradillo, 22p.
  1739 *La Madre de la salud: la milagrosa imagen de Guadalupe*, México.
  1744 *La imagen de Guadalupe: imagen de patrocinio*, México, Imprenta del Real y Apostólico Tribunal de la Santa Cruzada.
  1747 *Bartolomé Felipe de. El arrebatado de Dios: el Señor D. Felipe V. Oración fúnebre*, México.
  1747a *El círculo del amor formado por la América Septentrional jurando María Santísima en su imagen de Guadalupe, la imagen del patrocinio de todo su reino*, México, en la Imprenta de D. Joseph de Hogal, 39p.
Iturri, Francisco
  1818 *Carta crítica sobre la Historia de América del Señor d. Juan Bautista Muñoz*, reimpr., Buenos Aires (Madrid, 1797).

Jiménez, Ismael
  "Sermón predicado en la colegiata...", *Sermonario mexicano*, III.
John of Damascus, Saint
  1898 *On Holy Images Followed by Three Sermons on the Assumption*, trad. de Mary H. Allies, Londres.
  1980 *On the Divine Images*, trad. de David Anderson, Crestwood, N.Y..
Jovellanos, Gaspar Melchor de
  1956 *Obras completas*, ed. de Miguel Artola, 5 vols., Madrid.
Juan Pablo II (John Paul II)
  1999 *La Iglesia en América: exhortación apostólica postsinodal*, México.

Kendrick, T. D.
1961 *St James in Spain*, Londres.
Knowles, David
1962 *Great Historical Enterprises*, Londres.
Krauze, Enrique
1997 *México: Biography of Power 1810-1996*, trad. de Hank Heifetz, Nueva York.
1997 *Biografía del poder: caudillos de la Revolución Mexicana*, México, Tusquets.

Lafaye, Jaques
1977 *Quetzalcoatl y Guadalupe: la formación de la conciencia nacional en México*, México, FCE, 438p.
Lampe, G.W.H. y K.J. Woollcombe
1957 *Essays in Typology*, Londres.
Lazcano, Francisco Javier
1759 *Sermón panegyrico al inclito patronato de María Señora Nuestra en su milagrosísima imagen de Guadalupe sobre la universal Septentrional América*, México, Imprenta de la Biblioteca Mexicana, 28p.
Lemoine Villicaña, Ernesto
1965 *Morelos*, México.
Lempériére, Annick
1994 "¿Nacion moderna o república barroca? México 1823-1857", en *Imaginar la nación*, ed. de François-Xavier Guerra and Mónica Quijada, Munster.
León, Nicolás
1902-1908 *Bibliografía mexicana del siglo XVIII*, 5 vols., México.
León y Gama, Antonio
1792 *Descripción histórica y cronológica de las piedras que se hallaron en la plaza principal de México*, México.
Linehan, Peter
1985 "The Beginnings of Santa María de Guadalupe and the Direction of 14th Century Castile", *Journal of Ecclesiastical History*, 36.
1993 *History and Historians of Medieval Spain*, Oxford.
Livius, Thomas
1893 *The Blessed Virgin in the Fathers of the First Six Centuries*, Londres.
Lobato, Juan Antonio
1700 *El fénix de las Indias único por inmaculado floreciendo en una tilma de palma, María en su Concepción Purísima aparecida en Guadalupe*, México.

Lockhart, James

1992 *The Nahuas after the Conquest: A Social and Cultural History of the Indians of Central México, Sixteenth throug Eighteenth Centuries*, Stanford.

López Beltrán, Lauro

1957 *Conferencias guadalupanas*, México. Ed. JUS, 243p.

1966 *La protohistoria guadalupana*, México. Ed. JUS, 285p.

1974 *Manríquez y Zárate Primer obispo de Huejutla. Sublimador de Juan Diego. Heróico defensor de la Fe*, México.

1979 "La historicidad de Juan Diego" *Segundo Encuentro Nacional Guadalupano*, México.

1981 *La historicidad de Juan Diego y su posible canonización*, México.

1981a *La primera historia guadalupana*, México.

1982 *Patronatos guadalupanos*, México.

1984 *Homenaje lírico guadalupano*, México.

1991 *La persecución religiosa en México*, 2ª ed., México.

López de Cancelada, Juan

1813 *El Telégrafo Mexicano*, Cadiz.

Lovett, Gabriel H.

1965 *Napoleon and the Birth of Modern Spain*, 2 vols., Nueva York.

Loyola, San Ignacio de

1919 *The Spiritual Exercises of Saint Ignatius of Loyola*, trad. de W.H. Longridge, Londres.

c1999 *Ejercicios espirituales*, ed. y notas de Jordi Groh, Barcelona, Abraxas.

Loyzaga, Manuel de

1745 *Historia de la Milagrosísima imagen de Nuestra Señora de Ocotlan que se venera extramuros de la ciudad de Tlaxcala*, Puebla.

Luxon, Thomas H.

1995 *Figures: Puritan Allegory and the Reformation Crisis in Representation*, Chicago.

Lynch, John

1989 *Bourbon Spain 1700-1808*, Londres.

1989 *España bajo los Austrias*, trad. de Josep María Bernadas, Barcelona, Península.

Maldonado, Francisco Severo

1976 "El Despertador Americano", *Periodismo Insurgente*, ed. facs., 2 vols., México.

Manríquez y Zárate, José de Jesús
    1974 "¿Quien fue Juan Diego?", en *Lauro López Beltran, Manrí-quez y Zárate: primer obispo de Huejotla,* México (1939).
Markus, R.A.
    1970 *Saeculum: History and Society in the Theology of St Augusti-ne,* Cambridge.
Martínez, Luis M.
    1996 *María de Guadalupe,* 7ª ed., México.
Martínez, Manuel Guillermo
    1950 *Don Joaquín García Icazbalceta: su lugar en la historiogra-fía mexicana,* trad. de Luis García Pimentel y Elguero, México.
Martínez, Miguel
    1979 *Monseñor Munguía y sus escritos,* México.
Mayans y Siscar, Gregorio
    1983 "Censura de historias fabulosas", en *Obras completas,* ed. de Antonio Mestre Sánchez, Valencia, t. I.
Maza, Francisco de la
    1949 "Los evangelistas de Guadalupe y el nacionalismo mexica-no", *Cuadernos Americanos,* 6.
    1984 *El guadalupanismo mexicano,* 3ª ed., México.
Medina, Baltazar de
    1682 *Crónica de la santa provincia de San Diego de México de reli-giosos descalzos de N. S. P. Francisco de la Nueva España,* México.
Medina, José Toribio
    1989 *La imprenta en México (1539-1821),* 8 vols., Santiago de Chile, 1912, ed. facs., México.
Medina Ascencio, Luis
    1978 "Las apariciones como un hecho histórico", *Segundo En-cuentro Nacional Guadalupano,* Centro de Estudios Guadalupa-nos, México.
Mendieta, Jerónimo de
    1971 *Historia eclesiástica indiana,* ed. de Joaquín García Icazbal-ceta, México, ed. fasc. de la de 1870.
Mendoza, Francisco de
    1673 *Sermón que en el día de la aparición de la imagen de Gua-dalupe, doce de diciembre de 1672 predicó...,* México.
Meyer, Jean
    1976 *The Cristero Rebellion: The Mexican People between Church and State, 1926-29,* Cambridge.
Mier, Servando Teresa de
    1945 *Escritos y memorias,* ed. de Edmundo O'Gorman, México.

1945a *Pensamiento político del padre Mier*, ed. de Edmundo O'Gorman, México.

1946 *Memorias*, ed. de Antonio Castro Leal, 2 vols., México.

1981 *Obras completas: el heterodoxo guadalupano*, ed. de Edmundo O'Gorman, 3 vols., México, UNAM, Coordinación de Humanidades.

1986 *Historia de la revolución de Nueva España, antiguamente Anahuac*, Londres, ed. facs. de la de 1813, México.

Millares Carlo, Agustín

1986 *Cuatro estudios bibliográficos mexicanos*, México.

Miranda, Francisco Javier

"Sermón panegyrico de Santa María de Guadalupe", *Sermonario mexicano*, III.

Montaigne, Michel de

1948 *The Complete Works*, trad. de Donald M. Frame, Stanford.

Montes de Oca y Obregón, Ignacio

1901 *Oraciones fúnebres*, Madrid.

Morisi-Guerra, Ana

1992 "The Apocalypsis Nova: A Plan for Reform", en *Prophetic Rome in the High Renaissance Period. Essays*, ed. de Marjorie Reeves, Oxford.

Mújica Pinilla, Ramón

1996 *Ángeles apócrifos en la América virreinal*, 2ª ed., Lima.

Munguía, Clemente de Jesús

1849 *Del derecho natural en sus principios comunes y en sus diversas ramificaciones...*, 3 vols., México.

1858 *Defensa eclesiástica en el obispado de Michoacán desde fines de 1855 hasta principios de 1858*, 2 vols., México.

1860 *Dos cartas pastorales*, México.

1860a *Sermón de Nuestra Señora de Guadalupe predicado en la insigne y nacional colegiata, el 12 de Marzo de 1859*, México. Ed. Andrade y Escalante, 74 p.

1860b *Sermón que predicó en la insigne y nacional colegiata de Guadalupe, el 28 de Agosto de 1860*, México.

Muñoz, Juan Bautista

1793 *Historia del Nuevo Mundo*, Madrid.

1982 "Memoria sobre las apariciones y el culto de Nuestra Señora de Guadalupe de México", en *Testimonios históricos...* (1794), FCE.

Muratori, Lodovico Antonio

1789 *The Science of Rational Devotion*, trad. de Alexander Kenny, Dublin.

Murillo, Diego
    1616 *De las excelencias de la insigne y nobilísima ciudad de Za-*
    ragoza, Barcelona.
    1616a *Fundación milagrosa de la capilla angélica y apostólica de*
    la Madre del Dios del Pilar, Barcelona.

Nebel, Richard
    1995 *Santa María Tonantzin Virgen de Guadalupe: Continuidad*
    y transformación religiosa en México, trad. de Carlos Warnholtz
    Bustillos, México.
New Catholic Encyclopedia, The
    1967 16 vols., Washington.
Noguez, Xavier
    1993 *Documentos guadalupanos: un estudio sobre las fuentes de*
    información tempranas en torno a las mariofanías en el Tepeyac,
    México.

Ocampo, Melchor
    1978 *Obras completas*, ed. de Ángel Pola, 3 vols., México.
O'Dogherty, Laura
    1998 "El ascenso de una jerarquía eclesial intransigente, 1890-
    1914", en *Historia de la Iglesia en el siglo xix*, ed. de Manuel Ra-
    mos Medina, México.
O'Gorman, Edmundo
    1969 *La supervivencia política novo-hispana*, México.
O'Gorman, Edmundo (ed.)
    1981 *Obras completas de Servando de Mier, el heterodoxo guada-*
    lupano, 3 vols., México.
    1986 *Destierro de sombras: luz en el origen de la imagen y culto de*
    Nuestra Señora de Guadalupe del Tepeyac, México.
Olimón Nolasco, Manuel (ed.)
    1998 *Guadalupe, Maravilla americana. Homenaje a Monseñor*
    Guillermo Schulenberg Prado, México.
Otero, Mariano
    1967 *Obras*, ed. de Jesús Reyes Heroles, 2 vols., México.
Ouspensky, Leonid y Vladimir Lossky
    1982 *The Meaning of Icons,* Crestwood, N.Y.
Oviedo, Gonzalo Fernández de
    1959 Historia general y natural de las Indias, ed. de Juan Pérez de
    Tudela, 5 vols., Madrid.

Palafox y Mendoza, Juan de
1762 *Obras*, 13 vols., Madrid.
Paredes, Antonio de
1748 *La auténtica del patronato que en nombre de todo el reino votó la caesarea, nobilísima ciudad de México a Santa Virgen María Señora Nuestra en su imagen maravillosa de Guadalupe*, México. Imprenta del Nuevo Rezado de Doña María de Rivera.
Paso y Troncoso, Francisco del
1982 "Noticias del indio Marcos y de otros pintores del siglo XVI", *Información que el arzobispo de México don Fray Alonso de Montúfar mandó practicar*, en *Testimonios históricos...*, 2ª ed., México (1891).
Paz, Octavio
1979 *El ogro filantrópico: historia y política 1971-1978*, México, FCE.
Pelikan, Jaroslav
1971-1989 *The Christian Tradition: A History of the Development of Doctrine*, 5 vols., Chicago.
1990 *Imago Dei: The Byzantine Apologia for Icons*, New Haven.
The Spirit of Eastern Christendom 600-1700.
Peñalosa, Joaquín Antonio (ed.)
1987 *Flor y canto de poesía guadalupana siglo XVII*, México.
Pérez, Eutemio (Vicente de Paul Andrade)
1890 *Ciertas aparicionistas, obrando de mala fe, inventan algunos episodios*, Cuilpan.
Picazo, Miguel
1738 *Imagen humana y divina de la Purísima Concepción...*, México, Ed. Ribera.
Pompa y Pompa, Antonio
1967 *El gran acontecimiento guadalupano*, México. Ed. JUS, 165 p., Colecc. México Heroico, núm. 68.
Poole, Stafford
1995 *Our Lady of Guadalupe: The Origins and Sources of a Mexican Natinal Symbol, 1531-1797*, Tucson.
Puente, Juan de la
1612 *Tomo primero de la conveniencia de las dos monarquías católicas, la de la Iglesia Romana y la del Imperio Español, y defensa de la precedencia de los Reyes Católicos de España de todos los reyes del mundo*, Madrid.

Rahner, Karl
1963 *Visions and Prophecies,* Nueva York.

Ramírez, Juan Antonio *et al.*
1996 *Dios Arquitecto: J. B. Villalpando y el templo de Salomón,* Madrid.

Ramos Gavilán, Alonso
1621 *Historias del célebre santuario de Nuestra Señora de Copacabana y sus milagros e invención de la Cruz de Carabuco,* Lima.

Ramos Medina, Manuel (ed.)
1998 *Historia de la Iglesia en el siglo XIX,* México.

Reeves, Marjorie
1969 *The Influence of Prophecy in the Later Middle Ages: A Study of Joachimism,* Oxford.

Reeves, Marjorie (ed.)
1992 *Prophetic Rome in the High Renaissance Period: Essays,* Oxford.

Revista Eclesiástica, La
1864 Puebla.

Ribera, Teobaldo Antonio de
1785 *Relación y estado del culto, luestre, progresos y utilidad de la real congregación sita en la Iglesia de San Felipe el Real...,* en *Colección de obras...,* t. I (Madrid, 1740).

Rivera Carrera, Norberto
1996 *¿No estoy yo aquí que soy tu Madre?,* México.

Rivera y San Román, Agustín
"Sermón de la Santísima Virgen de Guadalupe", *Sermonario mexicano,* III.

Rivero Lake, Rodrigo
1997 *La visión de un anticuario,* México.

Robles, Juan de
1682 *Sermón que predicó... el día doce de diciembre de 1681 en la iglesia de Nuestra Señora de Guadalupe de Querétaro, su patria,* México, Empedradillo.

Romero, José Guadalupe
"Sermón de Nuestra Señora de Guadalupe", *Sermonario mexicano* III.

Romero de Solís, José Miguel
1987 "Apostasía episcopal en Tamaulipas, 1896", *Historia Mexicana,* 37.
1994 *El aguijón del espíritu: historia contemporánea de la Iglesia en México (1895-1990),* México.

Rosa, Agustín de la
1887 *Disertatio historico-theologia de aparitione B.M.V. De Guadalupe,* Guadalajara, Ed. Narcisi Parga, 300p.
1982 *Defensa de la aparición de Nuestra Señora de Guadalupe,* reimpreso en *Testimonios históricos...* (México, 1896), Guadalajara, Imp. de Luis G. González.

Rubin, Miri
1991 *Corpus Christi: The Eucharist in Late Medieval Culture,* Cambridge.

Sada Lambretón, María
1991 *Las informaciones jurídicas de 1666 y el beato indio Juan Diego,* ed. fasc.

Sáenz de San Antonio, Matías
1721 *Conveniencia relativa entre el término de un templo apostólico, sujeto, que se dedican y la imagen Guadalupe, predicada, que se coloca,* México, Ed. Typis Perseverantie, 45 p.

Sahagún, Bernardino de
1829-1830 *Historia general de las cosas de la Nueva España,* ed. de Carlos María de Bustamante, 3 vols., México.
1956 *Historia de las cosas de Nueva España,* ed. de Ángel María Garibay K., 4 vols., México.

Sahagún de Arévalo Ladrón de Guevara, Juan Francisco
1986 *Gacetas de México,* 3 vols., México, ed. facs. de la de 1722-1742.

Salazar, Enrique Roberto
1993 "El beato Juan Diego, modelo e intercesor de los indígenas", *Encuentro Nacional Indígena,* México.

Salazar, Juan de
1945 *Política española,* ed. de Miguel Herrero García, Madrid.

Sánchez, Miguel
1640 *Sermón de San Felipe de Jesús,* México.
1653 *El David seráphico,* México.
1785 *Novenas de la Virgen María, Madre de Dios, para sus dos devotísimos santuarios, de los Remedios y Guadalupe,* en *Colección de obras...,* t. I, México (1665). Con licencia en México por la viuda de Bernardo Calderón. Reimpreso en Madrid, 1785.
1982 *Imagen de la Virgen María, Madre de Dios de Guadalupe. Milagrosamente aparecida en la ciudad de México. Celebrada en su historia, con la profecía del capítulo doce del Apocalipsis,* reimpreso en *Testimonios históricos guadalupanos...,* México (1648). En la Imprenta de la viuda de Bernardo Calderón.

San José, Francisco de

1671 *Historia universal de la primitiva y milagrosa imagen de Nuestra Señora de Guadalupe en la santa iglesia catedral...*, México.

Santa Teresa, Luis de

1683 *Sermón que predicó... a la milagrosa aparición de su sacratísima y prodigiosa imagen*, México.

Santísima Trinidad, Andrés de la

1759 *La venerada y glorificada en todas las naciones por haberse aparecido en estos reinos...*, México.

Saugnieaux, Joel

1976 *Les Jansénistes et le renouveau de la prédication dans l'espagne de la seconde moitié du XVIII* siécle*, Lyons.

Sigüenza y Góngora, Carlos de

1945 *Glorias de Querétaro*, México, 1680, reprinted.

1959 *Libra astronómica y filosófica*, México (1690).

1960 *Obras históricas*, ed. de José Rojas Garcidueñas, México.

1960a *Piedad heroica de don Fernando Cortés*, ed. de Jaime Delgado, Madrid.

1982 *Primavera indiana. Poema sacro-histórico. Idea de María Santísima de Guadalupe de México, copiada de flores*, en *Testimonios históricos...* (México, 1662).

1995 *Paraíso occidental*, México, ed. facs. de la de 1684.

Smith, Jody Brant

1994 *The Image of Guadalupe*, 2ª ed.,, Macon, Ga.

Sousa, Lisa, Stafford Poole y James Lockhart (ed. y trad.)

1998 *The Story of Guadalupe: Luis Laso de la Vega's "Huei tlamahuivoltica" of 1649*, Stanford.

Stiffoni, Giovanni

1988 "Intelectuales, sociedad y estado", *Historia de España*, ed. de José María Jover Zamora, vol. XXIX, Madrid, ii, 119-49.

Stratton, Susanne L.

1989 *La Inmaculada Concepción en el arte español*, trad. de José L. Checa Cremades, Madrid, Fundación Universitaria Española.

1994 *The Inmaculate Conception in Spanish Art*, Cambridge.

Tanner, Norman P.

1990 *Decrees of the Ecumenical Councils*, 2 vols., Londres.

Tapia Méndez, Aureliano

1987 *El siervo de Dios. José Antonio Plancarte y Labastida. Profeta y mártir*, 2ª ed., México.

Tate, Robert B.

1970 *Ensayos sobre la historiografía peninsular del siglo XV*, Madrid.

Taylor, William
1986 "The Virgin of Guadalupe: An Inquiry into the Social History of Marian Devotion", *American Ethnologist*, 20.

Tellez Girón, José María
1982 "Impugnación al manifiesto satisfactorio del Dr José Ignacio Bartolache", *Testimonios historicos...*

Tena Ramírez, Felipe
1967 *Leyes fundamentales de México 1808-1967*, México.

Tercero, Juan Luis
1896 *La causa guadalupana: los últimos veinte años (1875-1895)*, Ciudad Victoria, Tamaulipas, Imprenta del Gobierno del Estado en Palacio, dirigida por Víctor Pérez Ortiz, 147 p.

Theodore the Studite, saint
1981 *On the Holy Icons*, trad. de Catherine P. Roth, Crestwood, N.Y.

Thurston, Herbert
1907 "Santa Casa di Loreto", en Charles Herberman *et al.* (eds.) *The Catholic Encyclopedia*, t. XIII, Nueva York.

Tornel y mendivil, Julián
1849 *La aparición de Nuestra Señora de Guadalupe de México*, 2 vols., Orizaba.

Torquemada, Juan de
1975-1983 *Los veinte y un libros rituales y monarquía indiana*, ed. de Miguel León-Portilla *et al.*, 7 vols., México.

Torre Villar, Ernesto de la *et al.* (ed.)
1964 *Historia documental de México*, 2 vols., México.

Torres, Cayetano Antonio de
1757 *Sermón de la Santísima Virgen de Guadalupe...*, México, Ed. Hogal.

Tovar de Teresa, Guillermo
1988 *Bibliografía novohispana de arte*, 2 vols., México.
1992 *Pintura y escultura en Nueva España 1557-1640*, México, Ed. Hogal.
1995 *Miguel Cabrera, pintor de camarín de la reina celestial*, México.

Trabulse, Elías
1974 *Ciencia y religión en el siglo XVII*, México.
1988 *Los manuscritos perdidos de Sigüenza y Góngora*, México.

Trevor-Roper, Hugh
1985 *Renaissance Essays*, Londres.

Uribe, José Patricio Fernández de
1801 *Sermón de Nuestra Señora de Guadalupe de México (1777). Disertación histórico-crítico en que el autor... sostiene la celestial imagen de Nuestra Señora de Guadalupe de México milagrosamente aparecida al humilde neófito Juan Diego* (1778), México.
Usigli, Rodolfo
1965 *Corona de Luz*, México, FCE (colección popular).

Valadés, José C.
1948 *El porfirismo, historia de un régimen*, 2 vols., México.
Velásquez, Primo Feliciano
1981 *La aparición de Santa María de Guadalupe*, introd. de J. Jesús Jiménez López, México, ed. facs. de la de 1931.
Vera, Fortino Hipólito
1887 *Colección de documentos eclesiásticos de México*, 3 vols., Amecameca.
1887a *Tesoro guadalupano. Noticias de los libros, documentos, inscripciones, etc., que tratan, mencionan o aluden a la aparición y devoción de Nuestra Señora de Guadalupe*, 2 vols., Amecameca.
1889 *Informaciones sobre la milagrosa aparición de la Santísima Virgen de Guadalupe recibidas en 1666 y 1723*, Amecameca, Imp. del Colegio Católico.
1890 *La milagrosa aparición de Nuestra Señora de Guadalupe comprobada por una información levantada en el siglo XVI contra los enemigos de tan asombroso acontecimiento*, Amecameca.
1890a *Sermón pronunciado en el templo de Capuchinas, residencia actual de la imagen guadalupana*, Querétaro.
1892 *Contestación histórico-crítico en defensa de la maravillosa aparición de la Santísima virgen de Guadalupe*, Querétaro, Imp. escuela de Artes XV, 700p.
Veytia, Mariano Fernández de Echeverría y
1967 *Descripción de las cuatro milagrosas imagenes de Nuestra Señora que se veneran en la muy noble, leal e imperial ciudad de México*, México, ed. facs. de la de 1829.
Vidal de Figueroa, José
1661 *Teórica de la prodigiosa imagen de la Virgen Santa María de Guadalupe de México*, México, Ed. Juan Ruiz.
Villasánchez, Juan de
1734 *Sermón de la milagrosa imagen de Nuestra Señora de Guadalupe*, México, Imprenta Real del Superior Gobierno de Doña María de Rivera, en el Empedradillo, 30 p.

Wallace-Hadrill, D.S.
   1960 *Eusebius of Caesarea*, Londres.
Ward, Benedicta
   1987 *Miracles and the Medieval Mind: Theory, Record and event 1000-1215*, Aldershot.
Webster, Susan Verdi
   1998 *Art and Ritual in Golden Age Spain*, Princeton.
Weil-Garris, Kathleen
   1997 *The Santa Casa di Loreto: Problems in Cinquecento Sculpture*, 2 vols., Nueva York.
West, Delmo C. y Sandra Zimidars-Swartz
   1983 *Joachim of fiore*, Bloomington.
   1986 *Joaquín de Fiore: Una visión espiritual de la historia*, trad. de Federico Patán, México, Fondo de Cultura Económica.

Zavala, Silvio
   1938 *Francisco del Paso y Troncoso: su misión en Europa 1892-1916*, México.

ÍNDICE ANALÍTICO

Índice de ilustraciones

La Virgen de Guadalupe. Imagen y tradición
terminó de imprimirse en febrero de 2002,
en Encuadernación Ofgloma, S.A. Calle Rosa Blanca
No. 12, Col. Ampliación Santiago Acahualtepec,
C.P. 09600, México, D.F.
Composición tipográfica: Fernando Ruiz.
Cuidado de la edición: Mónica Vega.
Lectura, corrección y cotejo de pruebas:
Dolores Latapí, Ulises Martínez,
Astrid Velasco e Iván González.
Índice analítico: Astrid Velasco
y Paola Quintanar.